U0519348

中国当代律师

ZHONGGUO DANGDAI
LÜSHI

赵 伟 主编

知识产权出版社
全国百佳图书出版单位
—北京—

图书在版编目（CIP）数据

中国当代律师 / 赵伟主编 .—北京：知识产权出版社，2021.1

ISBN 978-7-5130-7303-5

Ⅰ.①中… Ⅱ.①赵… Ⅲ.①律师—工作—中国 Ⅳ.① D926.5

中国版本图书馆 CIP 数据核字（2020）第 220826 号

内容提要

本书采用采访手记、案例评析、事迹回放等多种方式，多角度、全方位、立体展示中国律师的经验智慧、心路历程，是一本较为全面的社会各界了解中国律师群体的参考书。

责任编辑：田　姝　吴　烁　　　　　　　　　责任印制：孙婷婷

封面设计：智兴设计室·段维东

中国当代律师

ZHONGGUO DANGDAI LÜSHI

赵　伟　主编

出版发行：知识产权出版社 有限责任公司		网　　址：http://www.ipph.cn	
电　　话：010-82004826		http://www.laichushu.com	
社　　址：北京市海淀区气象路 50 号院		邮　　编：100081	
责编电话：010-82000860 转 8768		责编邮箱：laichushu@cnipr.com	
发行电话：010-82000860 转 8101		发行传真：010-82000893	
印　　刷：三河市国英印务有限公司		经　　销：各大网上书店、新华书店及相关专业书店	
开　　本：889mm×1194mm　1/16		印　　张：18.75	
版　　次：2021 年 1 月第 1 版		印　　次：2021 年 1 月第 1 次印刷	
字　　数：806 千字		定　　价：160.00 元	

ISBN 978-7-5130-7303-5

序

在有关律师的问题上，我发表过的文章不少，尤其是在中国律师制度初创时期，几乎在涉及律师制度的方方面面，我都做过专题报告。

西方国家对律师是非常重视的，他们对人权的重视、对法治的重视，在很大程度上都表现在对律师作用的重视上。当个人被捕的时候，警察马上会说，你有请律师为自己辩护的权利。辩护的权利可以自己行使，也可以请别人行使。律师的权限也很大，无论是审判期间还是侦查期间，律师都可以参与其中。而且，律师在社会上，也得到了很高的尊重。

西方国家法律制度中，律师的地位和作用在审判中表现得尤为明显。律师和检察方是平等的，控辩双方是站在同样的位置上，而法官则代表法院，保持中立。在审理过程中，控方从法律的角度提出了控诉被告人的理由，律师则要通过自己的工作，向法官和陪审团证明，控方的控诉是站不住脚的，使法官相信被告人的无辜或者轻罪。从法律地位上来说，控辩双方的地位是完全一样的。

中国的律师制度恢复已经有40多年了，40多年来律师经历的甜酸苦辣，大家心里都有一本账。在司法改革进程中，律师的作用是不能埋没的，他们为中国法治进程、人权保护的艰苦奋斗应该留在史册中。

我尤为欣喜地看到"中国当代律师"系列丛书收录了各领域优秀、专业律师的事迹和经典的案件，这些标志性的案件也让我看到了中国律师的希望！

耄耋之年，赤子之心，欣然提笔，是为序！

《中国当代律师》

编辑部

主　　　任：赵　伟　戴小权

　　　　　　方　颖（编辑部天津分部主任）

副　主　任：张　越　张　娜

编辑部成员：陈　敏　任　祎　任　红　左雅慧　杨　玥　李　亚

　　　　　　宗　洋　张　越　张　帆　张　娜　张　磊　赵　伟

协　　　办：中国当代律师网

　　　　　　法和家

　　　　　　律吧特

　　　　　　北京法图国际信息咨询有限公司

　　　　　　北京法和家网络科技有限公司

微信公众号：我们法律人　法和家

（律师排名按姓氏首字音序排列）

第一部分　品牌律所访谈

创新引领时代，实干开创未来

——访北京润朗律师事务所管委会主任吴祖华律师
暨润朗律所十周年采访侧记

编者按

创新是一个民族进步的灵魂，是一个国家兴旺发达、向前发展的源泉，更是一个律所做大做强的推动力，有创新才有未来。

今天我们采访的主人公是将创新视为灵魂的北京润朗律师事务所的掌舵人——吴祖华律师。"润"者，滋润万物，细而无声……"朗"者，朗朗乾坤，风清气正……"润朗"者，润物耕心、朗人戍城。

北京润朗律师同仁说："'润万物耕法治之心，朗巷人戍契约之城'是我们最大的心愿，也是我们为之奋斗终生的人生理想和目标。"十年来，润朗律师同仁用这十六个字书写着他们心中的壮志与豪迈、凤愿与情怀，更书写着他们作为法律人的责任与担当。

今天就让我们走进这家百人律所——北京润朗律师事务所；走近它的掌舵人——一位有着大视野更有着大情怀、大气魄的"80后"律师领军人吴祖华律师。

再访吴祖华律师

作为一位资深媒体人，笔者认识吴祖华律师已有八载，见证着吴祖华律师从精英青年律师到两百人律所的常务副主任，再到管理47亿元资产的基金公司总裁，直至成为今天北京润朗律师事务所的领头人。跨越式的发展、创新的思维模式、不断上升新高度的步伐以及成功不忘回报社会的情怀让笔者钦佩不已。

2018年7月31日，笔者在北京市司法局获悉由吴祖华律师领导的律所更名为北京润朗律师事务所，"润朗"二字令笔者眼前一亮。于是开始预约采访事宜，希望可以聊聊"润朗"近来发展，聊聊"润朗"未来愿景，聊聊"润朗"法律人的情怀……。

经过两个多月等待，等到吴祖华律师回京。两个多月奔波在外，为17个重大项目把脉，足迹踏遍江苏、山东、广东、海南等，由于海外项目需要，还要远赴新加坡、柬埔寨、德国、芬兰等国进行商务谈判。在笔者看来，虽然在外奔忙两月有余，但他丝毫没有疲惫之感，言语间依旧那么踌躇满志，意气风发。作为吴祖华律师的老朋友，也应是他近年来快速成长与发展的一个见证者，笔者深知他对自己的职业有着清晰的规划。自北大毕业后他没有直接从事律师职业，而是到美国一家基金公司的法律部工作，期间参与和见证了某国港口基础设施建设资本运营项目（7亿美金）、马来西亚某控股持股的企业香港上市等项目的全过程，积累了丰富的公司并购、上市，企业投融资和商务谈判经验。后又在某证券公司担任风控总监，拥有对金融领域的风险控制与防范的敏锐洞察力、精准判断力和强大执行力。从事律师职业后，吴祖华律师在许多央企重大并购及大型民企收购、并购的项目中担任主要谈判代表。

吴祖华律师的其他重要业绩还有：①国内某知名奶业集团针对内蒙古地区的奶制品企业并购案；②吉林省某市某集团应收账款资产证券化（30亿元）案；③为山西某上市国有企业的年审缺陷解决提供方案设计；④中国国电集团针对某电力企业的并购项目；⑤中煤集团对某银行的保理业务；⑥民生保险发债缺陷挽救方案设计；⑦中国卫生部针对某国某产品禁止进口事宜；⑧纳斯达克上市前期孵化企业7家；⑨为央企担任法律顾问（2013年度三家中央企业）；⑩中西部7个地级市城投的融资设计；等等。

吴祖华律师参加的重要活动有：2009年，吴祖华律师受邀参加《香港基本法》修订回顾讨论会，与会人员有乔晓阳、高铭暄等；2011年9月16日，吴祖华律师受邀参加中国加入WTO十周年庆典会议，与会人员有孙振宇、顾秉林、徐匡迪、任建新、王超、沈觉人、谷永江、龙永图、拉米等；2011年11月8日，吴祖华律师受邀参加国际金融论坛，与会人员有联合国秘书长潘基文、十届全国人大副委员长成思危、国际货币基金总裁（IFM）拉加德、吴敬琏、原中国人民银行行长戴相龙、重庆市市长黄奇帆、北京市长郭金龙、保监会主席、证监会主席、银监会主席等。

很难想象，以上业绩和成果皆出自这位沉稳洒脱、修养深厚的且是年仅30多岁的"80后"律师！

笔者以为，这与他在北大饱览群书，海外求学、参加专业培训，即使工作再忙，他仍利用周末时间参加清华大学私募股权投资（PE）与资本战略高级研修班的学习和攻读对外经济贸易大学国际商学院EMBA的经历不无关系，这些学习经历为他的厚积薄发夯实了基础，他的谈判天赋也在诸多重大项目中得到了完美展现。在中国律师界，他已成为既拥有丰富的金融系统工作经验，又能熟练把控重大并购项目的少有的谈判专家。

走进润朗律师事务所对话吴祖华律师

笔者一行依约来到北京润朗律师事务所的办公所在地，下面就让我们一起感受润朗律师同仁的创新与变革、格局与境界、情怀与担当吧。

赵伟主编：吴律师好，很高兴今天能再次采访您，对于您个人的快速成长和跨越式发展历程我们已有了解，而对于润朗律所的近来发展、创新理念以及润朗律所对未来的布局谋篇、发展愿景等我们还知之甚少，可否借此采访聊聊润朗律所？

吴祖华律师：好的，也非常感谢你们一直关注我们律所的发展。北京润朗律师事务所肇始于2008年10月，原为北京市长歌律师事务所，近年来我们深感律师行业需要加速创新与变革，以适应当今世界的快速发展。当前信息技术推动科技进步已是大势所趋，而律师提供法律服务已不能只依靠传统方式，理应与时俱进并通过在法律服务领域的开拓创新来不断满足客户新的法律需求乃至商业需求。唯此，我们才不会被这个时代淘汰。

2018年正值润朗律所创立的第十个年头，在十年的发展历程中，润朗律师事务所一直秉持"尊重法律人才，法律服务精品化"的发展理念，不断开拓创新，汇聚各领域的精英律师，目前为止，我们已发展成为百余人规模的律所。因发展需要，2018年9月，润朗律所乔迁至北京东三环新地标——北京财富金融中心FFC大厦，办公面积达1300平方米，而截至2018年10月，润朗律所的律师人均创收已近200万元，这就是我们通过创新发展创造的业绩和成果。

我们律所的文化理念是"润物耕心，朗人戍城"，今日，润朗律所也正开启新的十年征程，迎接新时代、新挑战。润朗律所引以为豪的"新律所"发展理念，在传统业务领域内不断创新和发展，并顺应时代发展趋势，实行专业分工、团队合作、精细管理的公司化模式，组建了八大事业部：① 央企事业部；② 院士事业部；③ 民企事业部；

④ 公务员法律风险防控事业部；⑤ 企业并购事业部；⑥ 诉讼仲裁事业部；⑦ 海南自贸区（港）事业部；⑧ 疆藏地区法律事业部。

赵伟主编：是的，我们正想了解润朗律所的这八大事业部，可否一一详解？

吴祖华律师：好的。

一是央企事业部。润朗律所央企服务团队拥有对国有企业及央企的法律法规、规章等规范性文件的分析和研究的丰富经验。多年来，参与了国资委、财政部等各部门政策及文件的研讨、调研和咨询工作，获得了客户单位及相关部门的肯定。

二是院士事业部。润朗律所对国家院士项目的建设和社会发展中战略规划、方案及实施问题提供法律咨询与法律风险评估工作，通过参与国内外生物与化学科技论坛，促进院士科技项目的研究、发展、应用及项目落地，近年来已取得丰硕成果。

三是民企事业部。民企是引领时代创新与发展的重要力量，润朗律所一直本着"凝聚行业力量，帮助企业成长"的服务宗旨，积极维护民营企业的合法权益，完善民营企业的经营管理策略，优化整合民营企业的培训资源，提供法律、融资、资源、培训等方面的专业服务。

四是公务员法律风险防控事业部。润朗律所总结多年刑事辩护经验，并将这些经验通过大数据进行整合，研发出了一套行之有效的针对副厅级以上干部的预警系统。同时该事业部律师团队主要致力于近年来公务员触及刑事、职务犯罪的高发性问题专门进行研究和分析，提供预防风险培训和警示、建立公务员个人事务与政府事务关联关系的风险防控体系，加强对公务员的监督和意识提醒，助力于建设治国理政的高素质的干部队伍。

五是诉讼仲裁事业部。润朗律所团队律师还参与众多重大的诉讼和仲裁案件，凭借丰富的诉讼经验，作为跨国公司、大型国有企业、民营企业和金融机构的代理律师，为国内及国际客户的诉讼争议解决提供有力的法律支持。

六是企业并购事业部。润朗律所配合国内外相关投融资并购项目优惠政策的实施，积极参与各大中型投资项目，为多家外商、港商及投资企业的法律、并购事务管理提供法律服务及智力支持，不断为客户提供更有商业价值的增值服务。

七是海南自贸区（港）事业部。润朗律所根据《中共中央国务院关于支持海南全面深化改革开放的指导意见》中关于"实行高水平的贸易和投资自由化、便利化政策，对外资全面实行准入前国民待遇加负面清单管理制度，围绕农业、医疗、教育、体育、电信、互联网、文化、维修、金融、航运等重点领域等"的总体战略部署，在铸就一个又一个辉煌的同时，在中国（海南）自由贸易区海口片区组建了北京润朗海南自贸区（港）事业部，特别是在大健康领域设立"博鳌润朗大健康产业法律与政策研究中心"，

精选一批律师常驻海南自贸区从事法律专业化服务工作。

八是疆藏地区法律事业部。疆藏地区公共法律服务工作有序推进，法律服务制度不断完善，公共法律服务的针对性、有效性不断增强，法律服务能力不断提升，规范化管理建设取得了新突破。针对疆藏地区法律服务依然存在总量严重不足，供给和需求不相适应等情况，润朗律所组建了疆藏地区法律事业部，在为少数民族地区提供法律服务的同时，也形成了集业务协作、专业分工、法律研究为一体的管理模式及创新的法律模式，特别在私募基金和投资领域，已经具有了成熟的业务发展方案。

另外，除在能源与矿业、文化与传媒、证券与金融投资、教育及培训、文化与传媒、制造业以及房地产建筑工程等行业和领域夯实专业基底外，润朗律所还不断创新，涉足新的领域，在新材料、新农业、大健康产业和 AI 与科技等领域均取得卓越成就。

赵伟主编：可否聊聊润朗律所的"公益之路"和"润朗英才计划"。

吴祖华律师：好的。

润朗律所不仅专注于润朗律师法律专业水平的提升，同时也非常关注律师的社会价值。我们将实现律师的社会理想和社会责任作为律所的核心价值观之一。润朗律所全体成员身体力行，投入各项社会公益活动中，尤其是贫困地区的教育公益事业。近年来，润朗律所更致力于将公益文化注入企业文化之中，我们让润朗人共同感受公益、参与公益、共享公益。

关于"润朗英才计划"是由润朗律所创始合伙人发起的，旨在以构建创新型、学习型律所为核心，着重对青年律师的培养，推动和助力青年律师的发展与业务探索，不断实现律师的社会价值和社会理想。润朗律所创始合伙人筹资 500 万元人民币，通过清晰的选拔标准，严谨、透明的筛选流程，选拔出一批具有创新潜质、精于钻研的高潜律师人才和律师法律项目。鼓励青年律师参与创新业务领域研究，助力并携手规划律师职业的发展轨迹、路径，

开拓法律行业的新领域和市场，目前该计划正在稳步推进中。

首开先河，引领时代，法律服务产品化是未来的大趋势

近年来，随着法律服务行业专业化的纵深发展，法律行业专注于市场的精耕细作，针对不同行业客户的需求对法律服务进行整合和研究，进而开发法律服务产品的趋势，日益向品牌化、标准化发展。而在某些行业或领域经过数年提供专业法律服务的日积月累，这些行业或领域实现法律服务产品化已成未来发展的大趋势。那么，什么是法律服务产品化呢？所谓法律服务产品化是指，通过对客户需求进行深入研究，对法律服务市场进行精耕细分，以客户需求为中心，通过标准化、流程化、可视化的方式，对律师专业服务进行产品化的高端设计，以顺应当前法律服务市场新的需求和发展，让法律服务不再抽象，让法律服务可以看得见、摸得着、用得到，即为法律服务产品化。

近年来，润朗律所已经在大健康产业、公务员法律风险防控、上市公司高管风险防控、民企上市孵化、家族财富传承等行业和领域形成了一套行之有效的法律服务方案和产品，尤其在大健康产业领域，由北京润朗律师事务所申报的大健康产业法律服务产品经过层层筛选，成为北京市首批 36 个《北京市公共法律服务项目（产品）目录》项目之一。

伴随"十三五"规划的落地，现今，"健康中国"已升级为"国家战略"，健康产业已成为关系国计民生的朝阳产业；同时，发展健康产业也成为推动经济结构调整和供给侧结构性改革的重要发展方向，大健康时代正向我们缓缓走来。

2018 年，由北京润朗律师事务所牵头与海南博鳌乐城国际医疗旅游先行区管委会联合发起的"博鳌润朗大健康产业法律与政策研究中心"获批并在海南自贸区（港）成立，办公地设在海南自贸区（港）内，这是首次由律师事务所以设立研究中心的方式为政府提供法律服务和研究支持。

据了解，润朗律所还成立了产品研发部门，与对外经贸大学法学院、中国政法大学法学院、北京大学法学院、

英国谢菲尔德大学等著名高校以及国外法律研究机构建立了法律研究联盟，针对以上行业和领域法律产品进行高端研发和设计，精益求精，日臻完善，并不断升级，以适应飞速发展与变革的新时代。

创新发展，不负重托，润朗秘书让你感受周全与温暖

采访中，吴祖华律师非常自豪地将润朗律所的另一个创新分享给了笔者，那就是"润朗秘书"。2018年《北京润朗律师事务所律师秘书制度》（以下简称《律师秘书制度》）的颁布和实施，为每一位润朗家庭成员提供"一站式"法律业务辅助，为律师从行政事务、案件管理中全面解放创造条件。《律师秘书制度》实现了润朗律师与律所的无缝衔接，无论是常规法律业务、律师办案手续、电子审批、财务票据、当事人接待、还是差旅管理等均可交由律师秘书专员处理。

"润朗秘书"的推出降低了律师的人工成本，让律师不再奔忙于行政事务性工作，可以心无旁骛地专注于案件，极大地提高了律师的工作效率，让律师们感受到了"润朗秘书"的周全与温暖。

后记

管子说："十年树木，百年树人。"吴祖华律师说："十年耕心，百年润朗。"

正如前文所言，"润万物耕法治之心，朗巷人成契约之城"已经根植于每一个润朗律师同仁的灵魂和血脉中，润朗律所的待人接物无微不至，让笔者深深感动，从一个个小小的细节，我们看到，润朗律师将用心服务、精细化管理等等发挥到了极致，令每一个走进润朗律所的人感受到了他们的真诚和温暖，细心和周全。

在当前全球经济治理进入深度变革的时期，在我国全面依法治国的新时代，需要有人站在时代的潮头，乘风破浪、开拓进取、与时俱进，开创法律服务工作的新局面，做出一代法律人的新贡献，书写一代法律人的责任与担当，为中国经济保驾护航，为建设法治中国贡献智慧和力量，而"润朗"就是其中的一分子。

吴祖华律师说："身为中国律师，在我国的法治进程中应当有所为，立志为我国的法治进程尽匹夫之力。在我的心中有两个位阶的价值，第一位阶是国家利益，第二位阶是委托人利益。"

誓言铮铮，掷地有声！有这样一位领头人，我们有理由相信"润朗律师"必将乘风破浪、扬帆远航；披荆斩棘，再创辉煌！

"琢"案与"大国工匠"

——上海力帆律师事务所主任王兴华采访侧记

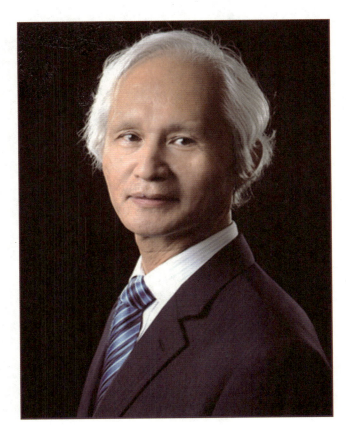

编者按

在上海法律界有一位白发飘逸的老律师，年虽古稀，但他仍坚守在办案一线；在上海滩有这样一家律师事务所，他们将办精品案，让当事人满意、再满意。他们将"群狼战术"当作自己的执业理念，这家律所的名字叫"力帆"，这家律所的领头人叫王兴华。

多年来，力帆律师也践行了"在每个案件中，让人民群众都感受到社会主义法治的公平与正义"的理想目标！

自称自好，只是对自己工作的事后评估，亦有"王婆卖瓜"之嫌，不足以证明委托方的"满意"。当事人由衷的赞扬和感激才是当事人"满意、再满意"的标准。

以下即是一位当事人的母亲自聘请力帆律师为女辩护后，让女儿免遭牢狱之灾，并最终获得国家赔偿的刑事案件的报道。满怀深情和感恩文章，让笔者读来甚是感动。笔者以为，此案中的诸多情节已经触动到了人的良知和灵魂。文中的律师，不仅在作刑事辩护，而且在救赎几颗深受重伤的心，更深谋着自己当事人没有委托办理的合法权

益保护的良策！

现将相关人发自内心的自述，咸集于此，以飨读者。

一、明察秋毫

力帆律师从我处调取实时视频细察后追问我，镜头显示确是执法人员从头至尾主动侵害女儿，但缺少了其上前抓女儿瞬间之前约两秒钟的片段，断片会被人产生"此视频被剪辑过"之嫌。啊！本以为无法洞察的细节却被力帆律师看了出来，真是火眼金睛！

力帆律师力陈视频的完整性是救女儿的关键，刑事证据不能有任何瑕疵。经力帆律师建议和引导，由某信息修复中心将原先误操作形成的视频碎片重组修复，恢复正常。此后，力帆律师对客观视频做了一连串的安排。

二、智怼"有司"

力帆律师让我将客观视频中执法人员主动上前对我女儿侵害的镜头点截图八幅，形成彩色照片，并配以律所函为我女儿申请取保候审，直送办案派出所领导。领导见此照片异常震惊，他们也首次看到这真实的执法过程。但派出所最后却未接受力帆律师的好意，不肯取保候审。

力帆律师在得知该案报捕的消息后，及时带上我直赴相应的检察院，并带去提请不批逮捕、敦促终结刑事侦查的律所函件。我虽被挡在检察院门口，力帆律师却进入检察院会见检察官并力陈了不应批捕的十大理由，提出本案是典型的执法者先动手，致女儿只能抓紧对方衣服、手臂等以求自保，才致执法人员衣破手伤的结果的辩护观点，并进而指出，若将此案作犯罪处理，会助长执法者先动手创设防卫挑逗，然后依"妨碍公务"之名处罚对方的"恶案"滋生。可以说，这一辩为最后的胜算做了最好的铺垫。

然而，所有这些中肯正确的意见，却未被官本位文化氛围下的这两家"有司"们所接受：既不肯取保候审，又在与检察官会面后的三天，批准了对女儿的逮捕。

三、怒斥"精鉴"

在去女婿单位商请单位领导干预、力图"扶正"那办歪的奇案时，单位领导安排力帆律师在另一个房间休息，名义是"我们先与家属单独谈话"。其间，在去完卫生间回归谈话室途中，我听到另一房间传来力帆律师响亮而略激动的慷慨陈词："作'精鉴'（精神病鉴定）！你们有没有为她的一辈子想过？她是某一体育项目的出色教练，将来她怎么去面对她所教的学生？囿于此病的恶名，她又如何继续她的教练生涯？她才三十来岁啊！"我肯定力帆律师是在讲述女儿精神病鉴定一节了！一阵窃窃窣窣小声回复后，

只听力帆律师大声斥责："你们就这么短视吗？！仅仅为了办取保候审，硬要让当事人套上一顶'精神病'的帽子？你们知不知道这是一个无罪的错案？为什么你们不着力朝无罪方向施辩，却要去做一件即使办成，也会使当事人永世抬不起头来的事情？"抑扬顿挫的语调太合我的心思了，讲出了我极想喊出的心声，却不知力帆律师对谁在发火。

与单位领导会见结束，当我们走出围墙，力帆律师告诉我，那是与女婿请来的前期律师在交流。原来刚才是力帆律师与女婿请来的律师在另一房间论战啊！

可是我对此事的理解比力帆律师要更深一步：女婿是想取得女儿的"监护权"，以便独揽我女儿名下的房产！至此，我突然深刻地感到力帆律师思想的深邃和策略的高明，比被训斥的对手不知高深多少倍，越想越觉得力帆律师已经把我委托的案件当作他们自己的事情在做了。

四、巧会鉴员

为阻止鉴定机构可能出具不负责任的报告，力帆律师开着车带上我，以"补送鉴定材料"为合理缘由进了鉴定场所。在找到此份鉴定的项目组组长、经办人之后，介绍我是被鉴定人的母亲。该两名承办鉴定员与我热聊起来。近一个小时的对话，我注意到力帆律师竟然没怎么插话，尽量地让我们在说，当然鉴定员问什么问题，我都是如实告知侃侃而谈。谈话结束，力帆律师将事先以我口气拟稿书写的《强烈要求终结对杨某某的精神病鉴定的信函》，以及所附女儿的自学考试成绩单、女儿写作出版的图书、女儿教练职务获奖的凭证等资料悉数交给鉴定员。

出门后，我不解地问力帆律师："你那么能言善辩，为何在如此长的谈话中不插话。"力帆律师告诉我："对女儿的鉴定，从鉴定员与作为女儿母亲的我的谈话之初已经开始。"他们通过与我谈话在考察我本人有没有精神疾病，进而考察是否存在家族史；他们问我女儿小时候、读书时、工作时的各种情况，就在做女儿是否有或曾经有过精神疾病的"内心鉴定"了；对女儿的"精鉴"，与母亲深谈是最好的鉴定依据。啊！我恍然大悟：力帆律师是让鉴定人员从我不知不觉的顺畅侃谈致鉴定机构做出合理的"自由心证"，进而做出否定的鉴定结论，真是引而不发！更确切地说是"隐"而不发！果不其然，若干天后，否定女儿患精神病的鉴定报告出炉，保全了女儿的名节，阻断了恶人的谋财妄想。

五、慎用视频

从力帆律师未能阻止批捕开始，他们就力排众议，郑重关照我对任何人索取客观视频都不能给，并叮嘱我该视频直接送法庭庭审时播放。力帆律师的估计真精准，在案件进入审查起诉阶段时，公诉人以及两次退补的侦查员先后多次索取该视频。力帆律师当着我的面电话回复："视频律师已看过，确实有，所附八幅照片确是从该视频中截屏，该视频本律师手中没有，在家属手中，她要在开庭时才会拿出来播放，我可以告诉你家属的电话号码，你自己去向家属要好了"。

精准的安排已锁定了这样的格局：任何一家法院庭审中的播放，都会同情女儿的不幸遭遇，都会愤恨野蛮执法的人，都不会做出有罪的判决；公诉机关凭借八幅照片反映的事实和即将对簿公堂时视频播放的进一步证明，知道已经没有胜率，于是做出了与控罪反方向的程序安排。

六、"琢"案成功

2018年某一节日当天，杨某某被以"现有证据不能认定杨某某的行为构成妨害公务罪"的官文表述，由侦查机关予以释放。

经努力，约一年半后，女儿获得国家赔偿，并由相应机关在侵犯权利影响的范围内为女儿消除影响、恢复名誉、赔礼道歉、支付了精神损害抚慰金。

又经努力，案发约一年后，"肇事"的侦查机关以"没有犯罪事实"为由，"决定撤销案件"。

后记

本案的辩护，稍有不慎女儿就极易背上莫须有的罪名和刑罚，且因此女儿名下的财产也可能遭竹篮打水之险。但是力帆律师仅用八个多月的时间，就用他们的汗水、辛劳、理解和睿智，脱女儿于缧绁，还清白于无辜。力帆律师对受理案件的雕琢，如果仅用"能工巧匠"形容他们的刑辩技能，绝对是言未达意，我更愿冠之以"大国工匠"这时髦的提法赞扬他们在本案中的精准和到位。

第二部分　名律专访

资本市场的实践者和"守门人"

——访北京策略律师事务所高级合伙人兼资本市场部主任柏平亮律师

编者按

随着 20 世纪 80 年代初中国经济体制改革的启动，我国资本市场也从无到有，从小到大，经历了四十余年的风云变幻，取得了令世界瞩目的巨大成就。根据中国上交所、深交所官网的数据统计，截至 2019 年 11 月 12 日，境内 A 股上市公司共 3721 家（上交所主板 1489 家、科创板 51 家，深交所主板 461 家、中小板 941 家、创业板 779 家），在世界主要国家（地区）中排名第 4 位；总市值 55.09 万亿元左右，排名第 2 位。

当前，我国资本市场正处于重要的战略机遇期，资本市场要继续发展壮大，势必需要以规范化为目标，以优化市场结构为手段，而法律服务无疑是其规范化建设和金融风险防范的重要一环。如同这一新兴市场的问世和发展，资本市场法律服务领域更需要勇担当、敢创新、懂坚守、负责任的实践者和"守门人"。

北京策略律师事务所高级合伙人兼资本市场部主任柏平亮律师，自 2006 年进入资本市场法律服务领域以来，多

年如一日地探索奋斗在资本市场法律服务的第一线赢得了社会及行业的高度肯定和认可。

今天，就让我们走进北京策略律师事务所，走近柏平亮律师，探究他的"资本经历"和"法律人生"吧。

律师小传

柏平亮律师是北京策略律师事务所高级合伙人兼资本市场部主任，北京大学法学学士，清华和美国天普大学联合培养法学硕士，英国牛津大学圣埃德蒙学院（经济与管理专业）校友。柏平亮律师曾先后就职于北京市中银律师事务所、北京市天银律师事务所和北京市海润律师事务所（海润天睿）。13 年来，柏平亮律师一直从事金融、证券、公司并购、重组和公司上市以及私募基金、股权投资、债券等领域的法律业务。

柏平亮律师现任北京市法学会金融与财税法学研究会理事、北京市金融服务法学研究会理事、北京市律师协会证券法律委员会副秘书长、中国北海国际仲裁院北海仲

裁委员会仲裁员、中国投资协会生态产业投资专业委员会副会长兼常务理事、重庆市万州区青年企业家协会专家顾问等。

结缘资本市场

柏平亮祖籍湖南，在他骨子里一直有着湖南人不怕苦、不服输、敢于拼搏奋斗，勇往直前的精神。说起选择律师这一职业，柏平亮律师不由讲起了自己的成长经历。20世纪80年代末，因家中在商业上涉及合同与产权纠纷，为了维护合法权益，不得不走上诉讼之路，柏平亮的父亲聘请了一位法律工作者帮助并最终打赢了官司。那是少年时期的柏平亮第一次与法律结缘。"学法律，不但可以保护自己，还可以帮助别人"，受教于父亲的亲身经历再加上彼时就读于北京某高校法学院的表兄的建议，让他看到了一条学习法律的发展路径，于是，北京大学法学院成了他法律人生的起点。

在北京的学习和生活期间，他也更进一步认识到法律在构建社会秩序中起着非常重要的作用，而法律文明建设是符合国家与人民长远利益的重大工程。法律规范的制定与有效施行是满足国家与人民共同利益的重要举措，对社会的稳定与进步能起到无可替代的作用。相对于道德文明而言，法律文明更为重视法律规则的制定与执行，使法律规则起到推动法治建设的作用。于是，他更加坚定了自己的人生方向。

2006年10月，一个难得的机会，柏平亮进入北京中银律师事务所，并师从中银所创始人之一、拥有法学与金融学双博士学位的唐金龙主任律师，并担任其助理，这一干就是6年。柏平亮律师回忆，这是自己快速成长的6年，从取送文件、书写文案等一件件小事做起，到为大客户提供服务，完成了从助理工作到独立律师工作的蜕变。无论是专业知识、专业能力，抑或是专业态度、律师思维，恩师唐金龙博士和团队的各位前辈都给予了他悉心的指导和无私的教诲，对柏平亮律师成长的影响可谓深远，以至于"专业化的知识、专业化的能力、专业化的态度等有效工作方式"也成为柏平亮律师心中衡量律师法律服务是否到位的标尺。

在柏平亮律师看来，资本市场的法律服务需求很大，只有用扎实的专业知识、过硬的专业技能和端正的专业态度去服务好客户，同行之间良性竞争，专业人才相互促进提升，行业才能健康发展。他不怕竞争，因为实力足够抵挡；他不担心市场，因为资本市场的广阔空间急需专业化的法律人才。

资本市场的实践者

柏平亮律师多年来主要从事金融、证券、投资与并购、企业上市和重大资产重组以及私募股权基金、债券、新三板等法律业务，由他本人负责的企业改制上市、重大资产重组、非公开发行股票以及新三板挂牌、私募基金和债券发行等重要项目就达六十多起。

高标准、高品质的专业法律服务，是柏平亮律师不懈的追求。做好业务的同时，他还笔耕不辍，曾先后发表多篇文章，参与编写《企业改制与发行上市操作实务》（法律出版社）《新三板上市及资本运作实务》《证券律师业务办理规范》（北京市律协证券委组织编写待出版）等，并先后多次在其负责的金融证券领域里，为地方政府、商会、企业家协会、企业高管、法律同行等人员进行专业的投融资及上市培训和分享，可谓知无不言，言无不尽。

"专业化、团队化是法律服务的大势所趋，也是能为客户提供专业、综合和有效服务的保障。当然，团队内的每一成员都要保持不断探索、学习和进取的精神，彼此助力，唯如此方能顺应时代发展，不被时代淘汰，成为时代的引领者和弄潮儿。我们策略律师事务所就非常注重在专业化扎实基础上的团队建设和团队服务，并与各大资产管理公司、投资机构、证券公司的投行、会计师事务所等中介机构保持着良好的合作关系，力求为客户提供在金融证券等非诉业务领域上高标准、高品质的法律服务及增值服务，努力做一个合格的，为资本市场健康发展努力奋斗的实践者。"柏平亮律师满怀信心地说。

资本市场的"守门人"

随着在服务众多大型企业、上市公司以及在私募基金、股权投资中取得的成绩及自身的历练和专业水平的熟稔，柏平亮律师在资本市场法律服务领域的名气渐广，但他并未因骄人业绩而驻足不前，而是继续朝着更远大的理想和目标奋斗。2012年赴美游学一年；2018年就读清华和美国天普大学联合培养法学硕士；2019年暑期又赴英国牛津大学荣获圣埃德蒙学院继续深造学位，为进入国际资本市场提供专业知识与技能的储备。随着"一带一路"建设的快速推进，越来越多的中国企业走出国门，但与此同时，我国企业在境外投资经营过程中，遭遇不同程度的法律风险，法律服务"走出去"成为亟待解决的问题。2018年9月，柏平亮律师还曾获选参加由北京市律师协会与中国法学学术交流中心联合主办的"扬帆计划"之百人涉外法律培训计划"国际经济合作与争议解决法律实务培训班"，该培训旨在培养北京涉外法律服务领军人才，邀请美国、英国、澳大利亚、西班牙、中国香港等地的资深经贸法务官员、行业资深律师来北京授课，授课内容主要涉及跨国并购与重组、境外IPO上市与借壳上市、国际贸易争端解决等内容。马云说："优秀的人不可怕，可怕的是比你优秀的人还在努力！不要说停止学习，就是慢一点都有可能被淘汰出局。"有一种人在学习的路上从未停止过脚步，柏平亮律师就是其中一个，在金融证券领域他带领团队已取得斐然成就，但大学校园的课堂上仍有他认真聆听、积极交流和无私分享的身影。他的目标只有一个，就是不断精进业务，筑牢专业功底，打造过硬服务水平，为资本市场做好"守门人"的角色，为企业的发展保驾护航，为构建和谐健康的社会经济秩序肩负起一个法律人的责任和使命。

正如柏平亮律师在2018年度北京大学法学院的"北大

柏平亮律师在英国伦敦证券交易所学习

柏平亮律师在上海证券交易所作为客户律师见证发言

竞争法·策略律师奖学金"上说的："社会历史演进到今天，人们对生命的万般珍惜，有更多世人良知善念的复苏、对真理的认同、对邪恶的摈弃及对公平正义的追求，才是生命走向美好未来的印证。一项奖学金的设立，它不仅仅是一种物质奖励，更是激励和动力，是爱的桥梁和传承。不但为你，也为我们每一位深爱祖国、坚持梦想、情系法治蓝天的法律人。鼓励北大法学院同学们的同时也在激励各位年轻的法律人能够百尺竿头、更进一步，历练成为拥有厚重人文素养和高贵品格的人，争做一名'德法兼修、德才兼备'的优秀青年法律人，为祖国在进一步建设法治国家、法治社会及文明政治的进程中贡献出自己一份有价值的力量，真正成为'国民之表率、社会之栋梁'。"

后记

在资本市场风起云涌的变革和发展中，市场变化可谓瞬息万变，国家监管亦在不断革新，相关制度、法律法规也在不断修订和完善。这对致力于资本市场法律服务的律师提出了极高的要求，要求律师要及时了解、学习最新信息和法律法规的同时，还要求律师要不断根据社会的变革，企业的发展，国家的政策等不断更新自身的专业知识和阅历，唯有不断提高专业知识、专业技能，其见识、眼界才能更开阔，才能跟上这个快速发展的新时代的步伐，实现与时代共同成长、共同进步。亦如柏平亮律师所言："只有紧跟时代，才能拥抱时代，并引领时代。"

近年来，随着我国经济持续融入国际市场，以及"一带一路"倡议的深入推进，未来的资本市场将呈现一个更加广阔的发展空间，同时，也需要更多的法律人才投入资本市场秩序的建设和服务中。最后，让我们祝愿柏平亮律师和北京策略律师事务所同仁在未来的中国乃至全球资本市场上书写更加辉煌的时代篇章。

体验百味人生，莫过于刑辩律师

——访前北京市优秀公诉人、德恒律师事务所高级合伙人、
德恒刑委会副主任兼秘书长、西城律协刑事业务研究会负责人程晓璐律师

编者按

有人说："刑事辩护是法律王冠上最闪亮的一颗明珠，是法律业务中最为复杂的一门技艺。因为刑事辩护业务最富有挑战性，最能展现法治精神；因为刑事辩护关乎当事人的生命与自由；关乎辩护律师的职责与荣耀。"

笔者以为，以上种种说法皆有一定道理，但笔者还认为，从权利的角度出发，民商类诉讼业务是个体与个体之间的较量，非诉类法律业务是自己与自己（要不断完善自己的专业水平）的较量，而刑事辩护却是个体（辩护律师）与强大的公权力之间的博弈，在法庭上，辩护律师要运用辩护的勇气、智慧、策略、战术和技巧与强大的公权力进行抗辩，最大限度维护当事人的合法权益，其难度是可想而知的，也是不言而喻的。尤其近年来，新型犯罪呈井喷式爆发，刑、民、行交叉类案件罪与非罪之间界限模糊，这些对司法办案人员、辩护律师的法律功底、水平和能力等都提出了极大的考验。

本文主人公——前北京市优秀公诉人、德恒律师事务

所高级合伙人，德恒刑委副主任兼秘书长，西城律协刑事业务研究会负责人程晓璐律师，从检察官到刑辩女律师，角色虽已转换，但她追求正义与良知的情怀却依然如初。

程晓璐律师说："办理一个刑事案件，走进一个深陷困境之人，陪伴度过一段最艰难的人生旅程，感受一个家庭的悲欢离合，感动于一个个患难与共、不离不弃的人间故事，办案的过程本身对自己来说是一种挑战，也是一种享受，更是一种阅尽人间无数、感慨世间万千的历练！即便千辛万苦，我亦无怨无悔。一个好的刑辩律师，有的时候不仅在于多么高的专业技能和多么慷慨激昂的表达，更为重要的是坚持抽丝剥茧，探寻真相的执着和勇气，还有心存正义、良知悲悯的道德和情怀，因为律师与当事人签下的不只是一纸委托合同，而是一种信任之'约'。"

有人评价程晓璐是像林徽因一样的刑辩女律师，独立、博学、知性、优雅，内心强大而不强势。在办案中既懂得坚守又懂得理性沟通，无论多么重大、复杂、疑难的案件，她总能厘清纷繁复杂的法律关系并拨开迷雾、化繁为简。笔者以为，或许这种能力与她的求学、从事检察工作的经历、家庭的影响以及作为一个法律人的坚守不无关系。

一位刑辩女律师的成长侧记

程晓璐生于山东菏泽，中学就读于百年名校菏泽一中，父亲是地方国企领导，少时父亲刚正不阿、疾恶如仇的性格可以说对她的成长和性格有一定影响。作为领导的父亲对待家人非常民主，经常在家里谈论工作上的事，作为家中长女的程晓璐经常参与其中，并提出个人见解，乃至与父亲辩论高下。父母起了争执，那个从中评判和调和的人也是她，父亲说女儿长大后最适合当一名法官。1997年，程晓璐就读高一，这一年9月，党的十五大胜利召开并在政府工作报告中首次提出："实行依法治国，建设社会主义法治国家"的基本方略。自此，中国由"刀"制到"水"治的法治之路开启了里程碑式的新征程。如此国家大事父亲与女儿自然要讨论一番，就这样程晓璐渐渐对法律产生了浓厚的兴趣，高考结束，她毫不犹豫地选择了法律专业，大学本科就近考入师范院校法律系。一进入大学程晓璐即对刑事司法程序等问题兴致盎然，大三期间，她到菏泽市中级人民法院实习一个月就发表了专业论文：《在公正和效率之间——对证据规则的理性思考》，此后此文刊发于《山东审判》杂志。而她的毕业论文《论正当法律程序下的最低限度公正》更是被《中国刑事法杂志》刊发。为了进一步研究刑事诉讼法学，程晓璐于2004年报考了中国人民大学刑事诉讼法硕士研究生，并师从陈卫东教授。2006年顺利毕业，经导师推荐及笔试、面试程序，程晓璐于2006年

进入海淀区检察院公诉部门工作,并历任主诉检察官、副处长,办理案件近千件,取得了许多成绩,还获得北京市优秀公诉人、检察系统十佳调研能手、检察业务骨干人才、个人三等功等诸多荣誉。2012年,程晓璐考取陈卫东教授的刑事诉讼法学博士研究生,并再次得到恩师悉心指导。2013年初,她又顺利通过遴选考试,进入北京市检察院,负责未成年人检察部门的工作。

一位刑辩女律师的诗和远方

2015年,已经在检察院工作近10年的程晓璐在经过认真思考后决定辞职,并征求导师意见,这时导师再次给予了中肯的建议,并推荐她到全国律所综合排名靠前的北京德恒律师事务所。进入律师队伍虽有两年的回避期,但在德恒刑辩大咖们的引领下,很快程晓璐就成了德恒刑辩团队的核心成员,与团队律师一起讨论案件的思路、制定辩护的策略、战术,等等。

汪国真说:"既然选择了远方,便只顾风雨兼程。"程晓璐律师说:"既然选择了这条充满各种困难、荆棘、阻力乃至可能遭遇各种风险的刑事辩护之路,就一定要坚持坚定地一直走下去。"笔者以为,人生的每一段经历都是一种成长,而每一程风雨都会有所收获。担任检察官时,程晓璐兢兢业业、勤勤恳恳、不辞辛劳、加班加点。做律师后,她更是不惧风雨、无惧困难、心无旁骛、勇往直前,并运用自己的智慧、策略、战术和技巧将每一个困难一一化解。

当笔者问及程晓璐律师为何要辞去检察院工作时,她的回答从容而淡然:"不想躲在公务员体制的保护伞下安逸地过一辈子,想趁着自己还年轻还有干劲儿时,把自己归零,然后到外面的世界闯一闯,看看自己的极限在哪里。站在人生的十字路口,并不是每个人都会驻足停留。有的人会心无旁骛地沿着原本那条笔直的道路一直走下去,有的人深思熟虑后迈向那条从未走过的岔路。其实走哪条路都是一辈子,无所谓对错,取决于你对自我的要求和对生活的态度。"

是啊!人生其实走哪条路都是一辈子,无所谓对错,关键取决于你对自我的要求和对生活的态度。程晓璐律师有着怎样的"对自我的要求和对生活的态度"呢?今天就让我们做她最好的聆听者和记录者吧。

据了解,程晓璐律师对待工作总是雷厉风行,精益求精;尽职尽责,不舍昼夜,堪称刑辩界的"女汉子",而在生活中她更是一个内心强大而不强势的人,言语中尽显婉约与知性。

一位刑辩女律师的工作日记

2019年9月2日下午,作为德恒党委委员兼第五支部书记的程晓璐组织支部党员开展"我和祖国话情长,我和德恒共成长"主题党日活动,2019年9月3日,参加西城区律师协会庆祝中华人民共和国成立70周年暨律师制度恢复重建40周年主题活动,并担任主持人;2019年9月4日凌晨5点30分人已到北京机场等待登机;2019年9月5日,参加西城区律师协会、西城区司法局、西城区检察院、西城区法院联合主办的第七届控辩审三方论坛,并作主题发言;2019年9月9日,滞留长春机场(采访时了解那天去

长春会见一当事人);2019年9月10日,地点:四川泸州江阳区法院;2019年9月11日,地点:常州检察院;2019年9月12日,贵阳机场中转……以上内容仅仅是程晓璐律师微信朋友圈发出的部分工作日记和走过的部分城市。据程晓璐律师说,辞职进入律师行业近5年来,她的办案及参加行业研讨的足迹已经走过了南至海南琼海,西至四川,北到黑龙江黑河,东至江浙等近20个省区市,她曾有过春节前夕在河南办案的"雪夜惊魂",还有过一连数日的不眠不休,更有一天辗转三个城市披星戴月的辛劳奔波。为了顺利推进案件的进展,加班熬夜已成家常便饭,几乎每周都要出差,今天还在北京讲课,明天已经抵达长春,后天就要赶往四川泸州,大后天又至江苏常州,"飞"也成为她的一种工作常态。

一位刑辩女律师的办案心路

有人说:"国内的刑辩律师,不是在看守所,就是在去看守所的路上。"而程晓璐律师自进入法律行业的第一天起就已经是这样的节奏了。

程晓璐律师说:"刑辩律师办的不是案件,是他人的人生。所以我对自己的要求是工作一定要精益求精,精耕细作,用精细化辩护的策略、战术和技巧最大限度维护当事人的合法权益。当然,在刑事辩护中,有时理性沟通要胜过法庭上的慷慨陈词,理性比激情更重要。我们团队就非常注重庭前与司法办案人员的沟通和协调。但面对司法不公,看到当事人遭受不平等待遇乃至遭遇刑讯逼供时,我们仍会坚持将维护当事人合法权益进行到底。"下面,就让我们在程晓璐律师的办案心路中来寻找一位刑辩女律师的正义之心和悲悯情怀吧。

办案心路(一):"雪夜惊魂"再续——河南某县检察长受贿及巨额财产来源不明案

河南某县检察长犯受贿及巨额财产来源不明案是省纪委督办的案件,也是程晓璐律师执业以来最难忘、感受最深的"雪夜惊魂"的办案经历。一审期间,程晓璐律师及其搭档认真收集有力证据数十份提交法庭,指控的五起受贿(总金额300余万元)减掉两起,巨额财产来源不明罪的金额由300多万元减至200余万元,但一审法院仍判决被告人有期徒刑12年。

特别值得一提的是,此案的被告人竟然是"零口供",该检察长对指控的所有罪名均不承认,且在看守期间每天都坚持写日记(提讯记录)。

面对一审12年有期徒刑的判决,被告人不服提出上诉。程晓璐律师自觉量刑畸重,遂未再代理二审,很快二审即裁定维持原判。

被告人提出申诉,还是希望程晓璐律师能代理该案的申诉,程晓璐与团队律师经过研究后决定代理。经过艰难申诉,终于在河南省高级人民法院获申诉立案。程晓璐律师再次向二审法院提交无罪辩护意见,二审法官亦觉此案疑点重重,无必要开庭审理,遂直接裁定发回原一审法院,现此案已进入原审法院重一审,经过几年时间,案件又回到了"原点"。

正如程晓璐律师三年前在"雪夜惊魂"办案经历中所说:"刑辩执业生涯会遭遇很多困难、惊险和不确定性,而

这些恰恰丰富了我的人生阅历，也是刑辩律师职业的魅力所在。这次雪夜惊魂，团雾终究散去，光明终会到来。萦绕在本案件本身的各种阴霾何时消散？我相信并期待见到曙光的那一天。"笔者以为，对于此案，正义的曙光也正在赶来的路上，我们套用当今最流行的一句法律谚语——正义或许会迟到，但一定不会缺席。

办案心路（二）：去伪存真，还原真相——山东某文化公司涉嫌走私不予起诉案

2016年3月30日，山东济南市海关缉私局于以文化公司及老总陈某等人涉嫌走私普通货物物品罪移送市检察院审查起诉，指控2014年4月至7月，文化公司为牟取非法利益，由犯罪嫌疑人陈某某、台某某等人决策，由李某某、周某等人具体实施，采用低报价格的手段，逃避海关监管，偷逃进口环节应缴税款，与犯罪嫌疑人桑某（外国籍）共同将70件意大利油画等艺术品走私进境，案值3000余万元，偷逃应缴税款380余万元。

面对不利指控，程晓璐律师和搭档认真阅卷、分析研判证据和向企业知情人员走访了解情况以及实地调查取证，并与当事人充分了解核实后，得出的案件事实竟与侦查机关的认定截然不同，遂决定为文化公司及陈某做无罪辩护。

经辩护团队查明的事实是，2013年，山东某集团公司下属某文化公司（以下简称文化公司）引进200件意大利油画、铜雕塑等艺术品进行展览拍卖销售，后在展会召开前夕被政府部门叫停，为配合政府及组委会要求，文化公司只得将此次展览改为公益性展览，并以省博物馆名义，通过报关公司在2013年10月前向海关申报200件艺术品的进出口业务。展览如期举行并取得巨大成功，然而，此次展览的组织宣传、人员资金等全部由文化公司承担，文化公司与外方为此损失巨大。外方代表桑某对于改成公益性展览，不仅没能得到本应获得的利润，反而遭受损失感到非常不满，多次向文化公司提出赔偿要求。基于此，文化公司上属集团公司陈总称愿意以报关价购买其中的70件艺术品，并向海关部门申请报关和支付外方卖家款项以及支付桑某10%佣金。但对于以"海关价"（报关价）销售留置的70件艺术品，桑某非常不满，桑某欲以"画廊价"（展会定价）成交该70件艺术品，但因价差较大，双方一直未达成共识，文化公司也只是将桑某提供的海关价发票入账，而未将"海关价"与"画廊价"之间的价差发票入账，而此价差正是海关缉私部门及侦查机关据以认定的偷逃应缴税款380余万元。

程晓璐律师和搭档提交书面辩护意见后，又与检方反复多次当面沟通交流，最终，检方采纳辩护意见，以事实不清、证据不足，不符合起诉条件为由，于2017年12月22日依法对文化公司及陈某某等人做出不起诉决定。后海关缉私局对不起诉提请复议、复核，结果仍被维持不起诉决定。该案例在中国人民大学律师业务研究所和德恒律师事务所联合主办的无罪辩护经典案例评选活动中获奖。

专家点评：该案是一起成功的、堪称经典的在审查起诉阶段通过律师提交辩护意见而被办案机关采纳，从而进行不诉处理的辩护案件，检察机关接受了辩护律师的意见，因而值得高度肯定。该案辩护律师认真负责的工作态度令人印象深刻。该案辩护难度非常大：审查起诉阶段的辩护与审判阶段的辩护不同，这个阶段的证据尚未经过公诉部门的审查和梳理，有些芜杂。控方的指控思路并不像审判阶段那么清晰，体现在起诉意见书里，内容通常简单，相关指控事实与证据的对应不予叙明。这给辩方的辩护带来一定的挑战，控方的指控证据链如何编织？指控逻辑是什么？指控重点在哪里等，都需要辩方仔细甄别和确定，进而才能进行有效辩护。该案辩护律师认真负责的职业精神、深厚的法学理论功底和娴熟的辩护技巧，值得高度肯定。

办案心路（三）：相信关系损失百万，聘请律师获罪轻判——某南方互联网高科技企业涉非法控制计算机信息系统案

2018年，某南方互联网高科技企业及高管等三人因涉非法控制计算机信息系统罪，被检察机关批准逮捕。

三人的家属在找了一圈"朋友"花去高额的"疏通费"无果后，才辗转找到曾经做过检察官的程晓璐律师，程晓璐律师听取案件大概情况后，从案件事实和法律适用、辩护策略的选择等方面给出了专业的法律意见，并明确表示，我们不做疏通关系的律师，团队律师会拿出专业意见，与检察官积极沟通，最大化维护当事人合法权益。

在这里需要重点提及的是，该案在第一次退补后，主办检察官要求对该案做进一步鉴定，以决定是否对三人增加破坏计算机信息系统罪的指控。

若该罪名成立，那么三人两罪并罚将可能面临10年至15年的有期徒刑。果然，新的鉴定报告结果显示，三人研发的程序系破坏性程序，检方初步认定三人犯破坏计算机信息系统罪成立。这时三人及家属终于明白所谓的"关系"未起到任何作用，遂立即委托程晓璐律师团队全面介入案件的辩护工作。

作为该案的总指挥，程晓璐律师带领团队律师对起诉材料、鉴定报告等进行研究，起初，团队内部的辩护观点、辩护思路还不能形成统一意见，认为"无罪辩护"难度太大，几无可能。经过进一步深入研究，团队终于统一思想——唯有在鉴定上下功夫才会有所突破。

团队律师经过多次会见、查阅专业性极强的行业规范和相关规定，以及与公司技术人员进行有效沟通，对该程序中存在的一些问题再进行深入了解后，形成了三份专业性极强的辩护意见，经与检察官充分沟通，提交书面辩护意见，说服检察官放弃对10年以上重罪的指控，以刚过追诉标准的轻罪提起公诉。检察官阅后认为此辩护意见有其道理，于法有据，于专业亦有理。

后承办此案的检察官在诉至法院时提出一年以下有期徒刑的量刑建议。法院审判阶段，团队律师同意走认罪认罚从宽程序，开庭一周后，法院顺利做出一审判决，判处三人有期徒刑10个月。

2019年8月31日，三人走出看守所当天，给程晓璐律师及其团队送来4面锦旗，以表示感谢。见到程晓璐及其团队律师后，当事人感慨："找到你们代理之前，我们走了很多弯路，花了不少冤枉钱。现在终于明白，寻找专业的律师帮助，提出专业的辩护意见，及时与办案机关沟通，比找任何关系都管用！"

办案心路（四）：现实版"空手套白狼"——"青州恒发案"

近年来被《京华时报》《南方周末》《民主与法制》等杂志及多家网络媒体报道的"青州恒发案"，可以说是"曲折离奇"而又令人心惊。一个上亿元的企业就这样被"折腾"得"半死不活、奄奄一息"。而该案的发生也为广大民营企业家敲响了警钟，在企业经营发展的过程中，一定要擦亮自己的眼睛，并谨防法律风险或应如所说："拥有一个律师朋友，有你意想不到的好处"。

欲了解"青州恒发案"的详情，我们还要从7年前说起。青州恒发化工有限公司（以下简称：青州恒发公司）本是国内最早使用减水剂技术的企业之一，其减水剂技术加快了混凝土的使用效率，其产品广泛应用于高铁、建筑、房产、桥梁等基础设施建设领域，2010年前后其产销已达两亿元，最高年份仅纳税就达2800万元，位居青州市纳税前三名。青州恒发公司股东有王某军、马某松二人，王某军占股80%，马某松占股20%。

2012年，因南方一家公司侵犯其商业秘密导致市场占有率受到影响，此事一直令恒发公司董事长王某军头疼不已，但王某军是个只懂技术不懂权术又不懂法律的人，一心只想着怎样让企业发展壮大。这时，来自湖北的客户（青州恒发公司的下游企业）——武汉某化学有限公司（以下简称"武汉某公司"）的法定代表人奚某（奚某还是当地某化工学院化学专业教师）的出现以及为他描绘的宏伟蓝图令王某军激动不已，并深信奚某教授能够帮助他。奚某教授称自己有很强的政府关系背景，还拥有国内先进的技术可以提供给青州恒发公司使用，两家企业还可以联合上市，并可以协助王某军打击侵权单位等。一直满怀期待的王某军与武汉某公司签订了一份《股权转让协议》（青州恒发公司第二大股东马某松不知情），协议规定武汉某公司支付双方确认股权实际交易对价为8490万元获得青州恒发公司100%股权（此为"阴合同"），但应武汉某公司为避税的要求，双方在工商备案档案里将股权交易对价写为1000万元（此为"阳合同"），更令人无法想象的是王某军在还未收到1000万元股权转让款时，双方即在工商局办理了股权转让备案登记。而武汉某公司在支付王某军1000万元股权转让款后，又再次给王某军"下套"称，武汉某公司要增资扩股，王某军只需支付987万元，即可获得武汉某公司25%股权，成为武汉某公司第二大股东，并担任公司副董事长之职。就这样，武汉某公司实际支出仅仅13万元就获得了一家价值亿元、销售额达两亿元的企业的控制权，"空手套白狼"得逞。

之后的两年间，王某军渐渐觉得：武汉方不仅没有上市的迹象，甚至连改制为股份公司这一企业上市的首要步骤都没有做；武汉某公司也没有给青州恒发带来什么先进的技术，甚至技术上还不如青州恒发公司；当初承诺帮助他打击侵犯青州恒发商业秘密的竞争对手也未兑现，股权款未支付。王某军开始意识到，自己可能上当受骗了。遂开始向武汉某公司索要收购青州恒发公司剩余转让款7490万元，但武汉某公司却要求王某军先缴纳公司当年利润。

王某军这才想到要咨询一下律师，经过咨询才终于判定，确实被武汉某公司骗了，但此时为时已晚，委托发律师函，如石沉大海，后王某军开始起诉武汉某公司要求解除股权转让合同，这时青州恒发公司第二大股东马某松也发现公司股权被非法转让的问题（其签名为他人代签），并将青州恒发公司和王某军诉至法院，要求确认青州恒发关于涉及王某军、马某松向武汉某公司转让股权的股东会协议无效。

武汉某公司自觉形式对己方不利，遂利用其青州恒发公司100%股东身份强行将法定代表人变更为刘某，将营业执照、公章、法人章等做登报挂失处理，并到银行要求将青州恒发公司上亿元资金转走，此时恒发公司财务总监周某华提前获悉此事，周某华认为形势危急，立即向青州公安局控告武汉凯森方诈骗、侵占并请求冻结青州恒发公司账户资金，得到的回复是需要研究汇报案情，不能马上办理。情急之下，周某华遂安排出纳将青州恒发公司上亿元资金转至王某军名下其他公司账户。

双方矛盾开始激化并有愈演愈烈之势，为争夺企业控制权，武汉某公司的员工竟到青州恒发公司拉闸断电，险些造成重大的涉及公共安全的化学物质泄漏事故，后被青州市公安局刑事立案。

一计不成再生一计，随后，武汉某公司以王某军涉嫌挪用资金罪在青州报案，青州公安机关经查属公司间经济纠纷未予立案，但这时武汉某公司却以自己是被害企业为由又在自己的大本营武汉报案。2015年7月，武汉公安机关立案后跨省将王某军及其公司财务总监周某华、财务室工作人员路某抓捕并带至武汉。

王某军失去人身自由后，其子王某刚开始拖人找"朋友"、找律师营救父亲，前后找了多人，花费数千万元，最终仍无济于事。武汉某检察院将案件诉至武汉某法院后，法院认为，此案的发生地在山东，王某军的工作单位在山东，武汉应没有管辖权。最终，案件因管辖权问题数次辗转，湖北省检察院报请最高检指定管辖。2017年4月，最高人民检察院一锤定音，批复湖北检方对此案没有管辖权，要求将该案移送有管辖权的检察机关审查起诉，后案件移交山东青州管辖。因已超期羁押，2016年8月18日，失去自由400多天的王某军等人获得取保候审。

既然王某军等已获得取保候审，且前期青州市公安机关就已经判定两家企业是经济纠纷，未予立案，很多人也都认为青州市检察院应不会将此案诉至法院，但2018年7月20日，青州市检察院却仍依据无管辖权的武汉公安越权办案取得的证据对王某军、周某华等涉嫌挪用资金罪提起了公诉，这时王某军意识到，必须增强律师团队的专业力量，找专业的辩护律师，后经友人推荐才找到程晓璐律师。程晓璐律师介入案件后，向青州恒发公司知情人员等进行细致的调查取证，取得新证据几十份。同时和其他辩护律师一起，对整个案件进行全面分析和梳理，在召开庭前会议时，程晓璐律师整理出9组110份辩护证据并当庭出示宣读，拨开了萦绕整个案件的迷雾，将案件的真相还原，将王某军父子上当受骗的过程一一呈现。在强大有力的证据面前，检察机关最终做出对王某军、周某华、路某三人撤回起诉并做出不起诉的决定。

之后在青州恒发公司恢复王某军为法人代表身份问题上迟迟没有进展的情况下，程晓璐律师又带领团队律师多次与法院、工商部门交涉，提交专业法律意见，2019年7月31日，青州恒发公司法定代表人终于恢复为王某军担任，但此时的恒发公司早已失去了往日的繁华与辉煌，多套因停用几年而锈迹斑斑的设备默立在风中，似乎在诉说着它们几年来的凄惨遭遇。现程晓璐律师仍带领团队律师进行着后续的法律服务。

一位刑辩女律师的公益之心

程晓璐律师是一个特别喜欢分享的人，在检察院时她每年都要求自己将办过的案件、心得、体会以及所思、所想、所悟等进行总结和发表，其间在《中国刑事法杂志》《人民检察》等权威期刊发表专业文章 50 多篇，辞职从事律师职业后，她还会将一年的工作总结、每一案件的办案心得、体悟等进行提炼、分享。

程晓璐律师总结的无罪辩护十五字决：找漏洞（否定控方证据）、织新网（讲好辩方故事）、戳痛点（直指控方最薄弱环节）、揭真相（往往具有颠覆性，釜底抽薪）、扭乾坤（无罪辩护成功），可谓字字珠玑，并在业界得到普遍认可。

近年来，程晓璐律师一直担任中国人民大学实践课程的授课老师，还积极组织和参加行业内的座谈会、论坛、沙龙等，为律师行业建设、为青年人搭建学习、共享和发展的平台。

2019 年 1 月 19 日，德恒律师事务所刑事专业委员会（以下简称“德恒刑委会”）成立暨 2019 年年会在德恒北京总部成功举行，作为德恒刑委会的副主任兼秘书长，可以说程晓璐律师为德恒刑委会的成立和品牌建设以及未来发展规划付出了极大的心血。特别值得一提的是，由北京市西城区律师协会刑事专业研究会和德恒律师事务所刑事专业委员会联合主办的“四季刑辩课堂＆刑辩沙龙大家谈”“德恒刑事讲堂”已成为律师界一张闪亮的名片。组织这些活动很辛苦，且没有任何收入，但程晓璐却乐此不疲、不遗余力。

一位刑辩女律师的理想和情怀

除刑事辩护与代理等工作外，程晓璐律师还与团队律师为多家知名国企和民营企业提供了刑事法律风险防范专项服务。一方面，应客户之邀，深入企业进行“望闻问切”，面对面把脉，为企业进行合规“体检”。2018 年年初团队律师一行八人深入南方某医药上市公司进行了上述刑事法律风险的排查工作，最终形成专门针对该企业的 10 多万字的刑事法律风险防控指引；另一方面，邀请企业家聆听公益讲座，先后组织、策划“‘一带一路’倡议下企业法律风险防范高峰论坛”“金融安全视角下的企业刑事风险防范”研讨会、企业产权的刑事司法保护研讨会等，其本人还受邀到温州商学院“亲清政商学堂”为当地企业家和官员讲授刑事风险防范课程。

当笔者问及程晓璐律师作为前检察官、现刑辩女律师，对于法律人的未来有哪些想法和建言时，程晓璐律师道："现在司法改革大环境很好，对律师的发展比较有利。实际上我们现在强调的是法律职业共同体的建立，法官、检察官、法学家和律师都是法律职业共同体的一员。在追求法治进步的出发点和社会公平正义的价值目标是一致的，即对公平、正义、良知的充满激情并妥善表达。亦如沈德咏大法官所讲的‘律师是法律职业共同体的重要一员，是人民法院的同盟军，是实现公正审判、有效防范冤假错案的无可替代的

重要力量。’当前，形成法律职业共同体也正成为我国法治社会生活的内在要求。而在法治化建设的道路上，我们每一个法律人都不是旁观者，每一个法律人都肩负着筑牢法治大厦的重任，每一个法律人都是见证者、亲历者和参与者。所以，法律职业共同体的建立需要消除门户偏见，如此，法律职业共同体的真正建立不远矣！这就是我作为一个法律人的理想和情怀吧！或许，这也是我们所有法律人的理想和情怀！"

后记

程晓璐律师说："女人要活得幸福，坚强而不强势是第一要素。别具魅力的优雅和令人叹服的气质，要靠时间的沉淀和自我内心的修养才能历久弥香。做内心强大却不强势的自己，努力充盈自己的才华，这样才可以活得更加从容、漂亮。总之，你若盛开，蝴蝶自来；你若精彩，天自安排！"

亦如我们开篇所言，体验百味人生，莫过于刑辩律师。从山东菏泽到首都京城，从主诉检察官到刑辩女律师，程晓璐用不同的选择体验着、丰富着自己的人生，而每一次选择都是那样冷静和从容，尤其在刑辩的道路上，她更将自己的人生演绎的精彩纷呈，她用法律的阳光既照亮了他人，也温暖了自己。

最后，还是让我们用程晓璐律师的诗句来结束今天的访谈吧。

出差夜归

作者：程晓璐

人生，就是一场修行
目的不重要
享受的是过程
修行的是心灵
不是每一次开花
都会有结果
不是每一次微笑
都会是欢愉
不是每一片阴云
都会下雨
不是每一次雨后
都会有彩虹
身边的每一处风景
都充满着期待
将心窗打开
让阳光进来
用一颗感恩的心
去面对现在与未来
这世界终会充满希望与爱

是啊！人生，就是一场修行，目的不重要，享受的是过程，修行的是心灵……让我们祝愿程晓璐律师在未来刑辩的道路上收获更多的彩虹，更多的风景，书写更加精彩的人生！

中国律师应为构建人类命运共同体肩负起维护国际贸易秩序的历史使命

——访锦天城律师事务所北京分所主任傅东辉律师

编者按

我国自 1978 年实施改革开放至今已走过了 40 多年的历程。回首过去，40 多年来，我国经济的发展从"引进来"到"走出去"，再到既要"引进来"又要"走出去"双重并举的全面融入世界的经济体系中，虽历经无数风雨，但硕果累累，取得了令世界瞩目的巨大成就，成了世界第二大经济体。尤其在 2001 年中国加入世界贸易组织（WTO）后，中国产品不断走向世界，"中国制造"（Made In China）的标识也更多地出现在世界各地。虽然贸易摩擦在逐渐加剧；虽然中国已经连续 20 年成为全球遭遇反倾销、反补贴调查最多的国家，但中国产品已经受住了国际贸易救济的严峻考验，正在从制造业大国向制造业强国转型，从贸易大国向贸易强国转型。这些成就显然离不开一大批奋战在应对贸易摩擦最前沿的中国贸易救济专业律师，离不开律师精英的不懈努力。

走近傅东辉律师

今天我们采访的主人公——锦天城律师事务所北京分所

主任傅东辉律师就是我国最早从事国际贸易法和坚持积极应对反倾销的律师之一。据了解，傅东辉律师自 1990 年以来一直从事国际贸易法的法律实践，并曾为中国外经贸部贸管司担任中欧纺织品贸易谈判法律顾问达 10 年之久，他还曾在中国反倾销立法初期为条法司担任多年反倾销法律顾问，参与了中国反倾销制度的建立。

近 30 年来，傅东辉律师代理应对了大量国际贸易救济案件，包括反倾销、反补贴和保障措施案以及 WTO 争端案件，为中国企业全球化开拓屡建奇功，创造了一系列经典案例。尤其在应诉欧盟反倾销、反补贴的案件中，他曾为 17 家企业获得零税率，在 32 起案件中取得无损害胜诉，取得 5 起案件价格承诺，扭转了多年来在欧盟反倾销中败多胜少的局面，大大丰富了中国企业应诉获胜的成功经验。其中自行车零部件案、棉坯布案、三大箱包手袋案、节能灯案、彩电案、柠檬酸案、数据卡案、光伏产品以及紧固件案都已成为著名的经典案例。

多年来，傅东辉律师所取得的高胜诉率获得了广大客户、企业的高度评价，创造了代理反倾销应诉胜诉的最高纪录，并在欧盟反倾销案中为 26 家中国企业夺得了最多的市场经济地位。

忙碌之余，傅东辉律师还出版了《论贸易救济》（中国法制出版社，2015 年），合著出版了《WTO 多边规则与反倾销中规避制度研究》（民主与法制出版社，2006 年），《WTO 多边规则与反倾销立案研究》（同济大学出版社，2009 年），以及《多哈回合反倾销反补贴规则谈判研究》（法律出版社，2011 年），并提出了贸易救济双赢论、贸易救济合作论、贸易救济反制论以及规则强国论等学术性观点和政策性主张。

近年来，随着世界多极化、经济全球化、社会信息化、文化多样化的发展，尤其中国和平崛起在国际上影响力的不断增大，使得国际格局、国际体系和秩序正在发生深刻改变。中国声音越来越多地受到国际社会的理解、响应和支持。党的十九大报告指出："世界正处于大发展大变革大调整时期，和平与发展仍然是时代主题。人类生活在同一个地球村，各国日益相互依存、命运与共。没有哪个国家能够独自应对人类面临的各种挑战，也没有哪个国家能够退回到自我封闭的孤岛。世界各国更需要以负责任的精神同舟共济，共同维护和促进世界和平与发展。"

作为长期从事国际贸易理论和实务研究的傅东辉律师说："当前，我国正面临一个前所未有的、全新的、复杂的国

际贸易新形势，可以说是机遇与挑战共存，中国律师应为构建人类命运共同体肩负起维护国际贸易秩序的历史使命。"

采访中，傅东辉律师谦和而又坚韧的性格深深地影响着笔者，他心系家国天下的情怀更令笔者钦佩不已，而面对笔者盛赞，傅东辉律师却说："我之所以能够为中国在应对国际反倾销上取得成功突围，不是我在 WTO 法律体系上有多大学问，而是依靠了《实践论》和《矛盾论》，《实践论》指导我们用实践去应对新挑战，《矛盾论》指导我们用辩证法去战胜强敌，毛泽东哲学思想的实践性和辩证法指引着我整个职业生涯，是中国能够超越西方的法宝。"

很早就想采访这位在反倾销领域声誉卓著的律师，因其本人一直坚持高标准做事，低调做人的风格，故一直未能如愿。2019 年，正值他带领锦天城律师事务所北京分所迎来 15 周年，借此，笔者采访傅东辉律师的夙愿也终于达成。我们希望主人公能将自己的人生经历、律师生涯、心理路程以及他们那一代人的所思、所想、所悟分享给广大读者，以期分享他们心系家国的情怀与梦想，传承他们不懈奋斗的意志和精神，汲取中国人屹立于世界的智慧和力量。

北宋杰出思想家范仲淹在《岳阳楼记》中这样写道："居庙堂之高，则忧其民；处江湖之远，则忧其君……先天下之忧而忧，后天下之乐而乐……"或许，此千古绝句已对傅东辉律师的人生做了最好的诠释。多年来，为中国企业争取平等的国际贸易地位，已成为傅东辉律师为自己确立的历史使命。

缘起

20 世纪 60 年代中期，正赶上我国准备恢复联合国合法席位，彼时教育部在北京、上海、广州等一线城市成立了多所外国语小学（以下简称"附小"）。1965 年，傅东辉曾进入附小学习德语，自此，播下了心系天下的种子。1971 年，中华人民共和国恢复在联合国的合法席位；1972 年，美国总统尼克松访华，周恩来总理陪同尼克松总统在上海签署了《中美上海公报》，开启了中美关系正常化。当时，傅东辉作为中学生代表在上海虹桥机场参加了迎送仪式，近距离见到了敬爱的周总理，这为他日后投身国际事务构

筑起了一个美丽的梦。

远渡

20 世纪 70 年代末 80 年代初，中国改革开放，带动了最初的出国留学潮。刚从复旦大学外语培训班毕业分配到同济大学任教的傅东辉，没有马上赶潮流出国留学，而是选择考入华东政法学院读法律研究生，毕业后又留校任教，完成了由外语专业向法律专业的转化，并在 30 周岁那年踏上了奔赴比利时学习欧共体法的海外求学之路。

征战

在比利时布鲁塞尔自由大学研读欧共体法硕士期间，傅东辉研读了自由贸易理论和欧盟贸易救济理论，后来一次偶然的机会，在中国驻欧共体使团经商处的招待会上，国内行业协会急于寻找代理反倾销案件的律师，这使傅东辉有机会于 1990 年进入布鲁塞尔一家美国律所工作从事反倾销法实践，后又转入欧洲知名的反倾销专业律所协助律所合伙人为中国企业代理反倾销应诉。傅东辉律师坦言，由于欧盟对中国产品反倾销时适用"替代价"，在其协助律所合伙人代理的最初两起反倾销案结果并不理想，难免感到沮丧。

但没有想到，天道酬勤，傅东辉律师独立代理的第三起反倾销案（猪鬃油漆刷再调查案），出现峰回路转，一举赢得胜诉，当年《中国国际商报》还对此作了特别报道。可别小看不起眼的小小猪鬃油漆刷，在改革开放初期却是中国低档出口的"拳头"产品，涉案出口金额达 2000 万美元，按照当时中国对外经贸部的标准，属于大案要案，涉及中国几十家土畜产品出口企业。该案原审调查被欧盟征收重税，德国进口商诺拉公司认为征税不公向德国法院起诉，该案转到欧洲法院。欧洲法院裁定此案征税不公，理由是"替代国"斯里兰卡的替代价比欧盟猪鬃油漆刷价格还高，不具真实性。因为，斯里兰卡并不生产天然猪鬃，斯里兰卡人是穆斯林根本不养生猪也不吃猪肉；斯里兰卡的天然猪鬃也都从中国进口，然后再在当地简单加工成油漆刷，若不是斯里兰卡两家猪鬃油漆刷企业形成垄断价格，斯里兰卡猪鬃油漆刷的价格也不可能高过欧洲价格，按此推理，中国猪鬃油漆刷就不可能构成倾销并造成损害。欧盟调查机关一方面不得不接受法院判决，另一方面又发起再调查，以图抵消法院判决，再征重税。傅东辉律师根据分析，为中方提出了关键性抗辩意见：根据欧盟调查机关重设的再调查期，中国猪鬃油漆刷被征收了不公正的高额反倾销税，价格受到不公正的抑制。但正因为欧盟征税不当，调查机关就应以欧盟完税价格来认定再调查期间中国猪鬃油漆刷是否存在损害性的削价。最终，欧盟调查机关不得不接受中方的抗辩，结束再调查予以不征税。最终使得当时中国的这项"拳头"出口产品免遭不公正的反倾销税，拯救了几十家中国土畜产出口企业。这是傅东辉律师相对独立经手的一个案件，一个人要协助中国 13 家出口企业填写再调查答卷，核对数十万笔交易。但该案证明，虽然欧盟对华反倾销适用歧视性的"替代价"，但

中方仍能凭借反倾销其他条款维护自己的合法权益。"只要对案件事实研究透彻，对证据材料准备详尽，对规则运用娴熟灵活，那么任何一个案件都可能找到克敌制胜的突破口。"傅东辉律师道。

该案的胜诉大大增强了傅东辉律师应对反倾销诉讼的信心。"在反倾销案的诉讼中，我们一定要敢于应诉和积极应诉，并根据行业或企业的实际情况认真研究和钻研个案情况，在每一个案中找到该案的特殊线索和突破口。'要想知道梨子的滋味，必须要亲口尝一尝……'就是这个道理。"傅东辉律师强调道。25年后WTO争端紧固件案的全胜，也遵循了这条规律，可谓殊途同归。

归国

进入21世纪以来，中央提出要大力吸引海外高层次人才和急需紧缺人才，实施更加开放的人才政策。于是，在出国潮蔚然成风的同时，回国的人也在与日俱增。这无疑对傅东辉律师的归国产生了积极影响。但当时促使傅东辉律师回国从业的直接原因，却是因为国内业务过于繁忙，海外工作人手远远不足。傅东辉律师回国出差的频率从平均每两月一次，达到平均每月一次，乃至平均每月两次，最后只得在北京长期住在酒店包房，回欧洲的间距越拉越长，最终促成他回国。

2003年年末，已经在外国长期定居的傅东辉律师从业务发展需要出发，决定顺应中国经济的崛起回国发展，同时，他也把西方律师反倾销业务的专业强项带回了中国。经过考察、酝酿和各种尝试，傅东辉律师最终与有着深厚"海派文化"积淀的上海市锦天城律师事务所一拍即合，短暂筹备后，2004年年初，锦天城律师事务所北京分所正式取得执照宣告成立，这是当年中国第一家反倾销、反补贴专业律师事务所，傅东辉律师为中国拉起了一支二十多人的专业"双反"队伍。从此，中国企业应对国际贸易救济一直由外国律师代理为主，中国律师为辅的常态，转向由中国律师为主，外国律师为辅的历史性转变。2011年，傅东辉律师等10位海归律师被北京市律师协会评为"北京市十佳留学归国律师"，这对于回国创业的海外学子应是最大

的褒奖和鼓励，对于傅东辉律师而言亦是实至名归。

截至2019年，傅东辉律师带领锦天城律师事务所北京分所全体同仁已经由一家以国际贸易反倾销、反补贴领域为主的专业律所发展成为一家拥有25位合伙人，注册律师达67名（截至采访时），全所工作人员合计120余人的专业突出的综合性律师事务所。其业务范围涵盖国际贸易和WTO相关事务、金融信托、证券与资本市场、公司并购重组、跨境投资、私募基金、产业基金和风险投资、房地产和建设工程、诉讼仲裁、反垄断、知识产权和航空法等众多领域。北京分所连续数年被全球知名的商业律师评级机构《钱伯斯亚太法律排名》评为"国际贸易法领域的领先律师事务所"。

回首归国至今的15年的历程，作为领头人的傅东辉律师可谓感慨万千。"要赢一个案子实在太难了！15年来，我们每代理一个反倾销案件都要把所有精力投注到工作上，不能有任何松懈和懈怠，我们的目标就是要为中国保持一支世界顶级的专业反倾销、反补贴律师团队，做'中国制造'和中国企业走向世界的保驾护航者。"傅东辉律师说。

WTO紧固件争端全胜案

在傅东辉律师的履历中，对于诸多反倾销案件媒体已高度关注和报道，在此我们不再一一赘述，而首起"WTO紧固件争端全胜案"，笔者以为，应需我们多一点思考和借鉴。

2007年，欧盟对中国出口碳钢紧固件发起反倾销调查，否定了所有中国紧固件企业的市场经济地位，并确定征收平均77.5%的反倾销税率。如此高额的税率导致我国国内紧固件生产企业订单锐减，利润严重下降，一些紧固件工厂甚至倒闭，大量工人失业，整个产业面临灭顶之灾。

傅东辉律师认为欧盟的裁决有失公允，为了维护中国企业的切身利益和尊严，傅东辉律师代表中国紧固件产业请求中国商务部向WTO争端机制起诉，并提交了起诉方案，得到了中国商务部的大力支持。中国商务部于2009年7月要求WTO设立专家组，2011年7月上诉机构裁决中国小胜，要求欧盟执行。傅东辉律师继续代表中国紧固件产业和企业，在欧盟执行调查中，派出律师赴印度本地调查取

证，迫使欧委会接受部分证据并下调税率，为后续 WTO 争端执行之诉铺平了道路。2013 年 10 月，经傅东辉律师代表中国紧固件产业再次请求中国商务部向 WTO 争端机制提出执行之诉，并提交了执行之诉的方案，商务部再次向 WTO 提出执行之诉，要求欧盟全部撤销对中国紧固件的反倾销税。2018 年 1 月 WTO 上诉机构支持了中方所有 6 项诉由，裁定欧盟全败，一个月后，欧盟正式撤销对中国紧固件的反倾销税，历时 10 年的中欧紧固件反倾销案之争终于落下帷幕。傅东辉律师在其两篇代表作中详细论述了 WTO 两轮争端程序中的"突破"方案和"制胜"策划，为中国赢得 WTO 多边争端立下了里程碑，两文题目分别是《中国诉欧盟紧固件案对反倾销非市场经济规则的突破》和《通向 WTO 的胜利之路——论中国诉欧盟紧固件案全胜的意义》。

媒体曾这样评价此案"紧固件案是自 1979 年至今 40 年来中国首次向 WTO 挑战欧盟滥用替代国并获胜的案件"。

坚守

从事贸易救济执业近 30 年，养成了傅东辉律师对国际经贸形势变化的关注度与敏锐的判断力。针对美欧拒绝在中国加入 WTO15 年之后履行终止对华适用"替代价"的承诺，针对美国发起贸易战的严峻局势，傅东辉律师发表了一系列文章，提倡多边规则和单边规则并重，从国际贸易法专业角度提出了中国律师的方案，其中《论中国非市场经济地位和替代国规则的"毛"与"皮"》《论西方法学界主流观点对中国非市场经济地位"日落"的共识》和《论如何从 WTO 法上挫败特朗普的贸易战》等，在当前国际风云变幻，中美贸易谈判前景不明的复杂形势下，发挥着中国律师的国际作用，并正推动中国贸易救济律师业务范围的多样化，为构建人类命运共同体肩负起维护国际贸易秩序的历史使命。

寄语青年

落后就要挨打，同样，经济落后、规则落后、思想落后就会被人"鞭笞"，无论是反倾销调查中的"替代价"适用，还是美国"337""301""232"调查，都是西方利用多边规则的漏洞和单边规则的歧视抵制中国崛起。我们这一代人已经完成了从韬光养晦到大国崛起的历史进程，已经从习惯上的国际规则接受者，转向国际规则的制定者，使中华民族屹立于世界民族之林。习近平总书记提出的"构建人类命运共同体"体现了一个大国的胸襟和魄力。青年一代一定要抓住中国的发展机遇，全心投入和努力参与到中国与世界发展的大潮中，在国际法的众多领域要成为行业的引领者和规则的制定者。

后记

人无精神则不立，国无精神则不强。一个人若没有精神，就没有激情和奋斗的力量，就难以有所作为，生命也将失去存在的价值和意义；而一个民族若没有精神，就如人失去了脊梁，不能自立和自强，在国际上就会遭受歧视以及不平等待遇甚至挨打。一个人只有精神上强大了才能真正强大起来，才能获得他人的尊重，一个国家、民族亦然。

"中国人要想立于世界之林，不仅仅是法律和规则问题，更是精神问题，我们要让规则充满精神，增强中国在国际规则制定中的话语权。"傅东辉律师道。

多年来，傅东辉律师为中国企业取得一个又一个反倾销案件的胜诉，为中国企业拓展海外市场可谓殚精竭虑，他也成为中国和平崛起的一个积极参与者和贡献者。

最后，让我们祝愿傅东辉律师和锦天城律师同仁，在未来的岁月里，继续肩负新时代法律人的责任和使命，为中国在国际舞台上鼓与呼，为构建人类命运共同体肩负起维护国际贸易秩序的历史使命。

做一个善良的法律人

——访北京市北斗鼎铭律师事务所高级合伙人、管委会成员顾卓巍律师

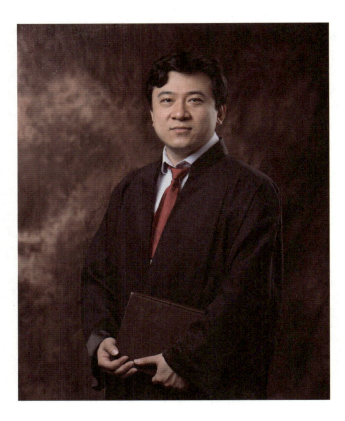

编者按

"善良的心是最好的法律"已成为法律界的至理名言，因为善良的心可以打动人、感化人、温暖人、教育人乃至挽救人，因为善良的法律人总会用心传递法律的正能量与司法的温暖。笔者以为，善良应是一个法律人的应有之德，更是立法的应有之义；善良是在每一纠纷案件中运用法律手段化解分歧、息诉止争；善良是在每一法律项目中尽心尽力、勤勉尽责，并最终使问题、难题、纠葛得到妥善解决。当然，善良的法律人也不能逾越红线，超越法律底线，要在法律的框架内维护当事人合法权益，维护法律的正确实施，维护社会的公平与正义。

本文主人公——北京市北斗鼎铭律师事务所高级合伙人顾卓巍律师，无论是在公司担任高管，抑或是在律师事务所担任负责业务的管委会成员，还是代理诉讼案件、担任非诉讼项目的律师以及企业的法律顾问，他都将善良二字铭刻在自己的内心，用一颗善良的心为当事人、为各个法律项目、为企业的经营与管理出谋划策，力求将所有问题

和难题解决。有的涉及分歧较大的案件，他总是既站在己方立场，又站在对方立场考虑，力争撮合或达成和解。用他的话来讲就是："不要把金钱花在无谓的律师费用上。"然而，正是因为他不求一时的律师费，从而更赢得了己方客户乃至对方客户的高度认可，当针锋相对的双方经过协调、磋商，最终握手言和时，他们知道，他们更要感谢的是顾卓巍律师。

今天，让就让我们走近顾卓巍律师，从他的人生履历中去探究和学习，他是如何用一颗善良之心经营自己的法律人生的吧。

印象

"聪明但不狡诈，理性并非无情"前半句是顾卓巍的老师给自己的评语，而后半句是顾卓巍自己加上的评判。他说："律师需要有严谨理性的法律思维，但也需要有人文情怀。如果非要让我用某种动物来形容自己，我认为空中盘旋的鹰有些合适，目光敏锐，捕捉到要点绝不松手。"

在笔者看来，顾卓巍律师是一个有故事且历经无数风雨的法律人，当然他的脸上并非写满了岁月的沧桑，而展现的是曾经沧海后的从容与淡然，是见识深刻、待人真诚的正直与良善。

当一个人的内心充满了善良，那么他的灵魂都是富足的、快乐的、积极向上的，越是身处逆境，他越是能迎难而上，活出更加笃定、执着、崭新的自我。顾卓巍律师就是这样的一个法律人。生活中，他是朋友眼中可以托付要事的人，在家中他是孝顺长辈，让家人骄傲的好儿孙；工作中他又是追求卓越、精益求精的法律匠人。所以多年来，他没有丢过一个客户，也未失去一个朋友，客户日渐增长，朋友也越来越多。多年来客户成了朋友，朋友又带来更多客户，他们相互成就的同时也见证着彼此奋斗的脚步与拼搏的辉煌，客户间、朋友间可谓不离不弃、共同成长。

饱经风雨的人生

顾卓巍出生书香门第，父母均受过良好的教育。父亲是一名教育工作者；母亲年轻时是北京地区学生领袖，还曾受邀参加国庆观礼。

对顾卓巍的人生影响最大的莫过于将他带大的姥姥了。姥姥在民国时期上的教会中学，较早地接受了现代西方教育思想，后又毕业于高等师范专科学校，是那个时代鲜有的女大学生。时至今日，顾卓巍仍非常怀念那个在他生命中最重要的人——姥姥，以至于当自己一个人安静时每每想起，每每思念。

母亲曾被保送清华，后因姥爷家庭原因未能去成，但母亲没有向命运低头，无论在哪个岗位她都是那个最努力、最刻苦的人，母亲的勤奋刻苦、豁达干练对于顾卓巍爱学习、喜思考的习惯养成起到了耳濡目染、潜移默化的影响。至今，母亲已70多岁高龄，但她却依然未改刻苦勤奋、上进要强的性格，一直活跃在工作岗位上。

20世纪60年代，父母作为知青到山西插队，儿时的顾卓巍随着父母过着颠沛流离的生活，因长时期在外地经历无房可住的窘境，所以顾卓巍在高考填报志愿时填写的全部都是建筑类专业。"安得广厦千万间，大庇天下寒士俱欢颜"是顾卓巍那时的人生理想。之后，顾卓巍考取了建筑类专业，彼时正赶上全国房地产行业的飞速发展，顾卓巍先后进入两家国有建筑房地产开发公司工作，10年间全程参与了包括奥运项目在内的数个大型项目的开发与施工管理，积累了丰富的建设施工与房地产开发经验。奥运会结束后，进入而立之年的他在建筑地产领域正处于上升通道的时候开始思考未来的人生，世界将会怎样？自己将会怎样？看不清未来是可怕的，看清未来也许更可怕，因为他深知那不是他要的人生。

他要重新建立一套更适应未来发展的知识结构，也要选择一条更加朝阳的职业道路，他选择了律师职业方向，这是一个可以用自身的专业知识帮助他人，成就自我的工作。

"人生两杯酒，一杯甜酒，一杯苦酒，看你先喝哪一杯，我觉先苦后甜更好一些。"顾卓巍律师深有感触地道。

世上没有白受的苦难，也没有白受的罪。在艰难困苦中他更能感同身受基层百姓的疾苦，或许，这也是他为何总有一颗悲天悯人的心的缘故吧。

执业生涯第一案

前文有言，"善良的心是最好的法律。"笔者以为，拥有一颗善良的心的法律人，就是最好的法律从业者，顾卓巍律师就是那个心地善良的中国律师，我们从其代理的案件和服务的项目中即可见一斑。

律师不是创造真理，而是拨开掩盖真理的层层迷雾，还原事实和真相。

——顾卓巍

顾卓巍律师首先与笔者分享了他刚进入律师行业，还在实习期以他为主办理的第一起案件。这起案件是朋友的一起交通事故案，虽已过近10年，但他对该案每一个细节的陈述让笔者感觉仿佛是昨日刚发生的。而在此案中，他将律师应具备的素质发挥得更是淋漓尽致，或许，顾卓巍就是为做一名执业律师而生的。

2010年，朋友作为驾驶员，开车正常行驶中突与一骑自行车横穿马路的老人发生碰撞，老人随即倒地昏迷，后被送往医院抢救，因勘察事故现场后，交警无法判断老人是推车过马路还是骑车过马路，因此无法做出事故责任认

定。双方发生争议，诉至法院，如果驾驶员一方无法证明老人是骑车过马路，则要承担事故的全部责任。该起交通事故所处位置未安装监控，也没有目击证人。机动车驾驶员只能求助律师。被撞老人辗转了三家医院才逐渐康复，其间产生的各种费用也与日俱增，早已超出车险保额。

如何证明老人骑车过马路的事实是本案的关键，顾卓巍相信当事人不一定对法官讲实话，但病人会对医生讲实话，因此顾卓巍向法院申请调查令，向三家医院调取受害人的诊断病例。最终，他在病例中一个很不起眼的地方发现被撞老人在第二次入院期间向医生陈述病情时称是自己"骑"着自行车横穿马路。开庭期间，无论是对方律师，还是被撞老人家属仍坚称是"推"着自行车过马路。然而，早有准备的顾卓巍并未打断，而是耐心地倾听对方的发言。待对方发言完毕，顾卓巍才拿出医生诊断记录，在强大的事实和证据面前，对方再也无法自圆其说。最终，法院判决被撞老人也要承担事故的部分责任。

通过此案我们不难看出，顾卓巍律师用他独到精湛的方式和坚持依法取证还原了案件的事实和真相，他将一名优秀律师的缜密思维、细致办案以及洞察秋毫的能力和庭辩技巧运用自如且发挥得淋漓尽致。

律师要有一颗悲天悯人的心

已经拿到律师执业证的顾卓巍到北斗鼎铭律师事务所执业不久，一个20岁左右的农民工找到了他，在耐心听完小伙子的悲惨经历后，他没有让年轻人走司法援助程序，而是自己直接免费代理此案。

原来是这个年轻人操作的机器失灵后他双手的九根手指被机器铡断，虽然断指已经接合，但双手已严重变形，基本丧失劳动能力。年轻人与所任职工厂没有劳动合同，也没有任何证据证明他与工厂存在劳动关系，当然工厂也没有给他缴纳任何社会保险，所以他无法得到应有的工伤赔偿。

代理这样的案子其艰难程度可想而知，但当顾卓巍看到这样一个生活陷入深渊，又维权无望的年轻人就在他眼前时，心中不免涌起了强烈的同情心，遂决定全程免费代理此案。而实际的办案过程比先前预料的还要艰难，证据的缺失，对方的阻挠使得这个案件数度陷入困境，从确认劳动关系的劳动仲裁、一审、二审，再到索赔的劳动仲裁、一审、二审直到最后的强制执行历经合计七个法律程序，历时两年零六个月，但顾卓巍最终为年轻人赢得了官司，拿到了应得的赔偿金。

"这个案子让我不免有些感慨，虽然我们这个社会很多时候违法成本太低，维权成本太高，但律师可以通过我们的善举体现法律的人文关怀，作为新时代的中国律师更要有一颗悲天悯人的心。"

技术派律师推翻"以鉴代审"案

进入21世纪以来，随着我国城市化建设进程的加快，

房地产行业迎来了快速发展时期，而与此同时建设工程类纠纷案件也出现井喷式增长。在很多建设工程结算纠纷案件中，建设单位与施工单位往往因无法自行对建设工程最终结算金额协商一致而诉诸法院，建设工程结算金额的确定因涉及专门性、技术性问题，法院一般会委托专业的鉴定机构进行建设工程造价鉴定，如此，鉴定机构所出具的鉴定结论就成了法院确定工程结算金额的重要依据，而确有很多法院在审判时不对各方提交的技术资料的证据有效性做出判定，直接依据鉴定结论进行裁判，这即是典型"以鉴代审"。同时此类案件对各方代理律师也提出了很高的要求，要求代理人既要懂法律，又要懂技术。而作为专业学习建设工程技术，又在工程现场摸爬滚打多年的顾卓巍律师，对此类案件自然了然于胸，游刃有余。以下案例，就是一起"以鉴代审"侵犯施工单位权益的典型案件。

某省建筑公司作为原告向某省房地产开发龙头企业主张1000余万元工程款，而一审法院判决依据鉴定机构出具的鉴定报告仅支持80余万元。如何突破一审判决，这对二审律师是一个极大的考验。

二审开庭前该建筑公司在北京寻找既懂技术又懂法律的专业律师，经过多方比较和甄选才终于找到顾卓巍律师，而这时离二审开庭却不足20个工作日，要将一大箱案件材料全部看一遍就需要一周时间。于是，顾卓巍律师足不出户，加班3天3夜，终于将所有案件材料整理完毕。

二审开庭，顾卓巍律师聘请的全国知名地基基础专家作为专家辅助人到场，省高级人民法院一号大法庭座无虚席，省高级人民法院领导、法官悉数到场观摩。作为建筑公司二审代理律师，顾卓巍律师在对鉴定人员进行询问时，设计了一系列环环相扣，层层递进的问题，最终证明鉴定人员完全弄错了本案中鉴定的桩基类型，采用的鉴定方法有误，因此作为一审判决所采用的关键的证据被当庭"废"掉，二审因此发回一审重新审理。顾卓巍律师的专业和对案件的专注度受到主审法官与法院领导的高度评价。后经过重审一审、二审，历时4年，把原审给付80多万的工程款改判为给付800多万而最终获得大胜。

与客户、企业共同成长

顾卓巍律师认为只有具有企业经营管理能力的律师才能为企业提供全方位的、切实可行的法律意见。如今他已成为企业风险把控与经营活动中的法律专家，成为企业重大决策的智囊高参。所以从事律师执业以来，没有流失过

一个客户。他说他的理念就是竭尽所能为客户着想，想客户之所想，忧客户之所忧。多年下来，客户也都成了他的好友和合作伙伴，见证着彼此的成长。

与时俱进，开创未来

顾卓巍律师除在房地产开发、建安施工、房地产投融资、新能源开发与建设、资本市场业务、股权交易等领域提供专业的法律服务外，他还为多家政府部门、上市公司、知名企事业单位提供专业法律服务、为企业的投融资提供法律意见。尤其近年来，他更是紧跟时代步伐，深研政府工作报告以及未来政府规划，在涉及企业破产重整领域亦建树颇丰，为国家不断提升营商环境做出自己的贡献。

"现代企业的需求都是多元的、综合的，每一个时代都有每一个时代的经济领头羊，过去20年，我国大举推进城市化建设，房地产一直是国家经济的支柱产业之一，但随着科技的进步以及国家深化改革和'一带一路'等经济方针的推进。未来，一定是以科技创新引领时代发展。作为新时代的中国律师，一定要顺应潮流、抓住契机，在未来的国家经济建设和发展中不断提升自我，为国家、社会的发展贡献力量，做一个不负这个大时代，勇敢迎接未来、开创未来的中国律师。"

后记

雨果说："善良是历史中稀有的珍珠，善良的人几乎优于伟大的人"。中国古人也讲："人之初，性本善"。顾卓巍律师就是这样一个善良的法律人，他不会为了金钱泯灭自己的良心，他亦不会为了利益欺骗他人的信任。他对人真诚，心怀感恩；他助人为乐，克己奉公；他心胸宽广，任劳任怨；他阳光乐观，积极进取……

身为老党员，他经常教导所里的年轻人一定要做一个好人，承载社会责任，绝不能给社会制造麻烦而要想方设法为社会解决麻烦，这才是律师的职责所在。时至今日，只要他在律所，就会告诉前台，如有当事人上门咨询案件，若没有律师接待，可以将当事人引到他的办公室，当然，他是不收取任何费用的。

在顾卓巍律师多年的人生履历中，面对艰辛，他不屈不挠、勇往直前；面对困难，他积极进取、执着坚定；面对棘手案件，他追求卓越、精益求精。只要他认准的目标就不会半途而废，势必坚持到底。

在人生的道路上不断挑战自我和超越自我

——访北京市嘉源律师事务所创始合伙人郭斌律师

编者按

在采访郭斌律师之前，我只知道他是一位执业30多年，已过耳顺之年但仍在证券法律领域乐此不疲地工作着的老法律人。深入采访后，我为他的人生经历所惊叹。他17岁即随铁道兵在秦巴深山修建战备铁路——襄渝线；曾在中华人民共和国第一条电气化铁路线上当了10年的电力机车副司机、司机，成为当时全路最年轻的机车司机；当上机车调度员时，是当时全路最年轻的机车调度员；当上铁路分局安全监察室副主任时，又是当时全路56个分局中最年轻的；在工作期间，还成为"文革"结束后，最早的兼职律师；年满40岁，正当工作风生水起之时，突然华丽转身，由"体制"内辞职"下海"，成为较早迈入证券法律领域的专职律师；他在证券领域勇于探索，做出了很多创新的案例。这样的人生经历，实在是令人眼花缭乱，惊叹不已。我带着好奇心，开始探访郭斌律师走过的人生道路。

印象

某日午后，笔者一行依约来到北京某上市公司的会议室。今天的主人公已经参加了半天的会议，而在采访中，我们看不出被采访者有丝毫的疲态。他思路清晰、侃侃而谈，回忆起数十年前的人生经历，仿佛是昨天刚发生的事，很多故事是那样的感人，是那样的令人回味无穷。

有人说，中国的"50后"是经历坎坷最多的一代人，也是最经得起折腾、最乐观的一代人。在他们的人生经历中见证了中华人民共和国站起来、富起来、强起来的时代巨变。在中华人民共和国70华诞暨中国律师制度恢复重建40周年之际，且让我们寻着历史的足迹，探究郭斌律师是如何书写拼搏与奋斗的人生，如何不断挑战自我、超越自我的吧。

燃烧激情献青春

特定的历史条件创造了特定的群体。"三线学兵连"就是特定历史条件下的产物。20世纪60年代中期，面对复杂严峻的国际形势，毛主席和党中央做出重大战略调整，将我国的军工企业、重工业企业和核心科研单位，有计划地向西南、西北腹地迁移，谓之"三线建设"。

1970年，毛主席和党中央做出决定，周恩来总理亲自部署，调集铁道兵8个整编师、6个师属团和2个独立团，紧急抢修襄渝铁路线（代号2107工程），作为"三线建设"重中之重的项目。

襄渝线自湖北襄樊至四川达县（达县至重庆段铁路已在建），全长895.3公里，穿越鄂、陕、川三省，其中陕西省境内300余公里，几乎全部穿行在秦巴山中，山高沟深、人迹罕至，地质条件复杂，铁路桥隧相连，是当时世界上施工难度最大的铁路建设项目。

为了配合铁道兵抢修襄渝线，陕西省决定挑选25000多名中学应届毕业生，编制成141个连队（其中女学兵连26个），分别配属给铁道兵第2师、第10师和第11师，称为"三线学兵连"，又被誉为"不戴领章、帽徽的铁兵战士"，在铁道兵的领导、指挥下，参加襄渝线路建设。

要不要报名参加三线学兵连？对于年仅17岁的郭斌来说，面临着人生道路的第一次选择。去参加"三线建设"，意味着面临艰苦的生活、艰巨的工作及极大的危险性，而且当年的他身体瘦弱多病；不去的话，将会留在西安城里分配工作。当时，郭斌毅然决定挑战自我。他说服了父母，作为学生干部，带头报名参加了三线学兵连。

1970年8月22日，郭斌所在的三线学兵第42连，分乘10辆军用大卡车，在"背上了那个行装，扛起了那个枪，雄壮的队伍浩浩荡荡……"的豪迈的《铁道兵之歌》声中，驶离古城西安，驶向秦岭白云深处。

"一群年仅十六七岁的城里娃，能承受深山沟恶劣环境下的生活吗？能承担修公路、打隧道、架桥梁的重任吗？"这是学兵家长们、地方政府领导和铁道兵首长起初最担心的问题。事实很快就让这些担心变成了放心。

在那个火热的年代，在"一不怕苦、二不怕死""备战、备荒为人民"的政治口号的鼓舞下，一群满腔热血、立志报效祖国的青年，他们闯过了艰难的生活关，住的是石棉瓦为顶、芦苇席为墙的简易房，吃的是红薯、土豆为主食，新鲜蔬菜少，压缩干菜来替代。尽管如此，学兵们不畏艰苦，迅速掌握了各项施工技能，连续创造了隧道开挖、桥梁建设的新纪录。1998年，中央电视台首播了9集大型纪实电视专题片《三线学兵连》，纪念这一群年轻人激情燃烧、忘我奋斗的岁月。

郭斌所在的连队在三线铁路建设中参加了修公路、架电线、采石料、砌涵洞、卸水泥及养猪、种菜等多样的工作。当初"肩不能挑、手不能提"的"白面书生"，已经可以以不足100斤的体重挑起130斤的担子健步如飞；从火车上卸水泥时，可以两个胳膊下各夹一袋水泥（每袋50公斤），平稳地走在跳板上；在爆破开采石料时，几度笑对飞石擦身而过的危险。在"三线建设"炼狱般的经历中，既锻炼了郭斌的体魄，更升华了他的人生观和世界观。

1973年年初，经过铁道兵将士、三线学兵和三省民工的奋力拼搏，襄渝线终于开始铺轨、迎接通车了。根据陕西省政府的安排，三线学兵全部退场另行分配工作。何去何从？20岁的郭斌面临着人生道路的第二次选择。

近三年的"三线建设"生涯，使绝大多数学兵产生了疲劳感，自然都希望分配到西安大城市工作，而郭斌却通过父亲老部下的安排，分配到了西安铁路局宝鸡电力机车段，当了一名电力机车实习副司机。

早在1936年时，郭斌的父亲就参加了革命工作，在山西（大）同——蒲（州）铁路线上，以火车司机身份为掩护，从事党的工人运动。他父亲认为，铁路部门是半军事化管理，集中体现了工人阶级的组织性、纪律性和觉悟性；电气化铁路代表了先进生产力的发展方向。他希望郭斌到铁路工人队伍中，从最基层工作做起，继续锤炼自己。郭斌欣然接受了父亲的建议和鼓励，跨入了铁路工人的行列。

宝（鸡）——成（都）铁路其中的宝（鸡）—凤（州）段，是我国在20世纪60年代初修建的第一条，也是20年间唯一的一条电气化铁路区段（如今电气化铁路已经遍布神州大地，通车里程居世界首位）。郭斌参加修建襄渝线时奋战在秦巴山区，驾驶电力机车时仍然穿行在秦巴山区。他用十年的时间，历经实习副司机、副司机岗位直至考上司机职务。他考上电力机车司机时是当时全路最年轻的机车司机；被选拔为机车调度员时，是当时全路最年轻的机车调度员；晋升为铁路分局安全监察室副主任时，是当年全路56个分局中最年轻的副主任。

他在副司机、司机的岗位上，曾参加了铁路局的青年司机比武赛，取得了优秀奖；曾作为西安铁路局3 000多名机车乘务员的代表，参加了铁道部组织的第一次全路旅客列车平稳操纵比赛，荣获了第二名。他任职西安铁路分局安全监察室监察时，执笔起草了《西安铁路分局安全管理办法》，首次以企业法规的形式，强化了安全管理制度，细化了安全责任考核制度。在他任职期间，西安铁路分局首次创下了连续1500天无行车责任重大、大事故的优异成绩，安全天数居全路十大分局之首。

律师职场显身手

郭斌在追逐电力机车司机梦想的过程中，不忘关注国家的政治发展动向。1978年12月，党的十一届三中全会吹响了改革开放的号角。1979年7月1日全国人大通过了中华人民共和国第一部《刑法》和《刑事诉讼法》。郭斌敏锐地意识到，改革开放的推进离不开法律制度的建立和完善，中国法制建设的春天来了。从此，他开始尽可能地收集法律教材、读物、案例分析，完全凭借工余时间自学，掌握了法律的基础理论，熟读了刑法、刑诉法的相关法条。

1983年5月，经单位推荐、市司法局考核，郭斌取得了宝鸡市最早的一批的兼职律师资格。在1983年8月至1984年7月的全国严厉打击刑事犯罪活动（简称"严打"）中，郭斌律师坚持以事实为依据、以法律为准绳，依法为被告人行使辩护权。他曾经为一名可能被宣判死刑立即执行的

被告人辩护，指出有几项被控犯罪事实证据不足，法庭接受了辩护意见，休庭紧急请示汇报后，当庭宣判为死刑缓期执行。他还曾受一名被控妨害执行公务罪、故意伤害罪（被伤害人为警察）的被告人委托，为其进行辩护。他认真分析案情、缜密核对审讯笔录和证据材料，耐心启发被告人打消顾虑，讲出实情。在法庭上，他指出该案证据存在重大瑕疵，公安机关在审讯中存在刑讯逼供非法收集证据的行为，最终法庭宣告被告人无罪。在当年"严打"的政治形势下，这样的辩护意见，让郭斌身边的同行、同事为他捏了一把汗。

1986年12月5日的黎明时分，在西安市八府庄铁路道口发生了一起大型通道式公交车与正在铁路专用线调车作业的火车相撞的事故，共计死伤72人，是当时全国最大的一起铁路道口交通事故。事故发生后，在西安市政府的主持下，按照重大交通事故进行了责任分析和善后处理。时隔一年半之后，根据国家领导人的批示，检察机关提起刑事诉讼，将事发时的铁路调车员和专用线道口工列为被告人。郭斌在铁路局领导的安排下，接受被告人调车员的委托，担任其辩护律师。由于案发时间久，现场证据没有留存，且当时未征集目击者，这些因素给辩护律师工作带来了很大的困难。尽管如此，郭斌还是想方设法查阅当时的新闻报道，查阅几家医院的救治记录，找到了几位现场证人和公交车上幸存的乘客，收集到了重要的有利证据，并求教专家协作，对案件过程进行了详尽的、科学的分析，为被告人做出无罪辩护意见。案件一审宣判，铁路调车员被判处有期徒刑5年。郭斌律师又协助被告人进行上诉，二审法院直接改判被告人为无罪，当庭释放。

1990年6月和12月，上海证券交易所和深圳证券交易所相继成立，国家开展企业股份制试点，允许股份制企业公开发行股票和债券。郭斌敏锐地捕捉到了这一信息。他意识到，这一新生事物是改革开放的制度性突破，证券市场必将在市场经济中发挥巨大的作用。他一方面密切关注证券市场的发展动向，另一方面抓紧证券法律知识的充电和储备。

1993年年初，正当郭斌在铁路分局机关工作的风生水起之时，他突然向分局领导递了辞职报告，要从体制内"裸辞"，投身市场经济大海，去做从事证券法律业务的专职律师。他的这一举动，着实在全分局机关引起了不小的震动。

其实，郭斌再一次做出人生的选择时，也有过犹豫和思想斗争。第一，他没有法律专业科班背景；第二，没有专职律师的工作经验；第三，不具备金融证券知识；第四，常言道，三十不学艺，而他已是不惑之年。第五，从体制内端"铁饭碗"，转到下海去端"泥饭碗"，靠得住吗？况且，中国的证券市场是否可以长久发展，当时谁也说不准，具有很大的职业风险。面对种种不利因素怎么办？他认为，既然看准了社会的发展方向，就值得尝试一搏。他毅然再次选择了挑战自我。

郭斌有幸加入了国内知名的专门从事证券法律业务的

律师事务所——北京海问律师事务所。他一方面虚心向同事们请教律师实务，另一方面自学相关法律法规，很快就可以独立的承担IPO项目，并且交出了亮丽的成绩单。

彩虹股份、长安信息、陕西百隆、宝鸡商场、金叶股份、咸阳偏转、秦川发展、秦岭水泥、建设机械、航天动力，这一连串陕西省辖区内最早一批上市公司，都是由郭斌作为公司律师为其股份制改制和申请IPO提供法律服务。陕西省原体改委主任评价道："郭斌为陕西省国有企业改制和上市做出了突出的贡献。"

2000年1月，郭斌与其他几位合伙人共同创立了北京市嘉源律师事务所。20年过去了，北京市嘉源律师事务所已经成为总部设在北京，另在上海、深圳、广州、西安和香港设有分所，拥有40多名合伙人和200多名律师、律师助理和其他工作人员的全国性律师事务所。

从1993年至今，郭斌专职从事证券法律业务律师工作已经27年了，这期间他见证了中国证券市场的发展历程，他始终与中国证券市场同步前进。27年来，他从事的国有企业股份制改制、集体企业股份制改制、民营企业股份制规范辅导、各类公司境内外首次公开发行股票并上市、上市公司的配股和公开发行股票、非公开发行股票、重大资产重组、收购兼并及"借壳上市"、公开或非公开发行债券、新三板挂牌等项目超过100多项，帮助企业融资金额达数百亿。

学习永远在路上

在采访中，郭斌多次遗憾地提到，自己在校学习的时间太短，主要的学习经历都是"非正规"的。

在最佳学习的年龄段，郭斌失去了学习的机会，这是特殊时代造成的。他没有怨天尤人，没有自暴自弃，反而以此鞭策自己，以学习为人生的乐趣，利用尽可能的时间和机会学习各类知识，补短板，强基础。

在三线学兵连时，他经常在简易板房内，利用晚上睡前的时间，就着自制的柴油灯学习《毛泽东选集》、马列经典著作和20世纪50年代的中学课本。柴油燃起的黑烟，每每熏得两眼流泪，鼻梁两侧留下黑印。

郭斌当电力机车实习副司机时，面对的是三种机型的电力机车——法国进口的6Y2型、6G型和国产的韶山SS1型。三种机型工作原理不同，电器部分及控制系统不同，操纵技术也不同。电力机车牵引马力大，运行速度快，结构复杂，而且还有超高电压风险，在当时绝对称得上是"高大尚"的设备。在之前，培养电力机车司机都要经过铁路司机专科学校三年全日制学习，系统地掌握数理化知识，学习电力机车工作原理、机械构造、维修与保养、模拟操作等。

郭斌开始学习电力机车时，全国铁路司机学校还没有恢复办学，司机培养处于"断层时代"，主要依靠单位自主培训，考试通过率极低。他以小学文化程度学习掌握电力机车知识，存在极大的挑战。他除了参加单位培训，由师傅传帮带之外，主要靠自学。郭斌将绝大部分业余时间都用在了"啃"简易教材、默画电器控制系统线路图，熟记机车检查试验要领和故障处理方法，背读铁路技术规程。他的勤奋换来了硕果。他首次参加司机考试即获得通过。

郭斌在追逐电力机车司机梦想的同时，还通过自学、函授学习了大学语文、古代文学史、西方哲学史和中国历史。他的自学经历还有一段不得不提的"趣事"。1977年12月，"文革"后首次恢复高考。郭斌当时为了备考电力机车司机，原本没有报名参加高考，更没有复习准备。就在高考报名截止日的上午，在单位已报名参加高考的好友的鼓动下，临时起意，报名去"陪考"。报名日期距考试仅有40多天，他既没有请假复习，也不知道从何处下手复习。高考结束后，他也没有将此事放在心上。意外的是，半个月后公布高考成绩，他的平均分数高出录取线5分，而同一单位的其他11名考生全部落榜了。本意是"陪考"，竟然考上了，成为当时的一段"佳话"。而他"不忘初心"，为了电力机车司机的梦想，毫不犹豫地放弃了难得"拣来"的上大学的机会，让几位考生好友"痛心疾首"。

1984年，郭斌作为后备干部，经过组织推荐，参加全路选拔考试，考入了铁道部党校。经过两年半的脱产学习，系统地学习了中国共产党党史、党的建设理论和马克思主义哲学。1987年之后，他又用两年半的时间取得了成人自学考试法律专科毕业证，14门课程全部是一次性通过考试。1997年9月至2000年7月，郭斌还参加了中央党校函授学院党员领导干部在职研究生班经济管理专业的学习，取得了中央党校在职研究生学历。

郭斌的办公室里常年挂着一幅条幅"不是一番彻骨寒，怎得梅花扑鼻香"。这是一位曾在他幼年时看着他成长的知名国画家、书法家的封笔之作，充满了老一辈对他的殷切希望，郭斌也以此为座右铭。

采访就要结束了，但笔者还有一个好奇的问题，郭律师什么时候退休呢？依郭律师的年龄和经历，完全可以去过含饴弄孙、颐养天年的悠闲生活了。郭律师轻松地笑着说，"我现在还没有退休的概念呢。我人生的下半场才刚刚开始，工作着就是最好的人生状态。我还要继续努力学习，与年轻的律师们并肩为中国的上市公司发展和证券市场建设助力"。

脚踏土地 仰望星空

——访北京市优秀律师、北京市汉衡律师事务所主任、党支部书记胡献旁博士

编者按

2019年5月19日上午，北京市第十一次律师代表大会在北京友谊宾馆隆重召开，来自司法部、中华全国律师协会、北京市委、北京市检察院、北京市司法局、北京市律师协会等有关领导出席了会议并讲话。

笔者注意到，本次大会的一大亮点是在大会上北京市律师协会宣布了《关于表彰"2015—2018年度北京市优秀律师事务所、北京市优秀律师"的决定》，笔者早年熟知但一直未曾谋面的一位京城知名律师——北京市汉衡律师事务所主任、党支部书记胡献旁律师的名字位列其中。为此，笔者希望可以借此机会对胡献旁律师做一次深度采访，让读者认识和了解律师背后一些感人的真实故事。

印象

胡献旁律师身上可以说既有中国知识分子温文儒雅的风范，又兼具中国农民淳厚良善的气质。在校园，他是那个激扬文字、笔耕不辍的法学博士；在法庭，他是那个挽狂澜于既倒的学者型律师；在家乡，他是那个躬耕于山野的中国农民；在他的微信朋友圈，既有对中国法治的期许

与呼吁，又有他在田间忙碌，或在午后挥毫的身影；在与笔者的讲述中，既有他跨国辩护的辉煌历程，又有他对家乡满满的怀恋。

他在诗作《乡愁》中这样写道："南望故乡云水翩，半是雾岚半是烟。求经路上风雨起，山外何处有神仙？空濛广宇容万象，新元星河载千年。年年花里逢春别，梦回稻香香漫天。"家乡的一草一木，一山一水，都是他美丽的回忆和思念，一个游子在外心系家乡的情怀展露于他的字里行间，更有对已进入耄耋之年的老母亲的牵挂萦绕心间。或许，这就是他几乎每月都要从北京飞回家乡陪母亲小住两天的缘由吧。因为那里是家乡，那里有母亲的依赖和期盼。"母亲年迈，不会讲普通话，所以不适应北京的都市生活，只有在老家，她才能更快乐和幸福地安享晚年。"胡献旁律师道。

耕读

胡献旁律师祖籍温州永嘉茗岙——一个自古盛产茶叶的、偏远的、美丽的小山村。"小小田舍郎，心喜稻花香"是其对家乡茗岙梯田最美的记忆，如今，这个大山深处的美景、中国四大梯田之一——茗岙梯田已经成为广大摄影爱

好者钟爱的田园风光。童年与少年时期的胡献旁就是那个躬耕于山野的田舍郎，他在散文《那片油菜花香》中写道："那时我们也种油菜，只是人们忙于生计，不当花是花，人也不是赏花看花人，就如同我的童年"。永嘉学派的耕读文化以及"贯穿古今，通经致用"的思想已经深深浸入和印刻在少年胡献旁的内心并影响着他人生每一步的成长。在劳作之余，胡献旁还不忘捧起书本，有时在牧牛时也带着书，"牛角挂书"倒成为山野里一道亮丽的风景。据史料记载，永嘉建县已有 1800 多年，且先有永嘉郡，后有温州府之称。永嘉楠溪历史上素有"耕读传家"之遗风，自唐至清，永嘉考取进士的就达 700 余人，书法大师王羲之、山水诗鼻祖谢灵运都曾任永嘉太守。现代更是人文荟萃，成为名家辈出的一块风水宝地，不仅在商界，永嘉人在各个行业都有杰出代表。

1988 年，正与父亲在田间耕种的胡献旁收到邮递员送到家中，母亲又一路小跑送过来的一张温州师范学院（2006 年，温州师范学院、温州大学合并组建新的温州大学）的录取通知书，父亲在看到通知书后笑道："我们家少了一个种庄稼的行家里手！"

从教

两年时光一晃而过，毕业后的胡献旁被分配到温州偏远的学校——昆阳中学，当了一名语文教师，因昆阳中学的校舍设在祠堂，他晚上就住在祠堂里。1990 年参加工作担任授课老师，1991 年担任教导主任，时年 23 岁。1992 年，他又被调至碧莲中学担任政教处主任，时年 24 岁，胡献旁也成为当时永嘉县乃至整个温州地区年轻的教导主任和政教处主任。在这里需提及的是，胡献旁参加工作后，妹妹胡赛多就读初中，作为大哥和家里的顶梁柱，调至碧莲中学后，胡献旁还成了妹妹的老师，受大哥影响，妹妹立志也要做一名优秀的教师，后考入师范院校，圆了自己当教师的梦。多年来兄妹俩可谓手足情深，而每次提起妹妹的离世，胡献旁总是难以克制自己的悲痛之情。

下海

1992 年，邓小平同志南方谈话再次掀起了中国新一轮改革的浪潮。1993 年 7 月，一直想走出去闯荡一番的胡献旁这时也选择了响应党的号召办理了停薪留职，做起了经营皮鞋的生意，而这一走就又是 4 年多。4 年间，胡献旁奔忙于温州、南京、广州、石家庄等地之间。然而，即便再忙，当华灯初上抑或是夜阑人静时，他都会打开一本书，在缕缕墨香与文字间享受阅读的宁静与乐趣。

从政

1997 年 11 月 2 日，胡献旁自温州选好货后正要飞往石家庄，这时好友打来电话说，永嘉县政府要招聘领导秘书，教师可以报考公务员，有很多老师都报了名。已经在生意场上闯荡了四年的胡献旁有些犹豫。好友劝他，在不影响生意的前提下可以先报名参加考试，就这样，胡献旁退掉机票回到碧莲中学开证明，到县政府先报上名，再赶赴石家庄照看生意。一边复习，一边照看生意，当然要想全身心静下来学习实在太难，只能临时抱抱佛脚了，好在自己平时手不释卷底子也厚，应付考试应该是没有问题。11 月 21 日，胡献旁提前一天回到永嘉县准备公务员考试，考完又再赶回石家庄。12 月 1 日，好友再次打来电话告诉他，他考了第一名。是继续做生意还是到政府上班？在人生的十字路口，胡献旁选择了后者。笔者想，如果胡献旁选择前者，那在中国律师界就真少了一个为中国人在海外维权和跨国辩护的律师了。将生意转交给亲戚打理后，胡献旁于 1998 年的正月初五到岗，担任县领导的秘书。两年后，胡献旁被组织上下派至永嘉县岩头镇任副镇长并担任苍坡村新区开发总指挥，将原有居民迁至新村，并要将原古老村落房屋完好的保留下来。[苍坡村村落始建于五代后周，现存的苍坡村为南宋淳熙五年（1178 年）九世祖李嵩邀请国师李时日设计，至今已有 800 多年历史，虽经近千年的沧桑风雨，却旧颜未改，仍然保留有宋代建筑的寨墙、路道、住宅、亭榭、祠庙、水池以及古柏等，处处显示出浓郁的古意。] 下派挂职一年，胡献旁顺利完成任务。2000 年，胡献旁回到县政府办公室，仕途可谓一片光明。

求学

挂职期间，希望在学术上有所建树的胡献旁一直在备考中国政法大学的硕士研究生。第一次考研失利，那就再考。功夫不负有心人，2001 年他被中国政法大学研究生院录取为行政法学硕士研究生，一向淡泊名利的胡献旁到法大后似乎对从政失去了兴趣。2004 年取得法学硕士学位以后，胡献旁又想读中国政法大学原校长陈光中教授的博士，但每次都因英语的一分之差与法大博士失之交臂。后在好友的建议下，胡献旁报考了中央民族大学的法学博士，2006 年，他以当时考试第一名的成绩被中央民族大学录取为民族法学博士，并于 2009 年博士毕业，这时，一直关心胡献旁学业的陈光中教授同意胡献旁可以读他的博士后，但按照年龄计算，博士毕业再读博士后的胡献旁已经超龄 6 个月，为了帮助胡献旁完成读博士后的愿望，陈光中先生亲自与中国政法大学领导协商要招收这个学生，以此弥补胡献旁没能读成陈光中老师法学博士的遗憾。2009年9月,胡献旁进入中国政法大学博士后流动站,终于成为陈光中先生的刑诉法学博士后。2010年10月,中国政法大学与山西省人民检察院签订干部交流合作协议,中国政法大学派博士后到山西省人民检察院挂职锻炼,胡献旁被推选到山西省人民检察院挂职并担任公诉二处副处长。笔者了解到,这次挂职仍是在最后时刻胡献旁才报上名,截至报名的最后一天,好友问他有没有报名参加与山西省检察院的挂职合作项目,而这时胡献旁还在操场打篮球,后在好友的鼓励下,胡献旁才跑到研究生院办公室表示想报名参加这个挂职项目,好心的郑老师立刻停下手头工作,帮助胡献旁填写表格,并最终在网站关闭前5分钟上传了胡献旁的报名表。在众多的强有力的竞争者中,中国政法大学批准胡献旁的申请,他也成为第一个到山西省人民检察院挂职的博士后。挂职虽然只有6个月,但挂职期间胡献旁认真工作的态度和业精于勤的钻研精神及调研成果都得到省检领导和同事的高度评价,并与省检领导、同事结下了深厚的友谊。

从律

因挂职延误了博士后出站,胡献旁再向学校申请延长一年,2012年纪6月,博士后出站论文报告《刑事诉讼二审程序研究》顺利通过答辩,并于此后出版发行。博士后出站后,胡献旁选择了律师工作,2006年已通过司法考试的胡献旁成为北京市汉衡律师事务所的专职律师。

2014年,已经有22年党龄的胡献旁开始担任北京市汉衡律师事务所党支部书记,2017年开始担任北京市汉衡律师事务所主任。胡献旁连续五年被朝阳区司法局评选为优秀党务工作者之殊荣。2019年5月,胡献旁律师被北京市律师协会授予2015—2018年度"北京市优秀律师"荣誉称号;2019年6月,被中共北京市律师协会党委评为优秀党务工作者。

我们了解到,此次获评亦是在报名申请参评前夕好友打电话力劝正在外地的胡献旁律师参加报名,胡献旁律师才让助理在最后阶段提交了报名材料。笔者以为,此次获评"北京市优秀律师"对于胡献旁律师既是实至名归,亦是顺理成章之事。

在这里还需特别一提的是,自2012年开始,胡献旁律师就一直担任陈光中教育基金会的秘书长,协助其恩师陈光中先生负责筹集资金奖助优秀学子,至今陈光中教育基金会已对永嘉县的数百名优秀和贫困学子进行了资助,为我国的教育事业做出了积极的贡献。2017年8月28日,温州市人民政府授予还陈光中教育基金会"温州慈善奖"。

跨国辩护

胡献旁律师的名声在外还要从7年前那场韩国首尔高院的"跨国辩护"说起。2012年,中国籍船长程大伟被控涉嫌"刺杀"韩国海警,韩国一审法院判决程大伟有期徒刑30年,一审宣判后,程大伟的家属辗转找到胡献旁律师,希望胡献旁律师能为程大伟提供法律帮助。胡献旁律师在知晓程大伟的遭遇及其家庭经济状况后,决定无偿代理此案。赴韩国辩护首当其冲的问题是辩护资格,这直接决定了胡献旁律师能否在庭审时发表自己的辩护意见。根据韩国律师法规定,外

国律师不能在韩国以律师身份执业。但胡献旁通过研究韩国的刑法和刑事诉讼法等法律发现了另外的规定。《韩国刑事诉讼法》第29条规定:"被告人或嫌疑人的法定代理人、配偶、直系亲属、兄弟姐妹和户主可以做辅助人。要做辅助人时,应当书面申请。辅助人可以独立进行不违背被告人或嫌疑人明示意思的诉讼行为。"这为胡献旁赴韩国出庭辩护提供了法律依据。此后,胡献旁及其工团队就开始长达2个月的委托公证、外事认证、会见程大伟、卷宗等相关资料翻译、提交出庭申请等前期工作。

胡献旁律师带领工作团队5次赴韩,克服重重困难,共花费认证费、公证费、翻译费、交通费、住宿费共计20多万元人民币,最终成功将程大伟的刑期从一审判决的有期徒刑30年减为23年,在韩国的法庭上发出了中国律师的声音。这次"跨国辩护"让胡献旁律师的名字出现在全球及国内的主要媒体,但这次意外的"出名"也为他带来了困扰乃至伤害,困扰是公众由此将他定格成了专业的刑辩律师,伤害是在该案二审宣判后,韩国的互联网上出现对胡献旁律师进行人身攻击和诽谤的言论,此后,这种攻击、诽谤与国内的非法网络水军竟遥相呼应,继续变相对胡献旁律师进行污蔑,最终造成其胞妹胡赛多因承受不了网络对大哥的攻击压力,加之患病无法正常休养,于2015年9月在悲愤交加中去世,其父亲也因此一病不起,于2017年9月去世。

亲人的相继离开,让胡献旁律师悲痛不已,可以说是痛心疾首,每每提起都潸然泪下,笔者亦深感痛心,一个如此年轻的生命,一个优秀的人民教师(后得知其妹胡赛多在住院前被评为"温州市骨干班主任")还未来得及和家人和孩子们告别就这样过早的地去世了。而对于网上的诽谤和中伤,

起初胡献旁律师向国家工信部不良信息举报受理中心举报删除，但越删跟帖就越多，其好友注意到这是网络水军在背后的炒作，于是在好友的建议下不再理会这些没有根据的造谣。胡献旁说："我胞妹和父亲的离世，让我学会了无视和漠视这些流言蜚语，因我需要更好地活下去！"

刑辩律师应当最大限度维护当事人合法权益

在刑事案件代理执业中，胡献旁律师既能积极把握案件的整体发展方向，又能认真注意案件的每一个细节，最大限度地维护当事人的合法权益。

例如，在章某坚的虚开增值税发票一案中，胡献旁律师仅到看守所会见就达 29 次，在查阅公司 10 个年度的财务会计资料中，胡献旁律师发现了财务资料中存有"出库单"等相关证据，从而有力地推翻了公诉机关提出的该笔开具的发票属于"虚开"的公诉意见，极大地维护了当事人的合法权利。

又如，在李某某涉嫌诈骗一案中，该案经过深圳市福田区人民法院一审诉讼，判决李某某有期徒刑 10 年，深圳市中级人民法院做出终审判决，改判李某某有期徒刑 3 年缓刑 5 年。广东省人民检察院不服该判决，向广东省高级人民法院提起抗诉，广东省高级人民法院提起再审，再次改判李某某有期徒刑 10 年。此后，李某某的家属委托胡献旁律师向最高人民法院提起申诉，胡献旁经过对案件卷宗反复研究，并组织国内最权威的刑法学、刑事诉讼法专家对案件进行讨论和论证，胡献旁律师向最高人民法院提交了申诉书和《专家论证法律意见书》，最高人民法院在反复调查后，终于做出《再审决定书》，指令海南省高级人民法院对该案进行再审，使李某某及家属终于看到希望的曙光。

再如，在张某强涉嫌拒不履行法院判决、裁定一案中，胡献旁律师通过认真查阅大量的证据资料，经过多方了解和调查，向公诉机关提交了《法律意见书》，要求公诉机关做出不起诉决定，公诉机关在认真阅读律师意见书，并与公安机关沟通以后，公安机关做出撤案决定。

践行律师责任，化解社会矛盾

胡献旁律师在民商案件代理执业中，恪守律师执业纪律，严守律师执业道德，既遵守党纪国法，又化解社会矛盾，还能最终维护当事人的合法权利。

例如，在李某与温州新城建设股份有限公司的股权纠纷一案中，由于该案涉及当地重大建设项目"永嘉书院"的形象，经过多次不断地努力和沟通，终于促使双方达成庭外调解，避免了矛盾的激化，促进了"永嘉书院"的有序开发和建设。

再如，在李某与何某某的离婚纠纷中，两个强大家族互不相让，离婚纠纷演变成两个家族乃至两大地方宗亲的争斗，胡献旁律师经过不断的协调和沟通，历时近 3 年，终于以调解的方式化解了双方当事人之间、两大家族之间不断激化的矛盾。

又如，在泰州某公司及顾问徐某侵犯江西慰诺公司商业秘密一案中，胡献旁律师作为被侵权方的代理律师，竭力维护知识产权权利所有人的合法权益，该案历经江西上饶市中级人民法院一审，江西省高级人民法院二审，最终维护了被侵权方的合法权益。

维护企业重大利益，为企业发展保驾护航

在多年的司法实务特别是律师执业生涯中，胡献旁律师成功承办了数百起各类大案要案，并成功代理和协调了多起企业资产重组、项目整体转让、股权转让和分割等重大非诉案件；在长期的司法实践中，胡献旁律师积累了丰富的诉讼办案经验，并善于在疑难案件中找到突破口，掌控诉讼方向。同时，胡献旁律师现还担任着北京浙江企业商会副会长、世界温州人联谊总会法学分会副会长和陈光中教育基金会秘书长等社会职务以及担任希伯伦科技有限公司、佰康生物集团控股有限公司两家上市公司的独立董事和多家大型企业、单位的常年法律顾问。努力维护企业重大利益，为企业发展保驾护航。

办案心得，寄语青年

多年来，胡献旁律师在接受案件委托后一直要求自己事必躬亲。"首先，律师做案件要像呵护庄稼或呵护孩子一样用心。因为只有主办律师最了解案情，所以很多工作不能让助理代替；也只有竭尽全力和认真研究案件，才能找到案件突破口。其次，律师要学会沟通，尽量让自己的诉讼意见得到司法机关的采纳和重视，律师、法官、检察官、警察等都是法律职业共同体的成员，都是在维护法律的正确实施，维护社会的公平与正义，律师要掌握协商、沟通的能力。再次，办理重大疑难复杂案件时还可借力，借助法律学者和技术专家意见等，律师不是全才，不可能做到行行精通，要懂得以他人之长补己之短。最后，我们要如实的向当事人分析案件情况，把真实的观点和想法告知当事人，不去忽悠任何一个人，哪怕当事人最终不委托我们办理此案也无须介怀。"胡献旁律师道。

后记

自 20 世纪 90 年代参加工作始，胡献旁就一直牢记一个法律人应有的使命——努力推动中国的法治进步；作为一名中国律师，胡献旁勇于站在法律的天平之上维护弱者权益，为弱势群体鼓与呼；作为一名曾经的教师和陈光中教育基金会秘书长，胡献旁协助恩师积极筹措款项，夜以继日奔忙，为家乡的教育事业做出了不可磨灭的贡献。

在采访结束时，胡献旁深情地说："小时候在农村，上学之余，忙于与父母种地，那时候也有想法，只是心里茫然。常常在夜晚，在老屋的屋檐下，仰望着远处的星空。"

以律师的视角透视企业知识产权

——访北京观永律师事务所管理合伙人、北京市十佳知识产权律师黄义彪

编者按

声音也可以申请商标？是的，甚至对其权利人拓展市场和维护其市场竞争地位都有着至关重要的作用。声音商标在国内的可注册性源于2013年8月30日十二届全国人大常委会第四次会议表决通过的《全国人民代表大会常务委员会关于修改〈中华人民共和国商标法〉的决定》。不过将声音商标真正推入大众视野的应该是腾讯公司申请的"嘀嘀嘀嘀嘀嘀"声音商标。

"嘀嘀嘀嘀嘀嘀"是腾讯QQ新消息的提示音，自1999年2月推出至今，已伴随数亿人走过了20年。2014年5月4日，腾讯公司向当时的国家工商行政管理总局商标局（以下简称"商标局"）提出该声音商标的注册申请。但被商标局先后以缺乏显著性和当时的国家工商行政管理总局商标评审委员会（以下简称"商评委"）以"难以起到区分服务来源的作用"为由驳回。

随后，本文的主人公黄义彪律师接受了腾讯公司的委托，代理该案的行政诉讼，亦是我国首例涉声音商标的行政诉讼案件。最终，经北京知识产权法院一审和北京市高级人民法院二审，腾讯公司申请的"嘀嘀嘀嘀嘀嘀"声音商标被认定为具有显著性。商评委依据判决，重新对腾讯

公司的驳回复审申请做出裁定，准予该商标注册。

我们对黄义彪律师的专访，就是从这起被媒体评价为"行业内极具典型意义"的首例声音商标行政诉讼案开始的。

专业耕耘，硕果累累

黄义彪律师已是知识产权界的"老人"，他1998年开始执业并很快认准只有专业化才是中国律师发展的未来。2003年，他与志同道合的同仁创办了专门以知识产权法律服务为主的观勤律师事务所。同年，黄义彪律师代理了"贵妃"注册商标维权等案并大获成功。自此，他将专业化进行进一步深耕细作，研究方向主要以处置疑难、复杂的商标法律纠纷案件为主。

据了解，在20余年的执业生涯中，黄义彪律师承办并指导律所团队代理的各类知识产权案件已超过2000件，多为知识产权业内耳熟能详的典型案例，如法国鳄鱼系列商标诉讼案、柯达电梯驰名商标案、米其林商标侵权案、京都念慈庵系列诉讼案、尼康法律事务及案件、中信商标系列案、庆丰包子商标案、张裕解百纳商标确权案、蒙牛酸酸乳驰名商标案、人民大会堂系列商标确权案、百事蓝色风暴反向混淆商标案、阿迪达斯诉阿迪王商标侵权案等。案件类型涵盖了商标行政确权、民事侵权、刑事保护、海关保护等各个方面，涉及驰名商标保护、权利冲突、反向混淆、平行进口、地理标志、立体商标、声音商标、国际注册等法律问题，黄义彪律师在案件处理过程中展示出的理论功底、实务经验和沟通应变能力亦得到了客户的高度肯定和认可。同时，北京市十佳知识产权律师、中国区知识产权业务第一梯队、中华商标协会会员、中国知识产权报理事、全国律协知识产权委员会委员、最高人民法院知识产权案例指导研究（北京）基地专家咨询委员会志愿专家等荣誉也接踵而至。或许这就是为何众多国际知名企业在遇到商标申请或维权难题时都会找到黄义彪律师的缘由之一吧！在成就和荣誉面前，黄义彪律师并未因此而止步，而是将更多的精力和时间投入知识产权律师团队的建设中，并仍坚持在一线出庭办案，默默坚守着一个律师的"工匠"精神，打造着精品案件，以饱满的热情践行着他的初心——为中国知识产权事业的改革与进步尽自己的绵薄之力。

专注知识产权多年，黄义彪律师已形成了其独特的思路和风格，他还把多年的经验做成可视的课件，无私地分享给高校学生和青年律师。对此，他是这样说的，"即使是一个法律文书的书写，我们都有严格的要求和标准。一切从事实和客户需求出发，对客户提供简练、持续和有实际价值的法律支持，致力于打造知识产权一体化、一站式、全流程、全方位的解决方案，并以我们的法律思维视角维护客户的法律安全、促进企业实现业绩增长。我愿做知识

产权的一个耕耘者和探索者，为行业的发展鼓与呼"。

不负所托，匠心永致

接受客户委托之余，黄义彪律师还积极参与《商标法》的修改以及最高人民法院有关商标司法解释的制定、论证和研讨工作，并在《知识产权》杂志、《中国知识产权报》等业内的专业刊物发表多篇学术论文和实务性文章，积极推动知识产权理论和实务的发展和进步。

案例是律师最好的名片。在笔者的盛邀下，黄义彪律师与笔者分享了他的团队近年办理的一些案例。

在"泰山恒信及图"商标纠纷维权案中，该案从商标异议到异议复审，再到一审、二审，直至再审，历时10年，判决结果出现了三次反转，直至2017年12月29日，最高人民法院做出再审判决，泰山恒信有限公司最终获得"泰山恒信及图"的商标权。该案也让企业明白，商标在企业发展中的重要性，而注册商标并非轻而易举的事。当然，泰山恒信公司能获得"泰山恒信及图"的注册商标，与他的诉讼代理人黄义彪律师的努力和认真是分不开的，正因黄义彪律师在最高人民法院审理阶段，通过调查取证发现对方提供的"铭牌"证据为伪证（焊接点瑕疵），才使得案件得到逆转。

在为中信集团提供"中信"商标及企业名称确权的法律服务过程中，黄义彪律师带领团队仅2018年就为中信集团在全国胜诉30余案，实现了该年度的完胜。

多年来，尼康公司（Nikon）的法律顾问一直由黄义彪律师担任，从公司公告、广告文案的发布到商标维权等法律事务皆由黄义彪律师处理。尤其在"尼康""康尼"商标案及"尼康"商标申请驳回复审行政纠纷案中，黄义彪律师举了大量正反的例证和对比，如国美（美国，不能注册为商标）、京东（东京，不能注册为商标），但奥迪（迪奥，已经注册为商标）、联通（通联，已经注册为商标）。最后法院判决认定"尼康"商标不构成与"康尼kangni及图"近似性混淆，"尼康"商标在相机包、背包等商品类别上的商标权得以获准。

对于每一个案件，只要接受了委托，黄义彪律师都要求自己和团队成员对整个案件进行全面的把握，对证据进行全面梳理，对庭审过程进行全面的总结，并整理出一套完备而又结构清晰、条理清楚的代理意见。在法律文书的书写上亦如匠人雕刻作品一样追求极致和完美。同时，他还会考虑立案时提交诉状的诉求、篇幅以便于案件的立案，十几页的代理意见书也要求划分层级，首页要有概要、代理意见提纲，并将诉讼请求、法律关系、侵权行为、相关证据、对应

法条、国家政策、同类案例等等按照先后顺序一一罗列，让人看后一目了然，没有丝毫的赘述和拖沓。每一篇代理意见书都是经过认真研究和推敲的。20多年来，黄义彪律师就是这样殚精竭虑地在每一案件中竭力维护权利所有者的合法权益，他也成为了知识产权发展与进步的一个推动者和捍卫者。

大道至简，术业专攻

"商标业务作为一项法律工作由专业律师连贯、完整地办理不同阶段的工作，对案件和客户来讲都是一种有效的资源整合。若前置程序代理人缺乏对后期诉讼特点的理解，将会导致在商标申请规划、证据组织等方面缺乏针对性。因此，观永律师事务所的商标业务皆由同一个律师业务团队连续完成从商标申请到诉讼的整体代理工作，并确保律师与委托人的直接和有效沟通，这样才能实现当事人利益的最大化。优化和探索更有效、更合理的商标法律服务工作机制和方法，就是我们成立观永律师事务所的初衷之一。"黄义彪律师道。

多年来，知识产权的申请业务一般是由代理机构的代理人负责，只有遭遇侵权或纠纷后，才会委托律师，这样的格局划分有其历史原因也有其存在的合理性，但随着全球经济的发展以及人们知识产权意识的提高，这样的分工或已不能完全适应当前企业发展的需要。作为观永律师事务所的领头人，黄义彪律师一直致力于将观永所打造成能够提供知识产权申请、确权到维权，从行政保护到司法保护，从战略分析到个案操作全方位法律服务的律所。现观永律律所每个业务组皆由既懂得申请等行政代理工作，又具有丰富诉讼经验的律师担任组长，尤其在商标领域，观永律所已经能为客户提供精细的一体化法律解决方案。

除在商标领域独树一帜外，观永律师事务所目前还在企业劳动人事、产品质量、合规管理等方面形成了成熟的法律解决方案，并在法律风险防控及危机应对方面亦建树颇丰，他们通过长期的案例积累和实战，打造了一支优秀的企业法律顾问团队。"近年，我们也正在将业务拓展至专利、著作权等领域，但整体规模不会太大，我们致力于做一个'小而精'的专业精品所，在知识产权及相关领域继续深耕细作。"黄义彪律师最后表示。

后记

知识产权的申请和保护对企业而言是两大关键要点，缺一不可。当前的知识产权代理机构如专利事务所、商标事务所、版权代理中心等主要以代理申请业务为主，对知识产权的后续保护力度较为薄弱，而一般律师事务所内大部分律师对知识产权的前置申请工作却又知之甚少，这就造成了整个知识产权工作流程的断层和脱节。因此，只有将知识产权申请和保护工作进行有力结合，企业的知识产权才能得到真正的保护。

以律师的视角透视企业知识产权，为企业提供一体化、一站式、全流程、全方位的法律解决方案，正是黄义彪和观永律师同仁的奋斗目标和执业理想。

我们相信，黄义彪律师和他的同仁在广大企业发展和进步的道路中，仍将站在知识产权的前沿，贡献更多业界经典，创造和续写他们的辉煌，在中国知识产权发展的历史进程中写下更浓墨重彩的一笔！

敬畏法律，尊重对手，仰望星空，执着前行

——访第十一届北京市律师协会刑法专业委员会副主任、北京市摩文律师事务所高级合伙人、副主任金洪涛律师

编者按

每个时代都有坚定信仰者、忠实实践者、努力奋斗者和执着坚守者。在全面推进依法治国的大背景下，律师业迎来了一个前所未有的发展机遇；在社会经济向前发展，人类走向法治文明的今天，法律人开始走上前台。

本文主人公——第十一届北京市律师协会刑法专业委员会副主任，北京市摩文律师事务所高级合伙人、副主任金洪涛律师说："作为一名中国律师，'受人之托，忠人之事'是我的职责所在；作为一个专注于刑事诉讼、刑事辩护和企业法律风险防控的法律人，在接受委托后唯有全心投入、全力以赴才不辜负委托人的信任和重托；作为法律的坚定信仰者和忠实实践者，一定要做到敬畏法律、尊重对手，既要低头脚踏实地做好工作，又要抬头仰望星空追逐梦想，为法治中国建设执着前行，贡献自己的绵薄之力。"

是啊！受人之托，忠人之事；敬畏法律，尊重对手；既要低头脚踏实地，又要抬头仰望星空——这应是对金洪涛律师人生最好的诠释吧！

为了当事人的信任和重托，他曾连续10个月会见超过50次被告人，可以说几乎每天都在思索如何让当事人脱离"苦海"，因为他坚信自己的判断。

为了当事人的信任和重托，他远赴千里之外，在法庭上慷慨陈词、据理力争，因为他坚信自己的判断。

为了当事人的信任和重托，他深入农村调查取证、不畏艰辛，因为他坚信自己的判断。

金洪涛到底是一个怎样的人？是一个怎样的律师？今天就让我们在他的人生经历、律师生涯、亲办案件、法律情怀中来一探究竟吧。

走近金洪涛律师

金洪涛出身知识分子家庭，父亲是五六十年代留学归国的技术型人才，母亲是土木建设高级工程师，上有三个姐姐先后考上大学，20世纪70年代中期他随父母工作调动至石家庄。作为家中老幺，又是省委大院里长大的孩子，自然比他人多了几分从容和自信。金洪涛的人生履历较三个姐姐要更丰富一些，18岁参军成为一名技术兵，22岁退伍进入石家庄市人民商场，成为人民商场最年轻的管理大型家电的业务骨干之一，因经常签署合同，遂对法律有了最初的认识，后在父亲的影响下渐渐对法律工作产生了浓厚的兴趣。

俗话说："热爱就是最好的老师"，辞职，读书，金洪涛的选择总是那么从容。自进入法律殿堂，金洪涛终于找到了感觉，似乎前面走过的路都是在为他从事法律工作做准备，似乎一切也都是最好的安排。四年的课程两年读完，律师资格考试一举通过，执业三年即获河北省司法厅授予的"先进个人"（全省仅7人获评）之殊荣。一时间，金洪涛律师的大名在省城声名鹊起，但此时他却又有了新的想法，要进京执业做一名北京律师，原因只有一个，那就是北京律师深厚的法律功底、细腻的办案风格令他倍感钦佩，而北京的学术氛围更令他神往，于是，他毫不犹豫地放弃取得的成就和事业基础，于2004年走进了首都。似乎，他从未为"五斗米"奔忙，而是从容地一直向着人生理想进发。谈到这里，有一件事就非常值得述说，或许对正在努力奋斗的青年律师有所助益，金洪涛在律师执业的第一年，为提升办案经验和理论功底，先后拜了三位德高望重的老律师为师。一位是建设施工合同领域的专家贺律师；一位是民法领域合同法、票据法领域的专家段律师；一位是土地法领域的专家张律师。三位老师对金洪涛的成长皆给予了悉心的指导和教诲。

有了扎实的法律功底和丰富的实务经验，金洪涛律师进京执业后，很快就打开了一片天地，并获得同仁的高度肯定，亦获得客户的高度评价。2006年，好友力邀金洪涛律师成立北京市摩文律师事务所，就这样金洪涛进京三年后又成了北京市摩文律师事务所的创始合伙人一直至今。

以案说法

前文提到，金洪涛律师曾在商场工作，经常参与商务谈判及合同签署工作，深谙商业之道，又具有丰富的商务谈判经验。据笔者了解，金洪涛律师是一位典型的由"民"入"刑"的律师，他是"二次违法性""刑民交叉"理论的研究者和实践者。他认为，没有扎实的民事、行政法律功底，是无法清晰分辨其他法律与刑法界限的。历经多年民

事诉讼案件、行政诉讼案件的洗礼，2012年，金洪涛律师将专业定位主要集中在刑事诉讼和刑事辩护领域，在办案过程中，积累了丰富的法律实务经验，承办了多起国内影响较大的刑事案件。

只为了那份信任和重托——王某特大合同诈骗案

为了当事人的信任和重托，金洪涛律师曾连续10个月会见被告人超过50次，可以说几乎每天都在思索如何让当事人脱离"苦海"，因为他坚信自己的判断。

2014年，某银行副行长王某被北京市人民检察院第三分院批准逮捕，并羁押于北京市第一看守所。众所周知，北京市第一看守所关押的一般都是重刑犯。以此看来，王某的案件应不会太乐观，但作为王某的朋友和辩护人金洪涛律师却一直认为，王某不可能实施诈骗，他相信王某的人品，只是苦于没有找到证据。

为了能找到案件的突破口，金洪涛律师几乎每周都要会见王某一次，在王某被羁押的10个月时间里，他连续会见超过50次之多。另外，金洪涛律师还非常关注朋友圈内一切与王某案件有关的所有信息，并对相关信息进行认真核实。偶然的一次朋友聚会，其中认识王某的一个人说的一句话引起了金洪涛律师的注意："他（王某）只是先拿回了自己的五六百万本金，不先拿回本金就没那多事了……"经过进一步询问，金洪涛律师得知，王某曾借某公司的钱用于投资，该公司已经起诉，在获悉公司简单名称后，金洪涛律师回到家赶紧上网，终于查询到了该公司，第二天随即登门拜访，该公司负责人一听说是王某聘请的律师，立刻下了逐客令。

金洪涛律师不慌不忙地道："你给我5分钟时间，若5分钟后你还觉得我此行帮不到你，我立刻走人。不管你现在恨不恨他（王某），当年你们应该都是很好的朋友……"

"王某向我借了600万，说好了给3分利息（王某将借款投资到其他公司项目获得5分利息后再分给其他人3分利息），现在不还本金，也不给利息，人还消失了……我现在已经起诉到法院了，我也不想等了，你们去不去应诉吧？""一定会去应诉"，金洪涛律师立刻应声道。接着，金洪涛律师再次来到看守所，与王某签订民事诉讼委托协议，某区法院经审理后双方达成了调解协议，金洪涛律师立刻带着调解书、案卷材料及情况反映意见，直奔北京市检察院三分检

主办此案的检察官处，并将民事审判法官、书记员及对方当事人联系方式提供给该检察官。后检方经过仔细研究决定对王某不予起诉。

"一个刑事律师更需要执着和坚守，我一直认为王某不可能实施诈骗行为，而且他自己也是投资人，他只是吃息差，但吃息差并不是犯罪。"金洪涛律师道。

为中医而"辩"——郑某非法行医案

2013年年初，受好友所托，金洪涛律师来到广东某市办案，这次的被告人是一位民间中医。金洪涛律师因早年也曾随岳父学习中医，所以他对中医文化有着深厚的感情，且对于中医亦有深入的研究，或许，这也是为何他的朋友如此信任他，而被告人的家属亦非常信任他的缘由之一。

而此案还要从两年多前说起，2011年年初，有人举报（据了解，举报人看中郑大夫在全国各地有几万个长期患者，于是提出愿与郑大夫合作并提高收费标准，但遭郑大夫严词拒绝，举报人遭拒后产生报复心理）中医大夫郑某某非法行医，郑某某遂被羁押，后检察机关以郑某某涉嫌犯有非法生产、销售伪劣产品罪提起公诉，一审法院也以郑某某犯有非法生产、销售伪劣产品罪判处其有期徒刑15年。

二审上诉期间，其家人才通过朋友辗转找到在京执业的金洪涛律师。令金洪涛律师深受感动的是，在会见郑某某期间，看守所办案人员如对待远道而来的客人一样对待郑某某的辩护律师，经了解，原来看守所民警家人都曾由郑某某看病，且药到病除。"郑某某想吃什么，我都会让家人做好给他送过来……"看守所民警毫不讳言地道。

二审开庭期间，当金洪涛律师走进法庭的那一刻，能容纳300人的大法庭已跪满了人，楼道里、法院内、法院外直至马路上一眼看不到头，皆是为郑某某求情的患者。作为辩护人的金洪涛律师再一次被震撼到了。法庭上的金洪涛律师更是慷慨陈词，据理力争。

"如果我们的法律如此打击中医的话，那若干年后，中医也就不复存在了。辩护人相信，如果有一天，我们或我们的亲人患有此病，在医院中将全部财产交出，换来一张《病危通知书》，我们一定会想起今天的郑大夫。我们可以拿出一份判决书，结束郑大夫的行医生涯，但我们一定会在审判郑大夫后，终究会受到千千万万患者的审判，这些过去、现在和未来的患者会记住我们今天参与庭审所有人的名字……"

在金洪涛律师有力辩护下，检方也认为一审判决倚重，遂提出对郑某某应减轻处罚的意见，最终，二审法院做出判决，判处郑某某有期徒刑两年半，而此时的郑大夫已经被羁押两年零三个月。

"我为郑某某做的是无罪辩护，我也知道无罪辩护很难，但好在郑大夫恢复人身自由后还可以行医，有那么多患者可以得救了！"金洪涛律师感动地道。

笔者听完此案，深受感动之余也注意到，为了解决更多中医从业人员的上岗问题，国家为中医开通了绿色特别通道，在2017年年底公布实施了《中医医术确有专长人员医师资格考核注册管理暂行办法》。该办法中明确提出，以

师承方式学习中医或者经多年实践，医术确有专长的人员，可以申请参加中医医术确有专长人员医师资格考核，即针对有技无证的中医从业者无学历要求，取消笔试考试，实行专家评议方式进行考核。

金洪涛律师的这次辩护可以说是为推进保护中医而辩的经典之作。

"私人订制"也要有一份合同——某上市公司非法制造销售假冒伪劣产品案

某企业是一家生产微生物肥料的上市公司，2015年，该企业接到河北承德某县农民王某购买肥料的订单，因王某主要种植马铃薯，其要求肥料中提高"钾"的含量，为控制成本，按照王某的要求，公司在将"钾"含量提高到20%后，将肥料中氮磷的含量降低。当年，王某的马铃薯产量获得大丰收，而邻县（张家口某县）同样种植马铃薯的康某，其亩产量还不及王某亩产量的一半，经过攀谈，康某得知王某与他用的肥料不同，康某表示希望可以用与王某同样的肥料，王某在思忖一番后决定，自己可以当个经销商，从中间赚取差价，就这样王某加大了进货量，一部分分销给康某使用。然而，至2017年，马铃薯产量虽获丰收，但价格却出现严重下滑，甚至腰斩。康某拒绝支付第三批肥料款45000元，该公司遂对康某提起民事诉讼，要求康某支付货款。但令人意想不到的是，2019年5月，康某却在某县公安局报案称该公司生产的肥料是假冒伪劣产品，且公安机关已经立案，并将王某及公司业务人员刑事拘留，还电话传唤了该公司的总经理。

作为此案的代理律师，金洪涛律师临危受命，前往张家口某县，经过仔细研究案卷、认真调查取证，金洪涛律师拟出一份详尽的情况说明向上级反映，历陈纠正某县公安局的错案，依法撤案，还蒙冤企业一个清白。3日后，某县公安机关撤销了案件，并将王某及公司员工一并释放。

"此案要想规避刑事法律风险，只需在供货时将肥料比例详细说明，并签订一份订制合同即可，但很多企业在经营活动中往往疏于该项工作上的管理。希望此案能对企业在经营中规避法律风险有所启迪和帮助"金洪涛律师道。

搭建共享平台，专注风险防控

2017年，已经48岁的金洪涛律师走进了中国政法大学MBA班，成为该届MBA研究生班里最大的学生。家人、朋友不解，事业稳定、生活安稳，已近知天命之年为何还要学习？金洪涛律师道："我是带着问题来学习的，将要开通的律师协作网，就是这次学习成果的体现。"据金洪涛律师介绍，律师协作网主要解决律师异地办案效率问题，对于一个资深律师，尤其办理刑事案件，其异地会见、复印案卷、递交材料等需要耗费大量的时间和精力，而若将这些工作交给青年律师来办理，既节约了老律师两地奔波和车马劳顿的时间、费用，使老律师可以专注于案件的研究，又可以为青年律师提供历练的机会和增加他们的收入，可以说一举多得，现律师协作网内的合作律师已辐射全国200多个省地级城市，已达近千名合作律师。

"作为一个专注企业法律风险防控的律师，如果不了解企业的生产经营、战略实施、财务管理、项目流程、融资方法、市场营销等情况，那么律师给企业提供的法律建议有可能就是空洞的、生硬的和无法实施的。尤其近年来，企业家刑事法律风险正逐年增多，这种风险将对企业家和企业本身造成颠覆性的伤害，且影响深远。这应也是我学习MBA的初衷之一。"金洪涛律师道。

据悉，金洪涛律师自进入企业和企业家刑事法律风险研究后，主要将研究重心放在企业经营行为过程中的刑事法律风险审查与预防上，并正在完成《民营企业家生产经营过程中刑事法律风险》论文，让我们共同期待早日发表。

后记

采访结束时，我们还了解到，金洪涛律师除与国内同行交流外，同时广泛与国外同行交流。他与美国著名律师罗伯特斯潘伯格、美国联邦大法官南希格勒特、美国耶鲁大学法学博士伦基塔德西尔瓦在妇女权益保护法律制度和法律文化方面交流中的碰撞、交锋，赢得了外国同行的尊重和赞誉，在律界广为传颂。他曾与澳大利亚LWPG律师事务所比尔主任，进行中国企业在澳洲国家证券交易所、澳大利亚证券交易所上市的法律和实践研讨，与中国香港张元洪律师、乔琳建立了畅通的交流渠道。

金洪涛律师执业近20年来还多次参与《民法》《民事诉讼法》《刑法》《监察法》《最高人民法院关于刑民交叉适用法律问题若干问题的解释》《河北省预防和制止家庭暴力条例》等法律、司法解释、地方性法规的起草、修改和审议工作，并于2017年担任最高人民法院、最高人民检察院"百名优秀法官、优秀检察官"评选活动的评委。

亦如开篇所言，每个时代都有坚定信仰者、忠实实践者、努力奋斗者和执着坚守者。金洪涛律师无疑就是全面依法治国新时代的坚定信仰者、忠实实践者、努力奋斗者和执着坚守者。他说："我是一名中国律师，我将为维护当事人合法权益，维护法律正确实施，维护社会公平正义奋斗终生。当前，风雨犹在，唯有砥砺前行，作为一个法律人，永远不要用法律之剑伤害社会诚信的基础，因为这是我们的责任。"

践行责任、守护公正

——访北京市优秀律师、北京市海铭律师事务所主任李超峰博士后

律协职务

北京市律师协会理事、申请律师执业人员管理考核工作委员会主任；北京律协法律风险与合规管理法律事务专业委员会副主任；北京市朝阳区律协理事、律师权益保障委员会主任。

社会职务

北京市公安局法律专家咨询委员会专家委员；北京市人民检察院特约监察员；团中央"青年之声"维权服务联盟专家；北京市慈善义工联合会法律专业委员会监事长；北京多元调解发展促进会律师服务团专家、调解员；中国政法大学国土资源法律研究中心研究员；北京预防跨国犯罪研究会会员；中国国际商会调解中心调解员；北京市法学会涉台法律事务研究会常务理事；中国自然资源学会资源产业专业委员会副主任；中国人民大学律师学院客座教授、硕士生导师。

编者按

"作为律师，我们肩负着追求公平正义的使命。不论何时，都应内心笃定坚持，恪守正义。而一位优秀的律师不仅要具有渊博的法律知识和全局观的法律思维，更应当具有家国情怀。律师作为社会责任的承担者和法治理想的追寻者，应从大处着眼，小处着手，脚踏实地，做一个有温度的法律人。"正是秉持这种理念，李超峰律师在自己的执业生涯中"心怀正气，对人和气，处事大气"，彰显着自己作为一个法律人独特的人格魅力。

追寻正义——有志者事竟成

见到李超峰律师时，北京市第十一次律师代表大会刚刚闭幕。我们了解到，当初大学毕业之后，他在家乡从事着一份十分稳定的工作。工作之余，他经常会用自己的专业知识帮助他人处理一些法律问题，后来，他渐渐发现律师这个职业才能更好地实现自己的正义感以及对于法律的热爱。经过再三考虑，他决定辞职，开启了他的进京求学之路。在当时看来，这是一个非常冒险的挑战，更需要一种破釜沉舟的勇气。"我要考进北京名校的法学院，把法律知识学得更扎实，成为一名优秀的律师。"李超峰律师说，这是他来北京的第一个目标。

那段时间，他居住在出租屋里，除了自己的积蓄外，没有任何经济收入。这让身为家中长子的他，心理压力很大。"作为家中长子，从小就萌生了为父母分挑重担的念头，心中的责任感自然也就多了一些。"他为了能够顺利达成自己的目标，耐住寂寞，每天在图书馆一坐就是十几个小时，考试结束之后，整个人瘦了十几斤。"那段艰苦的日子，磨炼了我的心智，也让我懂得了坚持的意义。"虽然经济条件并不宽裕，但他坚守着来北京的初心，克服各种困难，一路坚持从硕士读到博士，直到进入中国人民大学法学院博士后流动站并顺利出站。

一路走来，李超峰律师不仅在学业上取得了优异的成绩，发表了20余篇富有前瞻性、专业性极强的论文，而且也收获了许多良师益友。"我相信天道酬勤，只要坚持不懈，有志者事竟成。"

正是这段难忘的求学经历，使得李超峰律师能够厚积薄发。在执业过程中，他秉持着扎实的办案风格，不断开拓进取，从刑事、民事、商事等多个领域为当事人提供专业的法律服务，并实现了当年的誓言，成了北京市优秀律师。

捍卫正义——拨开迷雾的破局者

2008年，某省教育培训市场一团乱象。当时某培训机构作为当地唯一一家拥有资质的培训机构，占据了大部分

市场份额。其他培训机构为了在培训市场分一杯羹，也大量在大学校园中张贴招生广告。但校园的橱窗空间毕竟有限，几家培训机构的工作人员因招生广告相互覆盖而大打出手。同行相斥，乱局愈演愈烈。面对该培训机构"一家独大"的红利，十余家中小培训机构联合状告该机构，当时恰逢当地公安系统开展"扫黑除恶专项行动"，该培训机构的负责人和下属30多位工作人员皆以"涉黑及寻衅滋事"罪名被关进了看守所。

由于涉案人数众多，再加上案件的定性复杂，此案在当地引起了较大的社会影响，因此案件审理受到了高度关注。李超峰律师接手案件时，仅案件卷宗就达百余本。3个多月，他将全部精力都扑在了这个案子上，跟时间赛跑。经过90多个日日夜夜，他查阅了该案百余本卷宗和相关证据材料，就案件细节和疑点逐一进行梳理，反复推敲，找出控方证据的矛盾和漏洞，最终找到了案件的突破口，形成了一套完整周密的辩护方案。

在开庭过程中，李超峰律师对定罪量刑的关键情节、对于"涉黑"案件的犯罪构成要件以及此案犯罪事实的认定和相关非法证据排除等影响定罪量刑的有价值的"细节"，逐一发表了自己缜密的全局观的辩护，并提交了一份专业翔实的辩护意见。

最终，李超峰律师的辩护意见被法院采纳，张某等人"涉黑"罪名不予成立。这起案件也成了当年该省下属17个地市中，检察院起诉到法院的"涉黑"案件中唯一不予判处"涉黑"罪名的案件。

用李超峰律师的话来说，对于刑事辩护中的"正义"，我们要有正确的理解，不能狭隘地局限于实体正义。每一个人都有权利得到辩护，只有程序正义得以实现，才能充分保障被告人的合法权利，也才能最终实现真正的"正义"。在面对国家公权力时，作为一名律师，必须对法律有着坚定的信仰，用职业者的良心和法律技能来维护当事人的权利与尊严，保障被告人的人权，推动法治的进步。同时，也不应怀有对抗心态，而应冷静理智的在法律范围内行使自己的辩护职责。

智守正义——正义场上的思辨家

不论多么错综复杂、盘根错节的案件，李超峰律师都能以不疾不徐的张力，巧妙地将诸多束缚消解开来，在一次次的攻防交锋中闪转腾挪、化险为夷。

谈及如何跳脱于律师的角色桎梏，李超峰律师的话语间出现最多的是"思维"这个词。他告诉笔者，"法律思维是一个律师的核心竞争力，是在一场场博弈中获取最后胜利的关键，如果说信仰和操守是律师手中的盾牌，那么法律思维就是律师在进行'战斗'时的长矛，影响着律师的进退取舍"。

接下来的这个案件源起于当事人的慕名拜访。韩国某动漫公司北京公司委托深圳某科技公司（以下称"深圳科技公司"）为其提供防黑客入侵软件设计方案（防火墙），但设计成果未完全交付使用，深圳科技公司申请仲裁裁决韩国动漫公司北京公司支付防火墙软件设计款项。

作为被申请人的代理律师，李超峰律师的处境当时十分被动，但对于这样的案件，他有着一套自己的思考体系和破局之道，李超峰律师仔细研究完案卷材料后指出，虽然本案是双方都有违约，但法律讲求证据，"谁主张，谁举证"。申请人未能提供已经交付成果和我方签收以及确认的证据，既然申请人不能提供已经完成成果并交付的证据，那么也就意味着他们没有申请该款项的权利。再者，申请人后期协议未履行完毕，所以也就不应主张索要项目设计款项。最终，仲裁庭采纳李超峰律师代理意见，驳回了对方的仲裁申请。

"律师在处理案件过程中，有时会被案件本身的错综复杂所困，这时就不能机械对待，反而要跳出法律问题本身，运用自己的思辨能力，整体把握。有时，换个角度看世界，一切便豁然开朗。"李超峰律师继续与笔者分享道。

李超峰律师认为，自己法律思维的形成得益于他早年在求学过程中各位导师的言传身教。扎实的法学理论基础不仅夯实了其宏观的法律知识结构，拓宽了法律视野，更重要的是使其能够在执业过程中，将这种独有的思维模式渗透到每一次法律实践中。也正是如此，他才能做到对法律条文抽丝剥茧，在整个案件处理过程中运筹帷幄、游刃有余。再加上他认真和沉静的性格，在处理案件时，往往

胸有成竹，当事人也称他为"定心丸"。

感知正义——有温度的法律人

从政府机关的常年法律顾问，到北京市慈善义工联合会法律专业委员会监事长；从律所主任到北京多元调解发展促进会调解中心调解员，李超峰律师在不同角色中诠释着他对律师职业的理解以及对于人生价值的追求，现在的他越来越愿意将更多的时间和精力投入到公益事务上。"目前社会大众对律师依然有着一种偏见，认为律师片面追求经济利益，唯利是图。不可否认，在律师群体中，有些人对于自身职业使命的认知程度存在重大偏颇，在为当事人提供法律服务时，不顾当事人利益，商业习气过重。有的人虽然认识到自己作为法律社会服务者所应该承担的责任和义务，却很难知行合一。所以，我认为我们应该从自身一点一滴做起，多参与社会公益活动，为社会提供更多的公益法律服务，这不仅是一种担当，更重要的是通过自身向社会传递新时代中国律师的价值观和正能量，让更多的人能够享受到法治资源，使一些弱势群体的正义诉求能够通过法治途径合理实现，只有这样，法律才能在更高的层次上实现其应有的价值。"

谈及这些，笔者能够从受访者的眼神中读到那份炽热的感情。"公益是一种可以被感知的力量，这已经成为我生命中不可或缺的一部分。"李超峰律师如是说。同学生病无钱医治他带头帮助募捐；朋友打官司请律师没钱，他不收任何律师费免费提供法律支持……李超峰律师选择用这种方式传递着他对法律的理解和热爱，以及对于这个世界的感恩。也正因如此，在朋友们的眼中，在当事人心中，他始终都是一个备受尊敬的好律师。

十余年前，某食品代加工民营企业被国内某著名企业起诉。双方实力的过度悬殊，曾一度让这家当时还名不见经传的民营企业在这场法律博弈中陷入被动境地。而当李超峰律师详细了解了双方签订的加工协议后，他的回应一如既往地简洁而有力：反诉。于桎梏之中打破僵局，李超峰律师早已习惯了这种感觉。也正是他的这份坚持与笃定，最终对方某著名企业选择了撤诉和解。自此，该民营企业

负责人也与李超峰律师结下不解之缘。

近20年来，李超峰律师亲历了中国民营经济最为蓬勃发展和上升的时代，也经历了这个行业最为剧烈的种种变动。在他的见证下，这家在当时还处于事业建立初期的民营企业，经过数年的兼并重组和扩建，已逐步发展壮大成为全国食品行业的龙头企业之一。其间，李超峰律师一直义务担任该企业的法律智囊。直到2016年，该企业集团CEO把一张总法律顾问的聘书送至李超峰律师的办公室，这对民营企业来说，是厚植根基的大事，而李超峰律师说："他用专业知识为民营企业的发展做好法律风险防控，也算是为回报社会尽自己的绵薄之力。"

2018年11月2日，最高人民法院在中华全国律师协会召开保护民营企业发展专题调研座谈会上，李超峰律师作为受邀请的北京市的十位律师代表之一参加了座谈会并发言。李超峰律师始终认为，民营经济是我国社会主义市场经济的重要组成部分，在经济增长、创新发展、增加就业、改善民生等诸多方面发挥着不可替代的重要作用。而律师队伍是依法治国的一支重要力量，也是推动和促进民营企业守法经营，提升风险防控意识，完成意识蜕变，在合法合规中提高竞争力的重要力量。为此，律师群体应当进一步整合专业资源，把握民营企业法律服务需求，创新法律服务方式，充分发挥律师服务民营企业在保护产权、防范风险、激励创新、企业决策等方面的积极作用，真正彰显律师的职业价值和社会担当。

传承正义——行业建设的服务者

2019年正值律师制度恢复40周年，回首自己的执业历程，跟其他每个踏入律师行业的人一样，李超峰律师也有着自己的辛酸历程。他坦言："其实我执业道路并没有预想中的那么顺利，由于律师在司法活动中处于相对弱势的地位，再加上之前社会整体法治水平也不尽如人意，律师的权利受到过多限制。各种现实环境的掣肘，常常让我陷入困窘之地。"但他并没有踟蹰不前，而是不断关注律师整个行业的生态环境问题。在担任北京市朝阳区律协律师权

益保障委员会主任以来，他走访多家律师事务所，就律师执业权利和权益保护问题有针对性地进行实地调研和座谈，收获了宝贵的第一手数据和资料。北京市30000多名律师，16000多名在北京市朝阳区，面对每一起律师维权案件，监督旁听每一件敏感及重大案件，用他的话说："作为权保委成员，对于律师执业环境的改善，我们比其他律师多了一份义务和担当。如何通过自己的工作，切实改善律师执业环境，为律师执业提供有效保障，对此，我们一定要尽职尽责，'时刻准备着'，更要具有奉献精神，才能为这个行业的建设做出自己应有的贡献。"

由于在律协的工作需要投入大量的时间和精力，时常需要他在律协与律所主任两者之间不停地进行角色转换和时间平衡。但李超峰律师从未想过放弃，他认为两者之间其实有着许多的共通之处。多年的律所管理经验不断更新着他对于整个律师行业的认知和理解，而律协的工作经历又无形之中让他对于管理和领导北京市海铭律师事务所有了新的经验和体会。

坚守正义——持之以恒的追梦者

"律师是一个需要终身学习的职业，学习能力对于一位律师的个体成长来说至关重要。如今网络科技的发展，使得律师获得信息的途径更加广泛，同时也要求律师对于自己的知识体系不断进行迭代更新进而保持法律服务的专业性。唯有专业，才是律师的立足之本。"李超峰律师说。

虽然平时工作十分繁忙，但李超峰律师依然要求自己每周阅读一本法律书籍，而且这个习惯已经保持了十几年。

不但如此，他还认为，作为一名律师必须要具有广阔的国际视野，培养自己的多元文化素养，与时俱进。同时，在我国提出的"一带一路"的新形势下，要充分认识到我国建立多元化纠纷调解机制的重要性，发挥自身职业优势，不断推动多元化纠纷解决机制在司法实践中的运用和推广。因此，李超峰律师在2018～2019年，先后赴美国、意大利、新加坡等国，对国外的调解和仲裁经验进行了系统的交流和学习。

2018年4月份，李超峰律师作为北京多元调解发展促进会首期赴美ADR培训班成员，前往美国伊利诺伊大学参加了历时两周的培训。他坦言，在参加此次培训之前，对于调解在化解纠纷中的作用，他并未有很多体会和感触。但通过在美国的培训以及与美国法学院教授、法官以及JAMS公司调解员和仲裁员的深入沟通和交流，使得他对于美国的ADR历史发展和发展现状有了全面的了解，也深刻认识到调解作为一种纠纷解决方式的独特优势。回国之后，他在执业过程中及时转变自己的观念，手中可以进行调解的案件，他都会在第一时间建议当事人进行调解。"当事人通过调解可以更快地解决法律纠纷、维护自己的合法权益时，作为律师，我们必须进行引导并发挥律师在调解工作中应当发挥的职业优势，而不能为了一己私利，推崇诉讼至上。"

同年6月，李超峰律师又远赴意大利参加了中国政法大学仲裁研究院与意大利罗马第二大学共同举办的"仲裁寻根之旅"活动。"罗马法对于世界法制史有着重要且深远的影响，也是古代世界各国法律中内容最丰富，体系最完善的法律。通过参加此次活动，中国律师与罗马仲裁委员会仲裁员以及罗马第二大法学院教授就罗马法及国际商事仲裁等多个议题进行了研究分析和探讨，大家都受益匪浅。"李超峰律师说，"一带一路"倡议对于中国律师提出了更加多元且专业的要求，我们要对国际商事仲裁程序和规则熟悉和精通，把自己打造成能够处理国际法律事务的法治人才，为中国企业"走出去"提供优质的法律服务。

2019年8月7日，《新加坡调解公约》签署仪式在新加坡举行，李超峰律师应联合国国际贸易法委员会和新加坡律政部邀请，随北京多元调解发展促进会代表团赴新加坡参加了签署仪式。《新加坡调解公约》是世界上第一个以调解方式解决商业纠纷的多边条约，作为一名律师能够亲自见证这一历史时刻，李超峰律师感到十分荣幸。他认为，"公约的签署彰显了国际社会对于调解的认同，不仅能够推动国际贸易纠纷调解协议的跨境执行，也为我们律师的工作提供了有效的法律保障。为企业提供法律服务时，我们律师应有意识地引导企业采取调解的方式来解决商业纠纷，从而实现企业商业投资和发展的良性循环。"

正是因为李超峰律师对待律师行业始终怀有一份特殊的情感，从对法律初怀懵懂之心，到北京市优秀律师、北京市海铭律师事务所主任，再到北京市第十一届律师协会理事、北京市律协申请律师执业人员管理考核工作委员会主任，不论哪个社会角色，他一直在用实际行动践行着自己作为一个法律人的责任，坚守着自己内心追求正义的价值观。

李超峰律师认为，当前是律师大有可为的时代。中国法律制度的不断健全和完善以及国家对于律师行业的高度重视，都彰显出律师在依法治国进程中的重要作用。作为一名律师，我们必须时刻铭记自己做为律师的"初心"，牢记使命，时刻保持对法律的敬畏之心，时刻不忘提升自己的业务技能，秉持高尚的职业操守，认真负责地做好每一个案件，为当事人提供最优质的专业服务，在不断追求完美的过程中实现自己的价值，完成跨越，实现梦想，做一名有社会良知和公益心的好律师。

矿业女律师的剑胆琴心

——访北京大成律师事务所高级合伙人梁兰芝律师

改制、重组、上市、清算；探矿权、采矿权出让、转让；矿业公司股权转让、资产收购；矿产投资、融资、并购等全程全方位专业法律服务的提供者。据了解，大成矿业能源部拥有5位高级合伙人，而在这五位高级合伙人中，就有本文主人公——梁兰芝律师，唯一的一位女性。一位女性律师为何要选择专业度如此之高、要求难度如此之大，且还要全国、全球各地跑，乃至还要实地考察调研、做尽职调查、书写纷繁复杂的调研报告，这样又苦又累的工作？今天，就让我们从她的人生经历和工作履历中去一探究竟吧！

印象

性格直爽，待人真诚，非常值得信赖和托付，这是梁兰芝律师给笔者的第一印象。已过不惑之年的她，热情而不失温婉，沉静而不失柔情，幽默又不失真诚，脸庞上总带着善意的微笑。26年的律师生涯，沉淀了她厚重的气质，而不变的是她那份待人的真诚之心。或许，这也是为何作为一个来自西部的女律师，能在竞争激烈的首都打开一番天地的缘由之一吧！当然，在强手如林的京城，人才济济的大成律所，要想获得律师同仁的尊重、客户的认可和信赖，还要靠自身的综合素质、专业水准、专业高度和极强的责任心。罗马不是一天建成的，在笔者看来，成功是没有捷径可循的，每一个成功的人，都是靠自己脚踏实地、努力拼搏一步一个脚印走过来的。眼前的梁兰芝律师亦如她的微信名"芝兰馨香"一样，让"阅"者心怡，"读"者心丰。兰者，品质高洁，馨香怡人；淡雅温婉，悠然绽放。笔者以为，此言应是对梁兰芝律师人生最好的诠释。

如果说女人是一本书，那么，在70年代出生的法律人中，梁兰芝律师就是那本既有丰厚的人生经历，又有很多经典故事的书。且让我们走近她，观一代中国女律师的法律情怀；看一代中国女律师的心路历程；读一代中国女律师的励志故事；书一代中国女律师的多彩人生。

良知至上先做人

梁兰芝律师出生于教师家庭，父亲是一位优秀的人民教师，丈夫、兄嫂等其他家庭成员大多从事教育工作。在她很小的时候，父亲就教导孩子们，要做一个正直善良的人，无论在哪个行业从事哪个职业，都要秉持良知、正直为人、良知做事。父亲的言传身教深深地影响着她的世界观、人生观、价值观的形成，且一直影响着她的律师之路、人生之旅。

1992年7月，梁兰芝律师自甘肃政法学院法律系毕业后的第一天即走进了兰州市安宁区法律事务所（门口还挂着法律顾问处的牌子，后改制为兰州天恒律师事务所），且当时的安宁区法律事务所还属纯国办性质，律师亦属于国家公职人员，但当时却没有人员编制指标，区司法局老局长给梁兰芝开出了一个条件，那就是"必须一次性通过全国律师资格统一考试"，这个编制可以给她，若未通过全国

编者按

中华大地，幅员辽阔，矿产资源极为丰富。当前，我国已成为世界上所探知矿产资源最为丰富的几个国家之一。

近年来，无论是国际还是国内，整个矿产行业也与经济的发展同步并行，经历了繁荣、萧条、衰退和复苏四个阶段。新常态下，随着我国产业结构的调整和对经济资源的整合及全球经济逐渐进入复苏通道，以及寻找、开发、利用矿产资源技术的不断提高，整个矿产行业对法律服务的需求亦呈现一片大好蓝图。当然，由于矿产行业的变化日新月异，矿产企业之间的分立、兼并，跨行业经营的飞速发展，矿产贸易增加引起不同地区、行业间的经济关系、法律关系相互交融，具有交叉性、复合性、复杂性等特点，其对矿业领域的法律服务者也提出了更高的要求，要求法律服务者不但要拥有广博深厚的法律知识素养、丰富的实务操作经验，且还要深刻了解和理解矿产资源的行业政策、法律法规、经营策略、发展趋势等。

在矿业法律服务领域，大成律师事务所矿业能源部经过多年实践，已经发展成能为整个行业提供从矿企设立、

律考，那就"另谋他路"？条件非常明确！要么奋勇前进，要么知难而退，而退缩还真不是这个倔强女孩的性格。1993年律考前夕，梁兰芝挑灯夜战，将所有压力化作奋进的动力，终于高分通过进入当时只有3名律师编制的兰州市安宁区律师事务所。工作5年后因表现优异业绩突出，梁律师调入了当时兰州市最好的国办律所兰州市第四律师事务所（后改制为甘肃兴正义律师事务所）继续从事她热爱的律师工作。

20世纪90年代中期，改革的春风由东南沿海吹向西部大地，经常走出去学习，有着敏锐洞察力的梁律师判断国办律所已经不能适应社会经济飞速发展的需要，合伙制律师事务所才是律师业发展的未来。2000年，几位有共同志向的青年律师从甘肃政法学院教授手里接过"甘肃合睿律师事务所"的牌子，开启了他们的合伙制律所创业之旅。合伙制律所不带国家公职人员编制，而对于已有7年工作经验，且对未来充满憧憬和信心的梁兰芝律师，即使在老局长的盛情挽留下，仍毅然辞去了公职，成为甘肃合睿律师事务所的创始合伙人之一。

在这里我们需要重点提及的是，梁兰芝律师自进入律师行业第一年起就订阅了《中国律师》和《民主与法制》杂志。在那个资讯不甚发达的年代，又身处欠发达的西部城市，只能通过每一篇文章，从字里行间认识和了解整个律师行业的发展，观察和研究中国律师业的现状与未来。直至今日，她依旧是这两本行业内权威杂志的忠实读者，可谓风雨同行、不离不弃。

专业之路需坚守

2000年，迈向21世纪的梁兰芝律师一步一个脚印实践着她的律师梦想，并开启了她的建筑房地产专业律师之路。2001年，首届中国律师论坛在春城昆明召开，中国律师论坛堪称中国律师界的"华山论剑"，梁兰芝律师非常希望能参加此次盛会却因故错过。2002年，第二届中国律师论坛在上海举办，她终于可以与来自全国的精英律师共同对话、交流和学习了。在第二届中国律师论坛上，时任司法部副部长段正坤指出："专业化在律师业具有普遍性"。可以说，有了清晰有效的专业定位，自然会产生优秀的专业品牌，明确专业定位是创造专业品牌的基础和前提，专业品牌则是专业定位的必然结果。两者的自然融合则是律师专业化的重要表现形式……自此，中国律师业的专业化发展之路拉开了帷幕。也就是在第二届中国律师论坛上，已经提前规划以建筑房地产为专业方向的梁兰芝律师遇到了以建设工程、房地产开发、城市基础设施建设领域法律服务为专业特色的上海建纬律师事务所领头羊朱树英老师。从此，她追随朱老师在全国各地学习、研讨，8年下来建筑房地产领域律师业务水准和专业化都极大地得到了提升，梁兰芝律师靠自身努力赢得了甘肃天庆房地产开发集团、甘肃正茂集团、兰州市政开发集团等甘肃省内诸多龙头房地产企业的信赖，连续多年多次被聘为常年法律顾问和专项法律顾问。

律师专业化说起来容易，但要做起来并得到广大客户的认可，就绝非易事。在第一年的专业化之路上，由于梁兰芝律师坚持专业化的发展，上门的刑事、婚姻、家庭等案件慕名找到她，她都会婉拒，因为她实在不想分散时间和精力，其实那时候她收入并不高。尝试建筑房地产律师专业化第一年，她颗粒无收却无悔付出，她坚信，专业化一定是中国律师业变革与发展的必由之路。

经过数年发展，梁兰芝律师对建筑房地产领域中的土地出让转让、项目融资、房地产开发、工程设计、建筑施工、商品房买卖、工程结算、物业管理等各个环节的法律知识点皆了如指掌。她参与了甘肃"天庆花园""御景东方"等数十个房地产项目的全程法律服务；还担任《甘肃省房地产发展研究全书》总法律顾问，撰写《甘肃省房地产法律服务市场分析研究报告》填补了省内行业空白；又被甘肃省建设厅、甘肃省房地产业商会评为"甘肃省房地产十大有影响力人物"；她还先后被评为2005年度中国建设报"全国建设领域百名优秀律师"；2013年度ENR建筑时报"中国工程法律60位专业律师"等荣誉称号。

俗话说，上帝总会眷顾付出辛苦和努力的人，省内龙头房地产企业连续多年聘请梁兰芝律师及团队担任常年法律顾问、各种房地产融资专项服务、代理30多类房地产纠纷诉讼仲裁若干件，正是对她勤奋努力的最好回馈，也是对她专业律师水平的最好认可。在此，我们仍需要重点一提的是，自2002年参加"第二届中国律师论坛"，直至2018年"第十届中国律师论坛"，每届中国律师论坛，无论工作多忙，梁兰芝律师都要抽出时间来参加这个律界的盛会。她爱着律师这个职业，爱着律师这个事业，并将这种热爱渗透到了灵魂和血脉。

十年矿业铸精品

2008年，在偶然接触到矿产资源领域的一些非诉讼并购及重组投融资项目后，梁兰芝律师清晰地认识到，能源矿业投资这个领域非常需要一批懂矿业的律师提供高水准的专业法律服务；另外加上地产和矿产在法律上同属于不动产物权，一个地上一个地下，自古有"地矿不分家"的说法，有着坚实不动产法律功底的她想到了可以开拓另一片疆土——做一名矿业律师，且甘肃乃至西部更是中国重要的矿产资源集中区域，这一年，她为未来矿业法律服务的蓝图开始了谋篇和布局。

2010年，梁兰芝律师来到清华大学自费参加了"中国矿业经理高级研修项目"的半脱产学习，经过一年半的认真努力学习，她顺利取得"清华大学中国矿业高级经理"学历证书。值得一提的是，这个学习班上聚集了来自全国各地与矿产资源打交道的人，包括国土资源系统的专家院

士、各类矿业央企民企的董事长、总经理、风险投资人、地质工程师，还有一些矿业评估师、矿业设施设备企业、矿业律师同行等，几乎涵盖了矿业"探、采、选、冶"产业链上的各类高层次专业人群，为她从事矿业法律服务在专业的广度深度、人脉优势方面打下了很好的基础。在清华矿业每月一"飞"的专业学习中，来自课堂的系统矿产资源理论知识、各种前沿矿业行业资讯、同学们开阔的思想交会点都被她一一收入，成为她前进道路上的珍贵法宝。

2008 年至 2018 年的 10 年间，在矿业能源领域梁兰芝律师积累了极为丰富的律师实务经验，带领团队实际操作多个矿业权"尽职调查、并购重组、股权转让、矿权融资"案例；先后担任甘肃、西藏、内蒙古、陕西、河北、湖南等 60 多家矿业公司的投资并购、合资合作、股权融资等专项法律顾问；担任某省国土资源厅、某省地矿局、煤田地质局等行政部门常年法律顾问；为矿政管理、行政决策、行政处罚等提供法律建议；参与协调重大投资项目的谈判与签约；同时她还代理了多起矿权转让合同纠纷、越界开采、采矿权行政复议、矿业权行政诉讼等案件，参与处理多起矿业领域重大争议解决案件；多篇相关论文获得中华全国律协奖项。

甘肃正茂集团是一家立足甘肃面向全国的以建设工程、房地产开发、矿业投资等为主的多元化民营企业。2009 年始正茂集团对"草根探矿"有浓厚兴趣和投资经验，2010 年其下属西藏鑫牛公司与甘肃最大的国企金川集团达成意向，合作开发位于西藏雅鲁藏布江北岸的一个斑岩型铜钼矿，所涉矿权法律问题多且专业难度大。在这个非诉案件中，梁律师借鉴了国际法上的理念，在股权比例确认中引入"干湿股"概念，保证了小股东股权不被稀释；另外针对矿产深部勘查之后储量增大的特点，矿业股东具有"资源未来不确定利益"，在熟知我国《公司法》《合同法》等相关规定的基础上，在本案例《矿业合资合作合同》中加入了"特别条款"，公平公正地保护了股东后续开采及勘探过程中可能产生的资源增量处理。这个项目中的律师业务创新思维在"中国律师论坛民商法论坛"发言推广，经《中国律师》杂志、中国律师网报道后，在全国律师界和矿业界被传为佳话，堪称矿业领域投资并购中法律服务创新的典范。因其研究成果而撰写的论文《矿业权合资合作中的法律难点和解决办法》同时获得"2012 中华全国律师协会民事委员会优秀论文奖"。

近年，随着世界经济增速放缓，全球矿业投资、并购的大潮也逐渐走向退潮期，但伴随而来的是矿业纠纷类案件出现增长态势。2014 年底最高人民法院宣布成立专门审理资源案件的"环境资源审判庭"，此后 30 个省法院及部分资源大省的中级人民法院相继成立环境资源审判庭，这些改革和举措无疑是对不断出现的环境资源案件的最好回应，让专业的人做专业的事亦成业界之共识。在矿业权诉讼纠纷方面，梁律师陆续代理了甘肃某矿业有限公司与关某某等"矿业权转让实为股权纠纷案"；西藏某矿业公司与重庆某地质矿产勘查开发地质队《地质勘查合同》实质为矿山工程承包合同纠纷案件"，均取得了很好的办案效果，维护了委托人的合法权益。

律师带领团队律师对行业发展问题进行深入研究，尤其在《关于矿业权与土地使用权交叉的法律问题》《矿权压覆及越界开采的法律难点问题》《采矿权流转过程中产生的合同无效或不予审批的法律问题》《探矿权交易过程中权利灭失引起的赔偿问题》等疑难复杂法律问题，开展了"产学研"专项专题课题研究。将《物权法》《公司法》《合同法》《诉讼法》《仲裁法》及民法与商法等交叉学科领域，总结出了一些具有创新性、实用性的法律服务热点与难点，取得了不错的研究成果并将其用于实践，因此获得"中国产学研合作促进会与中国矿产资源与材料创新联盟联合颁布的 2018 中国产学研合作促进奖（个人）"荣誉称号。

人生勤奋是赢家

由于梁兰芝律师在行业内的贡献，被甘肃省司法厅、甘肃省委统战部推荐成为政协甘肃省第十届委员会特邀界别委员，自 2008 年至 2013 年，在担任甘肃省十届政协委员的 5 年时间里，梁兰芝发挥律师优势，积极参政议政，注重调查研究，关注社情民意，5 年共提交提案 30 余件，其中涉及律师行业发展、社会经济发展、公益事业、制度建设及立法建议等各个方面。

在省政协委员履职期间，除每年提交各类书面个人提案及联合提案外，梁兰芝律师连续三年在"两会"期间进行"专题议政会"发言，为甘肃社会经济发展积极建言献策。在 2011 年 1 月 14 日甘肃省政协十届四次会议上，梁兰芝律师提出关于"落实国土部（2010）年 61 号文件精神，加强加快甘肃国有地勘单位改革，为甘肃经济发展助力"的建议受到广大委员一致赞同，并获时任甘肃省

省委书记陆浩及甘肃省省长徐守盛的当众表扬和亲切关注。会后《新京报》《地质矿产报》记者对梁兰芝律师进行了专访，并将该发言全文刊发至国土资源部官网。

此外，作为一个法律人，梁兰芝律师还参与了中华人民共和国第一部《民法典》的编纂和修改，为国家法治化进程散光发热；梁律师多年也同样关心公益事业，捐款捐物、力所能及的支持"律师希望小学、政法寒门学子"等。

2013年，为追求更高的理想和心中的法律梦想，梁兰芝律师走进京城，成为北京大成律师事务所的高级合伙人。她的爱人也于2014年3月进入中国铁道科学研究院，成为高铁建设的骨干力量；这种勤奋努力、执着进取的基因同样也得到了良好的传承，2015年7月女儿也以优异成绩顺利考入对外经济贸易大学。采访间隙提及女儿，身为母亲的梁律师自豪之情可谓溢于言表，在甘肃家乡梁兰芝律师和爱人的奋斗故事已经成为家族晚辈青年学习的榜样和楷模。

可以说，梁兰芝律师的人生之路是顺畅的、多彩的、幸福的、成功的。当然，现在的成功、多彩、幸福，是靠她自己一步一个脚印，勤奋努力获得的。

走出国门勇担当

由于矿业领域业绩与律师业务的出色表现，北京大成律师事务所矿业团队连续两年担任国土资源部（现改为"自然资源部"）法律顾问。当前，随着国家"一带一路"倡议的逐步推进，大成矿业能源部矿业团队律师在国际化平台上更有了用武之地。近年来，大成矿业律师团队的足迹已经走遍澳大利亚、加拿大、俄罗斯、印尼及欧洲、非洲、南亚各国，为中国矿业企业"走出去"实现跨境投资并购提供着全程全面的法律服务。

2017年8月，海南省一个"矿包矿"典型案例委托大成梁兰芝律师团队代理，"矿包矿"既该金矿"采矿权外围又包了一个探矿权"，这种情形在矿业开发中较为常见，中等规模品位不错具有开发价值。因当地矿政管理存在问题，导致海南某公司《探矿勘查许可证》被注销，同时其"采矿权延续申请"也久未得到行政许可，致其矿业权利益遭受严重损失。申请人向中华人民共和国国土资源部提起了行政复议，要求行政机关撤销做出的注销《勘查许可证》的决定并延续其采矿权。矿政管理机关作为政府行政审批

部门，存在诸多矿政管理不规范问题。大成两位律师代理后：① 补充听证程序；② 补充提交案件全部相关证据材料；③ 进行了基础调查和非诉协调工作；④ 提起行政复议程序被受理……案件数由一变二，由二变四，案情不断变化十分复杂，由于主体和程序的问题，先后提起四个"行政复议申请"均被自然资源部立案。这是一个典型的矿业权行政案件，不但采矿权与探矿权交织，听证程序与复议程序纠结，两个复议案件又衍生出另外两个诉讼案件，物权保护与行政处罚重叠又复杂……梁律师正带领团队坚守法律阵地，在追求公平正义的道路上攻坚克难、砥砺前行。

近几年，除了国内四川、湖南、陕西、吉林、海南等地客户的矿业投资非诉业务或者诉讼仲裁案件代理外，梁律师团队与大成境外分支机构合作，正在为中国某大型央企收购俄罗斯某股份制公司项目；为中国金属类某上市公司收购位于印度尼西亚苏门答腊岛的某大型铅锌矿；为湖南长沙某公司投资非洲加纳水泥非金属矿项目；为广东某民企跨境收购克罗地亚某投资项目等，均提供了优质的法律咨询或法律服务。目前大成客户遍布祖国各地，正在向全世界延伸，矿业能源律师们的法律服务业务专业水平也已经和国际化接轨，在大成不动产物权暨矿业能源专业全体律师同仁的共同努力下，踌躇满志、乘风破浪，为"中国从矿业大国变成矿业强国"的宏伟目标，贡献律师们的智慧和力量、责任与担当。

后记

风雨26年的执业生涯，梁兰芝律师时而也会对自己的奋斗历程作简短的回忆。在笔者的采访和启发下，她的心路历程似乎更加清晰，仿佛如昨，历历在目。是啊！有谁不怀念热血沸腾的青春岁月呢！青春是懵懂的，同时又是美丽的、富有激情的。俗话说"无奋斗，不青春"。当今中国由积弱积贫走向繁荣富强，成为世界经济发展的重要引擎，正是由无数的有识之士不断努力奋斗、锐意进取的结果，是他们推动着时代的车轮不断向前再向前。在笔者看来，梁兰芝律师在中国律师业的发展历程中，既是青年人学习的榜样，又是中国律师事业向前发展的一个推动者。让我们记住她，让我们记录她——一位来自西部的法律人，一个执着律师事业的律政佳人，一位专注专业的矿业女律师！

对企业家使用刑法当慎之又慎

——访"京都刑辩八杰"之一、北京市律师协会商事犯罪预防与辩护委员会委员、京都律师事务所高级合伙人梁雅丽律师

编者按

生命权、自由权、财产权是组成了文明社会的三大基石，而刑法规范又关乎人的财产权、自由权乃至生命权。刑罚的施加动辄剥夺公民的财产、自由乃至生命，因而在国家所掌握的社会关系调控工具中，最强有力者莫过于刑法了。当然，随着人类文明的进步和社会的发展，各界对"慎用少用死刑""慎用刑法"的呼声也从未停止。"宁可错放，也不可错判"的法治理念正成为当今世界发展的大趋势。

改革开放40多年来，我国经济获得高速发展，人民生活水平获得极大提高。但同时也产生了许多新问题、新纠纷以及新型犯罪活动，而近年来企业家的经济犯罪备受社会和媒体关注。甚至有人说："中国的企业家不是在监狱，就是在通往监狱的路上。"此言或许有些夸大其词，但却从另一个侧面也真实地反映了我国的法治现状。

近年，中央及最高人民法院、最高人民检察院、司法部等陆续出台了一系列保护民企、民营企业家合法权益的意见和举措，受到社会及广大企业家热切关注。在全国"两会"上也有律师委员提出："对涉嫌经济犯罪的民营企业家原则上不实行羁押，均采取取保候审的措施，这既可以避免羁押逼供产生冤案，也能维护企业正常经营"的提案。该委员还进一步表示，民营企业家合法权益受到侵害，权力未受约束是根源，通过公权力谋取财产利益是诱因。要根治以刑事手段干预经济纠纷、通过羁押逼使企业家就范、不当利用司法权掠夺民财这些问题，我们就必须规范司法权……

作为在企业法律风险防控领域尤其在刑民交叉领域专

注研究20多年的法律人，且还兼职担任着北京市律协商事犯罪预防与辩护委员会委员、法制晚报刑事辩护研究中心主任、法制晚报企业法律风险防控研究中心主任、法制晚报首席法律顾问、西北政法大学刑事辩护高级研究院研究员、西北政法大学法律硕士教育学院研究生导师、北京外国语大学法学院校外硕士研究生导师等社会职务的梁雅丽律师表示："一个人一旦被追究刑事责任，那么其本人一生乃至其家人、子女招干、入伍、留学等都会受到很大影响；一个企业家被追究刑事责任，对他的企业而言可以说是'颠覆性的灾难'。所以对企业的经营活动或企业间的商业纠纷应严肃对待、慎用刑法，不宜以刑事手段干预经济纠纷。"

接着，梁雅丽律师以近年办理的几个经典案例阐释了她的理念。且让我们以案说法。

从无期到10年，罪名定性不同，量刑亦有天壤之别

房价高起，股市低迷，很多想让"钱生钱"的中产阶层一直在努力寻找其他可以投资的领域。近年来，随着互联网的发展，互联网金融理财产品呈爆发式增长，在网络平台炒期货、炒原油、炒指数、炒外汇（外汇保证金交易，又称外汇按金交易）等成为人们的一种新型投资渠道，且投入资金额令人咋舌，伴随而至的问题就是数百上千人乃至上万人被骗维权的案件不断见诸报端：《又见炒外汇大案：总经理诈骗吞掉3.5亿被判无期》《ACN平台：一个以炒外汇为名的诈骗平台》《"90"后打造虚假外汇交易平台诈骗逾亿元受害人达6800多人》等，这样的报道中似乎皆有一个关键词语，那就是"诈骗"。

我们在此先做下简单普法，什么是诈骗犯罪？诈骗罪是指以非法占有为目的，用虚构事实或者隐瞒真相的方法，骗取数额较大的公私财物的行为。

诈骗罪的定案标准为5000元，且《刑法》第266条规定诈骗公私财物，数额较大的，处3年以下有期徒刑、拘役或者管制，并处或者单处罚金；数额巨大或者有其他严重情节的，处3年以上10年以下有期徒刑，并处罚金；数额特别巨大或者有其他特别严重情节的，处10年以上有期徒刑或者无期徒刑，并处罚金或者没收财产。那么涉案金额达两亿元人民币，无疑是"数额特别巨大""情节特别严重"案件了。

王某曾是一个优秀的操盘手，对互联网金融交易模式、交易方式等可谓了如指掌。

2016年他花9万美元购买了一家在新西兰获得金融许

梁雅丽

可牌照的公司后开设了"炒外汇网络平台"，服务器托管在香港，但其客户大部分在内地，他还发展了大批的代理商，并约定代理分成比例以及该平台在客户每笔交易后的佣金比例，且客户资金出入正常。由于利益驱使，部分代理商的业务人员伪装成单身女性，在社交平台、婚恋网站等寻找潜在客户进行营销，直至2018年案发。2018年7月，王某等18人被以诈骗罪起诉到法院，涉案总金额近2亿元人民币。前文提到，诈骗犯罪2亿元已属"数额特别巨大""情节特别严重"案件，那么毋庸赘言，等待王某的将是诈骗犯罪的最高刑——无期徒刑。

作为该案第一被告人王某的辩护律师，梁雅丽律师压力倍增，但委托人的重托、被告人的企盼和信任让她只能迎难而上，知难而退也不是她的性格。她与团队律师通过庭前多次会见被告人和仔细查阅案卷材料，并研究相关外国法，结合相关法律规定以及最高法指导性案例和众多类似判例，认为本案并不构成诈骗罪，而是典型的非法经营犯罪。这一结论也得到金融和法律领域专家的支持。诈骗犯罪和非法经营罪的定性不同，而在量刑上也是有巨大差别的。根据《刑法》第225条规定："犯非法经营罪情节特别严重的，处五年以上有期徒刑"，《刑法》在这里虽没有规定5年以上的上限刑期，但按照《刑法》关于有期徒刑的规定，犯非法经营罪的最高刑罚是15年。

在法庭上，梁雅丽与团队律师进一步提出，王某开设的网络平台公司拥有新西兰合法的FSP外汇监管牌照，购买使用了正版MT4交易软件，采用了AM外汇流通商有偿提供的实时、真实的外汇行情数据（K线图），因此交易是真实的。且检方指控的犯罪金额事实不清，证据不足。该网络平台公司是一个买涨或买跌的无实物交割的标准化合约交易平台，是一种变相期货交易，是真实的而非虚假的交易。该网络平台既无非法占有客户资金的故意（只收取交易手续费），也无非法占有客户资金的行为，因为客户的出入金完全是自由的。再者，被害人（亏损的投资人）的财产处分行为并非基于认识错误，而完全是一个自愿的投资对赌行为，且平台内资金没有进入国际市场。因此王某等人的行为不符合诈骗罪的构成要件……

最终，法院几乎全部采纳梁雅丽律师团队辩护意见，判处王某犯非法经营罪，判处有期徒刑10年，王某也在认真考虑和研究后表示不上诉。

发票莫虚开，小心进班房

广东某企业负责人因某市领导受贿案件牵扯其中，检察机关在对该企业进行审查时发现该企业曾虚开增值税普通发票合计近12亿元。根据我国《刑法》第205条第1款之规定，虚开增值税普通发票，情节严重的，处2年以下有期徒刑、拘役或者管制，并处罚金；情节特别严重的，处2年以上7年以下有期徒刑，并处罚金。若该罪名成立，那么该企业负责人张某将锒铛入狱，旗下十数家公司也将群龙无首，而这时该公司财务以及办公室工作人员口供皆对张某不利。

梁雅丽律师在接受委托后对涉案材料进行认真研究和分析后发现，企业虚开增值税普通发票期间，张某并未担任公司法定代表人，而是其弟（已因病去世）在担任公司的法定代表人，这一发现可以说是对案件的重大突破。开庭前，梁雅丽律师经过耐心地与办案检察官详细交流、沟通以及检委会研究讨论后决定撤回对张某的刑事指控。2018年6月19日，梁雅丽律师冒雨将张某接出了看守所。

企业法律风险无处不在

李嘉诚曾说："没有律师的意见，我不敢在合同上签字。离开了律师，我什么也做不了。"

梁雅丽律师说，"企业只要经营就不可能完全杜绝法律风险，市场经济就是法治经济，市场经济离不开法律制度的调整。随着全球经济一体化的推进，市场竞争更加激烈，企业面临的市场环境发生了巨大变化。市场竞争在给企业带来发展机遇的同时，也带来了日益增多的风险。作为企业领导者和管理者，必须要学会建立健全企业法律风险防范体系，这样企业才能健康、有序、可持续地发展，才能做大、做强、做久。从内部而言，企业战略决策、内部管控、经营行为、经营决策等因素均会引发法律风险。原因往往是企业家自身法律意识淡薄，未设置较为完备的法律风险防范机制，对法律环境认知不够，经营决策欠考虑法律因素，甚至违法经营等。从外部而言，企业以外的社会环境、法律环境、政策环境等因素也会引发法律风险。包括立法不完备，执法不公正，合作伙伴失信、违约、欺诈等。这些因素不是企业所能够控制的，因而企业不能从根本上杜绝外部法律风险的发生。

再者，企业无论大小，都要注意防范法律风险，不仅老板与管理层要有法律意识，每个员工也应增强法律意识。考察一个企业家是否具备现代企业家的素质，很重要的一点就是看他是否具有企业法律风险意识，如果企业对法律风险估计不足或处理不当，就会带来相当严重的法律后果，有时甚至是'颠覆性的灾难'，这样的案例不胜枚举，企业家们只有将法律意识放在第一位，企业才能长治久安。"

接着，梁雅丽律师又与笔者分享了正在办理的两个案件。

2013年，江西某市某房地产总公司拍得某地块后即成立项目公司进行开发，大股东为某房地产总公司负责人魏某，项目公司法定代表人为魏某直系亲属魏小某，张某某、李某某、何某某为项目公司股东（小股东）。

股东们在筹集资金还未缴清土地出让金时即遭遇资金紧张，恰逢此时楼市进入下行通道，很多楼盘降价销售。面对此种情况，几位小股东认为应该暂停缴纳土地出让金和项目的开发，但作为大股东认为应该继续推进项目的开发建设，停止只能造成更大损失。因股东决议中规定不允许以项目公司名义进行抵押贷款，大股东遂以个人名义对外举债，借款后立即缴纳了土地出让金和投入到项目的开发运营中。

获得资金后项目公司的基建工程也在有序推进中，而此时大股东已为该项目的运转先后借款达7亿多元（5亿元缴纳了土地出让金），项目公司与基建工程公司签署工程合同时约定待基建工程公司垫付工程款项达到1亿元时进行结算，待工程完工后再决算。2016年6月，基建工程公司垫付工程款已达1.7373亿元，按照双方约定开始支付工程款。2016年6月4日，项目公司支付工程款5500万元，6月7日、6月9日、6月14日，直至当年7月2日，项目公司一直陆续支付工程款项。因项目公司资金发展需要大股东再向基建工程公司举债5000万元，并约定了还款事宜利息等。而正是这次借款引起其他几位小股东的不满，小股东认为大股东举债产生的利息给项目公司造成了损失。遂到公安机关报案称大股东以个人筹集资金的名义侵占公司财产。检察机关以大股东涉嫌职务侵占将魏小某批准逮捕。

是职务侵占？还是正常的借贷？至今该案还未有定论。

"直销""传销"，一字之差亦有天壤之别。2005年，中国为兑现入世承诺开放直销行业，《直销管理条例》《禁止传销条例》出台。但至今获得直销牌照的企业不足100家。对于何为直销、何为传销法律已经区分，而现实生活当中却很难界定。由于近年来强拉人头甚至暴力伤害乃至死亡事件不断发生，国家开始严厉打击"传销"行为。

某省某生产肽粉企业为扩大企业经营效益，采用免费品尝体验后可加盟为经销商的模式进行销售旗下保健品。加盟经销的个人门店只要支付5万元货款，就可以拿到10万元的货进行分销，很多消费者为了能五折拿货纷纷加盟。然而，随着分店规模的扩大，伴随而来的问题也相继出现。该企业一直没有获得国家商务部颁发的直销牌照。工商开始查处，进而随着国家打击"传销"力度的加强，2017年9月，该企业也被以涉嫌"传销"刑事立案，2017年11月该企业主要负责人等悉数被批准逮捕。公安部、央视等还相继对该事件进行了曝光。

但作为该企业主要负责人的辩护人，梁雅丽律师在接受委托、认真研究案卷后提出："从计酬模式来看，该企业并非按照拉人头计酬，而是按销售额返利，即便没有直销牌照，也只能按行政违法行为进行处罚，而不能上升到刑事犯罪的高度……"故，梁雅丽律师提出涉案企业及负责人应为无罪的辩护意见，且让我们拭目以待。

刑民交叉律师为企业发展保驾护航

多年来，梁雅丽律师带领团队一直致力于企业法律风险防控的研究以及为企业家辩护，并经常应邀为国内知名企业、商会、协会等做法律风险防控的讲座。梁雅丽律师表示，近年来，我们可喜地看到企业家们越来越重视法律顾问的作用，很多大型企业、集团都设立了总法律顾问制度，这对于防范企业法律风险起到了非常积极的作用。但要建立更有效的企业法律风险防控体系，则需要有经验丰富、业务全面的律师团队方能完成。

梁雅丽律师和她的团队，无论在刑事案件还是民商事疑难复杂案件方面都有着丰富的办案经验，并能为企业提供"事前、事中、事后"的全面有效的解决方案，在客户中形成了良好的口碑。"企业家们应该认识到，做好企业法律风险防控，不只是可以让企业规避风险和损失，同时也可以为企业带来良好的发展机遇，并能为企业创造价值，甚至律师能成为企业家与监狱之间的那个'守门人'。"梁雅丽律师道。

亦如开篇所言，对企业家使用刑法当慎之又慎！因为企业只要发展就会面临各种法律风险，而拥有一个优秀的律师团队为其防范各类风险的同时，又能不断为企业提升和创造价值。"挽救企业、企业家于危难之时，为企业健康发展保驾护航"正是梁雅丽律师和她的团队每天的必修课。

以个案公正追求法治自觉

——访北京市康达律师事务所合伙人刘军律师

The only way to do great work is to love what you do.
Steve Jobs

编者按

法治是人类进入现代文明社会的象征，司法公正是法治的基石，而每一个案件公正是整个司法公正的试金石。在人类社会不断前进的历史进程中，每一阶段都有每个阶段的社会问题，社会也总在解决问题的过程中得到发展。近年来，随着我国经济的持续发展，各种新冲突、新纠纷、新问题也如影随形，而在处理这些冲突、纠纷、问题的过程中，其法律适用问题也成为法律界研究的焦点和难点。

"案例是律师最好的语言。"本文主人公——北京市康达律师事务所合伙人刘军律师自从执业以来就"将每一个案做到极致，追求法治自觉"当作自己一生的追求。多年来他与团队为多少个案件进行过专业代理和有效的辩护我们无法统计，但在他每一案件的代理意见或辩护意见书中，我们可以看到什么是专注与专业，什么是敬业与用心，什么是追求公正和力争精品，什么又是法律人的理想和初心。

"个案是一个时代的符号，最大限度地防止司法不公和冤错案件，需要在每一个个案裁判中捍卫公正、引领价值。而法的温度和温情亦将随判入人、入心。以终为始，每一个案都是作品，唯以对法律的信仰，驭法律技术追求个案公正，让人感受法的力量，方是我和我的团队不变的追求。"刘军律师道。

企业间的经济往来应慎用刑法

企业家是一个企业尤其是民营企业的灵魂人物，若失去人身自由，企业势必陷入群龙无首的境地，众多决策、计划无法实施，往往导致企业举步维艰，甚至走向破产倒闭的边缘。近年来，中央以及最高人民法院、最高人民检察院、司法部等多次发文要求：要严格区分经济纠纷与刑事犯罪；坚决防止把经济纠纷当作犯罪处理；企业间的经济往来应慎用刑法……在企业经济活动中产生的冲突、纠纷等案件的法律适用问题也正是刘军律师近年来研究的业务重点，业界称为刑民交叉案件（刑民交叉案件是指案件性质既涉及刑事法律关系，又涉及民事法律关系，相互间存在交叉、牵连、影响的案件，或根据同一法律事实所涉及的法律关系，一时难以确定是刑事法律关系还是民事法律关系的案件。刑民交叉案件的审理是司法实务的难点，也是社会关注的热点和焦点）。据了解，刘军律师执业之初一直专注国有产权交易领域法律的研究，进入北京市康达律师事务所后，又长期从事疑难复杂民商事争议解决与刑事辩护，现聚焦刑辩，志做刑民交叉界顶尖问题解决者。多年来刘军律师在刑民交叉领域已形成其独特的思维气质和办案风格。

下面，我们就用"律师最好的语言"——案例来以案说法。

刑民交叉案例（一）：王某某诈骗罪无罪案（无罪辩护获得法院全部支持）

这是一起经济纠纷入刑的典型案件。案缘起某省煤炭贸易公司与某省电力燃料公司之间的煤炭贸易和抵押担保事宜，案涉金额近 500 万元，先期民事判决已生效。电力燃料公司向法院申请执行，但此时却发现某市信用社也在依据生效的民事调解书在向法院申请执行，且经执行，被抵押的煤炭贸易公司的土地及房产已以近 1500 万元交付给信用社抵偿债务。后电力燃料公司主要负责人发现煤炭贸易公司王某某隐瞒了基于同一宗土地的两次抵押行为，遂启动刑事追诉程序。煤炭贸易公司王某某被以涉嫌诈骗罪立案侦查并批准逮捕。

作为煤炭贸易公司负责人王某某的辩护人，接受委托时，该案已经进入审判阶段，时间相当紧迫。刘军律师经过会见被告人和研究案卷后，第一时间向法院提出证据辩护并建议检察院撤回起诉（意见同时提交法院），法院经研究决定该案退回检察院，由检察院自行决定补充侦查或撤回起诉。基于背景复杂，检察院补充侦查后仍移送法院，后历经法院三次退补，在检察院坚持起诉的情况下，法院开庭审理此案。最终，某市中级人民法院判决认为，王某某辩护人所提王某某的行为不构成诈骗罪的辩护意见与法

院查明的事实相符予以采纳，王某某依法不构成诈骗罪。幸甚，基于刘军律师有效的辩护和坚持，王某某避免了10年以上有期甚或无期徒刑的牢狱之灾。

"这是一起典型的刑民交叉案，而此案在很大程度保障了民事主体交易的自由度，厘清了刑民边界，考验了法院公正司法的定力。对于边界行为，是否或应否纳入刑法规制的范畴，首要考量的是行为本身是否基本属实，其次必须遵循罪刑法定原则和谦抑性原则以考量是否能够确实充分地将其归罪入刑，对此，从捍卫公正和引领价值裁判角度，一定要慎之又慎，因为自由无价，因为源头之法容不得玷污。"刘军律师道。

刑民交叉案例（二）：家某某涉嫌贪污罪案（该案一季家某某涉嫌贪污案通过一审、二审、重审、重审二审法院判决行贿罪并判处缓刑；该案二季家某某涉嫌行贿罪案，刘军律师通过与前案的精准鉴别和周延法律分析，取得公诉阶段检察院高度认可，最终做出不起诉决定）

2004年家某某与某股份公司（系国有控股上市公司）签署合作协议，由家某某挂靠在该公司负责某矿的前期采矿和选矿业务，再将半成品交由该公司进行深加工出售，且该公司是唯一收购方。该公司前党委书记林某某等4位公司管理人员（2005年公司改制已买断工龄）也作为股东各投入股金成为该矿的投资人。后林某某投入大量人力、物力、财力对该矿进行开采并就股东实施分红。

2014年，检察院以5人犯贪污罪向法院提起公诉。

正常的民事合作怎么就变成了贪污犯罪？家某某家属辗转来到北京市康达律师事务所，康达律所派出乔佳平（主任）、刘军（合伙人）两位律师担任被告人的辩护人。两位律师在浩如烟海的案卷资料与法律间来回穿梭，提出：本案在诸多犯罪构成的要素考察中，贪污行为对象是否存在和是否法定系本案最大争议焦点，由于探矿权或采矿权的价值作为贪污对象的指控存在主体不适格、对象非法定等情形，基于罪刑法定原则，林某某行为不构成贪污罪。

该案历经一审、二审、重审、重审二审，某市中级人民法院最终全面采信辩护人观点，认定被告人家某某不构成贪污罪，并判决家某某犯行贿罪，判处有期徒刑三年，缓刑四年。

家某某缓刑执行期间，由于该上市公司高管系列案案发，某市某区检察院另行指控家某某犯行贿罪，刘军律师在同检察院沟通并了解案情后，继续就家某某涉嫌行贿案向检察院提出家某某无罪的辩护意见，获得检察院高度认可，最终检方做出对家某某不予起诉决定。

企业家，无论是民营企业家还是经营国有资产企业家，其不仅担当企业盈利的自觉，而且肩负极为繁重的社会责任，他们的行为，担负前述角色的，往往具有高度的刑事风险性，若无高度警觉或谦抑，模糊刑民边界，他们无疑是"走在监狱路上"的高危群体，而法院作为捍卫公正、引领价值的守护神，若丧失独立、不公司法，就如英国哲学家培根所说"一次不公正的司法判决，其恶甚于十次犯罪，因为犯罪只是弄脏了一支水流，而错误的司法判决则是污染了整个水源"。"只要法院守住公正司法底线，保持独立并足够定力，个案公正就不难实现，当然，法院能否实现独立的公正的裁判，适法进程能否做到以审判为中心，还需要司法体制改革进入深水区后的系统化正向努力。"刘军律师如是说。

刑民交叉案例（三）：20亿电票大案谁之过——全国首例电票诈骗案（罪轻辩护为骗取贷款、票据承兑、金融票证罪，法定刑期由10年以上变更为7年以下）

2016年7月，一起开具40张电子银行承兑汇票（以下称"电票"），涉案金额合计达20亿元人民币的金融诈骗案震惊全国，这是全国首例电票诈骗案，后涉案当事人悉数被批准逮捕并公诉。刘军律师担任了检方指控的第一被告人钱某的辩护人。

刘军律师在深入研究案卷并通过大量资料精确掌握关于电票的专业知识后，从汇票的真实性、行为的合意性、资金和佣金的流向及其属性、资金的权属、主观以及罪刑法定角度提出：本案的电子银行承兑汇票全部真实，不宜以金融诈骗罪（最高刑为无期）定性，而更符合骗取金融票证罪（最高刑为7年）之罪状；同时提出钱某并非该案主犯及第一被告人，某银行副行长旅某某（实际已与银行解除劳动协议，但却能自由出入银行，并复制使用银行相关资料和印鉴）应为第一被告人。

2018年12月，某市第一中级人民法院下发判决，维持指控定性（定性之自由心证远未确实充分），但就被告人顺位问题，法院全面采纳刘军律师的辩护意见，将旅某某调整列为第一被告人。"现本案被告人均提出上诉，基于罪刑法定以及轻罪辩护逻辑的周延性，二审且让我们拭目以待"刘军律师说道。

父亲贪污，儿子受贿——张某受贿案（此案为党的十八大后首例乡镇干部腐败案，刘军律师为其减轻刑责辩护，获得法院全部支持）

2014年9月，张某（其父为某镇党委书记）因涉嫌受贿罪被逮捕，2015年11月，检察院以张某涉嫌受贿300万元公诉至法院。作为张某辩护人的刘军律师在仔细研究案卷并会见被告人后发现张某与行贿人李某之间具有合作开办公司，帮其操作股票等工作委托，且张某并非国家工作人员以及张系从犯以及退赃等情节，建议无罪或法院最终认定有罪前提下对其减轻处罚。后人民法院判处张某有期徒刑二年六个月。

《刑法》第385条之受贿罪："国家工作人员利用职务上的便利，索取他人财物的，或者非法收受他人财物，为他人谋取利益的，是受贿罪。国家工作人员在经济往来中，违反国家规定，收受各种名义的回扣、手续费，归个人所有的，以受贿论处。"《刑法》第386条之受贿罪的处罚规定："对犯受贿罪的，根据受贿所得数额及情节，依照本法第三百八十三条的规定处罚。索贿的从重处罚。"根据最高人民法院、最高人民检察院《关于办理贪污贿赂刑事案件适用法律若干问题的解释》第三条："贪污或者受贿数额在三百万元以上的，应当认定为刑法第三百八十三条第一款规定的'数额特别巨大'，依法判处十年以上有期徒刑、无期徒刑或者死刑，并处罚金或者没收财产。"

此案中张某所涉受贿金额已达到"数额特别巨大"，按正常逻辑等待他的将是10年以上的牢狱生活，而由于刘军律师的精湛论证和有效辩护，使其减轻辩护获得重大成功。

方向冲突之辩护于辩护实践中具有较大争议，究竟是循基本事实还是尊委托人利益，在司法实践中，有时，并不是能够轻易做出选择，但是，当坚信法律、坚信司法者在遵循一般司法逻辑的同时，仍存良知和法度，那么，你的冲突选择或许能够得到博上取中的良好效果，本案正是若此的典型示范。

慎用死刑是法治的进步——白某故意杀人案（最高院复核后发回重审，免死辩护获得巨大成功，同时该案也成为藏区宗族传统适于司法认定的典型案例）

2015年，一起故意杀人案中的被告人白某被四川高院判处死刑立即执行的案卷摆在了刘军的案头，刘军律师研究案卷时发现这是来自四川藏区（四川省甘孜藏族自治州）的一起案件，已进入死刑复核阶段。经过研究后刘军律师认为，被告人白某不宜判处死刑立即执行（白某妹妹曾被迫与被害人已婚的儿子发生关系并两次堕胎，且第二次堕胎后被害人及其家族没有道歉和赔偿，使家族矛盾更加激化）。人的生命只有一次，生命不可重复，作为从事刑事辩护工作多年的刘军律师也一直秉持少杀慎杀、慎用死刑的执业理念。他决定一定竭尽全力为被告人白某辩护。接受委托后，他立即收拾行囊赶往四川甘孜藏族自治州某县，并深入当地政协、法院、公安、司法等机关调研，充分听

取各机构相关权威人员（包括当地具有崇高威望的宗教领袖）意见后，整理出白某不宜判决死刑立即执行的紧急情况反映及辩护意见书。

在该紧急情况反映及辩护意见书中，刘军律师除将被害人具有过错以及双方已达成赔偿调解等意见提交外，更将藏区对于邻里纠纷调解的传统重点陈述：藏区对于纠纷的解决存在特殊的一种法律现状，即由德高望重的寺院高僧来调解解决民众中的纠纷，经高僧调解达成和解协议之后双方当事人都会积极履行和解协议，以定纷止争，该方式在民族地区发挥着无与伦比的权威作用，对当地社会秩序的正常运行可谓举足轻重……后最高人民法院采信刘军律师辩护意见，做出发回重审裁定，白某获得重生。

刑事判决扣押房产，案外人该如何维权？——江某某作为案外人之合法财产从张某某信用证诈骗案（生效判决财产刑中别出，获得成功）

2010年，某公司法定代表人张某某因犯信用证诈骗罪被判处刑罚，其所购两套房屋（张某某只是缴纳了首付款）按照赃物也随案扣押，但该两套房屋却登记在案外人江某某名下，且江某某已办理完成按揭贷款。江某某觉得自己名下两套房屋被无故查扣，实在冤枉，于是开始了漫长的维权之路。她通过友人找到刘军律师，希望律师能帮她维权。刘军律师耐心听完江某某的讲述后深表同情，并通过后期资料和基本法律判断，决定接受委托。刘军律师深知对于已经生效且已进入执行阶段的刑事判决，若在刑事执行过程中别出房产，前面的路肯定困难重重，但"律师即为解决问题而生"，刘军律师道。

刘军律师将查明的案件事实与相应法律意见提交某法院刑庭："江某某名下房屋是用自己合法收入购买，理应从张某某信用证诈骗案生效判决中别出，……"

最终，经过4年的艰辛和努力，上级法院做出裁定：张某某因犯信用证诈骗罪被扣押的两套房屋属江某某合法收入购买的个人房产，应受法律保护，不予执行。

后记

自1979年中华人民共和国第一部《刑法典》颁行以及中国律师制度恢复重建以来，中国的法治之路已经走过了40多年的历程。40年间，我国的法治建设伴随改革开放同样获得了长足的发展和进步，而在每一次发展和进步的背后都有中国律师的身影。多年来，从地方法院到省高院再到最高人民法院，他的足迹也走遍了大半个中国的各级法院的刑事和民事法庭。

据了解，刘军律师除重点办理疑难复杂民商事争议解决与刑民交叉领域案件外，还担任着新华社主办的《半月谈》杂志社总法律顾问以及40余家企事业单位的常年法律顾问。

"努力让人民在每一个司法案件中都能感受到公平正义"这是习近平总书记在党的十八大以来对司法从业人员提出的明确要求和殷切希望。作为一个有梦想、有追求、有情怀的法律人，刘军律师时刻牢记并努力践行着他的法治理想——将每一个案做到极致，以中正个案，追求法治自觉，以个案公正推动中国法治的进步。

做知识产权权利人合法权益的坚定保护者

——访北京观永律师事务所合伙人卢敏律师

编者按

版权被盗用、商标被抢注、专利被侵权……诸如此类事件的发生让很多知识产权的权利所有人很是气愤和无奈，俗话说侵权容易维权难！当今社会，侵权已经成为阻碍经济发展和社会进步及公平正义的顽癣痼疾。

作为专注知识产权尤其在商标权的保护领域见长，且执着坚守多年的卢敏律师更是发出了"愿做知识产权权利人合法权益的坚定保护者"的强烈呼声。

据了解，执业 10 多年来，卢敏律师一直从事民商事诉讼业务并积累了大量的诉讼实务经验。她自 2012 年起开始专注于知识产权诉讼，并经办了众多知名知识产权案件，且尤其擅长办理商标行政诉讼、商标侵权及不正当竞争纠纷等商标诉讼案件。中国第一起司法审查的腾讯（QQ 嘀嘀嘀嘀嘀嘀的提示音）声音商标行政纠纷案就是由她与律所主任黄义彪律师合办，经过两年多的艰辛和努力终于帮助腾讯公司成功获得了"嘀嘀嘀嘀嘀嘀"声音商标的注册，其理论功底和诉讼能力得到客户的高度认可和肯定。

另外，在商标权的行政确权、民事侵权、海关保护等领域，卢敏律师经过多年的坚守和锤炼，以其专业和认真的态度在业内赢得了良好的声誉和建立了自己的影响力，并成为商标权保护领域的专家型律师。

印象

卢敏是南京人，她不仅有江南女子的温和细腻，还有着北方人的开朗豪爽。本科自南京工业大学毕业后，她又在上海大学就读研究生，进入律师行业，对卢敏律师而言并不是偶然，被问及为何要成为一名律师时，卢敏眼中闪烁着光芒，"少时看了很多律政剧，那时对律师的印象就是在法庭上侃侃而谈觉得特别酷。"被问及为何要选择在北京执业？她脸上洋溢着幸福的表情说，"是因为爱情。"被问及为何要选择知识产权尤其商标诉讼业务作为自己的研究方向？她温柔中带着坚定的语气说："因为这个领域最适合我的性格，做知识产权工作大部分时间需要静下来潜心研究和钻研，而我看似豪爽，但那是对熟人，对于不熟识人的我也并不会'自来熟'。"

是啊！无论任何工作和职业，只有静心思考、潜心研究才会有所收获，而对于律师职业，只有极尽认真和敬业才能找到案件的突破口，才能最大限度维护当事人的合法权益，而对于专注知识产权多年的卢敏律师，已将做知识产权权利人的坚定保护者当作自己终生的事业来热爱和坚守！

中国首例声音商标案

2013 年 8 月 30 日，十二届全国人大常委会第四次会议表决通过了《全国人民代表大会常务委员会关于修改〈中华人民共和国商标法〉的决定》（以下简称《商标法》），自 2014 年 5 月 1 日起施行。我们注意到，此次《商标法》修改的一个重大变化就是增加了声音可以注册为商标的要素，从此，声音作为识别商品和服务来源的标识被列入我国的《商标法》。但声音商标为大众所熟知，还要从腾讯 QQ "嘀嘀嘀嘀嘀嘀"声音商标案说起。

2014 年 5 月 4 日（五一假期后第一个工作日）腾讯公司即开始申请注册"嘀嘀嘀嘀嘀嘀"声音商标，但被商标局驳回，理由是"缺乏显著性"，随后，腾讯公司提请复审，2016 年再被商评委驳回。2016 年 6 月，腾讯公司在全国经过甄选后，决定聘请一直致力于知识产权且在商标诉讼领域成就卓著的北京观永律师事务所代理提起诉讼，观永律师事务所黄义彪律师、卢敏律师作为腾讯公司的代理人全程参与和代理了该案的诉讼。尤其卢敏律师经过检索发达国家关于声音商标的申请和注册商标的大量案例发现，如英特尔开机音"dengdengdengdeng 或灯，等灯等灯（音）"（这段旋律被英特尔在中国申请了第 9 类和第 42 类商品或服务的声音商标，并于 2017 年 3 月 28 日被核准注册。）诺基亚手机铃声、苹果 Mac "咚"的开机音等皆已被全球广泛使用，具有显著性和被注册为声音商标。

那么，作为数亿人已经使用近 20 年的 QQ "嘀嘀嘀嘀嘀嘀"声音又如何"缺乏显著性"呢？卢敏律师经过认真研究和准备与案件相关的详细材料和代理意见提交法院。2018 年 10 月，北京市高级人民法院终于"一锤定音"。认定腾讯公司"嘀嘀嘀嘀嘀嘀"声音，具有显著性，判决可以注册为声音商标。

同时，业内人士认为，QQ 提示音商标案是中国商标法

领域首例声音商标案件，案件审理对审查声音商标的显著性提供了极具参考价值的思路，具有行业典型意义。

该案是我国第一起因声音商标注册被驳回而引发的诉讼案件。笔者以为，腾讯QQ"嘀嘀嘀嘀嘀嘀"声音商标案，使人们对看似陌生的声音商标有了近距离接触和认知。更为重要的是，该案为行业内类似案件指明了方向，提供了极具参考价值的思路，对于整个商标行业尤其声音商标皆具有现实的指导意义和积极的影响。

"庆丰"包子铺的艰难维权路

北京庆丰包子铺（以下简称"北京庆丰"）字号"庆丰"最早于1956年创建于北京市西城区，后被评为北京老字号。1998年1月28日，在第43类"餐饮"服务注册第1171838号"庆丰"商标。

"庆丰"包子的广为人知还要从2013年12月28日习主席的那次早餐开始，自此"庆丰"包子、"主席套餐"火遍了全国，而许多商家也借此名头纷纷效仿，各地涌出大量与"庆丰"名称近似的店铺或商品，御品庆丰、泓业庆丰等不一而足。

2015年，北京沃尔玛、家乐福等大型超市、淘宝、京东等电商平台赫然出现了庆丰包子高仿品"御品庆丰"速冻包子。庆丰包子铺在知晓侵权行为后，立即委托北京观永律师事务所向北京知识法院提起诉讼。作为该案的诉讼代理人，卢敏律师在诉讼中提出，庆丰包子铺拥有多枚注册商标"庆丰""庆丰包子铺"等，享有上述注册商标专用权，"御品庆丰"与其拥有的注册商标高度近似，导致相关消费者产生了混淆误认，"御品庆丰"速冻包子生产商及销售商侵害了庆丰包子铺商标专用权，依法应当停止侵权、赔偿损失。北京知识产权法院经审理认为，"庆丰"商标在餐饮服务领域具有较高知名度，"御品庆丰"与"庆丰"构成近似商标，"速冻包子"与"包子""餐饮"服务构成类似商品和服务，"御品庆丰"生产商及销售商的行为侵害了庆丰包子铺的商标专用权，"御品庆丰"生产商将"御品庆丰"作为企业字号使用的行为构成了不正当竞争。

2017年7月20日，北京知识产权法院最终判决：被告御品庆丰（唐山）食品有限公司、稻香村（玉田）食品有限公司及来贷宝（北京）商贸有限公司立即停止商标侵权行为；御品庆丰（唐山）食品有限公司变更企业名称，变更后的企业名称不得包含"庆丰"二字；御品庆丰公司须

在《中国知识产权报》上刊登声明以消除因侵权行为造成的不良影响；三被告共同赔偿庆丰包子铺总计45万元（30万元损害赔偿及15万元合理支出）的经济损失。

如果说前案中，经过卢敏律师的努力和争取，北京庆丰包子铺获得合计45万元赔偿还算欣慰，那么以下侵犯"庆丰"商标案最终获得5万元的赔偿可以说让人很是无奈。

2016年，山东临沂一家商贸公司注册了"泓业庆丰包子铺"（以下简称"山东庆丰"）的店名，并在多地开设分店。该店对"泓业"二字进行艺术化处理，而只突出"庆丰"二字，且其店铺装修风格、桌椅板凳碗筷、食材供应等都与"北京庆丰"几近相同，更令人意想不到的是该店竟还专门推出了"主席套餐"以及悬挂"习大大漫画像"，且在大众点评、美团等平台登记显示为北京"庆丰"包子铺第XX分店，其工作人员也声称店铺和北京庆丰包子铺为同一家。这些信息让消费者根本无法辨识到底是真"庆丰"，还是假"庆丰"。但侵权必究，权利人的合法权利必须得到法律的保护，这才是法律的应有之义。

接受委托后，卢敏与团队律师及公证人员先到"泓业庆丰"店铺实地消费并拍照取证后制订出两套方案，一是在国家工商行政管理总局商标评审委员会对"泓业庆丰"商标提请商标无效宣告申请，二是对"泓业庆丰"店铺侵权行为在济南中级人民法院提起侵权之诉。

济南中级人民法院经过审理后认为"泓业庆丰"店铺行为已经构成侵权，据此判决，"泓业庆丰"立即停止侵权，并判令被告赔偿北京庆丰包子铺经济损失及合理费用5万元，这样的低侵权成本的判决让权利人很无奈。而更让人诧异的是，败诉方"泓业庆丰"店铺在被判停止侵权后仍在正常营业中，卢敏律师致电当地工商部门投诉，一个月后获得的只是一张行政处罚决定书。

"拿到胜诉判决本就不易，而执行起来更是难上加难，这就是为何我们很多老字号商标有的明知被侵权，其维权的积极性也不是很高的缘由之一吧！但对于市场上的各类制假售假、搭便车行为，'庆丰'勇敢地选择用法律武器来维权，并坚持给予打击，这样不仅维护了企业的品牌声誉，同时也向外界传达了企业重视品牌保护的决心。品牌保护是关系到企业存亡的大事，在遇到侵权行为时，企业只有勇敢维权，才能维护自身合法权益，维护企业正常的经营秩序，因为企业的品牌和良好声誉是一个企业可持续发展的不竭动力。"卢敏律师说。

"搜房"商标10多年的诉争

2016年，在商界要说闹得最火的非两个"搜房"商标之争莫属了。比起当年的"王老吉"商标案可以说是有过之而无不及，以至于还牵扯到了"北大"和"百度"，并迫使百度负责人放弃认购正在上市的"搜房"股份。而此案的源头还要追溯到10多年前，进入21世纪初，随着我国房地产业及互联网的崛起，两个关于房屋买卖的中介网站"搜房网"（一家属道杰士公司，一家属搜房控股公司）开始上线，彼时两家都相安无事，表示各做各的互不相关。然而，随着市场和品牌效应的逐渐做大，两家"搜房网"在巨大利益面前都坐不住了，道杰士到商标局申请注册"搜房"商标，但商标初审公告期间遭到搜房控股提起商标异议申请，该案历经商标异议、商标异议复审，而

后只有通过法律手段来决定谁才是真正的"搜房"。一审期间，一审法院认为道杰士具有涉嫌抢注"搜房"商标之恶意，作为"搜房"商标的在先使用、在先申请者自然觉得"憋屈"，而作为道杰士公司主要代理人之一，卢敏律师更觉一审判决与商标法立法本意相悖，但作为一名法律人，她明白只有找到更有力的证据才能获得法院的支持。随后，经过艰辛取证，她终于找到2000年6月14日的《财经时报》第9版的一篇报道，其上有"争抢"搜房"一文。该文载明，网址为www.sofang.com.cn的"搜房网"，是北京道杰士投资资讯股份有限公司投资，该公司负责人为李忠，即本案两上诉人的法定代表人。李忠告诉记者，"当时在起名字时并没有听说过有另一个网站也叫"搜房"……而据当时记者了解到的是，英文"soufun"属于北京搜房资讯有限公司，该公司老总莫天全告诉记者："对于此事他们不想作出评论，大家各做各的。"道杰士公司的李忠说："我们也不想因此引出什么纠纷，大家都把自己的事做好就行了。"

而另一篇报道刊载于2000年7月6日的《北京青年报》第43版。其上有"房网域名抢注风波"一文。对于两个使用"搜房"的网站，该文载明，北京搜房资讯有限公司老总莫天全告诉记者，对于此事他们不想做出评论，大家各做各的。道杰士公司的李忠说，"我们也不想因此引出什么纠纷，大家都把自己的事做好就行了。"

以上关键证据已经足以证明道杰士公司并无抢注"搜房"商标之恶意。

二审阶段，北京市高级人民法院经审理判决如下："一、撤销国家工商行政管理总局商标评审委员会做出的商评字（2012）第40802号《关于第3702986号"搜房SOFANG"商标异议复审裁定书》；二、撤销北京市第一中级人民法院（2013）一中知行初字第2121号行政判决；三、国家工商行政管理总局商标评审委员会就北京搜房房地产经纪有限公司、北京道杰士投资咨询服务有限责任公司第3702986号"搜房SOFANG"商标重新做出异议复审裁定。"

搜房控股不服二审判决，向最高人民法院提起再审，2016年12月21日，最高人民法院做出裁定：驳回搜房控股的再审申请。"搜房"商标案经过10余年的拉锯战终于正式落下帷幕。

"尼康""康尼"的并存之道

尼康作为一个国际知名的品牌，在我国可以说是家喻户晓，但就是这样一个知名品牌，"尼康"在我国的商标注册，却也遇到了些麻烦。

当株式会社尼康申请"尼康"箱包商标时，却发现已经有"康尼"箱包被注册在先，商标局还以此为由驳回了"尼康"商标在箱包领域的注册，株式会社尼康不服商标评审委员会关于商标近似的判定，提起诉讼。观永律师事务所作为尼康公司的法律顾问一直为尼康公司提供常年法律顾问服务，黄义彪律师、卢敏律师再次担任了尼康公司商标诉讼阶段的代理律师，并举正反例证提出：国美（美国，不能注册为商标）、京东（东京，不能注册为商标），但奥迪（迪奥，已经注册为商标）、联通（通联，已经注册为商标）。

一审法院经审理亦认为：首先，诉争商标为中文"尼康"，引证商标由中文"康尼kangni及图"组成，两者

在构成要素、整体视觉效果等方面均不相同。其次，根据查明的事实，株式会社尼康在20世纪80年代就开始对"Nikon尼康"商标进行宣传，商标评审委员会也曾认定该商标为驰名商标，可见其使用在摄影机、录像器等商品上的"Nikon尼康"商标早已为中国公众所熟知，具有极高的知名度，且"Nikon"与"尼康"已形成较为稳定的对应关系。而"尼康"二字作为臆造词，当其作为商标使用时，中国公众容易认为该商品来源于株式会社尼康，并将其从左往右认读。再次，株式会社尼康已拥有于1999年7月2日申请并注册在第18类的公文包、背包、钱包、旅行箱等商品上的第1456905号"Nikon"商标等，相关电商平台也将"相机包"等产品的销售信息标注为"尼康（Nikon）"，即是株式会社尼康申请注册本案诉争商标具有一定的合理性，亦符合相关公众对标注有诉争商标的"相机包、背包"等商品的来源认知，相关公众对诉争商标也容易采取从左往右的认读方式。

最后，法院判决认定诉争商标"尼康"与引证商标"康尼kangni及图"使用在"手提包、公文包、钱包"等商品上，不易导致相关公众混淆误认，未构成近似商标，诉争商标的申请注册未违反《商标法》第三十条的规定，应予以注册，维护了"尼康"商标在相机包、背包等箱包方面的商标权。

后记

"做知识产权案件，尤其商标案件其实蛮有意思的，会接到不同的案件，遇到不同的问题，在解决问题的过程中还会学到不同的知识和经验，使自己不断成长。"提及这份已经从事近10年的工作，卢敏律师言语间尽显满足与向往。

采访结束卢敏律师总结说："我们所有的工作皆从事实和客户需求出发，以为客户提供简练、持续和有实际价值的法律支持为己任，致力于打造知识产权一体化、一站式、全流程、全方位的法律解决方案，并以我们的法律思维视角维护客户的法律安全、促进企业实现业绩增长。在知识产权的道路上，我们愿做知识产权权利人合法权益的坚定维护者。维护权利所有人的合法权利，维护法律的正确实施，维护社会的公平与正义，为知识产权的健康发展尽我们的绵薄之力。"

以个案推动法治进步

——访北京市国汉律师事务所高级合伙人、刑事部负责人罗开均律师

编者按

党的十八大以来，随着我国司法体制的改革与推进，以及全国多地重大冤假错案得到平反纠正，法治也正逐渐深入走进人们的工作和生活中，并成为社会文明与进步的重要标志。作为"全面依法治国的一支重要力量"的中国律师，更要将维护当事人的合法权益，维护法律的正确实施，维护法律的公平正义当作自己一生的追求和目标。

今天我们采访的主人公——北京市国汉律师事务所高级合伙人、刑事部负责人罗开均律师。他说："作为一名律师，我认为每一个案件能够得到公正的审判，它就是通向法治的'铺路石'；未得到公正审判，让司法蒙羞，让人民感受不到公平正义，那就是法治的'绊脚石'。我们唯有努力在每一个案件中竭尽所能、尽职尽责，把每一个案件办成精品案，让每一案件都经得起历史的检验，并以个案的公正逐渐推动法治的进步，或许，这就是我作为一个中国律师最大的理想和追求吧！"

罗开均律师的言语虽简，但句句触动人心！因为他道出了中国律师共同的心声，也道出了全社会共同的期许——以法治保障社会公平正义。

理工男的法律情缘

罗开均是四川阆中人，阆中素有"阆苑仙境""巴蜀要冲"之美誉，是中国四大古城之一。然而，直至2018年12月，阆中市喜获"2018年度中国十佳脱贫攻坚与精准扶贫示范县市"后，阆中才摘下"贫困"的帽子。可想而知，30年前阆中农民的生活是何等艰苦。少时的罗开均就是一个品学兼优、有正义感、喜欢打抱不平的人。生在农村的他当然也以种地为生，但他一直向往那个他也不知道是哪里的"远方"。20世纪90年代初，读中学的罗开均已经对社会有了清晰的理解和认识，当时全家4口人要交400块钱的农业税，这对一个平均每人不足一亩耕地的家庭来说，即使是把当年收的所有粮食卖掉，也不够交农业税的。进行一番思索后，罗开均决定给四川电视台"今晚10分"栏目的一位主持人写信反映农民的疾苦，接着他又给中央电视台《焦点访谈》栏目去信，想着以个人之力为民请愿，他觉得公平正义是争来的，而不是别人施舍的。彼时，他就希望以后能从事法律工作，但在那个"学好数理化，走遍天下都不怕"的年代，高考时他还是遵从父亲的要求，报考了工科院校。毕业后先后在杭州东宝电器集团、清华同方、北大资源等公司从事技术工作十余年，或许这也是为何北京市某大学知识产权课题研究组一直聘任罗开均律师担任研究员的原因之一吧。北京的学术环境和学习氛围深深地吸引了他，2005年，内心一直渴望从事法律工作的罗开均，一边工作一边在北京大学法学院学习法律课程，经过几年的艰辛努力，终于在2008年通过了国家司法考试，如愿成为一名律师，这个"理工男"在兜转10多年后，终于完成他少年时代的梦想——做一名手执法律为权利而斗争、追求公平与正义的律师。当然，理工科的学习和工作经历并未拖"法律的后腿"，而是培养了他极强的逻辑思维能力和对案件的解析与说理能力，我们从他代理的诸多案件以及在法庭的辩论中即可见一斑。此后，他还攻读了中国政法大学法学（刑法学）在职研究生，继续着他的法律人生之路。

无罪辩护何其难——张某票据诈骗案（一审判处有期徒刑5年，二审发回重审，重审一审改判有期徒刑11个月）

张某是某公司兼职业务人员，经过艰辛努力开拓了许多客户，并为公司带来丰厚的销售收入。但当购货方将尾款19余万元共计三张支票给了张某，张某将支票交回公司，公司老总将三张支票背书后给了张某，算是给张某发的提成。就这样，张某只得拿着三张支票找朋友的公司入账后提现。

但此事却没有完全结束，因为公司老总为了省下税费，给购货方开的是假发票。张某找老总理论，而此时公司老总却说："你拿的提成太高，公司开完票就没有多少利润了，你要退回些提成回来。"哪有发完提成又返回的道理，两人因此发生口角，公司老总遂产生报复心理。公司老总

正想着该如何"收拾"这个不听话的业务员时，突然想到前期转账支票的事情，于是，公司老总报案称自己公司应收的三张转账支票，被张某私刻印章背书后转入了其他公司账户。公安机关调查正是张某已经兑现的那三张支票共计19万余元，张某遂被刑事拘留。

转账支票是公司老总给的且做了背书，又何来诈骗？作为张某的辩护人，罗开均律师一直坚持为张某作无罪辩护，但一审法院却仍认定张某犯有票据诈骗罪成立，判处有期徒刑5年。罗开均律师继续上诉二审，后二审法院裁定发回重审，案件又回到了一审法院，法院另组合议庭审理此案。在这里我们需要提及的是，发回重审期间，罗开均律师已申请对张某取保候审并获批，但此时张某已被羁押11个月，若判决张某无罪，会涉及国家赔偿问题，还会涉及其他办案人员的责任问题。这时，重审一审法庭经过研究后，最终决定改判张某犯"伪造公司印章罪，判处其有期徒刑11个月（刑罚已执行完毕）。"

是什么让律师义愤填膺？——王某非法转让土地使用权罪案（判决结果：撤销案件）

此案的源头还要追溯到20世纪90年代末，1996年，衡水市某县城乡接合部某村，有20亩的荒地闲置多年一直无人耕种，村委领导找到做生意的王某，希望他可以承包该荒地为村里创收，王某欣然答应，与村里签订了土地承包租赁协议后在该土地上种上了树苗。20年后承包期满，当初的小树苗也长成参天大树，王某再与村里续租20年，交了20万元租金。

近年来，随着房地产开发、旧城改造、城镇化速度的推进，因该20亩地处于县城与农村的交界处，同村另一村民李某提前获悉，县里计划要征收该村的土地用于开发建设。李某遂找到王某，希望可以将他承包的20亩土地和地上附着物都转让给他，王某觉得既然有人愿意继续承包，那就把这个包袱"甩"给李某无妨，两人经过协商，将该土地与地上的种植物一并合计200万元全部转让给了李某。不久，县委果然下达文件，要征收该片土地，这时，精明的李某开价2000万元赔偿金，如此漫天要价，县里肯定不答应。经过核查该片土地的历史沿革，终于查明事情原委，于是县公安机关以王某、李某涉嫌非法转让土地使用权将两人同时刑事拘留。

罗开均律师在接受委托后提出取保候审未果，后案件移送至检察院批捕部门，罗开均律师在与负责批捕的科长联系后赶赴某县。首先提交不予批准逮捕的意见，并与负责批捕的科长进行耐心的交流、沟通。经过几天的等待，在王某被刑事拘留的第37天，负责批捕的科长打来电话："通知王某的家属到看守所接人吧，我们经过研究决定，不予批捕。"

一年后该案被撤销，后据了解，该片土地县里未做征收，罗开均律师用法律的武器既挽救了当事人免遭牢狱之灾，又维护了当事人的正当合法权益。

"这次要非常感谢检察院工作人员的细致和负责，他们顶住了压力，为人民主持了公道。"

让每一个案件都经得起历史的检验——宋某职务侵占案（判决结果：判刑6年）

"无论是作为法官，还是检察官，抑或辩护律师，我们每犯一个小小的错误都关乎一个人的自由乃至生命，更关乎一个家庭是分崩离析还是幸福美满，所以我们容不得自己犯错。我们只有全身心投入我们的工作中，把这份工作当事业来做，做出的判决才可能是公平公正的。为什么我的眼常含泪水，因为我深爱着这片土地；为什么我深爱着我辩护人这个位置，因为我深爱的是这个法律事业。"罗开均的话让总能让人感动不已！

笔者也了解到，罗开均律师每接受一个案件的委托，拿到案卷材料，他都会沉下心来进行仔细研究和分析，犹如艺术家对待作品一样，进行精雕细琢、深耕细作，尽最大努力维护当事人的合法权益，尽最大努力让案件得到公正的审判。

备受媒体广泛关注和报道的宋某职务侵占案于2018年10月18日上午在北京朝阳法院一审宣判，被告人宋某因犯职务侵占罪，被判处有期徒刑6年。

作为宋某职务侵占案的辩护律师之一，罗开均律师与同所刘超律师在开庭前从未接受任何媒体采访或披露案件任何信息，而是全身心投入案件的研究中，庭审辩护阶段，罗开均律师道："此案对于辩护人来说就是一个普通的职务侵占案，无论网络上如何评价被告人以及这个案件，我希望我们都不要受到任何影响。"法院宣判后，宋某表示不上诉，判决生效。

后记

据了解，近年来，罗开均律师办理了大量的暴力犯罪、职务犯罪、经济犯罪、非法集资、非法吸收公众存款犯罪等案件。据悉，罗开均律师除办理各类刑事案件外，还担任着20多家大中型企业的常年法律顾问，为企业提供刑事合规方面的法律事务，为企业发展保驾护航。除担任北京某大学大学知识产权课题研究组研究员外，罗开均律师还担任着北京四川青年创业促进会监事、中国文化经济互促会副会长等社会职务。

近年来，司法机关的工作也越来越细致，越来越严格，越来越专业，而法治就是在我们每一个法律人，在每一个案件的点滴进步中得以推进的，以个案推动法治进步，是我们所有法律人的共同追求！

引领智能法律服务新时代

——访北京宏健仁和律师事务所主任，智能法务（法治）联盟发起人孟宪生律师

编者按

进入 21 世纪以来，随着科技与互联网的高速发展以及社会需求的不断变化，人工智能技术逐渐走进千家万户，同时人工智能也将对重复性较强和劳动密集型产业产生巨大影响。有人说"未来社会是属于人工智能的时代"，或许很多人觉得这是危言耸听，但现实状况已经证明，"智能"时代已是人类发展的大势所趋，我们唯有顺应新时代潮流，迎接新时代挑战，把握新时代机遇，接受新时代变化，学习新时代知识，掌握新时代技能，才能不被这新时代淘汰，才能成为新时代的引领者。

今天我们采访的主人公——北京宏健仁和律师事务所主任、智能法务（法治）联盟发起人孟宪生律师就是一个在法律实务领域深耕 20 多年，并勇于探索法律服务新模式，利用互联网、大数据、人工智能、区块链等新技术将创新的法律服务标准化、产品化、智能化，并将这种标准化、智能化的法律产品有效应用于社会管理和法律服务中的一位法律人，他也将把人们带入一个智能法律服务的新时代。

内在丰厚，方能引领时代

执教 6 年，执业 26 载，上万个日夜深入研究企业法律控制标准化体系和探索法律服务新模式，曾在承德、天津、上海、北京等城市从业，除具有律师及证券律师资格外，孟宪生律师还具有 MBA 学位、信用管理师、国际财务管理师、上市公司独立董事资格、保险代理人资格、投资项目分析师资格、高级经营师等专业资格，且还担任北京市幸福指针业主大会辅导中心副理事长，北京市人大、北京市政府物业管理领域的立法顾问，以及为国贸物业酒店管理有限公司、北京市新时特物业管理有限公司、北京市人民

代表大会常务委员会、北京市海淀区旅游发展委员会、丰台区新村街道办事处等提供常年法律服务。尤其值得一提的是，孟宪生律师自 2013 年至今一直担任呼伦贝尔农垦集团的总法律顾问。集团领导时有更迭，但那个为集团保驾护航的人却一直未变。采访间歇，孟宪生律师与笔者展示了上个年度为呼伦贝尔农垦集团的管理、改制、合同审查及修改等方面所做的工作，厚厚的上千页材料被精心地装订成册，可以说每一页材料都凝结着孟宪生律师的智慧和汗水，更有他夜以继日、殚精竭虑的斟酌和思索。"重大事项和决策，孟律师不审核通过的不上会。"多年来，这已成为呼伦贝尔农垦集团一项不成文的规定。

"律师不是法律条文的'二传手'，而是用法律思维和法律方法提供有效解决方案的法律工作者。"孟宪生律师在《老孟说法》中这样解读道："法，作为国家和社会治理的工具，是自然和社会规律的概括和总结。良法的制定和实施，有利于人与自然的和谐，也有利于社会群体的和谐，更有利于社会秩序的井然。人法地，地法天，天法道，道法自然。作为法律工作者我们要体悟法的真谛，洞悉社会本真。"

博古通今的孟律师对现代律师的职能与法律有着他独到的解读和诠释。笔者以为，正是如此丰厚的底蕴和丰富的经历造就了今天一直站在智能法律服务时代前沿，引领行业发展的孟宪生律师。"我不喜欢干重复性的工作，法律服务就是要不断追随时代发展趋势，总结既有实务经验，并不断开拓创新，而唯有创新才能始终保持领先并开拓法律服务新模式。未来社会的治理、企业的发展、人类的进步，也一定是由智能法律服务护航的新时代。"孟宪生律师道。

同时我们也了解到，无论走到哪里，为哪些客户提供法律服务，所有客户皆称孟宪生律师为"孟老师"。笔者以为，这是广大客户对孟宪生律师发自内心的钦佩和敬仰。深入采访后，我们还了解到，孟宪生律师从来不请客户吃饭，他总是那个被请的人。"师者，所以传道授业解惑也。"可以说，这个孟老师为"师"字更增添了几分文化的厚重感。在此，笔者亦觉称"孟老师"更为顺口。无论是从事教师工作，还是从事律师执业后，他已经是很多人心中的"孟老师"了。

下面就让我们对话孟宪生老师，让他带领我们走进智能法律服务的新时代吧。

对话孟宪生老师

赵伟主编：孟老师好！非常荣幸也非常感谢您能在百忙中接受我们的这次专访。我们了解到由您领衔并创办的"智能法务（法治）联盟"正在招募合伙人，且您还申请了"智能法务"研发的产品专利。我们对"智能法务（法治）联盟"的概念还不是很了解，可否在此与我们做下分享？

孟宪生老师：好的，"智能法务（法治）联盟"是什么？首先是定位，我们的定位是要创制法律服务产品，引领法律服务标准化、产品化和智能化。其次是它的价值，联盟的价值是分享法律智慧、共创法律服务产品、共享法律众服市场。最后就是我们的愿景是共建"一站式"法律服务平台，引领智能化法律市场的应用。

赵伟主编："智能法务（法治）联盟"要做什么？

孟宪生老师：第一步，以法律法规为基础，细分法律服务领域，共建法律服务标准；第二步，以法律服务标准体系为依规，运用知识库、要素解析等方法构建和创制法律服务产品体系；第三步，以慧视界智能网络平台为基础，以孟宪生律师、徐鹏博士共同发明的"律语言"为工具，通过人工智能技术，共建智慧法律服务平台；第四步，优选联盟成员，通过出版物、自媒体、智能网站平台以及联合知识付费平台，打造一批优秀律师、律师事务所IP，树立律师服务品牌；第五步，通过智慧法治平台，链接律师服务与客户，通过客户评价和专业评价，建立律师以及律师事务所信用评价体系。

赵伟主编：可否聊聊您创立智能法务联盟的初衷，为什么要成立这个智能法务（法治）联盟呢？

孟宪生老师：好的，我们先聊聊时代背景。当前，中国已经进入社会主义建设新时代，全面依法治国已经成为党和国家的重要任务。新技术的不断涌现，特别是人工智能技术的发展使相当一部分工作将被人工智能所代替。在共治、共享以及万众创新的大背景下，法律思维、法律方法以及由此形成的法律产品，不仅仅能用在法律工作者的工作之上，而且应当成为可以分享的社会管理和法律服务的产品。全面依法治国是国家治理方式的重大转变。依法行政、依法审判、依法经营、依法管理成为全面进行社会主义现代化建设的一个不可阻挡的潮流。这就是我们创立智能法务联盟的初衷。

赵伟主编：可否再次详细聊聊"智能法务联盟"的情况？

孟宪生老师：好的，智能法务是法律服务创新的一种方向。互联网、大数据、人工智能已经成为我们这个时代的特征。充分运用新技术，降低法律服务成本，提高法律服务效能，这是中国法治建设以及律师、法律工作者创新发展

的必经之路。随着互联网技术的发展，万物互联时代即将来临。通过互联网、物联网、区块链、政务链对社会进行管理已经初步形成，网络化、智能化成为一种全新的社会管理形态。互联网法院的诞生，进一步催生互联网与智能法务的发展，同时也为智能法务提出了新的要求。

赵伟主编：我们知道，您已执业26年，要说对律师行业和律师法律服务的了解，您应该是最有发言权的律师之一，可否聊聊律师行业的痛点？

孟宪生老师：现实状况是，法律服务供给与法律服务需求不平衡，主要体现在以下几个方面。第一，真正需要法律服务的主体不能或者没有能力支付服务费用。第二，法律服务始终处于被动救济状态，法律服务不能有效地满足社会和经济管理的需要，服务效能难以实现。第三，律师也缺少必要的通用标准和工具，年轻律师不能尽快地适应市场。第四，已有的律师事务所管理体制，律师各自为战，没能发挥组织优势，更没有形成品牌价值。第五，律师主要通过时间获得劳动报酬，没有资本或者资产收益。

以上五点是我经过多年的观察和思考得出的结果，与广大律师同仁共勉。

赵伟主编：可否聊聊组建这个智能法务联盟现实基础？现在时机成熟了吗？

孟宪生老师：好的，首先，我通过多年研究发现法律产品具有创制规律，今天愿意与律师同行分享经验和服务标准。其次，我们成立的北京慧视界科技公司已经研发出法律产品智能化开发工具"律语言"，并愿意授权律师同行以及法律服务共同体成员使用，一起开发法律服务产品。最后，北京宏健仁和律师事务所已经开发并基本形成了系列法律服务产品，已构建出市场推广和运营模式。

赵伟主编：请问智能法务联盟的规划是什么？

孟宪生老师：好的。

第一是战略规划，即智能科技助力依法治国，建立"一站式"法律解决方案平台。

第二是愿景规划，即一个联盟和一个市场。人是主导要素，是一切创新的基础，不论是技术、知识、平台都需要人去识别、创造和积累，因此必须要有人。我们需要联合社会律师、公司律师、公职律师、法官、检察官等法律共同体的成员协同创新，共同分享法律智慧，分享法律服务产品，提高社会治理和法律服务的效能。我们创建的"智能法务联盟"区别于一般的"律师联盟"，是一个法律职业共同体可以分享知识经验并提供原创产品的联盟，也可以称为法治联盟。我们以联盟统一服务标准和管理流程为基础，建立联盟统一的服务管理系统和服务提供工具，为参与联盟的律师事务所提供管理平台。在我们创建的"慧视界"智能网络平台上，联盟成员皆可采用"律语言"创作法律产品，并充分运用人工智能技术实现线上交易，从而分享法务工作者的知识、经验，提高法律服务水平，大大降低法律服务成本，提高成员服务水平，这是智能法务的核心要义。

一种语言。语言是交流的工具，是沟通的桥梁，也是智

慧积累和传播、传承的手段。律语言是一种可以通过计算机系统识别的法律工作者与机器沟通的极简单的语言。通过这种语言，可以将法律共同体成员的知识、经验转化为社会治理以及法律服务的通用工具，实现法律知识和法律经验的通识化传播和转化。

一个市场。我们通过平台建立"一站式法律服务体系"，充分运用人工智能技术实现网络化或平台化法律服务交互，通过"社群分享"等方式，建立线上线下法律服务新模式。

第三是路径规划。我们已经发起组建智慧法治联盟专家委员会，确立了联盟法律服务标准，创制出了法律产品，并梳理形成了联盟统一服务体系，正在打造律所和律师品牌IP；还设立了训练营（青年律师工坊、讲师梦工厂、专项法务攻坚班），创制和完善了产品体系，启动和建立了律师服务信用评价体系。以上这些工作我们已经基本完成和实现。

第四是品牌化建设规划。首先，智能法务平台的核心价值是一个"一站式法律解决方案"提供平台，是为社会提供有绩效的法律服务。其次，智能法务平台品牌价值的基础是，律师的服务就是遵循社会经济管理规律，以法律为基础，用法律思维、法律方法为全面依法治国提供解决方案。平台的价值在于为法律解决方案的落地实施提供智能化工具和标准化产品，提高服务绩效和行业的整体服务水平。

我们立足律师服务的广泛性，面对智能化未来，结合众创、众包、众服的新业态，围绕机制核心，建立矩阵式品牌塑造模式。围绕核心价值的实现，以市场需求为导向，汇集行业智慧，共同打造以法律服务产品为核心的服务产品品牌；以律师专业能力为核心，为有作为的律师打造个性鲜明的个人品牌；以高效率的服务为核心，打造出具有服务个性的法律服务机构的品牌。再次，品牌塑造和提升路径。律师品牌化建设是以产品化法律服务设计和创制为品牌化的基础，律师品牌化建设必须具备品牌创制基础理论与创制工艺和技能等条件。且联盟设立了专门机构和人员对成员单位和个人进行培训，培训课程包括基础理论、产品开发方法和技能、智能化方法等。律师服务质量标准与服务效果，不但是衡量律师服务能否满足委托人对法律服务需求的尺度，而且是律师服务价值的依据，更是评价律师服务产品与品牌质量的依据。最后，品牌传播的手段。现在我们与法律出版社正合作出版"法律服务标准化与实务"丛书；与中央党校等机构合作输出法律培训产品；与国内知名的知识付费平台合作打造律师个人IP；我们发挥传播即服务的资讯类、培训类法律服务特点，采取网络平台与小程序、公众号、钉钉等平台链接，打通法律服务供给侧与市场需求的路径，在扩大影响力的同时提供及时有效的服务；我们还通过论坛、培训等方式加强与行业组织、产业聚集区的合作，送法律进社区、进企业；通过专业评价和客户满意评价，建立了科学的法律服务绩效评价体系，建立了律师服务信用体系。

赵伟主编：请问加入智能法务联盟能有什么收获？

孟宪生老师：首先，加入智能法务联盟可以完善专业知识体系和结构，通过接受联盟的培训，构建完整的律师服务理论体系和知识架构，为创制法律服务产品和构建个人品牌夯实基础。并通过共同创制法律类产品，获取一线资深律师和行业专家的宝贵知识和经验，提升自身专业能力。

其次，可以提升品牌价值，通过参与出版书籍、培训授课、平台定制，可以打造专业化的律师形象，提高行业知名度和影响力，提升个人品牌价值。再次，提高收入。通过参与平台共创、众服、共建，增加服务收入、知识产权收入和品牌收益，投资平台共建的，还可以取得资本收益。最后，律师事务所加盟的，还可以有机会成为地区法律业务管理分中心，增加更多的案源和管理收益。

赵伟主编：请问申请加盟律师事务所和律师有哪些基本条件与注意事项？

孟宪生老师：第一，基本条件是要加入一个律师执业机构或者具有律师执业证书（包括社会律师、公司律师、公职律师）。第二，没有受过司法行政机关和行业协会违法违纪处罚。第三，有意愿分享法律智慧、知识、经验，愿意分享法律服务产品，或者有志于法律服务标准化、智能化的律师及其他法律职业共同体成员。第四，关于权益问题。申请人可根据自身条件与特长，经自荐、推荐成为联盟发起人或担任理事所及专项事务委员；加盟律师有权参与联盟建设与管理活动；加盟律师可优先承办平台转办的案件并依照平台规则取得报酬。第五，关于义务问题。加盟律师要执行联盟确定的服务标准，不得损害服务对象的利益；加盟律师承办分派、转办案件，必须接受联盟对案件承办过程的指导和监督；分担联盟分配的其他任务。

后记

笔者以为，作为一个法律人，孟宪生律师的所思、所想、所悟和每天的践行，已经不仅仅是一个律师所思考的范畴，他思考更多的是如何顺应全面依法治国新时代为全社会提供服务，为国家治理、社会管理、企业发展提供智能高效的解决方案，这些工作可以说是功在当代、利在千秋的大事业。据悉，孟宪生律师在智能物业领域以物业管理4.0体系为基础，已将161个法律风险点融入326项管项中，并与北京元甲律所共同开发完成了智慧社区管理软件平台系统，并以此为基础组建了物业律师联盟，还将这一成果成功置入到首都各大物业公司的物业管理中。物业管理人员只需一部手机即可对整个物业管理的流程进行有序的管理，遇有突发状况，也只需点击页面即可报警或联系该物业机构律师对突发事件进行及时有效的处理。

"中国已跨进法治新时代，我们将不遗余力地推动中国法治发展，并致力于成为智能法律服务的引领者，这也是中国当代法律人的使命。典故有曰'积力之所举，则无不胜也；众智之所为，则无不成也。'让我们共同努力，协同创新，共推智慧法务，共建法治中国！"

我们已进入法治新时代，我们已进入智能法律服务的新时代！已年过五旬的孟老师总是那么意气风发、激情豪迈！让很多年轻人都难以望其项背！最后，让我们祝愿孟宪生老师和智能法务（法治）联盟，在未来的岁月里为国家的法治建设、为社会管理与治理、为企业的稳定与发展，开创出更多的标准化、智能化法律产品，为国家、社会以及人类走向智能化做出更多更大的贡献！

能力有多大，责任就有多大

——访陈家沟陈氏太极拳第十三代传人、陈氏太极王家拳北京分会会长、北京驰晟律师事务所主任祁广辉律师

编者按

"能力有多大，责任就有多大。"这句《蜘蛛侠》里的经典台词一直为人们称道和传颂。在中国律师界有这样一位律师，他说："一个人有多少能力就有多少责任，维护弱势群体合法权益是我们作为法律人的首要职责，维护法律的正确实施，维护社会的公平正义更是新时代中国律师责任和使命。"字字铿锵有力，句句掷地有声，言语中更展露着一个中国律师的胆气、正气和深深的家国情怀。

他就是祁广辉，既是一名追求人间正义的中国律师，又是一名优秀的太极文化的传播者。媒体这样评价他："祁广辉是陈家沟陈氏太极拳第十三代传人、陈氏太极王家拳北京分会会长，他既是法律界武功最高强、最懂太极拳的律师，又是太极拳界最懂法律的人，可谓琴心剑胆、文武兼备。"

今天，就让我们走进北京驰晟律师事务所，走近祁广辉律师，探究他的律师心路，见证和学习他的太极拳法吧。

祁广辉律师长期从事公司业务的实务和研究，专注于公司、金融、房地产、劳动合同、企业融资、企业重组与并购、新三板、企业法律顾问、民商事诉讼等领域。

祁广辉律师为北京多家企业及组织提供法律服务，先后被中国关心下一代工作委员会（简称"中国关工委"）、中国企业创新发展年度峰会组委会、中国水资源协会等多家单位聘为法律顾问。

祁广辉律师特别熟悉合同交易流程的风险预估与排除，擅长公司运作流程与公司运营中的风险预控，能根据客户的现实要求提供与此结合争议解决策略及案件评估，善于调动各种资源，以丰富的庭审经验及诉讼或非讼技巧，为客户谋求合法利益的最大化。并在总结大量办案经验的基础上，坚持不懈地对公司业务进行深入研究，精准掌握行业动态，力求将每一项服务都做精、做细，全面发现问题、彻底解决问题，以期为客户提供有效的增值服务。另外，祁广辉律师在娱乐界法律服务领域也颇有建树，为多家娱乐公司及多名演艺人员提供专业的法律服务。

同时，祁广辉律师也在致力于组织业内的法律同仁定期开展专业的学习研讨会，并共同研究各领域各类型的典型案例。

祁广辉律师曾为数家公司的风投、私募、融资租赁、资产证券化等投融资活动提供法律服务；并多次参与股权投资公司募资协议等法律文本的设计以及金融交易所资产证券化项目的法律意见书的论证。

祁广辉律师具有丰富的诉讼经验和技巧。其能够精准地掌握案件的关键证据，把控案件走向，合理分析案件风险，提出独特的法律分析意见，维护当事人的合法权益，维护法律的尊严。

经过多年的努力，北京驰晟律师事务所在祁广辉主任的带领下得到了社会各界的高度认可，于2017年成为中国政法大学指定的教学实践基地。其办案经历与办案事迹还被收录于《中国著名律师》等书籍，2018年祁广辉律师作为律师行业代表入驻"中国影响力人物数据库"。

祁广辉律师历寒暑以求成，沐风雨以求发展，瞻天下以求正义，认真对待每一个案件，具有认真严谨，重视细节的高贵品质。他以"唯奉三尺之律，以绳四海之人"为信念勉励自己成为现代国家法治大厦的优秀建设者。

印象

走进北京驰晟律师事务所，古色古香的装饰风格让人有种返璞归真的感觉。宾主落座，眼前的祁广辉律师温文儒雅如谦谦君子，很难想象他与"武林高手"这样的字眼搭界。然而，当话题展开笔者便发现，今天采访的主人公

既是一位有着深厚底蕴和丰富经验的执业律师，又是一位热爱太极拳、积极传播太极文化的"武林中人"。气定神闲，一切尽在掌握，似乎遇到任何棘手问题乃至突发事件，他总能淡定面对、迅速处理。祁广辉律师聊起曾经的习武经历、自学法律和十余年的律师之路可谓感慨万千、感触良多，因为律师是他最喜欢的职业，用法律的武器维护弱者合法权益，实现公平与正义正是他一生的向往和追求。笔者以为，或许每一个习武之人都有一颗侠义之心，而祁广辉正是武术人的侠义之心与法律人的追求公平正义之情怀最有力的结合，在律师执业中他找到了人生的最佳状态。谈起案件如数家珍、踌躇满志；聊起太极拳的历史、文化、未来更是激情澎湃、意气风发。

砥砺奋进，执着前行

祁广辉出生河南焦作，又出身武术世家，父亲祁和平是焦作市温县陈家沟陈氏太极拳第十一代传人王西安的大弟子。自幼受父亲及叔伯影响，对武术自然是耳濡目染。4岁的祁广辉在父亲的严格要求下即开始习练武术基本功，少年时参加各项武术比赛获奖无数，成年后进入公安系统成为一名刑警负责抓捕逃犯并屡获嘉奖。20世纪90年代后期，他又进入当时焦作市首家四星级酒店担任保安处负责人直至升任为副总经理，维护酒店有序经营，处理各种突发事件乃至持枪械斗事件，参加工作十年间，他的名字在当地已是声名鹊起。与好友的一次中国政法大学之行，让祁广辉认识和走进了法律的殿堂，没有时间脱产学习那就自学，他坚定地告诉自己。第一次考哲学由于没有考试经验，时间没有分配好导致20分的论文题一个字没有写，而即使如此他还考出了77分的好成绩，他对自己的学习能力还是相当满意的。司法考试备考前夕，也正是酒店最忙碌之时，他一边工作一边学习，有时他在包房陪客户唱完一首歌后就借故"溜"出去，赶紧到自己的办公室对着电脑开始研究案例，这种从繁华到安静的状态切换甚至是可以用秒来计算。很多法科生都对司法考试望而却步，每年司法考试前都会有这样一种现象，报名者众多，但走进考场并坚持两天考完的人却在逐渐减少，而最终能通过司法考

试的人不足10%，这就是为何司法考试被人们比喻为"天下第一难考"的考试。2007年，祁广辉第一次参加司法考试得分354分，只差6分！很多人都以为他会放弃，甚至周围的朋友也不理解，有这么好的工作和大好前途，为何要去啃书本？2008年，他看到北大法学院在职研究生培训班在招生，他立刻报名参加学习，经过一年的认真学习和总结经验，他对这次报考可以说是信心满满，他告诉自己这次不但要通过司法考试，而且还要以高分通过，功夫不负有心人，这次考试他终于考出了388分的好成绩。

北上首都，从零开始

通过司法考试后，在北大学习时的老师、朋友说："你来北京发展吧！"他正在犹疑，这时心爱的妻子给了他极大的鼓励，并全力支持他到北京执业和发展。2009年，祁广辉终于成为一名北京律师，至今已是他走进首都执业的第十个年头，执业之初虽辛苦但一向性格开朗、广结好友的祁广辉很快就在京城律师界打开了局面，站稳了脚跟，且主要以解决各类经济纠纷、合同纠纷为主要业务方向，似乎解决纠纷、定纷止争是他与生俱来的能力一样。随后，妻子辞去大学教师工作来京。"我非常感谢我的妻子，是她给了我极大的支持和信任，让我可以心无旁骛地投入工作中。"祁广辉律师满怀深情地说道。

借贷协议扑朔迷离，律师拨云见日维护正义

随着社会经济的发展和人民生活水平的提高，民间借贷行为开始盛行。众所周知，民间借贷对社会经济发展具有非常积极的推动效应，但近年来却由于高额利息或暴力催收或违法追债等行为致使民间借贷乱象横生。最受社会和媒体关注的莫过于近几年出现的"套路贷"。以下案例就是一起由祁广辉律师代理借款人（被告）穿过层层迷雾，如拨云见日般完胜的一起案件。

被告方张某及所属企业因资金紧张曾在数家小额贷公司先后借款近两亿元人民币。突然有一天张某在法院网看到开庭公告中有自己的名字，近来一直躲避催债的张某因担心人身安全问题，遂委托祁广辉律师前往法院。祁广辉

律师只身到法院见到主审法官后才拿到对方提交的起诉状。然而,在拿到起诉状与被告当事人张某核实原告身份时,张某却称他根本不认识原告,整个案件陷入迷雾。

被告张某的签字、借款合同、转款记录等都没有任何问题。证据确凿!被告败诉还钱的局面似乎已成定局,但祁广辉律师没有放弃,此案一定有蹊跷,他要找到问题所在。质证期间,祁广辉律师问原告:"你见过被告吗?""见过""你有被告电话号码吗?""有""请你出示下与被告的通话记录"原告语塞。经验丰富的祁广辉律师立刻意识到,被告被"套路"了。原告从未见过被告,他是如何将款项借给被告的呢?只有继续追击才能让对方露出破绽并找到突破口。

为了证明被告的借款行为,原告当庭出示手机转账记录,祁广辉律师详细翻阅几个月的转账记录时发现几个可疑的人名,遂立即记录下来,并请示法庭要求确认几个可疑人名的身份。但此时原告却慌了手脚。"那几个人与本案无关。"原告律师也提出抗议。祁广辉律师道:"这几个人可能是本案中至关重要的人物。"遂申请法庭需要与被告联系并核实原告手机中显示的汇款人姓名,获得主审法官支持,后被告称其中有一人就是他借贷时的出借人。为何他(手机汇款记录中的可疑人)出借款项,却另有其他人来主张借款?祁广辉律师立刻明白了其中原委,这是明显的"套路贷",借出一笔钱,可以主张要回两笔同样的钱。

最后法官做出判决,证据不足,驳回原告诉讼请求。

"案结事了"是法律人的终极追求

近年来,祁广辉律师办理了众多棘手的纠纷和诉讼案件,对于各种类型的纠纷或骗局早已了然于心、应对自如,甚至有的原告方打来威胁电话:"祁律师,这个案件没有律师敢接,上回有个律师的腿都被我们打断了。"面对威胁,祁广辉律师淡淡一笑:"我准备好了,等着呢。"当然,很多案件经过祁广辉律师斡旋和协调最终都得到了妥善的解决,有的原告主动撤诉,有的还与他成了好朋友。

"本来欠债还钱天经地义,但也没必要非要整得那么对立或你死我活,'案结事了'才是正道,才是法律人的终极追求。作为一名律师,既然接受了当事人的委托,就要全力以赴,要全面掌握证据并全面掌控案件,如此才能维护当事人最大合法权益和利益,使案件得到圆满的解决和处理,才能做到既能定纷又能止争。"

后记

2014年,位于北京北五环的蓝地时尚庄园近千平方米的"陈家沟太极王家拳北京分会"开业,王西安长子王占海(陈家沟陈氏太极第十二代传人,太极拳世界冠军)、刘金刚(河南焦作商会会长)、祁广辉三人为发起创办人,并推举祁广辉担任"陈家沟太极王家拳北京分会"会长一职。

北京分会成立五年来,祁广辉律师在办案之余就是到会场教授太极拳,与广大太极拳爱好者切磋、交流。积极传播太极文化,大力弘扬太极精神,并将"追求公平、公正"的法律精神与"心正而后身修、天人合一、和谐至善"的太极精神贯穿于每一天的工作和生活中。

"法律界武功最高强、最懂太极拳的律师,太极拳界最懂法律的人。"而这正是祁广辉律师的一张名片,也是对他律师执业生涯最真实的写照和诠释。

多年来,祁广辉律师作为驰晟律所的领头人,始终提醒自己和律所同仁:"一个人有多少能力就有多少责任。司法公正是法治的基石,作为一名中国律师和法律人,在执业的生涯中要时刻关注弱势群体的诉讼状况,并经常对弱势群体诉讼施以援手,如此才不会辜负一个新时代中国律师应有的使命、责任和担当,如此才能为中国的法治建设添砖加瓦,为法治的进步贡献法律人智慧和力量。"

亦如开篇所言,能力有多大,责任就有多大。祁广辉律师用责任书写着他的律师之路,力将维护社会公平正义进行到底;用担当传播着太极拳文化,成为太极精神的践行者和传承者。

金融犯罪法律服务的探索者、开拓者和普法者

——访北京紫华律师事务所创始人、主任，资深刑辩律师钱列阳

编者按

2019 年 3 月，北京紫华律师事务所编撰的"紫华金融犯罪法律丛书"之《证券期货犯罪十六讲》由法律出版社正式出版发行。据了解，该书是通过专题的形式，对当今证券期货市场中有关内幕交易犯罪、利用未公开信息犯罪、市场操纵犯罪、新型市场操纵犯罪的司法疑难问题，证券期货市场犯罪的规制原则、立法司法完善趋势以及刑法规制与金融市场制度保障前瞻等问题分十六个部分进行了系统的讲解与剖析。该书既有法学专业知识，又有金融专业知识；既有相关问题的理论高度，又有具体问题的实践深度。此外，还加入了北京紫华律师事务所主任钱列阳律师亲办的"中国私募第一人"徐某操纵证券市场案、e 租宝总裁张某集资诈骗案等案件的经验和感悟，对于法律、金融相关从业人员处理实务中的疑难问题皆具有重要的指导作用。

中国证券投资基金业协会洪磊会长为该书题写序言并这样推荐："本书主要有以下理论特征与实践创新：第一，尝试打破细分专业的内部壁垒；第二，在证券期货犯罪理论研究与司法实务中融入经济学原理与市场逻辑；第三，

加强证券期货犯罪研究的纵深性；第四，深化研究工作的实用性。"

在开篇寄语中，钱列阳律师这样写道："阅读本书，可以让刑法人多一点金融知识，金融人多一点刑法意识，在截然不同的'大渡河'两岸搭建一条跨界的'铁锁链'。"

是啊！"让刑法人多一点金融知识，金融人多一点刑法意识，"让两个不同行业、不同领域又基本不搭界的两拨专业人士（金融人和刑法人）可以共读一本书，实现互动交流，互通有无，既开阔了视野，又实现了跨界融合，钱列阳律师无疑开创和搭建了一个很好的平台。

同时，在新书发布会中钱列阳律师也强调指出："在未来的刑事法庭，控辩审三方在面对金融犯罪的问题时，实际上是金融知识的竞赛，不是刑法、刑事诉讼法的竞赛。刑辩律师光懂得刑法和刑事诉讼法是远远不够的，应将法律知识和金融专业知识结合起来。创作这本书的目的就是希望在金融和刑法当中架起一座桥梁，所以金融人和刑法人走到一起创作了这本既有刑法，又包含金融知识的书。在未来，'紫华金融犯罪法律丛书'还将相继推出基金类犯

罪和银行类犯罪等系列作品。"且让我们拭目以待。

随着《证券期货犯罪十六讲》的发行和热卖，作为法律界的资深媒体人，我们希望对钱列阳律师进行一次深度专访，聊聊他创办这家专注于金融犯罪法律服务的精品律师事务所——北京紫华律师事务所的初衷；聊聊近两年来紫华律师事务所在金融犯罪领域的研究成果、经验与感悟；同时聊聊刑法人的理想与情怀。

钱列阳律师也在众多场合讲述自己的观点："刑法，是金融安全乃至国家安全的重要法律保障。若将国家经济产业比作一个木桶周围的'长短板'，那么金融就是木桶的'底板'，'长短板'决定了水的多少，而'底板'却决定了水的有无。如果金融是一个小木桶，那么基金、保险、信托、期货等这些就是木桶的'长短板'，而银行就是木桶的'底板'。"此言可谓一针见血，一语道出了刑法对于金融安全、国家安全的重要性。

6月的某个午后，北京紫华律师事务所办公室，钱列阳律师终于能抽出时间，与我们分享一个刑法人对金融犯罪、金融安全、国家安全的所思所想、所感所悟。笔者受益匪浅，也感慨良多，特此撰文，以飨读者。

刑事辩护的"二次革命"——一次更加专业化的转型

2015年11月1日，"私募一哥"徐某等人因涉嫌操纵证券市场，被公安机关依法采取刑事强制措施。2017年1月23日，青岛市中级人民法院对被告人徐某、王某、竺某操纵证券市场案进行一审宣判，被告人徐某因操纵证券市场罪，被判处有期徒刑5年6个月，并处罚金110亿元。同时该案也创出国内因操纵证券市场获罚的最高纪录（共计120.5亿元罚金，其中徐某罚金110亿元）。

作为徐某的辩护人，钱列阳律师在办理该案中发现金融人与刑法人之间有着巨大的差异，思维方式、知识结构也有很大的不同。他敏锐地认识到，金融犯罪辩护应是一片澎湃的"蓝海"，他决定踏入这片"蓝海"做一个探索者，实践也证明他的判定是正确的。

钱列阳律师称，这是他刑事辩护生涯的"二次革命"，是一次更加专业化的转型。

探索者

2017年10月28日，"北京紫华律师事务所成立仪式暨首届紫华金融犯罪论坛"在北京隆重召开。自此，作为中国证券投资基金业协会第一届法律专业委员会委员的钱列阳律师带领紫华律师团队，在坚持专注于刑事案件代理的同时，将大量的时间和精力投入到了对金融犯罪的理论研究和司法实务中。

由于钱列阳律师在金融犯罪法律服务领域的重大贡献，2018年11月，他还荣获由《大公报》、中央电视台财经频道、大公网联合评选的央视"2018财经年度卓越人物奖"之殊荣。2019年6月15日，钱列阳律师受清华大学五道口金融学院（清华大学五道口金融学院是我国金融系统第一所专门培养金融高层管理人才的高等学府）之邀请，为"金融媒体奖学金培训项目第六期"全体学员，围绕"当金融的创新思维遭遇刑法的红色底线"这一主题进行分享，获得广大学员的一致好评。

近两年来，钱列阳律师的足迹也走遍各大金融、法学院校、行业协会、金融机构，参加论坛，开设讲座，举办每年一度的"紫华金融犯罪论坛"，呼吁更多的刑法人加入到对金融犯罪的理论与实务研究、立法建议以及金融犯罪辩护和预防的工作中，并全力帮助广大同行和金融管理者、金融监管者及法务工作者，提高法律风险意识。

开拓者

"金融犯罪法律服务是一片澎湃的'蓝海'，若要在这片'蓝海'中有所作为，那么，我们刑法人就要游到大海的深处，潜到海底去看看海底的珊瑚礁，看看那里的鱼虾蟹，再回到沙滩上。这时，你对大海的理解和一直站在沙滩上晒太阳的人是迥然不同的，紫华律师事务所的律师就是要做那个勇敢的出海者，而不是挽起裤腿站在沙滩上。我不能让金融人到刑法圈来学习刑法，但我们可以主动去学习金融领域的知识和经验，与金融人沟通交流。我们举办的论坛，除了让刑法人讲，更多的是让金融人来讲，金融人讲的课我们可能有一半听不懂，但能听懂的那一半却是别的地方听不到的，我们要学会坐在听不懂的教室里听课。这两年我大部分时间也是在金融圈，努力让金融人了解刑法。让刑法人多一点金融知识，让金融人多一点刑法意识，这正是我们一直努力的方向。"钱列阳律师强调。

"当金融安全作为国家安全的一个组成部分的时候，对金融领域进行刑法的规制也越发显得必要。而改革开放40多年来，刑法似乎并没有走进和融入金融领域。金融领域的法治化主要体现在民商法、行政法等，却鲜有刑法，所以我成立北京紫华律师事务所。同时，我也希望更多的刑法人能够进入金融犯罪法律服务领域，进行理论和实务研究，研究金融里的'潜规则'。我们可喜地看到，最高人民检察院新改组的第四检察厅，其职能就是专门负责经济犯罪案件的办理和对下指导工作，且针对证券犯罪案件专业性强的特点，最高检党组还批准在北京、上海等七个地方检察院成立了证券期货犯罪办案基地，以进一步提升检察机关惩治证券期货犯罪的专业化水平。"

开篇中钱列阳律师提出："刑法，是金融安全乃至国家安全的重要法律保障。"笔者以为，对金融犯罪在法律上、规则上的研究和预防，是关系到国家经济安全和国计民生的大事，可谓功在当代、利在千秋！

普法者

"当前，金融人只有合规、违规理念，却没有违法犯罪的概念；金融人只有盈亏理念，而忽视权属的概念。我打个比喻，你家养的一只鸡，两天下一个蛋，十天下五个蛋。然后你要出差，把鸡寄养在我家里，我在寄养期间给鸡喂了精饲料后，这鸡一天下一个蛋，十天下了十个蛋，合计多下了五个蛋！十天后等你回来我仍然按照鸡正常下蛋的数量，还给你鸡和五个蛋。似乎你没有吃亏，还在我这儿白养了十天，我就把多得的五个蛋留下，这是金融人的思维，且多年来大家都这么干。

而刑法人却不这样认为，鸡是你的，蛋是鸡下的，所以我得把十个蛋全还给你。但我会告诉你，我为鸡每天下一个蛋买了精饲料，你要给我补偿，于是你又补偿给我五个蛋，这在法律上是成立的。"

"金融领域是我用了你的钱承担了金融风险，但是我没有告诉你，那么在这个过程中就涉及刑法中的挪用资金罪。若钱回不来了，还可能涉及职务侵占罪，刑法中还有背信运用资金罪等罪名。金融犯罪的一大特点就是受害人不知道自己受害，害人者也不知道自己害人。所以，金融领域蛰伏着大量的触犯刑法却没人知道的红线，可能存在着大量的刑事犯罪问题。"

"要创新才有发展。所以，金融人不习惯资金停滞不动，但法律人却要求专款专用。金融领域亟待明确和界定合规、违规、违法犯罪的概念，也就是说合规、违规、违法犯罪是三个台阶，中间有两个夹缝，合规和违规之间要

有明确的规则和界限，违规和违法之间还要有明确的规则和界限，就像《治安管理处罚法》和《刑法》的规定，警察抓的人谁进拘留所谁进看守所要明确分开。"

采访中，钱列阳律师总能深入浅出、化繁为简，并用活泼生动的语言和形象的比喻将晦涩难懂的问题一语点破，让听者如有醍醐灌顶之感，同时，备感前辈之渊博、睿智。

后记

采访将结束时，笔者希望主人公聊聊做了二十多年律师的理想与情怀。钱列阳律师谦逊地道："谈不上什么理想与情怀，就是讲述老百姓自己的故事。从普通律师到刑辩律师，从刑辩律师到金融犯罪律师，我认为这是符合社会发展的大势所趋，是社会专业化分工的需要。20多年前我刚做律师时觉得什么都会，但今天不行，所以我是做了刑事专业化的'二次革命'，法律服务更加精细化、专业化才能顺应时代发展的需要。"

"当前，以互联网金融、区块链等新热点名义的犯罪手段开始增多，这些手段到底是合法合规，还是一个非法的犯罪手段，就需要刑法的、金融的、互联网、计算机等方面的专家共同研究。所以，金融圈急需复合型人才。拥有刑法学、刑事诉讼法学硕士、博士学位还远远不够，还要通过证券从业资格考试或基金从业资格考试等，还要深入了解金融操作实务，拥有丰富的工作经验。具备双重、多重知识背景的复合型人才能更好、更快地融入金融犯罪领域的法律服务。我经常讲金融犯罪是一个台阶高、门口窄的业务领域，就是如此。紫华所现已经组建了一支具有法学和金融知识双重学科背景的复合型人才团队，并已成为中信银行总行、泰康资产等大型金融机构的刑事法律顾问。我希望更多的刑法人、金融人、互联网人等一起携手，为金融安全、国家安全积极建言，献计献策，共同开拓金融犯罪法律服务的'蓝海'，共同努力为我国金融法治的完善做出应有的贡献。套用一句名言，'一个人可以走得很快，但一群人可以走得更远'。"

是啊！一个人可以走得很快，但一群人可以走得更远！我们看到"紫华金融犯罪论坛"参会人数每年在成倍增长；我们看到"紫华金融犯罪法律丛书"在畅销热卖；我们看到刑法领域、金融领域的专家学者、实务工作者更多地聚在一起，共筑梦想、共商大计、共谋发展，共同奔向澎湃的金融刑事法律服务的"蓝海"。

法庭是我奋斗的舞台

——访北京华泰（太原）律师事务所主任秦翰泽律师

编者按

在中国律师界有这样一批法律人，早已过了法定退休年龄，但他们那颗奋斗的心似乎没有与岁月一起老去。他们如青年人一样，乃至较青年人更有激情和干劲，继续着他们的奋斗目标和人生理想——为正义而奋斗，为权利而斗争，不为其他，只因热爱。本文主人公，北京华泰（太原）律师事务所主任秦翰泽律师就是中国"50后"律师中重要的代表人物之一。

秦翰泽1984年开始从事律师工作，至今已30多年，他也是中华人民共和国成立以来首批通过国家律师资格考试的律师。

30多年来，秦翰泽律师办理了刑事、民商、行政、仲裁、非诉讼案件3200多件，主要以办理刑事案件为主，在办理的2000多件刑事案件中，有多起案件从死刑改判为死缓，有多起案件从无期徒刑改判为有期徒刑，有多起案件疑罪改为无罪，有多起案件改变定性减轻处罚以及上千起案件被从轻判处。

特别是在北京市海淀区法院担任刑事审判庭简易程序审理被告人犯罪法律援助的1200多件刑事案件的辩护中，他和两个搭档律师每年要办理多起这样的案件。他们投入大量时间和精力，认真为每一个被告人辩护，大多辩护意见被法庭采纳，大多被告人得到法庭从轻判处。而当时海淀法院给每个案件补助仅为80元。秦翰泽律师说："当时也想放弃，但又考虑到有很多人因经济困难请不起律师，需

要法律帮助。我们不帮，谁帮？"所以，多年来秦翰泽律师还是这样一如既往地坚持下来，因为刑事辩护是他的最爱，法庭是他的舞台。

他的人生格言是无惧、无私、正义、平等。"信仰法律是他的唯一选择，只有精通法律，灵活运用法律，才能最大限度地维护每一个当事人的合法权益。"自1985年最高人民法院开始出版《司法文件》月刊以来，他期期订阅，每册必读，他觉得他的律师生涯是随着中国法制的发展而成长的。他用自己的学识、辛苦、拼搏、执着，帮助许多当事人实现了希望，同时也为许多当事人重新找回了对法律的信任。

印象

秦翰泽律师出生于1950年，至今已年至七旬，但岁月似乎在他的脸庞没有留下太多的痕迹，采访两个小时，他始终保持着饱满的精神状态，思路清晰，语言抑扬顿挫，眼眸中亦始终透露着坚定与祥和。他的眼神中有对追求正义的坚定，他的言辞中有对案件深入了解的坚持。在整个采访过程中，秦翰泽律师多次强调，只有把法律吃透，才能把案子吃透；只有把案子吃透，才能做是准备让对手无懈可击。他对工作、对当事人认真负责的态度及处事方法，带给笔者很大的触动。相信通过此次采访，读者朋友也会有所启迪。

笔者一行于2018年7月的午后依约来到北京SOHO尚都中心北京华泰律师事务所，秦翰泽律师已在律所等候。采访中我们也才获悉，秦翰泽律师已在最高人民法院开庭一上午，下午晚些时候还要赶赴太原。秦翰泽律师道："我是北京、太原、大同三地来回跑。大同是我初始执业的地方，很多客户、朋友，30多年来一直保持着紧密的联系。即使我已经在北京执业有20年了，但很多案件他们还是愿意找我，我不能辜负这份信赖和重托啊！"

成长路上，与法同行

1983年秦翰泽被委派到山西省政法干部学校（1985年11月，经省人民政府批准，原政法干校改建为山西省政法管理干部学院）进修，成为未来政法干部的重点培养对象。自接触法律后，秦翰泽即对法律工作产生了浓厚的兴趣，他似乎找到了人生的一个重要支点。1984年，秦翰泽走进了大同司法局、大同市法律顾问处，后改为大同市第一律师事务所，开始了他无悔的律师执业生涯。1986年国家开始实施统一律师资格考试制度，秦翰泽立即报名参考并顺利通过，成为中华人民共和国成立后首批通过国家律师资格考试的律师。

在大同市执业至 1999 年，秦翰泽律师于 1999 年年末开始在北京执业，成为一名京城律师，这一干就又是 15 个年头，直至 2015 年年底，华泰（太原）分所主任需要更换，分所急需一位组织能力、管理能力、专业能力、业务能力兼备的律师来担任分所主任并主持分所工作。秦翰泽律师在总所主任的托付下，再次回到山西执业（档案关系仍在北京）。这就是为何一个"50 后"老律师要北京、太原、大同三地奔波的缘故。然而，奔波、忙碌似乎正是秦翰泽律师所喜欢的状态，在这样奔波、忙碌的同时，他在每一案件中为当事人送去法律的温暖，带给他们正义的期盼，使每一受托案件得到公平、公正的审判。尤其担任刑事案件的辩护人，秦翰泽律师总能竭尽全力，最大限度维护被告人的合法权益，一上法庭，他的精神就异常振奋，将每一个疑难案件化繁为简，汇编成一个个富有哲理的小故事。当庭的司法审判人员在他的讲述和辩护中总能进入聆听的状态，当然，最终案件的走向也会沿着秦翰泽律师的辩护思路推进。笔者以为，能有如此功力，应与他自从事律师工作后就以刑案为主，且 30 多年来一直在刑事辩护领域的第一线奋战以及业精于勤的深入剖析案件是分不开的。

深入案件内里，全面极致办案

上文提到，多年来秦翰泽律师办理各类案件达 3200 多件，而仅办理刑事案件就达 2000 多件。在每一案件中他对自己要求极为严格，甚至达到了严苛的程度。"我的目标是每一个案件经过我的手后，不给当事人留下后遗症，不给自己留下任何遗憾，让每一个案件都要经得起历史的检验。"

可以说，只要秦翰泽律师接受了委托，就会全力以赴，并穷尽所有方法、知识、经验将案件办到卓越和极致，将每一个案件都办成精品案。

在某房地产企业总经理被诉挪用资金及资金侵占（3200 万元）案中，其家属前后委托 9 位律师前去会见，都未得到该企业总经理的认可，到第 10 位时正赶上秦翰泽律师在京办案，于是家属抱着试试看的心理请秦翰泽律师赴济南某看守所会见。经过会见，秦翰泽律师提出的当事人只犯有挪用资金罪，而并未犯有侵占资金罪的意见与企业总经理的观点不谋而合，遂获委托担任该房地产企业总经理的辩护人。最终，法院采纳了秦翰泽律师辩护意见，减轻了量刑，只认定犯挪用资金罪。

在李某与妻子离婚案中，弟弟却被刑拘，此事确实匪夷所思，更让人意想不到。原来在 1999 年兄嫂二人结婚时，嫂子称自己是一个离过婚的人，于是求助小叔子，小叔子听后遂找到办假证的人给兄嫂二人办了个假结婚证。然而，15 年后这个假结婚证却让小叔子身陷囹圄。2015 年兄嫂闹离婚，嫂子为了报复丈夫，将小叔子当年办假证的事报了案。而当公安人员找到小叔子核实情况后，小叔子坦陈是自己当年找办假证的人给兄嫂办理的假结婚证，就这样小叔子成了兄嫂二人离婚的"受害者"，被北京市海淀区公安机关以伪造国家机关证件罪刑事拘留，其家人在京寻访律师。到华泰所咨询期间，正赶上秦翰泽律师回京，当事人咨询到秦律师后，经验丰富的秦翰泽律师在听了案情后，立刻斩钉截铁地道："这个案件早已过了追诉时效。"当然，在随后的案件办理中，秦翰泽律师还是遇到了各种阻挠乃至刁难，公安人员认为该假结婚证一直在使用，并未过诉讼时效，坚持报检察院审查批捕。

公安部门将该案材料报至检察院，检察院审查批捕科工作人员立即研究案卷并做出决定："通知公安部门不予批捕，立即放人。"最终，小叔子被无罪释放。

当事人也为海淀区检察院送去"公正执法，执法为民"的锦旗，以示感谢。

在中国电力某建设公司 6 位退休职工劳动纠纷案中，这 6 位职工 1985 年进入该公司，并签订劳动合同，规定年满 5 年即可转为正式职工。至 2018 年，该企业因经营不善宣告破产，在职工安排上认定该 6 名职工工龄不足 30 年，故不能按正常退休对待，不能享受退休后的医疗保险等待遇。6 人聘请秦翰泽律师代理将案件以劳动争议为由诉至劳动局，但劳动局不予受理，认为已经超过时效。秦翰泽律师再次起诉至法院，认为 1985 年至 1990 年的 5 年间应计入 6 人的工龄，这样 1985 年至 2018 年工龄应为 33 年。最终，法院采纳秦翰泽律师代理意见，认定 6 人工龄实际为 33 年。

接着秦翰泽律师又与笔者分享了非典期间让人难以忘怀的一次办案经历。

2003年，他代理了一起工程合同纠纷案，该案在青海省果洛藏族自治州中级人民法院审理，涉案金额262万元，秦翰泽律师代理被告路桥公司。那里交通非常不便，坐汽车需要两天两夜才能到。由于当时疫情严重，被告单位派的人谁都不愿意去，秦翰泽律师道："那我一人去吧。"该案审理期间秦翰泽律师往返青海4次，一审判决路桥公司支付原告262万元，被告不服上诉至青海省高级人民法院，最终原、被告达成调解解决，被告支付原告5万元结案。路桥公司领导评价秦翰泽律师"不愧为一名敬业的好律师"。

无论是刑事案件，还是民事案件抑或是行政案件，他所代理的案件很少进入二审阶段。因秦翰泽律师在一审中，已穷尽所有方法、利用所有知识、经验为当事人辩护或代理，一审中已将法律、法理、事实、法律关系讲得清楚、透彻、明了，并推动案件得到了公正的审判。他说："习总书记说'努力让人民群众在每一个司法案件中感受到公平正义'，作为法律人，我在这里要加上'法律'二字，努力让人民群众在每一个司法案件中感受到法律的公平正义。"

我的舞台在法庭

秦翰泽律师说："我这个人一天不办案就坐不住，一个星期不开庭，就觉得心里不舒服，我喜欢在法庭上发挥律师的作用和价值，展示中国律师的风采，实现个案的公正审判，推动社会的不断进步。"

"生命，如果跟时代崇高的责任联系在一起，你就会感到它永垂不朽。"秦翰泽律师认为，既然接受委托，就要全心全意，这是对当事人负责，也是对自己负责。对案件深入研究、解法析理，是秦翰泽律师的内功；在法庭上从容不迫、应对自如，是秦翰泽律师的外功；为当事人全心全意、追求正义，是秦翰泽律师一直坚持的理想和追求。年过花甲，他几乎将所有精力和时间都放在了工作上，奋战在法律第一线，这种对律师职业的热爱，对公平正义的追求，值得每一个法律人学习。

以办案奉献自己，在这条路上他愿一直走下去，吃千般辛苦、受尽万难不回头，这就是他的情，他的梦。他多次把评选优秀律师的荣誉让给了其他年轻律师，没有一个荣誉光环，但他一直热爱着律师事业，他才是一名律师界的真正英雄。一个没有荣誉光环的平凡律师，一个奔波在律师战线的法律人。

秦翰泽律师说，当初一心选择了律师行业，就是是为了正义、公平而来，至今执业30多年，办案3000多件，一路走来，风雨兼程，不畏困难，更不拘于恐吓，为的就是法律之公平，法律之正义，法律之信仰，因为"我奋斗的舞台在法庭"。

执行，司法公正的"最后一公里"

——访北京市安科律师事务所合伙人、
北京律协企业法律风险管理专业委员会委员申昀辉律师

编者按

为何明明打赢了官司却拿不到钱？因为执行难。

多年来，执行一直是司法实践中的一大难题，也是全社会所共知的事实，并成为影响社会公平正义和司法公信力的顽瘴痼疾。

本文主人公——北京安科律师事务所合伙人、副主任，北京市律师协会企业法律风险管理专业委员会委员申昀辉律师说："执行难，并非难于上青天，只要你足够专业和坚持，只要你能找到案件的突破口，堵住不该存在的漏洞，法律一定会为你主持公道。套用一句当今流行的法律谚语，'正义可能会迟到，但一定不会缺席'。"

我们先来看一下申昀辉律师履历。申昀辉律师1966年10月生于湖南衡阳，经济法学本科，刑法学（在职）硕士。1991年4月开始从事法律服务工作，1993年10月参加全国律师资格统一考试，1994年4月取得律师资格证，1993年8月调入湖南蒸阳律师事务所（原衡阳县第二律师事务所）工作，之后任专职律师，1999年5月调入湖南远航律师事务所（原衡阳市第三律师事务所），2000年元月联合他人发起成立湖南湘华律师事务所，2002年8月置身北京开拓律

师业务市场，2003年正式到北京执业。2008年被推选为北京市律师协会企业法律风险管理专业委员会委员，现为北京安科律师事务所合伙人、副主任。

媒体曾这样评价他，申昀辉律师思想活跃，表现沉稳，责任心强。不论时间推移还是法治环境变化，他坚守本色，受人之托、忠人之事的态度从未偏移。他不仅睿智地承办了大量有质量、有层次、耐寻味的案件，最大限度地维护当事人的合法权益，而且以特有的执着与负责态度，在民主与法制建设进程中发挥着律师的积极作用，树立起了"真正律师"的形象，赢得了业界的广泛好评。坚守法律，依法维权，做一名"真正的律师"，这是申昀辉律师的最基本原则。

在坚守企业法律风险管理阵地，办好各类案件的过程中，近年来，申昀辉律师与执行案件结下了不解之缘。

非法处置查封财产应担责——某工程款执行案

1300多万元的建设工程款没有执行到位，诉讼保全查封的5套房产被变卖，湖南某中级人民法院却下达了《结案通知书》，这是什么逻辑？原来这是一起开发商拖欠工程款的执行案——此案历时数年，债权人经历一审败诉的辛酸，上诉到省高级人民法院才获得胜诉（本息13 543 130.86元，以保全查封的4 544.67平方米房屋兑现）。但在执行阶段债权人却发现开发商名下用于抵债的保全查封的房产已经出售给了他人，卖房得款也未用于还债。这一纸《结案通知书》使生效的裁判文书成了空文。向负责执行该案的中级人民法院提出执行异议，被裁定驳回；向省高院申请复议，还是被裁定驳回。追债数年结果成了一场空，债权人难以承受如此结果。

无奈，债权人北上首都并辗转找到申昀辉律师，希望申昀辉律师能力挽狂澜，挽救败局。申昀辉律师接受委托后，经过细致分析后判断，对方能将已经查封并被明确用于兑现工程款的房产变卖，其中必有蹊跷。于是，申昀辉律师代理债权人向最高人民法院申请执行监督。最高人民法院经过认真审查后很快做出裁定：撤销省高院的执行裁定，撤销某中院的执行裁定，由某中院对此案恢复执行。但该中院久拖不决，在已经查明用于兑现工程款的被查封房产是他人伪造债权人的签字、冒用债权人的名义所为的情况下，执行法官因无法证明变卖被查封房产的是被执行的开发商，卖房者可能另有其人，而无法执行。经验丰富的申昀辉律师认定这是被执行的开发商故意变卖、转移财产以逃避债务，法院的执行行为存在问题。遂一面向法院

提出书面的执行意见，并要求追究被执行人拒不执行判决、裁定的刑事责任，另一面支持债权人向市公安局报案。

至此，公安机关对债权人所报案件以诈骗罪立案侦查，中院随后将执行过程中涉及的变卖被查封房产的相关案件线索移送公安机关一并侦查。伪造债权人签名、冒用债权人名义变卖被查封财产的责任人谭某某被判处有期徒刑11年6个月，处罚金20万元，并承担退赔责任。

"追究其刑事责任并不是我们目的，只是必须要采取的法律手段，他为何能够变卖法院已经查封的房产？找到幕后黑手并将全部工程款执行到位才是我们的最终目的。"申昀辉律师道。

莫让肆意毁约践踏契约精神——北京某区一房产买卖执行案

近年来，房屋价格不断上涨并屡创新高，导致违约潮再起，今天刚签订合同出售，明天房价就涨了10%，令卖房人后悔不已，此时，很多人竟枉顾契约精神而选择毁约，房子不卖了。如此违约，一般也只是退回买房人预交的房款，严重的再象征性地给点违约金，但因违约所获得的收益却是数十万乃至上百万元！在金钱面前，哪管什么法律规定、仁义道德，一切唯钱至上，契约精神正考问着我们每一个人的法律良知！

2016年，北京某区某房主自感房屋卖亏了，遂拒与买方办理房屋买卖的必要手续，电话不接、微信不回，中介公司来催办办纯属讨骂。无奈，买方只得将卖方诉至法院。但在2016年11月16日庭前调解过程中，卖方张嘴就是谎言，不但对自己拒不配合办理房屋买卖及过户手续的行为百般抵赖，反而诬称买方未及时付款、没有接到办理手续的通知……作为买方聘请的代理律师，申昀辉律师实在看不过去了，慷慨陈词："法律是维护社会公平正义的，房屋涨价了，违约者却能因此获益，这是法律所不允许的，要让肆意践踏契约精神的人付出代价。若毁约未受到制裁，且还能受益，那法律就形同虚设了！"申昀辉律师并未就此罢休，历数买方付款、中介公司通知办理手续等具体事实，提供买卖合同、付款凭证、微信和短信记录、书面通知等证据，直言卖方无视事实作虚假陈述应受法律制裁。卖方的气势终被镇住，表示愿意调解。卖方、买方当庭达成调解协议：房屋买卖合同继续履行，双方互相配合办理房屋过户手续。协议还约定了具体的过户期限，每逾期一日，违约一方需支付对方违约金2 000元（人民币）。双方签字，调解书当即生效。然而，令人难以想象的是，卖方根本就没有把人民法院的调解书当回事——房屋买卖手续仍然没有办，催办者仍然只能挨卖方的咒骂。无奈，买方于2016年12月2日向人民法院申请强制执行。其间，卖方作为被执行人，故伎重演，先是对法院的执行要求满口答应，然后要么玩"失踪"，要么借故拖延。一再被戏弄，法院也等不住了，于2017年8月2日对标的房屋强制执行过户。接下来，卖方仍不交房。2018年2月23日，法院又对标的房屋强制执行交割。而此时，距调解书确定的交房时间已经过去420多天，按约定的标准计算，卖方应支付买方违约金850 000余元！

作为此案买方的代理人，申昀辉律师认为，应继续追究其违约责任，要让违约方付出代价，这样才是法律存在的应有之意。

还在申请执行之初，申昀辉律师就代理买方同时提出了执行违约金的申请事项，法院对此不予执行，并不符合法律规定。感到事有蹊跷的申昀辉律师立即代理提出执行异议，但执行法院要求买方就违约金事项另行申请执行！而当按法院要求另行申请执行违约金后，该法院竟以一个买方及其代理人均不知道的"执行案件"已经对买方的违约金申请事项执结为由，驳回了买方的执行申请。申昀辉律师惊讶之余，向上级法院申请复议，被驳回。申昀辉律师随即申请执行监督，着重提出：原审所谓已经执结违约金的案件如果存在也一定是伪造的，买方从来没有听说过有此一案，从来没有收到过卖方支付的任何违约金，也从来没有收到过有关执结违约金的法律文书。

目前，北京市高级人民法院已对该案启动执行监督程序。

只要不放弃，每一刻的努力都能创造奇迹——某市21套房产执行案

贵州某房地产开发商欠某两位实际施工人（俗称包工头）工程款2 300多万元，在多方交涉、沟通、索要无果后，实际施工人聘请申昀辉律师将开发商告上法庭，并同时申请财产保全，查封了开发商的23套房产。但因开发商名下的资产要么被法院查封，要么被抵押，申昀辉律师代为申请查封的房产属于轮候查封。

获得胜诉判决后，申昀辉律师自忖，轮候查封结果无法预料，委托人的实际利益并不一定能够得到保障。为了不让委托人拿回血汗钱的愿望泡汤，申昀辉律师只身前往某市开始调查取证，共查出涉案开发商在当地实际有12个楼盘。"大体来看其名下资产基本都已被查封或抵押，但不可能一套不剩吧？"申昀辉律师来到该市房地产事业发展管理局，申请查询开发商12个楼盘中每一栋楼、每一单元、每一套房的实际产权人，遭到房管局工作人员拒绝。申昀辉律师没有放弃，而是立即到法院申请律师调查令，并获得法院开具的多份调查令。"非常感谢此案的法官，能如此秉公执法。"申昀辉律师道。

12个楼盘，数百栋楼，上千个单元，13 000多套各式房产，要一个一个核查每一套房的产权人及权利状况，此事堪比大海捞针。功夫不负有心人，在历经数日的查询和比对后，终于在一个楼盘内查到1套未出售且未被查封也未被抵押的房产，在另一楼盘内则查出了20套！申昀辉如获至宝，遂立即申请法院查封此21套房产并进行评估、拍卖。

"或许是我幸运，这21套房产没有被其他人发现，却被我发现了。"申昀辉律师自谦道。

然而，就在大家都以为很快就能得到执行的时候，意外还是发生了——被执行查封的房产中，有5人提出了执行异议，其中3人拿着拆迁安置补偿协议提出被查封的房产是开发商给他们的安置房，获法院支持，而另外两人提出执行异议已过时效，法院审理后予以驳回。

后记

"执行案件中，律师要想切实维护委托人的合法权益，就要把握好执行异议、申请复议、申请执行监督这一系列权利，同时要及时、准确应对对方或者案外人的不当异议。律师依法行使法律赋予的权利，也离不了仗义执言，只要我们忠于事实、忠于法律，坚持将维权进行到底，那么总会有一个好的结果。"申昀辉律师谈到未来依然是满腔热血、意气风发。

近年来，随着司法体制改革的深入推进，如何打通司法公正"最后一公里"的"执行难"问题正在被逐渐破解。作为一个从事法律工作多年的法律人，申昀辉律师可以说是中国律师业改革与发展的一个见证者和亲历者，也是中国法治建设的一个践行者和受益者。

采访将结束，申昀辉律师道："我们赶上了一个好时代。当前，全面推进依法治国已初见成效，人们的法律意识也得到极大提高，我希望国家的反腐败、扫黑除恶、司法改革等举措能一直坚持下去，让公平正义成为社会的主流，让法治成为人们的共同信仰，让执行不再难。"

牢记使命，践行责任，勇于担当

——访全国优秀律师、北京市海淀区政协常委、北京市帅和律师事务所主任沈腾律师

编者按

"我爸爸的职业是律师，我问爸爸律师是干什么的。爸爸说，律师跟蜘蛛侠、蝙蝠侠是一样的，维护世界正义。我说为什么不叫律师侠呢？从今以后我就叫他律师侠。"这是微电影《律师侠》影片中的经典台词。2016年，《律师侠》上线后点击率超过1000万次，这部触动无数人泪点的《律师侠》的上映也轰动了整个法律界。同时荣获第五届亚洲微电影艺术节"金海棠奖"，这是全国律师界首部获奖影视剧。《律师侠》的上映也让人们更清晰地了解和认识了中国律师这一职业。全片以法律责任贯穿始终，功成名就的大律师郭佳（本文主人公沈腾律师本色出演）为弱势农民工维权的艰辛与坚守给笔者留下了极为深刻的印象，同时，该电影的播出也给人们传递着人间正气和社会正能量。

2018年，笔者获悉《律师侠2》正筹划开拍，我们怀着无限的敬意欲采访在这个影片中既担任编剧、导演、主题曲词作者，又是主演之一的沈腾律师——一个正直、善良、极富责任感与人格魅力的中国律师，一位有着浓厚的家国情怀的法律人。

印象

早有耳闻，沈腾律师不仅仅是一位律师，他更是一位社会活动家，且兼任众多社会职务。经数次邀约，在一个周末的午后我们终得偿所愿。早早驱车来到北三环城建大厦801室，真是闻名不如见面，见面胜似闻名，稳重而不失热情，又集帅气正气于一身的沈腾律师足足给了笔者两个小时的时间来完成此次采访。我们首先对这位业内人称"最懂艺术的律师，最懂法律的艺术家"、社会活动家表示深深的敬意和感谢！他身上的感人故事实在太多，考虑沈腾律师时间所限，在此我们只能对他在某个时间点发生的某些事件，办理的某个案件，经历的某个场景做个以点带面的采写，我们也力求从他的经历和故事中向读者呈现一个全面真实的中国律师的心历路程。

眼前的沈腾律师，刚结束一个重要会议回到办公室，就立刻切换到了接受采访的最佳状态，他的思维转换速度简直可以用秒来计算。在进一步的交流中，笔者获悉，在中国政法大学校庆及各种文艺活动中，沈腾律师一直是各个活动主持人的不二人选。少年时（12岁）他还曾因酷爱表演，遇到恰巧到当地演出的河北梆子剧团招收学员，差点跟着戏班子去闯荡江湖。正是这样一个有豪气、胆气、侠气、义气和出众才华的沈腾，在20世纪90年代末放弃优厚待遇，放弃艺术梦想，走进中国政法大学，决定用法律谱写不一样的人生，用法律为人民伸张正义。数十年如一日，他用无数个日夜的奔波与坚守诠释着一代法律人的正义之心，一个全国优秀律师的格局与情怀、责任与担当。

侠肝义胆树正气

笔者一直有些疑惑，沈腾律师那么喜欢艺术为何要选择当一名律师？而成为执业律师后又为何要竭尽心力拍摄一部律师题材的微电影？电影的名字为何要叫《律师侠》？

"侠"者，侠士、大侠、侠客、侠义、侠肝义胆等用来褒奖的词汇不一而足，从古至今中国百姓最为尊崇的亦是侠义之人。提到自己的职业选择和《律师侠》的拍摄初衷，他

的眼神中闪烁着热烈而坚定的光芒。接着沈腾律师与我们分享了他的成长历程、执业经历和家族里的一些故事。

沈腾律师出身名门，父亲家族是书香门第，母亲家族是武术世家。中华人民共和国成立后，沈腾律师的外公王德明被业界奉为"东北武术界十大名人"之首，也是影视剧里"草上飞"的人物原型，是一位劫富济贫、抗日救国的民族英雄。舅父王少武在1977年国家恢复高考制度后成为当地第一届高考状元，后担任大学教授、武术教练，可谓文武双全。这些都深深地影响着沈腾的成长及他后来性格和气质的形成，更培养了他融入骨血的家国情怀。

是律师，更是社会活动家

或许，沈腾律师生来就应该是一个社会活动家。当然，没有人天生就是社会活动家，就像没有人能随随便便成功一样。走进法大，深研刑法，考取法律哲学博士等，一路走来，沈腾律师在不断实践的同时也不断提升着自己的理论水平。尤其他的博士论文《商业银行反洗钱法律制度研究》，获得答辩委员会主席王家富老师的高度评价，该论文涉及金融、银行管理、政治、经济、国家安全等多个领域，可谓高屋建瓴、见地深刻。

执业以来，沈腾律师除担任北京市帅和律师事务所主任外，他还兼任民进中央社会和法制委员会副主任、民进北京市委社会与法制工作委员会主任、民进海淀区委副主任委员；中国政法大学兼职教授、硕士生导师、校友总会副秘书长兼台、港、澳校友联络负责人；团中央"青年之声"维权联盟副主席；北京市政府特约建议人（北京市共有120人）、北京市律师协会理事、宣传联络与表彰委员会主任、涉港澳台侨法律委员会副主任；北京市法学会常务理事、北京市涉台法律事务研究会常务副会长兼秘书长。

他还荣获各种荣誉，如荣获民进中央"全国参政议政先进个人"、全国优秀律师、团中央"青年之声"服务体系优秀个人、中国政法大学建校60周年"百名杰出校友"、海淀区政法系统唯一的"北京市科技管理领军人才"（俗称"北京市顶尖人才"）前100位、首都"五一劳动奖章"、北京市统战系统首届参政议政服务发展同心奖先进个人、"2017北京榜样"年度提名奖、2017年度"北京社会好人"、北京市优秀律师称号、北京市律师行业党建之友、北京市司法局"法律援助先进个人"；连续被民进海淀区委评为参政议政先进个人、信息工作先进个人；连续被海淀区政协评为"政协委员特别贡献奖"、海淀区政协反映社情民意信息工作先进信息员；被海淀区统战部评为统战系统优秀信息员；海淀司法局"十大金牌律师"、海淀区法律援助之星；"争先创优先进个人"；民进中央参政议政成果一等奖5篇、二等奖4篇；民进北京市委优秀信息成果一等奖4篇、二等奖3篇、三等奖5篇等。

以上只是沈腾律师担任的部分社会职务及部分荣誉。正如前文所言，与其说沈腾是一名律师，准确地说他更是一位以法律为视角的社会活动家。

执业以来，办理刑事、民事、经济、法律援助等各类棘手案件，参加各种社会活动，为建设法治政府建言献策，为港澳台同胞提供法律服务，参与国际事务争取中国律师国际话语权，拍摄微电影担任编剧、导演、主题曲词创作、演员，等等，这些工作和事项让沈腾律师忙得几乎没有时间停下脚步，但他却忙得不亦乐乎，他是有分身之术还是有三头六臂？笔者以为，这应该与他的勤奋与努力有着密不可分的联系。

沈腾律师坦言，不论多忙，他每天早晨起来都要求自己读半个小时的古文经典，且只读原著，从经典中汲取养

分、获取精神。多年来，读经典已经成为他雷打不动的习惯。正所谓读书万遍，其义自见。

既然选择了远方，便只顾风雨兼程

年近天命之年的沈腾律师在"律海"中乘风破浪十数载，历经无数风雨，他为中国律师树立了典范，更为中国的法治建设贡献着才智和力量。汪国真说："既然选择了远方，便只顾风雨兼程"，这句话应是对沈腾律师生涯最好的诠释。

下面就让我们在沈腾律师办理的案件和故事中感受他的"风雨兼程"吧！窃以为这些也最能体现他的豪气与胆气，侠气与义气，才气与正气。

（一）意外受伤，坚持开庭

2005年，沈腾律师代理某当事人案件，在陕西省安康市与中国水利水电某局对决法庭，因沈腾律师准备非常充分，案件正朝着当事人有利的方向进展。二次开庭前晚，当事人与沈腾律师小酌，每人都有些醉意，这时沈腾律师要喝水，当拿起暖壶倒水之际，已经喝得晕晕乎乎的当事人过于兴奋失手将整个暖瓶打翻，而这时整暖瓶的开水即刻从沈腾律师的胸部一直倒了下来。由于酒精作用，当时的沈腾律师也未感觉到疼痛，两人觉无事遂就寝，但第二日清晨沈腾律师从丝丝疼痛中醒来才发现，整个胸部的皮肤已经烫没了。是延期开庭还是继续？沈腾律师没有丝毫犹豫，依然坚持开庭。当然，由于烫伤的皮肤不可能一晚上就修复好，衬衣只要接触到皮肤，就会有一种难以名状钻心窝的疼痒，然而这丝毫没有影响沈腾律师的思路，开庭四五个小时下来，沈腾律师一直靠向外侧不停地拉扯衬衣来缓解疼和痒的折磨。最终，该案判决支持了沈腾律师观点，一审、二审均判决沈腾律师代理的当事人方胜诉。然而，回到北京的沈腾律师在床休养了三个月，烫伤的皮肤才得以恢复。

"向外扯衬衣，不知道扯了几百次，这次开庭让人印象

太深刻了，也算是自己律师生涯中的一次小意外吧！"沈腾律师淡淡地说。

（二）临危受命，斗智斗勇

2006年，沈腾律师一当事人因劳务纠纷遭遇绑架，当事人一家不知如何应对。沈腾律师听到家属陈述后，沉着应道："我们要24小时后再报案。"第二日，公安人员接警后与家属商议，为确保人质安全，赎金还是要送的，但商议半日仍没有一个人愿意去送赎金，都怕有去无回，这时沈腾律师站了出来："我是律师我去吧。"听到有人自告奋勇去送赎金，大家都把希冀的眼光投在了沈腾律师身上。到达约定的交赎金地点，沈腾律师与绑匪对接人见面后提出要看一下人质，但遭到拒绝。沈腾律师道："我是律师，我要么保证赎金安全，要么保证人质安全，我看到人才会给你钱，且你们的绑架行为已经超过24小时，已经构成非法拘禁罪，刑期可是10年以上。"对接人当场吓得赶紧回去向"老大"汇报，当然，第一轮谈判以"失败"告终。稳住绑匪后，沈腾律师立即安排第二人与绑匪联系，故意称："第一次谈判的那个律师脾气太臭，我们赶紧见个面，把赎金给了你们，只要带着人质过来就行。"这时绑匪只想赶紧拿到赎金走人，放松了警惕，遂带人质来拿赎金。公安人员找准时机立即出动，将绑匪悉数抓获。

（三）明知山有虎，偏向虎山行

2010年，沈腾律师一法律顾问单位被无端催账，债主雇佣社会闲散人员"宴请"顾问单位老总，顾问单位老总未敢赴宴，遂求助沈腾律师。沈腾律师深知此行肯定是一场"鸿门宴"，因为他即将面对的是一帮用非法手段追债为生的"黑社会"人员，但他依然选择前往。果然，当沈腾律师到达约定酒楼刚进包间就立刻被几个彪形大汉予以控制。追债人员对他所用的方法更让人无法想象，沈腾律师也不甘示弱，摆脱控制后，义正词严地道"今天来不就是要喝酒吗？我陪你们喝。"最终，追债的5个人被沈腾律师喝倒3个，当然，他也喝进了医院，沈腾律师手臂上的烫伤就是这次赴宴留下的印迹。

到沧州办案遭遇对方当事人围追堵截；到唐山办案被公安局关押一晚；到石家庄办案又险遇刺受伤；为患癌母亲（误诊）连守数夜未合眼仍坚持南下深圳办案等，沈腾律师终因劳累过度倒在了办案的路上。深夜两点，当他被抢救醒过来的第一时间想的还是我的当事人在哪里？在这些总带给他"惊险"案件的磨砺中，沈腾律师感受到了切肤之痛，同时也在疼痛中练就了一双"火眼金睛"和一身的"功夫"，不论任何案件，只要他接手皆能准确"把脉"。

"受人之托，就一定要忠人之事，这是律师的第一准则；做律师不仅要懂专业、懂规矩，更要懂社会、懂'江湖'。"沈腾律师用几十个字对自身过往惊险的办案经历做了以上总结，似乎那些惊险的经历只是电影中的情节，当

然，他确实也将这些经历和故事搬上了银幕，《律师侠》获得极大成功，让我们期待《律师侠2》早日上映。

心怀家国，无怨无悔

多年来，忙碌的沈腾律师一直怀着浓厚的家国情怀，在实际工作中牢记着法律人的使命、责任与担当，用他的侠义之心回馈着每一个与之相交的人。

作为北京市"太阳村"特殊儿童救助中心首席法律顾问兼理事，即使再忙沈腾律师都坚持抽出时间到"太阳村"关心青少年儿童的学习和成长。

作为北京市法学会涉台法律事务研究会的创办者之一、常务副会长兼秘书长，5年来沈腾律师一直努力致力于促进海峡两岸法律人之间的交流与合作。

作为北京市海淀区政协常委，民进北京市委联络工作委员会副主任、民进海淀区委副主任委员，沈腾律师提出了许多提案和建议，为促进社会和谐、民生改善、国家法治建设等方面做出了突出的贡献。他建议成立北京市海淀区人民法院知识产权专属法庭的提案被海淀区政府采纳。2013年4月，海淀区人民法院知识产权中关村法庭正式建立，为全国唯一一个知识产权派出法庭的挂牌提供了现实素材和政协建议。他建议设立"中关村核心区知识产权加速创新法务平台"（简称"法务平台"），现该法务平台已进入落地和执行阶段。"从知识产权产生到维权、确权、服务、运行、市场纠纷设立一套生态保护与服务的体系；在中关村城内建立企业人才和企业征信系统及科技创新交易流动系统，理顺企业与企业之间，企业与发明者之间，发明者与发明之间的规则，让顺应规则的企业获得高信用度，尊重标准、吸引人才、鼓励发明；实现权利保护，让创业者必须有一个自己的私权清单，把创业者权利放进保温箱，让企业和个人有财富上的安全感和归属感。"沈腾律师道。最值得称赞的是，自2012年至今，他累计通过民进和政协渠道参政议政，共有13篇建议被中央政治局领导批示。2017年，他的参政议政成绩竟占了民进中央全国成绩的1/3。

2009年，沈腾律师担任乡村医生王某杀妻案辩护人时，在死刑复核期间他大胆地向最高人民法院提出"应避免法律孤儿"的辩护意见，引起了社会争议，面对诸多压力，他依然坚守"救人比杀人可取"的理念，并通过现场比对和仔细观察，发现原审法院重大事实不清的问题，最终使王某被改判为死缓。已复核判决死刑的案件得以收回重判，同时该案还推动了河南省高级人民法院第一个死刑案件"陪审团制度"的建立以及中央政法委、最高院对死刑复核阶段的程序立法的提前调研，该案件多次被电视、报纸、网络等新闻媒体报道并转载。

作为国际红十字会东亚地区唯一法律顾问，沈腾律师积极参与国际事务，竭力提高中国律师的国际地位，争取中国律师的国际话语权。举办多年的高校间国际人道法模拟法庭将冠名也定为"帅和杯"红十字国际人道法模拟法庭。

作为法大校友，沈腾律师无私回馈母校，为母校中国政法大学捐赠教育基金累计达68.8万元，在中国政法大学昌平校区逸夫楼大厅坐落的彭真像也是沈腾律师所捐赠。

身为北京市律师协会理事、宣传与联络表彰委员会主任、共青团中央"青年之声"维权服务联盟副主席，沈腾在维护青少年权利保护和"青年之声"服务能力建设方面负责落实设立了"青年之声"维权机制，包括维权热线、律师函、案件跟踪、律师在线值班等系列制度。他做客"青年之声"在线访谈，解读和分析了"蕾力CP"、校园暴力侵权、不良校园贷等热点事件、焦点案件。他联络中央电视台社会与法频道、北京市律师协会，以及团中央网络影视中心，组建了"青年之声"专家团，把青少年维权工作提高到了专业化、规范化、机制化的新高度。

作为共青团中央"青年之声"专家形象代言人之一，沈腾积极参与"青年之声"的各项宣传工作。其参与拍摄的"青年之声"公益宣传片，在北京地铁车厢内视频媒体长时间覆盖性滚动播放；其参与拍摄的"青年之声"平面宣传品，如公交站台灯箱广告与地铁灯箱广告等，更是大面积覆盖北京各大公交和地铁站点。

正是由于沈腾在维护青少年权利保护和"青年之声"服务能力建设方面所做的上述不懈努力，他被共青团中央评为"青年之声"服务体系优秀工作者、服务体系优秀个人和建设优秀专家等称号。

作为怀揣艺术梦想的法律人，沈腾律师不仅担任法大校庆活动主持人、拍摄微电影，他还为党的十八大谱写歌曲《国徽颂》，刊登于人民网。为中华人民共和国60周年谱写歌曲《担当》，被人民日报社作为国内法治动态要闻全文刊发，被中国政法大学收录为校歌，并成为《律师侠》主题曲。他还在《海淀政协》《中关村》等刊物上发表创作歌曲《中关村——追梦圆梦的地方》等。"最懂艺术的律师，最懂法律的艺术家",沈腾律师当之无愧!

后记

"我之所以萌生出拍摄《律师侠》这部片子的想法,目的就是给中国律师一个正面的宣传。片中故事好多是来源于我自己多年的亲身经历。作为律师,我们并不是像很多外人看到的那样风光、潇洒,律师这个行业其实是很艰辛的。所以,我决定拍摄《律师侠》这部片子,给中国律师一个正面宣传,让人们真正了解律师工作背后默默的付出和心血,让人们真正知道律师的工作并不是他们想象中那样轻松简单。我特别想通过电影告诉大家,一个优秀的律师靠的是自己的意志和坚强去工作,因为我们没有公权力,也没有丰厚的经济支持作为保障,所有的一切都是凭着内心的坚韧和强烈的责任心,以及那一分追梦的执着。律师行业作为一个法治群体,肩负着共同的社会责任和法律使命,在这里我愿与各位律师同仁一起共同努力、共筑担当,多创作一些律师正能量文艺作品,让律师形象充满感情、充满正义、充满担当,律师的精神是什么?那就是担当。"

沈腾律师满怀深情地说。

有人说《律师侠》是一部让人"泪奔"的微电影,作为法律界资深媒体人,笔者也看了数遍,电影里每一个片段都能触动到本人心灵的最深处,影片全长九分钟零几秒,而这不足十分钟的视频却凝结了那么多人的心血和无私付出,凝聚了那么多如沈腾律师一样有着家国情怀的法律人的光荣与梦想,更诠释了中国律师的使命、责任与担当。

还是让我们以《律师侠》的主题曲《担当》作为本次采访的结束语吧。

担当

法律擎天,高天朗朗,正义铺道,大道宽广。
迎着呼唤伸出援手,民意在心中最有分量。
我的担当是神圣的担当,以理撞乾坤,以法行四方。
我的担当是公平的担当,我用热血谱写和谐的华章。

法庭是我的主战场，法律是唯一的武器

——访第十一届北京市律师协会刑法专业委员会副主任、北京市优秀律师、北京市双利律师事务所主任孙莹

编者按

在人们的惯性思维中，女律师应该是手拿一大堆文件材料，穿梭于各大写字楼之间，工作稳定，生活精致。而在中国律师界有这样一群政佳人，她们的工作日志上记录的是一次次的出差，一次次的出庭，不是在法庭就在去法庭的路上。这已成为她们的工作常态。在一个个重大疑难复杂的案件中，她们梳理脉络、化繁为简、拨云见日、运筹帷幄，运用法律的武器维护着当事人的最大合法权益，维护着法律的正确实施，维护着社会的公平与正义。不积跬步无以至千里，不积小流无以成江海。这就是今天的主人公——北京市双利律师事务所主任孙莹律师。她自踏入律师行业的第一天起，就立志要做一名优秀的诉讼律师，十多年来她矢志不渝、初心不改，从青涩到成熟，从一无所知到深谙诉讼之道，从实习律师到律所主任，她一步一个脚印，书写着美丽人生的蜕变与升华。

印象

她被微信朋友圈亲切地称作"弹着高压线去开庭的女律师"；她还是曾被京东快递小哥"快递"到法院开庭的

女律师；她就是这样将高强度的日常工作处理得游刃有余、如诗如画的一位法律人。

4个小时的采访匆匆而过，在笔者看来，孙莹律师是一位集美丽、睿智、豁达于一身，优雅中带着坚韧，干练中又不失温柔的律政佳人，且还是一位积极对待生活、永远追求快乐的女律师。她犹如太阳，走到哪里就会照亮哪里、温暖哪里，她的举手投足间皆透露着正直与善良。有人说，世界上最美丽的风景，就是有一颗善良的心，散发着优美的魅力和磁场，而孙莹律师就是拥有这样的魅力和磁场的一位中国女律师。

当前，放眼全球法律服务市场，诉讼仍然是律师业的主流和主业，而在所有法律业务中，诉讼又是专业性极强、难度极大的一项业务。这就对执业律师提出了极高的要求和挑战。执业律师不但要有深厚的法律理论基础，更要有丰富的诉讼技巧、庭审经验以及极强的逻辑思维能力和应变能力。孙莹律师除办理重大疑难诉讼案件外，她更将全部精力投入对刑事辩护及刑民交叉类案件的研究中。那么，是怎样的毅力和心路让孙莹爱上法律，爱上法庭，爱上诉讼，爱上刑辩呢？今天就让我们走近孙莹律师，走进双利律所，一起来认识这位京城女律师吧。

爱上法律，爱上法庭

孙莹律师的籍贯是吉林省吉林市乌拉街满族镇，出生于素有中国雪乡之称的黑龙江省牡丹江市。也许受她母亲影响，孙莹身上处处体现了山东人所具有的坚韧、正直和善良。

2002年秋天，她只身一人拉着两个大皮箱走进了中国政法大学开始学习法律。这位个性独立、坚强执着的女孩儿在法大四年的学习生涯中，每天教室、图书馆、宿舍三点一线、心无旁骛，热闹繁华与她无关，她只顾努力研究，认真学习，向着既定的人生目标进发。对于一个青年来说，这是她一生中最好的时代；对于一个时代来说，正是青年推动了时代向前发展。法大四年，军都山下，拓荒牛边，耳濡目染，她学到的不仅是专业理论知识，还有法治信仰、人文精神、社会责任、家国情怀。"我是先学了法律后爱上法律的，就如我在工作中接触诉讼后才爱上诉讼一样。"孙莹律师说："法庭是我的主战场，法律是唯一的武器。"

2008年秋天，孙莹走进北京市双利律师事务所成为一名实习律师。2018年春天，全体合伙人推选她担任第三任律所主任。有一位律师前辈曾说过："在人才频繁流动的律师界，作为一个律师，她在一家律所一干就是十年，用她

的专业与专注、敬业度与忠诚度，获得了创始合伙人、老一代前辈、全体律所同仁的信任和信赖，并成为了这家律所的新领头人。老人尚在所，新人不负君。这是真正意义上的接力与传承，在行业内堪称美谈。"

孙莹律师始终勉励自己，立志立德，担当使命。"双利律所成立于1996年，当年创始合伙人现在仍然还在这里，他们培养了我，更信任我，将接力棒交到我的手上。作为第三任律所主任，我对于律所的变革和发展充满了期待。我知道，我可以大胆地去变革、去努力、去发展。因为我不是一个人在战斗，而是一群人为了理想而奋进，脚踏实地，静谧自怡，诠释生命底色。"孙莹律师说，"之所以登山，是因为山在那里。熬那些苦日子并不难，因为我知道它会变好。"

春华秋实，静水流深，清风徐来，陌上花开。双利律师事务所是孙莹律师从实习到现在从未离开的地方，也是她热爱的家，朋友们都亲切地将这里称为"莹家"。双利律所的墙上写着的一段话给令笔者动容，这段话是这样的，"一切法律之中最重要的法律，既不是刻在大理石上，也不是刻在铜表上，而是铭刻在公民的内心里。法律需要全社会的信仰。"

执业十多年，付出多多，载誉满满

孙莹律师是中国政法大学法学专业方向法学学士，北京大学诉讼法学方向法律硕士，中国政法大学诉讼法学方向博士生。系中华全国律师协会会员；北京市律师协会会员，北京市第十届、第十一届律师代表；北京市第十届律师协会人大代表和政协委员联络委员会秘书长；北京市第十届律师协会刑民交叉专业委员会副主任；北京市第十一届律师协会青工委副主任；北京市律协"律师办理黑恶势力案件指导小组"成员；北京市东城区第二届、第三届律师代表；北京市东城区第三届律师协会理事、青工委主任；共青团中央"青年之声"维权服务联盟专家；中国食品药品检定研究所实验动物福利伦理审查委员会委员；仁合公益与法律研究中心理事、党支部书记；中国法学会律师法学研究会党支部青年委员；北京市双利律师事务所主任。2019年8月，孙莹律师高票当选第十一届北京市律师协会刑法专业委员会副主任。

孙莹律师先后荣获2012—2014年度"北京市优秀律师"；2012年度律师行业创先争优"北京市先进个人"；2012年律师行业"东城区优秀共产党员"；2013年度"北京市优秀公益律师"；2014年北京市青年律师辩论赛东城区"优秀辩手"；2015年首届"北京律师好声音"歌唱比赛二等奖；2017年北京市青年律师读书会主持人；2016—2017年度律师行业"北京市优秀共产党员"；北京市公安局律师法律顾问团顾问；央视《律师来了》特邀律师；2017—2018年度中央电视台《律师来了》"最佳公益代理奖"；2017—2019年度共青团中央"青年之声"维权服务联盟专家；北京市法律援助中心2018年法律援助案件质量同行评估专家；北京市司法局2018年北京市法律援助案件质量同行评估专家；2018首都司法行政系统提名首届"法治好青年"等。

孙莹律师执业十多年来，付出多多，载誉满满。一名女律师要想在人才济济的首都立足，还要在重大诉讼以及充满艰辛和困难乃至风险的刑事辩护及刑民交叉领域有所建树，所付出的艰辛和努力、辛苦和汗水应该是毋庸赘言的。但孙莹律师做到了，日益努力，且做得风生水起，专注而快乐。

职业生涯第一案，迎难而上意志坚

2009年，河北省三年大变样工作启动，廊坊城中村改造第一村周各庄集体拆迁案是孙莹律师独立执业生涯第一案。她说："没有比脚更长的路，没有比人更高的山，没有比心更大的世界。回想当年，一个人、一辆车、数十次穿梭于北京、廊坊和石家庄之间，其间品尝了被轻视、被误解、被打压的滋味。但既然选择了远方，便只顾风雨兼程。"

当年第一次听证会上，偌大的会场，不论场上场下，满目望去都是男同志，几乎没有人在意她这个小丫头。或许人们认为这无非是走过场而已。当孙莹律师将研究梳理出来的拆迁政策、法律法规结合该案具体情况等进行陈述时，在场的人们目光中有了信任与尊重，他们开始耐心聆听这位北京来的年轻女律师所讲出的每一个字。

听证会结束后，一位建设部门的工作人员追过来向孙莹索要律师意见，孙莹律师问他做什么用？他说："我家很快也面临拆迁，您的意见太有说服力了，有理有据、有力有节，我想在我家拆迁的时候，您的这份意见能派上用场。"

随着代理工作的推进，相关被拆迁人最终获得了合理补偿。他们老老少少十几人来到北京，送来锦旗以示感谢。这面锦旗，是孙莹律师职业生涯的第一面锦旗。一个小丫头在群体拆迁中为被拆迁人维权的案例也在双利律所传为佳话，"自当横刀立马，不输男儿郎"，十年过去了，不少合伙人现在仍还常常提及此案，倍加赞赏，感慨不已。

检察机关接连公诉，律师坚持无罪辩护

心有猛虎，细嗅蔷薇。在刑事辩护领域，孙莹律师曾办理经济犯罪、贪污受贿犯罪、诈骗类犯罪等诸多大案要案疑难案件。在这些重大疑难案件中，她多次成功地进行从轻、减轻和无罪辩护，充分保障了当事人的合法权益，为当事人提供了高质量的刑事法律服务，得到当事人及家属的高度肯定。且很多刑事案件在侦查阶段、检察机关审查起诉阶段，孙莹律师即提出辩护意见，使诸多当事人获得自由，免受羁押之苦。以下案件就是在孙莹律师从侦查到无罪、坚守5年无罪辩护后，当事人终获清白之身、终获国家赔偿的经典之作。

"不久前，我的这个刑事案件的当事人刚刚获得国家赔偿，这是我整整跟了5年的刑事案件。该案是一起曲曲折折的案件，经过刑事立案、拘留、逮捕、检察院审查起诉、两次退回补充侦查、提起公诉、开庭、撤诉、再次提起公诉、开庭、两次变更起诉、开庭、再次撤回起诉、最终不起诉，申请国家赔偿，5年走下来着实不易。"孙莹律师说。

笔者认为，法律是为了保护无辜而制定的。5年，那份坚守，承载了多少艰难。不抛弃不放弃，各种滋味难以言

表。孙莹律师作为一名辩护律师，对当事人负有神圣的职责，唯有执着与专业方能赢得圆满结局，勤奋和敬业方能赢得尊重。

命悬一线危机时刻，单枪匹马挺身而出

2016年，孙莹律师曾代理一起贩卖毒品案件。办案中她发现案件来源有疑点，涉嫌某缉毒警察串通在押毒贩买卖立功线索。被告人被判处死刑立即执行，命悬一线。在最高人民法院复核死刑时，孙莹律师毅然飞到广东，到某市检察院进行实名举报，孙莹律师的实名举报被正式受理。很多律师同行听说此事都问她，实名举报缉毒警察，怕不怕，孙莹律师回答说"不怕"。

"正直和勇气无疑是难能可贵的品质，一个人也有一支部队的模样和光芒。直到今天我也忘不了自己单枪匹马、初生牛犊不怕虎的样子。"孙莹律师说。

律师的专业敬业赢得法律人认可

孙莹律师曾办理这样一起案件。山东某公安局局长被绑架，这位局长作为被害人，他委托孙莹律师担任他的刑事案件的诉讼代理人。当时孙莹律师问这位局长怎么找到她的？为什么找她？那位公安局局长说，以前他们公安局经侦大队的多位干警曾经在山东某中院旁听过孙莹律师的一次刑事案件的庭审。他说，当时大家看到了法庭上律师的样子，他们不仅感受到了律师的专业敬业，更感觉到同为法律人的那种坚定的对法律的信仰。笔者认为，挥法律之利剑，持正义之天平，除人间之邪恶，守政法之圣洁。正是律师的专业敬业，方赢得法律人的认可。

说不清又理还乱的刑民交叉案，京城女律师拨云见日化繁为简

改革开放40多年来，中国经济取得令世界瞩目的成就，人民生活水平得到极大提高。然而，在经济的大发展中却出现了各种各样的问题，其中，最凸显的问题之一就是法律问题。这些刑民交织互涉、法律关系复杂尤其刑事、民事诉讼并存并行的案件已成为当前法律界研究的一大重点和难点。对于此类案件，业界称为刑民交叉、刑民交错或刑民互涉案，有法律人士更将此类案比喻为"一个说不清理还乱的话题"，可想而知此类案件有多么令人头疼。

作为北京市第十届律师协会刑民交叉专业委员会的副主任，近年来，孙莹律师成功办理了许多刑事辩护、刑民交叉互涉案。笔者以为，若要说清楚、理明白此类案件，需要从业者有较深厚的法律功底和丰富的实务经验，更需要从业者有广博的社会知识和素养，方能厘清关系、发现疑难并解决问题。

"刑民交叉案，每日执案卷，研法度，执着向上，历尽案件风雨。在被打击时，记起自己的珍贵；在迷茫时，坚信自己的珍贵。得过，舍过，胜过，败过，风起听风，雨来观雨。专注诉讼，为赢而战，心怀感恩，静等花开，只为闻一缕馨香。"孙莹律师说。

授课分享，全场脱稿，一气呵成，理论精深，实务精彩

孙莹律师将自己的办案经验无私地分享给律界同仁。基于孙莹律师在刑民交叉领域及刑事辩护领域的精深研究和良好声誉，2018年和2019年，安徽省律师协会、辽宁省律师协会先后邀请孙莹律师为全省青年律师做刑民交叉领域及刑事辩护业务的主题培训。

在培训授课中，孙莹律师充分展现了严密的逻辑思维、出色的语言表达，同时也体现了她对整个案件及诉讼庭审良好的掌控和驾驭能力，可谓是"专注诉讼，步步生莲，清风徐来，陌上花开"。值得一提的是，每一次的授课，孙莹律师全场脱稿，一气呵成，理论精深，实务精彩，博得阵阵掌声，赢得高度赞赏。

孙莹律师说："任何一个行业都离不开踏踏实实的学习和勤勤勉勉的实践。天下奇谋妙计，无过于脚踏实地。纠纷复杂纷繁，千事千面，律师提供法律服务应有多方位的视角。因为，解决问题的方案和手段终究是多元化的，打开门的也不仅仅只有一把钥匙。对刑辩律师而言，专注刑辩固然重要，但仅接触刑事辩护是不够的，往往是有局限性的，亦应具备民商事思维及刑民交叉思维，并在实践中积累相关经验。对刑辩律师而言，种树者必培其根，具有商事诉讼、刑事辩护及刑民交叉实务经验，是一笔无比宝贵的财富。"

远方未必远，未来一定来

十多年的诉讼历练，孙莹律师从一名执业律师，到律所主任，到参与行业协会的工作，再到担任律协专业委员会副主任，这一步一步，孙莹律师深刻领悟到，律师的使命，不仅承载着对当事人的责任，还承载着对律师行业、对社会、对国家法治建设的责任。律师是依法治国中不可或缺的力量。立志立德，着重培养家国情怀，这是一名诉讼律师应有的使命与担当。

2017年，孙莹律师加入全国律协青训营大家庭，这是由全国律协主办的旨在培养领军人才的"青年律师领军人才训练营"。山河不足重，重在遇知己，相知无远近，万里尚为邻。在这里，集结了来自全国各地的青年律师精英，励志又暖心，茶淡雅，友清新，话理想，齐进取。乘风好去，长空万里，直下看山河，以开放精神点亮人生，引领未来。以奋勇拼搏的精神，不断锤炼自我、完善自我，向更高标准看齐，向更高目标迈进。

百战归来再读书，千磨万击还坚劲

唯希望也，故进取；惟进取也，故日新。千淘万滤虽辛苦，吹尽狂沙始到金。2019年，在专注诉讼实务十年后，孙莹律师攻读中国政法大学诉讼法专业博士研究生。她说："读书不是为了雄辩和驳斥，也不是为了轻信和盲从，而是为了思考和权衡，明辨是非，独立思考，敬畏法律。在选择面前，不为外物所扰，不为私利所动，不为俗流所惑，静听内心的声音，坚守原则。在迷茫的时候，不忘记自己的初心，不放弃自己的梦想，做真正有长远意义的事情，

听从你心，行你所行，立德立言，无问西东。"

2019 年 9 月 4 日，在中国政法大学开学典礼上，孙莹律师被推荐为证据科学院博士新生代表发言，"胸中有韬略，脚下有实路，今朝多磨砺，明日做栋梁。这是我在法治道路上的追求，也是我给学子们的青春寄语。青春正当时，吾辈宜奋发。正义必须被实现，让我们做最好的法律人"。

在当选北京市律师协会刑法委员会副主任的那天，孙莹律师发了感恩致谢的朋友圈："感谢律师同仁和协会的信任和支持。感谢全体双利人，感谢我的朋友们，特别感谢我的老师、我的家人。感恩我的博导中国政法大学刘玫老师，指引我刑诉之路；感恩我的硕导北京大学潘剑锋老师，指引我民诉之路；感恩我的实务指导老师中国政法大学洪道德教授和双利所刘建柱律师，指引我诉讼实务之路。刑诉 + 民诉 + 刑民交叉 + 诉讼实务，是各位给予我力量。是鼓励，是期待，是责任，是重托。日积月累，日日精进，久久为功，事上磨炼，深耕诉讼，共同努力，仰望星空，脚踏实地，不负韶华不负君"。

清风相伴好读书，梦想从未改变。笔者相信，未来，孙莹律师将继续保持对诉讼的热爱与初心，坚守法律人的底色，铭记光荣使命，凝聚行业力量，实现法治梦想。

刑辩女律师，快乐法律人，爱工作，懂生活

人们常说，父母就是孩子最好的老师，孙莹律师对待工作的态度和专注度，已经对孩子产生了非常积极的影响。上小学的儿子曾在一篇作文中这样写道："我的妈妈是一名律师，她很勤奋，很勇敢，很正直。妈妈晚上 9 点钟哄我睡觉后，她就去了书房，我早晨六点起床的时候，发现妈妈却还在书房，书桌上摆满了材料……"儿子的作文被作为范文在班级里传送的时候，孙莹既感动又欣慰，感动的是儿子一天天长大，懂得了妈妈的辛苦；欣慰的是在挑灯奋战中她总能找出案件的突破口，将每一个案件厘清道明。是啊！正是这样不舍昼夜的坚持才使得一个个重大、疑难案件得到妥善解决，使当事人合法权益得到最大限度的维护，这就是孙莹律师专注与坚守。

孙莹律师不但是位专注专业、执着坚守的京城女律师，同时她还是位快乐的爱工作、懂生活的法律人。她的微信公众号"莹莹如玉"中这样写道："有这样一群人，她们是美丽与睿智的代名词。她们自立自信，优雅中带着坚韧；她们聪慧豁达，干练中不失温柔；在专业与智慧的竞技场上，她们巾帼不让须眉，尽显精英豪情；她们为了他人的生命和自由而奔忙；她们为了公平和正义而主张；她们践行着法律职业的崇高精神，她们诠释着法律职业的美丽风采，她们是

律师行业中最独特、最绚丽的风景线……她们的名字叫女律师。新疆喀纳斯留下了她们倩丽的身影；江西三清山留下了她们美丽的足迹……"

采访间隙，孙莹律师与笔者分享了她和她的小伙伴们快乐的旅行。2016 年秋，她与来自全国的 18 位专注刑事辩护的女律师赶赴新疆，走过了世界葡萄圣地——吐鲁番；看过了《西游记》书中唐僧经过的火焰山；走进了人间仙境喀纳斯；还去了《卧虎藏龙》外景拍摄地——魔鬼城。十八姐妹在旅行中修行，组建了全国刑辩女律师联盟，并初步达成"刑辩女律师喀纳斯宣言"等。刑辩女律师，豪情走四方，她们的聚首本身就已成为律师界一道独特靓丽的风景。2017年、2018年、2019年……她们续写着她们的快乐与友谊、情怀与豪情。

后记

采访中，孙莹律师还与笔者分享了她办理的 2011 年度社会重大影响十大案件"李刚二季逼供门"之"一场离奇的抢劫案 ---- 河北王朝抢劫案"申诉案，该案各大媒体已有很多报道，在此笔者不再赘述。8 年来，孙莹律师一直为王朝做无罪辩护，至今仍未放弃。时光流逝，这个案件她已经整整跟了 8 年。该案中无论是王朝本人还是王朝母亲以及孙莹律师都坚信，法律一定会还王朝一个公道，且让我们拭目以待。"此刻我想借用艾伦·德肖微茨的话，在我看来，没有一个头衔能比辩护律师更崇高可敬的。这个案件，我将继续走下去，坚守本心，不轻言放弃。正如丹宁爵士说的，有一件东西是这个国家里的每一个人都有权得到的，这就是公平审理。正义也许会迟到，但从来不会缺席；正义也许来得晚，但我们等得到。"孙莹律师坚定地告诉笔者。

北京市双利律师事务所自 1996 年成立以来已经走过了二十多个春秋岁月，孙莹律师也已经与双利律所相伴十几春秋，她从这里起步、锻炼、成长、成熟，重情重义，始终如一。十多年来，她将"专注诉讼，为赢而战"当作自己律师执业的座右铭，法庭是她的主战场，而法律则是唯一的武器。

未来，让我们祝愿孙莹律师继往开来、百尺竿头、再续辉煌。风物长宜放眼量，时光不止消磨还能加冕，愿她的专注与快乐、执着与坚守的精神传递给更多的人。

采访结束时，孙莹律师风趣地说："因为经常搬卷，我的力量变大了。本想活成大哥心中的女人，一不小心活成了女人心中的大哥。最好的总会在最恰当的时候出现，我们要做的就是怀揣着希望去努力，期待美好的出现。生命是一树花开，或安静或热烈。至少有魄力，在有生之年，勇往直前。"

为人辩冤白谤乃天下第一公理

——访东友律师事务所合伙人、
第十一届北京市律协刑民交叉业务委员会副主任魏鹏律师

编者按

"为人辩冤白谤乃天下第一公理",原文出自明朝御史吕坤《呻吟语》:"为人辩冤白谤,是第一天理!"其为国人所熟知和传颂,则是由著名学者、北大校长胡适先生将此语手书并悬于书房,当作自己的人生箴言,以警示自己、警醒世人。

笔者以为,任何一个法律人,尤其是刑辩律师,更应将此当作自己的首要职责,并牢记法律人的责任和使命——一切为了正义。

本文主人公——东友律师事务所合伙人,民事与商事业务部负责人,第十一届北京市律协刑民交叉业务委员会副主任魏鹏律师,从刑警到刑辩律师已走过了15个春秋岁月,无论从事刑事侦查工作,还是从事刑事辩护工作,他都将每一个案件认真对待,竭尽所能挖掘真相,竭尽全力为蒙冤者辩冤白谤,并竭力维护委托人最大合法权益。很多看似无望的案件在他的努力下,让委托人看到了希望和曙光,乃至化"危"为"机",实现逆转。

他是一个怎样的人?他是一个怎样的律师?下面就让我们走进东友律师事务所,走近魏鹏律师。

立志

魏鹏不仅勤学好思,且头脑灵活,思维缜密,长于沟通。读中学时看到胡适手书人生箴言"为人辩冤白谤乃第一天理",就立志要从事法律工作。大学期间魏鹏一直担任班长和学生会体育部部长,经常组织同学们参加各类体育活动。可以说,魏鹏是一个能打(汀球)、能跑、能说、能写,也最能折腾的一个人。他曾荣获公检法司系统演讲比赛二等奖,东友法律辩论季最佳辩手,公安系统越野赛第一名,朝阳律协第一届羽毛球赛单打冠军,学生时代及参加工作后还多次获得足球联赛最佳射手,"中冠杯"中式黑八排名赛廊坊赛区第三名,也被东友律所足球队同仁誉为"SOHO的梅西"。另外,魏鹏还是今日头条撰稿人,至今在今日头条发表文章100多篇,还曾在财经国家新闻网及相关杂志发表《双汇并购SFD是把双刃剑》《小律师谈反三俗》等文章,担任未来网等法律教育平台做客专家型点评律师等。

从警

大学毕业,魏鹏参加国家公务员考试,顺利进入公安系统当了一名刑警。5年后参加国家司法考试,进入律师队伍,为人辩冤白谤也成为他的人生箴言和为之奋斗一生的事业。

2004年5月12日,值夜班的魏鹏接到有人报警,称看到地里有人被杀,遂带协勤出警查看情况。后在一块种植芹菜的垄沟内发现一具瘦小男尸,颈部已被划开,现场异常惨烈。很明显是有人在偷被害人家芹菜时被发现,在争执和搏斗中发生的命案。他们将作案嫌疑人定为18岁至45岁的青壮年,为查找作案嫌疑人,公安局全员出动,挨家挨户排查,看哪家有芹菜。警犬也顺着血迹进行地毯式搜寻,但血迹在一岔路口分开后却消失了,那就兵分两路进行排查。

魏鹏带队进入一农户家后,进屋发现一位年近60岁的老者躺在床上不动,老伴儿称是得了感冒,大家都未在意。但出屋不久,魏鹏又折回来。魏鹏思忖:"公安人员带着警犬,这么大动静进行搜查,此人还能如此'昏睡'?"返回屋的魏鹏下意识地扒拉了一下昏睡的老者,未动,再用力拨开其肩膀和头部,看到老者满脸、满手全是血迹。后来老者被带至公安局审查,但倔强的老者一直否认自己杀过人。没有人证,也未找到作案工具,此案不能定案,第二天,魏鹏再到老者家查找线索,经过认真搜索在其后院垄沟里发现一只袜子,拿回公安局经DNA鉴定,袜子上的血迹是被害人的血,案件终于真相大白,虽施害仍不认罪,但

证据链已经完整，是当年一起零口供定罪的经典案例。

后该案被《河北法制报》等多家媒体报道，魏鹏也因此案的成功告破获"优秀人民警察"之殊荣。

从律

时间进入 2008 年，魏鹏做出一个重大决定，要做一名执业律师，他先辞职再备考，未给自己留任何后路。功夫不负有心人，经过几个月的备战，他一举通过了司法考试。当年辞职，当年考试，当年通过，压力可想而知，但魏鹏用事实证明了自己正确的选择。通过司法考试后他顺利进入东友律师事务所，并师从北京市高级人民法院前法官，北京市人大常委会法工委前办公室主任，北京市百名优秀刑辩律师张予宪律师，专职从事刑事辩护工作。而这一干就是 10年。10 年间，魏鹏也从一个名不见经传的实习律师成长为一名在业内建树颇丰的专业刑辩律师。尤其值得一提的是，近年来，随着社会经济的蓬勃发展，很多新型犯罪、经济纠纷使得民、刑之间界限模糊，为不断提升业务水平，魏鹏于 2015 年主动请缨负责东友律师事务所民事与商事业务部工作，这极大地丰富了他的民商思维，并促使他善于在刑事、民事、行政类相互交织错综复杂的案件和法律关系中运用反向思维分析问题，找出突破口。2019 年 8 月，第十一届北京市律师协会专业委员会名单公布，魏鹏律师当选第十一届市律师协会刑民交叉专业委员会副主任委员之职，这是对他工作最大的肯定，也是律师同仁对他最大的信任。"深感责任重大，但我将不辱使命，不负同仁的这份信任。"魏鹏律师道。

刑民交叉非诉案——以刑事推动民事的成功案例

2006 年，某科技公司分包了海事救捞局的海上船舶救捞服务，并依据总承包商与海事救捞局签署的《系统服务合同》约定服务期为 3 年，后在实践中又以实际工作量进行计算和结算费用，为完成海事救捞任务，该科技公司集合大量人力、物力投入工作，并垫资数百万元，最终服务时限也已超过 3 年。但在结算时却发生了总承保商只给结算两年工作量的情况。为维护自身合法权益，某科技公司只得诉诸法

律。但令人意想不到的是，在法庭上，对方竟出示了交通部救捞局的一份证明，以证明某科技实际服务期限只有两年，只能按照两年内工作结算。而法院也据此证明判定服务期限为两年成立，支持对方观点，2011 年，一审法院判决某科技公司败诉。

某科技公司负责人牛某实在想不通，明明干了三年多。为什么只给结算两年的钱？牛某辗转找到东友律师事务所，但这时已过 15 天的上诉期，在民事上已基本终结，若无新证据，提起再审几无可能。当事人多次到东友律师事务所咨询案件情况，因魏鹏律师一直从事刑事辩护工作，同所律师希望魏鹏对此案把把关，魏鹏律师在研究完案卷后提出："最关键的点出在救捞局的证明上，若能推翻此证明，案件就能继续推进，但我不保证结果，这是律师的执业纪律。"牛某也觉魏鹏律师思路可行，遂坚持委托。

因负责出具证明的救捞局工作人员陈某曾向某科技公司索贿 20 万元，但蹊跷的是，这 20 万元好处费却通过总承包商退回给了某科技公司。依据此线索，魏鹏律师推测：很可能陈某又收受了总承包商的款项，才帮助总承包商出具了假证明。故确定以刑事报案为突破口。如果公安机关予以立案，必定要对陈某及相关人员进行讯问和询问，这就可能在公安机关卷宗中找到其出具假证明的证据，进而以发现新证据为由向检察院提起抗诉，争取推翻一审判决。

2013 年，某区检察院对救捞局陈某等人以涉嫌受贿立案侦查，2014 年 6 月 11 日北京市第二中级人民法院，以（2014）二中刑初字第 416 号判决书判决救捞局原工作人员陈某受贿罪成立。判决书中载明：陈某曾出具假证明，以接受总承保商贿赂款项。魏鹏律师立即依据此判决到海淀检察院对某科技公司诉总承包商的民事诉讼提起抗诉，海淀法院再审后改判推翻了原审判决。案件历经五年多时间，最终为某科技公司讨回一个公道。

"当代理民事案件遇到阻碍时，可以换个思路，尝试在刑事案件中找找突破口。正所谓穷则思变，往往会有意想不到的效果。"魏鹏律师道。

刑民交叉诉讼案——国企改制的时间节点将是刑法定性的关键，改变罪名成功案例

2005 至 2008 年，河南某市某濒临倒闭的国有汽修厂（以下简称"汽修厂"）进行改制，改制形式为通过产权交易市场以整体出让，由受让方承接该厂的全部资产及债务，全部接收原单位的职工和离退休人员。且在改制基准日，经过审计评估该厂的净资产为负 560.45 万元。由此可见，当时改制时汽修厂处于严重亏损状态，改制形式是债权债务的全部转让，其中债务部分包含职工及退休人员的安置。为顺利推进企业改制，作为该厂的厂长缑某某还自筹资金600 余万元用于职工的妥善安置。

2007 年 11 月 20 日，河南某市国有企业领导小组对汽修厂的改制予以批准，改制顺利完成，汽修厂改制为股份制民营企业，该厂债权债务全部转让到缑某某等 27 个股东名下。2008 年 6 月 18 日，新公司正式注册成立，企业进入

发展的快车道。

2015年，公诉机关认为缑某某利用担任国有汽修厂厂长党委书记的职务之便，于2008年3月份私自挪用汽修厂安置职工资金370万元，认为缑某某构成挪用公款罪，并提起公诉。

魏鹏律师担任了缑某某的辩护律师。魏鹏律师认为，缑某某挪用公款罪名不能成立，该案的关键点在于该笔资金的性质是改制前还是改制完成后。2017年11月20日为河南某市国有企业领导小组对汽修厂的改制予以批准日，企业已经完改制，该笔资金应属私有企业资金。而公安及检察机关却将2008年6月18日新公司注册成立之日认定为企业改制完成，属认定错误。

但遗憾的是，一审法院仍以挪用公款罪判处缑某某有期徒刑5年6个月，二审发回重审后，还是以挪用公款罪改判有期徒刑5年。魏鹏律师代理缑某某再次提起上诉，后二审法院终采纳魏鹏律师辩护意见，认定缑某某行为是挪用资金，判处缑某某有期徒刑3年。

"该案是一起刑事案件，但实际上是以民事定性为基础的，涉及国有企业改制的相关法律知识，而最终的落脚点在改制转让协议的具体条款中，转让协议约定了两个不同的改制完成时间，而这两个时间点恰好是判断构成挪用资金还是挪用公款的临界点。挪用公款的刑期为5年以上，挪用资金的刑期为5年以下，而最终二审法院支持了辩护律师关于改制完成时间的辩护意见，从挪用公款改判为挪用资金，刑期也从5年改为3年。该案也是一个典型的刑中带民，而民事定性影响刑事定罪的民刑交叉案例。民刑结合并不是一个新的业务领域，在很多案件中邢民往往掺杂在一起，作为律师应该关注两个法律体系的基本知识，融会贯通才能在具体案件中发挥最大的效能。"魏鹏律师分析道。

情、理、法相融，让冰冷的法律条文变得也有温情

《刑法》第264条规定，盗窃公私财物，数额较大或者多次盗窃处3年以下有期徒刑、拘役或者管制并处或者单处罚金；数额巨大或者有其严重情节处3年以上10年以下有期徒刑并处罚金；数额特别巨大或者有其特别严重情节处10年以上有期徒刑或者无期徒刑并处罚金或者没收财产。

以下该案堪称北京版"许霆案"。两位保洁员受雇为某雇主别墅清扫卫生，其中一保洁员谢某某在收拾雇主卧室床上橘子皮、香蕉皮等垃圾时发现床上还有一枚戒指很是好看，自觉既然与水果皮等垃圾放一起，应该不会值钱，遂一并收拾后将戒指装进自己的口袋，继续收拾房屋。不久雇主下楼找戒指，并称这枚戒指是花了十几万元买的，这时谢某某才知道自己拿的戒指价格昂贵。在雇主与另一名保洁员屋内忙活寻找戒指时，谢某某躲进洗手间，用一塑料袋将戒指装好放置于洗手间明显位置。但这时雇主因找不到戒指已经报警，警察到后，经过查找在洗手间将戒指找到。雇主与另一名保洁员坦承自己已经在洗手间找过

了，怎么戒指还会在洗手间？经过询问，谢某某才终于承认，因害怕被发现，也觉戒指昂贵，遂将戒指再放到洗手间。

但按照法律规定，谢某某的行为已经触犯了刑法，戒指离开施主控制范围，属盗窃既遂。后经鉴定，该枚戒为二点三克拉钻戒，价值19.3万元，其对应的刑期是盗窃罪的最高刑期——无期徒刑，为挽救谢某（时年已60多岁），魏鹏律师力排众议大胆地提出孤证不能定罪的辩护观点：谢某某自认有罪亦属孤证。并数次申请法官延期判决，经过与主审法官耐心的沟通、协商，刑期从无期徒刑降至15年、10年、5年……魏鹏律师仍坚持。经过一年多的耐心等待和协调，一审法院终于做出判决，判处谢某某缓刑。

"在这里我们要为该案的主审法官及参与审判的人员点赞。若没有司法办案人员认真负责的态度和情、理、法的相融，谢某某可能还在承受着失去自由的痛苦中不能自拔，是他们让法律也有了温情。"

生命、自由无价——福州杀人分尸案

近年来，魏鹏律师还代理了某退役运动员金某涉嫌故意伤害案，无罪辩护成功（检察院撤诉）；出租车司机任某诈骗案无罪辩护成功（检察院撤诉）；大兴灭门案；河北"撞墙死"事件；参与物美集团单位行贿案件；担任广东佛山杀女煮尸案件主犯犯罪嫌疑人辩护人；龙某被强奸一案；北京首例地下钱庄非法经营案；担任河北某处级干部行贿、受贿案辩护人，并接受《新京报》记者采访等。

以上案件皆获得当事人、司法办案人员的肯定和好评，一个刑辩律师的价值得到了体现，得到了社会的认可，让魏鹏律师既欣慰又自豪。"但有一案件一直令我牵挂"，魏鹏律师道，"这个案件就是福州杀女分尸案。"

据了解，该案的被告人王某交了两个女友，2017年4月，因两个女友的偶然碰面引发其中一起同居的女友（已婚）晚间在租住屋（女友所租）大闹，为制止女友吵闹，王某用枕头捂住其面部，致其无法自主呼吸后死亡。慌了神的王某自知不能让女友起死回生，遂产生碎尸以毁灭证据的念头，但用裁纸刀切割数刀后实在无法继续下去。无奈，王某只得选择跑路了事。十几日后，出租屋内发出尸体腐烂味，房东开门后被屋内恐怖现状吓得魂飞魄散，遂报案。王某也很快被缉拿归案，王某被抓后对自己的罪行供认不讳。一审福州市中级人民法院认定王某犯故意杀人罪，判处王某死刑立即执行。王某家属辗转找到东友律师事务所魏鹏律师，魏鹏律师代理二审上诉至福建省高级人民法院。2018年年底，二审开庭，二审中魏鹏律师提出：被告人用枕头捂住被害人面部，其目的并非要杀死被害人，而是制止其吵闹的行为。事出突然，被告人并非蓄意或预谋要杀死被害人，定过失致人死亡更为适宜，而分尸的行为在犯罪完成后，不能作为杀人的情节，应单独定毁灭证据罪的辩护观点。后省高院一直未作判决。王某能否保命，且让我们拭目以待。

后记

"回顾 15 年法律职业生涯，从一名基层公安刑警到执业 10 年的专职律师，一直奋斗在法律服务的最前线，曾有过面对危险时的奋不顾身，也常昼夜不寝地钻研案件，获得过荣誉、也受到过诋毁。我深感法律人并非像大众眼中那么光鲜亮丽，经常透支身体内心承受案件胜负的压力。如果不是守法护法的初心，很难坚持至今。经常有人问我，为什么不做刑警而转行做律师，其实我一直为曾是一名人民警察而心感自豪，而儿时的梦想一直指引着我不断前行的方向。中学时看到胡适先生说的一句话'为人辨冤白谤乃天下第一天理'，此后便立志做一名律师。当我拿到一份胜诉的民事判决常会欣喜若狂，但是每当拿到无罪或是死刑改判的刑事判决一定是泪流满面，因为人命关天、自由无价。十年磨一剑，前路还很漫长。此后余生，愿继续以负重前行换得斯人岁月静好。"采访结束，魏鹏深有感触地道。

律政赤子 坚守正义

——访第十一届北京市律师协会职务犯罪预防与辩护专业委员会副主任、北京市友邦律师事务所副主任、高级合伙人熊旭律师

京市朝阳区律师协会刑事业务研究会委员，第十届北京市律师协会刑法专业委员会委员、研究部（总则）主任，第十一届北京市律师协会职务犯罪预防与辩护专业委员会副主任，北京市公益法律服务与研究中心专家库专家。

初出茅庐，小试牛刀

熊旭出生于重庆大足区，大足有世界文化遗产"大足石刻"，是著名的佛教之乡，人杰地灵。在悠久厚重的历史人文滋养与浸润之下，他自小崇尚"慈悲为怀，天下大同"的修身济世之道。少年时代，他向往着金庸笔下的快意恩仇，心驰于仗剑天涯的侠客风骨。在他的心里，生为丈夫，做人必要顶天，行事定要磊落。

2005 年，熊旭顺利通过国家司法考试。在当时，通过国家司法考试的法律人才还较欠缺，熊旭有很多机会可以选择其他职业，但是他果断地选择了做一名维护公平正义的律师。

2007 年正式执业不久后，熊旭因成功代理震惊全国的"2006 年北京朱某、于某和蹲守银行抢劫取款客户案""2006 年北京市海淀区北航西门美食一条街拆迁涉商户租赁纠纷案""2006 年广州市从化地区重大抢劫致人死亡案""2008 年武汉科技大学陈某刺杀室友重伤案"等一大批影响重大、社会关注度高的案件，引起社会各界的高度关注与广泛好评。其中"2006 年广州市从化地区重大抢劫致人死亡案"取得的成就尤为突出，该案黄某一审被判处无期徒刑，黄某委托熊旭律师介入辩护后，二审发回重审，改判为有期徒刑 15 年。

不忘初心，坚守正义

在维护公平正义的律师职业生涯中，熊旭律师同样遭遇了很多艰辛和险阻，但他不畏艰险，迎难而上，且还精彩连连，并取得丰硕办案成果。又因在"2014 年中央电视台第九频道《舌尖上的中国》涉及腐败系列案""2014 年云南大学滇池学院 5·12 校园砍人案""2015 年北京著名金融人士尚某某非法吸收公众存款（涉案总金额 39 亿）系列案""2015 年河北邢台宁晋 7·12 重大爆炸案"等做出的高水平的有效辩护，再度缔造了律政行业的佳话与传奇。

2018 年，备受社会关注的四川甘孜"炉霍 8·01 冲突案"，由甘孜藏族自治州中级人民法院做出判决：第一被告人泽某因故意杀人罪，被判处死刑，缓期二年执行，并限制减刑。

该案起因于 2016 年 8 月初，在四川省炉霍县，下罗科

编者按

2019 年是中国律师制度恢复重建 40 周年，同时也是刑事辩护制度逐渐完善的 40 年。40 年来，中国一代代刑辩律师可谓栉风沐雨、砥砺前行，他们不忘初心，牢记着一个法律人的责任和使命——维护当事人合法权益，维护法律正确实施，维护社会的公平与正义。

要说在律师界，谁是那个最可爱的人，谁是那个对正义最能坚守的人，谁是那个面对公权力最勇敢的人……那么，广大同仁一定会一致且肯定地告诉你，是中国的刑辩律师。今天我们采访的主人公——第十一届北京市律师协会职务犯罪预防与辩护专业委员会副主任、北京市友邦律师事务所副主任、高级合伙人熊旭律师，就是这样一位法律人。且让我们从他的履历、经历和案例中来一探究竟。

教育背景

北京大学法学学士、中国人民大学民商法硕士研究生。

社会职务

北京市律师协会会员，中华全国律师协会会员，北

马乡村民与宗塔乡村民因草场边界纠纷问题发生斗殴，造成多人死伤，后果十分严重。案发后，四川省委、四川省政法委、四川省高级人民法院高度重视，不断加大督办力度，同时此案也牵动着从中央到地方的每一条视线。一是该案涉及使用小口径步枪1支、手榴弹1枚、射钉枪3支、仿"六四"手枪1支、子弹数十发（案发后查获39发），其性质十分恶劣；二是该案发生在少数民族自治地区，关乎民族团结和社会稳定。

第一被告人泽某涉嫌持枪故意杀死两人、非法持有小口径步枪1支和子弹。因此从案情来看，一切都对他极为不利，而且从以往案例来看，涉及两条人命的案子极少有被告人能保命的。这时，心急如焚的泽某家人慕名向熊旭律师求助。

熊旭律师深知，这不是一起普通的冲突，如果处理不当，会直接影响民族团结、社会稳定。既要依法维护被告人合法权益，又必须从讲政治、讲大局、讲担当的高度进行认识，必须坚持依法办案，尽职尽责，坚守正义。

这一次，人们看到的不仅仅是熊旭的能力与学识，还有他的责任与担当。从接受委托到一审判决的一年零两个月的时间里，熊旭律师多次从北京出发，前往海拔4000多米的四川甘孜州办理案件。当时素有小香格里拉之称的四川炉霍县宗塔草原正值10月末，气温已低至零下，再加上路途遥远，高原反应严重，熊旭律师的现场调查可谓困难重重。但他以坚强的意志克服了所有困难，坚持把每一个关键点、每一个细节、每一个疑惑都弄得明明白白、清清楚楚。

有心人天不负。在实地调查中，熊旭律师果然得到意外发现。原来，案发现场属于被告人所在村的管辖地界，被害人闯入被告人地界，对伤亡情况的发生存在一定过错，而且案发地还是一个坡形地，被害人不听坡上的被告人警告，坚持往坡上冲，对悲剧的发生也存在过错。就这样，熊旭律师不断地寻找和发现有利于被告人的证据。最终得到法院认

同和采信，取得了被告人和家属超乎想象的欣喜结果。

2019年，熊旭律师因在"北京中融众信非法集资案中的有力辩护，最终，法院认定张某不构成集资诈骗罪"的判决结果，使熊旭律师在刑辩专业领域上升了一个台阶，并提升到一个新高度。

被告人张某案发前系北京中融众信投资管理有限责任公司股东、副总经理，因涉嫌集资诈骗罪被北京市人民检察院第三分院指控和石某以北京中融众信投资有限公司名义向100余名投资者非法集资二千余万元。北京市人民检察院第三分院将其起诉到北京市第三中级人民法院，建议法院对二人以集资诈骗罪判处10年以上有期徒刑或无期徒刑。

法庭上，熊旭律师作为张某的辩护人提出张某与同案另一名被告石某没有集资诈骗犯罪的主观共谋，张某并没有集资诈骗的主观故意，缺少集资诈骗罪的主观犯罪要件，因此张某不构成集资诈骗犯罪。最终，法院纠正了检察院对张某集资诈骗罪名的指控，采信了熊旭的辩护观点。而对于同案的石某，法院认为检察院指控石某犯集资诈骗罪成立，将其判处无期徒刑。

后记

从以上熊旭律师的履历、经历和案例中，我们不难看出，多年来，熊旭律师已将"受人之托，忠人之事"镌刻于自己的血脉和灵魂，将维护社会的公平正义当作自己奋斗一生的事业。在每一案件中，他不辞辛劳、艰辛取证，依法辩护、只求公正，为一个个深陷囹圄、渴望获得帮助的人送去法律的阳光，并让法律的阳光温暖他们那颗已经冰冷的心，让有罪的人得到与罪行相应的公正处罚，让无罪的人免受牢狱之灾，让每一个当事人接受法律的洗礼后获得新生。

有人说，"有情怀的人自带光芒"。如果要用一句话来形容熊旭律师的法律人情怀，那么，"律政赤子，坚守正义"应是对他最好的诠释和写照。

"受人之托、忠人之事"是一个律师的首要职责

——访北京徐波律师事务所主任徐波律师

编者按

中国律师制度恢复重建至今已经历了 40 年漫长而曲折的历程，律师执业机构的组织形式也伴随社会经济的发展和需求从法律顾问处到国办所、合作所再到合伙所以及个人所、公司制律所，不断地发生变革与完善。

个人制律师事务所源于西方发达国家。从国内个人所的发展状况来看，早在 1995 年，广东就进行了个人设立律师事务所试点。1996 年《律师法》并没有规定个人所，后海南省制定了地方性法规，个人可以设立律所事务所。自 2002 年起，北京、上海、江苏等地进行了个人设立律师事务所的试点，之后部分省市陆续实行。以北京为例，据当时媒体报道，2001 年 12 月 13 日，为促进北京市律师事业的发展，探索和完善律师执业的组织形式，结合北京市的具体情况，北京市司法局印发《北京市个人律师事务所试点工作实施方案》的通知。这一举措得到社会各界的广泛关注，符合条件的首都律师们开始踊跃申请。后经过严格审核及筛选，2002 年北京市司法局批准登记了 5 家个人律师事务所。本文主人公——徐波律师就是当时经北京市司法局严格审查，以其良好的信誉和较强的实力获准在北京开办的五家个人律师事务所之一，且是当时唯一的一位女性律师。

经过近 20 年的跋涉与奋斗，北京徐波律师事务所现在的发展状况如何？作为一位女性律师、女主任，徐波律师又有着怎样的经历和心路？以及取得了哪些令社会瞩目的业绩和成就？这些问题也正是我们这次预约采访徐波律师的初衷。

生命的意义在于奋斗

徐波律师生于 20 世纪 60 年代，与她的同代人一样，青涩岁月赶上改革开放；步入成年后经过不懈努力和奋斗终于找到最适合自己的人生位置、理想和目标。

由于身体素质好，徐波从小就参加各种运动项目，尤其是中长跑和自行车等运动的训练，在进入北京市运动队选拔时，由于眼睛近视，她的运动生涯只能被迫终止。当然，常年的训练也为她赢得了过硬的身体素质和超强的意志力，以致年过五旬后仍能与青年人一样连续加班数日而不觉疲惫，看来身体还真是革命的本钱啊！

1985 年，22 岁的徐波被安排在某中学当了一名体育老师，在这里她与孩子们度过了 5 年快乐而丰富的教师生涯。随着年龄的增长和身体机能的下降，她自觉再做一些如高低杠等高难度动作有些力不从心，于是她开始思索是否应该换一个工作岗位，尝试一下不同的经历，体会一下不同的人生风景。经过努力和申请，主管工业的部门希望徐波能到企业工作，就这样徐波到某国家二级企业成为企业的一名工作人员，参与企业文化体育等活动的组织和开展。这时一直渴望丰富自己知识结构的徐波在工会找到了大学语文、哲学、政治经济学等课本，一边工作一边开始了她的自考生涯。她的学习力和意志力在外人看来"十分枯燥"的自学中得到了完美展现。入门考试顺利通过。当时又恰逢 20 世纪八九十年代法律自考盛行（1978 年改革开放后，1979 年我国律师制度得到恢复和发展。改革开放的总设计师邓小平同志指出，中国搞现代化建设要有 3 个 30 万，即 30 万注册会计师、30 万税务师、30 万律师），在法律海洋里遨游的徐波终于找到了自己人生的位置和理想目标，她要成为一名执业律师。经过几年的努力学习，她于 1995 年通过了当年的全国律师资格考试。人们常说律考是"天下第一难考"，但徐波律师却觉得自己很轻松地就过了律考。或许"兴趣就是最好的老师"，只要一拿到法律书籍，她的心就会立刻静下来并心无旁骛地进入学习状态，似乎她以前所有的人生经历都是在为做一名律师做准备。通过律考后，她先后在合伙所和北京市怀柔区司法局所属的国办律所工作。1999 年改制后又与志同道合的两位合伙人创办了合伙制律所，办公地设在北京的陶然大厦。2002 年北京市司法局开展个人律师事务所试点，徐波律师积极申请，并经过严格审核后成为北京市首批五家个人律师事务所之一。北京市司法局要求个人律师事务所办公地需要设在社区内

并由北京市司法局直管。同时这一年恰逢怀柔撤县设区，自此徐波又回到怀柔，并将徐波律师事务所设在社区内，后怀柔区内律所全部移交怀柔区司法局管理。

徐波用不懈的努力和奋斗完成了从运动员到教师、企业职员再到执业律师的完美转身。

推进法治，践行责任

在这里需值得一提的是，徐波律师自 1995 年起即担任怀柔县人民政府的法律顾问，以及担任怀柔区三十多个委办局、14 个乡镇中的 13 个乡镇的法律顾问至今已经超过 20 年。区（县）领导换了很多届，但政府法律顾问一直由徐波律师担任。怀柔区政府重要的经济会议、重点项目、重点工程、重点拆迁以及政策实施、山区农民搬迁、维稳工作等，都需要徐波律师出席、出庭和提出法律意见。由于工作量太大，后期很多事务性工作徐波会安排所内律师负责，但涉及重大项目和诉讼时，徐波律师仍坚持亲自出面和出庭。这些工作占去了徐波及所内律师大部分时间和精力，乃至影响他们承接更为"挣钱"的案件。但徐波律师说："只要对地方法治和经济建设以及社会稳定等方面有所贡献，律师的价值能得到充分体现，其他就都不重要了。"

怀柔老城区的拆迁安置，新城区的项目推进以及 111 国道、怀昌路、北台路、京承高速、京沈客专等的延展扩修，庙城棚户区改造、新贤街拆迁等，无不留下徐波律师奔忙的身影。尤其在沿 111 国道途经雁栖镇、怀北镇、琉璃庙镇、汤河口、长哨营和喇叭沟门等乡镇至河北段的拆迁安置工作中，沿线近 600 多户的拆迁安置工作皆有徐波律师参与。与被拆迁户沟通交流，最终获得完美收官，至今徐波律师看到宽敞的公路上川流不息的车辆总会油然而生出一种自豪感。"谈判很艰难，甚至遭遇各种阻力和刁难，但总算圆满完成任务，尽到了作为政府法律顾问的责任。"徐波律师感叹道。

砥砺前行，荣誉等身

多年来，无论是协助政府部门制定相关政策、审核重

大合同，还是为百姓提供法律服务，徐波律师都将"法、理、情"融入每一案件和工作中。让事情得到圆满解决，让纠纷得到妥善处理，让问题不再拖延搁置，让人们相信法律的公正就在你我身边。所以"人民律师为人民"已成为北京徐波律师事务所全体同仁多年来不变的誓言和执业理念。多年来，徐波律师先后荣获北京市优秀律师（2005年）、北京市非公有制经济人士联谊会第二届理事会理事（2006 年）、2007 年度优秀政协委员（2007 年）、怀柔区巾帼维权志愿者（2007 年）、2007 年度京郊十大新闻人物（2008 年）、2010 年度警示教育活动优秀律师事务所主任（2010 年）、律师行业创先争优活动党员律师标兵（2011年）、群众心目中的好党员（2011 年）、2011 年创先争优活动北京市政法系统群众心目中的好党员（2011 年）、北京市创先争优活动先进个人（2012 年）、2011 年度优秀信访工作者（2012 年）、怀柔区政协 2012 年度优秀政协委员（2012 年）、律师行业创先争优活动 2009—2011 年度北京市优秀女律师（2012 年）、2009—2011 年度北京市优秀律师（2012 年）、优秀公益律师（2013 年）、怀柔区残疾人联合会志愿者（2013 年）、北京市法律援助模范个人（2013年）、怀柔政协 2014 年度优秀政协委员（2014 年）；全国"六五"普法中期先进个人（2014 年）、2012—2014 年度北京市优秀律师（2015 年）、怀柔区"妇女儿童维权团"成员（2018 年）、2017 年度"优秀人大代表"（2016 年至今担任区人大代表）、2017 北京榜样·寻找律师楷模提名奖（2018 年）、"2017—2018 年度北京市律师行业优秀共产党员"（2018 年）等荣誉。

作为怀柔区政协委员（第二、第三、第四届政协委员），徐波律师在怀柔区政协二届二次会议上做的"关于净化法律服务市场的几点意见"的发言被评为 2005 年度优秀大会发言（2006 年 1 月）；徐波律师撰写的《加快法制政府建设，提升依法行政能力和水平》的大会发言稿件，被评为怀柔区政协 2014 年度优秀大会发言稿件一等奖（2014年 12 月）；徐波律师撰写的《第 67 号关于加强对我区农村环境整治的建议》的提案，被评为怀柔区政协 2015 年度优秀提案（2015 年 12 月）；徐波律师撰写的《关于对怀柔区创建全国文明城区的几点建议》的大会发言稿件，被评为怀柔区政协 2015 年度优秀大会发言稿件一等奖（2015 年12 月）；徐波律师撰写的《第 100 号关于加强法治政府建设提升行政执法能力和水平的建议》的提案，被评为区政协 2015 年度优秀提案（2015 年 2 月）等。

另外，北京徐波律师事务所还荣获"2009—2011 年度北京市优秀律师事务所"（2012 年）；在《北京市法律援助条例》颁布实施三周年活动中，被评为北京市法律援助先进集体（2013 年）；北京徐波律师事务所党支部被评为怀柔区社会领域先进基层党组织（2017 年）等荣誉。

2012 年 5 月，北京市怀柔区人民政府、北京市残疾人联合会还联合致信北京徐波律师事务所：衷心感谢贵单位为"发展文化·共享繁荣"慈善捐赠活动捐款贰万元整。

多年来，无论是徐波律师个人还是其所带领的律所，

可谓硕果累累、载誉满满。面对成就和殊荣，徐波律师却异常低调，几乎很少接受媒体采访，或者说她根本没有时间安排，而本次的采访亦是经数度邀约才获成行。

肩负使命，任劳任怨

由于怀柔北部山区较多，部分村民散落居住在深山区，为了使深山区的村民搬迁到平原地区过上更好的生活，徐波律师做了大量对"旧户"（平原地区原住村民）说服和对"新户"（来自山区的村民）安置的工作。这种"接地气"的工作很是辛苦，但徐波律师却苦中有乐且忙得不亦乐乎。多年来，徐波律师奔波于政府与百姓之间，竭尽全力维护当事人合法权益，维护法律的正确实施，维护社会的公平与正义。很多案件既琐碎又耗费精力，还会占用她许多休息时间，且大多案件"不怎么挣钱"抑或是义务代理，但徐波律师没有丝毫的悔意。她是一个低调务实的人，又不善于拒绝。在她的认知里，案件也没有大小之分，只要接受了案件的委托，她一定会脚踏实地、竭尽所能，实实在在地处理每一起案件。她说这是她作为一个法律人的责任和律师的使命。

近年来土地承包、租赁纠纷、合同纠纷以及农民维权案件呈井喷式出现，案件多人手少，徐波律师一到事务所就停不下来，每天都要忙到晚上十一二点，几乎没有周六日的休息时间。一次周六上午有一位大姐慕名来到律所，她没见过徐波律师。当时徐波律师以为这位大姐是在等所内其他律师咨询，自己又要赶往法庭故未及时询问。而在她开完庭回到律所后才发现这位大姐还在一楼沙发上似乎在等谁，上前询问后才得知这位大姐是在等她。"我就是徐波律师，您有什么需要帮助的吗？"就这样一桩桩、一件件的案件累积，平均一年内徐波律师与所内同仁要接400件左右。

脚踏实地，全心全意

著名的思想家、作家蒙田曾经说："我有两个忠实的助手，一个是我的耐心，另一个就是我的双手。"这句话用在徐波律师身上再合适不过了。

作为政府的法律顾问，她肩负着组织的重托，有时却不被群众理解。徐波律师被骂过，甚至一次刚走出法庭还被当事人用木棒袭击过。但提及此事她的话语里没有丝毫抱怨。多年的律师生涯让她早已看透人世间的得与失，面对当事人的怨怼，她冷静应对，待对方情绪稳定后继续耐心交流；不被理解时，她晓之以理动之以情，从侧面入手拉近与对方的距离，从而消除对立情绪。作为政府与群众间沟通的桥梁与纽带，徐波律师说，消除隔阂和对立，实现意见的统一和最终使问题得到解决才是正道。

曾经有一个70多岁的老大爷，出门必须随身携带排泄袋上访，因徐波律师是区政府法律顾问，所以他每天准时准点出现在徐波律师的办公室里。徐波律师上班后的第一件事就是先让老大爷给老伴儿通电话报平安，为他倒水、买饭……最后老大爷自觉歉意不再上访。

在111国道沿线拆迁工作推进中，有一位被拆迁户经常上访甚至将怀柔区政府诉至法院，徐波律师代表区政府出庭。开完庭后已经没有公交车回怀柔了，她主动要求载着该上访户回家。上车后该上访户却一直对徐波律师骂骂咧咧，但徐波律师没有怒对，而是耐心地跟她拉家常、讲道理，最后该被拆迁户也获顺利拆迁。"或许律师本来就是一个容易被骂的职业。"徐波律师戏谑地道。

多年来，徐波律师处理和化解了很多的社会矛盾和棘手的上访案，在此我们不再一一列举。笔者以为，每一起案件都不会是轻轻松松完成的，过程也会经历各种艰辛与坎坷，好在努力过后迎来了更好的结果。在完成这类工作时，较高的职业素养，强大的心理素质，长期的耐心坚持缺一不可。而她——徐波律师，都一一做到了，徐波律师面对这些社会矛盾、棘手案件的耐心与坚韧令笔者敬佩不已。

为怀柔经济发展保驾护航

多年来，徐波律师带领同仁为地方企业保驾护航的同时也为地方经济的稳步发展做出了积极的不可磨灭的贡献。除怀柔区政府法律顾问外，徐波律师还担任怀柔区企业家协会的监事长并担任北京市长城伟业投资开发总公司等几家地方大型企业集团的法律顾问。

担任企业常年法律顾问，徐波律师从不急于求成，而是从细节和点滴服务开始，让顾问单位如春风化雨般感受到徐波律师事务所律师的专业和细致。多年来徐波律师事务所已经构建了一套成熟的针对企业顾问单位的法律服务体系。其认真做好顾问单位法律事务的专业态度获得众多企业高层领导的高度认可，徐波律师为企业提供法律顾问服务有的至今已达15年之久。

有的企业聘任徐波律师担任法律顾问后，随着时间的推移以及律师制定的各项制度的完善和成熟，企业涉诉的案件都会逐年减少，有的企业甚至连续几年都没有纠纷、没有涉诉案件，当然企业效益也越来越好。

做律师界的"全科医生"

怀柔地处北京郊区，很多案件几乎都是涉及老百姓的

事儿，这就要求律师无论是在婚姻家庭、医疗、交通事故以及工伤、劳动保护、国家赔偿、刑事、合同纠纷乃至邻里纠纷等方面都要精通和涉猎。多年来，徐波律师也将这些类型的案件几乎都办了个遍。徐波律所平均每年办理案件达400余件，可想而知这个量有多大。所以多年来，徐波律师也将自己磨炼成了当地律师界的"全科医生"。

徐波律师坦言，她更钟爱刑辩，因为刑事辩护不仅关乎被告人个人的财产、自由和生命权等，更关乎其整个家庭和亲人的命运和走向，更能直观地体现律师的价值和作用。接着，徐波律师与笔者分享了近年办理的几起刑事案例。

（1）震惊京城的拆迁爆炸案：在某拆迁项目中，一村民因对拆迁补偿不满遂产生报复村支书的念头，自制炸药伺机报复，将村支书炸伤。后该农民被提起公诉，该案受到北京市政法委特别关注。徐波律师担任该村民的辩护人，提出该案程序有瑕疵，且拆迁中确有不公行为发生等辩护意见，后该村民被判处6个月有期徒刑。根据《刑法》第125条："非法制造、买卖、运输、邮寄、储存枪支、弹药、爆炸物的，处三年以上十年以下有期徒刑；情节严重的，处十年以上有期徒刑、无期徒刑或者死刑"，更何况，这次事件还造成了相关人员受伤！

（2）北京近年来特大制毒案：2017年，首都各大媒体报道了北京市近年来查获的最大一起制造毒品案，"瘾君子两聘技师制毒28.6公斤"的报道登上也了各大媒体的头条。第一被告人朱某家属慕名找到徐波律师，希望徐波律师能为朱某辩护，《刑法》第347条规定，走私、贩卖、运输、制造毒品，无论数量多少，都应当追究刑事责任，予以刑事处罚。贩毒50克海洛因，处15年有期徒刑、无期徒刑或者死刑，并处没收财产。

而此次朱某涉案毒品达28.6公斤，对于辩护律师来说压力可想而知。经徐波律师认真阅卷和辩护，在程序上找到证据瑕疵为朱某辩护，法院一审以贩卖、制造毒品罪判

处朱某死刑，缓期2年执行，剥夺政治权利终身，并处没收个人全部财产；判处其他6人无期徒刑至有期徒刑10年不等的刑罚，各并处数目不等的财产刑。

（3）张某涉嫌贪污无罪辩护案：某局某处长张某被以贪污罪（金额24万余元）起诉至法院，徐波律师接受其家属委托担任辩护人。该案还要追溯到20多年前。原来张某分得一套住房，在房改时登记到其名下，有部分余款需要交付。但20多年来没有任何人通知张某根据其职务、工龄等应补缴多少金额，张某也将此事忘之脑后。检察院侦察阶段张某家属按照指控金额补缴了房款，但张某仍被以贪污罪起诉至法院。徐波律师坚持为张某做无罪辩护，而即使在一审法院做出判决张某无罪的情况下检察机关仍抗诉至高院，后高院做出裁定，维持原审判决。

后记

"宠辱不惊，闲看庭前花开花落；去留无意，漫随天外云卷云舒。"徐波律师二十几年如一日，始终坚守初心——做人民的好律师，人民律师为人民。她不求功名，不求利禄，不以物喜、不以己悲；只求心安，只求心态平和、恬然自得；只求达观进取、笑看人生。这种崇高的精神境界或许只有经历了无悔的奋斗后才能体悟。徐波律师说："生命的意义在于奋斗！而律师的责任在于'受人之托，忠人之事'，要努力维护当事人的合法权益，维护法律的正确实施，维护社会的公平正义。"

是啊！唯有奋斗的人生才是有价值、有意义的人生。"受人之托，忠人之事"也正是一代代中国律师的使命、责任和担当。

最后，笔者由衷地祝愿徐波律师和她的同仁在未来的岁月里，能继续秉持他们的誓言和执业理念——"人民律师为人民"，在中国的法治进程中谱写自己的绚丽华章；为中国的法治之路继续尽自己的绵薄之力；脚踏实地、努力奋进，勇敢地实现法律人更大的人生价值。

法治中国是我的梦

——访北京美辰律师事务所高级合伙人宣东律师

编者按

"律师兴则法治兴，法治兴则国家兴。"这是当代法学泰斗、中国政法大学终身教授江平老师在许多场合经常讲的关于法治的话题。

1954年，第一届全国人民代表大会第一次会议通过首部《中华人民共和国宪法》，从此我们走上探索和实践法治的道路；1978年，党的十一届三中全会提出"健全社会主义民主，加强社会主义法制"的目标；1979年，大规模立法尤其《中华人民共和国刑法》的颁布实施成为我国法制建设开端最明显的标志之一；1999年，"依法治国，建设社会主义法治国家"被正式写入宪法；2012年，党的十八大报告明确指出，要"全面推进依法治国"；2017年，党的十九大报告提出，要成立中央全面依法治国领导小组，加强对法治中国建设的统一领导……这些时间所发生的重要事件已成为中国法治建设的关键节点并被载入历史。

党的十八届四中全会在《中共中央关于全面推进依法治国若干重大问题的决定》中明确指出：法治是人类政治文明的重要成果，是现代社会的一个基本框架，大到国家的政体，小到个人的言行，都需要在法治的框架中运行。对于现代中国，法治国家、法治政府、法治社会一体建设；依法治国、依法执政、依法行政；科学立法、严格执法、公正司法、全民守法的全面推进才是真正的法治。无论是经济改革还是政治改革，法治都是先行者，实施依法治国基本方略、建设社会主义法治国家，既是经济发展、社会进步的客观要求，也是巩固党的执政地位、确保国家长治久安的根本保障。

笔者以为，当前全面法治已经成为整个社会的最强音。

我们今天采访的主人公宣东律师说："法治中国是我的梦。"

2018年，在户国改革开放40周年及中国律师制度恢复重建也将迎来第40个年头之际，我们采访了这位中国刑事司法改革、变迁与发展的亲历者、见证者和推动者，一位活跃在法治第一线40年的中国律师。

印象

采访宣东律师是笔者多年来的心愿，然而，这个心愿也让笔者等待了很多年。这位被同行唤作"老大哥"的刑辩律师，在回忆往昔经历和经办的刑事案件时，时而诙谐幽默，时而义正词严，时而又忧虑万分，时而还发出万千感慨。当他说出"法治中国是我的梦"的时候，笔者在他的眼光中看到了老一代法律人对中国法治之路的忧思和希冀。

刑事司法改革、变迁与发展的亲历者、见证者和推动者

1990年，因成绩突出，他被最高人民法院作为骨干力量选调至最高院刑事审判庭重点从事经济犯罪和职务犯罪的审判工作；2001年，他离开最高人民法院，成为一名专门从事刑事辩护工作的律师至今。40多年来，无论是在黑龙江省高级人民法院，还是在最高人民法院从事审判工作，乃至从事律师工作后，他一天都没有离开过这个关乎人之尊严、名誉、财产、自由乃至生命权利的刑法领域，40多年如一日，不舍昼夜、四处奔忙，足迹走遍全中国，只为了坚守公平与正义，为了心中的法治中国梦。

沉冤27载终获平反

1981年腊月二十三，黑龙江北安监狱，窗外凛冽的寒风时刻提醒着人们，这里已是零下30多度的三九寒天，一个年过五旬的老者泪流满面地对着宣东双膝下跪来表达他深深的感谢之情……这已是30多年前的往事，却让宣东律师每每提起仍会流泪的案件——"潘某凡、张某反革命破坏罪"平反案。

此案还要追溯到案发的27年前，即20世纪50年代抗美援朝期间，上级将志愿军缴获的美军重武器交给潘某凡、张某二人，命令他们尽快研制并投入生产，以解决志愿军重武器严重缺乏的问题，但二人在规定时间内并无太大进展。上级组织认为两人同为前国民党党员，且潘某凡出身上海大资本家，张某出身大地主家庭，遂以"反革命破坏罪"判处潘某凡死缓，判处张某无期徒刑，并投身黑龙江边陲北安监狱。

1976年10月，党内外广大群众强烈要求纠正以往错误，平反冤假错案。1978年12月29日，党中央批转最高人民法院党组《关于抓紧复查纠正冤假错案 认真落实党的政策的请示报告》。此后，平反冤假错案的工作开始全面展

开。因研制炮弹属保密工作，潘某凡一直在兵工厂搞研究，无暇顾及家庭，以至于妻子总是心怀怨怼。而在潘某凡被抓捕的第七天，潘某凡的儿子降生，潘某凡没有见到儿子即被投放入狱，满是怨气的妻子提出离婚并改嫁河南焦作。张某作为潘某凡的助手，当时正在谈婚论嫁阶段，被投身监狱后，这段婚姻也无疾而终。1978年党的十一届三中全会后，潘某凡的妻子再次离婚后开始走上了为潘某凡平反冤假错案的漫漫申诉之路。

1980年，最高人民法院指定黑龙江省高级人民法院再审潘某凡、张某"反革命破坏罪"的案件，最高人民法院委派宣东担任主审。宣东接任后立刻展开调查，经过两个多月认真调查并到北京等地拜访潘、张二人当年的同事后得出结论，以当年中国的材料技术和工艺水平根本无法按照美国的武器进行研制和生产。这明显是一个冤假错案，必须平反。在将平反意见报至最高人民法院后就是耐心的等待。1981年腊月二十三的前一天，最高人民法院判决书邮寄到黑龙江省高级人民法院，潘某凡、张某无罪。此时张某已刑满释放回到老家四川，潘某凡仍在北安监狱服刑。这时宣东想，如果再将无罪判决书邮寄到潘某凡服刑的北安监狱，估计监狱收到判决书就要过年了，于是与妻子商议后决定亲自将判决书送到北安监狱并监督执行。就这样，宣东披着军大衣，坐了一夜硬座绿皮火车，从哈尔滨一路连夜赶到了600多里外的北安监狱，腊月二十三早晨正好赶到。

当宣东代表最高人民法院宣布潘某凡、张某无罪的那一刻，潘某凡泪流满面，双膝下跪。这一无罪判决让潘某凡等了27年，试问一个人能有几个27年？然而，此时的潘某凡已经是北安监狱工厂的总工，监狱的很多工作都是他来负责，如果他走了，那么监狱的工厂生产也会受到很大影响。监狱长示意，潘是否可以留下继续担任总工程师。宣东道："我们要尊重他个人的意见，他现在是无罪之人，我们不能违背其个人意志。"经征询，潘某凡马上表态："走，马上走，跟你一起离开监狱，上海的老母亲还在等儿子回家！"

就这样，当日潘某凡与宣东坐一趟火车至哈尔滨，又是一夜的硬座，宣东询问潘某凡可在哈尔滨他家稍作休息，或者给他安排一个住处。但潘某凡坚定地表示："不留，马上走，回家，回上海！"此刻已是归心似箭。

之后，宣东还特意前往焦作，将潘某凡已经被平反的消息告诉潘某凡的妻子，并力劝两人顺利复婚。不仅如此，宣东甚至还到潘某凡原来的工作单位，帮他获得了2万元的补助金，并落实了他的工作。

南德集团及牟某中信用证诈骗案

1990年，宣东作为骨干力量选调至最高人民法院刑事审判庭重点从事经济犯罪和职务犯罪的审判工作。

进入20世纪90年代末，他以最高人民法院指导办案员的身份参与了南德集团及牟某中信用证诈骗案，这是他在最高人民法院工作期间办理的最后一个经济大案，此案在国内外的影响我们已无须赘言。

宣东认为该案是单位犯罪，最多判处无期徒刑，后组织采纳宣东意见。

2000年，宣东根据该案实际情况在《法制日报》发表《牟某中案件的法理分析》，引起国内学界很大反响，为金融犯罪的认定起到了明显的推动作用。意见后来被采纳，最终法院判决牟某中无期徒刑。2000年9月，最高人民法院在长沙召开《全国法院审理金融犯罪案件工作座谈会》。2001年1月23日最高人民法院下发《全国法院审理金融犯罪案件工作座谈会纪要》（以下简称《纪要》），《纪要》强调："金融诈骗罪都是以非法占有为目的的犯罪。"

2018年9月21日，最高人民法院发布最新裁定宣布"牟某中案"再审，案件将由最高人民法院提审，再审期间中止原判决的执行。案件该如何进展，且让我们耐心等待。

更值得一提的是，宣东到最高人民法院工作即审理了一起贪污案，这是他到任最高人民法院后审理的第一个贪污案——翁某云贪污案。这是某省选择的贪污犯罪典型案例。某省高级人民法院维持一审判处翁某云死刑判决后，专程派人到最高人民法院坐等最高人民法院尽快核准死刑。宣东承办此案后，经过认真阅卷明确提出了此案不是职务犯罪，而是经济纠纷且不构成犯罪的意见，后经审委会研究决定：宣告翁某云无罪。该案也成为最高人民法院在核准死刑案件中宣告被告人无罪的第一案，该案的无罪判决在院内外产生了很大的影响。

接受委托就要全力以赴——厦门最美空姐杀人案

2002年，一起"厦门最美空姐傍大款的杀人案"摆在了宣东律师的案头，一审判处被告人空姐杨某死刑。该案仍是朋友所托，在这起案件中检方和法院皆认为是空姐杨某傍上大款郭某后，又提出郭某必须离婚的要求，没有得到满足后愤而杀死了郭某，遂以空姐杨某犯故意杀人罪而判处死刑。

杨某的父亲在女儿被判处死刑后，经朋友推荐找到宣东律师，希望可以保女儿一命。宣东律师道："在我没有看到更多证据前，我不能作任何保证和承诺"，杨某父亲只得另寻律师。但几日后宣东刚从外地回京，杨父又来电话，希望可以再面谈。后宣东才了解到，杨父又辗转找了一圈人，圈内朋友仍然推荐宣东律师。

作为杨某的二审辩护人，宣东律师提出，该案不是空姐傍大款，而是大款骗空姐，杨某本是一个品学兼优的好学生。另外，杨某是在案发当夜深夜一两点钟发现被害人在卫生间打暧昧电话后，两人发生争吵。在争吵过程中，郭某拿刀刺向杨某，杨某为了自卫而夺刀，后两人扭打在一起，在扭打过程中才发生了郭某被刀扎和死亡的结果。

为了证明自己的判断和辩护观点，宣东律师两次前往郭某的老家福建泉州寻找杨某与郭某同居期间的保姆。保姆证明在认识杨某之前郭某早有家室。宣东律师还前往杨某就读的学校调研，杨某的同学也证明，其在校课余时间就是读书，且总爱照顾同学，一位长相很普通的女同学说：

"杨姐非常漂亮，而我却很自卑，但杨姐从没有看不起我，对我总是加以照顾。"宣东还找到杨某的另一位已经是中央电视台著名主持人的同学，该同学对杨某评价甚高。而在案发现场血迹认定上，宣东律师仔细查阅勘察记录，满屋的血迹其中床上的一滴血并非郭某的血，而是郭某先威胁杨某，杨某为了自卫在夺刀的过程中虎口被划伤流的血，而这滴血正是杨某夺刀自卫最好的证据……

2002年9月9日，北京市第二中级人民法院判处杨某死刑缓期两年。

接受委托，事必躬亲

无论是在法院从事刑事审判工作，还是在重大刑事案件中担任被告人的辩护人，宣东对于案卷材料总是一页一页地亲自阅卷。他说："刑事案件对于律师来说可能只是一个案件，但对于当事人和他的家庭就是全部，甚至会影响到当事人的一生。他们把全部希望寄托在律师身上，只要接受了案件的委托，我们就要承担起这份责任，就要做到亲自阅卷全力以赴，只有这样才能掌握整个案件，从细节处发现问题，并提出最有效的辩护观点。走过场不是我的风格，我们要无愧委托人的重托。"

在刘汉集团黑社会组织犯罪案件休庭期间，宣东律师与同庭辩护的律师同仁交流时说："虽然我们今天的辩护很多人认为是走过场，但是重要的审判很有可能被记入史册。如果我们将来有一天面对历史的话，希望大家不要是一个过客。"此言正好被同庭刑辩律师记录了下来。而笔者也了解到，该案卷宗材料竟然达到800本之多，而每一本卷宗宣东律师都一一详阅，我们在已经公开的三万余字的辩护词中即可见老一代法律人的负责和认真的精神。

在2004年轰动全国的西安宝马彩票造假案的辩护中，作为第一被告人杨某明的辩护人，宣东律师提出杨某明具有自首和主动揭发内幕立功的情节，但这时第三被告人的辩护律师提出，他的当事人才是第一时间自首和主动揭发内幕的人。经查，两人自首和坦白犯罪行为确实是同一天，但宣东律师提出，我的当事人是在下午3点20分自首，而第三被告人是在下午5点55分，即下午5点55分自首，两人前后相差了145分钟。谁先自首已不言而喻，这应该就是亲自阅卷的成果。

在黑龙江大、小地主（张某新、张某文兄弟）涉黑案件的辩护中，作为一号人物张某文的辩护人，宣东律师提出，20年前，张氏兄弟为称"老大"而组织犯罪团伙，但20年前的张某文当时还不足17岁。你能想象一个未成年人要去树立自己的'大哥'地位吗？最终，该案出现反转，一号被告人变成二号被告人，而二号被告人张某新变成一号被告人。2005年12月，法院做出判决，张某新（大地主）被判处死刑，张某文（小地主）被判处无期徒刑。

在重庆担任文某案二审上诉辩护人期间，宣东律师提出文某不够判决死刑的辩护意见。在担任重庆亿万富翁陈某亮、马某等涉黑案中，作为第二号"黑老大"马当的辩护人，在当时的环境下，宣东律师更是大胆地提出"马某涉黑，千古奇冤"的辩护意见，后第二号"黑老大"马某改为第三号"黑老大"被判无期徒刑保命，而第一号"黑老大"、第二号"黑老大"被判处死刑立即执行。

就如宣东律师所言："走过场不是我的风格，我们要无愧委托人的重托，重要的审判很有可能被记入史册。如果我们将来有一天面对历史的话，希望大家不要是一个过客。"

后记

时间在我们的畅聊中悄然而逝，此刻的窗外暮色已降临，路上急走的行人和汽车的鸣笛声告诉我们今天的采访只能告一段落了。两个小时的畅谈，宣东律师却没有表现丝毫的疲惫之感。这位法治信仰至上40年的刑事法律人继续与我们分享："在法庭上，作为辩护人虽然是站在被告人的一方辩护并与公诉方对抗，但我们最终的目的不是打垮公诉人，而是要打动公诉人，让司法办案人员认同辩护律师的观点，从而最大限度维护被告人的合法权益，维护法律的正确实施和社会的公平正义。同行交流的时候，大家都在讲什么是有效辩护，我认为有效辩护就是只要律师提出辩护的方向、理由、思路正确就是有效辩护，律师没有公权力，律师不掌控审判的结果，但可以提出有力的辩护意见，让历史来检验。最后就是我的愿景，还是那句话，法治中国是我的梦。"

是啊！法治中国也是我们每一个中国人的梦！是实现中华民族伟大复兴的中国梦！

携手共进，共创辉煌

——访北京市时代九和律师事务所合伙人杨静律师

编者按

企业需要什么样的律师？笔者以为，企业需要最了解企业经营状况、最能为企业防范和处置各种经营与法律风险的律师，或者律师本身应融入企业的经营决策中，成为企业的一分子，想企业之所想，忧企业之所忧，急企业之所急，荣辱与共，携手并进。新常态下，中国经济治理已进入深度变革与调整的新时期，我国已进入全面依法治国的新时代。当今社会，可以说企业的每一步发展都需要律师的保驾护航，就如李嘉诚所言："离开了律师，我什么都做不了。"而在中国律师界就有这样一位女律师，在律师业内她并不是声名显赫，但在地产界她却是一位最受青睐、备受尊重和高度信任的法律人，以至于与顾问单位从建立合作到企业不断发展壮大，多年一路走来携手开创了一个又一个地产界的奇迹，她也成为中国房地产行业近20年蓬勃发展的一个重要的参与者和见证者，她就是北京市时代九和律师事务所合伙人杨静律师，一个在房地产领域提供专业法律服务已有20个春秋的律政佳人。

杨静 律师

中国政法大学法学学士、北京大学法学硕士。北京市西城区人民政府法律顾问、国家新闻出版重大科技工程项目法律顾问。杨静律师对于房地产并购、基建工程业务、投融资等具有丰富的经验。在建筑房地产领域的法律服务经验丰富、业绩突出。

杨静律师从1999年开始律师执业，2010年起成为北京市时代九和律师事务所合伙人。自2006年起至今为北京万科、天恒集团、中信国安、中建交通等大型房地产开发、建设集团及下属公司担任常年法律顾问及并购律师，并为

顾问单位主持了大批京内外著名项目并购、投融资业务的法律服务；其间亦主持代理顾问单位多起并购类重大诉讼及仲裁事务，深获顾问单位信任和好评。

印象

第一眼见到杨静律师，从她的言谈举止笔者便大致可以判断，她有着深厚的修养和底蕴，与其交谈更觉如沐春风。她不喜锋芒毕露，她看重的是一步一个脚印稳扎稳打和脚踏实地的努力，平静的讲述中更透露着她在专业领域的严谨与睿智，对律师事业的执着和热爱。所以在她所服务的几大集团公司里，如天恒集团、北京万科、中信地产（现为中海地产）等，多年下来，她已将这些公司的领导当作自己的领导，自身也切实融入公司，公司的光荣与梦想，艰辛与坎坷，她都感同身受，可以说真正做到了与顾问单位同呼吸、共命运。

法律人生 20 载

20世纪90年代，杨静参加高考并摘得云南大理文科状元桂冠。谈起当年填报高考志愿，杨静律师笑意盎然。中国政法大学、西南政法大学、华东政法大学、西北政法学院、中南政法学院，所有志愿皆是法学专业，后她被中国政法大学录取。开学典礼上，杨静作为新生代表发言，发言完毕更是获得法学泰斗江平老师高度赞赏。大一担任学生会干事，大二担任学生会文艺部部长，大三担任学生会副主席，大四担任学委会主任。杨静在校园里已经深植下为法律奋斗终生的梦想。

大学毕业后，杨静被分配到北京市某劳动教养所工作。但劳教所的工作不是她的职业理想，一年后她毅然辞职做了一名专职律师，并顺利进入当时刚成立不久的北京市华地律师事务所，成为张启富主任的第一个助理。自此，也开始了她20载无悔春秋的律师执业生涯。"我非常幸运，初入律师行就得遇名师，在名师的指点下，随着自身业务水平的不断精进，我还得遇非常好的客户。一方面我感恩我的客户，另一方面更感恩我的恩师，还有我也特别感恩我带过的助理们，他们都是非常负责和优秀的青年律师，我

遇到的每一个人都是那么好，在我身边传递的都是正能量。"杨静律师满怀感恩地道。

从华地律所初创到时代华地律所合并再到拥有近200名工作人员的大型法律机构时代九和律师事务所的合并整合，20年来，在律所内杨静律师始终担任着张启富主任的助理，当然她早已晋升为律所的合伙人之一，对外承接重大案件和法律项目。在人才流动频繁的律师界，在一家律所执业20年，且一直担任一位老律师的助理，作为资深媒体人，在中国律师界笔者采访到的也唯有杨静律师了。或许杨静律师始终如一的坚守、高度负责的责任心以及炉火纯青的专业素养，这些正是各大地产公司领导看重的品质。

与天恒置业携手共进 20 年

自1999年始担任张启富主任的助理开始，杨静律师追随恩师即参与和见证了天恒置业所属北京西都地产发展有限公司的改制工作，并于2000年开始担任天恒置业集团公司的法律顾问。时至今日，天恒置业集团公司已经形成了房地产一二级开发、城市更新、物业经营管理、产业运营及房地产金融全面发展的业务格局，市场类地产开发业务站稳北京房企第一阵营，棚改疏解业务处于北京领先地位。下属企业70余家，员工6700余人，集团公司总资产由272亿元增长至742亿元，净资产从83亿元增长至132亿元，实现了快速、稳健发展。作为企业的保驾护航者，杨静律师也同企业领导、同事一样感到无比自豪，因为在企业不断发展壮大的过程中，她也是其中的一分子。由于律所规模不断扩大，张启富主任主要精力也集中在律师事务所管理和为青年人搭建平台等方面，天恒置业领导班子也几经改组。但迄今，天恒置业地产事业部法律顾问仍是杨静律师。尤其值得一提的是，截至目前天恒置业集团公司在北京参与开发的数十个楼盘项目中，天恒置业负责操盘的所有项目公司的专项法律顾问依旧是由杨静律师担纲。这是何等的信任和高度认可！当然，这种信任和高度认可是杨静律师带领团队20年尽职尽责、不舍昼夜努力奋斗的结果；这种信任和高度认可更是对她工作最大的褒奖。

要为众多项目提供专项法律服务，还要担任许多大型企业客户的法律顾问，业务的繁重程度不言而喻。或许这就是数度邀约杨静律师，才获采访的缘由之一吧！忙于工作，忙于奔波，忙于书写项目文件，忙于培养青年律师等早已成了杨静律师的一种工作常态。也许这就是无论是天恒置业乃至后面要提到的北京万科、中信地产（现为中海地产）这些地产界知名企业面临一些重大决策时总是坚持杨静律师必须出席，一直视她为他们其中的一员的缘由吧！

20年律海生涯，杨静律师深潜于业务，醉心于专业，根本无暇顾及其他。在律师界提起杨静的名字，熟识的人还真不多，但在地产界杨静已是成就卓著、声名在外又最值得信赖的一位法律人。因客户和业务量不断增加，她只能以逐渐提高工作小时收费来平衡。是啊！与其在"红海"厮杀，不如努力提高自己的专业度和竞争力，让律师的付出与收获对等才是中国律师业发展的正道！

与北京万科不解之缘的十度春秋

自 2006 年始，杨静律师开始为北京万科提供法律服务。在万科并购朝阳开发公司（简称"朝开公司"，后为北京朝阳万科房地产开发有限公司）的项目中，杨静律师对并购后朝开公司的一系列历史遗留问题进行了处置和解决，得到时任北京万科总经理周总的大加赞赏，遂签订常年法律顾问合同，建立常年法律服务关系，而彼时杨静律师也只是刚刚进入而立之年。

进入 2008 年，北京万科的并购时代开启，杨静律师成了万科御用的并购律师，忙碌程度可想而知。而北京万科一个个楼盘的拔地而起也正是杨静律师努力刻苦、敬业勤业的见证。在杨静担任北京万科法律顾问的十余年间，北京万科换了三任董事长、三任总经理，但杨静律师一直担任法律顾问至今，与每一任领导都合作愉快。乃至合作过程万科投资团队的成员在升任其他地区公司负责人后，转战异地开疆拓土时仍委托杨静律师主持并购。一如既往，始终如一，这或许就是杨静律师的价值所在吧！

与顾问单位共同成长患难与共

自 2009 年始，杨静开始为中信地产〔中信地产（北京）投资有限公司〕，（以下简称"中信地产"）提供法律服务。从中信地产到中信国安（中信国安投资有限公司，以下简称"中信国安"），再到收购信达置业 100% 股权（北京信达置业有限公司，以下简称"信达置业"）及历经"国安府"项目权益之争，杨静律师一直是这些项目的法律顾问和代理律师。

尤其是"国安府"案件，因该案无论是争议金额或是争议事由皆引起法律界、新闻界轩然大波。杨静律师代理信达置业在一审中（北京市高级人民法院）判决全面胜诉，但二审在最高人民法院仅开一次庭，且在认定事实与一审完全一致的情况下推翻了一审判决，改判支持对方所有诉讼请求。

"这个官司是我人生路上最大的滑铁卢！甚至在收到判决当时，我认为这样的判决颠覆了我的人生观和价值观，心灰意冷。但领导们没有任何的责怪，相反却是安慰和鼓励，并立刻成立工作组研究对策，同时上报集团由集团组织案件审查及专家论证。这不仅让我感动，也让我重新树立了信心。目前信达投资、信达北分与信达置业均已申请再审，而我仍然是法律顾问，同时担任执行异议案件的代理人。"

法的精神是什么？公正、公平、法律至上、程序至上。有人说"国安府"项目权益之争是现实版"农夫与蛇"的故事，是对法律秩序、契约精神的一种考问，更对司法公信力提出了严峻的考验。笔者希望，"国安府"之争能早日尘埃落定盖棺论定，莫让"农夫"再失望，更莫让"蛇"再得逞。且让我们拭目以待。

后记

采访结束，笔者的思绪一直停留在杨静律师的讲述中。她的讲述安静而有力量，最让笔者有所触动和感动的是她在一家律所，在一个行业 20 年始终如一的专注与坚守的匠人精神！无论在哪个行业从事哪个职业，不正需要这样的专注与坚守吗！俗话说："只要功夫深，铁杵磨成针。""水滴也能让石穿"，杨静律师用"匠人精神"为青年人树立了榜样。

笔者希望如今仍在人生十字路口徘徊的青年人：只要我们选定目标、心无旁骛、认真执着、勇往直前，一步一个脚印地走下去，最终，脚下所有的困难都将成为我们通向成功道路上的基石。也正如俞敏洪所言"愿你的青春不负梦想"，笔者也始终相信，任何一个人想要改变自己的人生和命运，最好的力量就是去奋斗。只要我们努力奋斗，我们终将走向自己的成功和辉煌。

最后，让我们祝愿杨静律师和她的团队在未来岁月里，在地产领域与她的合作伙伴创造更多奇迹，在全面依法治国的新时代开创新的辉煌。

认真执着，感恩前行

——访北京市炜衡律师事务所合伙人、并购与投融资部副主任

杨琳律师

社会职务

中央电视台 12 频道《法律讲堂》主讲人；
中央人民广播电台《举案说法》栏目优秀特邀嘉宾；
北京市律师协会合同法专业委员会委员；
北京市律师协会女律师工作委员会副秘书长。

荣誉称号

全国妇联法律维权周先进律师；
北京市海淀区优秀律师；
北京市海淀区妇联巾帼标兵。

业务领域

并购与投融资、银行金融、私募基金、全国中小企业股份转让系统挂牌并公开转让专项法律服务（新三板）、常年公司法律顾问、公司管理与业务法律风险预防与控制、房地产与建设工程、地产集团一、二级开发、地产项目转让、收购、地产项目融资、股权并购、股权激励、股权纠纷、民商事合同纠纷。

编者按

自执业以来进行普法宣讲近 200 场；曾连续几年每天工作时间超过 10 个小时；不论是工作初期从事行政管理工作，还是执业之后的从律生涯；无论是参与千亿大案，还是承办援助案件，乃至参与公益普法宣讲，她对每一项工作，每一个案件都要求自己一定要做到认真对待、尽职尽责，而"认真"已经成为委托人、同事、友人对她评价的一个重要"标签"。"认真"成就了她的人生之路、从律之旅，让她成为中国知名大型律师事务所——炜衡律所并购与投融资部的主要负责人。

每个人都有自己专属的人生轨迹，或许它和你想象中的样子有所偏差，但只要你足够坚定，足够认真，足够执着和努力，你终将活成自己喜欢的样子。今天，我们采访的主人公——北京市炜衡律师事务所合伙人、并购与投融资部副主任杨琳律师，就是那个靠执着坚定、认真努力和不懈奋斗终成为自己喜欢的样子的一位法律人。杨琳律师是如何涉足律师行业，实现自己律师梦想的呢？在这个过程中，她有怎样的经历和心路呢？接下来，就让我们一起走进杨琳律师不断超越自我、不懈努力奋斗的从律之旅吧。

杨琳 律师

北京市炜衡律师事务所合伙人、并购与投融资部副主任。

擅长领域的部分非诉类业绩

（1）保利房地产（集团）有限公司（上市央企）并购中国航空工业集团公司（上市央企）地产类子公司、控股公司（并购重组总标的近千亿）；

（2）保利（北京）房地产开发有限公司收并购北京市供销合作总社部分房地产类公司（收并购、合作开发）；

（3）农银国际（中国）投资有限公司（中国农业银行总行附属投资机构）；

（4）中国交通运输业协会投融资联盟（风控体系专项服务）；

（5）万科链家（北京）装饰有限公司（公司治理、风控体系专项服务）；

（6）淄博阿波罗置业有限公司（不良资产处置）；

（7）北京天创惠丰物联科技股份有限公司（新三板，股票代码 837487）；

（8）烟台海江物流股份有限公司（新三板，股票代码 836132）；

（9）青岛仁诚国际船舶管理股份有限公司（新三板，股票代码 838039）；

（10）北京环亚兴达物流有限公司（专注服务国内外办公用品领域的物流企业）；

（11）乾道投资控股集团有限公司（财富规划、资产管理、产业投资、文化影视）。

部分诉讼、仲裁类业绩

（1）陕西佳通建设工程有限公司诉北京天创惠丰物联科技股份有限公司建设工程合同纠纷；

（2）蔡燕伟诉李文臣、李苏一返还原物纠纷、确认合同无效纠纷、股权转让纠纷；

（3）北京清尚环艺建筑设计院有限公司诉星美小镇（北京）旅游开发有限公司建设工程设计合同纠纷；

（4）青岛泰如工贸有限公司诉国都建设（集团）有限公司合同纠纷。

公益事业

北京市东城区司法局政府采购"公益法律服务"律师；

北京市海淀区司法局政府采购"公益法律服务"律师；

北京市延庆县司法局政府采购"公益法律服务"律师；

北京市公益法律服务促进会和北京市律师协会联合举办的"律师进驻法院和检察院开展接待、咨询、代理申诉工作"入围律师。

印象

坚韧、执着，柔中带刚，是杨琳律师给笔者留下的最初印象。整个采访的过程中，她对自己成长历程中遇到的每一个人皆怀着无尽的感恩，而她那颗追求公平正义、无私回报社会的善良之心，也向每一个与之相交的人传递着无限的力量。俗话说，相由心生，毫无疑问，一个内心美好的人，带给他人的一定是满满的正能量。

"人的一生应当这样度过：当你回忆往事的时候，不会因虚度年华而悔恨，也不会因碌碌无为而羞愧……"或许，这已经成为所有奋斗者的座右铭，而杨琳律师就是那个为律师梦想一直奋斗着的律政佳人。

坚持梦想，勇往直前

比尔·盖茨曾经说："如果你已经制定了一个远大的计划，那么就在你的生命中，用最大的努力去实现这个目标吧。"笔者以为，杨琳律师的工作经历和从业之旅即是这句话最完美的写照。她从小就有一个梦想，读小学时就在作文中书写了"长大我要当一名律师"的理想，她认为律师代表了正义！或许我们每个人都曾有过儿时梦想，但因现实影响或放弃或改变，而她在追求理想的路上至今执着前行。

杨琳律师工作之初，在北京一家律所担任行政主管。她不仅每天把该做的行政事务处理得井井有条，而且开始思索如何培养年轻的律师，如何开拓律所的业务？当她在一个偶然的机会参加了社区普法讲座时，听到一些老年人纷纷诉说自己不懂法，也不知道如何用法，更不知道去哪里寻找律师时，她产生了大胆的主意，让所里年轻的律师"走到老百姓身边去，送法到家"。她的想法得到了律所主任的大力支持，批出专项资金，放手让她尝试。从一个人到6个人，她带领团队开拓，组织律师免费讲座。在社区、广场、物业大厅、老年活动中心，数十人、上百人耐心地聆听着普法宣讲，互动交流，现场答疑，受到了广泛的好评，很多需要宣讲的机构主动和她联系。她和她的团队竟然在不断的探索中，快速地扩大着影响。原本抱着锻炼队伍、公益普法的初衷，结果口碑相传，找上门来委托的当事人络绎不绝。公益法律服务项目的成功是她站在律师行业门槛前的第一次喜悦，给了她很大的信心，也是她至今在百忙中仍然坚持参与公益法律服务的原因。

正式执业后，杨琳进入北京市浩东律师事务所。在这里她获得各位前辈律师的大力提携和帮助。律所主任曾说过一段话："律师工作和医生职业应该是相通的，只有充分理解肌理和病理的关系，才更有助于疾病的医治。同理，汲取并掌握各类案件的专业知识，形成完整的知识结构和专业素养，也才能实现律师工作的厚积薄发，从而最大限度维护委托人的合法权益。"这段话对她产生了很大的影响。她将每一个诉讼案件，哪怕是一次咨询，都认真做成一个卷宗，并根据案件性质进行分门别类的总结、排放。她会把每一个案件做透做精、给每一类案件"建模型"。

在这里有一个小故事或许更值得我们记录。一次，她拜访一位业界大咖，请教他自我培养和成长的经验。该前辈对她印象很好，希望她来做助理，同时也提出一个前提条件，就是自执业以来代理或咨询案件要过百件。杨琳觉得这个条件很有意思，虽与拜访的初衷不同，但也可以借此总结下自己一年来的工作。回到律所，她将自己一年来的卷宗全部整理出来，认真数了一遍，最终确认是137件，遂向前辈汇报。前辈律师非常震惊地说："其实我对你的震惊不在于你代理或咨询案件的数量，而是你真的从头到尾认认真真数了一遍，这或许是你的一个核心竞争力！业界并不缺能人，缺的是像你这样踏实认真的人。"自此，"认真"成为杨琳律师的一个重要"标签"，也让她收获了来自当事人的高度评价。

在一个离婚纠纷的诉讼案件中，杨琳律师代理男方。开庭前，她在大厅偶遇一位非常有修养的女士。在两人都不知情的情况下，两人还互相帮个小忙。到了开庭时，她才发现那位是女方当事人。这个庭开得格外长，女方代理人是一位经验丰富的知名男律师，双方就财产分割和抚养权归属等问题展开了充分、激烈的辩驳。双方律师为了维护己方当事人的合法权益，竭尽了全力，从证据到法律、从事实到法理，古今中外旁征博引，晓之以理动之以情，最终双方达成了调解。庭审结束时，双方当事人均对自己的律师表达了诚挚的感谢，陪审员建议全体起立向两位尽职尽责的律师致敬！然而，走出法庭后，杨琳律师痛哭了一场。因为她看到男女当事人在走向停车场的时候，习惯性地挽起了彼此的胳膊，虽然瞬间就分开了，但是刹那间的动作让她的心灵产生了一种割裂感，一个完整的家庭就这样破裂了！自此，杨琳律师决定增加一项新的业务内容，为打算离婚的委托人提供一年期的法律咨询。虽然耗时、琐碎，但在她耐心的调解下，还真有不少濒临破碎的家庭重修于好。

作为一个律师，不光是创收，还要通过自己扎实的专业能力化解矛盾，解决问题。她一直这样要求自己。这或许也是她在浩东律所的这几年，能够在民商事诉讼领域快速成长的原因。

恪尽职守，完美转折

杨琳律师在做了几年诉讼业务之后，基于委托人的信任接触到了非诉讼业务，打开了一扇新的大门。那是几年前，经朋友介绍为一家投资公司承办一个合同纠纷案件。第二天就要面见公司高层，去之前她连夜做好了准备，研究该公司的背景、架构，并将整个案情做了梳理，整理出了一份法律分析和解决方案。结果那天下午该公司领导一共去了 4 家京城知名的律所，杨琳律师被安排在最后面谈。将要下班时，董事长助理才想起还有一位律师需要见。"抱歉，领导要下班了，你只有 10 分钟时间。"就是这短短的几分钟里，杨琳律师将解决方案以及需要企业补充的证据材料一一说清道明，非常务实中肯。董事长听完之后，当即表态委托杨琳律师代理此案。当第二天她再次到该公司办理手续、取材料时，董事长真诚地说："你非常认真踏实，我们前面见过 3 位资深律师，都在夸自己的人脉，只有你提交了案件分析和解决方案，你认真地关注案件本身，还做了大量的前期工作，有能力的律师不少，我选靠谱的。"因为认真，杨琳律师再次获得了意外的收获，此后，该公司不断发展壮大，涉及私募基金、并购等。企业高管一致邀请杨琳律师担任公司法律顾问，其间她不断地精进自己在非诉业务领域的专业能力，逐渐积累了大量的非诉经验。

为了在非诉领域更加精专地积累和研究，杨琳律师加盟北京市炜衡律师事务所。在这期间，杨琳律师在并购、投融资、私募基金、新三板等领域得到了快速发展。2017 年 2 月，中航地产对外发布《重大资产出售实施情况报告书》和《关于重大资产出售之标的资产过户完成的公告》（并购重组总标的近千亿），公告表示，中航地产股份有限公司此前涉及的向保利地产出售子公司及项目事宜已全部完成资产过户。根据媒体报道显示，自 2016 年 9 月开始，中航地产与保利地产之间的并购大戏就已经拉开帷幕。至 2017 年 2 月，这次交易终告一段落，并完美收官。而作为主办律师之一的杨琳，从最初的开协调会议、团队搭建、尽职调查、出具法律意见书，直至交易完成，她都是兢兢业业、认认真真，为保利地产实现上千亿的并购案贡献了自己的绵薄之力。

2017 年 7 月，烟台海江物流股份有限公司股东王静以现金方式认购海江物流发行的新股 27.47% 的股权。收购完成后，王静的持股比例由 26.75% 增加至 54.22%，成为公司控股股东和实际控制人。杨琳律师为此次认购项目提供全程法律服务。

此外，杨琳律师还带领团队一举中标农银国际（中国）投资有限公司（中国农业银行股份有限公司附属机构）等多家大型投资企业的常年法律顾问。在非诉讼法律业务领域，开创出了一番新的天地。目前，她担任炜衡律师事务所并购与投融资业务部副主任，用她的认真和执着规划着未来的蓝图。

执着善良，感恩前行

执业初期，杨琳即怀着感恩与回馈的心态开展各种公益宣讲活动。即使现在已经忙得不可开交，她仍然要求自己每年代理两三个法律援助案件。青少年犯罪的法律援助更是让她"情有独钟"。她认为青少年是家庭的希望，是国家的未来，在成长过程中一些外界因素让孩子们误入歧途，但不能过早地放弃他们，他们是最需要帮助的特殊群体。她愿意用自己的专业所长保护孩子们对漫长人生的信心。安提戈涅说过："法律之内，应有天理人情在"。杨琳律师不在意金钱的得失，不吝啬自己的时间和精力，用实际行动回报着社会。"我在成长过程当中，正是遇到了很多老师、前辈、领导提携和无私的帮助，才能快速地成长为一名合格的执业律师。在人生之路，执业之旅中，唯有不断努力进取和回馈社会，才是我对他们的最好回报。"她一直是这样想的，也一直是这样做的。

让优秀成为一种习惯

在笔者看来，杨琳律师的今天不是偶然。同为医生的父母那辈，就崇尚个人奋斗，从不抱怨。父亲的乐观豁达使她心胸宽阔。母亲常常说的一句话"你觉得困难就再努力一次"已经深深地根植于她的心灵深处，不屈不挠，柔韧有力。面对女儿，她也同样用自身的言行给予了正向的影响。2017 年 7 月 17 日至 22 日，第十七届中国青少年机器人竞赛在广东中山市举办，来自全国的 500 支代表队，1437 名选手、551 名教练员齐聚中山，参与和见证了一年一度的机器人竞赛盛会！竞赛结束，杨琳律师不满 12 岁的女儿在竞赛中与小组成员成功获得这届中国青少年机器人竞赛冠军！

笔者认为，一个人的状态、性格与家庭环境密不可分。父母优良的处事态度、人生信条，时刻影响着孩子正确人生观和价值观的建立。杨琳律师的奋斗之路，早已成为女儿最好的榜样。让优秀成为一种习惯似乎已经植入到小女孩儿的心灵深处，并深刻影响着她的成长。提及女儿，杨琳律师露出了欣慰、自豪的笑容。

后记

回顾杨琳律师走过的执业生涯，笔者感受到，她的每一次决定，每一个行动，都源于对律师职业的热爱。有人说，人一定要有五样东西：扬在脸上的自信、长在心底的善良、融进血液的骨气、遮挡不住的霸气、刻进生命的坚强。这句话用来形容杨琳律师再合适不过。身为一个法律人，善良是她的本性，正直是她的追求，感性和理性同样是她的魅力。工作中的杨琳兢兢业业，生活中杨琳细腻温婉，她在每一个角色中都表现得尽善尽美。相信在未来的道路上，她仍会秉持认真和执着，带着感恩前行。

莫让你的技巧胜过你的品德

——访北京开盈律师事务所主任曾繁华律师

师也被朋友冠以"经济犯罪辩护专业律师"的美誉。

永远的法大人

曾繁华生于历史文化名城、闽南文化的发祥地之一福建漳州。1999 年走进中国政法大学的曾繁华开始了她的求学之路和法律人生。"四年四度军都春，一生一世法大人"也成为镌刻在她心灵深处的烙印。

要说从事律师职业，还要从她的家庭说起。大四将毕业前夕，父亲生意因故造成重创，且其中一案中由于种种原因，在二审阶段法院判父亲败诉。而该案的原委是，父亲购买的一地块被合伙人拿去开办了一家合资企业，父亲却未获得任何收益。曾繁华代理父亲提起再审。最终在省高院再审期间，被告方的所谓"关系网"失去了效用，对方也觉得这个 20 出头的"小丫头"不简单，遂主动提出和解。经过此役的初战告捷，曾繁华觉得自己还挺适合做一名律师，遂后在法大读完研究生和处理好家族生意后，2007 年顺利通过了当年的司法考试，经过严格考核后，终于成为一名北京律师。因拥有深厚的法学理论功底，加之早年已有"上法庭"的经验，曾繁华很快就在律师行业打开了天地。即使还在实习阶段，所里的重大案件都愿意交给她负责和处理。执业不久，她就代表律所办理了一起标的额超 2000 万元的股权纠纷案，并为律所创造了丰厚的收入。随着执业渐入佳境和口碑相传，曾繁华律师的客户越来越多，客户遇到法律纠纷都愿意找她处理。

前文中我们提到的坚持请曾繁华辩护的被告人最终被宣判无罪的刑事案例，就是在 10 年前认识曾繁华律师，并聘请曾繁华担任其公司法律顾问，数年后因承包建设工程深陷图圄。这位被关在看守所的承包商一直坚信只有曾繁华律师能帮到他，我们在后续的文字中也将详述此案。

2016 年，曾繁华律师创办了北京开盈律师事务所，同年她又申请到美国伊利诺伊理工学院攻读法学硕士学位一年，学习美国法、国际法与跨国法专业，其间还考察拜访了美国部分律所和律师，并与之建立了长期合作关系。回国后，为改善律师办公环境和提升律所品牌，曾繁华律师将律所迁至现新购置的建外 SOHO 楼办公。

"律师发展到一定阶段，就不能只考虑自己了。既然创办了律所，就要把队伍带好，大家好才是真的好。能带动更多的人不断提升和进步，这或许就是我创办律所的初衷吧。"曾繁华律师道。

手执法律的谈判高手，助力委内瑞拉"三色计划"

某集团是国家装配式建筑产业基地，具有房屋建筑工程施工总承包一级、建筑工程设计甲级、钢结构工程专业承包一级资质，并荣膺国家高新技术企业、北京市企业技

编者按

美国耶鲁大学法学院院长哈罗德教授（哈罗德·H.柯）在一次开学典礼上送给法学院新生一句谚语："永远别让你的技巧胜过你的品德。"这句话无论对法学新生抑或是已走出法学校园的所有法律人都应有效。

当前，在我国现行法律体系和全面推进依法治国的大环境下，律师作为当事人合法权益的维护者，法律正确实施的践行者，社会公平正义最后一道防线的坚定守护者，当引起关注和重视。

近年来，"虚假承诺办案结果""吃完原告吃被告"的现象在现实生活中仍时有发生，或许，这些也是律师社会地位出现下滑的缘由之一吧。但在法律实务中，还有更多律师，他们一直秉承严谨认真的工作态度，坚守执业道德，严守执业纪律，时刻不忘法律人的初心，时刻不忘中国律师的责任和使命，行走在法律的第一线，为维护当事人的合法权益，维护法律的正确实施，维护社会的公平正义呕心沥血，殚精竭虑。

本文主人公——北京开盈律师事务所主任曾繁华律师，自执业以来，始终将当事人的合法权益放在首位，始终遵守律师职业道德和执业纪律。其认真负责的办案态度、熟练的办案技巧和高尚的品德不仅赢得了委托人的信任和感激，还赢得了司法办案人员的高度肯定和赞誉。

作为一位民商法领域的专业律师，有刑事案件的被告人因对她高度信赖，希望她能为其申冤，她坦陈自己不是专业的刑事辩护律师，但当事人依然坚信只有她能帮自己洗脱罪名。经过艰辛的努力和辩护，当事人终于获得无罪判决，并获国家赔偿。这位几乎不接刑事案件的民商法律

术中心、北京民营企业科技创新百强等诸多殊荣。该集团有自己的法务部门，但遇到重大事项或纠纷后仍会外聘律师协助，集团外聘法律顾问曾经历过数度更迭，但自曾繁华律师担任集团法律顾问后就未再更换，且一直延聘至今。2014年10月，为继续拓展海外市场，该集团欲承接委内瑞拉"三色计划"采购项目，彼时正赶上委内瑞拉大选需要大量国家住宅保障项目建设。

如此重大工作，作为集团法律顾问自然责无旁贷。后曾繁华律师受委内瑞拉商务部邀请赴加拉加斯参与该项目的谈判，并获得马杜罗总统和科维多部长的接见，最终协助顾问单位与委内瑞拉政府签署了一份采购大单。因前期指导顾问单位对相关的风险点进行规避和提示，帮助企业规避风险，促使该采购合同顺利签署及履行。

可以说，曾繁华律师和他代表的企业，为委内瑞拉的基础建设和中委两国的合作与发展做出了积极的贡献。

坚守8年，只为了那份信任和重托

以下案例就是上文提到的只相信曾繁华律师能帮他洗脱罪名的刑事无罪判决案。

2010年，曾繁华律师开始担任某建筑公司的法律顾问，2011年，该公司承包了北京某县（2015年撤县改为某区）某小区9栋楼的建设工程，但因该公司没有施工总承包企业要求的资质，只得借用挂靠某集团的资质参与项目招标和开设收款账户，并专款专用。该集团为规避因出借挂靠资质的行政处罚，给了建筑公司负责人张某一个工程项目负责人的身份。

开工1年后，在建筑公司先行垫资的情况下9栋楼主体工程完工，开发商后续向某集团账户打款5000万元，某集团扣除税点和管理费，张某将余款给付材料供应商和支付工人工资。但后期工程款开发商迟延支付，最终导致数百名工人围堵该县县政府，此事也演变成一起群体性恶性事件。后经公安、检察机关查明，张某将开发商支付的工程款中的500万元用于个人消费，遂以张某犯有"挪用资金"罪提起公诉。一审审判阶段张某的家属未听取曾繁华律师建议，自行聘请了一位律师为张某辩护。但一审法院的最终判决让张某不能接受——一审法院判决张某挪用资金罪成立，判处有期徒刑5年。无论在审查起诉阶段，还是在法院审判阶段张某一直坚称自己无罪，而一审法院却判处其5年有期徒刑。

张某当庭表示要上诉，而这时检察机关也提起了抗诉，理由是判处的刑罚刑期折抵有问题。二审开庭前，张某再三叮嘱家属："一定要找到曾繁华律师，只有曾律师才能帮我洗脱罪名。"经过斟酌，又基于张某对自己的那份信任，几乎不接刑事案件的曾繁华律师决定担任张某的辩护人，且并未让张某家属支付律师费，而是垫付费用请了一位前律所懂刑事辩护程序的律师做自己的助手。会见期间，张某向曾繁华律师道："我没有犯罪，你一定要帮我，我只相信你……"

面对如此信任和重托，曾繁华决定为张某做无罪辩护，做无罪辩护说起来容易，但做起来可就是难上加难了！且这时张某已被羁押两年多，一审又判处5年刑罚，检察院还提起了抗诉……开庭期间，曾繁华律师运用承办建设工程案件的扎实功底，在案件实体方面对该涉案工程的资金情况进行了详细询问和梳理，同时向法院和检察机关详细说明了现实建设工程实践中长期存在工程转包、阴阳合同等问题，不能单纯以合同字面认定张某的挪用资金主体资格。检察机关沿着曾繁华律师的辩护思路听完后立刻明白了案件的原委，遂当庭表示修改抗诉意见，请求法院将该案发回重审，获得法院支持。

经历了北京市第二中级人民法院的发回重审和原一审法院的再次有罪判决，2013年8月，北京市第三中级人民法院、北京市检察院第三分院相继成立，此案也转至北京市第三中级人民法院审理。

该案上诉至北京市第三中级人民法院。北京市第三中级人民法院最终宣判张某无罪。经过两年多的抗争和曾繁华律师的艰辛努力，张某终于以无罪之身获释，后曾繁华律师又为张某申请了国家赔偿并获执行。

张某虽获无罪之身，也获得了国家赔偿，但两年多来，楼市的黄金潮他已错过，且他与市场已经脱节，而最重要的是，在他被羁押期间，某集团已经"名正言顺"地接管了所有项目。

真是"福不双至，祸不单行""屋漏偏逢连夜雨，船迟又遇打头风！"让人更意想不到的是，在张某被羁押期间，其老家放高利贷的朱某将张某早已归还的借款和利息，利用虚假诉讼将张某名下一套价值五百余万的别墅进行执行和拍卖，并将拍卖所得款项全部挥霍。获得人身自由后，张某再次委托曾繁华律师为其主持公道。曾繁华律师在该案无任何直接证据的情况下，经过仔细分析让该案奇迹般地获得法院再审，并最终翻案。再次为张某洗清了冤屈。从接受张某委托担任张某的辩护人直至担任其他案件的诉讼代理人，曾繁华律师已为张某的案件付出近8年的时间，8年来也从未让张某支付过任何律师代理费，一切费用一直由曾繁华律师自己垫付。

从该案中我们不难看出，其实对于自己并不擅长的刑辩领域，曾繁华律师也从未避讳。"律师不是什么案都懂，我也不是全才，只是对于当事人的那份信任和重托，让我难以拒绝，索性就拼一把，但只有勇气还不够，还需要技能和智慧。我坚信正义有时可能会迟到，但绝不会缺席。我们也将并肩作战，将诉讼进行到底。"

法律不是"和稀泥"

2010年6月，因工作不顺，30岁的王女士准备从北京一铁道桥跳下自杀，却撞上途经此处的一辆吊车。命虽保住，但双臂却被截肢，后鉴定为9级伤残。2011年3月，王女士以交通事故为由起诉吊车司机、车主和车辆投保的保险公司，索赔残疾辅助器械费、医疗费等共103万余元。

该案引起广大媒体关注和报道。起初，大多媒体包括法官皆站在弱势的一方，其代理人也称，造成王女士伤残的结果是吊车司机闯红灯、超速等原因所致，且王女士还有一个3岁的孩子需要抚养……人们对王女士的遭遇纷纷表示同情。

作为吊车司机的诉讼代理人，曾繁华律师提出反诉意见认为，王女士跳桥自杀对死亡这一结果存在主观故意；吊车司机正常行驶的情况下，车辆被天上掉下的人砸坏，司机受到惊吓，已连续数日不能正常休息，跳桥者应赔偿吊车司机方损失；再者，此事件并非属于交通事故的范畴，而是一场意外，所以吊车司机不应承担任何责任。

曾繁华律师精准的分析得到旁听席众人一致认可，保险公司的代理人也松了一口气，审判人员在经过研究后认为曾繁华律师所言于情有理、于法有据，媒体也开始导向了吊车司机一方。

2011年9月，法院做出一审判决：司机正常行驶没有过错，自杀女出于自杀故意跳桥被撞，应自行承担责任。

该案的公正判决可以说对类似案件产生了积极的引导意义。时至今日，该案例还是法学生们以及法官审判、学习的参考案例之一。

"法律不是'和稀泥'。人们在遇到问题或纠纷时，之所以会求助法律，是因为法律能为人们主持公平和正义。并不是弱者就可以无视法律，而这个弱者也只是相对而言的。"曾繁华律师道。

临危受命，力挽狂澜

20世纪90年代，蔡某为一朋友的集团下属公司担任法定代表人，该下属公司又为另一家企业在信用社的100余万元贷款做了担保。之后，贷款的公司倒闭，蔡某担任法定代表人的公司、蔡某本人以及其他股东被信用社告上法庭。后法院做出判决：法定代表人、股东个人不承担任何责任，但法定代表人及公司股东要对所属公司承担破产清算责任。蔡某虽担任公司法定代表人，但并无实际控制权，更别说

破产清算了。后集团实际控制人将该下属公司做了注销处理，注销时信用社也未提出异议，蔡某也未将此事过于放在心上，这却为后来的诉讼埋下了隐患。

20年后，银行将不良资产一并打包出售，而与蔡某相关的这笔不良资产却受到不良资产买受人的关注。2018年，该笔不良资产的买受人以债权人的身份将蔡某告上了法庭。因北京至漳州距离2 000多公里，曾繁华建议蔡某在当地聘请律师应诉无妨，并给当地律师提出代理思路和建议。但令人没想到的是，一审竟判蔡某败诉，要赔偿对方经济损失本息合计500余万元。这下蔡某可真着急了，连忙打电话要曾繁华律师亲自出庭代理该案。在详细了解一审情况后，曾繁华律师经过仔细揣摩、发现了一审法院未处理且能最终导致案件结果的细节并用两天时间写了一份十几页的代理词对该案件进行法律和事实分析，提交至二审法院。二审开庭期间，经过细心准备的曾繁华律师为蔡某做了精彩的庭审答辩，当庭说服了二审法官和对方代理律师。庭后，对方律师立即表示愿意以50万元价格进行和解。虽然和解已能为当事人挽回巨大的经济损失，但曾繁华律师知道一审判决是绝对错误的，当事人任何损失都不应当承受，果断拒绝了二审律师的和解请求。后二审法院直接改判驳回原告全部诉讼请求。

"律师对待案件要有像工匠认真对待艺术品那样精雕细琢、精益求精的精神。如此，习总书记所期望的'努力让人民群众在每一个司法案件中都感受到公平正义'才能真正落到实处。"曾繁华律师道。

后记

采访结束，笔者的思绪一直停留在那起无罪判决案中。此案以及此后发生的一系列案件给笔者的印象也最为深刻。一个几乎不接刑事案件的民商法专业律师为了当事人的信任和重托，自付费用8年，甚至还要继续坚持下去，该是何等的毅力让她如此坚定啊！

笔者以为，一个好律师，首先应是一个好人，具有高尚的品德，更是掌握法律技巧的高手；既要追求专业技巧的高超，更应追求执业道德的优秀。法律技巧与高尚品德两者完美的结合就是对曾繁华律师执业生涯最好的写照。

亦如开篇所言，永远别让你的技巧胜过你的品德。作为法律人，作为一名中国律师，曾繁华也一直教导青年人："莫让你的技巧胜过你的品德"。

一个刑事法律人的使命与担当

——访中国人民大学刑事法律科学研究中心中国刑法研究所兼职研究员、北京德恒律师事务所张修齐律师

编者按

他曾是一名人民警察，在公安战线奋战 8 年，历经各类传统犯罪案件与经济犯罪案件的锤炼；他还是一名刑法学者，硕士、博士皆攻读刑法专业，且博士就读于我国刑事法领域唯一国家级重点研究机构——中国人民大学刑事法律科学研究中心。他现在是一名以经济刑事业务为主的专业律师，业务领域包含公司合规与法律风险防控、民刑交叉争议解决、刑事辩护、控告、执法机构调查规范应对与刑事合规等。二十年的法律实务与研究经历，将他磨炼成思维缜密、行动迅速精准的专家型律师。

他就是中国人民大学刑事法律科学研究中心中国刑法研究所兼职研究员、中国规模最大综合性律师事务所之一——北京德恒律师事务所的张修齐（曾用名张苏）律师。

今天就让我们从他的履历、人生经历、法律情怀中来探究一个刑事法律人的执着与坚守、使命与担当、光荣与梦想吧。

人物小传

张修齐律师毕业于中国人民大学法学院刑法学专业，刑法学博士，是中国人民大学刑事法律科学研究中心中国刑法研究所兼职研究员；中国法学会案例法学研究会理事；首都法学法律高级人才库专家；亚洲犯罪学研究会终身成员；北京德恒律师事务所律师。

多年来，办案之余他笔耕不辍，在《法学家》《政治与法律》《中国刑事法杂志》等 CSSCI、CLSCI 期刊和《法制日报》《检察日报》《人民法院报》报刊发表论文 30 余篇，并主持社科基金项目"环境案件中的刑行交叉疑难问题研究"。

承办的代表性案件有：某等操纵证券市场、内幕交易案；某受贿、滥用职权案；某不法原因给付民刑交叉案；某合同诈骗案；某虚开增值税专用发票案、某组织领导传销案等。

儿时梦想

受家庭影响，张修齐自幼喜欢历史。在众多历史人物中，他最喜欢两类人，一类是如张良、孔明等智慧、谋略兼具，修身、齐家都堪称典范的人物；另一类是如关羽、赵云等智勇双全、忠肝义胆之士。"还不识字的时候，父亲就会给我讲一些西方的探险故事和《福尔摩斯探案集》里的一些片段。自己能够阅读后，最吸引我的课外书也是推理小说和侦探小说，《罗杰疑案》《孤岛奇案》《东方快车谋杀案》《云中奇案》《斯泰尔斯庄园奇案》都成为儿时最喜爱的读物。我对推理悬疑故事情有独钟且一直延续到成年，只要是推理悬疑的作品，立刻就会吸引我，让我沉浸其中。"张修齐律师愉快地与笔者分享着他少时的经历和喜好。

张修齐律师说，他小时候就听过"华人神探"李昌钰博士的事迹，知道他经办过很多全球闻名的大案要案，参加过肯尼迪总统被杀案、尼克松"水门事件"的侦破鉴识工作。后来又知道他参与了克林顿桃色案、美国橄榄球明星辛普森杀妻案、南斯拉夫种族屠杀万人案的调查侦破工作等。

"李昌钰博士还曾获美国鉴识科学学会颁发的鉴识科学领域的最高荣誉奖——刑事领域杰出服务奖、美国法庭科学学会颁发的杰出成就奖、国际鉴识学会终身荣誉奖、世界杰出华人奖等 800 多项荣誉。我那时就对他非常崇敬，希望可以成为他那样的人。"张修齐律师神情专注地道。

人民警察

按照儿时梦想，成为警察或医生自然成为张修齐的理想，后来他的人生轨迹还真沿着这个方向发展了。大学毕业后，他成为一名人民警察，先后在基层、机关工作 8 年。"这段公安经历对我后来的人生影响非常大。"

作为一名基层民警，要接受群众报案和出现场，完成办案任务，和各种各样的人打交道，还要经常上夜班，参加各类执法行动。在这段岁月里，张修齐接触到了形形色色的人和形形色色的事，对社会的了解也更加深刻。

张修齐说，他对执法问题深入思考研究，虽然多篇文章发表在省里《公安研究与实践》《公安调研》，还获得"全省优秀公安调研文章奖"，但他仍觉困惑，一直在苦苦追寻答案，而进京深造，也就成了他的下一个人生目标。

考研读博

张修齐律师说，当时考研或许是他最好的选择。通过考研和攻读博士，将经济刑法和经济犯罪问题研究透彻，是他最初的想法。"我是一边工作，一边复习备考。工作时没有大块时间复习专业课和政治课，只能利用中午零星时间记忆英语单词，巩固听力，解剖长难句，为英语翻译和阅读做准备。我几乎利用了全部休息时间，下班后就找一个安静的地方把自己封闭起来复习。"他回忆道。

2004 年 6 月，张修齐收到了中国人民公安大学刑法专业全日制硕士研究生录取通知书，遂向领导做了汇报。当时主要领导说给他 3 个月时间考虑去留问题。若留下，就提拔担任办公室副主任，专门负责给一把手写材料。最终，他婉拒了领导好意，踏上了前往首都北京的求学之路。

2004 年他就读研究生时，全国范围还没有经济刑法这个方向，公安大学也不例外。因经济刑法的教学科研放在中国刑法导师组下开展，于是，张修齐就选择了经济刑法这个在当时还不是很热的研究方向，开始了他的学术研究之路。"我的硕士论文是《目的犯研究》，这是由于经济犯罪与经济纠纷的最大区别在于是否具有非法占有的目的，对目的犯这种犯罪类型进行深入研究，可以说为我以后研究经济犯罪打下了坚实有力的基础。"张修齐律师说。

攻读刑法硕士之后，张修齐又考入中国人民大学刑事法律科学研究中心全职攻读刑法博士。该中心是全国刑事法领域唯一的国家级重点研究机构，是全国首批普通高等学校人文社会科学百所重点研究基地。在这里，他发表了自己的第一篇 CSSCI 论文，完成了博士论文，并于 2011 年获得刑法学博士学位。

转型律师

"这是我的重要人生转型。做学问，又做实务，理论结合实际，比较符合我的特点。我很感激我所在的研究单位为我提供了一个理论研究平台，所在律所为我提供了一个实践舞台，并将两者结合起来。"张修齐律师说，学问讲求经世致用，不是为了做学问而做学问，也不是为了办案子而办案子，而是要探寻背后的那个"道"，实现知行合一。当初从公安队伍里出来，他就怀有一种情节，要用所学更好地服务法治建设，用专业更好地服务社会，不负初衷。

"虽然律师和警察角色分工不同，职业间存在不小差异，但也有着紧密的内在关联。二者分属控辩双方，如能主动换位思考，站在对方角度看问题会让自己受益良多，正所谓知己知彼百战不殆。有一次一位公安老领导来北京开会，得知我已离开公安和现在的工作情况，非常认同。他勉励我说，律师是体制外维护公平正义的主力军，公安是体制内打击犯罪维护公平正义的生力军，两者同样重要。"

是啊！警察与律师虽然都要以事实为依据，以法律为准绳，但毕竟各自站的角度不同。所谓"横看成岭侧成峰，远近高低各不同"，在两者眼里，看到的案件是不一样的。要习惯站在对方角度看问题，不能总觉得辩方占理，甚至麻痹自己，回避不利因素，忽略会被对手抓住不放的短板。如此既能减少对立和冲突，又可增强信任和沟通，最终还有利于为当事人争取一个好的结果。

"警察工作锻炼我坚强，律师职业教会我坚韧。"张修齐律师说。

聚焦经济、金融刑事案件的辩护代理与风险预防

据了解，执业以来，张修齐律师主要聚焦经济金融案件的辩护与代理，其中较为典型的是徐某、Z 某等操纵证券市场、内幕交易案。我们先来看一下此案的背景。

2015 年发生中华人民共和国以来最大股灾，从 6 月 15 日始到 7 月 3 日，短短 14 个交易日内，上证指数下跌 28.4%，深证和创业板更为惨淡，分别暴跌 32.34% 和 33.19%。杠杆资金出现爆仓，多数个股出现腰斩走势。国家监管部门采取措施稳定市场，出台多项救市措施。

张修齐律师说他参与办理的徐某、Z 某等操纵证券市场、内幕交易案就发生在这个大背景之下。

为维护证券市场稳定，中央成立专案组，严查利用信息优势、资金优势操纵证券市场、内幕交易的行为。随即公安部指定上海市公安局于 2015 年 10 月对徐某等人操纵证券市场、内幕交易案立案侦查。2016 年 3 月公安部指定青岛市公安局管辖该案。张修齐与本所同仁受托担任辩护人，自侦查阶段张修齐律师就开始为第三被告 Z 某提供法律服务。Z 某被外界称为徐某的"军师"，系中国证券界第一批保荐人，擅长一级市场的运作，旗下拥有 3 家私募机构。

该案涉及 13 家上市公司、几十位董事长、实际控制人、大股东、高管和几百名证人，涉案金额达 400 多亿元，仅卷宗就有 3 196 册，该案在当时可谓名噪一时，备受关注。

那段时间张修齐几乎每周都要往返青岛一次，除会见当事人外，还要阅读 3 196 册卷宗。"这个案卷量相当于数百个普通案件的卷宗量。"张修齐律师感慨道。

"经反复会见当事人，查阅和研究案卷，我们形成了辩护思路。鉴于该案 3 名被告人均被控证券犯罪且系共同被告，命运休戚相关，在辩护策略上，针对全案的辩护，客观效果也能惠及当事人，因此采取了以下辩护思路：第一，从侦查阶段就针对内幕交易罪可能被指控进行布防，寻找无罪证据和理由；第二，对当事人涉嫌操纵证券市场罪的部分事项做无罪辩护；第三，将部分正常证券商事行为从犯罪行

中分离出来，并为其争取各种从轻情节。最终，公诉机关认可了我们的大部分辩护意见，在《起诉书》中认定Z某在操纵证券市场共同犯罪中，起次要作用，系从犯，此役为庭审阶段辩护打下了基础。到庭审阶段后，青岛市中院最终也接受了我们大部分辩护意见，对指控Z某参与某上市公司增发股票构成犯罪未予认定，我们还积极为其争取自首等多个从轻情节。最终，法院仅以操纵证券市场罪判处Z某有期徒刑2年，缓刑3年，罚金5000万。一审开庭结束不久Z某即回家过了春节。"

"此案辩护的主要经验是：我们从侦查阶段就提前布防，针对内幕交易罪可能的指控进行预防性辩护。在充分阅卷分析案情之后，果断对部分指控事项进行无罪辩护，提出要将正常的证券商事行为从犯罪行为中剥离出来。我们还提出：对Z某减轻或免除处罚有利于保持与13家上市公司董事长、实际控制人、大股东处罚的均衡。上述人员均另案处理，如果对Z某的处罚重于上述上市公司人员，会导致处罚明显失衡，因此建议从轻处罚，我们的辩护意见最终被办案机关采纳。"张修齐律师继续与笔者分享道。

执着坚守，当事人权益至上

"犯了罪还好意思请律师""你们律师就是为坏人辩护"这是张修齐到看守所会见，或与办案人员接触时常听到的话。"这是有罪推定思维，只要作为人，都有获得辩护的权利。律师是在为他的权利而辩，而不是在为他的罪行开脱。每当听到这些言论，我都会回应，警察也是人，没有火眼金睛，也可能抓错人。有了律师，其实是在协助办案机关查清真相，避免冤案错案。对方听到后也陷入了沉默，应该是对我的回应表示认可吧。当然，最终，因我的坚持使当事人的合法权益得到了维护。"张修齐回忆道。

接着，张修齐律师与笔者分享了一个替当事人维权的小故事。杜某涉嫌经济犯罪，因其高度近视家属多次申请送眼镜，看守所却迟迟不予批准，结果当事人什么都看不清，核对证据时脸部几乎都要贴纸上了。张修齐于是向看守所提出：开庭在即，大量书证需被告人核对，法院也催促让他尽快看卷。不但如此，庭审时还需其观看投影仪，对证据进行质证。没有眼镜不行。如有安全方面担心，建议配镜使用安全材料。张修齐律师主动找到看守所领导交涉，最终为当事人争取到了配眼镜的权利。

还有一个阻止夜间审讯的小故事。有一位企业家因涉嫌金融犯罪聘请张修齐律师担任辩护人，到看守所会见时他被告知公安人员正提审嫌疑人，不能会见。当时是下午两点，他担心当事人身体不能承受长时间审讯，尤其夜间审讯，就没有马上离开。因之前他了解到当事人患有冠状动脉粥样硬化性心脏病、不稳定性心绞痛、高危级高血压病、重度夜间低氧血症以及睡眠呼吸暂停综合征等严重疾病，夜间讯问非常危险。为防止夜间讯问，他一直守候在看守所。直到晚上六点半他得知讯问依然在进行，遂立即向看守所领导反映此情况，要求立即停止夜间讯问，并提交书面意见，提出应保障嫌疑人正常休息时间，提出嫌

疑人身体情况特殊，长时间审讯加上夜间疲劳审讯会恶化病情，可能危及生命。本着人道主义精神，预防审讯事故，也不要夜间审讯，后这一建议得到采纳。案后，当事人及家属对张修齐律师的认真态度和责任心表示深深感谢。

"作为辩护律师，应谨防办案机关夜间审讯当事人。"张修齐律师道。

辩护律师要站在对方立场与公检法有效沟通

"我自己就做过公安，非常了解办案人员的心理。如果按照办案人员的思维逻辑逆向倒推，可以洞悉问题，调整好辩护策略。错案追究制的建立，使办案人员也担心办错案。出于自身工作风险和案件质量的考虑，多少会听取一些律师意见。"张修齐律师道。

在李某某合同诈骗案中，张修齐律师就站在办案机关角度，指出定案可能会造成错案，并向公安机关提交了听证申请。他向经侦队长、副队长、承办人员陈述了案件存在的问题和理由。公安虽觉得有些道理，但仍不放弃，认为定性可能不准但事实的确存在，强调前期取证工作耗费大量人力、物力、财力。这个苗头被他敏锐捕捉到，听证会结束后他立即调取证明李某某与公司不具有职务关系的书证，起草第二份辩护意见，论证职务侵占罪不成立的理由，针对公安可能变更罪名重新指控提前设防，在公安变更指控前提交了第二份辩护意见，并提出请人大代表监督。事实证明公安果然准备将罪名变更后重新指控，出于错案担忧，公安再次听取律师意见，最终研究决定对李某某取保候审，未再追究李某某刑事责任。

"与检察院、法院沟通也要站在对方的立场和角度，从案件质量的角度，主动替他们考虑，将律师的意见变成他们的意见。"张修齐说，"这些年，检察官、法官的人员构成发生很大变化，加上教育培训，办案人员素质得到了很大提升。"张修齐回忆起在清华大学听张明楷教授给全国公诉人硕士班讲课时的场景：张明楷教授要求公诉人在课堂上用刑法理论分析案件。他惊讶地发现，这些来自全国各地的精英检察官皆能熟练运用阶层犯罪理论，区分违法、有责，运用德日刑法中的前沿理论，有的站在客观主义立场，运用目的解释、体系解释等方法来分析案例适用法律。"这给了我很大的冲击，影响了我和办案人员沟通的观念和方式。"

刑事律师要为企业家把控刑事风险并筑牢合规屏障

近年来，企业家犯罪一直备受关注。或许很多企业家在自己的领域十分专业，也非常自信，乃至在法律领域也过于相信自己的判断，但很多时候却将自己置于法律风险内不能自拔。

张修齐给企业讲刑事风险预防课时，起初不少企业家不太重视。但他换一个角度，讲如何预防他人对企业家犯罪，企业家们便听得津津有味。"其实，我知道他们心里怎么想的，企业家都很自信，绝对不会将犯罪这种事同自己联系起来。我接待过广州一位客户，称一年前公司对外签

订合同，结果合同履行出现问题，起初也没太在意。几个月后，传来公司被他人以合同诈骗举报的消息，但该公司的律师非常确信地告诉董事长，这只是合同纠纷，属民事，公安不会管。董事长也很自信，压根没往犯罪方面想，直到该董事长要去加拿大在机场被限制出境，以及两周后被正式传唤，他才恍然大悟。"

这样的例子很多，可以说是不胜枚举。

"徐某其实是一个学习能力超强的人，人称'私募一哥'，在私募领域相当专业，对证券法规的了解也相当透彻。但他唯独没有学透刑法。因为仅从证券法角度来看，他做的每一步都是合规的，他每次购买总股本百分之四点九几，不超过5%。当天买入后，第二天就卖出。因为超过5%再卖的当天就必须公示，然后他的大宗交易要停两天才能卖下一次。这些都符合《证券法》的规范要求。单独看都合法，但连贯起来却有问题。这是刑事律师和民事律师看问题的角度差异。当徐某每次买下4.9%左右，剩下的用自己控制的'马甲'账户购买，如果将前后连贯起来，就会有刑事问题。徐某与上市公司合作前也有个习惯，会提前通过泽熙产品买入对方的股票，使泽熙成为该上市公司的流通股东。其目的是展示泽熙实力，也表现其与该上市公司合作的诚意。但站在刑法的角度，这就是双刃剑，特定的流通股东身份也为他后来埋下了隐患。"

"生意做大了就会有刑事风险。很多公司虽然有法务，但说得严重点，恰好是不懂刑事的法务将企业家送进了监狱。建议即使不做刑事案件的公司律师，也要懂点刑法。不然会害了你的老板。"

张修齐律师进一步指出公司的八大合规风险。他认为，企业应当建立健全合规体系，当前许多企业在商业模式、公司治理结构、资本运作、金融产品开发、合伙私募、风险投资、股权投资与回购、债权、股权融资、互助式理财、企业托管、并购、资产重组等领域存在合规风险，加之当前和今后一个时期金融领域尚处在风险易发、高发期，结构失衡、违法违规乱象丛生短期难以消除，不排除"黑天鹅"和"灰犀牛"事件加剧经济金融风险，给企业带来刑

事风险和其他法律风险。

"过去企业家上商学院，听来听去都是教他们如何赚钱。但走进资本市场却锒铛入狱。"张修齐律师说："不讲商，企业没有盈利；只讲商，很容易出事。因此，必须将法与商结合起来，帮助企业加强合规制度建设与合规文化建设，这是当前我正在做的和将来会一直继续做的工作。"

对待工作，该较真时就要较真

我们了解到，生活中，张修齐律师是一个非常豁达的人，从不斤斤计较。但为了当事人的利益，他却非常较真，不怕得罪人。

张修齐律师说："对待工作，该较真时就要较真。我曾办理一起滥用职权案，阅卷后的直觉告诉我，控方证据可能存在问题。控方为证明某官员滥用职权，出示了某规划局长一份询问笔录。但经我核对，其陈述内容包括标点符号在内，竟与8年前一份文件一字不差。不但如此，时隔8年，对上亿元资金能够精确记忆到个位，这可能吗？更离谱的是，该局长调离岗位后，后任局长收到区财政两笔资金，分别是11位数字，居然前任局长对多年前他人经手的数字也能记得不差分毫，连小数点后的数字也完全吻合，这怎么可能？这正常吗？此前干公安的直觉告诉我，此案定有蹊跷。这方面例子很多，在某骗贷案中，同一证人签名笔迹迥异。新疆一起环境资源犯罪案件中，侦查人员竟同时为被询问人的证人担任哈萨克语翻译等。这些都未能逃过辩护人的眼睛。"

"同案犯也会演戏推卸责任"，张修齐说，许某是我的当事人石某的同案犯，为争取从犯地位，许某装作不懂融资业务，把责任全部推给石某。为揭开许某面纱露出其真实面目，维护当事人权益，我们收集了证据来证明当事人仅是受人操纵摆布，并非真正主谋。最终让我的当事人在共犯中的排序从第二位降到了第五位，减轻了他的刑事责任。

张修齐律师的公益之路

法学研究和办案之余，张修齐律师竭尽全力付诸公益。

"我有一个软件，每天最多可接受10人的免费咨询，这样一年下来我能为大约3 600人免费法律咨询，如此坚持下去，30年我就可以为超过10万人次提供免费法律咨询。我是亚洲犯罪学研究会终身成员，犯罪预防是我的一个目标。而我认为只有目标还远远不够，我要通过公益讲座为社会普及法律知识，我的计划是'出书、办百场讲座、影响万名企业家'，不断为企业普及经济金融刑法知识。这个计划已经启动。我已为国家能源投资集团等大型央企、中国邮政储蓄银行等金融机构以及多家民营企业开设了企业合规与法律风险预防讲座。"

另外，张修齐律师还协助中学开设法律职业生涯规划课程，为高中生讲解我国法学教育、司法考试概况，讲述法律职业前景，对高中生进行法律职业生涯规划辅导，指导对法律感兴趣的学生学习法律，引导有志于未来投身法律事业的高中生报考法学高等院校。

据悉，张修齐律师的法律讲座还常进社区，他主讲的"如何预防理财诈骗"等普法讲座，深受社区群众欢迎。他还应邀为公安、检察、监狱等政法机关开设讲座，为司法办案人员在执法、司法实践中遇到的问题答疑解惑。

后记

有人说，张修齐律师就像一张可以随时拉开的弓，沉着而又蓄势待发。是的！这正是太极文化的影响：阴与阳、快与慢、收与放、刚与柔。快慢相间，刚柔相济。据悉，张修齐律师已习练太极拳多年，且是陈式太极拳第十三代入室嫡传弟子。

太极拳蕴含了深厚的中华传统文化和阴阳哲学思想，并衍生出以柔克刚、随曲就伸、刚柔相济、四两拨千斤等哲学理念，这和刑辩的"道"与"术"可谓一脉相通。"长期习练太极能培养沉着冷静的思考能力、应变能力和塑造沉稳的性格，这也是刑事律师必须具有的心理素质。"张修齐律师道。

修炼身心，再去帮助更多需要帮助的人，所谓"自立立人，自达达人"正是其人生信条。谈到事业、爱好与人生，张修齐律师分享了他的体验与感悟："人生只做两件事，'进德'和'修业'，当做人与做事合二为一，事业与爱好融为一体时，这两件事也可以很好地结合在一起。"从这里，他看到了未来之路。提到刑事律师的未来，他略思忖道："为不断提升刑事法律服务专业化水平，维护社会公平正义，我愿肩负起一个法律人的责任和使命，与广大同仁携手与共，砥砺前行。"

破产重组领域盛放的铿锵玫瑰

——访 ALB 首个破产重组领域中国最佳女律师、大成律师事务所高级合伙人张婷

编者按

2017 年 10 月 20 日，《亚洲法律杂志》（以下简称"ALB"）公布了 2017 年度 15 名"中国最佳女律师"榜单，来自大成律师事务所的高级合伙人张婷律师位列其中，同时张婷律师也成为近年来 ALB 评选的首个破产重组领域的中国最佳女律师。ALB 这样评价道："女性柔中带刚的特质为律师这一职业赋予了极大的魅力，女律师在自己的执业生涯里凭借不断的努力，谱写出一首女性的赞歌。"张婷律师毕业于中国人民大学法学院，现为北京大成律师事务所高级合伙人，兼任北京市破产法学会常务理事、中国银行法学研究会金融安全与金融法专业委员会副主任、中国政法大学金融机构风险处置研究中心执行主任、中国人民大学破产法研究中心研究员、国际破产协会会员等社会职务，主要执业领域是公司重整、破产清算、债务重组及金融机构风险处置，在破产重组领域拥有近 15 年的执业经验，是国内

最有影响力的破产重组律师之一。张婷律师承办大量重整和债务重组经典案例，累计处理债务规模超 5 000 亿元人民币，多个重整案例入选"最高人民法院重整及清算十大典型案例"。张婷律师专注金融机构风险处置研究，提供了超百万字的研究报告，承办了多家金融机构行政清理、接管、破产等项目。张婷律师理论功底深厚，出版了《困境公司如何重整》《公司重整制度中的股东权益问题》《公司重整：角色与规则》等专著，并主编《东亚金融机构风险处置法律评论》《破产法茶座》系列书籍，担任《破产法文库》副总主编，《法庭外债务重组》专家委员会成员，已连续 3 年受邀撰写《钱伯斯中国破产法实践指南》，是钱伯斯亚太指南破产重组领域推荐律师。

一个女律师，在破产重整领域取得如此辉煌的业绩，又拥有如此多的专著和专业论述成果！笔者惊叹之余更加关注张婷律师的"行踪"，希望可以采访并一睹这位律政佳人的精英风采。经多方联络，2018 年的一个午后终于得偿所愿。

印象

自古江南出才女，而张婷律师不只是有才，更是同仁公认的美女律师。初见张婷，以为偶遇某明星，深度交流后，性格爽朗的张婷道："好多人见到我的第一面就问，你很像那个谁谁谁，呵呵。"言语中带着满满的自信与从容。当然，这种自信与从容不仅仅是因为颜值，更因她的才华和能力，是专注专业笔耕不辍的才华，是发现问题解决问题的能力，是不舍昼夜历经无数大案后的淡然。

在笔者看来，张婷律师具有江南女子的特质——外柔内刚，又集聪慧温婉、美貌才情于一身，集睿智坚强、严谨果敢于一人。或许，这应该就是张婷，那个不畏困难，在无数大案中可以挥斥方遒纵横捭阖的中国女律师，正是这种特质，使得她能够在大型企业的重大重组和重整案件中厘清极其复杂的法律关系，明确思路和方向，综合平衡各方利益，为陷入困境和濒临绝境的企业寻找到"生"的突破口。

刻苦求学，为梦想插上翅膀

张婷出生于有着"千古龙飞地，一代帝王乡""天师故里"之美誉的江苏徐州丰县。父亲在政法系统工作，从部队侦查参谋到公安破案专家再到司法局领导，这些经历对孩子们学习和择业乃至性格的形成都产生了非常积极的影响。她的姐姐毕业后进入公安局工作，而作为家中小女，

张婷却更向往首都北京。于是在填报高考志愿时，她填报的所有志愿皆指向首都，且都是法学院校，第一志愿即是中国人民大学法学院，并以高分被顺利录取。本科就读经济法专业，之后她又顺利考上人大法学院经济法硕士。

"其实父母对我们的学习并无严苛的要求，主要是靠我们的自觉，父亲常说'响鼓无须重槌敲。世上怕只怕认真二字，笨鸟要先飞'。"

认为自己天分不高又好胜心极强的张婷牢记父亲的教诲，争分夺秒地刻苦学习，树立的目标就是年级第一，她不能接受第二名。所以从中学开始，她就一直是遥遥领先的第一名。在这里更值得一提的是，张婷中学期间即申请入党并在高中毕业前夕成为一名预备中国共产党党员，至今党龄已经超过20年。

天道酬勤，谱写人生华章

2004年，顺利完成学业的张婷进入中国律师界居于领先地位的金杜律师事务所工作。这一干就是11个年头，而不到第七年她就被破格提升为律所的合伙人。2015年，张婷进入律界航母大成律师事务所，成为大成律所的高级合伙人。开篇我们提到，多年来张婷律师一直专注于公司重整、破产清算、债务重组及金融机构风险处置领域的法律服务，在破产重组领域积累了丰富的实践经验。她已成为国内破产重组领域最知名的律师之一，并承办了大量重大经典案例。如云维股份、夏新电子等十多家上市公司重整案；中国二重、云南煤化工等几十家非上市公司重整案；中钢集团等多家大型央企、国企债务重组项目等，累计处理债务规模超5 000亿元人民币，且多个重整案例入选"最高人民法院重整及清算十大典型案件"。

笔者以为，张婷律师事业的快速发展，应与她极强的逻辑思维能力、文字书写能力、沟通协调能力以及在外奔波不怕吃苦也从不畏惧任何困难和挫折的执着精神有关。是金子总会发光的，是人才也终究会脱颖而出！

其实，在张婷律师的择业过程中，是有一些小曲折或插曲的。最开始她的就业首选是国家部委，但未能如愿，遂选择进了律所。在律所工作一段时间后，原本还有机会到国家部委工作，但这时她却又主动放弃了。一向是乖乖女的张婷第一次在重大决策上与父亲唱了反调，选择继续做律师，而这个决定遭到父亲的强烈反对。当然，最终证明她的选择是正确的，这条路非常适合她。

作为一名"破产"律师，张婷律师也如游牧民族般常年在外"飘荡"了十数年，她也因此参与和见证了破产重组业务从发展到壮大的过程。然而，项目维稳风险的巨大压力，长期离家在外的孤独感，项目间来回奔波的辛苦，家人的不满和埋怨，难以参与律所活动的边缘感，时刻在挑战着破产重组律师的心理承受力。在压力面前，一些同事选择了离开，她也曾动摇过，但最终她还是选择了坚守。

回首往昔走过的足迹，从被动接受到主动选择律师职业再到最终成长为一名优秀的专业律师，笔者以为，这个过程绝不仅是"命运的安排"，而是因为她对自身能力有着清醒的认识，明白自己更喜欢做什么、更善于做什么，并坚持不懈地努力。或许每一个人在人生奋斗的历程中都要学会舍弃和放下，没有平日的牺牲，哪有今日沉甸甸的收获！

"人生之路的选择，无须注重过多细节，只要大方向正确，选对了自己适合的专业领域，并一直努力坚持下去，终会有所收获。"张婷律师经常与青年律师分享自己职业生涯中的这些小插曲。也或许，正是这些小插曲成就了现在的张婷律师，成就了一个ALB首位破产重组中国最佳女律师。

笔耕不辍，做学术专家型律师

采访前夕我们了解到，除多个重大破产重组案件外，让张婷律师特别引以为傲的应该就是凝结着她心血和汗水的那一本本著作和一篇篇专业论述：《困境公司如何重整》《公司重整制度中的股东权益问题》《公司重整：角色与规则》《东亚金融机构风险处置法律评论》《钱伯斯中国破产法实践指南》等。

破产重组业务本来就非常辛苦，繁忙的工作之余能出版如此多的著作和撰写如此多的论文，这在律师界可谓凤毛麟角！

是什么样的动力使张婷律师投入这么多精力出版这么多著作？张婷律师说，《破产法》实施不到13年，虽然近几年相关立法和制度在逐渐完善，但仍然比较原则，很多破产案件面对的难题找不到法律依据，需要实践中不断摸索和总结经验。由于自己有机会参与很多重大疑难案件，在实践中形成了一些有效的创新方案和操作经验，时常有法院、破产管理人协会、各种破产法论坛邀请她进行经验分享。张婷律师觉得将第一线的宝贵经验进行系统整理并出版，可以让更多的破产业务参与方获益，更有利于促进破产学术的交流和破产业务实践的发展，有利于推动破产立法的完善。

时至今日，张婷律师已成为业界公认的破产重组专家型律师。而要做专家型律师，就要求律师既要具有扎实的法律功底和卓越的理论水平，还需要扛得住诱惑和压力，对一个业务领域进行深挖细耕。律所合伙人每年都有业绩要求，单独做一个专业领域压力非常大。破产重组业务的特点是周期长、难度大，能否成功又有很大的不确定性，前期市场开拓的投入短期内无法回收，而其他领域有的业务短期即能获得较为可观的收入，很有诱惑力。但张婷律师认为，既然立志做专家型律师，就要坚守自己的专业，把这个专业做到精湛、极致和前沿。

不断创新，拯救危困企业

"幸福的家庭是相似的，不幸的家庭各有各的不幸。"危困企业也是一样，每一个处于困境的公司虽然有一些普遍存在的问题，但也都有其自身特有的难以解决的困难和障碍。因此，每一个困境公司的重整都有其独特之处，都需要根据具体情况研究探讨新的解决途径。重整并不是一个简单模仿复制的过程，而是一个复杂的系统工程。这就要求管理人针对不同企业的"病症"，查明"病因"，"对症下药"。对于棘手案件、疑难杂症还要能运用创新手段和思维研究出"最佳良方"，以达到"药到病除"。

在备受业界关注的无锡尚德重整案中，因无锡尚德是境外公司在中国的全资子公司，涉及多方面跨境破产问题。其中境外采购长单问题特别突出，由于长单约定的采购价款和年限导致合同不能继续履行，而合同约定解除合同的违约金数额巨大，长单相对方申报债权高达 200 亿元。若按此金额确认债权，无锡尚德几乎没有重整的希望。张婷律师提出，外国企业也要遵守中国破产法，按照我国的破产程序申报债权，他们的债权应以实际损失进行确认。最终申报的约 109 亿元债权被认定为不足 4 亿元，对方也未提起债权异议诉讼，此项提案为无锡尚德重整节省了巨额的成本。在制订重整计划时又引入"现金＋应收款"与"现金"两种清偿方式并举，以供债权人选择，这也为其他困境企业重整提供了有益的借鉴。后无锡尚德重整案入选"最高人民法院破产案件十大典型案例"，"江苏省高级人民法院 2011—2015 年企业破产审判十大案例"。

"中国二重"双重整案是一起企业地位重要、负债数额巨大、社会影响广泛的央属企业案件。通过法院和管理人等多方面的努力，重整圆满成功，取得了良好的法律效果、社会效果和政治效果，打造了司法重整的"二重模式"。作为管理人负责人的张婷律师开创性地提出将普通债权人进行分类，分为金融债权、非金融债权、关联方债权等，并结合偿债资源和各类债权人特点设计偿债方案平衡各类债权人利益。该方案既有原则性又具灵活性，最终获得各方满意和肯定，这为"中国二重"双重整案仅仅用两个月即完成重整打下了坚实的基础。后该案入选破产法实施十年"最高人民法院破产重整及清算十大典型案件"。最高人民法院这样点评道："二重集团和二重重装重整成功，为这两家资产总额达 210 亿元的国有企业卸下了沉重的债务负担，优化了金融债务结构。该案积极探索实践庭外重组向司法重整转换，为陷入困境但有再生可能的大型国有企业司法重整提供了可复制的范例。"

在云南煤化工集团五公司系列重整案中，由于五公司债务负担和偿债资源严重倒挂，作为管理人副组长，张婷律师与团队经过认真研究，创造性地采取了"自下而上"的协

调审理模式。首先完成上市公司云维股份与下属两公司的重整程序，成功化解退市危机，保住了上市公司云维股份的壳资源，又同时通过资本公积金转增股票的方式向上层集团公司输送偿债资源，然后依次完成上层集团公司的重整程序。这样既满足了各公司法律关系上的独立性，又综合考虑了重整目标的统一实现。该案还首创以"债券平移"方式化解债券危机，既降低了当期重整成本，又成功避免了大额债券违约所带来的严重后果。重整计划既对不同债权进行科学的分类，又利用多元化的偿债资源最大可能提升清偿率。最终煤化工集团 650 亿元负债中 500 多亿元债权通过系列重整程序得到了 100% 清偿，部分债务得以豁免，摆脱了沉重的债务负担。2018 年 3 月，该案被最高人民法院评为"十大破产典型案例"。最高人民法院这样点评道："本案是在供给侧结构性改革及'去产能、调结构'背景下，人民法院切实发挥破产审判功能，积极化解产能过剩，保障地方就业稳定，并最终实现困境企业涅槃重生的典型案例。通过重整程序，集团旗下关闭煤矿 18 家，清理过剩煤炭产能 357 万吨／年，分流安置职工 14 552 人，化解债务危机的同时为企业后续持续健康发展奠定了基础，得到了债权人、债务人、股东、职工的高度肯定和支持。"同时《人民法院报》还整版报道了煤化工集团的破茧重生之路，评价其为国有企业改革脱困提供了行之有效的、可供借鉴的"云煤模式"，高度评价法律顾问，为重整程序的顺利推进提供了强有力的法律和技术支撑。

张婷律师总能针对不同企业的特殊情况和难点问题设计出独特的解决思路，而每一次创新和突破又都符合破产法理念和重整制度原理，最终都能取得各方认可的良好效果。在面临创新的重大决策上，她又总能严谨而果敢地做出决定，敢于担当，或许正是这样的魄力才创造了一个又一个"破茧重生"的经典之作。这一点，从北京市破产法学会会长王新欣教授在《中国审判》中对煤化工集团系列重整案的点评中可以得到印证："煤化工集团系列重整案件中，无论是法院、管理人还是地方政府都在法律范围内倾其'洪荒之力'以挽救企业，千方百计想把事情办成，而非百般逃避承担责任，不以法律无规定而束手不为，不以

实践无先例而裹足不前，视野不限一事，努力不拘一格，正是有此之担当精神方能有诸多创新举措，方能有值得借鉴之经验问世。"

专注金融机构风险处置研究，为化解金融风险献计献策

金融机构风险处置是非常前沿、十分专业的领域，由于普遍认为金融机构"大而不能倒"，很少有律师研究这个领域。然而，多年来张婷律师对于金融机构风险处置领域持续专注并投入了大量精力。她认为不能光做一般企业的危机处置，还要积极参与金融机构的风险处置。这对于化解我国金融风险、维护金融秩序和保护投资人利益有着非常重大的意义。

开始加入破产重组团队时，张婷律师正好赶上我国对证券公司进行综合治理和风险处置的关键时期。她通过参加多家证券公司的行政清理、清算、托管、破产清算等工作，对于金融机构风险处置有了深刻的见解和浓厚的兴趣。

多年来，她一直专注金融机构风险处置领域的研究，学习其他国家和地区的先进经验，积极推动我国金融机构风险处置法律机制建设，为化解金融风险献计献策。她还长期参与金融机构风险处置相关立法修订及课题研究，向证券、保险、银行、信托等行业监管机构及保障基金公司提供了超百万字的研究报告及专家咨询意见。她入选监管机构的专家库，担任保障基金公司风险处置方面的法律顾问。在此，特别值得一提的是，张婷律师还与国内知名学者和专家牵头成立了中国银行法学会金融安全与金融法专业委员会、中国政法大学金融机构风险处置研究中心、北京工业大学银行复苏与处置法律研究中心等机构，并担任副主任、执行主任等职，组织"银行复苏与处置论坛""金融机构风险处置论坛"等学术活动，交流理论研究成果和实务经验。她还主编了相关书籍，发表多篇专业论文，无论是法律实务还是理论研究，她都建树颇丰，可以说她已成为在金融机构风险处置领域少有的专家型律师。

公平正直，做一个有情怀的法律人

在社会大众的眼里，破产就是意味着这家企业无法继续经营下去了，要倒闭了。狭义的破产制度仅指破产清算制度，而广义的破产制度还包括重整与和解制度。尤其重整制度是企业破产法新引入的一项制度，是对可能或已经发生破产原因但又有希望再生的债务人，通过各方利害关系人的协商，并借助法律强制性地调整他们的利益，对债务人进行生产经营上的整顿和债权债务关系上的清理，以期摆脱财务困境，重获经营能力的特殊法律程序。重整制度是目前世界各国公认的挽救企业、预防破产最有力的法律制度之一。它在债务人经营发生困难和最终清盘之间设置了缓冲地带，给了债务人一个起死回生的机会。

无论是破产清算还是重整，都需要法院指定管理人，负责管理企业的财产和营业事务。怎样才能成为一个合格的、优秀的破产管理人？作为在这个领域坚守15个春秋的资深律师，张婷可以说是国内最有发言权的律师之一。笔者当然也向张婷律师提出了这样的问题。

张婷律师略沉思后与我们分享道，做破产业务一定要有破产法的思维，要在破产法的语境下去思考问题、解决问题。还需要具有扎实的法律功底、快速解决问题的能力、良好的沟通协调能力、团队合作精神、超强的抗压能力等。特别重要的，要做好破产案件的管理人，一定要是一个有情怀的人，一个公平正直的人。

张婷律师表示，每一个企业陷入困境后，其最大的受害者除债权人外就是企业的职工了。破产清算很容易，但那么多企业职工该如何安置，他们很多家庭甚至是几代人在一个企业里贡献了数十年。而"重组"或者"重整"工作，可以帮助企业卸下包袱轻装上阵，焕发生机，很多家庭能看到"生"的希望，也可以帮助政府留下一个好的产业。"我专做破产业务十多年，迄今为止只在刚开始做过3个破产清算案件，目前团队也只接重整和债务重组项目，因为我们更愿意做'救生员'，做企业的医生，为企业治病，为企业的职工谋生路，这是一份神圣的职业，很有成就感，已不是单纯经济追求，更是一种情怀。""再者，管理人必须'正'，要守住公平正直的底线。破产业务有很大的利益诱惑。想做好这个业务，一定要公平、正直、中立，不能有私心在里面，因为这里牵扯的利益太大，要求管理人要用一颗正直的心公平对待和平衡各方利益。"

在努力拼搏的同时努力兼顾家庭

做破产律师，出差与加班是永恒的旋律，家庭和工作必然有冲突。相比男律师，这个冲突对女律师挑战更大，而孩子的到来使冲突又进一步升级。说到家庭和孩子，张婷律师满满的愧疚。因为工作性质特殊，项目基本都在外地，她总要出差，陪伴孩子的时间特别少，经常处于缺位的状态。作为妈妈，内心非常煎熬，特别是每次出差时，孩子哭得撕心裂肺，她也是控制不住地流泪。对孩子最好的爱是陪伴，缺少妈妈的陪伴会让孩子缺乏安全感，容易敏感，这对孩子造成的伤害难以弥补。张婷律师反思后调整工作状态，合理安排每个项目现场的工作进度，远程工作方式与现场工作方式相结合，争取每周都有时间回家陪孩子。

在云南煤化工集团重整时，时间紧任务重，因要经常在北京和昆明之间来回飞，突遇雾霾天气还会延误或者取消航班。为了能兼顾陪伴孩子，她和家人商量后举家搬到昆明，在昆明给孩子找了一所幼儿园，这样既方便工作，又可经常与家人在一起。就这样，4岁的儿子在春城开始了他的学习生活之旅。

张婷律师认为自己算是幸运的，面临家庭和工作之间的冲突，没有放弃，坚持了下来，目前已经达到了一个相对平衡的状态。有的女律师因为家庭中途放弃，这肯定对事业有一定影响。因为在这个领域你已经付出了很多，也积累了很多，如果轻易换新的领域，肯定要从头开始。"谈不上我做得有多好，也无法实现家庭事业两不误，只能说根据情况的变化不断地调整，尽量兼顾和平衡。"

心怀感恩，继续努力前行

采访将结束时，笔者问及张婷律师有什么成功感悟可以分享。张婷律师说自己是个非常幸运的人，得到了很多帮助和支持。在此，她要感谢父母的辛苦培养，为她创造了择业的高起点；她要感谢家人的理解和支持，使她能够坚守向前；她要感谢母校人大法学院的栽培，使她具备了多方面突出的专业能力；她要感恩能够相继加入金杜和大成这样国内最优秀的律所，给了她广阔的发展平台，有机会接触最前沿的业务；她要感谢她的职场导师——破产重组界领军人物郑志斌律师，是郑律师把她引入了破产重组这个领域，又对她无私地培养和指导，提供很多锻炼和成长的机会，使她得以充分发挥自身优势，且郑律师的正直、敬业、处事原则都使她受益终身。她还要感谢团队的每一位伙伴，她说单打独斗肯定做不好破产业务，因为每一个项目的成功都是整个团队努力的成果。她要感谢所有客户，客户给予了团队不断发展、积累经验的机会，客户的尊重和认可就是团队最大的信心和荣誉。最后，她还要感谢这个时代。当前，国家经济发展进入新阶段，破产机制已成为市场经济体制中化解过剩产能最为重要的金融和法律途径，这正是时代赋予破产律师的新使命、新机遇和新担当。

后记

三毛曾说："给自己时间，不要焦急，一步一步来，一日一日过，请相信生命的韧性是惊人的，跟自己向上的心去合作，不要放弃对自己的爱护。"这句话适用于不断努力的张婷律师，同样适用于陷入逆境的企业，适用于我们每一个人，前路漫长，尽职尽责尽心，方能尽善尽美。

张婷律师说："努力的人运气都不会太差。"她相信只要脚踏实地，心怀感恩，越努力就会越幸运。笔者也坚信，张婷律师一定会继续前行，再创佳绩。亦如开篇所言，女性柔中带刚的特质为律师这一职业赋予了极大的魅力，女律师在自己的执业生涯里凭借不断的努力，谱写出一首女性的赞歌。张婷律师用执着与坚守铺就着她的律师之路，更用自信与从容谱写着她的优雅人生，成为破产重组领域盛放的铿锵玫瑰。

以匠人之心为企业发展保驾护航

——访中伦文德律师事务所一级合伙人张显峰律师

编者按

改革开放40多年来，我国经济获得了突飞猛进的发展，取得的巨大成就更令世界瞩目和全球公认。当然，成就的背后也出现了许多这样那样的问题，今天我们主要谈谈较为突出的两个问题，一是产品质量问题，二是法律问题。

2008年9月17日，国家质检总局发文："鉴于近期石家庄三鹿集团股份有限公司生产的婴幼儿配方乳粉发生重大食品安全事故，部分企业生产的个别批次的婴幼儿配方乳粉检出不同含量的三聚氰胺……国家免检制度即日起废止"。至此，实行了八年六个月零四天的国家免检制度终于被叫停。

笔者了解到，我们今天采访的主人公——北京市中伦文德律师事务所一级合伙人张显峰律师自2004年起就在各大媒体呼吁并指出：《产品免于质量监督检查管理办法》的出台缺乏法律依据，与行政许可法相违背，质检总局以《产

品质量法》和国务院决定作为《产品免于质量监督检查管理办法》的法律依据不成立。且他还于同年9月开通了"免检问题投诉热线"，在短短两个月内接到近两百个针对免检产品的投诉电话，据统计其中2/3的消费者是关于免检产品质量的投诉，另外1/3则是一些小企业对评选标准中设置种种门槛的质疑。

2008年，在公众和学者的共同呼吁声中，国家免检制度终于被废止。随后，有悖于市场公平竞争的一系列名牌评选制度逐步退出了历史的舞台。而在这场大规模的公益行动中，张显峰律师无疑成为重要的推动者之一。

另外，张显峰律师和团队还一直关注汽车产品质量损害赔偿问题，并代理打赢了"消费者诉汽车安全气囊未打开致人死亡案"以及后续关于汽车产品质量问题引发的多起案件，受到社会广泛关注。据不完全统计，在近年来新闻媒体披露的十余起涉及汽车安全气囊的诉讼案件中，胜诉案件均出自张显峰律师团队。

在我国经济获得健康发展、社会获得有序进步的历史进程中，张显峰律师和他的团队留下了他们厚重的痕迹；在保障人们安全消费、安全出行的过程中，张显峰律师和他的团队更流下了辛勤的汗水。

印象

作为一名执业律师为何如此热心公益？为何如此关注这些涉及消费者安全和权益保护的产品质量问题？2018年年末，笔者带着这些问题终于采访到了张显峰律师。

"产品质量是社会的良心，只有每个人都用良心做事，这个社会才会更好，我们的生活才会更美好。"张显峰律师感慨道。

在他温和的笑容里我们读到的是一个法律人对社会问题的忧思和关切，在他睿智的言语中我们读到的是一位中国律师对企业该如何发展的专注与思考。

是的，张显峰律师就是那个既热心公益事业，关注社会问题又深谙企业发展之道，并深得顾问单位信任的智囊参谋，更是企业管理、决策、发展乃至未来长远规划的设计师和护航者。

汽车安全气囊未打开致人死亡第一案

因为越野车撞上一棵大树，驾驶员位置的安全气囊没有弹出，刘先生终因伤重抢救无效死亡。2008年11月3日，北京市第一中级人民法院做出二审宣判，驳回汽车厂商的上诉，维持原判，由生产上述越野车的北京BZ某某汽车有

限公司（以下简称"北京 BZ 公司"）和销售商哈尔滨市某汽车销售维修有限公司（以下简称"哈尔滨汽车销售公司"）等相关公司赔偿原告经济损失 65 万余元。至此，这起全国首例因汽车安全气囊未弹出导致司机死亡而判赔的案件终于画上了圆满的句号。原告律师的代理意见全部被法院采信，代理律师最大限度地为当事人争取了应得利益和维护了当事人的合法权益。

此案的起始还要回到 2006 年 7 月 6 日。当日 19 时 20 分许，刘女士的丈夫刘先生驾驶上述越野车由哈尔滨市去往逊克县途中，当行驶到孙逊公路 25 公里附近急转弯处，因路况不熟，车辆驶出路外，与道路东侧杨树相撞，致使车辆严重损坏，正驾驶位置安全气囊未弹出，驾驶员刘先生经抢救无效死亡，副驾驶乘车人孙某受伤。原告刘女士认为，该车发生严重碰撞后，方向盘断裂，但安全气囊未弹出。上述情节属于严重的产品质量缺陷。该缺陷是造成刘先生死亡的唯一原因。刘先生驾驶的越野车系由北京某某汽车有限公司生产，哈尔滨汽车销售公司销售。2005 年 8 月 8 日，北京某某汽车有限公司更名为北京 BZ 公司，故北京 BZ 公司应对涉案车辆的产品质量缺陷承担赔偿责任。原告要求北京 BZ 公司按照《缺陷汽车产品召回管理规定》的要求，主动召回存在质量缺陷并因此给原告带来巨大伤害的汽车，并向原告赔礼道歉。起诉要求北京 BZ 公司、哈尔滨汽车销售公司支付死亡赔偿金 800 000 元，被扶养人生活费 60 610 元，丧葬费及办理丧葬事宜支出的其他费用 18 048 元，医疗费、抢救费 11 206.76 元，刘女士的误工费 9 000 元，精神损害赔偿金 200 000 元。北京 BZ 公司、哈尔滨汽车销售公司对上述款项承担连带责任；承担诉讼费用。

原审法院认为：汽车安全气囊目前在我国并无国家标准或行业标准；根据涉案车辆速跑系列车型用户手册，驾驶员安全气囊和前排乘员安全气囊在车辆受到碰撞后未能在同一时刻爆开弹出且驾驶员安全气囊未弹出的事实，证明涉案车辆存在驾驶员安全气囊受到一定程度的碰撞未能弹出的缺陷，涉案车辆存在的该缺陷与驾驶员刘先生死亡的后果存在因果关系。涉案车辆系哈尔滨汽车销售公司销售，由北京某某汽车有限公司生产，北京某某汽车有限公司已更名为北京 BZ 公司。原告要求北京 BZ 公司、哈尔滨汽车销售公司赔偿

刘先生死亡赔偿金、被扶养人生活费、精神损失费等损失并承担连带责任，不违反法律规定，应予支持。

产品责任侵权纠纷，产品的生产者应承担严格的举证责任，生产者只有证明其存在法定免责事由才能免责。北京 BZ 公司及哈尔滨汽车销售公司所提交的证据不能证明其具有法定免责事由即涉案车辆在投入流通时，引起损害的缺陷尚不存在，即证明车辆投入流通时并无缺陷，亦不能证明涉案车辆存在对安全气囊进行改装、拆卸等情形。故该院对北京 BZ 公司、哈尔滨汽车销售公司的答辩意见不予采纳。据此，依照《中华人民共和国产品质量法》第四十三条、第四十四条第一款、第四十六条之规定，判决如下："本判决生效后十日内被告北京 BZ 公司、哈尔滨汽车销售公司赔偿原告刘女士、刘先生、张女士经济损失 657 274.76 元（其中，刘先生的死亡赔偿金 399 560 元，丧葬费 18 048 元，被扶养人生活费 30 305 元，医疗费 4 861.76 元，刘女士误工费 4 500 元，精神损失费 20 万元），被告北京 BZ 公司、哈尔滨汽车销售公司对上述款项承担连带责任。如果未按本判决指定的期间履行给付金钱义务，应当依照《中华人民共和国民事诉讼法》第二百三十二条之规定，加倍支付迟延履行期间的债务利息。"

然而，法院判决后，北京 BZ 公司不服一审法院判决，提起上诉。其主要理由：一是原审法院对涉案车辆发生事故时气囊能否弹出的真正原因根本未查，对驾驶者刘先生是否系安全带的事实认定不清。二是原审判决适用法律错误。造成刘先生死亡的最根本原因是交通事故，是刘先生本人的违法行为，而不是安全气囊的质量问题。三是原审判决以副驾驶安全气囊打开乘员未死亡，直接推定驾驶位置气囊如打开驾驶员必生还的结论是错误的。

北京市第一中级人民法院经审理认为，该案系产品质量侵权纠纷。所谓产品质量侵权，即产品的生产者或销售者因产品的缺陷而使消费者遭受人身或财产损害。根据该案查明的事实，驾驶员安全气囊与前排乘员安全气囊应在同一时刻膨胀。而刘先生所驾驶的车辆前排乘员安全气囊已膨胀，而驾驶员气囊未弹出，说明涉案车辆存在缺陷，未能发挥保护作用。前排乘员安全气囊打开乘员仅受伤，而刘先生所在驾驶员位置上的安全气囊未打开致刘先生死亡，说明缺陷产品与刘先生死亡存在因果关系，故该车辆生产者或销售者理应赔偿受害人因此而造成的损失。

产品质量侵权纠纷对产品的生产者实行严格的无过错责任。该案中，安全气囊在引爆条件成立的情况下未弹出，足以证明引起损害的缺陷是存在的。按照产品质量法的规定，只要产品客观上存在缺陷，给使用者造成了人身或财产损害，除有法律规定的免责事由外，不论产品生产者是否有过错，都要承担赔偿责任，即北京 BZ 公司必须有法定免责事由方能不承担赔偿责任。北京 BZ 公司认为缺陷是车辆使用者不正当使用所致，并申请鉴定。该院认为，事故发生后，被上诉人刘女士已及时通知北京 BZ 公司，北京 BZ 公司派技术人员到现场进行了初步检查。在原审审理中，北京 BZ 公司提供了涉案车辆的维修记录，但从维修记录中

也无法反映出该车辆的维修与安全气囊不能引爆存在因果关系，北京BZ公司亦不能证明涉案车辆存在对安全气囊的私自改装、拆卸等情形，因此，北京BZ公司无证据证明车辆使用者不正当使用该车辆。关于鉴定问题，因双方当事人均非涉案车辆的所有人及长期占有使用人，在诉讼中未能提供出车辆的具体下落，使鉴定成为不能。现北京BZ公司坚持其上诉理由和要求，证据不足，法院不予支持。原审法院根据被上诉人的合理经济损失，判令北京BZ公司、哈尔滨汽车销售公司予以赔偿并无不当。

综上所述，北京市第一中级人民法院认为原判正确，应予维持。依照《中华人民共和国民事诉讼法》第一百五十三条第一款第（一）项、第二百二十九条之规定，判决驳回上诉，维持原判。

张显峰律师评注："自从2007年接受原告的委托代理诉北京BZ公司、哈尔滨汽车销售公司汽车产品质量侵权纠纷一案以来，一路坎坷，我和我的团队投入了前所未有的心血和情感。很欣慰，法律还了消费者和消费者家属一个公道。作为一个关注社会良心的执业律师，我也深深感慨，在现行的法制环境下，维权之路，路漫漫其修远兮！"

控制风险，促成交易，以匠人之心为企业发展保驾护航

在进入律师行业前，张显峰律师曾在林业部工作4年，又先后在深圳太太药业有限公司、深圳雪樱花实业有限公司负责产品质量认证、质量体系认证和市场营销推广等工作。对于企业的发展之道自然了如指掌，更将企业运营的各个环节熟稔于心。自2000年从事律师工作至今，张显峰律师热心公益事业的同时一直致力于为企业发展提供最有价值和有效的"保姆式"法律服务。从企业成立之初到企业不断发展壮大的过程中，张显峰律师带领团队一直为顾问单位提出和制定不限于法律的各项服务内容，从企业的管理、企业的决策、企业的经营乃至企业的长远规划等，他们的每一条意见已经成为企业负责人的重要参考依据。

如此高度的黏合性和信任度让律师与企业之间俨然已成为密切的合作伙伴、人生挚友。

多年来，张显峰律师还在公司法律事务领域建树颇丰，担任了富力地产、国锐地产、夏新电子、蓝地服装、俏江南餐饮、崔克自行车等大型企业的法律顾问；并曾受国家药监局培训中心和中国人民大学培训中心的邀请担任培训讲师为上百家企业提供专项法律培训。因在企业法律风险管理方面的研究和实务成果，他多次受邀参与中国法学会与中国台湾法律风险研究会联合举办的法律风险控制研讨会等。

此外，张显峰律师还担任着中国法学会会员、中国民主建国会北京市朝阳区法制专委会副主任、民建北京市委法制委委员、最高人民法院选聘的志愿咨询专家、北京第二外国语学院国家法学院兼职教授等社会职务。2002年12月，被丰台区司法局评为"人民满意的基层法律服务工作者"，2007年被"法易网"评选为"全国百强律师"等荣誉。

驭马之术，和解之道

十几年前一次偶然的机会，让张显峰律师接触到了骑马这项运动，从此他就爱上了马和马术。多年来，作为专业的法律人士他还担任诸多马术俱乐部的法律顾问，呼吁社会对马术行业的保护。尤其值得一提的是，在2015年某马场骑手坠马后又被马踩中重要部位导致身亡的事件中，骑手家属一纸诉状将马场告至法院，一审法院判决马场负全责，赔偿骑手家属100余万元。这样的定性和判决无疑给整个马术行业蒙上了一层厚厚的阴影。"如此定性，谁还敢经营马场！马术是一项竞技类体育运动，要和观光旅游区别开来。"张显峰律师大声呼吁，后二审法院终于改判。

"骑手要和马达成一种平衡，对待自己的马既要温和用心又要严格要求，这样才能做到人马合一。其实在各种诉讼案件中，我非常愿意做调解工作，甲乙双方走到法庭上，其目的是来解决问题，并非要打得你死我活。就像骑手与马相处一样，要想双方当事人的心结都得到化解就需要平衡，这就是和解。和解的成本对于双方当事人都是最低的。当然，可能律师费少了很多，但问题最终得到了圆满的解决，这才是我们作为法律人追求的最高境界。"

后记

采访结束，张显峰律师的驭马之术、和解之道，以匠人之心为企业发展保驾护航的执业理念一直萦绕在笔者的脑际。是啊！与其两败俱伤，不如握手言和。社会向前发展，需要各方的和解与平衡。企业实现可持续健康发展，既需要合理控制风险，又需要讲究经营策略和最终达成交易实现共赢乃至多赢。如此，我们这个社会才会更加文明和进步。

每天进步一点点是成功的开始，一个企业、社会每天进步一点点，就是整个国家乃至世界走向繁荣昌盛和辉煌的开端。张显峰律师和他的团队同仁，每一天都在一步一个脚印地用一颗匠人之心为企业的发展、为社会的文明与进步贡献着自己的绵薄之力。

坚守初心，负重前行

——访北京正山律师事务所主任、创始合伙人、
北京正山拆迁征地维权律师团首席律师张心升

编者按

随着社会生产力的发展、科学技术的进步、信息化的推进以及产业结构的调整，我国以农业为主的传统社会正向以工业和服务业等非农产业为主的现代城市化社会逐步转变。特别是进入21世纪以来，随着房地产业的快速发展，中国城市化进程明显加快。然而，在经济获得高速发展、人们生活水平得到极大提高、城市化进程快速推进的同时却出现了许多这样那样的问题和矛盾。而最为突出，也最受关注的应该就是因征地拆迁引发的社会矛盾和不稳定问题了。

既要保证城市化进程有序推进，又要保障和维护被征地拆迁人的合法权益，做到文明拆迁、依法拆迁，这对政府相关部门、拆迁人、被征地拆迁人以及征地拆迁维权律师的能力和水平都提出了极高的要求。

在中国律师界有这样一批律师，他们只为被征地拆迁人维权，以代理行政诉讼"民告官"案件为主业；以"为民争权，代民维权"为己任，哪里有违法征地拆迁行为，哪里就有他们的身影。他们奔波在外、不舍昼夜，为被征地拆迁人的合法权益执着坚守，流汗乃至流血从不后悔。因为他们知道，一个时代有一个时代的问题，一代人有一代人的使命，在这个大发展的时代总要有人站在前沿。

今天，我们采访的主人公——北京正山律师事务所主任、创始合伙人、北京正山拆迁征地维权律师团首席律师张心升，就是那个站在时代前沿，栉风沐雨、执着前行，竭力维护被征地拆迁人合法权益的一位杰出律师代表，更是一位将律师这一职业视作终身事业的法律人。

正直善良，追随我心

张心升律师祖籍山东，少年时父亲与村霸贪官斗争的经历让他深刻认识到，将来一定要做一个维护弱势群体权益的人。高中时，班上同学都非常喜欢一位政治老师。这位老师从来不用带课本就能在课堂上脱稿讲课、侃侃而谈。有一天，另外一位政治老师告诉他们："你们的政治老师当律师去了。"此事让张心升对律师这一职业有了最初的认识，原来"厉害"的人都去做律师了。

在武汉大学读书时，与同学结伴到校外，突遇城管人员查扣校园外小商贩摊点。经常在此摆摊卖豆腐干的老奶奶摊位被没收，情急之下老奶奶瘫坐在地。3个学生立刻上去将老奶奶扶起，可没走几步，老奶奶又摔倒了，他们再次将老奶奶扶起，并将老奶奶送往武大东门家中。虽是一件小事，但可见学生时期的张心升内心住满了正直与善良。大学毕业后，在地方行政事业单位、企业历练数年后，张心升选择了"北漂"2005年在京通过律师资格考试，2006年开始了他的执业生涯。

专注专业，执着坚定

自2006年进入律师行业以来，经过一年多的实践和探索，张心升律师选择了行政案件和刑事案件作为自己的专业方向，并且一直坚守至今，时间已长达13年。十多年来，他所办理的案件98%以上为行政案件和刑事案件，且所办理的行政诉讼案件、行政复议案件、房屋征收拆迁案件、征地补偿安置案件、土地权属案件、刑事案件、信息公开案件及咨询案件数量已达2000余件。

当被征地拆迁人带着期待走进北京正山律师事务所办公室，希望张心升律师可以就征地拆迁安置、补偿或赔偿的金额给他们一个承诺时，张心升律师总是耐心而真诚地说："第一，作为一名律师，我们不会给当事人任何承诺，这是我们要遵守的执业纪律，也是我们的职业道德；第二，作为在征地拆迁领域已经有超过10年办案经验的执业律师，受人之托就要忠人之事，一旦接受委托，我们就会竭尽全力维护被征地拆迁人的'合法'权益，'非法'权益我们不会维护；第三，我能保证作为代理律师绝对不会被收买。"

是啊！受人之托就要忠人之事，全力维护当事人合法

权益，做一个无愧于委托人的律师，做一个无愧于律师这一职业的法律人，把律师的责任、使命与担当融入灵魂和血脉，爱着律师职业，爱着法律事业，爱着征地拆迁维权这个社会矛盾最为集中和突出的专业。时光如梭，不知不觉中张心升已经在征地拆迁维权领域走过了13个春秋。

13年来，张心升律师所办理案件地域范围遍及28个省、自治区、直辖市。

"一个人能走得很快，但一群人会走得更远更长久。"2016年，张心升律师创立北京正山律师事务所，同时成立了北京正山拆迁征地维权律师团。该律师团是以张心升律师为首组建的实干型征地拆迁维权律师联盟。团队律师分别来自北京正山等10多家律师事务所，团队律师中的多名骨干律师均拥有10年以上维权办案经验，且团队采用"资源共享、优势互补、联合办案"的业务模式能为广大被征地拆迁人提供专业的、优质的法律服务。

多年来，正山律师团为广大被征地拆迁人提供维权服务的时间已经累积高达30万小时。正山律师团队律师始终将"做一名让人们'请得起，请得到，信得过'的律师"作为自己的执业信条，全心全意服务当事人。正山律师团的骨干律师竭尽全力通过法律渠道全方位提高被征地拆迁人的补偿额度和安置标准，并取得了良好的实践效果。

"我们始终相信，正义或许会迟到，但绝不会缺席。正山律师团更是每一被征地拆迁人的坚强后盾！虽历经磨炼，但我们依然坚强、不忘初心。"张心升律师道。

坚守初心，负重前行

每一次征地拆迁维权经历都是一次血与火的考验，每一次的征地拆迁维权经历都是一个充满了不同困难与艰辛的经典故事。因版面所限，读者欲深入了解张心升律师在为被征地拆迁人维权中所经历的跌宕起伏、曲折离奇的经典故事，还请关注北京正山律师事务所、中国律师年鉴网、法和家网（法律人之家）。那里的信息或许能给你我更多启迪，或许更能帮助到那些正面临征地拆迁你我和我们。

多年来，因一直在一线奋战，在征地拆迁维权的案件中，张心升律师总能针对不同的情况采取不同的策略，并尽最大努力将冲突拉回到理性解决问题的轨道上来。从而在切实维护被征地拆迁人合法权益的同时又化解冲突和矛盾，既取得当事人的信任，又解决了实实在在存在的社会问题。

对于当事人补偿期望值过高引发的冲突，张心升律师则耐心地与当事人进行沟通交流，"动之以情，晓之以理"，从情、理、法方面分析补偿安置问题，引导当事人理性认识征地和拆迁；对于当事人认为不公开、不公平引发的冲突，确实是拆迁方在理解法律和中央政府政策时存在的一些偏差，张心升律师会将法律条文和中央政策等资料准备妥当，直奔拆迁方进行理性沟通。

由于置身征地拆迁引发的社会矛盾旋涡中，征地拆迁维权律师群体也被媒体比喻为"刀尖上的舞者"。张心升律

师无疑已是"刀尖上的舞者"中的"老同志"，且他也确实在"刀尖"上走过了几遭。2016年，在某省法院"3·28"殴打律师事件中他"有幸"当了一次"主人公"。此事件在征地拆迁律师群体中引起震动的同时，引起了法学家、媒体的极大关注，并召开座谈会大声呼吁保障律师执业权利和人身安全是社会的责任，更是法律和政府的责任。据笔者了解，其实在此之前张心升律师已是数度遇险，他曾被不明身份人员堵在派出所里，派出所副所长陪着他聊了一个晚上，直到外面围堵他的人离去后他才从派出所出来。而在2014年"6·11"律师被殴打事件中，他的眼镜被抢走、衣服被撕破，一根手指受了伤，而他当时的同仁杨在明律师竟被打折5根肋骨……虽多次遇险，但张心升律师和他的同仁并未因此而退出征地拆迁维权这个领域。

"背后的利益越大，律师的风险也就越大，但我们不因有风险就不代理征地拆迁维权案件，就不维护被征地拆迁人的合法权益。"张心升律师坚定地道。

后记

近年来，国家针对房地产行业的调控对城市化进程有一定影响，但随着原有城市的旧城改造、乡镇城区改扩建项目的上马、保障性住房的大面积开工及都市圈、城市群（如北京城市副中心、雄安新区设立等）、城市带和中心城市的发展，中国城市化进程仍是社会发展的大势所趋。那么，征地拆迁律师一方面要维护被征地拆迁人的合法权益；另一方面要维护社会的安定和稳定。可以说，这已成为如张心升律师一样执着征地拆迁维权案件的每一位律师每一天都要面临的困难和挑战。

未来，征地拆迁维权律师仍然任重而道远。也正如张心升律师所言：既要保证城市化进程有序推进，又要保障被征地拆迁人合法权益，作为一名专业的征地拆迁维权律师，唯有不忘初心、负重前行。

誓将工匠精神进行到底

——访北京市京都律师事务所高级合伙人张雁峰律师

编者按

　　"工匠精神"是工匠对自己的产品精雕细琢、精益求精的精神理念，而法律工作是技能，也是手艺。所谓技能，就是知识与操作的结合；所谓手艺，就是将知识与操作完美地结合，并将技能发挥到极致。在这个过程中需要不断学习，爱岗敬业，聚精会神，一丝不苟，追求极致，精益求精。本文的主人公——北京市京都律师事务所高级合伙人张雁峰律师在办案过程中，将每一个案件都当作艺术品来进行精雕细琢、精益求精。而这种"工匠精神"也确实让他尝到了"甜头"，取得了丰硕的成果。

　　对此，笔者产生了浓厚的兴趣，于是在他近年刑事辩护领域众多经典案例中随手采撷了几例，萃集于此，以飨读者。（注：文中当事人均系化名）

案例一：某副市长张某受贿、巨额财产来源不明案

案情简介

　　某市政府副市长张某被指控犯有受贿罪和巨额财产来源不明罪，其中受贿涉及7起事实，涉案金额达340余万元；巨额财产来源不明涉案金额300余万元。按照指控和刑法的相关规定，两罪合并一般会判处12年左右有期徒刑。后在张雁峰律师的有力辩护下，法院采纳律师意见，判处张某有期徒刑6年。检察院不服一审法院判决，提起抗诉；被告人也提起了上诉，最终，二审法院维持原判。

争议焦点

　　（一）受贿罪的第7起事实（金额72万余元），即张某对开发商赠予其儿子的车库和地下室是否知情。
　　（二）巨额财产来源不明罪是否成立。

辩护思路

　　（一）关于第7起受贿问题。张雁峰律师从事实、证据（尤其是充分论证"孤证不能定案"原则）、情理角度进行论证，并提供相关案例，最终得到法院支持。
　　（二）关于巨额财产来源不明问题。张雁峰律师从指控的财产不应全部认定为非法所得、价格鉴定意见依据不足、控方没有证据证明"差额巨大"等方面进行论证，得到法院支持。

办案花絮

　　在此案审理期间，该省纪委出具办案说明（即该省纪委表明态度）认为，被告人张某在"双规"期间拒不配合调查，且态度极其恶劣……该省纪委如此表态，显然是希望此案从严从重，所以某市中级人民法院审判人员的确"压力山大"。但张雁峰律师进行了有理有据的论证和辩护。尤其在关于收受车库和地下室的事项上，张雁峰律师认为此事项为"孤证"，不能作为定案的依据，获得法院认可；关于巨额财产来源不明问题，张雁峰律师提出检方并未调查被告人张某工作30多年来的合法收入，指控的财产不应全部认定为非法所得，字画价格鉴定意见依据不足，该意见均获得法院认可。

案例二：王某单位行贿案

案情简介

　　王某系某建筑工程设计有限公司第二设计所所长，2008年3月至2012年9月，第二设计所在某市经济技术开发区党工委书记许某某的帮助下，承揽了20个项目的设计合同，其中15项工程违反法律规定未履行"招投标"程序，王某付给许某某款物合计人民币100余万元。多年来许某某曾收受多人贿赂，王某只是行贿者之一。在此案中，王某被免予刑事处罚。

争议焦点

　　能否判处免予刑事处罚，王某的主动供述是否属于自首是关键问题。检察机关认为，电话传唤到案不属于"自动投案"，且王某供述时检察机关已经掌握了其行贿事实。张雁峰律师则认为，王某被电话传唤时，侦查机关只掌握了被告单位和王某涉嫌为许某某支付购房款300余万元购买北京房产（后查证此事项只是用了王某的身份证购房）一事，并未掌握其他4起王某主动供述的行贿事实。所以，即使认为电话传唤到案不属于"自动投案"也能构成自首。

辩护思路

（一）王某属于自首：首先，其为电话传唤到案；其次，王某归案后供述的4起行贿事实此前侦查机关并不掌握。依法均应认定为自首。

（二）该案属于"犯罪较轻"：该案发生于经济欠发达地区，检察院认为100万元数额很大，不属于犯罪较轻；律师充分论证该案符合判处3年以下的情况，依法属于犯罪较轻。

（三）王某属于"被追诉前主动交代行贿行为"：律师指出，检察机关对行贿人的行贿行为刑事立案前均为"被追诉前"，并抓住从旧兼从轻原则。

（四）王某提供的真凭实据"对侦破重大案件起关键作用"。

综上所述，王某完全符合免予刑事处罚的条件：其一，按照《刑法》第67条，王某属于自首，并且犯罪较轻；其二，按照《刑法修正案（九）》之前的《刑法》第390条，王某是在被追诉前主动交代行贿行为；其三，即使按照新《刑法》，王某也符合免予刑事处罚的条件，因为犯罪较轻，而且对侦破重大案件起了关键作用。

办案花絮

张雁峰律师在接受被告人王某委托后，王某明确提出希望免予刑事处罚。被告人这样的请求确实有很大难度。因为，在许某某系列受贿案中，其他的行贿人基本都判处了刑罚，且最低也是判处缓刑。作为辩护人，张雁峰律师自感受人之托，就要全力以赴。经过与被告人的多次深入交流，他终于有了既定方针和辩护策略，但要想说服检察官和法官接受其辩护意见，还需要费些心思。经过多方查询，张雁峰律师和助理张召怀搜集了大量相关判例，并多次与检方耐心地交流，反复磋商论证，终于获得检方认可。后法院亦采纳张雁峰律师辩护意见，认定王某主动交代了司法机关未掌握的行贿证据，认定其具有自首情节，对王某做出免予刑事处罚的判决。

案例三：赵某受贿案（此案特点是律师充分利用认罪认罚从宽制度，在审查起诉阶段做了大量工作，并取得了良好的效果。）

认罪认罚从宽是指犯罪嫌疑人、被告人自愿如实供述自己的犯罪，对于指控犯罪事实没有异议，同意检察机关的量刑建议并签署具结书的案件可以依法从宽处理。

2016年9月3日，第十二届全国人大常委会第二十二次会议通过了《全国人大常委会关于授权最高人民法院、最高人民检察院在18个城市开展刑事案件认罪认罚从宽制度试点工作的决定》，依据该《决定》，最高人民法院、最高人民检察院、公安部、国安部、司法部于同年11月11日制定了《关于在部分地区开展试点案件认罪认罚从宽制度试点工作的办法》。试点工作取得良好效果：在依法及时惩治犯罪、强化人权保障、优化司法资源配置、推动繁简分流、提升诉讼质量效率、完善多层次刑事诉讼程序体系等方面发挥了重要作用。

经过全国人大常委会三审通过的《中华人民共和国刑事诉讼法修正案》于2018年10月26日颁布实施。基于此，

修改后的《刑事诉讼法》在充分吸收试点经验的基础上，将认罪认罚从宽制度立法化，使之成为贯穿整个刑事诉讼程序的重要制度。

张雁峰律师认为，认罪认罚从宽制度最核心的一环就是在审查起诉阶段，犯罪嫌疑人通过认罪认罚而与检察机关达成一致，签署具结书。该具结书的效力是进入审判程序后，法院一般应当采纳人民检察院指控的罪名和量刑建议。也就是说通过认罪认罚从宽制度，检察机关的公诉裁量权得以进一步丰富和完善，公诉在审前程序中的主导作用更加凸显。

笔者以为，在实务操作中，辩护人的辩护重心由法庭审理向审查起诉阶段位移，既能充分利用程序性辩护说服检察机关接受己方量刑请求，又能力争在法律允许的框架内寻求双方的平衡点，这不失为一个很好的办法。"既对抗又协作"将成为刑事辩护审查起诉阶段的常规模式。过去一些制造程序麻烦、纠缠程序细节但对实体没有多大影响的做法也将会逐步退出历史舞台，而有攻有守、有勇有谋、进退自如、游刃有余，将成为律师亟须学习的技巧和方法。因为，只有这样，才能让当事人切实获得实体上的利益。

案情简介

按照指控，2004年，赵某在担任某国有企业经理期间，利用职务上的便利，接受某煤矿法定代表人请托，为该煤矿挂靠赵某任职企业下属的煤矿进而成为国有控股企业提供帮助。2005年，赵某收受煤矿法定代表人现金250万元。2007年该煤矿发生矿难，赵某为自保遂将受贿款全部退还。

2018年6月，赵某因涉嫌滥用职权罪、玩忽职守罪被某市监察委传唤到案，并采取留置措施。留置期间，赵某主动交代了调查组未掌握的该起犯罪事实，但后改称是借款，而非受贿。张雁峰律师接受委托后与赵某反复磋商是否认罪的问题。经验丰富的张雁峰律师认为，虽然赵某后来翻供，但法院判决无罪的可能性极小，而且若不认罪，自首的情节也不复存在。根据该案的情况，有可能判处8年左右有期徒刑。经过张雁峰律师对赵某耐心细致的沟通、综合论证和分析利弊得失，赵某最终决定认罪。而此时恰逢《刑事诉讼法》修改，增加了认罪认罚从宽的内容。张雁峰律师抓住这一机遇，多次与检察机关沟通，最终达成一致意见，赵某适用认罪认罚从宽程序，签署了《认罪认罚具结书》，量刑建议3年至4年，最终法院采纳检察机关量刑建议，判决赵某有期徒刑3年6个月。

辩护思路

（一）该案属于自首：赵某被留置时涉嫌的罪名是滥用职权、玩忽职守。2018年7月3日，其自书材料承认收受李某某250万元的事实，属于主动供述侦查机关尚未掌握的犯罪事实。两高《关于办理职务犯罪案件认定自首、立功等量刑情节若干问题的意见》（法发〔2009〕13号）第1条规定："没有自动投案，但具有以下情形之一的，以自首论：犯罪分子如实交代办案机关未掌握的罪行，与办案机关已掌握的罪行属不同种罪行的……"

（二）该案属于案发前主动退还：案发前退还财物是不争的事实，争议焦点只是赵某属于"为掩饰犯罪而退还"还是"主动退还"，而这一点取决于煤矿爆炸事故是否与赵某

有关。张雁峰认为两者无关。

按照最高人民法院的主流观点和实务界的通常做法，主动退还可以减轻处罚，即依照《刑法》第63条第2款的规定在法定最低刑以下判处刑罚（即3年以下）。"两高"《关于办理受贿刑事案件适用法律若干问题的意见》第9条将案发前退还（上交）财物分为两种情形：第一种是"及时退还或者上交的"，可简称为"及时退还"；第二种是"因自身或者与其受贿有关联的人、事被查处，为掩饰犯罪而退还或者上交的"，可简称为"被动退还"。此外，在实践中还有一种情形，即行为人虽未及时退还或者上交，但在收受财物后至案发前的期间内主动退还或者上交的，可以简称为"主动退还"。由于"主动退还"的情况复杂多样，所以该《意见》对此种情形未作规定。"主动退还"情形，可以结合收受财物的时间长短、数额大小以及是否牟利等具体情况，选择适用不以犯罪论处，依法从轻、减轻或者免除处罚。

办案花絮

作为从业20多年的老律师，张雁峰律师时刻关注法律的最新动态，并能将最新的法律规定及时、灵活地运用到司法实务中，最大限度维护当事人的合法权益，可谓与时俱进、顺势而为的典范。在该案办理过程中，虽然法律增加了此项内容，但最高检没有出台实施细则，所以检察官没有经验，于是张雁峰律师亲自查找资料和判例，提供给检方，并与检方反复探讨、沟通，最终达成一致意见。而该案也成为某县"认罪认罚从宽"的第一案。

案例四：张雁峰律师与郭庆律师共同办理的刘某诈骗案（该案是一起典型的辩护重心由法院审理阶段向检察院审查起诉阶段位移的成功案例，最终，检察院对刘某做出不起诉决定）

案情简介

刘某是广东省某科技公司总经理，2015年4月25日，因涉嫌诈骗罪被东莞市第一市区人民检察院批准逮捕。在审查起诉阶段，京都律师事务所张雁峰律师与郭庆律师接受委托，担任了刘某的辩护人。

接受委托后，张雁峰律师立即前往东莞市第二看守所会见刘某，询问了其本人对该案的认识。张雁峰和郭庆两位律师随后认真研究案卷，比对大量言辞证据，对案件的定性重新审视，发现了诸多无法定案的疑点。律师阅卷后遂向东莞市人民检察院递交了《法律意见书》，提出刘某的行为不构成犯罪的辩护意见。

《起诉意见书》基本内容：2014年2月，王某（涉外集团网络诈骗犯罪嫌疑人）找到刘某，要求刘某为王某所在的某某集团做数据转移、制作网页、维护比特币交易平台及多币网网站提供服务器。刘某在网站维护工作中发现某某集团涉嫌诈骗客户投资资金，但他仍然为犯罪嫌疑人王某的某某集团网站做了数据转移、维护，并获得了高额报酬。

辩护思路

律师递交的《法律意见书》主要阐述了以下内容：

（一）刘某并未发现某某集团涉嫌诈骗。

（二）刘某认为王某不会实施诈骗。

（三）该案不存在获知对方实施诈骗行为后仍为其提供服务问题。

（四）该案不存在获取高额报酬问题。

（五）刘某无非法占有任何不当利益的故意。

综上所述，刘某不构成犯罪，请求检察院做出不起诉决定。

办案花絮

接受委托后，张雁峰律师与承办检察官多次进行书面、电话和当面探讨。检察官对律师意见非常重视，也就某些具体问题表达了检方意见。张雁峰律师就检察官提出的问题多次会见嫌疑人，并调取相关证据，向检察院提供相关线索，然后再次交流意见。

经过控辩双方多轮充分、理性、平和的沟通，东莞市人民检察院对该案两次退回补充侦查。2016年2月2日，刘某终于收到《不起诉决定书》，主要内容："本院经审查并退回补充侦查，仍然认为东莞市公安局认定被不起诉人刘某构成诈骗罪的证据不足，不符合起诉条件，依照《中华人民共和国刑事诉讼法》的171条第四款的规定，决定对刘某不起诉。"至此，被羁押10个月的刘某即刻获无罪释放，终于在春节前得以与家人团聚。

后记

从以上案例中我们不难看出，在每一个刑事案件的辩护工作中，作为嫌疑人、被告人的辩护人，无论阅卷、会见期间，还是与司法机关协商以及提出法律意见期间，张雁峰律师大多亲力亲为，并与司法办案人员保持着充分畅通的交流与沟通，且他还能做好法律条文的引导和类似判例的查找工作，让司法办案人员惊叹："这个辩护律师一定下了很大工夫才整理出如此翔实的辩护意见和这么多同类型判例，辩护意见书还标注出重点，他的意见必须尊重，且值得学习。"有些法官、检察官、公安民警主动提出跟张雁峰律师互留联系方式，说以后有问题请教张律师。笔者以为，只有深入案件肌理，才能洞察秋毫并准确把握案件的走向。作为一个有着二十多年刑辩经验的老法律人，张雁峰律师更是深谙此理。当然，每一份法律意见的提出都是张雁峰律师业精于勤、追求极致并力求完美的杰作，每一案件背后都凝结着张雁峰律师的心血和汗水。

"用心血和汗水换来委托人利益的最大化，换来法律的正确实施，换来法律的公平与正义。所有这些付出都是值得的。作为法律人，我们就应该像一个法律工匠一样，不断学习、爱岗敬业，聚精会神，一丝不苟，追求极致，精益求精，并誓将这种工匠精神进行到底，为国家的法治建设尽自己的绵薄之力。"张雁峰律师说。

是啊！誓将工匠精神进行到底！张雁峰律师用如此简短的语言为自己的法律人生做了最好的总结，同时，这种"工匠精神"也正深入到每个行业，成为整个国家和社会的一种精神，成为推动全面依法治国新时代的精神！

曾经沧海，不改情怀

——记赵曾海律师和北京嘉维泰银律师事务所

　　赵曾海律师，现任北京嘉维泰银律师事务所管理委员会主任、首席合伙人；曾经或正在担任的职务有：第十届、第十一届北京市律师协会副会长、党委委员，第一届北京市朝阳区律师协会会长、党委副书记，第十一届、第十二届福建省政协委员，第十五届北京市朝阳区人大代表；曾获"北京市优秀律师事务所主任""年度最佳管理合伙人""中国十大律师名人""全国律师行业创先争优先进个人""优秀中国特色社会主义事业建设者"等荣誉称号。

　　赵曾海律师出生于福建三明，先后就读于中国政法大学、厦门大学、清华大学等学府，获法学学士、EMBA等学位。自踏入律师行业以来，已逾20年；其间，他从律师助理到律所主任再到律协会长，改变的是工作场景，不变的是法治初心。

　　二十多年前，出于对法律的热爱，他义无反顾地进入了律师行业，开始以一名律师助理的角色投身法律事业。

　　"那时候我的想法很简单，就是让家人日子'过得好'，让更多人日子'过得好'。"2003年，已经积攒了丰富法律实践经验的赵曾海律师创立了自己的第一家律师事务所——证泰律师事务所。2008年6月，证泰律师事务所和中银律师事务所合并，赵曾海律师被推选为新中银律师事务所的主任。在他的掌舵下，两家律所取得了一系列值得铭记的成就；他本人也因在律所管理方面的突出成绩，荣获"北京市优秀律师事务所主任""年度最佳管理合伙人"等荣誉称号。

　　对于赵曾海律师而言，2018年是个特殊的年份。这年夏天，他推动原嘉维律师事务所与中银律师事务所、原夏涛律师事务所合并重组为嘉维泰银律师事务所。他以自己多年来的律所管理经验和研究心血，在嘉维泰银实践崭新的运营管理模式。

　　在他看来，目前很多律所的经营管理模式存在着管理松散等问题，制约了律所的专业化分工和规模化发展。为了加强律所管理，让律所主任更多地发挥掌舵手定方向的作用，他领导嘉维泰银在决策机制方面采用"民主集中制"，在尊重合伙人个人意见的同时，提高核心团队的决策效率；在分配机制方面采用合伙人收入分配"计点制"，由合伙人按照其个人持有的点数，共同分配事务所的拟分配利润。这种休戚相关、荣辱与共的分配机制，能更好地平衡合伙人个人与事务所集体之间的利益；在普通律师的劳动所得方面采用"计时授薪制"，将"多劳多得，少劳少得"的理念植入每一位工薪专业团队人员的心中。

　　谈到新模式的优势，赵曾海律师主要总结为四点。一是"资源共享，群策群力"。根据"计点制"，合伙人会按照年初确定的点数分配律所的年终总收入。这样一来，每个合伙人都会努力工作，以求增加律所年度业务收入总额。而在年终核算合伙人贡献时，律所会给完成工作任务的合伙人增加点数，同时停止增加未完成任务合伙人的点数，或降低点数。二是"计点分配，风险共担"。在"抽成制度"下，"饥一年、饱一年"是律师最担忧的问题之一；而在"计点制"下，合伙人收益共享、风险共担，大家是一种共进退的关系。如果某位合伙人今年业务收入不理想，没有完成工作任务，只要没有低于最低的任务完成标准，依然能按照年初的点数参与分配。当然，如果合伙人创收能力确实与持有点数不匹配，律所也会及时应对。团队是一个整体，不会让任何一个人掉队，也不会让任何一个人拖后腿。三是"老将挂帅，少将云集"。律所有多位执业年限超过15年的资深合伙人，但也注重吸引更多的年轻人。

一个优秀的律所，只有能大量吸引并留住年轻人，才能获得持久的发展动力。四是"名就功成，老有所依"。这一点与第三点紧密相关。合伙人按点数参与分配，持有最高点数的"老资历"和最低点数的年轻人，年收入差距不过10—20倍之间。在年轻人成长起来之前，这种倍数的收入差距实际是老律师在向年轻律师让利；而当新人成长起来以后，老律师便会在退休之后，按照最低的点数参与几年事务所的收入分配，不会出现"抽成制度"下，律师奔波半生却老不得闲的情况。

实践也证明，这种律所管理新模式是成功的。在这种新模式下，嘉维泰银的律师们工作热情高涨、工作待遇有保障、律师团队构成更合理。为了将这一成功模式加以推广，同时也是因应律师行业走规模化发展道路，以更好地顺应法律服务市场结构的变革，嘉维泰银推出了"百城百所、百城千律"招募计划。"百城百所"是指，在全国百强城市，寻找当地规模大、声誉佳的律所，将其改制成为嘉维泰银的当地分所，共享品牌资源、业务合作互补，实行计点制分配、一体化管理、团队化运营，并由总部提供团队组建、人员培训、案源信息、业务提升、工作平台以及运营管理等方面的支持。"百城千律"是指，在目标城市招募具备国际化视野、拥有较高专业水准的律师作为合伙人，分别以计点合伙人、薪金合伙人、契约合伙人的身份开展业务，从而使嘉维泰银的新模式惠及全国。

迸发着蓬勃生机的嘉维泰银，秉持"为客户提供优质高效的法律服务，为合伙人实现卓越稳健的价值回报，为员工打造温馨进取的发展平台"的核心价值，以帮助客户"管理风险、促进交易、解决争议"为己任，通过提供具体可行的法律意见、而非仅提供理论性的法律分析，践行着"促进法律正确实施，维护客户合法权益"的使命，并为成为世界一流的法律服务机构而不懈努力。目前，嘉维泰银已成为全球领先的法律风险评估机构、国际一流的商业及金融法律服务提供商、卓越的争议解决法律专家。

嘉维泰银始终坚持创新不辍的发展理念，紧跟国家政策法规，积极提出前瞻的理论思考、建议，在诸多业务领域都已成为行业领头军。经过多年的发展和砥砺奋进，嘉维泰银已经将可提供专业法律服务的领域扩充到21大领域：法律风险与合规、资本市场与证券、争议解决与诉讼、刑事辩护与代理、私募股权与投资基金、劳动法、一带一路与海外投资、破产与重组、公司与外商直接投资、反垄断与竞争法、家族财富与税法、兼并收购、银行与金融、知识产权、房地产、海关与贸易合规、资产证券化与金融产品、WTO与国际贸易、海事海商、建设工程与基础设施、融资租赁。

此外，为响应习近平总书记关于"把非诉讼纠纷解决机制挺在前面"的重要指示，同时也是为了更好地为当事人提供法律服务，律所正在推出非诉讼纠纷解决（ADR）法律服务，通过与非诉讼纠纷解决机构建立长期合作，引导客户通过诉讼之外的手段来解决法律纠纷。非诉讼纠纷解决方案与诉讼解决方案有着同等的法律效果，但比诉讼更为便捷、

省时，能够更为高效地通过法律手段维护当事人合法权益，在节约客户时间成本的同时，帮助客户解决法律纠纷。

不仅如此，律所还推出法律风险评估服务产品。在接受客户委托之后，律所会组织相关领域的专业律师形成法律风险评估团队，对客户的各项运营制度、经营活动、交易行为等进行全方位的法律评估，帮助客户发现自身法律风险。如果客户需要，法律风险评估团队还可以为其提供法律风险化解方案；必要时，可以选派专业律师进驻客户单位，协助其实施法律风险化解方案，规避法律风险、解决法律争议。

为此，律所会聚了业内最优秀的法律人才，大部分律师拥有博士、硕士学位，许多律师在政府部门、行业协会和仲裁机构兼任各类重要职务。来自各专业领域的资深专家组成业务团队，能够满足客户在不同业务层面的需求。此外，嘉维泰银还与最高法、最高检、公安部、财政部、商务部、工信部、国家发改委、国务院国资委、央行、中国证监会、中国银保监会等政府部门保持着良好的工作关系，与各级司法部门、国内外仲裁机构有着良好的业务关系和交流渠道。至今，嘉维泰银已为四十多个行业的数千家国内外企业提供了优质、高效的法律服务，为客户规避了大量的法律风险、维护了重大合法权益。

多年来，凭借着不辍创新、良好信誉和优质服务，嘉维泰银获得司法部、全国律师协会、北京市司法局以及国际知名法律媒体和权威评级机构的肯定：2012年4月，被评为"2009—2011年度北京市优秀律师事务所"；2016年2月，被中华全国律师协会授予"全国优秀律师事务所"称号；同年11月，入选《亚洲法律杂志》"中国律所30强""亚洲律所50强"，位列第六名；2017年12月，连续4年被钱伯斯评为"亚太地区国际贸易/WTO世贸领域领先律师事务所"；连续4年被The Legal 500评为"亚太地区WTO/国际贸易领域领先律师事务所"；2018年5月，再次入选"2018年LEGALBAND中国顶级律所排行榜"。

不过，律师业务和事务所管理方面的成就并不能让赵

曾海律师感到满足,用他自己的话来说:"我想为整个律师行业做点事情。"他是这么说的,也是这么做的。2010年12月,北京市朝阳区律师协会正式成立,赵曾海律师被推选为第一届会长。任会长期间,他以满腔热血投入行业管理工作中,肩负起朝阳区全体律师的嘱托。他积极的工作态度和扎实做事的精神,让协会的各项工作迅速走上正轨,并取得了各方面的一致好评!

2015年,赵曾海律师成功当选第十届北京市律师协会副会长,分管3个专门委员会(思想道德建设工作委员会、行业规则委员会、律师事务所管理指导委员会)和7个专业委员会(并购重组与不良资产处置法律事务专业委员会、风险投资与私募股权法律专业委员会、破产与清算法律专业委员会、税务法律专业委员会、刑民交叉法律事务专业委员会、证券法律专业委员会和司法改革促进研究会)。任职期间,他负责的北京市律协思建委被北京市委社工委评为"2018年北京市社会领域优秀党建活动品牌",调研完成的《北京市律师行业党建工作调研报告》受到蔡奇书记赞赏,荣获北京市党建研究会"2017年度优秀自选课题成果一等奖";2017年,他全程负责"第二届北方律师发展论坛"筹备工作,论坛最终取得圆满成功,并受到前来参会兄弟单位的赞扬好评。此外,他分管的市律协各委员会通过多种形式强化同财政部、商务部、司法部、北京市高院、北京市司法局、北京市地税局、全国律协等政府部门和上级指导机构的沟通联络,充分发挥了"智库"功能:风投委参加市司法局"北京公证案件化解"工作;破产与清算委对市高院破产管理人名册管理制度等提出思路建议;税务委对司法部、全国律协、财政部起草的相关文件提出意见;刑民交叉委参与商务部相关法律研究项目,就其中涉及的刑民交叉法律问题提供意见、建议。

由于其出色的工作业绩,他又于2019年顺理成章地连任成为第十一届北京市律师协会副会长,依然分管3个专门委员会(党建工作委员会、行业规则委员会、律师事务所管理指导委员会)和7个专业委员会(并购重组法律事务专业委员会、不良资产处置法律事务专业委员会、财税法律专业委员会、私募基金与股权投资法律事务专业委员会、证券法律专业委员会、国际投资与贸易法律专业委员会、信托与财富管理法律事务专业委员会)。

除律协工作之外,有着强烈社会责任感的赵曾海律师,还积极投身于各项参政议政工作,察实情、讲实话,积极为党和政府的建设建言献策。多年来,作为北京市朝阳区人大代表和福建省政协委员,他一直积极推动社会主义法治建设、社会建设,并提出了许多颇有价值的议题。如提出在福建省率先试点"律师执业机构公司制改革,允许社会资本参与投资""关于推动林权经营新模式的提案"等。

在当事人眼中,赵曾海律师是非常专业、睿智、值得信赖,又带有学者风范的知名律师。作为中国律师的代表,他在擅长的法律风险、金融证券、私募股权、风险投资、并购重组、不良资产处置和税法等领域取得了骄人业绩,成为业内著名的实战派和专家级律师。不仅如此,在资本市场飞速发展、股权分置改革启动、证券法和新公司法颁布实施等众多历史节点上,他都以一个法律人的视角和使命感,积极提出前瞻性的理论思考和建议。他的《砍掉风险:企业家如何阻止大败局》《禁区:证券市场法律边界》《奔向创业板》《股东的权利》《现代企业产权交易法律实务》《招标投标法律理论及实务》《论律师在招标投标过程中角色定位》等书籍,成为各领域从业者争相学习的教科书式读本。此外,他还身兼中国政法大学法学院兼职教授、中国人民大学律师学院兼职教授、国家律师学院客座教授等职,以多年实战经验和专业积累,为学员指明未来的法律之路。

从当年青涩懵懂的律师助理到今日的业界资深律师,这段路赵曾海律师走了21年。在这21年里,他心中的法治理想从未因任何困境而动摇过;他一直斗志昂扬、脚踏实地、勤奋努力,用汗水谱写自己律师生涯的绚丽华章。追溯其执业轨迹我们不难发现,不满足现状、永远攀登高峰,是他一直的追求;建设法治国家、让更多人日子"过得更好",是他不改的情怀。他认为,作为承上启下的一代法律人,自己有责任为中国法治事业的建设做出更多的贡献,有义务为社会各界提供更多力所能及的能量,让更多人日子"过得更好"。嘉维泰银这个新生的平台,承载着赵曾海律师和律所所有工作人员的法治梦想;这一批有理想、有情怀的法律人,正以崭新的管理模式、不变的服务热情、精湛的法律技艺和永恒的正义理念,努力做推进全面依法治国的奋斗者。

法治精神的代言人和践行者

——访北京市衡卓律师事务所高级合伙人朱爱民律师

编者按

2019 年是中国律师制度恢复重建 40 周年。40 年来，在中国法律界呈现出了许多大案、要案、名案，尤其涉及人身自由、财产安全乃至生命权的刑事案件备受社会关注。翻阅历史档案，要说在海内外的影响力和关注度以及在中国司法进程中起到推动作用的刑事案件，"聂某斌案"（简称"聂案"）以及与其有着很大关联，以至于对于"聂案"的平反起到关键作用的"王某金案"当之莫属了。毋庸置疑，可以说，若没有王某金的良心发现和主动交代，若没有警察、记者、学者、律师们的全力推动，就没有"聂案"的平反和昭雪。媒体也这样评价王某金案的代理律师——"他是中国第一位为灵魂辩护的律师""他开创了中国刑事诉讼史上因犯罪事实不被确认而提起上诉的先河。"

据笔者观察，媒体、公知、法学家、律师以及各级司法机关对这两起案件的关注度和参与度，在中国的法治史上也是史无前例的！

2016 年 12 月 2 日上午，最高人民法院第二巡回法庭对原审被告人聂某斌再审公开宣判。宣告撤销原审判决，改判聂某斌无罪。聂案尘埃落定，那么，王某金的生命是否也应该走到了尽头呢？为此，我们预约采访了 14 年来一

直坚持为王某金提供法律援助的辩护律师——北京市衡卓律师事务所高级合伙人朱爱民，希望能在朱爱民律师这里了解一下王某金的近况，同时也希望在这位有着 35 年司法实务经验的法律人身上汲取法律文化的营养，探究他对中国法治建设的所思所想、所感所悟、所忧所虑。"中国的法治建设还有很长的路要走，需要几代人前赴后继的不懈努力和奋斗，可以说是任重而道远。"朱爱民律师道。

一案两凶，谁是真凶之王某金案

据了解，在朱爱民律师此前的职业生涯中，从未出现过"一案两凶"的荒唐情况。朱爱民律师说，他选择加入其中，不仅是因为王某金认罪态度良好，更重要的是这里面还涉及一个无辜的受害者。这是他参与这个案件最根本的动因。然而，当他接手之后才发现，翻案的阻力远比他想象得还要大。

在朱爱民律师看来，公众对于"聂案"的关注就是对社会公平公正的关注。他认为，公众的愤怒不在于当年的错判，而是错案的纠正竟然如此艰难和漫长。

2013 年，王某金案二审时上演的控辩双方"角色互换"的这一幕受到了各界极大的关注。

2013 年 9 月，某省高级人民法院裁定对石家庄西郊玉米地案不予认定，驳回王某金上诉，维持原判。至此，王某金案进入最高人民法院死刑核准阶段，悬而无果，但聂某斌案则出现了峰回路转。

朱爱民律师说："对于检察机关指控的几起犯罪事实，王某金基本没有异议，但检察机关并没有指控王某金主动交代的石家庄西郊玉米地强奸杀害康某一案。这让王某金非常不理解，也不能接受。王某金认为，他主动交代了公安机关没有掌握的犯罪事实，属自首和重大立功情节，司法机关应当对他从轻处罚。"

会见时，王某金对朱爱民律师说："如果我不如实交代，自己的良心也得不到安宁。"

"当王某金知道有一个年轻的生命为了自己所犯的罪付出了生命的代价的时候，他的震动是很大的。因此王某金无论如何也要坚持上诉，承认自己的罪行，还聂某斌清白。即使是小学没毕业的他也知道一个道理，那就是一人做事一人当。'我犯的错我就要承认。'会见时王某金一直重复这样的话。"

在代理王某金的案件中，朱爱民律师已经无法统计为这个案件会见王某金的次数了。他只记得从 2013 年年末至

今，仅死刑复核阶段就会见了王某金16次之多。每次会见，王某金说得最多的一句话就是："这个事情是我干的，怎么非要把罪名安到别人身上？"

"要是没有聂某斌案，王某金早已经被枪毙好几年了。"因为聂某斌案注定被载入中国司法的史册，对中国司法制度的改革和建设都具有非常深远的影响和积极的意义。但这个案件的两个受害者——被杀者康某和聂某斌都已逝去，只剩下王某金这个自认的'施害者'尚在。"朱爱民律师说："更希望留他一口气，作为冤假错案的活标本，时不时地给大家敲一下警钟。"

是啊！让王某金作为冤假错案的活标本，让活着的王某金时不时为我们敲一下警种，铭记此案并以此为鉴；铭记历史并以史为鉴。

刑讯逼供者，必将受到法律的严惩——李某明特大冤案无罪辩护纪实

这是一起曾轰动全国的刑事案件，虽然被告人李某明早已无罪释放，并获得了国家赔偿，涉案的公安机关的相关人员也已得到了法律制裁，但此案所引起的人们和社会的思考却远没有结束。

2002年7月12日深夜两点多钟，某市发生了一起蒙面歹徒入室杀人致人重伤的重大刑事案件。李某明因感情纠纷被认为有杀人动机，遂被列为犯罪嫌疑人，后李某明被迫"招供"。

当时朱爱民律师正在政法大学在职研究生班学习。朱爱民的班主任与李某明是同学关系，李某明因承担不起专家律师费用，这位班主任便找到了朱爱民，希望他为李某明进行辩护。朱爱民律师于2002年8月2日接受委托，参与该案的辩护工作后，第一时间前往某市。在李某明的岳父家，李某明的爱人刘某证实，事发当晚李某明一直待在家中。"根据正常的思维逻辑，即便李某明真是为了报复，也不应绕过唐某某（被害人的妹妹）而直接去杀她的家人。"虽然

疑点重重，但朱爱民深知，真正的结论只有在见到李某明，看到案件卷宗后才能得出。

经过一个多月的努力，多次与案件承办单位联系、交涉，直到同年9月4日，朱爱民会见请求终获批准。在某市看守所的会见室，朱爱民第一次见到了李某明。隔着铁栅栏，朱爱民清楚地看到，眼前这位年仅37岁的男子头发全白，面色惨白而衰老，眼中流露出迷茫。

李某明一案转到当地检察机关后，朱爱民收到了李某明的来信，希望见面细谈。

李某明说："2002年8月26日晚8时，警方开始第二次刑讯逼供，杨某等人把我从看守所带到一间提讯室……"

在此后的调查取证中，朱爱民律师找到了一份足以证明李某明清白的重要证据：在李某明2002年7月的一份通话清单中显示，2002年7月12日2时10分49秒至2时19分22秒，短短9分钟中，李某明与唐某某频繁通话达5次之多。李某明不可能一边实施着重大杀人行为，一边还能与被害人的妹妹保持如此高频率的通话。朱爱民律师在阅读了近300页的卷宗后还发现，在李某明先后接受多达11次的讯问中，他承认杀人的笔录只有一份。

2003年10月29日，某市中级人民法院对此案开庭审理。李某明被某市人民检察院指控犯有故意杀人、非法持有枪支罪。庭上，控辩双方经历了3轮激烈的辩论。朱爱民的法庭辩论思路十分清晰，语言表达准确，直击案件关键情节，以至于庭审结束后，被害人之一（唐某某，因其丈夫伤情较重，不能出庭）也开始由开庭前见到李某明的怒不可遏渐渐转向迷茫，谁才是那个"蒙面杀手"？李某明的家人也问道："朱律师，是不是李某明可以被放出来了？"

然而，一审判决却让李某明感到了绝望。2003年11月26日，某市中级人民法院做出一审判决，判处李某明死刑，缓期两年执行，同时附带民事赔偿10万余元。在朱爱民律师的再三鼓励下，李某明在上诉期即将届满的最后一天提出了上诉。2004年8月11日，某省高级人民法院以李某明案事实尚有不清之处，裁定撤销一审判决，将该案发回重审。

此案的转机发生在温州。死刑犯蔡某新（曾在监狱服刑，2002年6月29日，蔡某新被刑满释放）在死刑复核前夕道出了一个"惊天秘密"：2002年7月12日，他曾窜入某省某市监狱家属院盗窃并杀人后成功脱逃。2004年9月17日，某省人民检察院专案组分别前往温州市和某市进行调查、核实，终于查明那个"蒙面杀手"是蔡某新，而非李某明。2004年11月26日，李某明被错误关押867天后，终于走出了看守所的大门。

此后，参与刑讯逼供的若干公安干警被检察机关立案侦查。最终，李某明特大冤案沉冤昭雪，违法刑讯者也得

到了法律应有的制裁。

这起某省监狱李某明涉嫌故意杀人案的成功辩护，在全国引起巨大反响，上海电视台、浙江卫视、法制日报影视中心等多家媒体进行了采访报道，之后朱爱民律师还代理了李某明的人身损害赔偿。

从2002年7月16日至2004年11月26日，李某明经历了从一个监狱政治部主任，因涉嫌杀人被拘、被判死缓、上诉、发回重审、真凶落网直至无罪释放的艰辛历程，两年四个月的经历对于李某明来说可以说是生不如死！

笔者以为，如果李某明案中没有律师的仗义执言，勇于出手相助，李某明案或许永远石沉海底；如果李某明案中真凶蔡某新没有落网，或是落网了没有因为吹牛皮而被尽职的监狱干警查出的话，也许李某明至今仍在监狱蒙冤！朱爱民深知，刑事辩护关乎人的生命、自由和尊严，律师仅仅举着法律的宝典是远远不够的，还要举着道德的利剑，以法律维护公平，以道德诠释法律。

故意制造假案，必将受到法律的制裁——陈某某涉嫌职务侵占案无罪辩护纪实

2013年10月31日，浙江商人陈某某因矿产股权争议遭人陷害，以涉嫌职务侵占被某自治区公安厅指定由某市公安局某区分局管辖，2013年11月1日立案。立案后，在找律师的问题上，其家人颇费了一番周折，通过网络搜索，陈某某的爱人胡女士（台籍商人）和她的朋友看到了曾经为李某明作无罪辩护获得成功，目前还担任与聂某斌案相关人王某金的辩护律师朱爱民。通过电话联系，2013年12月20日，胡女士在朋友的陪同下来到了北京市衡卓律师事务所，通过交流与沟通，确定了委托关系，办理了相关的法律手续。在滴水成冰的季节，朱爱民律师开始了他的这次北方之行。

2013年12月26日，陈某某被检察机关批准逮捕。这样，一场罪与非罪的较量也拉开了帷幕。2014年2月18日，

某区公安分局对此案侦查终结，向某区检察院出具了《起诉意见书》，将案件移送到某区检察院。在审查起诉阶段，朱爱民律师与检察院承办人取得联系，复制了案件全部材料。

朱爱民律师又通过多方走访，搜集证据和会见犯罪嫌疑人陈某某，使他清醒地意识到，这是一起有人利用公权非法启动司法程序迫害其他股东的恶性事件。而且，这使朱爱民律师更加坚信陈某某是无罪的。

2015年4月19日，经过一年多两地检察院的审查起诉，案件终于在法院开庭。从上午9点一直持续到中午12点，经过3个小时的庭审和激烈的法庭辩论，案件终于结束。当日下午，朱爱民律师到看守所会见陈某某。陈某某似乎还没有从上午开庭精彩的法庭辩论中走出来，逢人就讲："这庭开得太精彩了，朱律师不愧是大律师，比电视剧里的还精彩。"

庭审虽然结束，但一审判决却迟迟未下。多次催促，法官都是回答请耐心等待。又经过一年多的漫长等待，2016年12月20日，法院终于做出裁定，准许检察院撤回对陈某某的起诉。时隔13天后，检察院做出了不予起诉决定书，其理由是：证据发生变化，事实不清，证据不足，不符合起诉条件。至此，朱爱民律师历经整整3年的艰辛辩护与奔波，终于为陈某某迎来了无罪之身。

后记

司法是维护社会公平正义的最后一道防线，我们要努力让人民群众在每一个司法案件中都感受到公平正义。我认为，全面依法治国是维护社会和谐与稳定，彰显司法公信力，并确保党和国家长治久安的大事。作为一名中国律师，我们唯有赋予法治完全的生命和充实的内容，在每一个案件中竭力维护当事人合法权益，维护法律的正确实施，维护社会公平与正义，才能将全面依法治国落实到实处，才能真正实现"努力让人民群众在每一个司法案件都感到公平正义"的理想目标。同时，作为一名中国律师，我们首先应该将法律视为自己的信仰，当穿上律师袍的那一刻，

我们就肩负起了一种责任，除勤勉尽责外，还要牢记法律人的使命和担当，以事实为根据，以法律为准绳，经得起赞美，听得进质疑，不盲从、不动摇，忠于法律，忠于事实，做法治精神的代言人和践行者，让法治精神深入人心。法学泰斗江平老师说："我的中国梦，就是法治天下"。作为一个有着35年司法实务经验的法律人，朱爱民律师认为，法治天下，任重而道远。需要几代人前赴后继的不懈努力和奋斗。或许，这就是朱爱民律师对中国法治建设的所思所想、所感所悟、所忧所虑吧！

笔者以为，随着新时代全面依法治国建设的深入推进，日益强大的国家更需要富有良知、心存正义感的律师为法律代言，朱爱民律师无疑是法治精神最忠实的代言人和践行者。

追求极致，用心做"最好的自己"

——访上海市海华永泰律师事务所高级合伙人、公司与商事业务委员会主任盖晓萍律师

编者按

她曾梦寐以求当个作家或记者，却阴差阳错走上了法律这条路；她本想在大国企或政府部门就就业、勤勤恳恳地工作下去，却又因家庭需要勇闯人才济济的"上海滩"成为一名"海派"律师。如今，她已在上海乃至全国律师界，尤其在公司法领域成为极具影响力和举足轻重的律师之一，参加公司法疑难问题研讨与研究；参与公司法立法创新与改进；为各大院校、司法机关、企业集团讲授公司法课程。每天忙忙碌碌，甚至每月出差五六趟，虽然辛苦，但她甘之如饴，只为了委托人的那份重托……她就是盖晓萍，现担任着上海市律师协会公司与商事法律研究会委员；上海市海华永泰律师事务所高级合伙人、公司与商事委员会主任。她是研究成果众多、建树颇丰的一位"海派"女律师。她说："进入法律行业是阴差阳错，做律师也是被选择，我是典型的先上车后买票，还是个慢热型，直到做律师后，才渐渐爱上这一行，从做一份工作到成为自己最热爱的事业，我想我会一直做到渐渐老去，不断追求卓越，用心把每一件工作、每一个案件做到极致、完美，用心做最好的自己。"

是啊！就是这样一位自嘲为后知后觉的慢热型沪上女律师，在每一天的工作中不断实现着律师存在的意义和律师在现代法治社会中的重要作用。是她在每一个疑难复杂项目中力挽狂澜于既倒；是她在每一个针锋相对乃至剑拔弩张无法调和的纠纷中化干戈为玉帛，化矛盾对立为握手言和；又是她在为弱势群体维权的奔波中传递着法律的温

暖和正能量。今天就让我们在她的人生履历、执业生涯中，看一代"海派"女律师的精英风采，观一代"海派"女律师的律匠人生吧。

人生的每一条路都不会白走，只要认真和用心

遇到任何事情总是那么自信从容和淡定，处理任何工作一直是有条不紊、井然有序，说起话来的语气也总是那么平稳不急不躁，似乎一切尽在掌握。当然，这种自信、从容和淡定来自她的认真和用心，认真对待工作，用心研究案件。认真和用心让盖晓萍走过的每一步路，落下的每一个脚印都是那么扎实坚定。她说："当有一天回首过往，我没有任何遗憾，仰无愧于天，俯不怍于地，中间对得起自己，更对得起每一个委托人和我的律师事业。"

盖晓萍祖籍山东，20世纪60年代末生于一个知识分子家庭，父母都在国企工作。上学时她酷爱读课外书，又最喜上作文课。高考前夕，同学们都在紧张备考，而这时她却还在自己所创办的学校文学社里组织一帮爱好文学的同学写情景作文，可见其对文学的热爱已经达到了痴迷的程度。20世纪80年代末期，随着我国改革开放政策的深入推进，全国正如火如荼地大搞经济建设，金融财经类专业成为高考志愿的热门，盖晓萍一直以为自己报考的是经济类专业，以致到山东大学报到时她才得知自己报考的经济法专业在法律系，盖晓萍就这样阴差阳错与法律结下了不解之缘。做律师多年后，有一次盖晓萍偶遇中学老师，老师说她中学时特别耿直，有正义感，又口齿伶俐，非常适合做律师，所以高考报志愿时建议她母亲给她填报法律专业。真是冥冥之中已早有定数！进入大学，一直爱好文学的盖晓萍在校期间一直都是活跃分子，她首先加入了学生记者站，每天写稿投稿，还煞有介事地采访校园里的各种活动。她的理想是要成为一名"无冕之王"的记者，做一个新闻媒体人。

而大学毕业分配时，组织人事部门也认为她学的是经济类专业，遂分配她到国有企业集团电大教授经济类课程。在电大当了两年多老师，集团公司发现原来她是山东大学正宗的法律本科生，又将她调到集团公司参与合同审查、债务清欠等法律工作。无论在电大教学还是在集团公司担任法务，盖晓萍都要求自己一定要尽心尽力做好每一份工作，扎扎实实，从不张扬。作为集团公司的法务当然要进一步证明自己的实力，1993年，她参加并顺利通过了当年的全国律师资格考试。她在集团公司法务岗位上干得可谓顺风顺水，其间参与了众多债务清偿的诉讼，也渐渐适应

了在法庭上辩法析理的感觉。同时她也参与和见证了集团公司赴A股上市。这些丰富的工作经历为她后来从事公司法律事务奠定了坚实的基础。进入21世纪，盖晓萍又参加并通过国家公务员考试，以综合成绩第一名的成绩进入了公务员队伍，成为一名国家公务员。她的学习、工作经历，加之在每一岗位上都勤勤恳恳兢兢业业努力工作，很快引起组织部门的重视和关注，经过组织部门考察她被列为未来重要岗位的培养对象，仕途可谓一片光明。然而，至2003年时她却选择辞去公务员职务直赴上海。原因很简单，因为她的先生是上海人，又在上海工作。在此，还需一提的是，2002年国家实施全国统一司法考试，有意进入法院系统工作的盖晓萍又参加并顺利通过了2002年的首届国家司法考试。

初到上海执业的盖晓萍有一段时间还真有些不太适应。在集团公司做法务时，大案要案就在手边；做公务员时，根本不用考虑这些问题，而在上海律师界她只是一个新人，没有了任何背景和光环，也几乎没有任何案件可接。但她没有灰心，而是默默努力前行，正如她的性格和誓言，无论在任何岗位，她都会认真、用心做好每一件事，对待每一个案件，做最好的自己。岁月如梭，时光荏苒，不知不觉中盖晓萍律师已在上海律界走过了15个年头。15年来，她一如既往、依然故我，从一名律界新兵逐渐成长为在上海乃至全国律师界尤其在公司法领域具有相当影响力和举足轻重的律师之一。

"说实话，当律师不是我的初衷，大学毕业后十几年，当过教师、做过法务还做过公务员，兜兜转转才进了律师行，又做律师若干年后，才确定这是我的真爱。现在15年过去了，做律师、做公司法律师、做股权律师，越来越精深、越来越专业化，我倒是觉得执业之路却越来越宽广，慕名来的客户也都是来自天南地北、全国各地。当律师虽然辛苦，项目密集时一个月出五六次差，我却甘之如饴，可以确定我会和这一行白头到老了！有人也曾问我你现在都是这么大牌的律师了，是不是小案子就不接了？非也，对于公司法领域的一些疑难案件，即使很小比如知情权、决议效力等我也非常有兴趣花时间研究。"盖晓萍律师言语中对现在的生活、工作状态满是欣慰，对未来的律师事业更是充满了自信、热爱和希冀。

正义不仅要实现，还要以看得见的方式实现

一个人经历了许多大风大浪，多年后或许让人记忆犹新，令人感动或心动的却是那些小事。采访中盖晓萍律师与笔者分享了一件十几年前她刚做律师不久办理的一起交通事故案。一个专注公司法的律师办理交通事故案，看似有些外行，但只要认真和用心，一切皆有可能！

此案发生于2005年，安徽籍张某在某工厂上班，下班时骑自行车出厂门口后被一疾驶过来的机动车撞倒，后抢救无效死亡。其父来到上海，看到的交通事故责任认定书是张某逆行才导致被撞身亡。因厂区门口没有监控，交警按照机动车司机的口述做了笔录和认定。更令人意想不到的是，事故车是辆套牌车，司机又是挂靠营运，挂靠的运输公司拒不支付任何赔偿，肇事司机毫无赔偿能力，这就意味着张某父亲不能获得任何赔偿金。张父心想不能让儿子不明不白死在上海，于是四处寻找律师。一年后，经过多次辗转才来到盖晓萍律师所在的律所。对于已经发生一年且早有责任认定结论的交通事故，几乎没有一个人觉得有翻案的可能。出于同情，盖律师接受委托，在看了相关案卷后认为这里面一定有问题，决定为张父维权。当时正值盛夏，盖律师顶着烈日到张某所在的工厂附近取证调查。在厂区门口她用相机对案发现场多角度进行拍摄、测量，进行分析后得出结论：厂区门口有自行车道，有斑马线，无论如何也不能得出张某是因逆行遭遇撞击。在厂区内调研期间她又听说，张某的一个工友曾说小张那天不是逆行，只是刚出厂区门口就被撞了。这句话引起盖律师的高度重视，但这时那位工友已经离职回了老家，经过多方寻找，盖律师终于找到那位工友，并说服他回来做笔录和出庭作证。主审法官当庭决定对该起交通事故进行重新认定，同时盖律师据理力争，即使是挂靠车、套牌车，运输公司也应当承担赔偿责任。最终，法院判决肇事司机与所在公司沟通赔偿张父等原告50万元。从零元到获得50万元赔偿金，张某可以瞑目了，而张某双目失明的母亲和体弱多病的父亲也为儿子讨回了公道。盖律师在这起案件中，也深深体会到法律的价值和律师在社会中的重要作用，一种职业成就感油然而生。

差之毫厘，失之千里——如此"乌龙合同"该如何收场！

一起水处理施工案，施工方业务人员"乌龙"操作在合同中本应约定的标准为0.5写成了0.05，最终导致项目无法通过验收，而业内法律人士也认为此案败诉无疑。但通过盖晓萍律师采取多种诉讼策略并用，利用水处理专业知识在庭上频频化解对方的辩解，终于扭转劣势反败为胜。施工方终于拿回应得的工程项目款。

此案发生于2010年，上海某水处理技术公司为天津滨海新区某水处理企业做海水淡化项目。项目完工后，天津企业方正式投产，一年多以来为地方数十家化工企业排污服务，媒体也多有报道。然而，令人没有想到的是，作为

该项目的设备和技术供应商却迟迟没有拿到工程款。究其缘由是双方在签署项目合同时，作为设备和技术提供商的上海某水处理技术公司业务人员将净化后水的铁离子含量写成了"≤ 0.05 毫克／升"，项目结束后，经过数十次检验和实验一直未能达到该项指标，故天津项目方以此为由拒绝支付工程款。盖律师代理此案后召开仲裁前分析研讨会议。大家皆认为合同有约定铁离子含量必须达到"≤ 0.05 毫克／升"。既然没有达到这个标准，即是施工方没有完全按照合同履行约定，业主有理由拒付工程款。无论是仲裁抑或是起诉必败诉无疑。面对如此预判结果，盖晓萍律师也倍感压力，但她仍希望将此案继续代理下去。为了弄清楚这个对自己来说一片空白的未知技术，她专门到两个水处理网站，注册成为网站会员，在网站中学习、研究水处理的工艺流程。她甚至将中学时的化学书籍找出来研究，还请教了多位环保行业的专家，得出的结论是：国家规定生活饮用水中铁含量小型集中式供水和分散式供水大于 0.5 毫克／升算超标，常规生活饮用水大于 0.3 毫克／升算超标。饮用水的铁含量标准为小于等于 0.3 毫克／升即可饮用，那么工业废水排放达到小于等于 0.5 毫克／升即符合标准，没有必要达到小于等于 0.05 毫克／升的标准。为了进一步证明自己的判断，她专门启动了专家证人程序来证明工业废水的排放标准达到小于等于 0.5 毫克／升即可，而不是项目合同中所写的小于等于 0.05 毫克／升这个极限标准。

仲裁庭上，盖晓萍律师的代理和陈述俨然一位水处理专家，让 3 位仲裁员倍感震惊和钦佩。后 3 位仲裁员一致主张调解。虽然调解未成，仲裁裁决却支持了客户诉请，案子反败为胜，且案结后 10 日内施工方即收到了（质保金外）数百万元工程款，客户欣喜之余另行支付盖晓萍律师 8 万元律师费。

"作为一名合格的执业律师，仅懂法律是远远不够的。要想将每一个案件做到极致，做到尽善尽美，就一定要了解和学习与案件相关的专业知识，这样才能做到胸有成竹，收放自如。"盖晓萍律师如是说。

资本能带领企业快速发展，但引入资本投资更需谨慎

上海某公司是一家承担和参加国家科技部及上海市科委重点科研项目研制的高新技术企业，20 多年来在军工科技与装备领域累积了良好的口碑。为进一步发展壮大企业，2015 年，该企业创始人 W 某引进某投资公司成为公司股东，且该投资公司占据 51% 的股权，成为名副其实的大股东，W 某及其他管理团队占 49% 的股权。引资协议同时约定投资公司需向该公司注入 3 200 万元资金以帮助企业扩大生产经营，为企业扩充注册资本金。可当所有手续办理完毕，投资公司只注入 870 万元资金，在获得公司的实际控制权后，就不再投入任何资金。两年多来，企业不但没有扩大生产经营，还失去了原本应该拿到的许多订单，由一个原来生机勃勃的公司变得死气沉沉、举步维艰。

W 某作为该公司的创始人只能再度出山，但是咨询一些律师均认为大股东无须再出资或者认为无法通过增资决议的情况下小股东无权要求大股东继续出资，无奈找到盖律师。盖律师分析后认为完全可以起诉主张。但在法院立案时却遭遇阻力，于是盖律师亲自到法院立案。立案庭法官问："你们起诉的目的和利益是什么？公司的大股东是否增资是他的权利，企业的其他股东是没有权利要求大股东增资的。"已经深入分析过案情的盖律师早已预判立案庭法官可能会以此为由拒绝立案。"我们提起的是股东代位诉讼。2017 年 12 月我们已经给现任董事长、总经理提起主张大股东继续履行合同义务，向公司注入后续资金 2 330 万元，但投资公司却置若罔闻，公司董事长以及其所掌控的总经理均怠于履行催促义务；我们向公司监事提出要求，要求监事代表公司提起诉讼亦未果。本案的基础法律关系并非基于公司章程的股东出资纠纷，而是基于投资协议的合同义务……"立案庭法官边听盖晓萍律师陈述边查阅相关规定，听后当即立案。

在随后的代理意见中，盖律师写道："……相关各方于 2015 年 5 月签署的《协议》及补充协议合法有效，各方理应信守；大股东不履行的，公司创始人 W 某作为合同一方有权依据《中华人民共和国合同法》第 107 条（当事人一方不履行合同义务或者履行合同义务不符合约定的，应当承担继续履行、采取补救措施或者赔偿损失等违约责任）要求其履行。对于 W 某起诉是否具有诉的利益问题，首先，大股东不履行出资义务已构成对目标公司的违约，并损害了目标公司的利益；其次，投资公司作为出资义务人，公司的董事高管具有催促其出资的义务，但投资公司的实际控制人又是目标公司的实际控制人，怠于履行催促义务；最后，在公司董事、高管、监事都怠于履行催促义务、放任公司损失扩大的情况下，股东有权依照《〈公司法〉司法解释三》第 13 条规定（股东未履行或者未全面履行出资义务，公司或者其他股东请求其向公司依法全面履行出资义务的，人民法院应予支持）提起诉讼……"

最终法院全部采纳了盖律师的代理意见，判决书几乎完全按照诉讼请求逐项予以支持。一审判决后，各方均未上诉。一个与股东看似无关的案件，通过盖晓萍律师的专

业操作实现了逆转，且完美收官。

精益求精，匠人精神忠客户之托

近年来盖晓萍律师处理了诸多复杂的公司股权案件。如在一个股东出资纠纷中，委托人是被告。开庭在即，证据匮乏，正面迎战几无胜率。但盖晓萍律师带领团队深入研究原告起诉材料后发现原告起诉的依据股东会决议存在重大瑕疵，故律师团队索性釜底抽薪，另辟蹊径，答辩意见一出，原告当庭撤诉。

而有更多股东纠纷案件，诉诸法律原本胜券在握，但考虑当事人之间都是股东关系需要长久合作共事，一般会选择非诉讼解决或约定仲裁裁决。这样针锋相对乃至剑拔弩张无法调和的股东纠纷也能化干戈为玉帛，最终实现企业的可持续健康发展。或许，这就是为何她的许多法律顾问单位中即使企业负责人换了好几任，而那个为企业提供法律服务的律师仍没有更换的缘由吧！

参与立法，在发展中不断进步

近年来，盖晓萍律师多次参加《公司法》立法研究和修改工作。2016年，上海市律师协会公司法委员会委托盖晓萍律师等担任主执笔人，出具正式司法解释出台前最终一稿意见稿，很多修改意见得到立法采纳。另外，盖晓萍律师还参与了《中华人民共和国中小企业促进法》《上海市河道管理条例》等立法活动。

"我最近十几年基本都是研究《公司法》，而且越研究越觉得自己还有一些问题没有完全弄懂，还有一些问题没有吃透，仍处在不断研究的过程中。"盖晓萍律师谦逊地说道。

热心公益，以专业知识反哺社会

盖律师多年来还一直坚持做公益，以自己的专业特长服务社会。自2006年加入巾帼法律服务志愿团，12年如一日，定期在上海市妇联值班接待法律咨询，定期为各区县妇联举办法律讲座，听众达数千人。

2013年盖律师与同事创建微信公众号"公司法俱乐部"，5年来坚持做公司法实务公益沙龙，为企业主、公司股东做普法培训达50余场。

近年来，盖律师陆续在华东政法大学、上海财经大学、上海交通大学担任兼职硕士生导师或者开设公司法律实务课程。

"人生所有的弯路都是值得的，甚至是必要的，所有的汗水都不会白流。"这是盖晓萍律师经常对团队年轻律师说的话。"倘若一个人急功近利、利欲熏心，反而无法达到预想的目标和效果。做案件不在于数量有多少，而在于能够专心、专业地用一颗匠心做好自己的本职工作，做到精益求精、精雕细琢；做到日积月累、孜孜以求，方能厚积薄发、收获更多。"盖晓萍律师深有感触地说道。

后记

时间，会成为一种沉淀；光阴，会成为一种洗练；岁月，会加深一个人的内涵。专业素养的提升，法律技能、技巧的娴熟，并不是一朝一夕换来的。心态平和，是盖晓萍律师一直强调的工作态度。这种态度让她无论在标的额较小的案件中，或在标的金额上亿元的案件前总能保持清醒的内心。亦如上所言，不论案件大小，对于公司法领域的一些疑难案件，即使很小比如知情权、决议效力等她都非常有兴趣花时间研究。"现在做案件，是做专业、做口碑、做乐趣；而我做律师，也是品茶回甘之时。"盖晓萍律师如是说。

相信在以后的日子中，盖晓萍律师及她所带领的团队仍会在每一案件中追求完美和极致，用一颗匠人之心努力维护当事人合法权益，用心做好那个"最好的自己"，在公司法领域书写更华美的篇章。

不忘初心，牢记使命；坚守信仰，砥砺前行

——访锦天城律师事务所高级合伙人刘峰律师

编者按

中华人民共和国成立以来，中国律师制度从建立到中断再到恢复重建，经历了一个漫长的过程。尤其自1979年中国律师制度恢复以后的40年来，中国律师无论从规模上，还是从业务上都发生了翻天覆地的变化。律师事务所的组织形式由法律顾问处到国办律师事务所到合作制律师事务所、合伙律师事务所以及个人制律师事务所、公司制律师事务所、特殊的普通合伙制律师事务所等不断进行着变革与发展；律师的职业属性从"国家法律工作者"到"为社会提供法律服务的执业人员"再到"为当事人提供法律服务的法律中介人员"，即由"国家人"到"社会人"逐渐发生着身份的转变；律师的服务领域由传统诉讼业务为主发展到诉讼、非诉讼业务并重，由国内业务为主发展到国内和涉外业务并举的大好局面；同时，中国的司法制度也实现了从"法制"到"法治"的逐步推进。

时至今日，律师业务可谓无处不在，"千人大所""亿元大所"也不在少数，多年来，中国律师在服务经济发展、保障人民合法权益、维护社会公平正义、推进社会主义民主法治建设中发挥着极其重要的作用，成为促进中国经济发展、法治国家建设、推动中国融入世界的一支重要力量，取得的成就举世瞩目，有目共睹。中国律师业伴随改革开放而兴盛，可以说，中国律师制度恢复重建的40年既是中国改革开放后社会经济实现腾飞和蓬勃发展的40年，同时也是中国律师栉风沐雨、砥砺奋进的40年，40年风雨兼程、40年矢志不移、40年初心不改、40年无畏前行……

本文主人公——锦天城律师事务所高级合伙人、中华全国律师协会发展战略委员会副主任委员刘峰律师，自1980年起开始从事律师工作，至今已近40个春秋。他是我国从"法制"到"法治"、从"以法治国"到"依法治国"以及我国律师业实现蓬勃发展的最有力的一位经历者和见证者，更是推动中国律师制度改革、变迁与发展的参与者和实践者。

今天，就让我们走进锦天城，走近刘峰律师，在他无悔的人生经历和律师生涯中，感受老一代法律人的理想与情怀，学习老一代法律人的初心与使命、信仰与坚守吧。

为司法改革建言献策

多年来，刘峰律师在不断提升和做好业务及管理工作的同时，还一直为司法制度、律师制度改革不遗余力并积极建言献策。

2014年1月1日，《最高人民法院关于人民法院在互联网公布裁判文书的规定》正式实施。此举开启了公正司法全民检阅的先河，该项措施的实施同时对司法公正、公开、司法公信力及实现党的十八届四中全会提出的全面推进依法治国具有重要的战略意义。这一年，刘峰律师经过认真思考和调研后提出《关于律师辩护词、代理词与人民法院的生效的裁判文书同时在互联网公布的建议》（以下简称《建议》）报送全国律协。在该《建议》中，刘峰律师强调指出："法院的裁判文书上网公开只是审判全面公开的一部分，并不能体现公开审判的全部。"

2015年3月25日，《人民日报》"人民网"刊发刘峰律师署名文章："律师辩护词代理词也应公开"。2015年8月20日，在全国律师工作会议上，刘峰律师还通过会务组将该《建议》提交至中央政法委。同时，近年来我们也可喜地看到，各级法院在判决中，正在逐步将律师的辩护意见、代理意见纳入裁判文书中。

2018年3月5日，全国人民代表大会第一次会议在北京召开，人大代表将此《建议》送交全国人大。

2018年8月16日，最高人民法院针对该《建议》提出

的问题给予了积极的回复。现将最高人民法院回复内容摘录如下。

最高人民院关于在互联网公布律师辩护词、代理词的建议的答复

关于在互联网公布律师辩护词、代理词的建议收悉，现答复如下：

党的十八大以来，最高人民法院按照中央决策部署，持续深入推进司法公开，目前，按照司法体制改革中关于司法公开的整体要求和结构设计，最高人民法院已先后建成裁判文书、审判流程、执行信息、庭审活动四大公开平台，并陆续出台一系列有关司法解释和规范性文件，司法公开工作取得突破性进展。

与此同时，与司法体制改革尤其是司法责任制改革相适应，司法公开仍需要进一步深化，尤其是要进一步从形式公开走向实质公开、从结果和关键节点公开走向全流程立体化公开。各项公开仍需进一步细化制度要求，完善信息化平台，健全工作机制，切实抓好贯彻落实。

近期，最高人民法院出台了《关于加强和规范裁判文书释法说理的指导意见》，正是从形式公开走向实质公开的一项重要举措。

此外，近年来最高人民法院发布的《人民法院民事裁判文书制作规范》《民事申请再审案件诉讼文书样式》《涉外商事海事裁判文书写作规范》《人民法院破产程序法律文书样式（试行）》《民事简易程序诉讼文书样式（试行）》《法院刑事诉讼文书样式》《行政诉讼文书样式（试行）》《人民法院国家赔偿案件文书样式》等，都已经要求在裁判文书中写明辩护律师和代理人发表的基本观点、诉求等内容。

中国裁判文书网作为司法公开四大平台之一，经过五年建设，在全国法院的共同努力下，取得了明显成效，得到社会各界的普遍认可和人民群众的广泛欢迎。截至目前，全国各级法院已在中国裁判文书网公布裁判文书4730万余篇，访问量超过167亿人次，覆盖全球210多个国家和地区。

为进一步把裁判文书公开工作推向深入，最高人民法院今年委托中国社会科学院法学研究所法治指数创新工程项目组对全国法院的司法公开情况进行了整体评估，下一步将针对第三方评估中发现的问题，进行有针对性的整改。中国裁判文书网二期升级改造项目近期也将启动，届时将进一步提升裁判文书公开工作的常态化和自动化水平。此外，《最高人民法院关于人民法院通过互联网公开审判流程信息的规定》（法释〔2018〕7号）将于2018年9月1日正式施行。

按照该司法解释第九条规定，答辩状等诉讼文书应向案件当事人及诉讼代理人公开。该司法解释施行以后，将依托中国审判流程信息公开网实现律师代理词、答辩状向案件当事人及诉讼代理人点对点公开。

推进审判流程信息公开是最高人民法院当前的一项重点工作。截至2018年5月31日，江苏、河北、青海、宁夏四省（自治区）的试点法院已依托统一平台向案件当事人及诉讼代理人公开案件57.3万件，推送短信124.3万条。其他法院也已全面启动相关工作，以确保司法解释切实得到贯彻落实。

最高人民法院作为司法改革的推动者和践行者，不断出台司法解释和规范性文件，进一步完善司法公开制度，搭建统一平台，提升司法公开的集约化水平，并率先垂范，充分发挥引领作用。经过全国法院的共同努力，裁判文书全面公开、流程信息主动推送、法庭审理远程可视、执行信息全程透明已初步实现。下一步，依托先进信息技术，人民法院的司法公开水平还将得到全方位提升。

针对您提出的问题，目前存在的主要困难在于：律师辩护词、代理词属于当事人委托作品，可能涉及知识产权、个人隐私等一系列问题，可能并非所有案件的律师、当事人均支持将辩护词、代理词等向社会公众公开。此外，按照职能分工，还需征求最高人民检察院、司法部等相关单位意见。下一步，我们将认真研究、积极协调、多方调研，在确保信息安全、充分保护当事人隐私的前提下，会同相关单位，探索尝试从部分典型案件入手，实现律师辩护词、代理词与庭审笔录、裁判文书等进行关联，一并向社会公众公开，更加全面地接受社会各界监督，促进人民法院审判质量不断提升。

感谢您对人民法院工作的关心和支持。

本色不变，初心不改的老一代法律人

采访中，刘峰律师数度提到律师的"初心"二字，可以说，从业之初他就确立了自己从事律师职业的初心和使命。刘峰律师说："中国共产党人的初心和使命，是为中国人民谋幸福，为中华民族谋复兴。那么作为一名中国律师的初心是什么？就是全心全意为公民提供法律服务，竭力维护公民合法权益，维护国家法律的尊严和权威，这就是我从事律师职业的初心，也是我多年来一直坚守的信仰和信念。"

改革开放40多年来，随着经济的发展和社会的进步以及法律制度的完善，刘峰律师也紧跟时代步伐，逐渐调整和提升自己的业务领域，由最初的刑事辩护到处理民商事经济纠纷，再到为企业提供法律服务以及进入金融资本市场为企业的上市、并购、重组、投融资、股权等提供专业的法律服务。

"我非常幸运，见证并经历了我国法律从无到有，从'法制'到'法治'的整个历程，从一个年轻律师做到老律师，从单一的辩护律师做到一个律师业务比较全面的律师。从'文革'结束改革开放至今，我国的法制和法治建设取得了辉煌成就，中国司法制度越来越健全，律师队伍越来

越庞大。中国经济已融入全球市场，人民生活水平获得极大提高，国家日益强盛并成为世界第二大经济体。可以说，这些成就的取得与中国律师都有着千丝万缕的联系。但近年来，司法环境似乎出现了一些问题，一些人忘记了法律人的初心和使命，司法腐败非常严重，如何从制度上杜绝腐败正成为党中央及各级司法机关和所有法律人共同研究的重要课题。我记得在中国政法大学毕业典礼上，中国法学泰斗张友渔教授对我们这些将离校学子语重心长的一句话：'不怕无法可依，就怕有法不依'，这句话在我们同学心中引起强烈震撼。20世纪80年代初期百业待兴，法律除了颁布了少数几部外，百法待立，此时法学泰斗说出了此番话，虽说我们当时略明白他所说的意思：'无法可依可以立，有法不依，法律将丧失权威，更是对法律制度的彻底破坏'，但当时还没有切身的体会。多年后的今天我们则彻底领会了当年张友渔教授这番话的深刻内涵。"刘峰律师深有感触地道。

后记

最高人民法院院长周强曾在全国法院司法公开工作推进会上指出："推进司法公开，是法院依法履行职责的必然要求，是实现司法公正、破解司法难题和瓶颈、提升司法公信力的重要措施，是促进司法民主的重要途径，也是社会政治文明和法治程度的重要标志。"

是啊！让司法在阳光下运行，确保人民群众对司法的知情权、参与权和监督权，依法维护公民合法权益，维护国家法律的尊严和权威，努力让人民群众在每一个司法案件中都感受到公平正义。这不就是所有法律人以及全国人民最殷切的期盼吗！这不就是每一个中国律师的初心和使命、信仰和坚守吗！

知识产权的探索者、实践者和执着追求者

——访北京金诚同达（上海）律师事务所高级合伙人沙海涛律师

编者按

他曾代理上海宝钢集团参与美国国际贸易委员会（USITC）对中国钢铁企业输美碳钢与合金钢产品钢铁发起的"337调查"；他曾代理上海耀宇文化传媒股份有限公司诉广州斗鱼网络科技有限公司侵害著作权及不正当竞争纠纷上诉案（入选"2016年中国法院知识产权司法保护50个典型案例"）；他曾代理（美国）雅培制药有限公司诉汕头雅培商标侵权及不正当竞争案（入选"2010年中国法院知识产司法保护50个典型案例"）；他曾代理（瑞士）FOXTOWN诉上海FOXTOWN著作权侵权及不正当竞争案；他曾代理（美国）首诺公司诉香港龙膜公司等商标侵权及不正当竞争案；他曾代理（美国）微芯科技公司诉上海海尔集成电路有限公司计算机软件著作权侵权案（中国首例计算机微程序软件著作权侵权案）；他曾代理南汽集团诉上汽集团确认专利不侵权案件；他曾代理浙江安吉"竹地毯"外观设计专利侵权及专利无效宣告系列案；他曾代理上海柴油机股份有限公司职务发明设计人报酬纠纷案（入选"2009

年最高人民法院知识产权指导案例"）……以上诸多知识产权重大、复杂案件背后都留下了他执着的脚步、坚守的身影和辛勤的汗水，他就是北京金诚同达（上海）律师事务所高级合伙人沙海涛律师。下面就让我们走近沙海涛律师，在他的履历和那些知识产权的经典案例中，探究和感受一个知识产权人的执着追求与探索之路吧！

沙海涛 律师

沙海涛律师具有20年法律实践经验，具有专利代理人资质，主要从事知识产权、反不正当竞争、反垄断等领域内的诉讼及非诉讼业务，代理了大量诉讼案件，其中多起在中国具有较大影响。同时，沙律师处理了大量商标异议、商标争议和专利无效案件，谙熟商标申请和专利申请及无效程序，并组织参与了大量知识产权维权打假行动。

沙律师曾为PASONIC、SHARP、TOSHIBA、F1、KRAFT、3M等众多世界500强企业在公司、知识产权保护等方面提供过专业法律意见。从事律师职业前，沙海涛律师曾在法院工作，任助理审判员。

儒家文化熏陶中成长

沙海涛出生于春秋时期思想家、政治家、教育家孔子的故乡——山东曲阜。儒家文化浸润着这座古老的城市也影响着生活在这片土地上的每一个人。小学放学后，沙海涛总可以与小伙伴们到孔庙里流连玩耍。千年松柏下，几本连环画可以静静度过一个下午的时光。中学时期沙海涛就读于与孔庙一街之隔的曲阜一中，日日伴着钟楼的钟声开始晨读，每逢祭孔大典，雅乐之声隔墙隐隐传来。在此度过6年的美好时光后，18岁的沙海涛带着山东人的温厚和曲阜人特有儒雅离开曲阜远赴武汉求学。

学无止境，奋进不息

1996年，沙海涛毕业后回到家乡，进入曲阜法院从事民事审判工作。子曰："默而识之，学而不厌……"从职业角度，由于法律的开放性和实践性，任何法律人都不可能一次性完成对法律的学习和掌握，尤其在当今知识经济、知识社会和信息的时代。法律职业者要想适应社会的发展，成为业界之翘楚，必须以终身教育思想为指导，不断加强学习新知识，保持强烈的求知欲；学以致用，融学习于工作，才能发挥好自己的特长，为社会提供专业的法律服务。1999年，沙海涛辞去法官职务，考入上海大学知识产权学院，成为20世纪末为数不多的知识产权法硕士研究生，开始研习知识产权法。3年后，硕士毕业的沙海涛进入一家顶

级涉外律师事务所，开始从事涉外非诉讼和知识产权律师业务。2006年和2007年，他先后到（英国）夏礼文律师行（夏礼文律师行是世界上最先设立专门从事诉讼业务的律师行之一）香港分所和（美国）贝克·麦坚时国际律师事务所（贝克·麦坚时在所有的美国律所中排名第一位）华盛顿特区分所作为访问律师，参与普通法和美国知识产权法及国际贸易法的法律实践。

为了丰富自己在知识产权领域的学识，2008年，沙海涛又到美国芝加哥肯特法学院［芝加哥肯特法学院（Chicago-Kent College of Law）在全美法学教育界有着领导地位，作为美国伊利诺依州第二古老的法学院，以其在学术上的卓越成就及学院的创新课程受到业界的广泛赞誉］学习国际知识产权法，系统地学习了国际知识产权法和美国所有的知识产权法课程，并于2009年获得了国际知识产权法法学硕士学位。"在美期间每一门课都必须研读大量的知识产权案例。上课的时候，教授会问很多问题，非常严格，非常辛苦，但很快乐。"2012年，沙海涛律师又开始攻读武汉大学的软件工程硕士，2015年取得第三个硕士学位后顺利通过了专利代理人资格考试。

2017年9月，已经功成名就的沙海涛律师又开始在澳门科技大学攻读国际法法学博士学位，在将近两年的时间里，他几乎每周都要从上海飞到澳门上课。虽然经常是上完课马上赶回上海处理案件，但他仍然取得了所有博士课程全A的好成绩。

对他来说，学习已经成为一种习惯，并融入了自己的生活。"'学习从摇篮到坟墓'，'加我数年，五十以学《易》，可以无大过矣。'历代圣贤都曾教育我们终身学习，作为一名律师，尤其是作为专业的知识产权律师，不仅要学习，还要做到学思结合，把学到的知识用于法律实践中。"沙海涛律师说。

经典案例回放

2001年12月11日，我国加入WTO以后，知识产权越来越受到关注，与知识产权有关的纠纷频发，国人对知识产权的争论也越来越多。边工作边学习的沙海涛律师从1999年研习知识产权至今已逾20个年头，其间代理和参与百余起重大、复杂知识产权诉讼案。因沙海涛律师有在美学习经历和外资所工作经验，很多案件皆是外方找到他委托其代理维权。沙海涛律师说："客户来找到你，就是对你的信任，律师为客户维护权益，是律师本职所在。但我代理中方参与诉讼觉得更有成就感。知识产权其实是一场没有硝烟的战争，如果我们能够从这场战争中，感受到知识产权的重要，看清市场竞争的残酷，能够学习如何去尊重知识产权和遵守法律，那么我们才都是赢家。"

案例一：代理上海宝钢集团参与美国国际贸易委员会（USITC）对中国钢铁企业输美碳钢与合金钢产品钢铁发起的"337调查"

所谓的"337调查"，是美国国际贸易委员会依据美国

《1930年关税法》第337节的有关规定，针对进口贸易中的知识产权侵权行为以及其他不公平竞争行为开展调查，裁决是否侵权及是否有必要采取救济措施的一项准司法程序。根据该调查程序，美方一旦裁定目标企业有违规行为，目标企业所生产的相关产品或将永久被禁止进入美国市场。

2016年4月26日，美国最大的钢铁公司——美国钢铁集团公司（U.S. Steel Corporation）向美国国际贸易委员会（United States International Trade Commission）提出调查申请，指控40家中国企业"在部分钢材产品上存在不公平竞争行为"——宝钢、河钢、武钢、首钢、沙钢、鞍钢等国内龙头钢铁企业都在起诉名单之内。这是中国钢铁贸易史上首次遭遇"337调查"——中国钢铁企业面临着3项指控：密谋控制价格、盗用商业秘密、伪造商品原产地。

作为宝钢应战"337调查"的中方律师之一，谈及此案，沙海涛律师肯定道："这个案子的影响力确实很大，在美国'337调查'历史上，这是中国企业首次获得商业秘密类案件的胜诉"。

过去，中国企业遭遇"337调查"，巨大的诉讼难度和高额的诉讼费用常常让他们望而却步，很多时候都选择不应诉。沙海涛律师告诉笔者，"337调查案件如果不去应诉，几乎必输无疑。美国国际贸易委员会将会发布相关产品的排除令或禁制令，这意味着涉案产品将彻底丧失进入美国市场的资格。现在，有实力的企业都会选择应诉反击。"

"在应诉那段时间，我们团队几乎每周有三天需要去宝钢，十多个律师开一整天会"，沙海涛律师坦言，那段时间十分忙碌，并且压力也很大，"因为这个案件涉及的不仅仅是中国产品是否能够进入美国市场的问题，还涉及中国的国际声誉问题，美钢对于宝钢盗窃商业秘密的指控，对我国的国际形象极为不利。"

2018年3月19日，美国国际贸易委员会决定终止原告美国钢铁公司基于中国钢铁企业共谋固定价格、控制产量以及出口量违反美国反垄断法而提起的"337反垄断调查"。至此，历经近两年的艰苦抗辩，此次调查最终以中国钢铁行业的全面胜诉而告终。

案例二：代理（美国）雅培制药有限公司诉雅培乳液（南昌）有限公司商标侵权及不正当竞争案

原告雅培制药有限公司是世界著名的婴幼儿配方奶粉生产商，"雅培"既是其特有的字号，也是驰名商标，在中国具有极高的知名度和商业价值。原告的"雅培"商标先后在1999年10月和2004年8月注册于第29类牛奶、奶制品等商品上和第5类婴儿食品、医用营养品等商品上。2007年，原告注册并使用在第5类人用药品和第29类牛奶制品等商品上的"雅培"标被认定为驰名商标。

被告汕头雅培公司是一家从事糖果和米面制品制造的企业，其股东将"雅培"注册为字号，并于2009年在香港注册了中美雅培（国际）剂药股份有限公司（中美雅培）。此后，被告将"中美雅培"作为商标使用在婴幼儿乳制品上，还在网站上对上述"中美雅培"系列婴幼儿食品进行

宣传。

沙海涛律师代理原告对"中美雅培"提起诉讼。法院审理后也认为，汕头雅培公司未经许可擅自在婴幼儿食品上和网站宣传中使用"中美雅培"标识，显然会导致相关公众对美国雅培制药有限公司和汕头雅培公司的奶制品、婴幼儿食品的来源产生误认，已构成商标侵权。同时，法院还认定，汕头雅培公司注册"雅培"字号在主观上具有搭"雅培"商标便车的故意，其行为违反了公平竞争、诚实信用的原则，也违反了公认的商业道德，构成不正当竞争。经过审理法院判决：

（1）被告雅培乳业（南昌）有限公司、被告南昌雅培贸易有限公司立即停止生产、销售含有"雅培"字样的侵权产品，被告厦门乐姆儿贸易有限公司停止销售上述侵权产品；

（2）被告雅培乳业（南昌）有限公司、被告南昌雅培贸易有限公司立即停止使用带有"雅培"字号的企业名称；

（3）被告雅培乳业（南昌）有限公司、被告南昌雅培贸易有限公司立即停止在网站上宣传含有"雅培"字样的侵权产品；

（4）被告雅培乳业（南昌）有限公司、被告南昌雅培贸易有限公司须于该判决生效之日起十日内连带赔偿原告雅培制药有限公司损失人民币 50 万元及合理费用 122 886 元；

（5）驳回原告雅培制药有限公司其他诉讼请求。如果被告未按该判决指定的期间履行给付金钱义务，应当依照《中华人民共和国民事诉讼法》第 229 条之规定，加倍支付迟延履行期间的债务利息。该案案件受理费人民币 8 800 元，由被告雅培乳业（南昌）有限公司、被告南昌雅培贸易有限公司连带负担。

这是一起典型的商标和商号的权利冲突案件，后该案入选最高人民法院选定的"2010 年中国法院知识产权司法保护 50 件典型案例"和 2010 年中华全国律师协会知识产权专业委员会年会暨中国律师知识产权高层论坛"十佳知识产权案例"奖。

商标和商号的权利冲突案件是目前知识产权保护和知识产权审判中一个难题。一些恶意经营者将与他人知名商标相同或近似的文字作为自己企业名称中的字号进行同业竞争，此类行为不仅损害了权利人的合法权益，还破坏了公平竞争的市场秩序，同时也损害了消费者与相关公众的利益。

该案所涉及的侵权事实包括商标侵权和不正当竞争，如仅仅起诉商标侵权，在现有商标法律体系下，无法达到要求被告停止使用"雅培"商号的目的。因此，沙海涛律师制定了同时起诉被告构成商标侵权和不正当竞争的诉讼策略，依据《反不正当竞争法》的灵活性和涵盖性为客户提供了达成诉讼请求的路径。

案例三：宁波金诚泰电子有限公司诉上海思考电子有限公司发明专利侵权案

上海思考电子有限公司系日商独资企业，是某日本株式会社 1994 年在上海设立的海外工厂，公司以微型振动马达、风马达、变焦马达、直线马达的研发、制造为依托，致力于为移动通信制造商提供零部件；为汽车音响、IC 部件、CPU、机板等解决散热；并开发具有独特知识产权的产品。

iPhone 手机自上市以来备受"果粉"推崇，宁波金诚泰电子有限公司（以下简称"金诚泰司"）以 iPhone 上使用的镜头驱动装置侵犯专利而将生产销售该自动对焦马达的上海思考电子有限公司（以下简称"思考电子"）告至法院。

早在 2007 年 12 月 28 日，金诚泰公司已向国家知识产权局提出"一种透镜驱动装置"发明专利申请（专利号 CN200820002341.2），国家知识产权局专利局于 2008 年 7 月 30 日公开其专利申请文件，金诚泰公司于 2010 年 9 月 22 日获得由国家知识产权局授予的发明专利权。金诚泰公司分析认为，美国苹果公司销售的 iPhone 系列手机的摄像头镜头驱动装置落入了系争专利的专利权保护范围，但金诚泰公司从未授权包括苹果公司在内的他方使用系争专利。而为美国公司的 iPhone 系列手机提供镜头驱动装置的是思考电子公司。为此，金诚泰公司将思考电子推上了被告席。

庭审前，作为代理人沙海涛律师做足了准备工作，并将所有证据材料、条款倒背如流。此案经历两年多的周折，最终金诚泰公司胜诉，判决获得赔偿 170 万元。但考虑到对方已经生产出的产品，又达成和解，允许思考电子 1 年内继续销售其产品。

案例四：中国竹材协会应对美国专利侵权诉讼案

近年中国生产、出口的重竹地板因其花纹酷似名贵木材，性能优于名贵木材，在国外引起轰动。这种地板是经我国众多科技部门和生产企业历经 20 多年的努力，克服重重困难，开发、改进和完善之后的产品。2008 年，中华人民共和国国家质量监督检验检疫总局和中国国家标准化管理委员会已下达文件，责成杭州大庄地板有限公司和中国林科院木材工业研究所组织国家标准起草小组起草重竹地板国家标准，重竹地板的开发研究成功，将中国的竹材加工技术又大大地向前推进了一步。但 2007 年 3 月 23 日，在中国林产工业协会竹材专业委员会的龙游会议上，一些做出口产品的企业反映，美国一家中国产重竹地板的经销商康尔（Teragren）国际控股有限公司（以下简称"康尔公司"）在美国声称中国产重竹地板侵犯其美国第 5543197 号专利权及在其他国家的同族专利权。除非得到他们的许可，重竹地板不得在美国销售。康尔公司还给美国其他经销商发函，警告他们不能经销中国产重竹地板。其实所谓的美国第 5543197 号专利（以下简称 197 号专利）是一个叫 Plaehn 的美国人在 1994 年申请的一个专利。与此同时，澳大利亚 Style 公司自购得中国专利 99117809.2 号——"竹材重组强化成型材的方法"（叶靓观于 1999 年 8 月 15 日申请）后，也在国际上声称，只有该公司拥有重竹地板的生产及经销权。

竹材专业委员会对上述情况十分重视，立即对该两项专利进行了了解和研究分析。中国利用该技术方案生产竹材重组材类产品已有20多年历史。20世纪80年代末90年代初已在第二汽车制造厂生产的东风牌汽车及铁路火车车厢地板上广泛应用，当时的《人民日报》《中国林业报》《浙江日报》等报刊上都有报道。1992年福建省农副产品进出口公司的戴子民（此人现已80多岁高龄）还带了福建南平某公司生产的重竹地板到美国的旧金山博览会上展出。与此同时陶鑫良、沙海涛律师作为竹材专业委员会的代理律师，负责与美方协调，在竹材重组材诉讼期间，Smith and Fong公司和安吉天振竹业有限公司列举了众多事实进行了积极的抗辩和反诉。美国位于西雅图的华盛顿西区地方法院于2009年1月6日做出了裁决。裁决书中有两条对中方十分有利，凭这两条就能说明我国产重竹地板不构成对普莱恩（Plaehn）的197专利侵权，这两条是：

（1）普莱恩专利不包括层积和多层产品；

（2）普莱恩专利仅包含用不同长度的竹片构成的竹方材。

康尔公司在接到裁决通知后，公司总裁专程到中国拜访了竹材专业委员会的理事长张齐生院士，要求和解，承认中国产重竹地板不侵权。但康尔公司还是上诉了，对上述两条裁决进行了反驳。

康尔公司的上诉被美国位于他科马的华盛顿西区地方法院驳回，并维持原判，于2009年5月6日下达了终审裁定。根据法院的终审裁定，中国产重竹地板不构成对美国197专利的侵权，至此这场持续了一年半的诉讼终于画上了句号。

后记

1974年出生的沙海涛律师，已在知识产权领域研习、实践、扎根20个春秋，知识储备、阅历经验也都处于最佳时期和巅峰状态，他已成为了知识产权领域的执着追求与探索者和实践者。笔者相信，在未来10年或更长远，沙海涛律师必将在世界知识产权领域书写更浓墨重彩的辉煌和笔墨，为知识产权的发展做出更多、更大的贡献。四十多年的生活、学习、工作经历，使他因成熟而稳重，因稳重而深刻，也因深刻而淡泊。沙海涛律师说："每次回曲阜看望父母，晚上都会在老城的街道上逛逛，走在古老的石板路上，触摸着古老的牌坊，用心去感受这座城市的气韵和厚重，每次都有不同的感受。我也在这种宁静中，思索和感受着人生的真谛。"

全力维护当事人合法权益是律师的首要职责

——访上海融力天闻律师事务所高级合伙人孙立君律师

"律师"这两个字与其说代表着自由，不如说代表的是一种责任。每当我走进法庭的时候，我的背后可能是一个人、一个家庭、一个企业乃至企业背后千千万万的员工。我没有特权，唯有全力以赴，也只有全力以赴才能更好地维护当事人的合法权益，而敷衍了事无异于伤口撒盐。作为一名律师，我们用自己的刻苦和勤奋以及搜集的大量证据所形成的证据链向法庭还原案件的真相和始末，用翔实而又细致的代理意见向法庭展现严密的逻辑，最终维护当事人合法权益，维护法律的正确实施，维护社会的公平和正义。——这就是我们律师的价值。

——孙立君

孙立君 律师

上海融力天闻律师事务所高级合伙人，上海交通大学凯原法学院兼职硕士生导师。

孙立君律师主要专注于商业诉讼，执业多年来代理了许多重大疑难复杂案件。有的案件在全国产生影响，并被国家级媒体广泛报道。

2017年9月25日，由上海市闵行区司法局、闵行律工委、闵行区法律服务工作协会联合举办的"第三届闵行区优秀青年律师"评选中，孙立君律师以综合评分第一的排名荣列"闵行区十大优秀青年律师"之首；同时鉴于孙立君律师在信访工作中的突出表现，他还被评为"闵行区优秀信访第三方参与者"之殊荣。

一个专注商业诉讼的律师为何被评为优秀青年律师、优秀信访第三方参与者？他又有哪些业绩和事迹能获得同行的高度认可和行业内的高度评价？我们还是从他的人生经历和律师执业生涯中去一探究竟吧。

广泛阅读"闲书"，意外与法结缘

孙立君生于上海，是土生土长的上海人，出生成长在努力奔向小康的时代。孙立君律师说，他和大多数那个年代的学生一样，经历过无忧无虑的小学时代，那时作业不多，回家第一件事就是先做完所有作业，剩余的时间就全是玩儿，和邻居、同学在外面到处嬉戏玩耍。不过那时的他十分明显地属于先苦后乐型，他的习惯是不做完功课不出去玩，犹如天性使然。中学时他还喜欢和同学、邻居一起骑着"跑车"（那时他们将平把手、宽轮胎的越野自行车称为跑车）感受清风拂面，青春洋溢地上学、放学、玩耍，沿着当时车并不多的柏油马路，三五成群、说说笑笑，好不惬意。

小学、中学时代孙立君亦属理科见长的学生，语文和英语并不十分出色，相反物理和数学倒更为优秀，这或许与那个时代重理轻文的学风有关。"学好数理化，走遍天下都不怕"是那时每个学子的口头禅，所以理科优秀通常也被认为是聪明而被同学们崇拜，而文科常常被冠以记性好等被忽略。孙立君也因重理轻文而吃过亏。那时他对于学习的主要记忆集中在喜欢沉浸在对物理、数学等一些问题的思索中，每一个知识点必须思考到完全理解为止。物理老师送了他两本物理竞赛类书籍，他喜欢得爱不释手，后来还曾获得物理竞赛全区三等奖。彼时的学生一般很少补课或培训，周末时间除了课业外主要用于各类体育活动，不像现在的学生总是背负着父母、老师的高期望值和极大的学习压力。

孙立君说："如果说小学和初中时有什么可取的地方，我觉得可能就是自己对学业比较负责，对许多问题比较喜欢深入思考。高中的时候课业较为繁重，但是忙碌之余喜欢看各类文学作品，还喜欢对许多事情深究到底。物理学似乎已经不能满足我喜欢思根究底的脑袋，也因机缘巧合看到一本《哲学导论》的书，发现原来刨根问底的思索世界其实是思想界的传统。读大学的时候除了去自修（我们那个时候将自修自嘲地翻译成 self-repair），最喜欢的事情就是看各类闲书。不过我那时候的闲书一般是各类名著，包括各类法学名著、哲学名著、各类文学名著。如果我的世界观、人生观、价值观是在小学、中学被朦胧地灌输和教育的话，可以说大学时代的广泛阅读则是搭建了属于自己的想法、观点、信仰、追求，并形成了较为独立的许多想法和看法。可能不足以成为一个体系，但是也基本属于茅草屋成型。后来我忽然发现，我所喜欢的许多文学和思想大家竟然都是学习法律出身，自此，我也对法律有了一种好感和亲切感。我领略了法学先驱和思想界前辈的伟大精神和事迹，感受到法学和法律行业的博大精深，更感觉法律行业的重要和对法律的崇敬。帮助弱势群体的骑士精神，为当事人维护权利的职责感，这些都构建了我对法律行业的憧憬和对律师职业的追求。犹如电影《盗梦空间》

中'费舍'被天才造梦家通过层层梦境植入一个想法，去实现自身的追求而不是模仿他的祖辈；学生时代喜欢遨游书海的我也被法学先驱们通过一本本著作成功植入一个想法，去投身这个庄严的法律职业。"

如果说广泛阅读"闲书"，让孙立君律师意外与法结缘，那么，全力以赴、全心全意代理和研究案件却又让孙立君律师找到了做律师的价值和职业成就感，找到了为之奋斗一生的事业，我们从以下案件中或可见一斑。

以案说法

案例一：全力以赴，还原真相，维护当事人合法权益，维护法律正确实施，维护社会公平正义。

上文提到，商业诉讼案件是孙立君律师的主要业务领域。孙立君律师说："许多商业诉讼案件牵涉甚广，案件结果对于企业而言更显重要，然而案件本身又十分复杂。律师所提供法律服务的优劣对于企业及其员工乃至使用其产品的社会而言都会产生重大影响。"接着，孙立君律师与笔者分享了在他执业过程中，一个对其影响颇深的案件，此案曾被国家级媒体广泛报道。

一个企业家，遭遇情感纠葛和经营矛盾，他的妻子把企业资产和企业商标全部转移，企业还欠了许多员工工资，经营陷入危机，濒临倒闭境地。

孙立君律师接受了该企业家的委托，但当孙立君律师让企业家提供证据时，企业家却无奈地说："很多人都离职了，大多材料已被前妻带走，自己也不知这些证据该从何找起。"面对如此失望、消极的状况，孙立君律师没有放弃，而是于第二天一大早就赶到了企业家的工厂。那时正值八月盛夏，当孙立君律师推开档案室房门时，档案室内一股霉味扑面而来。满屋灰尘，还没有空调，但孙立君律师在此等条件下仍坚持用一周的时间将档案室翻了个底儿朝天，找到了许多证据，还在一个箱底发现一盘发霉的录像带。本来他也未曾留意，但职业的敏感告诉他可能有用，在最后一天他还是将录像带回了家，并想方设法找了一台录像机，然而根本无法播放，最终在石库门一个弄堂里才找到一个老人修复了录像带并导出了该视频。

原来那个录像带内是当年电视台对企业产品的报道，而该产品还曾获全国销量第一。这样一个知名商标却被企业家的妻子附带处理了。孙立君律师原以为有如此充足的

证据加以佐证，案件会很快结束。但该企业家外围案件的连连失利，对该案的冲击非常大，以致久拖未决。又经过两年的漫长诉讼，孙立君律师提交了几十份证据，发表了近两万字的代理意见，最后该案终于获得胜诉。该企业家感慨地说，这是他多年来唯一胜诉的案件，本来已经对法律深感绝望，案件的最终胜诉又给了他希望，他说为了员工他也要再次将企业带上正轨。

案后孙立君律师道："有时觉得办理案件有点像我每年参加的全程马拉松比赛，就算在最艰难最绝望时候，不抛弃不放弃，仍然全力以赴，胜利的终点就会不经意间到来。"

案例二：罪当其罚是法律的应有之义。

孙立君律师说，多年来他代理了许多法律援助案件，其中有一案件还曾被司法部评为6个法律援助值班律师工作典型案例。此案记忆亦尤为深刻。

该案涉及毒品犯罪。说起毒品犯罪，可能人们往往对其深恶痛绝或避而远之。但孙立君律师在代理的这起刑事案件中遇到的宋某却是这样一个毒品犯罪的犯罪嫌疑人：骨瘦如柴、瘦骨嶙峋，且由于有严重的口吃，一句话要停顿好几次，每次几乎要等待5秒以上。听宋某陈述案情通常要十分耐心并给予充分的时间。

检察院确定的起诉书认为：2016年3月1日宋某经事先计划和联系，到某路附近将两包透明塑料袋包装的白色晶体以每克230元的价格贩卖给购毒人员。宋某收取毒资人民币200元后，为收取毒资余款跟随购毒人员外出取款时被民警抓获，经检验上述白色晶体分别净重9.88克和0.55克。

会见期间，宋某向孙立君律师表示，他只提供了0.55克毒品，也是系朋友托为所带。孙立君律师耐心听完了宋某对犯罪经过的陈述，并调取了检察院的案卷材料。他从案卷的每一个细节着手，抓住案件中许多细节中的矛盾处为宋某辩护。因被告人宋某自始至终都表示当时只提供了0.55克毒品，而非起诉书认定的10.43克，该克数的认定也确有蹊跷。孙立君律师分析认为：第一，案件中涉及现场搜出200元的现金毒资，而该金额与10.43克毒品的价值很难相互对应。如果双方确认交易毒品的数量达到10克以上，公安机关理应搜出更多的现金。而毒品买受人的口供显示，双方下楼准备出住宅区到银行取款机取现支付交易余款，该情况已经很不合情理。双方完全可以采用手机微信转账或支付宝等十分便捷的交易方式。下楼出小区取现金的说法不符合常理。该案中交易双方在微信聊天记录里曾提到可以用微信转账等方式完成交易，完全没有必要在深夜前往银行取款机取款。第二，该案交易双方在某小区某号楼8楼802室交易毒品，该位置理论上应当是非常隐秘且不为人知，但该案中竟然能有人提供线索并提前布局，而且有关辅警在路上和楼下还能发现两名男子有重大犯罪嫌疑，该先知先觉和预判能力过于高超。时间、地点、人物能够如此吻合？且除该案的证人王某、白某外，很难有其他人能提供如此准确的线索。第三，从民警的笔录显示，他们看到"有一名男子神情慌张地进入802室"。如果民警此时能够看到一名男子神情慌张地进入802室，则意味着两位民警此时应当在802室门口。而电梯房过道非常狭窄，民警可以看到被告人，意味着被告人也能看到民警，显然更

不合情理。第四，民警是在8号楼楼下怀疑该两名男子有重大涉毒嫌疑，为何要变换伏击地点？为何不在802室门口伏击而要在楼底下伏击？民警又如何能预测证人会与被告人一起下楼？又如何能预测交易完成后又能够指认被告人而不受非法持有毒品的刑事追究？比较合理的伏击应该是在交易过程中或交易完毕后刚出门口即进行伏击。所以该案有合理理由怀疑此次犯罪系引诱犯罪。另外，辩护人认为该案应根据疑罪从无原则审慎认定毒品重量。

最终，法院判决书采纳孙立君律师辩护观点，认为9.88克毒品无法形成闭合证据链，证人与该案有利害关系，证言内容高度重合存在瑕疵。最后法院仅认定0.55克毒品，判处宋某有期徒刑一年并处罚金2 000元。对此判决检察院又提出抗诉，最终生效判决维持原判。

孙立君律师评析："案件本身虽然也没有什么惊天动地的剧情和匪夷所思的悬疑，但作为援助律师的我们如果只是履行一个程序或者因为畏惧权贵而不敢发表辩护意见，最终受害的是受到冤屈的被告人甚至法律系统的良性对抗和平衡。而且案件本身尤其是刑事案件在递交法院审判时由于经历过公安和检察院双重审查，本身粗看大多不会有大的差错，如果有一些问题或端倪，通常也是在一些细节处着手发现原定预判的不合理性。"

案例三：社会稳定，人民方能安居乐业。

在孙立君律师代理的案件中还涉及一些带有公益属性的信访核查案件，由于工作突出他还被评为优秀信访第三方参与者。

最近，孙立君律师就参与了一起信访案件的核查和化解工作。事情起源于某个小区内出现大量房屋渗、漏水，每逢刮风下雨天，屋面（屋顶）就出现水迹或滴水，有些业主表示新装修的婚房，还没派上用场墙面就已经有了黑斑；有些业主表示漏水有的掉落在餐桌，有的滴到光滑的瓷砖或大理石地面，使得人"举步维艰"，已严重影响正常生活起居。业主们虽曾多次对屋面小修小补，但渗、漏水问题一直无法根治，维修基金也花费殆尽。渗、漏水问题涉及面积约为1万多平方米（100多户），许多业主长期信访，业委会更是多次请求政府解决修缮房屋。

孙立君律师接受政府有关部门的聘请对渗、漏水事件进行核查。由于牵涉人多、面积大、反反复复，如要根本上解决须把涉及问题的屋面整个翻修，但是修缮工程大、耗资大。开发商表示与业主大会签署过移交协议，约定由开发商给付业主大会一定金额款项，并将小区整体移交给业主大会，不再承担任何责任。而且开发商认为该小区是建造一定年限的老小区，早已经超过保修期，不肯让步。白纸黑字的合同、明确规定的保修期显然不利于业主。

整个事件进入僵持阶段。作为核查此次事件的孙立君律师顿感责任重大，法律意见书的观点将可能影响事件的走向和处理。

考虑到调查信息的来源扎实性，孙立君律师到房地产交易中心调取档案材料，要求业主提供原始材料，并至业委会处调取维修记录等。经过全面查阅基础材料，孙立君律师最终确认了该案的情况比较特殊，并不能按照通常的理解简单认为已过保修期，而且移交协议的效力存疑，孙立君律师依此出具了详细的法律意见书。

为了能够使法律意见书具备权威性和说服力，孙立君律师引用了多篇司法判例。该案的处理没有十分明确的法律规定，生搬硬套甚至有可能得出相反结论，因此权威的判例显得尤为重要。法律意见书中，孙立君律师列举了细分情况导致的不同判决结果，比较直观地将法庭对于此类案件的审理思路展现出来。而为了找到这些十分相似的案例，孙立君律师阅读了超过百篇的类似判决书。

法律意见书出具后，区镇相关负责人、开发商、律师等召开协调会，各方齐聚聆听孙立君律师的律师意见以及具体详细的分析。开发商开始并不以为然，且有一定抗拒，但在一份份材料和一个个鲜活判例面前，开发商代表最终表示认可。

最终，各方同意决定对小区渗、漏水问题房屋进行全面维修，而不再是小修小补，开发商也诚意地表示提供全部资金和技术支持，并提供质量保证，该方案得到小区业主的强烈拥护并全票通过，事件圆满解决。

孙立君律师评析："为社会稳定和人民安居乐业保驾护航是一名律师的职责所在。信访工作中我所处的位置与诉讼代理人有很大不同。信访核查所要求的是客观和公正，我虽然是政府聘请的律师，但并不仅是为了维护政府或者资本方的利益，而是就案件本身，基于法律和事实中立地发表法律意见，不能片面的维护任何一方，而损害另一方。任何一方的合法权利受到侵害都要不遗余力地维护并寻求解决之道。虽然一份详尽、逻辑清晰、证据扎实的法律意见书需要花费很大的心血，虽然翻阅百篇案例只为挑选最精湛、最典型、最合适的案例，但我的投入换来了100多户家庭的问题圆满解决以及责任承担者的心悦诚服。我认为非常值得，而一份说理不充分的法律意见书是达不到这种效果的，当事人甚至要直至法庭方休，这是我们每一个人都不愿看到的。"

后记

采访将结束，笔者问及孙立君律师有何执业感悟时，孙立君律师说道："律师执业多年，深感时间匆匆，每日不是俯首案前处理手头文书，就是唇枪舌剑法庭之上，乃至驱车穿梭于城市之中。几十万公里的行驶里程，也让我亲历着这座城市的发展与繁荣。如果人生有什么最重要的，那就是无悔于人生！每个人都有理想中的人生，当然理想与现实通常总有一些距离。尽量妥善地处理好沉重的现实和轻快的理想，在抬头望着远方时又能低头享受此刻，既能熬夜忙着工作，也能享受家人、朋友相伴，既能着手处理琐碎的事物，又能抬头仰望星空思索万物。足矣！"

"路漫漫其修远兮，吾将上下而求索"，"亦余心之所善兮，虽九死其犹未悔"。屈原说修行的路还很长，为了理想可以至死不渝，孙立君律师也总是以此自勉。

是啊！人生修行的路还很长，为了理想可以至死不渝！就像我们每一位中国律师所投入的法律事业，他们将维护当事人合法权益作为自己的首要职责，他们在民族复兴的法治中国梦中释放着自己的光和热，选定一个方向，只管努力前行。在此，让我们祝愿孙立君律师在未来的律师执业道路中，仍一如既往，砥砺前行，再创辉煌。

公平正义是我永恒的追求

——访北京尚公（上海）律师事务所合伙人索建国律师

编者按

人生越奋斗越精彩，越奋斗越幸福，唯有奋斗才是人生的主题，只有奋斗的人生才能称得上是幸福的人生。而追求，是奋斗的直接动力。

今天我们采访的主人公——北京尚公（上海）律师事务所合伙人索建国律师说："奋斗是人生的主题，公平正义是律师永恒的追求。"正是秉持着如此坚定的信念，从下乡知青到返城工人，从工厂电工到银行干部，从银行职员到执业律师，从大西北到上海，他用脚下坚实的足迹丈量着无悔的人生，书写着一个中国律师的不懈奋斗史，更在每一个案件中展现着一代法律人的精神和品格。

印象

2019 年 7 月，尚公律师事务所北京总所，正值索建国律师来京参加会议，我们有幸与这位"海派"律师面对面地交流，感受他以善至上、认真严谨的工作态度；聆听他蹉跎岁月里的人生；体会他选定目标一往无前的执着精神……虽历经风雨与沧桑，但不变的是那颗永远奋斗的心。如果用一句话来形容眼前的索建国律师，那么，"老骥伏枥，志在千里；烈士暮年，壮心不已"应该是对他现在工作和生活状态最好的写照。

峥嵘岁月，何惧苦难

索建国律师祖籍陕西宝鸡。1977 年 4 月，18 岁的索建国响应"上山下乡"号召，到宝鸡县开始了他的插队生涯。扎根农村，在广阔的天地里开创不一样的人生！这是当时知识青年的理想和愿景！在那个特殊的年代，年轻的索建国每天怀着对未来的憧憬奋战在插秧和种田的队伍里，白天干活，晚上看书，很是辛苦，但他乐在其中，因为他有书为伴，尽管在当时可读的书并不多。

1978 年 12 月 18 日，随着党的十一届三中全会的召开，中国进入了改革开放的新时代，国家政策和经济形势也发生了巨大的变化。这时"回城"又成了知青们最殷切的期盼，于是用各种方法返城的洪流再起。一代人的理想在迷茫中发生了变化，那些在农村要扎根一辈子的憧憬被渴望"回城"的现实击碎，经过三年多的农村历练，1980 年 6 月，索建国也终于通过招工"回城"，到宝鸡市第一针织厂当了一名电工。

有一天，在回家的路上，他看到建设银行门口黑板上的招干通知，立即报名并通过考试被录取。就这样，1981 年元月，22 岁的索建国靠自己走进了中国建设银行宝鸡市中心支行，成为银行系统的一名干部。

机会总会垂青有准备的人，无论在哪个时代，爱学习求上进的人总是有机会展示自己。1983 年 9 月，索建国考入西北建筑工程学院（即现长安大学，是"211 工程"学校，2000 年 4 月，长安大学由始建于 20 世纪 50 年代初的原西安公路交通大学、西北建筑工程学院、西安地质学院合并组建而成），就读建筑工程系基本建设经济专业。正是这次到省城西安学习，进一步坚定了索建国的法律人生之路。

与法结缘，砥砺前行

20 世纪 50 年代我国引进的印度电影《流浪者》，播映后反响良好，尤其在 1979 年元旦再次在全国各地上映后引起轰动，电影的故事情节以及主题曲"拉兹之歌"也成为那一代人永久的记忆。该电影讲述的是男主人公拉兹的父亲拉贡纳特大法官有着荒谬的血统论，就是："好人的儿子一定是好人，贼的儿子一定是贼"，其二十多年前用这样的逻辑错判了扎卡的罪。越狱后沦为强盗的扎卡为了报复，设下诡计使拉贡纳特已经怀孕的妻子被逐出家门，在贫民窟生下了拉贡纳特的儿子拉兹。从小生活在痛苦和屈辱下的拉兹在扎卡的教唆下成为惯偷。扎卡实现了报复法官的目的，而拉贡纳特收养了丧父的丽达并将其培养成为一名律师，拉兹与丽达相遇并相爱，受到了拉贡纳特的阻碍，在一次搏斗中拉兹杀死了扎卡，被判罪入狱。在获知自己的悲惨身世后，拉兹越狱铤而走险去刺杀拉贡纳特，罪上加罪。在开庭审理拉兹杀人案的关键时刻，丽达挺身而出，怀着矛盾、痛苦的心情，在法庭上讲述了拉贡纳特过去的作为，以及拉兹想杀死拉贡纳特的真正原因。而在这部电影中，法官拉贡纳特的女儿律师丽达作为拉兹的辩护人，为拉兹挺身而出进行精彩辩护，在情与法的冲突中的辩护风采深深地印在了索建国的脑海里，使他萌生了想做一名律师的冲动。

或许读者会好奇，为什么我们会在此详细介绍这部老电影。其实，这部电影和索建国律师有着密不可分的联系。即使律师并不是这部电影的主角，然而这部电影启迪、引导了我们的主人公一步步成为律师，甚至多年以后，电影主题曲"拉兹之歌"曾长时间作为他的手机铃声，时刻提醒他要做一个正直、公正、善良的中国律师。

《流浪者》这部电影在索建国的人生转折中确实起到了至关重要的作用，更影响了几代人。喜欢不需要理由，我们可能因为一段旋律，爱上一曲音乐；可能因为一曲音乐，爱上一部电影；也可能像索建国律师这样，因为一部电影，爱上一种职业。"律师"这个职业一直令索建国律师魂牵梦绕，然而这种热爱却不被家人和朋友理解与支持。

1979年年末，中国律师制度恢复重建，随之1980年8月颁布了《中华人民共和国律师暂行条例》。其实那时索建国早已萌生以后要做一名执业律师的想法，但律师属于国家干部身份，在当时"讲身份"的年代做电工的他自然无

法实现做律师的心愿。进入建设银行工作后，他也成为一名国家干部，这时他又到刚刚成立不久的宝鸡市法律顾问处找到法律顾问处主任李东林（李东林原是陕西小宝鸡市中级人民法院的一名法官，20世纪50年代毕业于西北政法学院，是一名德才兼备的高级律师），向李东林主任毛遂自荐。而当时索建国所在单位开不出介绍信，他被挡在了律师职业的门外。伹他一直没有放弃律师梦想，在西北建筑工程学院读书期间，正赶上司法部举办中华全国律师函授中心，索建国当即报名。自此他除了学习校内课程，就是利用一切业余时间学习法律课程，较为系统地学习了法律，而法律汇编也成了他的枕边书。对于一个门外汉，要想通过律师资格考试谈何容易，但索建国一直为梦想努力前行着，工作之余仍利用一切业余时间"啃读"法律教材。功夫不负有心人，1992年，经过挑灯夜战努力备考，他终于通过了当年的律师资格考试，拿到了进入律师行业大门的"钥匙"。

在银行工作期间，他同样兢兢业业努力工作，并历任信贷员、稽核审计员、兼职贷款审批人、信贷风险管理科副科长，后担任法律顾问、法律顾问室主任兼资产保全部总经理等职务，还获得金融经济师的职称，并通过了全国企业法律顾问资格考试，经过了银行系统的主要业务岗位的历练。这些在银行系统丰富的工作经历也为他后来从事金融领域诉讼与非诉讼法律工作打下了坚实的基础。

1995年，《中国人民银行法》《商业银行法》颁布实施。在银行系统工作十几个春秋的索建国也成为我国银行系统从专业银行到商业银行改革与变迁的见证者。

索建国已经于1992年通过了律师资格考试，取得了律师资格。在他的建议下，建设银行宝鸡分行法律顾问室宣告成立，由他担任法律顾问室主任。银行贷款稽核审计、审查起草法律性文件、普法教育宣讲、不良资产清收等成为索建国工作的常态，因每一项工作都离不开法律、法规，这又是他最喜欢的状态，虽然很是辛苦，但他乐在其中。在专业银行向商业银行改革中，他充分发挥商业银行法律工作者的作用，为商业银行业务的合规及风险防范做出了积极的贡献，并先后获得中国建设银行陕西省分行系统稽核审计、资产保全先进个人。

踌躇满志，守护公正

1998年暑假，教授高中英语的夫人参加上海全面普及高中教育的人才招聘会。同时建设银行总行在宁波召开大会，会议结束后索建国立即前往上海看望夫人，并带夫人参加各个教育人才交流会。夫人顺利获某中学聘任可以留在上海工作，紧接着他们又将11岁的女儿接到上海。索建国开始申请工作调动，但未获批准，就这样在经历近3年的两地奔波后，已经进入不惑之年的索建国毅然前往上海，他要继续他的人生梦想——做一名执业律师。当然，要想在上海立足并开创一番局面，没有任何背景、资源、人脉堪称"三无"律师的索建国确实需要费一些周折，而这时在银行系统多年的丰富工作经历为他能在人才济济的上海

滩立足做好了铺垫。尤其在银行及企业不良资产清收方面，索建国发挥了他的专长和优势，为各个银行及企业清收不良资产累计数千万元，同时他也办理了许多建筑房地产案件，为建设工程价款结算纠纷提供法律服务，并担任上海银行业调解中心调解员，调解金融机构之间及金融机构与金融消费者之间的纠纷。索建国还曾先后担任陕西宝鸡仲裁委员会仲裁员及广西北海国际仲裁院（北海仲裁委员会）重庆庭审中心仲裁员，也取得了上市公司独立董事资格。除专业代理银行案件外，索建国律师还积极代理各类刑事、民事案件，遇到确需帮助的当事人，他认为当事人非常冤屈且案件有研究价值时，还会选择免费义务代理，并办理过诸多法律援助案件。

历尽艰辛，坚持正义

2008年8月，索建国律师突然接到一个陌生电话，称自己的妻子瞒着他获得了上海浦东新区拆迁改造项目的两套住房。当事人汪某来到律师事务所后，索建国律师也才了解到眼前这位年近古稀的老人有着非同一般的身份，其确有冤情。原来汪某祖籍上海，而妻子余某（离过一次婚）户籍在上海，20世纪80年代末两人认识并于1990年元月在男方所在地湖南某地登记结婚。后汪某被公司派驻上海工作，他们遂在上海浦东新区建造了一处住宅（二层小楼，在宅基地上建造）。但随着公司经营的失败，2000年前后，两人的婚姻也走到了尽头（未办任何离婚手续），因结婚时两人年龄相差较大，且皆为二婚，没有孩子，汪某已不习惯在上海生活，遂回湖南老家。数年后的一天汪某无意中得知，拆迁时余某得到了两套安置房。尤为重要的是，余某已经又于2000年在上海与兴某登记结婚。汪某知道此事后非常生气。"余某不是说只给了一套住房吗？"愤愤不平的汪某开始在上海寻找律师，希望法律可以为他主持公正。汪某在一次理发时，偶得索建国律师在多年前留在理发店的名片。就这样两人因曾同在一个理发店理发而结缘，并开始了一场历时多年的诉战。其实，从表面上看，该案似乎并不复杂，只要证明余某有过两次登记结婚的事实，那么余某在婚姻关系存续期间取得的财产属于夫妻共同财产，汪某就有权分割。但关于两人婚姻是否成立及有效却颇费

周折，且本来自诉的案件也变成了公诉案件，公安部门、检察部门也介入该案中。

为了使余某名下的住房不被提前出售，索建国律师提出第一步就是要对现有的两套住房（余某、兴某登记结婚后，将安置房两套中的其中一套出售后另购得较大住房）进行保全，但汪某交不起诉讼保全费。而2007年10月1日实施的《物权法》所规定的登记异议制度，为该案的最后执行提供了保障。敏锐的索建国律师当机立断，立即向上海某区房地产登记中心提出登记异议，确实查到余某名下一套房产已经与买方签订了房地产买卖合同，只是要在房产登记中心审核一周。现既然有人提出了异议登记，那么其买卖中止进行。对房产登记提出了异议后，必须在15日内提起诉讼。随即索建国律师又代理汪某对余某提起离婚的民事诉讼，这才防止了该套房产被恶意出售。一旦房产完成交易并过户，那么汪某再追回房产的机会将更加困难。

保住房产后，索建国律师再代理汪某对余某提起刑事自诉。按照犯罪构成以及相关证据，余某犯有重婚罪。但法庭上的余某一直否认曾与汪某结婚，称其之前从未见过该结婚证，且该结婚证是被撕毁后粘在一起的，并看不清楚印章，结婚证无编号，颁发时间不具体，只记载了年月，对结婚证的真伪、效力等提出质疑。因当时结婚登记时间是1990年，婚姻登记档案皆为纸质档案，未纳入电脑系统，且该登记档案当时未找到，无法证实汪某以及余某是否亲自到婚姻登记机关进行婚姻登记。汪某和余某当时婚姻登记机关所在地为湖南某市的一个乡镇，该登记地既非汪某也非余某的户籍所在地。但根据当时的婚姻登记办法，应双方亲自到一方户口所在地的婚姻登记机关申请结婚登记。汪某提供的大量书信往来的旁证中两人互相称呼丈夫、妻子的文字和曾提起离婚的互相往来和其他单位和人员的相关证言亦能证明两人为夫妻关系，并提交了民政部关于越权管辖办理登记的意见、最高人民法院行政审判庭关于婚姻登记行政案件原告资格及判决方式有关问题的答复中关于结婚登记双方当事人或一方当事人未亲自前往登记，但有其他证据可以认定结婚是其双方真实意思表示等法律规定，根据该案其他证据足以认定该结婚登记是双方的真实意思表示。这时民事离婚案件因而中止审理，等待刑事案件对结婚登记的效力做出认定。

代理过程中，上海浦东新区法院认为此案案情复杂，结婚证真假难辨，又未找到档案，法院又没有更有力的调查手段，遂移送公安机关处理。就这样自诉案件变成了公诉案件。公安机关办案人员前往婚姻登记所在地调查取证，当年办理结婚登记的工作人员在医院治疗期间，公安做了询问笔录，而后不久，该工作人员突然去世。公安机关同样认为汪某、余某婚姻关系成立。检察机关遂对余某提起重婚罪的指控。余某上诉二审。此案进入二审阶段后，余某却又在该婚姻登记机关即湖南某市所在区人民法院提起了一场行政诉讼，诉请人民法院确认两人婚姻关系无效。此时，上海第一中级人民法院对这个越来越棘手的案件如何处理有些举棋不定，因而裁定中止审理，意在等行政诉

讼对婚姻效力做出行政裁决，而行政诉讼经过一审判决认定程序违法，并未对婚姻效力做出判定，三方均上诉至婚姻登记所在地的湖南某市中级人民法院。而该中院竟然在上海一中院已中止审理的情况下，也裁定中止审理，要等上海一中院的刑事判决，对婚姻效力做出认定，这样就出现了两地两个中级人民法院互相等待对方判决的"怪象"：刑事案件的二审上海一中院等待行政案件的二审湖南某市中院对婚姻登记效力做出认定，以便确定是否构成重婚罪；而行政诉讼的湖南某市中院却要等待刑事二审上海一中院对其是否构成重婚罪、婚姻登记是否有效做出认定。作为代理律师的索建国律师，潜心研究对于刑事案件与行政案件及民事案件发生交叉的情况下应该如何处理，并向上级法院进行反映。在此情况下，上海一中院只好裁定发回重审，就这样案件又回到了一审上海浦东法院。

索建国律师将搜集到的关于婚姻登记存在瑕疵（婚姻登记机关越权管辖、无证据证明双方或一方是否亲自办理结婚登记等）如何认定效力相关案例和材料悉数寄给主审法官，并建议主审法官前往婚姻登记地湖南某市亲自做调查取证工作。被索建国律师说服的主审法官前往婚姻登记地经过一番调查后，并最终查到了部分档案。虽然该登记档案也存在一定瑕疵，结婚登记介绍信时间却在结婚证上的时间之后，有些蹊跷。经过鉴定，最后结合全案证据，形成了完整的证据链，法院最后认定双方的婚姻登记合法有效，余某构成重婚罪，但可免于刑事处罚。刑事案件一审判决后，余某提起上诉，经开庭审理后被驳回，这样婚姻登记的效力终于得到了上海一中院的确认。婚姻登记地的二审湖南某市中院根据二审刑事上海一中院的判决结果，认为该婚姻登记虽然程序违法，但可保留其法律效力，也认可了婚姻登记的效力。随后民事离婚案件也恢复审理，上海浦东新区法院判决双方离婚，汪某分得一套价值数百余万元的住房。而此案最终判决时间却已到了2014年年末，经过近七年的艰辛努力，索建国律师终于为汪某争得了应有的合法财产利益，确保了法律的正确实施，让汪某在有生之年看到了法律的公平与正义，虽然这个正义的结果来得确实晚了一些，但总归来了。

笔者以为，该案对于婚姻登记存在瑕疵的同类案件的处理具有非常重要的借鉴意义。

后记

律师伸张正义，帮助当事人维护合法权益和利益，从这个角度讲，律师职业是非常神圣的。然而律师又是平凡的，各行各业都有其无奈之处。美国法学家霍姆斯说，"法律的生命不在于逻辑，而在于经验"。而索建国律师却说，"法律的生命不在于逻辑与经验，而在于妥协。"这种妥协是为了衡平各方利益而做出的妥协。如今，索建国律师因岁月的洗涤，他行事更加沉稳；融合南北文化的特点，愈加执着与细心；因经历的丰富，他处事更加泰然；因为风雨的沉淀，他看问题更加透彻。

虽然索建国律师已在法律的道路上行走多年，然而他认为奋斗永远在路上。华东政法大学法学硕士研修班、中国政法大学法学在职博士班、上海交通大学安泰经济管理学院工商管理硕士班上都有他努力学习的身影，他较为系统地又学习了法律及企业管理方面的知识，他还参加了北京市律师协会组织的赴美国华盛顿大学、辛辛那提大学的美国法律及律师事务所管理的培训项目，旁听了辛辛那提市法院的庭审，对英美法系有了一定认识和了解，同时他担任中华全国律师协会建筑与房地产委员会委员、上海市律师协会建设工程与基础设施业务研究委员会委员，并积极参与上海市律师协会组织的《社区常见法律纠纷调处手册》的编写工作，担任上海市企业家协会理事及上海市陕西商会理事和上海宝鸡商会监事长，为企业的发展保驾护航。

在梦想面前他始终坚守、努力前行，数十年来他秉持为公平正义而奋斗的信念，本着大处着眼、小处着手，天下大事必做于细的精神，冲破平凡的牢笼，打破世俗的枷锁，用厚重的脚步践行着他不懈奋斗的律师梦想，彰显着一代法律人的情怀、良知、责任与担当。用个案推进法治，追求公平与正义，索建国律师通过点滴努力为我国民主与法治建设，为建设现代法治国家不断添砖加瓦而做出自己的贡献。

不忘初心，方得始终

——访上海瀛泰律师事务所高级合伙人、上海律协建设工程与基础设施业务研究委员会副主任、上海工商联房地产商会理事王同海律师

编者按

我国自1998年房改后，尤其进入21世纪以来，随着人们生活水平的不断提高以及我国城市化进程的逐步加快，房地产业的发展进入快车道并成为国家和地方经济的支柱产业。在过去的20年中，我国房地产业在推动城镇化、基础设施建设以及拉动消费等方面作用明显。或者也可以说，是房地产推动了中国经济的长期发展，而至今房地产依然是维系我国经济增长与发展的主要引擎。

本文主人公——上海瀛泰律师事务所高级合伙人，上海律协建设工程与基础设施业务研究委员会副主任，上海工商联房地产商会理事王同海律师，自2004年进入律师行业即将建筑与房地产领域的法律服务作为自己的主业，并潜心研究，积极实践，努力开拓，勇担重任，在律师行业内树立了良好口碑，在建筑地产界建立了影响力，且至今仍带领团队不断推进建筑地产领域新型法律服务。多年来，他为客户疑难棘手问题殚精竭虑、不舍昼夜；为行业健康

有序发展建言献策，全力以赴贡献着自己的才智和力量。可以说，在中国房地产获得蓬勃发展的历史进程中亦凝结了王同海律师及其团队付出的心血和汗水。

我们先来看一下王同海律师的履历。

王同海 律师

上海瀛泰律师事务所高级合伙人、党总支书记；华东政法大学法学学士，复旦大学法律硕士，上海财经大学高级工商管理硕士。王同海律师毕业后曾在政府任职，后进入外企从事法务工作，再后转入律师行业并创办律师事务所。

现任上海仲裁委员会仲裁员，上海律协建设工程与基础设施业务研究委员会副主任，上海工商联房地产商会理事，上海市科技创业导师，上海财经大学商学院投融资管俱乐部常务理事，上海外国语大学法律硕士研究生兼职导师，上海政法大学法律硕士研究生实践指导教师，上海海

事大学法律硕士专业研究生指导教师。王同海律师长期从事并专注建筑房地产、金融和资本市场的专项法律服务及相关争议解决。他不仅熟悉建筑房地产的传统业务，更是不断探索建筑房地产与金融市场的链接，积极推进建设领域新型业务的发展。2019年，王同海与其服务的世博会博物馆建设项目入选 The Legal 500 亚太区房地产与建筑工程领域推荐榜单。

以梦为马，莫负韶华——专注将建筑房地产行业做深做透

王同海律师入行之初的机缘，使他有机会服务于一家房地产建设集团。当时正值房地产行业进入波澜壮阔的前夕，随着房地产的爆发式增长，各类法律问题层出。处理棘手案件越多，越使他觉得建筑施工和房地产开发行业有太多的东西需要去研究和探索，律师未来在这个行业一定大有可为。从此，他顺势而为，一个"猛子"扎进了建筑房地产领域，一干就是十几个春秋。潜心每一个案件，不负每一个日夜，凭借其扎实的法律功底和坚持不懈的决心，王同海律师很快熟悉了从拿地到建设、从销售到租赁、从住宅商业到工业园区的全过程法律业务，并成长为一个既全面又专业的行业律师。

建筑房地产行业是一个较为繁复的行业，涉及土地出让、勘察设计、建设施工、造价结算等多行业知识，入行门槛较高。相对其他法律业务，建筑房地产并不是性价比高的法律服务领域。尤其是工程类法律案件，律师的投入远高于其他类型案件，纠纷的处理往往耗时长达数年。一个案件的争议焦点也往往多达十几个甚至数十个，一个工程签证便会成为一个焦点。王同海律师说："既然选择了这个行业，就要同呼吸共坚持，要舍得花心血，不负每一天。"这句话在2015年上海长寿路某标志性商业综合体房屋租赁合同案件中得到了很好的体现。

该案经中院一审、高院二审，已成定论，客户未来将可能遭受天量损失。王同海律师接受委托后，带领团队成员利用长达几个月的时间，不分昼夜，对2005年至2014年10年租期中逐笔逐月租金和延期付款违约金进行细致入微的分析，在庞杂的几亿元金额的数字中反复测算，终于发现了其中20万元的差异，找到了原审法院事实认定的关键

错误。此后，遂向最高人民法院申请再审。向最高人民检察院申请审判监督。经过3年艰苦卓绝的努力，最高人民检察院对该案提起抗诉，最高人民法院提审，并最终撤销上海市高级人民法院的相关判决，改判支持了客户的再审请求，使得中外合作、次租户等一连串关联问题有了依法合理的解决手段，避免了事态的恶化和次生损害的扩大。

施工企业是劳动密集型行业，其合法权益的维护将使更多的基层群众尤其是农民工受益。施工行业是值得律师深入研究的行业，更是律师能够体现社会价值的行业。在长期服务施工企业的过程中，王同海律师始终坚持不辞辛劳、深耕细作。结合施工企业利润率较低的特点，他带领团队长期为客户提供嵌入式的周到服务，不断进行客户全员培训，协助客户做好合同签署、施工执行、签证落地等精细化管理，让企业在管理中获得效益。他还针对中小型专业施工企业，特别订制和推广实用性更强的施工合同文本，不仅便于总包、分包及下包的产业链管理，还使行业中处于较弱势的中小企业合法权益得到合理保障。

多年来王同海律师带领团队，服务客户及项目上百个。缘于他的敬业和专业，不少入行时的客户合作至今，成为信赖的朋友。在世博会纪念展及世博会博物馆新馆建设项目中，客户更是对王律师团队无微不至的服务赞赏有加，事务所也被多次被评为世博会博物馆优秀保障单位。

除了服务客户的日常及专项事务外，王同海律师还受托通过诉讼或仲裁等手段，解决了大量施工企业及实际承包人的索赔、结算、付款等工程款难题。尤其在层层转包的乱象以及烂尾项目中，为施工企业及各参与方千方百计寻求保护，切实维护各方权益近百亿元。

坚持做深做透的理念，王同海律师团队为施工企业的服务广度并不限于工程管理和工程款本身。他说："施工行业与其他行业具有较强的独立性，非施工行业的律师，对施工行业的关注相对并不多，所以凡施工企业碰到的法律难题，我们都有责任帮助企业解决。"因此，对于施工企业的安全问题、劳动人事问题、知识产权、兼并购等问题，他都会积极整合事务所相关律师提供全方位、全覆盖的服务，最大限度地解决施工企业的后顾之忧。

跨界融合，创新发展——推进建设领域连接新型融资工具

因长期服务建筑施工企业，王同海律师会经常接到施工企业有关金融业务的咨询，逐渐认识到建筑房地产尤其施工行业与金融市场对接不足的短板。为更好地深度服务建筑房地产行业，2014年王同海律师专门到上海财经大学，进行了为期3年的金融及管理类业务深造，开始了建设领域融资类业务的探索之路。他紧密结合施工的行业特点，力求弥补施工企业在金融和资本领域的短板，护航施工企业适应和利用具有金融和资本内涵的新型承发包方式。以上举措已成为王同海律师及其团队助力建筑房地产行业的又一新目标。

无独有偶，近年来，为防范系统性金融风险，金融机构逐步下调了对企业的贷款及授信。在财政紧缩的大环境下，房地产企业资金吃紧，施工企业应收工程款存量也持续上升。如何盘活存量应收款以补充资金的流动性，成为建筑房地产企业亟待解决的问题。王同海律师带领团队利用其在房地产和建设工程方面的多年经验，与金融和资本相融，积极助推施工企业突破传统融资思维，适应市场需求，尝试使用资管、信托、私募等新型融资工具，取得了不菲成果。

在协助某大型建工集团设计应收工程款保理合同示范文本项目中，建设工程与金融工具就做了较好的结合。以工程款为标的的保理业务与传统保理业务差异较大，该项目需要紧扣行业特点及施工领域实际情况。同时，在"金融市场，资本方优先；建设市场，发包方优先"的背景下，施工企业并无明显地位优势。因此，该项目既要有理有据维护施工企业利益，也要考虑其他参与各方的接受度。经过几个月的反复推敲，几易其稿，在委托方的共同努力下，落地的文本基本照顾了资本方、发包方、施工企业等相关机构的利益平衡。"可以说，这个项目的完成，对建筑房地产行业新形势下的发展具有非常积极的意义：（1）该项目系首份由施工企业集团牵头起草的保理合同推荐文本，同

时凝聚了施工行业、法律行业、金融行业的共同智慧，在建设领域具有一定的示范性。（2）为施工行业认识、熟悉和利用保理融资工具，防范金融市场融资风险起到了积极作用。（3）为施工企业适应房产市场新要求，扩大承接施工业务进行了一定程度的赋能。（4）不同程度助力了房地产企业以工程款为基础资产的供应链金融项目，使房地产市场上下游企业产生了良性互动。"王同海律师如是说。

除常规施工业务与金融对接外，王同海律师还利用资本市场工具助力PPP项目。2018年，他牵头了国泰君安资管山东财经大学莱芜校区PPP资产支持专项计划（ABS）的全程法律服务。该PPP资产支持专项计划在上海证券交易所的成功发行，成为国内首例高等院校PPP资产证券化项目，融资额达6.7亿元人民币。这个项目的成功发行让施工行业与资本市场越走越近，让更多的施工企业感受到金融市场带来的帮助，并进一步思考PPP运营期的多样化融资等。正缘于这个项目的成功发行，王同海律师团队收到了来自诸多券商及施工企业的邀请，希望参与和启动类似项目的发行工作。

多年来，王同海律师带领团队，一步一个脚印，一边做专业法律的服务者，一边做建筑房地产跨界金融的推广者，让更多的施工企业认识、适应和使用金融和资本市场手段。近年，为建设方及施工企业有效完成了投、融、建联动、应收账款保理与反向保理、PPP项目资产证券化、房地产企业供应链金融等诸多项目。

后记

古语有云："不忘初心，方得始终。"王同海律师在深度服务建筑房地产行业的同时，也得到了行业客户及金融机构的积极反馈，这更加坚定了他长期扎根行业做深做透的信心和决心。"专业创造价值"，这不仅是他所在的瀛泰律师事务所的服务宗旨，更是王同海律师一以贯之的行动指针。

中国律师应为构建知识产权强国
肩负起维护知识产权的历史使命

——专访朱妙春律师事务所主任朱妙春律师

走近朱妙春律师

今天我们采访的主人公——上海朱妙春律师事务所主任朱妙春律师是中国最早从事知识产权维权的专家型律师。据了解，朱律师自1985年起从事律师工作，迄今已从事知识产权维权工作34年，1996年入选《中华名律师辞典》，2005年创办上海朱妙春律师事务所。著有《版权诉讼案代理纪实》《反不正当竞争诉讼代理纪实》《商标及专利纠纷案代理纪实》《著名疑难案代理纪实》《商业秘密诉讼案代理纪实》等多部著作，发表论文数十篇。现任中华全国律师协会知识产权专业委员会顾问、中国人民大学律师学院兼职教授、华东理工大学法学院兼职教授、复旦大学知识产权研究中心特邀研究员、上海交通大学凯原法学院兼职硕士生导师、上海财经大学兼职硕士生导师、鲁迅家族首席法律顾问。曾当选"中国十大风云律师""中国最受民营企业家欢迎的律师"。

他是一位爱国的律师。作为中国最早从事知识产权维权的专家型律师，他满怀爱国热情屹立于涉外知识产权保护的前沿，维护法治，捍卫尊严，担当起了民族知识产权的"守护神"。

他是一位勤奋的律师。办案34年来坚持著书立说，常

常是凌晨四五点钟才入睡，每天要工作18至20个小时。多年来，他已出版著作十余部，作品累计已近500万字。

他是一位热心公益的律师。"贫则独善其身，达则兼济天下"一直是他的座右铭，也是他爱国奉献的人生航标。

他就是中国律师界知识产权领军人物、知识产权维权专家型律师、中华全国律师协会知识产权专业委员会顾问、上海朱妙春律师事务所主任朱妙春。

"办案、著书、讲学、论坛"，朱妙春律师用8个字总结了自己34年来的职业生涯。34年兢兢业业，精诚追求；34年的栉风沐雨，砥砺前行。朱妙春律师用执着和奉献谱写了一位法律工作者波澜壮阔的传奇人生。

不负青春 砥砺追梦

1985年，朱妙春取得上海司法局核发的兼职实习律师证书；1986年，通过首届司法部全国律师资格统考。自此一路风雨兼程，朱妙春在律师的职业道路上走过了34年的不平凡岁月，对我国律师制度的恢复给律师行业带来的新变化深有感触："法治的完善、社会的不断发展，使得律师日渐得到社会的认可、重视，律师拥有了更广阔的发展空间。"

朱妙春律师能成为中国律师界中最早从事知识产权法律服务的领军人物，与他高瞻远瞩的思考、身体力行的实践息息相关。知识产权保护关系到一个国家整体生产力发展水平，甚至关系到一个国家的生死存亡。不论从事实的雄辩证明，还是从世界经济的布局或者说全球经济分工来看，哪个国家科技创新能力越强，哪个国家占有的世界经济总量比例就越大，就是世界经济强国。1984年，我国《专利法》刚颁布，朱妙春律师就成为中国第一代专利代理人；1986年《民法通则》刚刚实施，他就代理了科技工具书《CMOS集成电路册》版权案；1988年，他代理了涉及京、津、沪三地的"加筋强力包装纸袋及其专用加工设备"专利侵权案；1989年，我国《反不正当竞争法》尚未颁布，他就代理了高压有载开关技术商业秘密案。多年来，朱妙春律师办理的案件都是比较前沿和疑难的知识产权案件，包括版权、专利、商标、反不正当竞争和商业秘密等。

1998年，朱妙春创办上海市天宏律师事务所。2005年，又创办了上海朱妙春律师事务所。至此，朱妙春律师踏上了人生追梦的新征程。

一腔热血 爱我中华

朱律师从事律师工作之初的中国还是知识产权弱国，科技相对落后，知识产权保护力度相对较弱，知识产权保

护观念还未深入人心，所以朱律师就下定决心启蒙公众对知识产权保护意识、为国内企业与个人的知识产权保驾护航，为他们提供精品化、高端的知识产权法律服务，毕其一生建设知识产权强国。

朱妙春律师是一个爱国的知识产权律师，他认为："作为公民，爱国应该是第一位的。我从业的时间是在改革开放之初，在当时国内经济百废待兴、大力发展之际，小平同志说科学技术是第一生产力，而科学技术与知识产权密切相关，这就促进了知识产权的发展，促进了科学技术的发展，因而也推动了创新。自力更生、奋发图强，壮大民族和国家是每个公民应尽的责任；以史为鉴，警钟长鸣，继承优良传统，树立民族自豪感，才是真正的爱国。所以在高校讲课，我首先向学生强调'要爱国、努力、专业'。"

朱妙春律师作为先行者，通过代理案件，著书立说，鼓舞了更多的年轻人投身此行，推动了全国律师在知识产权领域的活跃度。更多的后来人活跃在这条战线上，又让更多的企业家领会到知识产权的重要性，用知识产权来发展企业。截至目前，全国知识产权领域已有数万名从业律师和专业人员，对企业知识产权观念的启蒙、发展起到了很大的推动作用。

不遗余力 妙手回春

中国企业在发展壮大的过程中，如何突破知识产权"壁垒"是至关重要的一环。特别是随着中国加入WTO和我国知识产权立法日益完善，许多跨国公司已逐渐完成了其知识产权战略的"中国布局"，有的还采用了"养肥了再杀"的策略，现在正是他们磨刀霍霍的时期。

上海"领带沙龙"只是一家做领带生意的民营企业。公司早在1992年就为主打产品"MENLOVE"（男爱）领带注册了由"M"图形与"MENLOVE"（男爱）组合而成的商标。对此，摩托罗拉公司却在1998年正式向中国商评委提出申请，要求撤销该商标的"M"图形。

在仔细分析案情、详细调查之后，朱律师指出，虽然双方商标有形似之处，但上海"领带沙龙"商标设计来源于品牌名称"MENLOVE"的第一个英文字母，这一设计理念出自男性衬衣的领口样式，也与该产品（领带）相符。而且该商标图形与字母的组合与摩托罗拉的商标有着显著区别，更何况两个公司的商品分属不同领域。经过漫长的等待，商评委最终认可了商标权人的答辩，维持了上海"领带沙龙"的注册商标。很多业内人士感叹道："中国私企终于战胜了跨国'航母'！"这一案件的胜诉增强了中国民营企业家的自信心！

瑞士狐狸城和上海富客斯实业有限公司为"FOXTOWN"的图文商标打起了一欧元的官司，朱妙春律师再次成为中国民营企业的诉讼代理人。"我总认为，如果知名度和品牌是中国企业自己靠广告投入、规范经营和优质服务打造出来的，那么，不拥有驰名商标的外国公司就没有理由来顺手'摘果子'！"朱妙春律师对此直言不讳。

从业至今，朱妙春律师还曾代理过"法国轩尼诗商标纠纷案""京、津、沪专利立体大战""中集系列专利案""德国汉高公司商业秘密纠纷""群英会吴江案"等商标专利案以及诸多著作权案。

多年来，朱律师代理各类知识产权疑难案件并取得了较为理想的结果，提高人们的知识产权意识。例如，内蒙古的侵犯微软计算机软件著作权罪案、深圳的侵犯某知名公司商业秘密罪案、江苏的侵犯窗帘图案著作权罪案，此三刑案均以被告无罪或撤诉结案。另有武汉的某龙头公司专利合同纠纷案、山东的高科技企业侵犯企业客户名单纠纷案和北京再审申请及相关专利、商标行政诉讼案等。

坚持不懈 著书立说

在办案之余，朱妙春律师十分重视办案心得体会的归纳总结，他孜孜不倦地撰文著书，将他办案的经验和教训毫无保留地传播给他人。多年来，他先后著书11部，近500万字，其中有9部是关于知识产权实务方面的专著，这在国际律师界也是罕见的。因此，他也被业界誉为"中国律师作家第一人"。

朱妙春律师的专著体现了以下特点：一是专。在11部著作中，有9部均为知识产权的内容，案例几乎涵盖了知识产权各组成部分及各相关领域。无论是著作权、专利、商标、商业秘密、反不正当竞争，还是计算机软件、生物医药、互联网等各个领域，这都充分体现了朱律师专业品牌的技巧、智慧和经验。二是细。这些著作全方位、多视角地披露了办案的全过程，细致地解析案情，细心地解剖过程，成功地促进了秘诀、经验、实务与理论的完美结合。三是广。这些著作所涉及的案例头绪广、专业面广、社会影响广。其中许多案件涉及社会名流与国家机构，从而引起了社会方方面面的广泛关注，如鲁迅稿酬案、《围城》作品演绎权案等均为有较大影响的名案、要案。四是新。这些著作着眼于立法与司法的完善，敢于标新立异，揭示和弥补了立法上的缺陷和法律上的空白，不断总结经验，不断建言献策。新的案例、新的发现、新的思考、新的问题和新的体会，构成了这些著作的又一特色。

《中国律师》杂志原主编刘桂明先生曾经于2007年很好地解释过这个问题，概括起来有三点：一是勤奋精神。办案30余年来，每日必记办案心得。二是专业品质，数十年坚持专业路线，毫无保留地分享自己的经验，勇敢地反思失败的教训。三是社会责任，教书育人，传承知识，热心公益事业，组织法律援助团。

精心策划 举办论坛

每年的"4·26知识产权宣传周"活动期间，朱妙春律师至少要举办一个论坛，有时他可能会同时举办几个论坛和相关活动。一位民间人士对世界知识产权日有如此的热爱和执着，实属少见，朱妙春律师堪称"中国知识产权论坛第一人"。

从2001年4月26日世界知识产权日诞生，到2019年的近20年间，朱妙春律师针对企业专利维权、保护品牌商

标、应对不正当竞争、维护版权、保护商业秘密等诸多问题与相关人士深入交流。这些问题往往都是朱妙春律师在为企业维权的过程中遇到的难点和焦点问题，引起了企业代表们的强烈共鸣，同时推动了某些知识产权法律空白领域的立法进程，为我国知识产权维权工作提供了诸多有价值的意见，受到了业界的广泛重视和支持。20年来，他所举办和参与的论坛，既见证了我国知识产权近20年发展的历史，也记载了朱妙春律师多年办案的历程；既是我国知识产权制度发展进程的缩影，又是对他勇于探索精神的生动写照。

这些论坛的举办，推动了知识产权某些领域的立法进程，为我国知识产权保护工作提供了广泛的支持，取得了一些知识产权学术理论成果和广泛的社会影响。

所谓文以载道，对朱妙春律师来说，它道出了不寻常的勤奋精神、不容易的专业品质、不一般的社会责任，道出了朱妙春律师"守道而忘势、行义而忘利、修德而忘名"的境界。

诲人不倦 成就未来

在律师界，朱妙春律师德高望重，他之所以这样备受尊重，是因为其诲人不倦，不断培养年轻律师，推动了中国知识产权法治建设。

他认为，青年律师是中国律师的未来，青年律师强则中国律师强。在当前法律服务市场竞争激烈的环境下，青年律师想要脱颖而出成为强者，自身的法律服务专业是提升竞争力的核心因素之一。青年律师选择自己的专业化之路，既要考虑专业方向的选择、设定，又要考虑专业服务产品的研发、优化，两者要相辅相成，同时进行。选择怎样的发展路径，采取怎样的法律服务产品研发模式，青年律师要根据执业地域、兴趣、自身能力等综合因素来考量。

谈起律师专业化的道路，朱妙春律师坦言道："律师越来越多，律师必须保持专业精深，不能做'万金油'律师，知识产权的专业性很高，既要有律师资质，也要有专业技术背景。"青年律师的专业化是法律服务的大趋势，是青年律师生存的核心竞争力，是青年律师必须进行的自我革新。青年律师选择适合自己的专业化之路，无疑会加快自己的成长，提升自己的执业素养，更有利于在激烈的法律服务市场竞争中立于不败之地。

34年的执业生涯，朱妙春律师已成为国内法律界的资深大律师。回顾之前走过的路，他深有感触："律师行业发展迅速，法治观念深入人心，法律体系完善，对律师的需求更加迫切，律师数量增长迅猛。律师行业是一个崇高的行业，律师一定要牢记'爱国、勤奋、专业'的核心理念。"

"有志者，事竟成，破釜沉舟，百二秦关终属楚；苦心人，天不负，卧薪尝胆，三千越甲可吞吴。"这就是朱妙春律师的胸怀和写照。中国法制进程中一次次推陈出新的前进与壮大，离不开像他这样的律师呕心沥血的思考和展望，在依法治国战略布局及经济新常态的大背景下，时刻昭示着新时期法律人的赤诚情怀和正义本色！

登高方知天地阔，凌空始信海浪平

——访安徽省第十三届人大代表、安徽始信律师事务所主任刘鹰律师

编者按

他出身教育世家，大学毕业后做过教师，执教8年后又选择了做一名专职律师。从"三尺讲台"到"法庭舞台"对于他来说亦是那样顺理成章、水到渠成。他有着一种儒雅、执着、智慧、广博的书卷之气，或许是缘于他学生时代对知识的孜孜以求；或许是缘于他在多年的执业生涯中的善于思考、勇于探索和勤于笔耕。自1993年踏上律师之路，伴随着国家经济的繁荣强大、法治的进步，伴随着律师行业的变革创新、蓬勃发展，他也开创出了属于自己的事业和天地，并带领团队开创了一个又一个辉煌的业绩。他就是安徽省第十三届人大代表、安徽始信律师事务所主任刘鹰律师，一位被业界尊称为"学者型律师"的法律人，一个在安徽法律界早已声名远播的好人。

刘鹰律师

安徽省优秀律师，国家二级律师，安徽始信律师事务所主任。刘鹰现任安徽省律师协会常务理事，安徽省省律协参政议政工作委员会委员、刑事法律专业委员会委员，池州市律师协会副会长。

刘鹰律师执业20多年，法学理论功底扎实，诉讼经验丰富，工作责任心强，认真负责。法庭上冷静沉着，庭审辩论有力，谈判技巧灵活，具有丰富的司法实践经验。在刑事辩护领域、民商事案件方面颇有建树，办案结果和效果均深受当事人好评。另外，刘鹰律师现还担任数百家政府机关、企事业单位的常年法律顾问，为顾问单位解决了大量的法律问题。

从容转身

刘鹰1985年毕业于安庆师范学院政教系，毕业后进入安徽省贵池中学担任教师。由于工作出色，他还先后担任了学校的少先队大队辅导员、校团委书记。

1993年4月，他离开教育战线，辞职下海做了一名专职律师，参与创办池州始信律师事务所（现为安徽始信律师事务所）。自2000年12月至今，担任安徽始信律师事务所主任。2007年，刘鹰律师被评为二级律师。

2006年至2017年刘鹰连续担任三届池州市政协委员、常委职务。2018年元月，刘鹰又当选安徽省第十三届人大代表。

从名校中学老师到执业律师，再到律师团队领头人，一次次重大选择考验的不仅仅是智慧和经验，更多的是勇气和担当。无疑，刘鹰律师交出了令人满意的答卷。

经典辩护

刘鹰律师擅长学习，他不仅拥有过硬的专业知识，更在二十多年律师工作中积累了丰富的从业经验。近年来，经他承办过的在省、市内有重大影响的刑事案件就多达数十件，个人业务量在池州市名列前茅。

作为安徽省律协刑事专业委员会委员、池州市律协业务委员会主任，刘鹰律师在运用专业知识为当事人提供优质高效的法律服务方面，获得了当事人及业内人士和地方党委、政府部门的高度肯定。

马某某故意杀人案就是其中的一桩典型案例。马某某是安庆市人，出生于1960年8月，家住安庆市大观区戏校南路。2010年1月22日因涉嫌故意杀人被东至县公安局刑事拘留，同年2月5日被东至县检察院批捕。2010年4月28日，池州市检察院以故意杀人罪起诉至池州中级人民法院。

因该案案情重大，被告人马某某有可能被判处死刑，被告人及其家属已经绝望，所以没有委托辩护人。池州中级人民法院依法指定池州市法律援助中心为该被告人提供法律援助。2010年6月11日，池州市法援中心指派始信律师事务所承办该案。

起诉书指控马某某主要犯罪事实是马某某因与夏某某有债务纠纷。夏某某多次向马某某索要借款3000元。但马某某因沉溺赌博，根本无钱归还，认为夏某某是放高利贷（据其自称已偿还近1000元利息），一直怀恨在心。2010年1月9日，马某某约夏某某到他家拿钱。夏某某到了以后马某某又称钱在其妻（亦被追究包庇、窝藏罪）手中。夏某

某遂用马某某家固定电话打马某某的妻子电话，在言语中辱骂马某某妻子。马某某在一旁听后气愤万分，遂用自来水管击打夏某某头部。夏某某头部流血后，马某某还用毛巾为他包扎。但在包扎过程中夏某某仍痛骂马某某，并称不会放过他。马某某一时冲动即用枕头捂盖并用手扼住夏某某的颈部，致使其机械窒息死亡。马某某在发现夏某某已经死亡后遂将尸体装入编织袋。为抛尸他还借了一辆摩托车，将装有尸体的编织袋捆在摩托车后座，并连夜前往东至县香隅镇抛尸。随后潜回安庆，并毁灭了其他物证。

始信律师事务所接受指派后，考虑案情重大，指定刘鹰、陈昙明律师承办该案。刘陈二律师赴东至县看守所会见了被告人征询其本人意见，并联系马某某家属，告知指定辩护工作。二律师迅速会见当事人，详细查阅卷宗了解案情经过，以事实为依据、以法律为准绳形成辩护观点：辩护人对起诉书指控的罪名和基本事实不持异议。但也提出了辩护律师的主要观点：（1）被告人马某某与被害人夏某某因债务纠纷而故意杀人，并非蓄谋已久，而是临时起意。马某某用自来水管击打夏某某的头部是故意伤害行为，马某某在被害人言辞刺激后临时起意杀人。（2）被告人在归案后认罪态度较好，有明显悔罪表现。在庭审中自愿认罪，并对被害人家庭造成的伤害表示忏悔。（3）被告人本人和其亲属愿意尽其所有赔偿被害人经济损失，以求得被害人亲属的谅解。建议法庭对被告人判处死刑缓期二年执行。

庭审结束后，刘鹰律师多次同马某某家属联系，配合池州市中级人民法院做好民事赔偿部分的调解工作，最终促成当事人达成赔偿协议，被害人家属也签署了书面谅解书。

池州市中级人民法院在一审判决中采纳了辩护人的辩护观点，判处被告人马某某死刑，缓期二年执行。一审宣判后，被告人马某某表示判刑不上诉，公诉机关亦未抗诉。案件办结后，当事人本人对指定辩护人的辩护工作表示满意。池州市中级人民法院对于指定辩护人的辩护工作也给予高度肯定。在该案中律师的价值得到了完美的展现。

荣誉不断

执业至今，刘鹰律师不仅从无被投诉记录，也从未受到过行政处罚和律师行业协会的处罚。在池州，提到律师刘鹰，无论是律师同行还是当事人都对其职业操守有很高的评价。为此他曾多次被安徽省司法厅、安徽省律师协会、安徽省信访局等单位授予"安徽省先进律师""安徽省优秀律师""安徽省优秀青年律师"以及"安徽省参与涉法涉诉信访工作先进个人"等荣誉称号。

2015年10月，刘鹰律师还作为池州市唯一的一名律师代表参加了全省律师工作会议。在刘鹰律师带领下，安徽始信律师事务所从成立时仅有4个专职律师的小所发展到今天拥有30名执业律师、实习律师、律师助理和行辅人员的大型专业律师事务所。办公室也从成立时租用的5间，发展到如今在池州市区最好地段拥有了1000平方米的办公用房，实现了企业形象的大跨越，"始信律师"的品牌也开始在业内声名鹊起。

勇于担当

作为池州市政法委涉法涉诉专家组成员，刘鹰律师经常参与涉法涉诉信访化解和评议工作。由于他还兼任池州民间"信访评议团"成员，所以他需要处理大量信访案件，这不仅没有丝毫报酬，还会占用他大量的时间和精力。对此，刘鹰律师一直默默付出，从无怨言。作为政府法律顾问，在陪同领导接访过程中和处置重大事项时，刘鹰律师总是主动承担法律援助任务，个人得失，他从不放在心上。

近年来，刘鹰律师积极参与涉法涉诉信访案件的评议、听证，积极帮助化解社会矛盾。引导当事人依法维权，尊重司法权威，做了大量的工作。无论是以政府法律顾问身份陪同领导接访，还是以法律专家身份参与信访案件评议，或是以代理人身份为信访当事人提供法律援助，刘鹰律师从来都是亲力亲为，真正成了一位正义的使者、法律的维护者和人民利益的保护者。

2014年4月，刘鹰律师在陪同市领导接访的过程中，接待了在平天湖不幸溺亡的两个孩子的父母亲及其家属。详细了解情况后，他向上访人仔细分析该事件中涉及的法律问题，积极引导当事人依法维权，取得了很好的效果。2015年临近春节，池州某房地产公司因资金链断裂造成近5 000万工程款不能支付，近百名农民工集体上访。接到市信访局电话后，刘鹰律师立即放下手中工作赶赴现场。通过在现场耐心劝解，释明法律，给接访领导处置问题及时提供了法律咨询意见的支撑。对于刘鹰律师和他的律师事务所来说，类似这样的案例还有很多。

刘鹰律师为弱势群体无偿提供法律服务，为政府依法行政当好参谋，体现了一名律师的社会责任和担当。他也敢于、勇于运用法律为当事人辩护，体现一名律师的专业技能和职业勇气。刘鹰律师还曾担任多起涉黑涉恶重大集团、团队犯罪的首要分子的辩护人，多年来在办案过程中善于辩护的刘鹰律师，为青年人留下了一个个精彩的范例。

德润人心

因工做出色，刘鹰律师任池州市政协第二届、第三届常委、提案委员会委员。他非常珍惜国家和人民赋予的荣誉，积极发挥自身职业优势，积极参政议政。多年来围绕维护社会稳定、促进社会公平正义、解决劳资纠纷等方面提出数十份提案及社情民意，并就发挥律师参与涉法涉诉信访案件的积极作用，在市政协三届二次会议上做了发言。发言中他建议：要将"律师进社区"、律师参与信访维稳、律师承办法律援助以及律师担任政府法律顾问工作进一步制度化，积极吸纳和鼓励律师参与社会公益法律服务，明确相关职能部门职责，形成工作机制。认真听取律师咨询意见，摒弃人治传统，树立法治权威，引导当事人依法维权，做好法治维稳，建设"平安池州"；要将律师提供社区法律服务工作、律师参与信访接待工作、律师参与群体性事件调处和矛盾化解工作、律师担任政府法律顾问工作统一由政府购买法律服务，用于支付律师的合理支出，提升律师社会地位；要继续实施法律援助民生工程，进一步扩大法律援助对象，降低法律援助受理门槛，提高法律援助财政补贴标准。激发律师承办法律援助案件积极性，提高法援案件办案质量，将惠民实事办得更好更实。

这次言之有物的发言得到了与会者高度赞扬，取得良好的社会效果，体现了一个律师应有的社会责任感，也展现了律师群体维护社会公平正义的高大形象。

政协会后，《池州日报》对刘鹰律师进行了采访。1月9日，《池州日报》B1版"两会观点"栏目，以《加强和创新社会治理　维护社会和谐稳定》为题，集中报道了两会代表和委员的观点。刘鹰律师在采访中表示：在当前社会矛盾纠纷日益增多并日益趋向复杂的情况下，为加强和创新社会治理，维护社会和谐稳定提出新的课题，我们需要从加强法治教育、树立法治权威及积极运用法治思维等方面加强和创新社会治理能力。

此外，他还多次参加安徽省电视台"法治时空"栏目律师维权服务团的公益活动。回报社会，公益让法律闪耀光芒。除积极办理法律援助案件，刘鹰律师和他的团队还一直热心公益。多年来，不仅对贫困山区的失学儿童进行捐助，还多次到对口联系的社区看望慰问特困家庭。

无论是律师界，还是其他行业的人，只要和刘鹰律师有交往的，都对他十分尊敬。大家尊重他，不是因为他的名声、地位，而是他那坚定不移守望正义的信念，是因为他诠释了"法安天下，德润人心"的意义，他给人们一种奋发向上的指引。

多年的付出，终会有丰厚的回报：2016年9月20日，池州市人民政府网发布公告公示该市3名律师荣获省厅表彰，其中始信律师事务所刘鹰律师被省司法厅、省信访局授予"全省律师参与涉法信访工作先进个人"荣誉称号。2016年，安徽始信律师事务所被安徽省司法厅评为"综合实力全省五十强律师事务所"（排名第21名）。2017年始信律师事务所被安徽省司法厅、安徽省律师协会授予"依法诚信执业示范岗优秀律师事务所"。2018年1月，刘鹰律师光荣当选第十三届安徽省人大代表。

后记

教师生涯八余载，律师之路二十五度春秋，无论在哪个岗位，刘鹰老师抑或是刘鹰律师，他都将责任与担当铭记心间；将国家和人民利益置于首位；将社会公平正义的实现当作自己奋斗的终极理想。俗话说，格局有多大，舞台就有多大。在全社会呼唤法治精神的今天，在我国全面依法治国的新时代，我们坚信，刘鹰律师和安徽始信律师事务所，通过睿智的战略构想，深具亲和的人格魅力，坚忍不拔的创新精神，诚信务实的执业风范，一定会开创更加辉煌的明天。

用法治精神铸就朗朗乾坤

——访福建坤朗律师事务所主任戴永生律师

赵伟主编： 戴律师您好，首先感谢您对中国律师事业做出的贡献和我们编辑工作的支持。在此，我们谨代表《中国当代优秀律师》编辑团队对您表示真诚的感谢！《中国当代优秀律师》旨在记录中国律师走过的心路历程和足迹，为中国律师业记录一段值得记录和记载的历史。

2019年是中国律师制度恢复重建40周年，我们想借此采访更多的法律人、优秀律师。我们知道，您从一名法院常务副院长、党组副书记转身成为一名全国优秀的执业律师，您见证了民主法治建设的进程，并通过自己精湛扎实的专业能力为律师事业做出了贡献。与您认识这么多年，但还未给您做过深度的采访。故此，希望能在《中国当代优秀律师》出版前夕给您做一次深度访谈。

戴永生： 好的。从1979年律师制度恢复重建至今，伴随国家民主法治建设的发展需要，我从漳平团市委副书记的任上调任漳平市司法局担任副局长，1993年我幸运地通过了全国律师资格统一考试，取得律师资格。随后，我被选任漳平市人民法院常务副院长、党组副书记，主管审判监督、刑事审判、林业审判及执行庭工作。

赵伟主编： 我们了解到，您干一行，爱一行，专一行。您成为法律行家，成功的经验是什么？

戴永生： 不断学习，不辱使命，努力进取，从严要求。要做好工作一是要有责任感，二是要有职业能力。责任感就是对事业的追求，职业能力就是不断学习。

赵伟主编： 1981年您作为国家刚恢复高考制度的首批大学毕业生，自觉服从分配到偏远的漳平市双洋乡当了一名农业技术员；1984年，时年23岁被破格提升担任共青团漳平市委副书记；1988年又被调任漳平市司法局担任副局长，便从此与法结缘。1991年，您一边工作一边学习又以

优异的成绩从中国政法大学管理干部学院毕业。1993年又一鼓作气通过了全国律师资格考试，1994年被调任法院常务副院长，党组副书记职务。1997年、2005年您分别参加了中共中央党校法律专业、厦门大学法学专业学习，为从事法律工作打下坚实的基础，2013年您又就读了中国政法大学法学院在职法学博士研究生。这些工作和学习经历让我们看到，您成为法律界的行家，与您的勤奋努力是分不开的。您从法官到律师的转身，最大的变化是什么？

戴永生： 身份虽然变了，但追求公平与正义的信念始终不变。律师和法官都是社会主义法治体系的重要组成部分，与法官不同的是，律师必须运用娴熟的法律和诉讼技能，为保障当事人合法权益提供事实证据和法律依据。"正直、诚信、勤勉、尽职"是我秉承的执业理念和工作准则。我给自己提出的要求是：精通法律，勤勉尽职，敬业进取。

赵伟主编： 据我们调研，您是一名具有极强责任心和事业心的律师，办案从不放弃任何案件细节，善于把审判思维与律师实务紧密结合。办理刑事案件，坚持有效辩护和精细化办案，所办案件有的获无罪、从轻、减轻或者免除处罚，有的被决定不捕、不诉、撤销指控、指令再审；办理民事经济案件，无论是几亿、几千万、几百万元的大案件，还是几万、几千元的小案件，都精心研究设计最佳的办案方案，认真研判和运用证据，实现委托人利益的最大化；担任法律顾问为聘请方防范风险、化解纠纷提供了专业细致的法律保障。在这些工作中，您最大的收获是什么？

戴永生： 要做一名好律师，我付出了艰辛的劳动，收获了成就和荣誉，得到了人民群众的信赖。我深知当事人目光中所蕴含的期待，我也深知唯有努力才能收获成就和荣誉。从法官变身律师十几年来，我已经记不清办了多少案件。通过孜孜不倦的法律实践，我迎来了国家法治建设进程的不断推进，让人民群众在司法案件中感受到了公平与正义。

刑事案件

江西省安远县刘某非法经营烟草一案，情节特别严重，戴永生律师作为辩护人提出没有充分证据证明被告人刘某是货主，刘某只是运输人员。福建省龙岩市新罗区法院采纳律师辩护意见，对刘某依法予以减轻处罚，判处刘某某有期徒刑二年六个月，缓刑三年。

福建省泉州市晋江苏某某因在浙江义乌经营瓷砖销售，与同行的尤某某发生销售代理权纠纷，苏某某等7人在与尤某某等人的纠纷争执中，损坏尤某某店内一定的财物价值，被义乌市公安局以涉嫌寻衅滋事罪移送义乌市检察院审查起诉，义乌市检察院经审查依法做出不起诉决定。

福建省漳平市苏某涉嫌强奸罪一案。根据案发前苏某与受害人有恋爱关系，案发时没有实施暴力，案发后苏某带受害人到医院看妇科等事实，戴永生律师提出指控苏某犯强奸罪的主要证据不足的辩护意见，漳平市检察院依法对苏某做出不批捕认定。

湖南醴陵市的易某贩卖毒品罪一案。针对公诉机关对易某贩卖毒品情节严重的指控，辩护人提出根据《最高人民法院、最高人民检察院、公安部办理毒品犯罪案件适用法律若干问题的意见》第三条第（三）项之规定，参照最高人民法院刑一庭《关于审理若干新型毒品案件定罪量刑的指导意见》中规定的折算标准，即国家管制的第二类精神药品与海洛因的折算比例按10000∶1计，被告人贩卖的盐酸曲马朵折算成海洛因不足1克。法院采纳了辩护人辩护意见，认定指控被告人贩卖毒品情节严重，依据不足，依法判决被告人一年十个月刑罚。

安徽省滁州市的石某伪造货币、非法购买、销售假币一案。辩护人提出根据最高人民法院《全国法院审理金融犯罪案件工作座谈会纪要》的规定："伪造货币的，对于尚未制造出成品，无法计算伪造、销售假币面额的，或者制造、销售用于伪造货币的版样的，不认定犯罪数额，依据犯罪情节决定刑罚"，以及最高人民检察院、公安部《关于公安机关管辖的刑事案件立案追诉标准的规定（二）》第19条规定的伪造货币，总面额在2 000元以上或者币量在200张（枚）以上的追诉标准，依法不应当认定构成伪造货币

罪。法院依法做出了被告人不构成伪造货币罪的判决。

福建省漳平市李某非法制造、买卖枪支罪一案。公诉机关指控被告人出售枪支散件180余件。辩护人提出被告人出售其自行加工带螺旋纹丝的精密管，该精密管是否属构成枪支散件并未进行鉴定，无法认定被告人李某自行加工的精密管属枪支散件。法院采纳了辩护人的辩护意见，依法不支持公诉机关对被告人买卖枪支罪的指控。

广东省深圳市郑某等人走私废物一案。公诉机关指控郑某等人受郑某某（另案处理）雇请，在"利运达"号货船上工作，15次驾"利运达"号货船从香港运输旧衣物至福建省莆田市三江口，走私废物共计8 035.66吨。辩护人提出被告人不是船东，也不是货主，也没有具体规划船行走路线或者到码头联系运载装卸事项。没有参与分赃牟利，也不是运输工具的负责人，事前事中未与走私犯罪行为人通谋。根据《最高人民法院、最高人民检察院、海关总署关于印发〈办理走私刑事案件适用法律若干问题的意见〉的通知》第十四条的规定："对运输人，一般追究运输工具的负责人或者主要责任人的刑事责任，但对于事先通谋的、集资走私的，或者使用特殊的走私运输工具从事走私犯罪活动的，可以追究其他参与人员的刑事责任。"依法应当对被告人减轻处罚。深圳市中级人民法院依法采纳辩护人意见，判处郑某犯走私废物罪，有期徒刑一年八个月，并处罚金人民币一万元。

广东外语艺术职业学院某在校学生，2015年，因为缺乏防范社会风险意识，轻信社会上收购银行卡的小广告，将自己实名办理的两张银行卡以每张200元的价格，出售给社会人员。导致该银行卡被诈骗犯罪人员所利用，银行卡进出交易资金达40多万元。该学生因此涉嫌诈骗罪被刑事拘留。辩护人根据嫌疑人陈述和辩解，结合相关事实提出嫌疑人不构成犯罪的法律意见，该学生终获无罪释放。

湖南省长沙市的易某，在微信小程序的商务推广活动中，涉嫌虚构事实骗取其他人财物，2018年4月11日被漳平市公安局刑事拘留。辩护人根据嫌疑人陈述的事实结合法律规定提出，嫌疑人主观上并无非法占有公私财物的目的，其从事的是微信小程序的商务推广活动，是帮助需求客户开发微信小程序。其为客户提供的服务项目是真实的，涉案合同对合同价款的约定以及借用他人名义与客户签订合同的问题，属民事法律调整范围，不应以刑事犯罪行为对待的法律意见书，公安机关依法做出撤销案件处理。

广东省中山市的鄢某，将银行卡绑定网络赛车玛雅吧，银行卡资金进出不正常，被某公安分局以涉嫌参与诈骗罪立案，2018年4月13日被刑事拘留，根据嫌疑人陈述和辩解，结合其从事二房东职业有二幢计130多间房屋租赁租金进入该绑定的银行卡的事实，辩护人提出鄢某不构成犯罪的法律意见，公安分局依法做出撤销案件处理。

民商事案件

代理陈某就诉争店面提起案外人执行异议之诉上诉一案。福建省高级人民法院（2017）闽民综372号判决对陈某

排除执行异议的主张予以支持。认定陈某购买诉争店面的时间先于交行龙岩分行设定抵押权的时间，根据《最高人民法院关于人民法院办理执行异议和复议案件若干问题的规定》第 27 条、第 28 条的规定，虽然交行龙岩分行对诉争店面享有担保物权的优先受偿权，但陈某对登记在某公司名下的诉争店面享有的权利亦能够排除执行。交行龙岩分行不服终审判决申诉再审，最高人民法院依法驳回其申诉申请。

代理原审被告担保人杨某、黄某、借款人陈某民间借贷纠纷上诉一案，二审法院采纳代理人提出的担保借款合同尚未实际履行，担保人杨某、黄某无须承担保证责任，借款人陈某无须承担偿还责任的代理意见，福建省厦门市中级人民法院做出（2015）厦民终字第 1184 号民事判决依法撤销原判、驳回原审原告全部诉讼请求。

代理上诉人李某因诉被上诉人莆田市 ×× 区人口和计划生育局征收社会抚养费决定，不服莆田市 ×× 区法院一审判决上诉一案，福建省莆田市中级人民法院做出（2012）莆行终字第 60 号行政判决书撤销原判、撤销被上诉人莆田市 ×× 区人口和计划生育局（2010）1 号《征收社会抚养费决定书》。

代理福建某纺织科技有限公司（业主方）因不认可中国某冶金建设有限责任公司（施工方）工程结算总价 4186 万元，起诉施工方建设工程施工合同纠纷一案，福建省龙岩市中级人民法院做出（2014）岩民初字第 70 号民事调解书，确认工程结算总价 2 550 万元。为福建某纺织科技有限公司挽回经济损失 1 636 万元。

赵伟主编：多年来，我们对您的认识是您和所有法律人一样，将法律人的理想和使命牢记于心，融入血脉和灵魂，为人们撑起一片晴空；将法律人的责任和担当根植于每一个案件，为人们带去正义与公平；用法治精神构筑着中国的法治大厦，铸就着一片朗朗乾坤，可谓呕心沥血、殚精竭虑。法官在任，您担任法院常务副院长、法院党组副书记。无论是对再审申诉的当事人，还是刑事案件的被告人，您始终将公平与正义放在首位。您常说："法院是最讲理的地方，如果法院都不讲理了，那老百姓就没有地方讲理了。"作为法律人，无私无畏、是非分明是您

为"官"的一个准则，人民法官的责任感与使命感，使您深知肩上天平的分量……采访前，我们经过调研，了解到戴永生律师担任法官期间审判的一些案件，以此与广大读者共享。

当机立断　力挽狂澜

法官在任时，有一次，漳平市某煤炭供销公司经理、书记两人急匆匆地来到戴永生的办公室，称公司在常州被骗去十万元可背书转让汇票，要求法院帮助处理。

原来，该公司在常州与他人签订煤炭购销合同时，对方将一张伪造的填有 400 万元的假支票交该公司业务人员，公司便将银行承兑汇票交对方作为合同履行担保。当银行告知这是一张假支票时，骗子正持该公司的无条件付款汇票向常州市某银行要求兑付。根据银行的有关规定，72 小时内必须付款。当时，该公司出票时间是 8 月 17 日。银行电称，如在当日（即 8 月 21 日）下午二时前，公司未提供止付的法律手续，银行只能按照程序予以支付。戴永生听取公司经理叙述，随即对公司提供的有关材料进行认真审查。根据法律的相关规定，申请公示催告，必须向支付地人民法院申请公示催告，而银行为该公司出具的汇票并未填写支付地。面对这个棘手的问题，戴永生立即与出票银行联系。银行答复，不填写支付地，即可在全国各地支取。在此种情况下如果不及时处理，那就只能眼睁睁地让骗子将十万元取走了。经过仔细研究分析，汇票既是可在各地支取，支付地当然也包括出票人开户行所在地，作为出票人开户行所在地法院就有管辖权。戴永生断然做出受理决定，他对立案庭法官说："当前，国有企业困难重重，为了挽回和避免国家财产损失，就是个人担点风险也算不了什么。"接着，他当即与民庭庭长利用中午时间研究并发出公示催告。终于在下午一点多钟，一张盖有漳平市人民法院院印的法律文书，通过出票银行传真发往常州，最后，一份被骗的汇票终被宣布作废，票款安然回到漳平市某煤炭供销公司。该公司经理激动地说，"戴副院长，多亏了您才挽回了我们的经济损失，要不然我们得受多大的处分啊！"

坚持原则　敢于担当

作为一名法院副院长，戴永生将责任与使命、正义与公平始终牢记于心。一次在执行一个地属企业债务案件中，他了解到该企业长期占用国有商业银行几百万元款项，几年来该企业效益一直较好，且具有还债履行能力。为此，法院向该企业发出限期履行通知书要求该企业履行义务，该企业行政领导自恃是地属企业"财大气粗"，竟公然对前往执行的法官说："没有你们法院的事，你们法院的屁股坐歪了。"戴永生当即义正词严地说："债务案件已经法院判决生效，应当依法执行，如果企业认为案件有错可以申诉，但申诉不影响执行。"该企业领导见戴永生软硬不吃，便无理取闹："你们要是执行了，我们全厂职工就到你们法院静坐找饭吃。"协助执行的银行领导也来电话："你们不能把钱划走，否则上级领导怪罪下来，你们担当不起……"在此

等压力下，戴永生仍坚持原则，依法做了强制执行，并在市委政法委和市人大的支持下，最终促使该企业自动履行了债务。

戴永生说，"法律是公正的，执法者良好的品德与刚正不阿的人格，是公正执法的保证。"是的，戴永生就是这样用强烈的事业心和执法者无私无畏的精神托起了法律的天平。

顽强拼搏 开拓进取

求真务实、忠于职守是戴永生的又一信条。漳平市法院系统抓基层创服务窗口单位建设，作为副院长的戴永生没日没夜地奔波，深入创建单位，认真调查研究，组织建立案件催办、督办制度、法官分片联系制度和干警警务日记制度等。他针对漳平市林区覆盖面积广，林业生产单位分散等特点，率先在全林区试行建立了林区、林业生产单位司法联络员制度，为及时沟通与林业生产单位的联系、解决林区林事纠纷和林业生产经营、林区治安等方面的问题提供了有效的法律服务和保障。他所分管的林业审判庭是集林业刑事、民事、经济、行政等审判业务于一体的综合性业务庭，他凭借娴熟的业务能力和扎实的工作作风，勘查现场、核实证据，精心组织各类案件的审理，使林业审判工作每年都上升一个台阶，从而使林业审判庭跻身全林区先进行列。

甘当公仆 服务人民

戴永生常说："法院工作是党的政策和国家法律的体现，作为法官更应有公仆意识，因为人民法官的作为直接关系到党和国家在人民群众中的威信和形象。"有一次，一对四川父子前来法院申请执行人身损害赔偿案。由于家境拮据，到漳平市时他们已身无分文，当夜即露宿在法院门口。戴永生副院长了解了情况后，立即拿出钱让他们先去吃饭，随后又特案特办受理并组织执行，并亲自做被执行人的工作，督促被执行人履行了债务。当四川父子从这位副院长手里接过执行款时，禁不住感激得热泪盈眶……为此，《福建经济报》还以"四川农民远道求助，漳平法官连夜相帮"为题作了报道。又有一次，适逢除夕，戴永生在法院值班，有一位叫吴某钟的漳平市桂林街道高明村村民，其女儿在一家私营企业务工时手指意外致残，不仅丧失劳动能力且花费了巨额医疗费，可谓雪上加霜。由于年关在即，一时无法找到被执行人，他当即拿出自己的工资1 000元，交给吴某钟暂解燃眉之急……戴永生用强烈的事业心和责任感，勤奋务实的开拓精神实现着人生的价值，赢得了人们的信赖。

戴永生：我作为一名共产党员，一名法律工作者，是责任感、使命感坚定了我的法律信仰。精通法律，维护正义，应是我们全体法律人的职业准则。

赵伟主编：多年来，您不但在刑事辩护方面造诣颇深，在民商事诉讼代理方面也具有精湛的专业技能。您曾荣获"福建省法制宣传教育先进个人"和"优秀政协委员""优秀共产党员"等荣誉称号，事迹被《优秀共产党员成就博览》《政协委员风采》《中国法律年鉴》《中国律师年鉴》《中国当代优秀律师》《中国刑辩大律师》《中国道路·中国梦》等书刊收录。您用责任感、使命感铸就了自己的法律人生，用法治精神为社会撑起一片蓝天，铸就一片朗朗乾坤。在您的成长过程中，家庭和社会对您产生过什么影响？

戴永生：我出生于20世纪60年代初。在学校，老师的谆谆教诲使我懂得了人生奋斗的价值，我懂得积极向上、品学兼优的可贵。在家里，我的母亲是个淳朴、憨厚的妇女，她对我有着殷切的希望，希望我从小立志干好事业，高中毕业下乡插队的3年时间里，劳动之余当别人在打牌、玩耍，我却始终坚持自学。功夫不负有心人，经过几年艰辛努力，我终于在恢复高考制度的头一年考上了大学。

赵伟主编：您从法官到律师实现了完美的转身，2010年10月又创办了福建坤朗律师事务所。您对律所发展现状和未来有何规划？

戴永生：现在的坤朗律师事务所正沿着规范化、专业化的方向发展，不断为当事人提供优质服务，为年轻律师提供发展平台。我们从以下几个方面做了很多工作。

首先是法律服务标准化。我们根据不同领域的法律工作特点，将主要法律文件标准化，制定了文件模板；工作流程标准化，设计合理的工作环节、流程和团队分工；工作方法标准化，就特定事项制定统一工作标准，并严格执

查机关起诉意见书、公诉机关起诉书进行剖析，找到辩点。

再次是专业知识积累管理。有效的专业知识积累对于专业化建设至关重要。专业知识积累管理工作包括定期的相关法规收集与更新、特定问题的法律研究与案例分析、撰写与分享专业文章进行经验与知识总结、定期组织相关领域的业务培训、共享资料库的建立与及时更新等。进行知识管理，既有利于保存以往的专业知识与经验，避免重复劳动或错误，提高工作效率，也有利于提升团队工作质量和协作水平。

最后是办公技术革新。以往许多律师，草拟法律文件依靠手写，现在的电子化办公已经成为律师的日常工作。以往的法律检索需要查阅大量的纸质法条、书籍等，费时费力且准确度不高，现在利用电子检索系统，可在几秒钟之内完成海量的信息检索，且结果非常精确。未来办公技术的革新（如协同办公软件、云存储技术的运用等）毫无疑问将有效提升标准化、团队化、知识管理等方面的水平，成为律师专业化发展的加速器。

律师是一个专业性很强的职业，没有深厚的法律功底，很多工作是难以胜任的。而作为法律人，精通法律、尽心尽责，是做好法律工作的最基本要求。我们还要跟上时代发展的步伐，拥抱互联网，运用新技术，不断加强自身的学习和其他技能的提升，做一个与时代同步向前发展的法律人。

行。通过上述标准化安排，提高了工作和团队合作效率，提升了工作质量，同时有效控制了执业风险。我们还针对每个具体服务项目的特殊之处，对标准化流程进行个案调整，在发展中不断优化。

其次是法律服务团队化。法律服务专业化的工作意味着更多细分领域需要分工协作，法律服务标准化的工作也使高效的团队协作成为可能，因此，专业化需要团队化的协作。团队协作也有利于专业化发展，团队各个成员之间取长补短，相互学习、相互促进，既有利于提升法律服务质量和效率，也有利于汇聚更多相关领域的业务资源。从而形成更专业、更高效的合力。

譬如刑事辩护。没有金刚钻揽不了瓷器活。精湛的刑事辩护服务，需要优秀的刑事律师辩护团队，一支优秀的刑事辩护团队，需要有一定的业务分工和相互协作相互融合。一些律师负责阅卷，一些律师负责会见与出庭。刑事辩护团队的阅卷律师需要一定的侦查学知识，他们熟悉侦查机关的办案模式及特点，撰写的案情摘要与案件分析可以为律师会见与出庭提供帮助。出庭律师应该询问嫌疑人或被告人，阅卷律师可以提供协助，他们需要清楚嫌疑人或被告人说了什么、办案部门问了什么，对相关证据提出质证意见，拟定庭审发问提纲，还原事实真相，从而推导刑事案件辩点。

刑事辩护在批准逮捕前，律师通过询问嫌疑人结合自己的办案经验判断出嫌疑人是否构成犯罪、罪轻还是罪重、本罪还是他罪，以法律意见书的形式与办案部门交流，争取不予逮捕。批准逮捕后，刑事辩护律师需要进行不予羁押辩护（提出羁押必要性审查）、不予起诉辩护。案件一旦进入法院，就要针对讯问笔录、证人证言、物证书证、侦

后记

是啊！做一个与时代同步向前发展的法律人！在戴永生法律人生30年的历程中，他始终不忘法律人的初心，牢记法律人的使命。做司法局副局长，他主抓司法建设，尽职尽责；做法官，他是人民的好法官；做律师，他是恪守公平正义、勤勉尽责的好律师。他说："作为一名共产党员，是责任感、使命感坚定了我的法律信仰，铸就了我的法律人生。而作为一个法律人，我们更要精通法律，维护正义，恪守我们法律人共同的职业准则，用法治精神努力在每一个案件中实现公平与正义，为社会撑起一片蓝天，铸就一片朗朗乾坤。这是我们律所全体同仁的理想，也是我们法律人的座右铭。"

我们看到，正是这种责任感、使命感和勇于担当的精神，让戴永生的法律人生更加斑斓多姿，精彩纷呈。他享受着这样的丰富人生，并用厚重的人生经历告诉青年一代法律人：用法治精神铸就一片朗朗乾坤是每一个法律人的使命和责任。

以责任之心精研刑辩

——访北京中银（福州）律师事务所刑专委主任苏湖城律师

编者按

优良的品性是内心真正的财富，而衬显这品性的是良好的教养。他以哲人的智慧、诗人的激情、法学家的素养、政治家的立场在律师舞台上纵横捭阖，业界声誉卓著。他为使整个社会崇尚法律，在执业之外一直为普法躬身耕耘，这个意义远远超出了办案本身。他的职业操守和社会责任感向世人闪现出了品德和智慧的光芒。

这是中国文化信息协会编写的《大国律师》对今天的主人公——苏湖城律师采访后写下的评语。作为法律界资深媒体人、苏湖城律师的老朋友，笔者亦深有同感，我们从以下事迹、案例以及主人公走过的足迹和心路历程中即可见一斑。

苏湖城 律师

北京中银（福州）律师事务所刑事法律专业委员会主任，创所合伙人，福建农林大学法学学士，厦门大学法学硕士，2015 年入选福建省优秀青年律师人才库，从事律师工作十余年，经办的刑事、民商事等各类案件达千余起。办案视角独特，辩点深刻。

如今，苏湖城律师身兼闽商投资促进中心副秘书长、福建农林大学法律硕士校外导师、厦门大学福州校友会及法律分会理事、中共福州市人事人才公共服务中心委员会党委委员等职务。除律师身份之外，苏湖城还作为副主编参与编著了由法律出版社出版的《企业经营 365 个法律痛点解决之道》《农村常见法律纠纷一站式解决》等涉及民生的系列丛书，为法律普及律师事业做出了积极的贡献。

法律于苏湖城律师而言，即为国家公正之殿堂。泰山不让土壤，故能成其大；河海不择细流，故能就其深。法律研究之路上，苏湖城律师坚持探索，孜孜不倦。细如条文法规，大如复杂案件，皆为他学识之壤、养分之流。

12 年光阴，转瞬即逝。苏湖城律师由一名法科毕业生成长为一名专职执业律师，再到加盟入伙北京中银（福州）律师事务所，其间，他所跨山河、所历丛林，难以数计。然而，苏湖城律师心中所念，一如当初，即"持司法以护公正，律己身而促法进"。

追逐法律梦想，弘扬法治精神

怀揣着对法律事业的热爱，苏湖城已在律师这一行业里奋战了十余年。这十几年来，他做好每一步计划，经受每一次历练，坚定在忠诚法律的道路上前行。而今，苏湖城律师不仅与其他律师一起合伙创办了位于中国福州闽江北岸 CBD 中央商务区超 5A 甲级写字楼福晟钱隆广场六层办公面积达 2300 多平方米的北京中银（福州）律师事务所，还身兼福建农林大学法律硕士研究生校外导师等职，坚持筑就心中所追寻的法律殿堂。

执业至今，苏湖城律师已办理了刑事和民商事、债权债务、遗产继承、合同纠纷、婚姻继承和房地产等方面的各类案件达千余起。其中，他较为擅长办理重特大疑难复杂刑事案件，在职务犯罪（如贪污、贿赂、挪用公款、渎职）、经济犯罪（如挪用资金、职务侵占、合同诈骗）和严重影响社会治安重特大刑事犯罪（如抢劫、故意杀人、故意伤害、贩卖毒品）等方面均有着丰富的办案经验和良好的办案效果。执业至今已经办理了数十起无罪、免刑、不起诉或者撤销案件的成功案例。

执业至今，苏湖城律师共为数十家企业、事业单位和政府部门从事专项法律服务或担任常年法律顾问，为企业

的发展保驾护航，充分维护了当事人的合法权益。

兴趣决定人生，态度决定高度

选择往往是困难的，但对于苏湖城，选择似乎从未停止。2002年，中国"入世"的第二年，受"入世"的影响，中国经济将迎来跨越式的发展。那一代的青年学子，对未来似乎有了更大的期待，人们也更热衷于讨论未来中国的经济走向，而法律并没有那么抢眼。那年，苏湖城就读高三，面临着升学与填报志愿的选择，金融类专业方兴未艾，已成为志愿填报的首选。苏湖城却做出了一个在当时似乎不太"明智"的选择——法学。19岁的年纪，并非出身于法学世家，为何会对法律如此感兴趣，并早早立下律师的目标？这个看似困难的问题，可以从苏湖城的人生路径中找到线索。童年从父母口中所接受到的是非曲直的善恶观念，对社会人情冷暖的感知，长大后对法治建设所秉持的信念，这些看似不起眼却具有强大生命力的点滴，由点到线汇聚成面，已凝聚为苏湖城的人生信条与坚守，推他一往无前。执业后，这些人生信条与坚守，化作执业理念贯穿于苏湖城的执业生涯，对苏湖城而言可以将其归结为两个字——态度。

也正是因为苏湖城律师兢兢业业的执业态度，他成功代理了许多具有代表性意义的案件，为维护司法公平公正做出了重要贡献。苏湖城律师不但一直坚持以律师的身份捍卫法律的尊严，维护当事人的合法权益，而且还致力于法律普及事业。他作为副主编，参与编著了由法律出版社出版的《企业经营365个法律痛点解决之道》《农村常见法律纠纷一站式解决》等涉及民生的法律系列丛书，从法律概念到具体事例，用最简单的文字，最普通的案例，带领人们游走于浩瀚的法律海洋。笔触即达，乡亲邻里间的家长里短、屋舍纠纷，亲朋好友中的借贷担保、离婚争产，公司法人间的合同争议、买卖纠纷，人生百态、案例百样，无不真实令人动容，描绘出了人的本质，更写出了生活的真实。苏湖城律师笔下的书籍案例让人不禁联想，苏湖城律师身穿律师袍，在法庭上义正词严发表庭审意见的形象，

至于他为准备庭审而数次查阅法条，制作诉讼策略，修改意见，却显得不为人知。苏湖城律师一直用自己的行动为法律的普及贡献着自己的力量。

因为爱所以深爱。职业不分高低贵贱，但有热爱程度之别，兴趣作为最好的老师，带领苏湖城走进法律的殿堂。"法律有种独特的魅力，严谨而富有结构美。"苏湖城律师如是说。对苏湖城律师而言最妙不过是爱着自己的事业，并被自己的事业爱着，苏湖城律师对法律事业的热爱如炽烈之火难以消灭。在这十年律师职业生涯里，他始终怀揣热忱，一步步朝着心中的梦想坚定前行着。

脚踏实地办案，持之以恒坚守

一个案件，数年坚持，对苏湖城律师而言不在少数。"最难的是当所有人都说你错的时候，你仍然坚持自己的观点。"苏湖城律师正色道："要用法律去验证自己的观点，而不要让他人的意见左右你的想法。让时间说话。法律不惧时间，更不畏人言。"当谈论到他人意见与自己不一致时，苏湖城律师稍显激动。他以对法律的执着，打造着自己的法律王国，一个案件便是一砖，一次全力以赴的庭审便是一瓦，这一砖一瓦间是苏湖城律师对法律的理解和敬畏，用专业的知识处理专业的事情打造专业的品牌，让案例说话，成为苏湖城律师的执着坚守和理念。执业十余年间，苏湖城律师所经手的案件可谓不胜枚举，其中堪称经典的案例亦有很多。今遴选两则苏湖城律师近年亲办的案例述之，在以下鲜活的两案中，我们可以看到，他的专业与专注、执着与坚守的精神足以令人赞叹不已。

案件一 过失致人死亡无罪辩护案

因城管检查市容，陈某需将其餐馆的帐篷收好，刘某提议为了更好地应付城管检查，应将该重达300多公斤的帐篷推到店对面小区。在刘某帮忙指挥下，陈某和刘某一起推移帐篷过程中，帐篷倒下压在了刘某身上，刘某当场受伤后抢救无效死亡。该案发生后，公、检、法意见均不一致，引起了较大争议。在公安机关看来，该案属意外事件。

在检察院看来，陈某的行为已经构成过失致人死亡罪，此案后经检察院监督立案并向法院提起公诉。苏湖城律师作为陈某的辩护人，主张该案属意外事件。认为通过一审提交现场同步监控视频的新证据可以证实陈某的手还未碰到帐篷的时候，帐篷就已经开始要倾斜了，陈某不存在过失行为。经过苏湖城律师在庭审过程中与检察官及受害人代理律师一番唇枪舌剑激烈的辩护之后，法院最终采纳了苏湖城律师的辩护观点，检察院因此撤回起诉并以事实不清、证据不足为由将陈某无罪释放。

案件二　玩忽职守无罪辩护案

被告人陈某系福建省莆田市公安局某分局派出所民警，从事户籍管理工作。任职期间，因户籍协管员林某绕开陈某的监管，违法为犯罪嫌疑人王某办理假冒他人名字的身份证件，使得犯罪嫌疑人王某使用伪造的身份证逃避抓捕并继续犯罪。案发后，陈某因涉嫌玩忽职守罪被提起公诉，一审陈某被判处有期徒刑一年，缓刑一年六个月，二审改判对陈某免予刑事处罚。二审判决后，陈某找到苏湖城，要求苏湖城律师为其代理申诉。经过阅卷，苏湖城律师提出虽然陈某为户籍民警，但陈某并不具有事后审核户籍协管员工作的义务和责任，该案系户籍办理制度漏洞造成，而非陈某玩忽职守所致，且该案是否造成重大损失，事实不清证据不足。苏湖城律师以此为主要辩点为陈某进行申诉并被福建省高级人民法院采纳成功进入再审，该案历经一审、二审，再审一审、二审，历时7年，在再审二审阶段最终采纳苏湖城律师的意见，撤销原审对陈某的有罪认定，改判陈某无罪。

在苏湖城看来，律师应该要基于事实，忠于法律，以合法合理的方式去帮助当事人维护其应有的权益。他坚信"正义有时会迟到，但绝不会缺席"，这让苏湖城律师的执业理念变得更加具体而富有挑战，正义往往伴随着牺牲，理想往往承受不住现实的重压，因此在现实重压下仍然坚持自己的理想信念，显得更为珍贵。

苏湖城律师谈道："律师这一职业的压力大多来源于两方面。一是案件本身的压力。既然选择接下一起案件，就应该付出百分之百的精力。"翻阅案件制作法律文书到凌晨被他视为一天工作的开始和一天工作的结束，夜间灯火下翻阅卷宗浮动的身影配合机械键盘敲击出的声音，成为深夜陪伴苏湖城最悦耳的声音，"黑夜更有助于思考"，苏湖城律师还不忘自嘲道。除此，他还经常马不停蹄地出差，足迹遍及祖国大江南北，既有江南的烟雨，亦有塞北的风沙，经常一天就在几个城市之间来回奔走，其工作强度和压力非常人所能承受。

"二是与当事人沟通的压力。关心则切，往往许多当事人在不了解律师工作具体运作的情况下，都会表现得过于焦虑。所以，身为一名律师，还要做好当事人的思想工作，学会如何与当事人进行有效的沟通。"苏湖城常说："要用当事人的满意度作为评判案件成功的标准，这就要求律师敬业、专业的同时还要及时将案件的进展情况与当事人进行沟通和反馈。"

然而，有压力才会有动力，这些压力并不足以令他退却，反而令他越战越勇。诚然，他也学会在生活中适当调节工作带来的压力。俗话说"一张一弛，文武之道也"。闲暇时，他偶尔也会选择去钓鱼、游泳，舒缓脑海中那根紧绷的弦。苏湖城律师笑言道："压力更多时候是一种动力。我十分庆幸在自己最迷茫无助的时候，父母能够给予我支持鼓励，继而让我拥有更大的动力前行，也正因自幼父母的教导，我也才会如此坚定地要做一个正直善良的人。"

作为律师并非一路坦途。这是一个只有厚积才能薄发的职业，既要仰望星空，也要脚踏实地。专业的法律执业技能并非一朝一夕可以掌握，苏湖城律师以自己脚踏实地、专心致志的学习之旅，诠释了何为"业精于勤"这四个字。

对他人而言，律师也许仅是一个职业。但对苏湖城而言，律师是事业，是拨开云雾见光明，是对真相、真理、正义不死不灭的追求。

法律也有温情，捍卫法律尊严

虽然当前国家的法治建设在不断加强，但"权大于法、以情代法"的现象还时有存在，办事找熟人的想法在国人的

脑海中根深蒂固。法律与人情之间的矛盾日渐凸显，所谓"法律不外乎人情"，不少人仍这样认为。

对此，苏湖城律师正色道，法律的起源即是严肃、谨慎的。古时候，审判一个人是否有罪，多以"天理、国法、人情"为依据。因而，可知人情是中国五千年文化发展的积淀，根深蒂固于大多数人的内心深处。时至今日，中国的法律不仅拥有本土色彩，还融合了其他国家的法律准则。其以社会伦理为准，以事实基础为据，实质核心正统且不可侵犯。

事实上，法律也并未将人情完全剔除。这一点，要结合不同的案件加以理解。因为不同的情境之下，法律的语境亦有其灵活性。在审判时，往往存在三年至五年的可变量刑期，其归结于"情节"一词的存在。好比自首情节。苏湖城律师曾办理过一起案件，一名大学生偷了寝室内一舍友的电脑。后警察到现场查找证据时，该学生主动自首归还电脑，承认错误，并得到了舍友的谅解。此案到检察院审查起诉阶段时，考虑到犯罪嫌疑人是在校生并已有悔过表现。检察院最终采纳律师意见以情节轻微对其做出不起诉的决定。

然而，尽管如今大多数人能够意识到法律的重要性，却依旧不能够对法律抱以敬畏的态度。他们兀自地给法律扣上一顶顶帽子，以此高呼其不合理性。苏湖城律师认为，有反对的声音，即是有进步的空间。中国的法律制度仍然处于完善过程中，有其不足之处，这是一件正常的事。但身为一名律师，应当要肩负起律师的职责，帮助法律摘下那一顶顶帽子，助力规则之治、良法之治的实现。

若要做到这一点，律师则应当以正义的心去权衡犯罪与情理之间的关系。当律师秉承着过硬的专业知识及业务本领，为社会上需要帮助的群体发出了声音，法律的尊严即得到了捍卫。

对于苏湖城律师而言，在律师这一行业里，他不曾想过自己能够达到什么样的高度。从一个见习律师，到律师事务所的创所合伙人，其中的转变仅仅在于职业身份，不变的是他那颗渴求公平正义的心。所以，他认为，倘若青年人想要进入律师行业，最重要的是态度。端正了自己的

态度，以扎实的法律基本功获得了当事人的认可，自然能够赢得好的口碑。他常以"对案件负责，对当事人负责，对自己负责"作为自己执业的座右铭，以此自勉。

常怀感恩之心，不负时代所托

其实，在律师工作之外，苏湖城律师还是一个十分有社会责任感的人。当大多数人在工作中寻求名利时，苏湖城心中所念及的是如何以自己的力量，让法律为更多的人所掌握，让社会更加和谐安定。对于其指导的助理律师，他总是毫无保留地将执业经验和执业心得倾囊相授。他也时常在忙碌的工作之余，抽出时间到大学讲堂中，与在校法律专业的学生共同交流法律实务经验、分享执业心得，为广大学子开展法律讲座，普及法律知识。"倘若有更多的新生力量注入法律界，我们国家法治建设的步伐会走得更快一些。"苏湖城律师笑言道。为了帮助更多的法律专业学子能够在实务中得到提升，苏湖城律师主动将北京中银（福州）律师事务所设为高校定点实习单位，并为每一个学子推荐、安排指导老师。"只有给更多的法律新人机会，中国法治建设才会薪火相传，生生不息。"苏湖城律师如是说。

苏湖城律师亦觉得，无论一个人从事什么行业，都应常怀感恩之心，懂得回报社会。苏湖城律师说："当我们怀着一颗感恩的心从事本职工作的时候，当你所从事的工作取得的劳动成果就是你回报社会的时候，你就会觉得自己每日辛勤的工作也是在为社会做贡献。作为律师，我们担任企业法律顾问，为企业法律风险的防范出谋划策，对于当事人已经产生的法律纠纷制定诉讼或者非诉讼的方案策略，为当事人化解矛盾纠纷或者挽回经济损失就体现了律师法律服务的价值，这也是我们律师在为社会做贡献。所以，律师也就是在为社会提供法律服务的过程中获取自己应得的报酬。在律师界，你的心有多大，舞台就有多大。"

是啊！"心有多大，舞台就有多大！"苏湖城律师用一颗胸怀天下之心书写着他的法律梦想，践行着他的法治理想，用责任和担当不负时代所托，续写着他"敬律师之业，行仁义之德，事辛苦之力，求法律之公"的执业理念。

为中国企业"走出去"保驾护航

——访广东环宇京茂律师事务所首席合伙人、主任何培华律师

编者按

本文主人公——广东环宇京茂律师事务所首席合伙人、主任何培华律师是在涉外法律领域耕耘超过30年的一位老律师。

据了解，何培华律师自1978年9月恢复高考后即考入广东湛江师范学院专门学习英语，毕业后又当了4年英语教师。这些经历为他日后从事涉外法律工作打下了坚实的语言基础；1985年，他考取中国政法大学第二学士班，1987年考入中国政法大学研究生院师从中国著名法学家江平教授；1988年，他通过全国律师资格考试；1989年毕业并获民商法硕士学位。同年开始，他在中国国际贸易促进委员会广东分会和广东对外经济贸易委员会从事涉外法律工作，历任副科长、科长、副处长等职。1993年他创办广东环宇商务律师事务所（后改为广东环宇京茂律师事务所），并出任主任一职至今；2000年8月至2001年9月在美国哥伦比亚大学做访问学者；2001年7月至2002年8月在美国戴维斯加州大学攻读国际商法硕士学位；2002年9月起在中国政法大学研究生院攻读民商法博士学位，仍从江平教授，并于2005年取得博士学位。可以说，这些丰富的工作和学习经历为何培华律师办理众多重大涉外案件奠定了坚实的基础。

今天，就让我们来回顾一下何培华律师在涉外法律服务的道路上雄辩四方、力挽狂澜于既倒的一些重大涉外案件吧。

美国公民诉中国马牌烟花爆炸索赔案（时间：1993年，结果：为中国挽回经济损失4亿元人民币）

1993年6月，4名没有上岗证的美国人在罗克希尔市装卸一批烟花时，烟花突然爆炸，造成两死两伤。3年后，伤者和死者亲属向哥伦比亚地区联邦法院起诉，将他们认为的烟花生产商"中国马牌"、两家香港经销商和中国政府分别列为被告，要求中国政府赔偿损害金5 000万美元。

"中国马牌"是广东省土产进出口（集团）公司（以下简称"土产公司"）的一个注册商标。诉状通过美国驻中国大使馆送达中国外交部，同时也由广东省高级人民法院送达土产公司。1997年年初，广东省外经委牵头成立应诉小组，何培华律师为小组成员律师。

为办理此案，何培华律师先后3次到美国与美国洛杉矶市的蔡擎柱律师事务所和罗克希尔市的SINKLER&BO-DA，P. A. 律师事务所共同携手处理此案的法律事务，并出庭应诉。在法庭调查及听证程序中，中美律师有理有据地对原告的起诉一一进行驳诉。

1999年6月，原告律师在证据不足，判决有可能对其不利的情况下，向我方提出和解的动议。何培华律师在充分权衡之后提出，虽然我们有胜诉把握，但如果对方开庭时纠缠，庭审时间势必延长，那么律师费以及其他费用的支出肯定会超出和解金额。而且在美国三审终审制度下，有可能陷入漫长的被诉困境。因此建议土产公司在不承认具有任何责任的前提下，出于人道主义考虑，同意向原告支付2万美元和解费（两死者各8 000美元，两伤者各2 000美元），作为原告需撤回对中国政府和土产公司的诉讼，并免除土产公司及其注册商标中国马牌和中国政府的全部责任。土产公司及有关部门经商议接受了该项建议，双方初步达成和解意向。

1999年7月18日，何培华律师等一行再次赴美参加开庭审理。几天后，陪审团做出裁决，中国政府在该案中不承担任何责任。10月13日，美国联邦法院正式批准双方和解协议，同意原告撤回对土产公司、中国马牌及中国政府的诉讼。一场持续逾3年之久、金额巨大、影响广泛的案件，在何培华律师的据理力争下，终于以我方胜诉落下帷幕，不仅为国家挽回了4亿元人民币的经济损失，同时也在国际上避免了一场不利影响。

广东省机械进出口集团公司与美国HSQ公司计算机设备买卖合同争议仲裁案（时间：1998年，结果：为中方企业获得了1 000多万美元损失赔偿）

当时担任该国际仲裁案的仲裁员是著名的中国法研究权威、哈佛大学法学院原副院长柯恩教授（Jerome A. Cohen）。此案无论从复杂性、疑难性、专业性上都是普通仲裁案件无法比拟的。单是全英文的案卷资料就多达12

箱，一次开庭时间要长达一周。这对一个律师的心理、身体、专业素质都提出了巨大的挑战。最终，何培华律师代表广东省机械进出口集团公司取得此案的胜利，获得了1 000多万美元的损失赔偿。同时，何培华律师也由此与柯恩教授成了好朋友，后柯恩教授还邀请何培华律师到由其担任亚美法研究所主任的纽约大学做了一次讲座。

湛江国联水产输美对虾遭美国反倾销调查案（时间：2004年，结果：成功获得0关税的有利裁决）

在湛江国联水产输美对虾遭遇美国反倾销调查正式立案前，何培华律师一直担任湛江国联水产的法律顾问，为该公司应对反倾销提供了大量积极的、具有建设性的法律意见。因此，在同时被诉的大部分中国企业都被判承担127%重关税的情况下，湛江国联水产在终审完全胜诉，成功地获得了0关税的有利裁决。经此一役，湛江国联水产迅猛发展，成了该行业中的龙头企业。2010年7月8日，公司还在深圳证券交易所正式挂牌上市（股票代码：300094）。现国联水产已发展成为集种苗、养殖、饲料、加工、销售、科研开发为一体的大型水产集团企业。

广东生益科技公司遭美国337调查案（时间：2008年，结果：最终使美国原告方撤诉，取得了中国企业应对美国337调查史上前所未有的胜利）

2008年，一家名为Isola的覆铜板制造商，向美国国际贸易委员会（ITC）递交诉状，声称包括广东生益科技在内的8家公司侵犯其专利，要求进行程序极其繁琐的"337调查"。

根据美国《1930年关税法》第337章节的规定，美国国际贸易委员会可以对进口贸易中的不公平行为发起调查并采取制裁措施，此类调查一般称为"337调查"。

"337调查"极其专业，而当时整个中国懂得这个领域的律师少之又少。此外，"337调查"的费用又非常高昂，且据了解在"337调查"案件中，每一步都十分惊险。原告一方提出动议后，对方需在10日内给予答复，整个诉讼一般会持续12至15个月，特别复杂的案件不超过18个月，整个流程繁冗和复杂程度不言而喻。但如果不应诉或者打官

司失败，公司相关产品就不能在美国市场销售。中方只有一条路可选，那就是坚决应诉。

后在此案中，何培华律师与美国知名律所Steptoe & Johnson LLP的律师们紧密合作，力挽狂澜，最终使美国原告方撤诉，取得了中国企业应对美国337调查史上从未有过的胜利。

广东某公司（中国500强企业）与新加坡某公司国际仲裁案（时间：2016年，结果：成功获得中国管辖和审理）

2016年，广东某公司（中国500强企业）与新加坡某公司发生纠纷，涉及纠纷金额数千万元人民币，但新加坡公司却要求该案在伦敦国际仲裁院仲裁。因何培华律师自1989年即在中国国际贸易促进委员会广东分会和广东对外经济贸易委员会一直从事涉外仲裁工作，他立即判断出该案在伦敦国际仲裁院仲裁肯定对我方不利。后何培华律师经过认真审阅双方签署的协议后发现，在双方签订协议约定的仲裁条款中只有对方的签字，而没有我方的签字。遂提出管辖权异议："该案必须接受中国法律的管辖，这是毋庸置疑的。"何培华律师随即代表广东某公司在国内法院对新加坡公司提起诉讼，同时新加坡公司聘请的律师也认定该案应适用中国法律。何培华律师再кас와对方律师在法庭上达成适用中国法律的协议及笔录发给新加坡公司。后我国法院做出裁决，认定协议中的仲裁条款无效（伦敦国际仲裁院虽做出初步裁决后，却迟迟未将仲裁结果发给广东某公司），现该案已报请最高人民法院审核，此役初战告捷。

坚守一线的中国涉外律师

多年来，何培华律师一直坚持在一线办案。他说："律师是个工匠活。每一个律师都要有'工匠思维'，每一个案件都要追求极致、精雕细琢。如此才能吃透案件、把握全局，不辜负委托人的重托和信任。"

据了解，近年来广受媒体关注的广东茶叶进出口公司诉伊拉克政府索赔案、美国第一联合资产诉肇庆蓝带集团借款合同纠纷案、美国国际香料（中国）有限公司与中国化学第四建设工程公司建筑工程合同纠纷仲裁案、德国皮

特卡列公司对广州柴油机厂股权并购案、新加坡海峡时报首席记者程某被控间谍罪案、湛江特大走私案、广州金穗大厦合同纠纷诉讼案、广东省机械进出口集团公司与美国HSQ公司计算机工程合同争议仲裁案、香港昆利发展有限公司诉湛江海关行政处罚纠纷案、香港国际明星甄子丹诉檀冰名誉侵权案等重大涉外案件已成为各大法学院校、法院系统、涉外研究机构学习研究用的典型范例。

此外，何培华律师在办案之余也著述颇丰。著有《中国涉外经济法》（中国科技出版社出版）《新合同法原理与适用全书》（担任副主编，人民法院出版社出版）《房产法》（担任主编，法律出版社出版）《民商法律评论》（担任执行主编，中国方正出版社出版）等著作，并在《中国国际经济法论丛》等刊物发表论文多篇。

多年来，何培华律师还先后担任广东省律师协会第七届、第八届WTO法律专业委员会主任；广东省人大常委会立法顾问；中国政法大学兼职教授；中山大学法学院硕士研究生兼职导师；暨南大学兼职法律硕士研究生导师，厦门大学陈安国际法发展基金讲座教授、国际经济法研究所兼职研究员；中国国际经济法学会常务理事等众多社会职务，在不同的场合和国际舞台上为中国律师鼓与呼。

为"一带一路"倡议建言献策

近年来，随着全球经济一体化进程的逐步推进和中国"一带一路"倡议的步伐加快，中国企业在"走出去"过程中遭遇不公平待遇的案件屡有发生。

上文提到，作为老一代中国涉外律师，何培华律师还经常在众多国际研讨会上发声。由何培华律师带领的广东环宇京茂律师事务所对于"一带一路"倡议非常重视，并对"一带一路"沿线国家尤其东南亚一代法律环境进行了深入的研究。而作为中国国际经济法学会的常务理事，每年度的年会何培华律师都要参加。在2017年年会中，何培华律师重点提出："一带一路"倡议应建立一个公平、公开、公正的游戏规则，并严格按规则执行。意旨就是，无论遇到任何阻碍，也要优先执行该规则。当前，"一带一路"倡议虽如火如荼，但却还未形成一个整体的法律框架或公约。目前学界大部分讨论的是国与国之间的协议。当前应重点关注并解决共建"一带一路"法律服务框架问题，希望各级有关领导能对此问题引起足够重视。

后记

当前，涉外法律服务市场也随国际经济瞬息万变、风起云涌，新老一代中国涉外律师们正披荆斩棘、昂首阔步走向世界，把中国的声音传递到世界的各个角落。可以说，只要有中国人的地方就有中国律师在那里为你撑起一片法律的蓝天。

我们相信，未来会有更多通晓国际规则、具备全球视野的中国律师和有志于此的法律学子在国际舞台上绽放异彩，在国际法庭（仲裁庭）上雄辩四方，为中国企业"走出去"保驾护航乃至为世界经济的稳步发展贡献他们的才智和力量。

新时代中国律师的发展之路在何方

——记洪国安律师三十余载执业感悟

2017年10月18日，习近平总书记在党的十九大报告中指出，中国特色社会主义进入新时代，我国社会主要矛盾已经转化为人民日益增长的美好生活需要和不平衡不充分的发展之间的矛盾。

为了解决新时代我国社会的主要矛盾，实现"两个一百年"的奋斗目标，把我国建成富强民主文明和谐美丽的社会主义现代化强国，我国必须坚持全面依法治国。坚持依法治国、依法执政、依法行政共同推进，坚持法治国家、法治政府、法治社会一体建设。

随着时代的发展，人们的法治意识不断增强，法律服务需求日益增多并且日益多元化。中国的律师行业迎来了繁荣向上的光明前景。但是，诚如当前中国面临的主要社会矛盾，中国律师行业同样面临着日益多样化、高质量的法律服务需求与不平衡、不充分、不全面的法律服务供给之间的主要矛盾。

中国律师行业发展面临着五大冲击的严峻考验

北京市中伦文德（深圳）律师事务所洪国安主任律师执业三十余载，亲历了中国四十多年改革开放的伟大进程，伴随着中国律师行业从弱到强不断发展起来的全过程。在

他看来，当前，中国律师行业发展面临着五大冲击的严峻考验。

第一，人工智能与大数据对律师行业的冲击。随着人工智能的逐步广泛运用，价值含量较低的记录、翻译、档案整理以及简单的咨询等律师工作将逐渐被人工智能技术所取代，一大批法律工作者将面临失业的危险。

同时，由于大数据时代的到来，依靠传统信息不对称造成的律师优势地位将逐步减弱。当事人通过大数据检索能够迅速聚焦相应法律规定，获得各地各级法院的裁判结果的统计分析，甚至可以知晓某一位具体的办案法官的裁判思路与习惯。

第二，低价竞争对律师行业的冲击。随着《中华人民共和国政府采购法》《中华人民共和国招标投标法》的颁布和施行，政府和企业法律服务采购也日益规范化。虽然《中华人民共和国政府采购法》第26条第一款规定了公开招标、邀请招标、竞争性谈判、单一来源采购、询价、国务院政府采购监督管理部门认定的其他采购方式合计共6种采购方式，但是大多数企业购买法律服务通常采用公开招标、最低价中标的方式进行，从某种意义上是曲解了法律服务采购的方式。企业盲目地模仿政府采用公开招标的方式采购法律服务，造成两大弊端：一是众多律所竞相投标，最后只有一家律所中标，造成了大量社会资源的浪费。二是企业在没有专业判断能力的基础之上，单纯以低价标准选择中标单位，所采购的法律服务质量低劣的情况较为普遍。因为社会一般公众对律师的工作能力、专业、特点并不了解，以为可以像统一采购货物一般，在质量大体相同的前提下按照最低价中标即可。殊不知，律师法律服务含有极强的专业性，这种专业性需要时间和经验的长期严格打磨方能成型。学识渊博且经验丰富的执业30年的律师与执业10年的律师存在着本质上的区别，虽然同样持有律师执业证，但是办案的经验、看透关键问题的穿透力、处理纠纷的开阔性、对各方资源的整合力、对客户真实需求的理解程度等各方面能力完全不可同日而语。例如，主任律师对公司管理问题的看法和解决思路与普通合伙人律师完全不同；担任政府法律顾问的律师对行政案件的分析和处理结果与不担任政府法律顾问的律师也截然不同。但是，由于大多企业采用招标方式购买法律服务完全以价格高低确定中标律所，导致一大批水平一般的律所通过低价投标，排挤由于成本控制不得不以合理价格投标的律所，出现了"劣币驱逐良币效应"。

第三，外国律所对本土律所的冲击。随着改革开放的不断深入，法律服务领域的国际化也在不断推进。外国律所逐渐进入中国开展业务，带来了国际化高端律所的运行

规范模式，也对本土律所的发展造成了极大的冲击。同样的项目，即使外国律所报价是本土律所的两倍甚至更多倍，客户依然会选择外国律所提供服务。可以预见，未来的法律服务市场中，外国律所发挥的作用也会越来越大，对于中国本土律所发展造成的压力也会进一步加大。

第四，品牌律所对非品牌律所的冲击。随着阿迪达斯、香奈儿、苹果、华为、李宁等品牌产品对国人的不断洗礼，品牌意识也开始逐渐渗透进入法律服务行业。"国内红圈所""钱伯斯排行榜律所""ALB 排行榜律所"逐渐成为律所争相加冠的头衔，知名度越高的品牌律所对客户的吸引力越强，议价能力越强，对非品牌律所也形成了碾压式的优势。

第五，小农经济发展理念对律师行业的冲击。律师素质对整个律师行业的发展是根本的制约瓶颈。由于大多数律师依然认为自己作为一个"手艺人"可以依靠单打独斗的方式获得满意的收益，浅尝辄止，小富即安。但是新的时代已经到来，大量高端疑难复杂的案件通过单打独斗根本无法完成，必须依靠团队化协作方可完成。只有在"长板理论"指导之下，每一位律师充分发挥所长，凝聚团队之力量才能脱颖而出。但是目前大量的律师依然奉行自给自足，单打独斗，不愿合作，不愿意随着时代发展与时俱进。

亲历者，见证者

本文主人公洪国安律师自 1986 年参加全国首届律师资格统考取得律师执业证之后，先后担任湖北省鄂州市第一律师事务所副主任律师、湖北省鄂州市第二律师事务所主任律师。1993 年调入深圳，任广东五洲经济律师事务所律师。1994 年担任当时深圳仅有的 8 家国办律师事务所之一广东鹏城律师事务所主任律师。1999 年合伙创办广东天浩律师事务所并担任主任律师。自 2006 年起，洪国安律师先后担任广东星辰律师事务所执行合伙人、上海市建纬（深圳）律师事务所合伙人。2012 年 8 月起任北京市中伦文德律师事务所高级合伙人、副董事长，北京市中伦文德（深圳）律师事务所主任律师。

一流的平台，一流的专业，一流的团队

执业三十余载，洪国安律师见证并参与了中国法治化进程的不断完善和进步，也在不断地思考新时代中国律师该如何发展？为了寻求答案，洪国安律师专程前往革命圣地延安寻求革命发展的源头经验，也自费前往美国、英国、法国、德国等发达国家的优秀律师事务所求教取经，最终总结出新时代律师执业必备的三个条件：一流的平台、一流的专业水平和一流的团队。

应对当前中国律师行业发展的五大冲击，必须要在这三个必备条件中寻求突破。

第一，抵御品牌律所的冲击、外国律所的冲击和低价竞争的冲击，必须打造一流的平台。如同在天猫和京东等知名电商平台的卖家可以获得更多流量一样，站在一流品牌律所的平台之上，同样可以给律师创造与众不同的发展机遇。品牌律所之所以受到追捧，是因为：一可以降低法律服务提供者的营销成本；二可以降低客户寻找优秀律师的选择成本；三可以降低社会的监督管理成本。与其抵御品牌的冲击，不如精心打造品牌。

为了打造一流的平台，洪国安律师从 2011 年 8 月开始做了两件事：一是借助"中伦文德"这一品牌律所，于 2012 年 8 月 8 日创办了北京市中伦文德（深圳）律师事务所（以下简称"中伦文德深圳办公室"），于 2016 年 1 月 26 日创办了中伦文德胡百全（前海）联营律师事务所（以下简称"中伦文德胡百全前海办公室"）；二是于 2016 年 12 月参与创办 GLA（Global Legal Association）全球法律联盟。一举搭建了国内和国际两个重要的平台，既形成了国内品牌律所的优势地位，又能够与国际优秀律师事务所结成同盟，共同发展共同进步，为中国深度改革开放、为"一带一路"的国家发展战略贡献力量。

第二，人工智能与大数据的发展对律师行业发展来说，既是冲击，更是机遇。面对互联网技术的不断发展，我们的态度不是消极抵抗，而是积极拥抱。因为人工智能与大数据的运用是提供一流专业化法律服务最具效率的途径。

在充分认识到互联网、人工智能与大数据对律师行业的颠覆性贡献之后，中伦文德深圳办公室与中伦文德胡百全前海办公室率先引进 Alpha 智能操作系统，并积极参与 iCourt 培训学习，逐步以通过制作大数据报告的方式研究案件、剖析公司及政府相关部门法律服务需求，获得客户的高度认可与信赖。

2018 年 9 月 7 日起施行的《最高人民法院关于互联网法院审理案件若干问题的规定》第 11 条规定，区块链等证据收集、固定和防篡改的技术手段或者通过电子取证存证平台认证，能够证明其真实性的，互联网法院应当确认。关于区块链技术的应用，洪国安律师在 2018 年 9 月 16 日召开的"2018 中国改革与品牌发展秋季峰会暨中国改革人物巡礼活动"上专门做了主题发言，畅想未来区块链技术在法律服务领域的广泛应用。

毫无疑问，积极拥抱互联网和运用大数据，探索区块链技术的应用，紧紧跟随时代的发展并努力引领时代的发展，实现律所一流的专业化将会事半功倍。

第三，招揽一流人才，打造一流团队是实现律所转型升级，突破传统落后思维制约的重要途径。洪国安律师在中伦文德深圳办公室通过设立诉讼仲裁部、政府法务部、企业法务部、PPP 与城市更新业务部，突破了传统的散兵游勇单打独斗的局限，实现了单一兵种或多兵种联合作战的团队化服务方式。

中伦文德深圳办公室通过高标准、高要求引进高素质的青年法律人才，由洪国安律师悉心培养，并竭力创造青年法律人充分发挥才能的平台，不拘一格，帮助新一代法律人快速成长和提升。从而促进整支队伍的高素质、年轻化、专业化，成为"召之即来、来之能战、战之必胜"的让客户信赖与尊敬的法律服务团队。

一流的平台吸引一流的人才，一流的人才形成一流的团队，一流的团队提供一流的专业服务，一流的专业服务促进一流的平台发展。人才、团队、专业、平台相互促进，相互联系，形成良性循环。

从"红海"到"蓝海"的开拓转型

洪国安律师认为，在具备新时代律师成功执业的三个条件之后，律师提供的法律服务也需要根据时代和社会的需求转型升级，提供更加多元、全面、高质的法律服务，实现法律服务的供给侧改革。中伦文德深圳办公室自2012年8月成立以来，在洪国安律师带领之下，通过近年来不懈的实践和艰难的探索，终于找到了可以充分发挥中伦文德智慧与中伦文德方案的蓝海市场，也找到了道路自信和方法自信。

首先，成功实现了从"红海"厮杀到"蓝海"开拓的重大转型。所谓律师行业的"红海"市场就是传统的刑事辩护、民商事代理或者简单的应答式咨询服务。在"红海"市场竞争，主要讲究拼关系、拼价格甚至拼潜规则和操盘能力。然而传统的诉讼法律业务只占社会法律服务总需求的三分之一，但是却有超过五分之四的律师投身其中搏命厮杀，竞争不可谓不残酷。而所谓律师行业的"蓝海"市场，则是一些因涉及专业性较强、标的额巨大以及法律关系复杂而鲜有人问津的业务，比如政府重大行政决策、城市更新、PPP与资产证券化、企业全流程全方位法律风险防控等。随着国家战略转型、经济结构调整以及法治政府建设的深入落实，洪国安律师敏锐地感知到，中国律师的未来应该在"蓝海"市场。所以中伦文德深圳办公室紧紧抓住机会，努力实现业务转型升级。到目前为止，中伦文德深圳办公室业务营收中百分之八十都是由政府重大行政决策、城市更新、PPP与资产证券化、企业全流程全方位法律风险防控等重大专项法律服务所贡献。在中国律师事务所中，可以毫不夸张地说，中伦文德深圳办公室在开拓"蓝海"市场中始终走在时代的前列。

其次，为了成功开拓"蓝海"市场，提供更好的法律服务产品，中伦文德深圳办公室突破了传统法律服务中诉讼业务与非诉业务的划分，创造性地把律师提供的法律服务划分为"技术服务、管理服务、决策服务、战略服务"，并予以践行。这成为在"蓝海"市场能够脱颖而出的重要抓手。

技术服务，沉冤昭雪

所谓技术服务，主要是指传统律师业务中的"一咨询、三诉讼（包括民事诉讼、刑事诉讼和行政诉讼）加合同设计、草拟与审定"。

在技术服务领域，中伦文德深圳办公室的经典案例有某五金厂与万某华居间合同纠纷再审案。

2008年11月18日，万某华凭借伪造的7页纸（1页《赔偿证明》和6页《万某华提成明细表》），向某五金厂恶意提起虚假诉讼，制造了一起赔偿额高达200多万元人民币

的案件。案件经万一审、二审，五金厂均遭遇滑铁卢。后提起再审申请，但仍被省高院裁定驳回。其间虽然更换了两家律师事务所，但合法利益没有得到保护。

为还自身及涉事员工以清白，某五金厂最终于2013年8月委托中伦文德深圳办公室代理其与万某华的居间合同纠纷再审一案。

中伦文德律师通过梳理司法鉴定结果，提出3个关键矛盾之处：一是《赔偿证明》的主文内容与落款文字内容的形成时间不同，落款文字形成时间在前，而主文内容形成时间在后，明显不合常理；二是主文内容与落款文字的输出方式不同，主文内容通过喷墨打印形成，而落款文字是通过激光打印形成；三是司法鉴定意见明确指出，主文内容与落款文字的版面布局存在明显不合理的地方。《赔偿证明》的伪造事实不言自明。

拆穿《提成明细表》。为打破阻碍，成功实现对《提成明细表》的司法鉴定，中伦文德律师致信最高人民法院和全国人大法工委请求废止《关于对外委托文件制成时间鉴定有关事项的通知》。虽然最终未能成功实现废止，但得到了相关部门的高度重视，并受邀到北京参加座谈。其后，通过该所律师的不懈努力，成功推进司法鉴定程序。与《赔偿证明》的伪造程序相同，《提成明细表》同样存在3个关键矛盾之处，成功实现证伪。

为了实现证据确凿、无法反驳的证明效果，中伦文德律师在当事人浩如烟海的单据库中梳理出该案所涉7家合作公司的全部订货单、发货单、提成单、汇款单、收据、联络单等相关证据，形成了完整而扎实的证据链条，最终让万某华及其代理律师哑口无言。

中伦文德深圳办公室关于该案的最终成果是再审判决撤销二审判决，变更一审判决。某五金厂仅需支付人民币9 217.16元及逾期付款利息，并且有权向万某华追索一审至再审以及司法鉴定等相关费用人民币163 646.58元。

在当事人的全力配合之下，在中伦文德深圳办公室律师团队5年间专业扎实且百折不挠地努力之下，再审一案终于取得了颠覆性成果。

管理服务，息诉止争

所谓管理服务，主要是指为客户设计管理流程、工作指引，进行规范性文件的起草，甚至是管理方案的设计与实施。目的在于帮助客户充分发挥人力、物力等生产要素的集合作用，更加快速和高效地实现企业和政府部门的工作运转。

在管理服务领域，中伦文德深圳办公室的经典案例有：顺德某项目二期、三期一区入伙专项法律服务项目。

为推进业主入伙的顺利进行，维护项目公司的品牌与商誉，中伦文德深圳办公室受某房地产有限公司委托担任顺德某项目二期、三期一区入伙项目的专项法律顾问。该项目二期主要面临以下问题。

一是部分业主拒绝入伙且寄希望于通过闹事扩大影响、要挟求偿。每日都有约20位业主组织以拉横幅、游行示威、

喊高音喇叭、围堵项目公司办公室等方式，干扰项目公司的正常办公及售楼处的正常经营活动，时间持续长达一个月之久，项目公司面临着重大社会维稳风险。

二是不良新闻媒体从业人员对业主闹事事件大肆报道，伙同业主对项目公司进行控诉，造成了极为恶劣的社会影响。

三是面对上述不利局面，原项目负责人无奈请辞。

由于多种消极因素的叠加，导致项目陷入了内外交迫、无法推进的困境。

对此，中伦文德律师团队秉持直面问题，并坚决运用法治思维和法治手段解决问题的原则，为圆满解决项目二期面临的难题，做了以下努力：一是直面闹事业主，对业主进行耐心劝说与解释，平息了喊话、围堵事件；二是组织业主座谈会，充分沟通了解问题，现场办公解决问题；三是积极检验和维修，制定相关问题解决时间表，切实解决房屋质量问题；四是积极应对业主提起的仲裁，合法合理维护公司利益。

通过法治思维和法治手段解决项目二期入伙事宜取得了预期的效果：闹事业主息事宁人，顺利入伙，回归正常的生活轨道；项目公司的合法利益得到坚决捍卫。

因此，项目三期一区入伙出现问题之初，为避免再度陷入项目二期入伙时的不利境地，项目公司便指定，由中伦文德律师为实现业主顺利入伙全程保驾护航。这不仅是对中伦文德律师专业能力与敬业精神的肯定，也体现了项目公司领导法治意识的极大提升。

为推进项目三期业主入伙的顺利进行，中伦文德律师做了以下工作：

（1）组织业主座谈会，正面沟通回应主要问题；（2）梳理业主问题，拟定书面回复函，系统、清晰地阐释了相关问题的解决方案；（3）张贴律师正告函，警示闹事业主；（4）主动出击起诉闹事业主，沉重打压业主领袖的嚣张气焰；（5）入伙当天，多管齐下控制大局，与政府相关部门紧密沟通合作，积极回应媒体扭转舆论导向。

最终，在项目公司与政府相关部门的大力支持与配合下，凭借中伦文德律师团队专业的智慧和有效的方案，项目三期一区扭转了闹事业主遇事"大闹大解决、小闹小解决、不闹不解决"的观念，回归理性，运用法治思维解决问题。有效化解了矛盾和纠纷，取得了超高的入伙率。不仅维护了项目公司的合法利益、品牌形象与商业信誉，更宣扬了法治理念，实现了法律效果与社会效果的统一。

决策服务，一举多得

所谓决策服务，主要是指对企业和政府部门的一些重大问题进行论证，提出兼具合法性、合理性与可行性的解决方案。提供智库型服务，帮助解决企业经营和政府行政面临的困境，以实现更好的发展。

"决"的关键点在于论证行与不行，"策"的关键点在于：不行，理由是什么？行，如何制定实现既定目标的路线图与时间表？

在决策服务领域，中伦文德深圳办公室的经典案例有

某市某污水处理厂 TOT 项目污泥处置剥离事宜。

为解决某市某污水处理厂 TOT 项目污泥处置剥离事宜，某市水务局（以下简称"市水务局"）委托中伦文德深圳办公室提供专项法律咨询服务。

中伦文德律师调查得知：2003 年 5 月 20 日，某市某区人民政府与某市某投资控股有限公司签署《污水处理厂 TOT 合同》，约定政府授权某控股公司以 TOT 的方式移交、运营（维护）某市某污水处理厂，期限为 20 年，污水处理费综合单价为人民币 1.08 元 / 吨（含 0.03 元 / 吨水的污泥处置费）。

2014 年 8 月 18 日，某市排水管理处、某市某区环境保护和水务局、某投资控股公司签署了《关于某污水处理厂（一期）污泥处置过渡期费用问题的备忘录》（以下简称《备忘录》）。

《备忘录》主要记载：（1）某污水处理厂（一期）污泥处置纳入全市统筹管理，需要签订相关补充协议；（2）签订补充协议之前，属于过渡期。其间，污泥外运处置纳入全市统一调度安排，运输处置费暂由某污水处理厂（一期）支付，从某污水处理厂（一期）相应月份污水处理服务费暂扣，由政府统一支付给污泥处置单位。

但是，自《备忘录》签订之日起至中伦文德所接受委托之时已达 3 年之久，该项目污泥处置剥离事宜历经多次磋商，但仍未签署补充协议。

为妥善解决上述事宜，2015 年 1 月，市排水处委托某律师事务所就污水处理厂 TOT 合同污泥处理剥离出具《关于某市某区某污水处理厂 TOT 合同污泥处理剥离项目的法律意见书》。2017 年 3 月，某投资公司委托另一家律师事务所就污水处理厂 TOT 合同污泥处理剥离出具《关于某公司污水处理厂 TOT 合同变更事项之法律意见书》。

但两份法律意见书对《某项目 TOT 合同》的变更依据及合同变更后的费用处理问题存在分歧，项目陷入了莫衷一是的局面。

中伦文德律师经过内部讨论研究，依据法律、法理和实际情况，提供如下解决方案：

第一，中伦文德律师跳出从民事法律规范中寻找依据的窠臼，明晰《某项目 TOT 合同》属于行政协议，亦属于政府采购合同。

第二，依据行政法行政优益权的原理，市水务局可以单方变更《某项目 TOT 合同》，或者依据民法"情势变更原则"，双方协商变更《某项目 TOT 合同》，实现权利义务的平衡。

第三，关于《某项目 TOT 合同》变更后污水处理服务费单价调整的问题，中伦文德律师分析，由于合同已经明确污泥处置费用，且污泥处置剥离并不触发污水处理服务费单价的调整，因此直接扣除 0.03 元 / 吨水的污泥处置费即可。

第四，某项目污泥处置剥离的起算日期应以《备忘录》确定的污泥外运之日（2014 年 8 月 21 日）为准，且过渡期污泥处置费用应由政府承担，但政府已经支付给某投资公

司的污泥处置费用（0.03 元／吨水）应当收回。

在收到中伦文德律师出具的法律意见后，市水务局对律师意见全部采纳，形成了《某污水厂污泥处置剥离事权剥离方案》，并在局长办公会上就"污水厂污泥处置事权剥离方案事宜"表决通过：（1）原则同意该《剥离方案》提出的采取直接扣除合同约定污泥处置费的方式剥离两污水厂污泥处置事权的意见。（2）原则同意过渡期为两污水厂污泥实际统筹外运之日至 2015 年 10 月 31 日，请市排水管理处按"少补多不退"原则对过渡期内按《备忘录》暂扣的污泥处置费与合同约定已支付的污泥处置费差额部分予以结算、追缴。

至此，该项目得以画上圆满的句号，在合法合规的原则下，实现了行政管理的目的，又兼顾了各方利益诉求，可谓一举多得。

战略服务，综合全面

所谓战略服务，主要是指在技术服务、管理服务和决策服务的基础之上，提供更加全面和综合的服务。除了顶层方案设计，更能够充分调动各方资源，通过统筹协调保障既定方案得以顺利实施，圆满地实现最终目标。在整个过程中扮演着总编剧、总导演和男一号的角色，这也是中伦文德深圳办公室综合实力的全面展示。

在战略服务领域，中伦文德深圳办公室的经典案例有：某厂区土地整备专项法律服务项目。

为妥善解决某厂区土地整备工作，深圳市某区城市更新局委托中伦文德深圳办公室担任该项目的专项法律顾问，提供全程战略服务。

某厂区是某科技园土地整备项目中经过 4 年的努力尚未攻克的最后一个"堡垒"，困扰深圳市某区委、区政府多年。之前相关政府部门及相关律师事务所均认为某厂区土地整备项目是政府征收拆迁行为，而厂区公司"拥地自重""坐地起价"，不断要求提高补偿金额至 1.8 亿元，已远远超出政府补偿标准上限，这极大地阻碍了科技园土地整备项目进展。

中伦文德律师在详细了解项目情况之后，多措并举解决了某厂区的土地整备工作。

厘清法律关系，颠覆原征收拆迁定位，回归完善转地补偿手续的本位。

根据《深圳市人民政府关于加快宝安龙岗两区城市化进程的通告》（深府〔2003〕192 号）的规定，早在 2005 年年底深圳即完成了全面城市化建设，土地全部转归国有。中伦文德律师深入研究后得出结论：包括某厂区在内的科技园土地整备项目，不应定位为征收拆迁关系，而应当回归完善转地补偿手续的本位。此举措取得釜底抽薪的效果，从根本上打掉了某公司拥地自重、拒不签署补偿协议的权利依据，为后续整体行动方案打下坚实的合法、合理性基础。

制定并主力实施具有震慑力的总体行动方案。

（1）制作了"三限"公告、遣散员工公告、自愿接受遣散声明书等行动配套法律文书，为整体行动方案的实施提供全方位法律覆盖。

（2）进行遣散员工的工资标准、工龄、工伤、特种病人、三期女员工、失业保险金补偿标准的确认方法及法律依据专题研究，切实维护被遣散员工的合法利益。

（3）中伦文德律师高屋建瓴，因势而谋；明辨方向，应势而动；在 2018 年 1 月 25 日 16：00 挺身而出担任总指挥，以解救被反锁员工为由，推开某厂区大门，夺取了厂区的控制权。

（4）中伦文德律师切中要害，顺势而为，在 2018 年 1 月 26 日前排除了当场现金不足的困难，发放 1 371.7510 万元的工资、经济补偿、失业保险金等遣散费，用了一天半的时间便遣散了 235 名员工。

（5）选定并签署了安保、拆卸和搬运、清拆合同，确保了威武的安保队伍控制了整个厂区，彻底浇灭了某公司的嚣张气焰。

（6）接受了《南方都市报》的记者专访，转变了记者最初的偏见，消弭了记者最初的敌意，让记者完全了解了完善转地补偿手续的来龙去脉、前因后果，占领了舆论高地。

在城市更新局及相关部门领导的大力支持下，在股份公司同事的全力配合之下，在中伦文德律师方案的指导下，中伦文德律师团队全程参与，在关键时刻挺身而出并取得战略性胜利。最终，某公司认清现实，回归与股份公司通过协商谈判解决问题的理性轨道上来，于 1 月 29 日与股份公司签署了补偿协议。某厂区的清退清拆工作取得了最终、彻底的胜利。

在上述四种服务中，技术服务是基础和根基，能够充分展示"律匠"之艺。管理服务、决策服务与战略服务是在技术服务基础之上的逐渐递进与升华，能够充分体现"律师"之范。从技术服务到战略服务的升级，也是从"律匠"到"律师"的本质跨越。

洪国安律师一直坚信：密切联系现实，关注社会痛点，急社会之所急，想社会之所想，满足社会发展对法律服务的需求始终是我们的奋斗目标。由于法治政府的建设强化了政府的依法行政，法治社会的建设强化了企业的依法经营，所以律师"管理服务"应运而生。同样，由于党的十八届四中全会提出重大行政决策需要专家论证、风险评估、合法性审查，所以律师提供"决策服务"与"战略服务"也势在必行。对律师业务的重新划分定位，表面看起来是认识差异化，实际上是思维方式、服务种类的根本转变，是服务方式、角色定位的迭代与升级。

张文显教授曾指出，在法治国家全面深入推进的时代背景之下，我们不仅应当具备以强调权利、义务为核心的基本的法律思维，也要具备以强调依法治国、依法执政、依法行政、依法办事为核心的立体化的法治思维，更要具备以强调良法善治为核心的法理思维。只有同时具备法律思维、法治思维和法理思维，由立法者、执法者、司法者（法官和检察官）、律师、政府和企业的法律顾问、法学研究、法学教育和法制宣传的人员所组成的"法治职业共同体"才具有共同思维，分享共同话语。无独有偶，中伦文德深圳办公室近几年加大力度转型提供了诸多决策服务和战略服务，其凸显的便是法治思维和法理思维的全面提升。

新时代的中国律师当以工匠精神严格要求自己

洪国安律师始终对律所年轻律师强调：新时代的中国律师，不仅可以帮助客户进行刑事辩护或者民事代理，更应该自觉与客户成为利益共同体，帮助客户全流程、全方位把控风险、妥善解决困境，甚至是协助企业客户更加稳健地进行运营与开拓；新时代的中国律师，不仅能够为个人和企业排忧解难，更能够深入参与到法治政府的建设之中，为政府部门的重大行政决策出谋划策、攻坚克难、保驾护航，充分发挥律师的价值和作用。

律师这个职业是天生跨界的，需要终生学习、终生历练的，也是没有天花板且容易获得成就感的职业。我们应当"身怀律匠之心，拥有律匠之艺，表率律师之德，展示律师之范"，从"小工匠律师"做起，潜心学习磨炼成长为"大师级律师"。不管是做"小工匠律师"，还是做"大师级律师"，都必须要有"一流的平台、一流的专业和一流的团队"，都必须要具备"法律思维、法治思维和法理思维"，都必须要能够提供"技术服务、管理服务、决策服务和战略服务"。否则，就会在传统的诉讼与非诉业务领域中裹足不前，将无法满足社会日益增多的高质量的多元化的法律服务

需求。新时代，需要有新理念、新战略，更要有新方法才会有新作为。

理想，使命

未来法治国家的全面建成离不开律师从业者的参与贡献，更离不开律师从业者格局的开拓和素质的提升，而这始终是洪国安律师忧心而又憧憬的明天。

作为执业三十余载的资深大律师，洪国安律师可谓功成名就、德高望重，但他仍然孜孜不倦地为法治国家、法治政府、法治社会的建设添砖加瓦，每天工作 12 小时以上，与年轻律师一道加班、思辨和研究。不断学习，不断创新思路与理念，为一流平台的打造、一流专业的锻造和一流团队的缔造殚精竭虑。

应该说，洪国安律师早已不是为了生存而工作，也不是为了个人的发展而辛劳，他是将自己的理想和使命完完整整地投入中国律师业的发展中，投入法治中国的建设中。一方面，他不停地思考中国律师行业未来的发展路径，不断地创新开辟中国法律服务"蓝海"市场；另一方面，他也不断地为青年一代法律人搭建平台，创造机遇，甘当人梯，愿作铺路石，倾心培养下一代有理想、有责任、有担当的法律人。

"格局决定思路，思路决定出路。不忘初心的同仁们，砥砺前行吧！新时代的律师之路在哪里？路就在你我的脚下！"洪国安律师如是说。

十年坚守，做刑辩的智者和勇者

——访广东广信君达律师事务所合伙人、执委会委员、刑事一部部长
"广东泓法刑辩律师团队"负责人洪树涌律师

法律就是秩序，有好的法律才有好的秩序。人生中最珍贵的三种东西：生命、自由、爱情。作为刑辩律师，我们坚持为生命和自由而辩，让该坐牢的坐得明明白白，不该坐牢的早点出来。

——洪树涌

是啊！"让该坐牢的坐得明明白白，不该坐牢的早点出来"。罪刑法定、罪罚相当也正是法律的应有之义。

近年来，刑事辩护专业化、精细化、团队化正成为刑事辩护业务的一种发展趋势，或者可以说，唯有专业化、精细化、团队化的辩护才能更好地维护被告人的合法权益，让有罪者罪当其罚，让无罪者获得自由，以避免冤假错案的发生，避免社会不稳定因素发生。正如英国思想家弗朗西斯·培根所说："一次不公正的裁判，其恶果甚至超过十次犯罪。因为犯罪只是污染了水流，而不公正的审判则是污染了水源。"作为为生命和自由而辩的刑辩律师正是肩负着清洁水源的重要作用。笔者以为，作为刑辩律师必须有足够的勇气和智慧方能担得起如此重任，继而在每一案件中真正维护被告人的合法权益，维护法律的正确实施，维护社会的公平与正义。近年来，随着刑事辩护业务专业化、精细化、团队化的发展和深入推进，刑事非诉业务作为一种业务创新和风险防控机制也正成为业界刑辩律师的主要研究方向。在羊城广州就有这样一位律师，十载春秋、专注刑辩、风雨无阻。10年来，他一直行进在刑事辩护这条充满荆棘、困难与艰辛的道路上，并逐步将刑事辩护进行专业化、精细化、团队化升级，他不断上下求索开拓创新，在累积了丰富的辩护技能和经验同时，开创出了一套独特的刑事法律风险防控机制，为诸多企业家、公司股东提供风险自检、防控与化解的法律保障，获得广大企业家、公司股东的高度赞誉和信赖。

我们今天采访的主人公——广东广信君达律师事务所合伙人、执委会委员、刑事一部部长、"广东泓法刑辩律师团队"负责人洪树涌律师说："企业家可以没有法律知识，但一定要有法律意识。我们就是要通过刑事合规发现企业的法律风险点，再用法律方法化解企业刑事风险，让每一个企业家、让每一个公司股东可以做到心无旁骛干事业，奋勇前行谋发展。我们要跟企业一起成长。"

作为法律界资深媒体人，5年前笔者为洪树涌律师写过一篇采访，彼时他已是广东潮汕地区功成名就的刑辩律师，而今他已成为坐落于广州第一高楼（广州东塔）周大福金融中心的广东首家特殊的普通合伙制律师事务所——广东广信君达律师事务所的管理合伙人、执委会委员、刑事一部部长，并成为20多人律师团队"广东泓法刑辩律师团队"的负责人。

2018年，正值洪树涌律师执业10周年，也是其刑辩生涯的第十个年头，笔者以为应该为他写点什么。从地级市汕头到省会、广州，这期间他都经历了什么？有哪些心路？又有哪些经典案件和创新的发展，是笔者应该在此做下记录和记载的。

从"鮀城"到"羊城"的刑辩之路

洪树涌律师是潮汕人，在汕头执业自然有着得天独厚的便利条件。然而，2013年年末，早已在潮汕律师界尤其在刑辩领域拥有相当影响力的洪树涌律师做出了一个令同仁和家人皆惊诧的选择——只身前往400多公里之外的省会城市广州发展。彼时洪树涌律师与好友来到广州，指着还在建设中的广州第一高楼"东塔"道："将来有一天我一定要在上面拥有自己的办公室"。来到羊城，洪树涌律师的专业定位仍是刑事辩护，但在人才济济、强手如林的省会要想以刑事辩护立足谈何容易！洪律师戏称自己是"三无"人员：无关系，无背景、无案源，但是洪树涌律师早已制定好了自己的执业规划，无关系，无背景，无案源的这段时间正是拓展关系、开发资源、开拓案源的好时候。于是，广州城的各种社会活动、培训活动、公益慈善活动中经常会出现一位温文尔雅的刑辩律师。洪树涌律师的真诚、直率以及对刑事业务研究的专业度获得很多与之相交的人的高度认可和赞誉，数年后几乎都成了他的好友、合作伙伴，乃至有的成了他的终身客户。或许，这就是洪树涌律师的魅力所在，真诚、直率又从不拐弯抹角，且非常愿意与人分享。与人分享、共同成长也成为他多年不变的执业理念。更让人想不到的是到广州后，洪树涌律师立即辞掉了潮汕地区的所有顾问单位和客户，还给自己立下了3年内暂不妾潮汕地区案件的誓言，以免走回头路。当然，事实也证明他的选择和坚守是正确的。其实，洪律师

说来广州发展他早已做最坏的打算。哪怕 3 年不开张也不会被饿死，因为洪律师已经做好准备把汕头的房子和车子卖掉的打算。2014 年 9 月，到广州不足一年的洪树涌律师经过打拼，不但不用卖汕头的房子和车子，反而在广州一环境优美的小区购置了房产并在广州站稳了脚跟。2016 年晋升为广东广信君达律师事务所成为律所权益合伙人，现今已担任广东广信君达律师事务所管理合伙人、执委会委员、刑事一部部长，还是星火律师团队联合创始人和负责人。2017 年 6 月，广东广信君达律师事务所入驻广州第一高楼"广州东塔"——广州周大福金融中心，办公面积超过 7 000 平方米，洪树涌律师在这里也拥有了自己的办公室，实现了对自己许下的诺言。2018 年，来自潮汕地区的一起特大集资诈骗案的当事人找到洪树涌律师，希望他出庭为该案第一被告人辩护，洪树涌律师道："我现在不接潮汕地区的案子啊！"当事人道："这个案子已经进入二审程序即到广东省高级人民法院审理，而且您来广州已经超过 3 年。我们希望您能作为该案上诉人的辩护人并出庭辩护。"最后洪树涌律师接受了委托。

无罪判决何其难！

业界众所周知，"无罪判决难，难于上青天"。在十三届全国人大一次会议上，最高人民法院工作报告中称，2013 年至 2017 年，被告人被依法宣告无罪的比例不到千分之一（约为千分之 0.8），这就意味着一旦成为刑事案件的被告人，被法院认定有罪的概率就高达 99.9% 以上。从以上数据不难看出，法院依法做出无罪判决的结果极少，很多律师执业多年甚至一辈子都没有拿到过一份无罪判决书。可想而知，要想获得法院的无罪判决有多难。

2018 年 1 月 24 日，洪树涌律师收到了 1 份无罪判决书。"所有的付出和努力总算没有白费，让不该坐牢的早点出来。"洪树涌律师长长地舒了一口气。

洪律师办理的案子还有很多不予起诉和不予批捕的当事人，为当事人争取到最大利益。

不予起诉案

杨某某因涉嫌故意毁坏财物罪被公安机关刑事拘留，广信君达刑事一部部长、合伙人洪树涌律师接受当事人杨某某家属的委托。接受委托后，洪树涌律师迅速安排会见、阅卷等工作，并针对案情与团队律师进行深入的研究论证，同时还积极约见检察官。在约见检察官的过程中，洪树涌律师向检察官当面详细陈述了辩护意见，并提交了《审查起诉阶段法律意见书》。约见检察官时，洪律师指出该案应该以我国《刑法》第 13 条、《刑事诉讼法》第 173 条的规定做出"不起诉"处理。经洪律师和团队及时跟进，多次与主办检察官沟通案件情况后，当事人及家属终于迎来了好消息。检察院于 2018 年 8 月 23 日做出了对该案杨某某不起诉的决定，洪律师的辩护意见全部被采纳，律师辩护工作取得了胜利。

同时，另一个案件的当事人也被释放。李某某涉嫌假冒商标罪被抓，洪树涌律师和钟思思律师、谭伟雄实习律师组成律师团，经过团队律师专业、精准的辩护，检察院也做出了不予起诉决定。

不予批捕案

众所周知，刑事案件侦查阶段取得不予批捕或取保候审的结果实属不易。但随着我国法制进程的不断推进和发展，办案单位越来越重视律师的法律意见。洪某某涉嫌诈骗被西安市某区公安机分局跨省抓捕，洪树涌律师接受委托后，连夜远赴 1 600 多公里外的西安会见当事人，当面与办案警官和检察院沟通交流，多次与办案单位沟通，并向办案单位提交法律意见书。最终办案单位接受洪律师的法律意见，做出不予批捕决定。

2018 年 4 月中旬，嫌疑人刘某因涉嫌组织卖淫罪被公安机关刑事拘留。家属来到广东广信君达律师事务所找洪树涌律师。广东泓法刑辩律师团队洪树涌律师、钟思思律师接待了当事人。当事人向洪树涌律师、钟思思律师介绍了事情的经过并决定委托团队律师全程办理此案。

洪树涌律师和钟思思律师接受当事人委托后，第一时间会见了刘某，认真细致分析该案案情，并召集团队律师多次对该案进行讨论、研究，最终形成法律意见：刘某早把企业承包给他人，对他人的非法活动不知情，同时也没有参与相关非法活动。公安机关应该尽快释放刘某某。洪树涌律师、钟思思律师及团队成员一直在努力，提交了多份法律意见书和取保候审申请书。

一枝独秀固然好，花开满园才是春

在广东广信君达律师事务所，洪树涌律师是刑事一部部长，又是"广东泓法刑辩团队"的负责人，而在律所之外，洪树涌律师还积极跟同行精心打造两个律师平台——"星火律师团队"和"中律天下律师刑辩讲师团"。

现今的洪树涌律师不仅自己在刑辩领域取得不菲业绩并获得长足发展，更是竭尽全力培养青年律师的成长。作为中律天下刑事辩护讲师团负责人的洪树涌律师在办案之余带领讲师团成员在线上讲课，在星火论坛上跟大家分享自己办案经验和办案技巧，积极参加省律师协会到各地律师协会和律所讲课，与律师同仁分享经验共同成长。有人问洪树涌律师："你把这些成功的经验都分享给了同行，就不怕同行学会了超过你吗？"对此，洪树涌律师总是淡然而自信地说："律师同行之间本应该就是相互学习、相互促进的，有竞争也是必然，而唯有竞争才有压力才能进步！我从来不怕竞争。相反我欢迎同行间的良性竞争，同时也正在努力促进律师间的合作与发展，实现双赢、共赢乃至多赢。一枝独秀固然好，花开满园才是春。"

现今的洪树涌律师除担任律所内职务、担任律师平台发起人、负责人外，他还曾担任广州市经济法学会副会长，现担任广东省律师协会经济犯罪辩护委员会委员，广州市律师协会经济犯罪刑事委员会委员，广州市普法志愿者协会副监事长，广州市司法局百名公益专家律师，广州法治童行志愿队公益律师，广东狮子会华森服务队理事，华南理工大学广州学院联合导师，华森服务队法律委员会主席，广东省行业协会联合会理事，广东省第一戒毒所课堂教学中心兼职教

师等诸多社会职务。10年来，洪树涌律师一直专注刑事辩护，尤其在重大毒品案件辩护和疑难复杂经济犯罪辩护领域建立了自己的品牌，成为广东省第一批刑事辩护律师律师库律师，而"广东泓法刑辩团队"在广州乃至整个华南地区亦拥有了相当的影响力。

走进广东泓法刑辩律师团队

广东泓法刑辩律师团队由广东广信君达律师事务所合伙人洪树涌等律师组建而成。团队核心成员大部分曾就职于公检法部门，对刑事案件具有扎实的理论基础，且具有丰富的办案经验。团队成员分工合作，对于比较复杂的案件，团队律师一般要制定多套辩护方案，对于疑难刑事案件，团队律师还会定期举办案件研讨会和专家会诊，维护当事人合法权益的同时以保证当事人合法利益的最大化。

近年来广东泓法刑辩律师团队办理了一批公安部督办的、具有全国影响的大案，也办理了一批获得轻判、不予批捕、不予起诉、不予刑事处罚的刑事案件，乃至有的案件法院直接判决无罪，被告人当庭释放，辩护工作得到了当事人的普遍好评。"金杯银杯不如当事人的口碑"，当事人给团队律师送来的一面面锦旗和一封封感谢信就是对广东泓法刑辩律师团队全体成员最好的褒奖和鼓励。

多年来，广东泓法刑辩律师团队律师一直坚持"让该坐牢的坐得明明白白，让不该坐牢的早点出来""为您维权是律师的天职""公平正义是我们毕生的追求""为自由而辩，为生命而辩"的执业理念，为失去自由、身陷囹圄的被告人撑起了一片法律的晴空。

后记

采访将结束，当笔者问及洪树涌律师10年坚守专注刑事辩护，有何执业感受时，洪树涌律师道："一个人可能走得很快，但一群人却可以走到更远更长久。我希望广东泓法刑辩律师团队以及全国所有致力于刑事辩护的律师同仁，都能在每一个案件中维护被告人的合法权益。让该坐牢的坐得明明白白，让不该坐牢的早点出来。同时也希望中国的企业家、公司股东们多一些法律意识和风险常识，全力以赴干事业，心无旁骛谋发展。这就是我的执业感受，也是我的执业初心。或许也应该是每一个刑辩律师的期许，因为'无讼'才是真正的法治理想国。"

是啊！在真正的法治理想国，无论是当事人、律师，还是法官、检察官，都心怀对法律的信仰和尊崇，所有法律人都做好了各自的角色，共同打造法治的光荣与梦想，法治中国梦的要靠我们每一个人的点滴努力来实现！

让我们祝愿，洪树涌律师以及广东泓法刑辩律师团队在未来的刑辩道路上凝心聚力、砥砺前行，团结一致、再创辉煌！我们也相信洪树涌律师和他的团队成员一定会不辱使命、不负重托，在每一个案件中真正做到维护当事人合法权益，维护法律的正确实施，维护社会的公平与正义。

洪波激涌归何处，和安天下树春风。有如洪树涌一样的刑辩律师为你保驾护航，安心、放心、舒心、暖心！因为他们是刑辩的智者和勇者。

合同诈骗罪无罪辩护的法理基石在于刑法谦抑性原则

——访广东法制盛邦律师事务所高级合伙人刘兴桂律师

编者按

何为刑法谦抑性原则？从基本概念来讲，刑法谦抑是指立法者应当力求以最小的支出——少用甚至不用刑罚（而用其他刑罚替代措施），获取最大的社会效益——有效地预防和控制犯罪。因此，刑法的谦抑性具有限制机能，在现代法治社会，这是刑法应有的价值意蕴。基于这种对刑法功能二重性的科学认识，谦抑性已成为现代刑法追求的价值目标。

本文主人公——广东法制盛邦律师事务所高级合伙人刘兴桂律师认为，刑法应根据一定的规则控制处罚范围与处罚幅度，凡是使用其他方法如民商事规则或行政手段足以制止某种违法行为、保护合法权益或解决纠纷的，就不要将其规定为犯罪；凡是适用较轻的制裁方法就足以抑制某种犯罪行为，足以保护合法权益时，就不要苛以较重的制裁方法。

刘兴桂律师，何许人也？我们先来看看他的履历。

刘兴桂律师生于素有"鱼米之乡"之称的江汉平原腹地——湖北省仙桃市。本科就读于华中师范大学，研究生就读于武汉大学，1988—1993年在中南财经政法大学任教，1993—2012年在广州大学任教，先后任法学院副院长、律师学院副院长，民商法硕士研究生导师。1996年任兼职律师，2012年任专职律师，现为广东法制盛邦律师事务所高级合伙人、管委会成员，广州、佛山、肇庆仲裁委员会仲裁员，广东省律师协会法律顾问委员会委员。

刘兴桂律师曾在高校任教近30年，一直从事民商法的教学与研究，从事法律实务起初阶段主要从事民商事业务，如公司业务、建筑与房地产、合同纠纷处理。刘兴桂律师称自己办理刑事案件并不多，但有朋友登门希望获得法律帮助，又不好推辞，只得勉为其难办理，且以经济犯罪案件居多。"来者都是客，容不得半点马虎，受人之托，就要

忠人之事，历经诸多案件下来，还真收获不小。"刘兴桂律师还经常应邀为一些单位讲授法律课程，并反复强调刑法的谦抑性原则。"我国刑事立法落实了惩办与宽大相结合的刑事政策，在限定处罚范围方面已经很好地贯彻了谦抑性原则。但不可否认，部分刑事办案部门的同志对刑法的谦抑性常常不愿多提，认为犯罪嫌疑人被举报骗取钱财或其他违法违规行为，被抓后总是有诸多辩解，故不足为信，对这些人如不处理也不利于社会稳定，故不太喜欢律师给他们讲刑法的谦抑性。"刘兴桂律师如是说。

媒体也曾这样评价他：刘兴桂教授既是一位法律的传播者，又是一位法律的实践者，更是一位法治精神的信仰者和传承者。他担任法学教师近30年，学生遍布全国乃至世界各地，可谓桃李满天下；他律师执业生涯超过20载，经手大案、要案、复杂案件无数，可谓历经沧海与风雨。

对于当前司法大环境，虽有些无奈之举，但刘兴桂律师认为，事实胜于雄辩。故他以自己经办的几件被告人被诉合同诈骗罪后被判无罪的案例，作为此次专访和探讨的基础，以印证在司法实践中贯彻实施刑法谦抑性原则，是十分必要和极其重要的。

下面就请刘兴桂律师来为我们以案说法。

案例一：不能因委托事项未办成就苛以刑罚——黎某凯被诉合同诈骗案辩护始末。

2012年被告人黎某凯以广州某公司（乙方）名义与陈某（甲方）签订咨询服务合同，约定甲方委托乙方申办医疗机构执业许可证，甲先支付首期费用5万元，办理期限为6个月。合同签订后，乙方（黎某凯）收取了陈某咨询服务费5万元。约定期限期满，被告人黎某凯未能完成所托事项，仅退回陈某1万元。后严某等人将黎某凯扭送至派出所，检察院指控黎某凯犯合同诈骗罪并诉至天河区法院。刘兴桂律师为黎某凯作无罪辩护。认为黎代表公司与陈某签订代办医疗机构合同，法律对此并无禁止性规定，其后办证不成，双方产生争议，应属民事纠纷。该案审理中有一个重要细节：公诉人认为被告人属合同诈骗的重要一点是说被告人未将医疗机构的申报资料递交给某区卫生局，称侦查机关到该区卫生局询问，该局称经查找未看到该申报资料。刘兴桂律师要求控方补查一个问题：该区卫生局是否在收到申报后有出具回执的习惯或规定？后控方补来某区卫生局回复：该局收到申报方的申报资料时一般不给回执，在初步审核后认为基本具备开办条件时，会通知申报人该局将于某时段派员实地勘查。为此，刘兴桂律师作为辩护人提出：该案并无证据证实被告人未履行代办义务，卫生局称找不到并不能证实被告人一定未递交；且代办行为不是行政决定行为，客观上也不能对代办得后果负责。一审法院经审理，认为控方指控被告

犯合同诈骗罪的证据不足，对辩护人的辩护意见予以采纳，判决黎某凯无罪。

公诉机关认为原审判决认定事实错误，提出抗诉，理由如下：第一，一审认定该案是单位行为而非个人行为，认定事实错误。黎某凯虽以公司名签合同，但实是黎的个人行为。原因是该司不具备办理该业务的资格；单位无授权；合同签订时该公司营业执照已被吊销，并已搬离原地址；被害人在签订合同的过程中只与黎某凯个人联系，并未与该公司其他人谈过业务。第二，一审认为被告人黎某凯是否已履行合同约定的义务属于民事法律调整的行为的结论没有依据。被告人没有任何的履约行为，事后又有逃跑和拒不返还行为，明显是合同诈骗。第三，一审没有认定签订合同后被告人继续虚构事实，骗取被害人财物的事实。

针对公诉机关的理由，刘兴桂律师提出了如下反驳意见：第一，黎某凯是职务行为，代表公司拓展业务根本不需公司额外的授权委托或专门指派。公司是否超出经营范围或是否可以代理医疗机构申请办证，不影响黎某凯行为的职务性。第二，黎某凯称已将陈某的办证资料交给区卫生局，因该局对任何申请办证的人递交资料都不会出具回执和进行登记，所以被告人和辩护人一方无法出具书面证据属情有可原。第三，黎某凯不是没有代理办证的能力，是因为陈某没有商业房产证才导致未能顺利办理医疗机构许可证。黎某凯事后并未逃匿，还给了部分钱款。因此，黎某凯有履行合同的能力和诚意。第四，陈某交付款项的行为是合同履行细节问题，合同内容中并未约定款项只能用于医政部门。所以被告人虚构事实骗取款项与合同诈骗并无关联。因此，黎某凯行为不属于诈骗犯罪。

后二审法院采纳了辩护人意见，裁定驳回抗诉，维持原判（黎某凯无罪）。

案例二：同一财产在价值范围内作重复担保并不违法——戴某纬被诉合同诈骗案辩护始末。

被告人戴某纬为香港人，时任某复印机有限公司董事长。1995年被告人以某复印机有限公司的名义与某饮食服务总公司合作成立了苏州某大酒店。某复印机有限公司享有苏州某大酒店20年的经营权和营业收入。被告人为筹集资金，在1996年1月以某复印机有限公司的名义向广东某信托深圳公司借款人民币1 430万元，期限5年，并以其拥有苏州某大酒店70％股权作担保。1999年3月底，被告人以要做一宗汽车音响进口生意急需资金作信用证保证金为由向胡某借款，胡某要求被告人提供担保。戴某纬提出以其拥有的苏州某大酒店18年经营权和营业收入作为担保，胡某经实地考察后要求戴某纬再增加担保，于是戴的女友潘某以自有房产一套及其母亲王某分期付款的天河区某房为戴某纬向胡某借款作抵押担保。1999年4月，双方签订了款额为22万美元的借款协议，潘某作为担保人在该借款协议上签名，但双方没有办理上述房产抵押登记。戴某纬还应胡某的要求在该借款协议书上加盖了某大酒店的公章，但该公章后经查实是被告人戴某纬私刻，后戴某纬未将上述借款用于汽车音响进口生意。借款期满后双方因违约金问题发生争议。2000年3月，胡某向天河区法院起诉戴某纬、担保人潘某等，很快又以自行协商解决为由撤回起诉。之后胡某转而以戴某纬诈骗为由向公安机关报案。此外，戴某纬还向香港人王某借款1 600多万元，以苏州某大酒店作担保人与王某签订还款协议，上海某法院判决该大酒店对戴某纬所欠王某的债务中不能清偿部分的二分之一承担赔偿责任。

一审广州中院认为被告人戴某纬利用经济合同（主要认为虚构借款理由以及虚假担保），诈骗他人财物，数额特别巨大，以合同诈骗罪判处戴某纬有期徒刑15年。上诉后，二审认为原判认定事实不清，撤销原判，发回重审。刘兴桂律师作为戴某纬的辩护人参与了该案一审、二审和重审。

刘兴桂律师辩护思路的重点是被告人并无虚构事实（尤其是担保并无虚假）、非法占有他人财物的故意，理由如下：

（1）胡某借款的目的是牟利，其对借款理由和去向并不关心，因此借款理由不真实不能认定为被告人有诈骗故意。

（2）戴某纬提供的担保并非虚假，是胡某自己嫌麻烦没有去办抵押登记，不能将责任完全归于被告人。

（3）被告人非法占有的故意不能认定。胡借款前曾到苏州进行实地考察多日，得知该酒店效益不是很好，也有官司，所以回广州后就不愿出借此价款，并要求戴某纬再提供两套房产作担保后，胡某才同意借钱。同一财产在价值范围内可以作重复担保，戴以某大酒店的经营收入作重复担保并不违法。其借款时没有向胡某讲清某大酒店已向广东国投深圳公司作过担保，确有过错，但不影响担保合同的效力及履行。

（4）关于使用假公章签合同是否导致合同不成立的问题。戴某纬在借款合同上所盖的"苏州某大酒店"的圆形公章确非该酒店正式使用的公章，但被告人作为法定代表人，对外代表酒店，其决定用酒店经营收入向胡某作借款担保，即使未经董事会讨论通过及使用非正式公章，其代

表行为仍然有效。

（5）现有证据不足以证实戴某纬不具有还款能力。合同期满后双方因违约金问题发生争议，后胡某因找人向戴某纬索债并致戴某纬受伤，在此情况下戴才产生不还款之意。胡某曾提起过民事诉讼后又撤诉，也是造成戴某纬未还款的重要原因。

后重审法院采纳了刘兴桂律师的辩护意见，改判被告人戴某纬无罪。

后记

作为以上案件的辩护人，虽历经曲折，但幸运的是结果还算不错。刘兴桂律师认为，合同诈骗罪具备辩护价值的主要原因在于该罪名与违约的界限十分模糊。刘律师表示除以上案件外，他还做过其他几个合同诈骗案件的辩护和侦查阶段法律服务，结果有的是侦查机关自行撤销案件，有的是检察机关撤回起诉，还有少数案件是协助当事人之间和解结案（如签订和解补充协议、撤回报案）。但印象最深的还是上述案件，因上述案件持续时间较长，且过程相对曲折，自己也为这些案件付出了巨大的精力，因此体会颇深。

"合同诈骗罪起诉成功率低的主要原因在于该罪名与民事（合同）违约的界限区分较难，尺度把握需要水准。在实践中，合同纠纷民事、刑事责任的界限一般可从以下四个方面进行分析：（1）行为人实际履行合同能力的有无；（2）行为人签订合同的手段及欺骗的程度；（3）行为人签订合同后的态度；（4）没有履行合同的原因及在违约后承

担责任的表现。例如，有无回避或逃逸。律师选择何种辩护思路须从被告人是否具有履行合同的实际能力，是否采用欺骗手段以及程度、履行合同的行为、违约后的表现等诸方面进行分析和判断。"刘律师说道。

刘兴桂律师还指出："减少合同诈骗、诈骗类案件冤假错案的主要路径，除了公安机关须避免或减少对民事案件的插手干预和办人情案之外，还应提升从侦查、公诉到审判、辩护各环节参与人员的民商法素养，打通民、刑思维的'任督二脉'。与合同有关的争议不论有无欺诈或者诈骗，事后当事人各方可以在自愿平等基础上达成和解的，均不宜以合同诈骗罪处理，即放宽该类案件刑事和解的司法控制。体制内长期从事经济犯罪侦查或起诉的人员，难免会先入为主或一叶障目，认为'你不还钱就不对，仅从这点看抓你就不冤'，这种思维是很有害的。是否欠钱，是否还清，与犯罪并无必然关联。凡事都有因果，核心还是要搞清楚为什么欠钱或没有还清，是谁的过错，是过错、故意还是恶意，或另有其他原因。办案人员思考问题的角度和立场换一换，结论就会大相径庭。近年广东省内对经侦工作影响最大的案件是发生在深圳的某企业主'骗贷'案，其伪造土地房产权证骗取银行贷款，遭遇金融危机后无法偿还，深圳中院一审判无期，二审广东省高级人民法院改判无罪，理由是申请贷款时虽然有欺诈，但事后该企业主坚持还款，后来无法还款确有经济大环境影响等因素，并非如一般骗子骗贷后挥霍一空。我在很多场合都提过建议，要在经侦、公诉等部门加强民商法尤其是合同法理论的培训，法院经济犯罪审判的法官一定要有民事审判的经历，庭室之间可多进行交流，这样才利于办案机关及其工作人员提高法理素质和法律适用能力，更好地区分民、刑界限。这对于规范和约束司法人员的自由裁量权，保障市场经济交易各方合法权益都具有十分重要的意义。"

刘兴桂律师再次强调："最后，我想强调的是，律师办理类似合同诈骗、诈骗这些民、刑交错案件时，是选择无罪还是罪轻或减轻处罚的辩护思路，基本的原则还是看事实证据和法律规定，从民、刑两个角度互换思维进行考量，看问题的实质和核心。"

从以上案例以及刘兴桂律师有关民刑关系的经验和观点中，我们不难看出，律师参与合同诈骗类案件刑事辩护的价值和作用已经得到充分认可。当然，权利都是争取来的，在此类经济犯罪案件的辩护工作中，还需辩护律师竭尽全力挖掘事实真相，抓住主要矛盾，同时也不能忽视细节，依法辩护、努力维权，推行明刑弼教的中华优良传统，彰显法安天下的制度自信，最大限度地维护当事人合法权益，维护法律的正确实施，并最终维护社会的公平正义。

法律必须被信仰，否则它将形同虚设

——访广东力诠律师事务所主任徐再良律师

编者按

"法律必须被信仰，否则它将形同虚设。"此法律谚语出自美国法学家伯尔曼所写的《宗教与法律》一书。而此言也早已被中外法律人士奉为圭臬，当作法律人的第一行为准则。

近年来，随着人们生活水平的不断提高，外出旅行、聚会小酌等已经成为一种生活的常态。然而，安全问题似乎也随之而来。醉酒致死，共同饮酒者无论是否劝酒均要承担赔偿责任；横跨马路护栏被卡，受伤或致死者家属状告护栏管理单位；驾车逆向行驶坠河沟致死，家属状告公路方未装护栏；景区内私自翻越护栏拍照，意外摔下悬崖身亡，家属要状告景区管理缺位；野生动物园女子私自下车被老虎撕咬致死，园区管理单位再成被告……这些事件时有发生且占据着新闻的"头条"，有的甚至成为大众以及学者们争论和探讨的主要社会问题。

以下案件即是一起在律师的坚持和努力下，得到公正裁判的真实案例，该案的公正判决其意义或许已经远超案件本身。今天且让我们来以案说法。

徐再良律师

广东力诠律师事务所主任，1996年毕业于湖南大学研究生院，获英文硕士学历。1997年开始在广州从事律师工作。二十多年的律师生涯中，徐再良律师主要从事融资租赁、金融不良资产处置、公司法、合同法等法律事务，积累了丰富的实践经验，并留下了许多成功的案例，其中不少作为指导性案例广为援用。徐再良律师还是知名的社会活动家，创办了并领导着广东省湖南大学校友会，并担任秘书长兼法定代表人。

儿之死，谁之过？

2016年1月31日（农历腊月二十二），李某夫妇二人带儿子（13岁）及友人一行四人自驾车准备在小年（农历腊月二十三）前由广东赶回湖南老家，然而，此日凌晨3点左右在车辆行至广东××高速公路路段时却遭遇严重堵车，正是这次堵车让儿子的生命定格在了这样一个特殊的时刻。由于堵车时间较长，很多人都下车来回走动缓解一下身体，并等待通车，这时儿子提出要小便，父母示意儿子自己到路边解决即可，一向羞涩的儿子觉得在路边小便有些难为情，于是自己决定翻越护栏（120厘米高，国家规定的标准是110厘米）后再解决。但他万万没想到，他现在所处的位置正是在此高速公路的高架桥路段，而他翻越的护栏下面是两高速公路的中间空隙区，且离地面直线距离达30米。随着"砰"的一声，其他下车的人发现有人摔下高速公路，遂喊叫"有人摔下去了，有人摔下去了。"小李的父母还在与友人聊天，在听到"有人摔下去了"后才查看车内，发现儿子不在车上，便立即喊儿子的名字，但摔下高架桥的儿子已没有了回声。一场悲剧因父母的疏于监管发生，一个风华正茂的少年就这样失去了生命。儿之死，谁之过？残酷的现实考问着孩子的父母，也考问着我们每一个人，更考问着情与法的较量和输赢。

高速公路管理者之过？

在办理完儿子丧礼后，李某夫妇将该段高速公路的管理者广东××高速公路公司告上了法庭。并提出被告应承担此次事故60%的责任，赔偿原告丧葬费、死亡赔偿金、精神损害赔偿金、交通费、住宿费、伙食费、案件诉讼费等合计60多万元。

广东××高速公路公司负责人深感冤屈，遂请来法律顾问徐再良律师应对。经过对案件材料和对国家相关规定进行仔细研究，徐再良律师认为，高速公路的管理单位没有任何过错，不应承担任何法律责任。

徐再良律师在法庭上进一步指出，首先，广东××高速公路公司事故标段的全部建设均是按照国家标准设计、施工，并通过了交工验收，不存在任何瑕疵。

第一，根据《高速公路交通工程及沿线设施设计通用规范》（JTG D80-2006）（以下简称《通用规范》）关于桥梁护栏的说明，为防止车辆越出桥外等严重事故，桥梁应设置安全护栏。而《公路交通安全设施设计细则》OTG/TD81-2006 5.2.5和S.4.3-1/2/3表格规定，高速公路桥梁护栏的高度规格要求最高为110厘米，事发路段桥梁护栏的实际高度依照设计施工为120厘米，符合规范要求，并不存在任何缺陷。

第二，原告所称的"绿色网状围挡"实际上是设置在护栏上的防眩板。根据《通用规范》关于防眩板第5.7.1.

（1）条的规定："夜间交通量大或大型车比例较高的直线较长的路段，或中间带宽度等于或小于2米路段应设置防眩板"，事发路段属于直线较长的大中桥梁，公司因此遵守规范和设计图纸安装防眩板，而防眩板采用绿色反光设计，也是为防止司机长期驾驶产生视觉疲劳的业内惯例，不存在任何过错。

第三，原告认为被告在接近高架桥前和漏空设置的间隙处未设置明显的高架桥警示标志，但根据《公路交通标志和标线设置规范》（JTG D82-2009）（以下简称《设置规范》）关于警告标志的规定，公路上使用的警告标志版面应依照《设置规范》的要求设计、安装，事发路段是依照国家规范设计并设置的，且之前从未出现此类意外事故，因此并不存在《设置规范》中应当设置警告标志的情况。

其次，交警才是承担公路交通疏导义务的真正主体，广东××高速公路公司和路政机构并不依法享有疏导交通的职权。

根据《道路交通安全法》等法律法规的规定，交警支队下的机动巡逻大队负责道路的巡逻，纠正交通违章，维护交通秩序，处理突发事件，配合开展警卫工作；交警大队负责辖区内的道路交通秩序管理工作，督促和指导辖区中队开展工作，处理一般以上交通事故；交通管理中队负责对路面进行巡逻监控，检查纠正各类交通违章，向群众开展有关的交通法规宣传，维护交通秩序，适用简易程序处理轻微交通事故。而高速公路公司和路政机构依据《公路法》许可挖掘、占用、利用公路的申请事项，制止和查处破坏、损坏或者非法占用公路的行为；许可超限运输申请事项，制止和查处违法超限运输行为；管理公路附属设施的设置和维护；管理公路两侧建筑控制区；管理公路施工秩序；参与公路工程中涉及路政管理事项的设计审查、竣工验收；实施公路路政巡查以及其他法律、法规规定的职责。因此，交警依据《交通安全法》对车辆行驶进行动态管理，重点在于车辆管理和交通秩序；广东××高速公路公司和路政依据《公路法》和《收费公路管理条例》对路产路权进行静态管理，重点是保护公路，原告向广东××高速公路公司强加疏导责任，是没有法律依据的无理行为。

最后，高速公路上严禁行人走动，两原告作为死者监护人，默许死者在高速公路上独自行走，并翻越桥梁护栏，才是导致悲剧发生的原因。

根据《中华人民共和国道路交通安全法》第67条的规定："行人、非机动车、拖拉机、轮式专用机械车、铰接式客车、全挂拖斗车以及其他设计最高时速低于七十公里的机动车，不得进入高速公路。高速公路限速标志标明的最高时速不得超过一百二十公里。"死者为未成年人，两原告作为其法定的监护人，本应对其进行必要的监护，阻止其下车并翻越桥梁护栏，然而正是因为两原告对于死者的忽略，以及对于高速公路管理秩序的无视，才导致了悲剧的发生。

综上所述，广东××高速公路公司事发路段的设计、施工均符合规范要求和行业标准，没有任何瑕疵存在，原告要求广东××高速公路公司承担所谓疏导责任，是在无视法律依据强加责任，因此广东××高速公路公司无须对李某等人承担赔偿责任。

然而，一审法院于2017年2月6日认定被告存在管理不足，负有相应的管理和防护责任，并判决被告位承担40%的赔偿责任。被告广东××高速公路公司及徐再良律师不服一审判决提出上诉，并将该案上诉至某市中级人民法院。2017年8月7日某市中级人民法院经审理认为一审法院原审判决对主要事实认定不清，裁定发回重审。

重审一审，"赔偿"金变"补偿"金

2017年11月17日，重审一审法院经审理认为，原、被告均确认事发高速公路通过工程验收合格，法院对此予以确认。但原告主张验收合格不代表没有安全隐患，被告仍应负有相应的管理和防护责任，该案争议焦点是被告就李某儿子的死亡是否存在过错。

依照《中华人民共和国道路交通安全法》的相关规定，高速公路是专供机动车行驶的公路，其禁止非机动车及行人进入，因此高速公路设计、建设相关国家标准所考量的主要因素应是保障机动车通行安全。该案中，李某儿子自行下车翻越护栏非被告及相关国家标准所能预见，且其所翻越的护栏有1.2米高，已经足以防止行人误入失足等一般性意外事件，两原告作为监护人且作为成年人应意识到在高速公路下车存在极高危险性，两原告在高速公路允许儿子下车却未随同监护，未尽到妥善的监护义务，是导致儿子翻越护栏发生意外的根本原因，因此被告对李某夫妇儿子的死亡并不存在过错，不应承担民事赔偿责任。但是，随着经济的发展，我国公路运输出现了很多新常态，如春运、节假日免费通行期间的堵车，这种堵车现象从新闻报道可知其程度严重到长时间不能正常通行，甚至处于完全停滞状态。在长时间坐车过程中，老人、小孩、病患者等都有可能突发解决方便的生理需求。虽然在特定公路环境及交通安全法的规范下，在高速公路下车的行为是明令禁止的违法行为。但在拥堵到长时间不能前行，也无法前往服务区或休息站的非常规情况下，该案李某夫妇儿子被迫选择下车方便的行为也存在情不得已的实际困难，并存在无法克服的法与情之间的矛盾。李某夫妇儿子翻越护栏方便或许是羞涩的人性品德使然，故对李某夫妇儿子的行为不应过分苛求。

一方面，该案李某夫妇儿子下车有其特殊背景；另一方面，事发高速公路设施已通过验收并全部符合规定，被告不存在侵权责任或管理防护过错。被告可通过这次不幸的意外事件，本着以人为本的发展观核心理念，探讨研究如何能在严重堵车的情况下有效防范高速公路高坠的安全隐患以保障任何极端情况下的通行人员安全，避免如交通事故、车辆故障等情况下造成人员二次伤害的情形。

综上，结合该案实际情况，基于公平原则考量，法院酌情确定被告可适当向原告补偿 295 621.2 元（仍然是 40% 责任时的金额）。

"……被告对李某儿子的死亡并不存在过错，不应承担民事赔偿责任。""重审一审法院已经明确认定被告广东××高速公路公司不应承担民事赔偿责任，却又判决酌情确定被告可适当向原告补偿 295 621.2 元损失。'赔偿'金变为'补偿'金，在法律上已经确认广东××高速公路公司没有任何过错和侵权责任，但补偿金和承担 40% 责任的赔偿金一样高，那公平在哪里？"徐再良律师道。

再上诉，维护顾问单位合法权益，维护法律的公平与正义

面对重审一审判决，徐再良律师代理广东××高速公路公司再次上诉至某市中级人民法院，并指出原审法院运用公平原则判决高速公司承担部分责任，适用法律错误。

首先，公平原则与公平责任原则存在区别。该案原审采用了公平原则，引用的是《民法通则》第4条，但从该案查明的事实及裁判说理来看，应当适用公平责任原则而不是公平原则。公平原则是指民事主体应依据社会的公平观念从事民事活动，以维持当事人之间利益均衡，公平原则是民法的基本原则之一。而公平责任原则是指当事人双方在对造成的损害都没有过错且按照法律规定不能适用无错责任的情况下，由人民法院根据公平的理念，在考虑受害人损害、双方当事人的财产状况等基础上，要求行为人对受害人的财产损失给予适当补偿。公平原则着重于从民事活动的结果上做出分析，目的是追求民事活动的公平正义，是我国民法的基本原则，贯穿于整个民法体系，适用于所有的民事领域。而公平责任原则虽也从损害结果上进行分析判断，但公平责任原则仅能适用于侵权责任法，是一种损失分担规则。依照特殊优于一般的法律适用规则，该案应当适用公平责任原则而非公平原则。根据《中华人民共和国道路交通安全法》第67条的规定，该案中，高速公路上严禁行人走动，李某夫妇作为死者的监护人，默许死者在高速公路上独自行走，并翻越桥梁护栏。正是因为李某夫妇对于死者的忽略，以及对于高速公路管理秩序的无视，才导致了悲剧的发生。

其次，该案不满足公平责任原则的适用条件。公平责任原则作为损失分担的一般规则，在双方对损害的发生都没有过错的情况下，要求行为人给予损害人一定的补偿，其本身就具有被滥用的风险，应严格规范公平责任原则的适用条件。公平责任原则适用的条件之一，须行为人和受害人对损害的发生均没有过错。公平责任原则适用的效果是将不可归责于

行为人的损失由行为人予以部分分担，达成这一效果是受害人需要救济是公平责任原则的充分条件，而损失不可归责于行为人则是必要条件之一。在过错归责原则下，行为人具有过错是构成侵权责任的要件之一，若行为人有过错且符合其他要件的情况下应适用过错原则确定行为人的责任，而不能适用公平责任原则。行为人对损害的发生没有过错是对损害不可归责于加害人的另一种表达，是对行为人无须依侵权损害赔偿规则对受害人予以赔偿的状态说明，是适用公平责任原则的消极要件。同时受害人也必须对损害的发生没有过错，依照侵权法原理，侵权法是站在加害人立场之上的，以受害人自我负担为原则，以加害人负担为例外。原则上除有充分的理由，足以转移损害由他人负担，否则个人应承担其自己不幸事件的后果。如果受害人存在对于损害发生而言的过错，将损害转由他人负担就丧失了合理基础，公平责任原则追求的个案公平也无法实现，甚至产生新的不公平。公平责任原则仅在按照侵权法归责原则无法填补受害人损失的情况下，仅在非因受害人自身因素导致时才有适用的可能。该案中，原审认定受害人对其损害有过错，故不符合公平责任原则的适用条件。因此，无论是公平原则还是公平责任原则，在该案中都不适用。该案李某夫妇有过错，应适用过错责任原则，作为未成年人的监护人的父母，应为没有履行到监护职责自负后果。

最后，上诉人没有过错，更谈不上侵害一说，让上诉人承担精神损害赔偿责任没有法律依据。原审法院依据原判决查明的损失为依据，判决上诉人承担合计金额295621.2 元，其中包括精神损害抚慰金，明显不当扩大了公平原则中的损失分担范围，加重上诉人的负担。

2018 年 4 月 4 日，某市中级人民法院做出终审判决，认定广东××高速公路公司对于某某的死亡不存在过错，原审判决广东某某高速公路公司补偿原告 295 621.2 元过高，酌定广东××高速公路公司补偿李某夫妇 147 810.6 元，驳回李某夫妇其他诉讼请求。

办案心路

其实，在该案的代理过程中，两年多来，作为广东××高速公路公司的代理人，徐再良律师可以说是承受着巨大的压力，死者家属的诋毁、谩骂声一直不绝于耳，甚至电话被不断骚扰。但徐再良律师认为，作为一个法律人，就要恪守执业道德，严格遵守法律规定，坚持法律的正义与公平。法律不是"和稀泥"。"如果一遇到此类事件就判管理单位赔偿，那么许多个'无辜'的管理者每天都会坐上被告席，这样的风气必须被纠正。而我们每一人都要做到遵纪守法，每一个成年人都要对自己的孩子尽到监护的责任，莫要将自己的过错和责任强加于他人，更要记住这次惨痛的教训。"徐再良律师道。

笔者采访后也了解到，该案历时两年，又经历四个法律程序，徐再良律师没有收取任何律师费。他说："若判决高速公路管理承担赔偿责任，那么对高速公路的管理者和运营者将不堪重负，坚持办理这个案件已经与金钱无关，我只为了法律人的理想——就是追求法律的公平与正义。还是那句话，法律必须被信仰，否则它将形同虚设。"

法庭是我的舞台

——访广西欣和律师事务所合伙人、高级律师何涛

编者按

美国现代实用主义法学家、美国联邦最高法院大法官奥利弗·温德尔·霍姆斯（Oliver Wendell Holmes, Jr）曾说："法律的生命从来不是逻辑，而是经验。"

司法是社会纠纷的最终裁判者，是实现法律基本价值和社会公正最为重要也是最终的途径。司法的核心是审判，司法过程的各个环节都围绕着审判权的行使而展开。法庭是行使审判权的平台载体，是一个明辨是非、追求公正的地方，法庭上不仅有裁判者，更有律师坚持真理、努力追求公平与正义的身影，律师在法庭上辩法析理、抽丝剥茧，使案情如拨云见日般呈现在法庭，他们是裁判者最好的"助手"。对社会公众来说，律师的本职工作就是诉讼，律师通过诉讼来维护当事人合法权益，可以说，诉讼是律师的安身立命之本。

南宋辛弃疾《永遇乐·京口北固亭怀古》云："想当年，金戈铁马，气吞万里如虎。"在诉讼中，法庭是展示律师风采的舞台，而辩才居律师能力之首，律师的智慧和学识通过法庭辩论得到充分的检验与展示。律师的风采不在于他的声音有多大，也不在于他有多么豪情万丈，而在于他对案件本身研究得有多么透彻，法律实务经验有多么丰厚，如此方能言之有物、掷地有声且收放自如。

本文主人公——广西欣和律师事务所合伙人、高级律师何涛就是一位将法庭视为自己人生舞台的优秀律师。在法庭上，他的发言激情澎湃、气势昂扬、铿锵有力、极富感染力，其思辨与逻辑推理能力总能得到司法审判人员、当事人的高度认可。他说："一上法庭，就如一个优秀的将军上了战场，有一种纵横驰骋、决战千里、淋漓尽致的感觉，找到了人生的最佳状态。法庭是律师真正的舞台，我的舞台在法庭。"

愿你的奋斗不负青春

何涛律师执业至今已是第十九个年头。十年历练，淬火成金，他已从一位律政新人铸造成为广西知名律师，先后荣获国务院国资委等授予的"中央企业法律事务先进工作者""全国交通企（事）业优秀法律顾问""2008—2010年度广西优秀律师""2008—2010年度南宁市优秀律师""2006年度南宁市优秀律师"等称号。同时，他还兼任广西壮族自治区人大常委会立法专家顾问、广西民族大学法律硕士研究生导师，是广西壮族自治区人民政府法律顾问人才库成员、广西壮族自治区人民检察院人民监督员，担任着南宁市人民政府立法咨询员、北海市人民政府法律顾问、贺州市人民政府法律顾问、南宁市良庆区人民政府法律顾问、南宁仲裁委员会仲裁员、北海仲裁委员会仲裁员、广西人才学会副会长、广西大学MBA校友会副会长等社会职务。

梁启超有云："少年智则国智，少年富则国富，少年强则国强……"20世纪90年代，读高一的何涛在桂林百货大楼内的书店购得一本《法律概论》，从此，"法律"这个带着神秘色彩和无限魅力的词汇走进了何涛的内心世界。20世纪八九十年代在大陆播出的《法网柔情》《鉴证实录》等港台律政剧不知影响了多少人开始向往律师这一职业，而律师在法庭上旁征博引、口若悬河，为当事人赢得一场场诉讼的场景同样深深地吸引着少年何涛。从此，他立志要做一名能在法庭上力挽狂澜、主持正义的律师。1998年10月，大学毕业的何涛即参加全国律师资格考试并顺利通过，而当时他年仅20岁。

攻读工商管理硕士期间，何涛经过竞选担任广西大学第五届MBA联合会主席，主编校内刊物《MBA纵横》杂志，负责MBA联合会的全面工作。他还作为学生领袖带队赴香港浸会大学参加中国MBA华南联盟峰会，进行友好交流，这些历练提升了他良好的组织能力和管理能力。

俞敏洪说："愿你的奋斗不负青春……"而何涛律师用勤奋和努力为这句话作了最好的诠释。他自初三开始就养成了每天写日记的习惯，二十多年来从未间断。他自16岁开始在报刊公开发表文章，至今已发表法律文章共计70多篇。除著述不辍外，就是大量地购书和阅读，至今他的藏书已逾万册，阅读丰富了他的知识储备，同时也为我们找

到了他著述颇丰的答案——2006年，时年28岁的他出版著作《道路交通事故调查与处理实训简明教程》，此书被广西警察高等专科学校采用为教材；2017年由中国法制出版社出版《企业常见法律风险与防范》；2018年由法律出版社出版《最高人民法院建设工程案例精析》。总结他19年律师执业经验与智慧的案例集《与法同行——何涛律政实录》也已完稿，并与法律出版社签订了出版合同。

何涛在求学时期表现出辩论和演讲方面的天赋，并在执业时转化为突出的专业优势。2004年10月，已经执业4年的何涛律师作为广西律师代表队成员参加全国律师执业规范知识竞赛，获得全国第六名的成绩。2006年9月，他参加第二届全国律师电视辩论大赛，"过五关斩六将"后成为广西律师代表队参训队员。同年8月，他又荣登《法制与经济》杂志封面人物。2011年12月，何涛律师荣获高级律师职称，时年仅33岁。

作为新时代的中国律师，何涛认为，律师只懂法律还不够，不能完全应对当前国家政治、经济发展的新形势；唯有不断学习和总结经验，适应时代发展需要，做到与时俱进，才能为政府机构、企事业单位及当事人提供更加切实有效的法律服务。为此，他专门攻读并考取了高级人力资源管理师资格证和会计从业资格证，可以与客户的业务部门、财务部门、人力资源部门等多个部门实现无缝对接和专业对话，可谓一专多能。

北宋哲学家张载《西铭》云："艰难困苦，玉汝于成。"何涛律师的早立志、立大志、立长志，树立长远目标、远大理想、长期坚持、不懈奋斗的成功之路堪称青年人学习的典范。

吃透案件，方能有的放矢力挽狂澜

"台上五分钟，台下十年功"，此言同样适用于法庭舞台上的法律人。多年来，何涛律师代理重大案件数以百计，为客户挽回经济损失数亿元，其中有的被评为"广西律师诉讼业务优秀案例"，有的被收入北大法宝、汇法网、找法网、中国律师年鉴网等全国知名网站。

他对待每一个代理的案件犹如对待自己的事情一样，总是全心全力地投入，不舍昼夜地研究，直到找到案件的突破口才会稍稍松一口气。办理诉讼案件时，在开庭前他一般会先熟悉案件材料，组织语言、酝酿激情并在构思角度上狠下功夫，以达到成竹在胸、胜券在握的境界。而在法庭上，他思维极其缜密，反应极其敏捷，言辞又极其犀利，他已将庭辩艺术演绎得淋漓尽致、游刃有余。这样的认真和用心极大地提升了他的办案实战能力和法律适用能力。或许，正是庭下全力以赴的研究和一丝不苟的敬业、吃苦精神才换来庭上的口若悬河、掷地有声且言之有物，句句切中要害又能长驱直入直捣黄龙，使许多棘手的案件成功逆转。

在广西HZ房地产公司与南宁市GK实业公司、广西JC投资有限公司等国有土地使用权转让纠纷案中，HZ公司与GK公司签订了一份《合作开发合同》，双方系以合作开发

房地产名义实施土地使用权转让行为，HZ公司已按合同约定超额支付所谓合作收益款（实则土地转让款）几千万元给GK公司，而GK公司没有将项目土地使用证更名至HZ公司名下，导致项目土地虽已实际交付HZ公司使用，HZ公司只能建造临时建筑使用，长达几年无法进行商业开发建设，造成了重大经济损失，且该土地已价值数亿元，故诉至法院要求GK公司将诉争土地的国有土地使用证办理更名过户登记至HZ公司名下，GK公司则反诉以HZ公司违约为由要求HZ公司返还土地使用权并赔偿损失。何涛律师系原告广西HZ房地产公司的常年法律顾问，由于案件标的额高达数亿元，时间跨度长，案情错综复杂，他唯有静下心来每日把自己关到办公室，用七八天的时间仔细审阅和研究案卷，再用七八天的时间制定诉讼策略，为该案胜诉奠定坚实的基础。一审判决原告胜诉后，对方上诉，广西高级人民法院发回重审，重审法院又判原告胜诉，对方不服又上诉，广西高级人民法院二审判决后，经执行调解，最终GK公司将土地使用权过户登记到了HZ公司名下，有效地维护了原告的合法权益，取得了完美的法律效果与社会效果。

在广西GF开发有限公司不服南宁市人民政府收回国有土地使用权行为案中，何涛律师代理原告广西GF开发有限公司状告南宁市人民政府。该案系企业为政府出资修路后，政府以土地使用权补偿企业，后政府将土地另行改建为公园，且公园已投入使用多年，该案的处理涉及现行法律与原有土地政策的变更与冲突、企业合法利益与重大社会公共利益的交织与碰撞，事关社会稳定大局，问题极其复杂，诉讼难度可想而知。但他不畏困难、迎难而上，庭前做好充分的应诉准备工作，在法庭上慷慨陈词、以理服人、以情动人，最终南宁市中级人民法院确认被告南宁市人民政府收回土地使用权的行为违法。宣判后，南宁市人民政府提出上诉，经广西壮族自治区高级人民法院二审审理后驳回上诉，维持原判，有效地维护了法律的尊严。

"客户合法利益最大化是律师永恒的追求。作为代理律师有时不一定要一味地追求纸面上的胜诉，而达到实际效果才是最好的结果。我从不主张维权的当事人采用集会、打横幅或在网络上散布不实信息等激进的方法来维权。在法律框架内依法维权，让一切回到法律的轨道上来才是维权的正道。只要用心，我们有很多的正确的合法的途径来维权。"何涛律师说。

担任政府法律顾问，积极参与人大立法

2016年6月，中央印发《关于推行法律顾问制度和公职律师公司律师制度的意见》，并发出通知，要求各地区各部门结合实际认真贯彻执行。同时该《意见》也提出任务和目标：2017年年底前，中央和国家机关各部委，县级以上地方各级党政机关普遍设立法律顾问、公职律师，乡镇党委和政府根据需要设立法律顾问、公职律师，国有企业深入推进法律顾问、公司律师制度，事业单位探索建立法律顾问制度，到2020年全面形成与经济社会发展和法律服务需求相适应的中国特色法律顾问、公职律师、公司律师

制度体系。

自此，政府法律顾问制度在全国范围内逐渐推广开来，同时政府法律顾问制度也为广大律师迎来了一个广阔的舞台和发展空间。何涛律师首先被遴选入广西壮族自治区人民政府法律顾问人才库，后又受聘担任了南宁市人民政府立法咨询员、北海市人民政府法律顾问、贺州市人民政府法律顾问、南宁市良庆区人民政府法律顾问，在政府机关制定重大行政决策和推进依法行政中发挥了非常积极的作用。

2018年，何涛律师受聘担任广西壮族自治区人大常委会立法专家顾问，他多次受邀参加广西壮族自治区人大、广西壮族自治区政府组织的立法专家论证会，参与论证了《广西道路交通安全条例》《广西促进散装水泥发展和应用条例》《广西农村消防规定》《广西森林防火条例》《广西食品小作坊小餐饮和食品摊贩管理条例》等十多部地方法规，

这些法规大部分已颁布实施，有力地促进了人大、政府立法工作。

"律师参与人大地方立法工作和担任政府法律顾问，能从源头上解决政府依法行政的问题，从而避免和减少行政诉讼的发生，进而也维护了行政相对人的利益，是一项功在当代利在千秋的工作。同时，这项工作也充分体现了律师的社会责任感和政治责任感，更体现了中国律师追求公平正义的新境界、新责任和新担当。"何涛律师如是说。

后记

采访将结束时我们还了解到，办案之余，何涛律师更致力于普法宣传和参加各种公益活动，其自2003年起就在广西电视台"法制最前线"、南宁电视台"帮得行动"、广西电台"天天说法"、南宁电台"邕城房地产"等栏目担任嘉宾，或接受采访，已播出节目250多期。他在《南国早报》《广西八桂报》《南宁晚报》开设法律专栏发表普法文章已达70多篇，有效地向社会公众普及法律知识。

何涛律师代理的每一个案件，都闪耀着他维护当事人的合法权益、维护社会的公平与正义的光芒；何涛律师每一篇代理词，都凝结着他的心血和汗水、智慧和担当。何涛律师说："法庭是我的舞台，我的舞台在法庭。一个人的力量确实有限，但不能说因为个人力量薄弱就不去行动。我愿做一只萤火虫，有一寸光，就发一寸热；我愿与社会各界精英携手共进，昂首阔步共同迈向事业的更高峰。"

是啊！法庭是律师的舞台，律师的舞台在法庭，中国律师队伍正成为中国法治建设的重要生力军，这是新时代中国律师最有力的呼声，也是中国律师的远大梦想和愿景。

为生命和自由辩护

——访北京盈科（贵阳）律师事务所高级合伙人陈仕菊律师

编者按

英国哲学家培根说："一次不公正的审判，其恶果甚至超过十次犯罪。因为犯罪虽是无视法律——好比污染了水流，而不公正的审判则毁坏法律——好比污染了水源。"笔者以为，这句法律名言已将司法公正的重要性做了最好的阐释。

本文的主人公——北京盈科（贵阳）律师事务所高级合伙人陈仕菊律师说："做一个正直、正派、正能量，用自己的法律知识帮助亲人和他人合法权益的法律人，维护社会的公平与正义，是我一生的追求。在每一件刑事案件中竭力维护被告人的合法权益，为生命和自由辩护是我的首要职责，因为生命无价，自由无价。"

今天，就让我们走近陈仕菊律师，让我们在她的履历和心路中去寻找一个不断上下求索和追求公平正义的法律人的情怀吧。

陈仕菊 律师

女，1963年生，贵州省贵阳市人，中国政法大学法学硕士研究生、加拿大魁北克大学席库提米分校项目管理学硕士。

陈仕菊律师现为北京盈科（贵阳）律师事务所高级合伙人、企业法律风险防控专委会主任、女律师工作委员会主任、贵阳市律师协会未成年人保护委员会主任；同时兼任贵州省人民检察院省级人民监督员、中国管理科学研究院人文科学研究所特约研究员、贵州省红十字会理事、贵阳广播电视台法制频道特约咨询律师。

陈仕菊律师具有国家认证的高级经济管理师、高级项目管理师、高级合同管理师、高级咨询工程师、上市公司独立董事等资格，系互联网中文域名"企业法律风险防控"的唯一注册人和所有人。

荣获奖项

陈仕菊律师自2013年至2016年连续四年荣获全国第六、七、八、九届刑辩论坛高峰会"优秀刑辩律师"，2013年至2016年被中国顾问网、中顾法律网、中华全国律师协会评为"五A级诚信律师"；被盈科律师事务所评选为"民商事法律事务领域优秀律师"；被贵州省律师协会评选为"'法律援助在中国'大型公益活动先进个人"。

其撰写的辩护词还荣获"优秀辩护词"一等奖；撰写的《浅议我国单位犯罪主体的认定》《试论刑事审判前程序中的法律援助》《浅议债权转让法律关系及通知义务》论文荣获"中国科学发展与人文社会科学优秀创新成果"一等奖；撰写的《交通事故责任认定行为可诉性问题探讨》论文荣获贵州省律师协会2009年度"十佳优秀律师论文"入围奖；撰写的《股东知情权及其诉讼救济研究》论文荣获"第25届经济与社会发展法治论坛"三等奖，2014年，其事迹被录入于法律出版社出版的《中国当代优秀律师》。2019年5月10日，贵州省司法厅公布首批《贵州省律师调解员》名册，陈仕菊律师亦名列其中，这是对她20多年法律工作给予的最大的肯定和认可。

专业论述

陈仕菊律师从事法律服务和律师工作20多年，办理民商事、刑事、行政案件2000余件，具有较为深厚的法律研究功底和丰富的实务经验。她勤奋敬业，酷爱学习，不断进取，先后在国家级、省级刊物公开发表法律专业论文28篇，涉及刑事辩护、婚姻家庭、人身损害赔偿、房地产纠纷、商务合同、遗产继承、交通事故纠纷等法律领域，被国内的多家高校、刊物多次转载和借鉴。作为新时代的中国律师，长期以来她还利用互联网积极进行普法宣传，发表以案说法520余篇，为群众提供法律咨询数十万人次。

经典案例回放

借此以采访，笔者希望陈仕菊律师能为我们分享一些印象深刻的经典案例。陈仕菊律师表示："要说印象深刻的案件，我想刑事案件应该要排在第一位。刑事辩护关乎人之自由乃至生命，很多刑事案件的辩护可以说是刻骨铭心。每一个案件都凝结着辩护律师的汗水乃至被告人的泪水，可谓历历在目，往事如昨。"

是怎样的案件和经历让辩护律师如此刻骨又如此铭心

呢？且让我们请陈仕菊律师一一道来。

（一）正义可能会迟到，但一定不会缺席：谢某某职务侵占罪再审案

被告人谢某某因涉嫌职务侵占罪一案，于 2007 年 8 月 16 日被 GY 市公安局 XH 分局刑事拘留，2008 年 4 月 9 日被 GY 市 XG 区人民检察院提起公诉。同年 5 月 6 日，GY 市 XH 区人民法院做出（2008）筑小法刑初字第 35 号刑事判决书，认定谢某某犯职务侵占罪，判处有期徒刑一年，随后被执行刑罚。

2008 年 8 月 15 日，谢某某刑满释放后，第一时间即委托陈仕菊律师为其申诉，称其是被冤枉的。陈仕菊律师耐心听取谢某某的陈述后，亦觉此案必有冤情，遂决定接受委托为其申诉。陈仕菊律师经认真查阅案件的材料，找到案件存在的问题。明确查找证据的方向后，便立即开始了两个多月的调查取证工作。功夫不负有心人，终于在村委会的废弃材料中找到了当年由村委会会计亲笔书写的"发款清单"书证，"发款清单"上载有 52 家村民收款时的签名和捺印。陈仕菊律师便以此作为谢某某无罪的新证据，向 GY 市 XH 区人民法院、GY 市 XG 区人民检察院提出谢某某无罪的意见，并请求启动审判监督程序再审该案。然而，案件在 GY 市 XH 区人民法院、GY 市 XG 区人民检察院、GY 市 HX 区人民检察院、GY 市 HX 区人民法院、GY 市 GSH 人民检察院、GY 市 GSH 人民法院、GY 市中级人民法院、GY 市人民检察院竟来来回回的往返移送长达 7 年之久。其间，陈仕菊律师有理有节、不卑不亢地面对相关单位的接待人、负责人、办案人及其领导，指出相关单位以"来历不明""事后伪造"否认该书证的效力是不负责任的，也不符合法律规定和精神，并强烈要求相关部门委托有鉴定资质的省外司法鉴定机构对该书证进行书写笔迹、形成时间、指纹比对等进行司法鉴定，提出接收该重要书证原件的办案人必须出具收条、附其工作证复印件，加盖单位公章予以认可，再要求在扫描件上签字、盖章，予以确认所收该书证的原件和扫描件一致等合理要求，以确保该书证不致灭失。

该案从立案到结案历时 8 年，陈仕菊律师为维护谢某某的合法权益和法律的权威，8 年来可谓如履薄冰，其艰辛程度更是难以言表……直至 2016 年 4 月 8 日，GY 市 GSH 人民法院才做（2015）筑观法刑再初字第 1 号刑事判决书，判决撤销 GY 市 XH 区人民法院（2008）筑小法刑初字第 35 号刑事判决，改判原审被告人谢某某无罪。面对一个七尺男儿的沉痛哀号，陈仕菊律师决定再帮助谢某某向 GY 市 GSH 人民法院提出国家赔偿的请求。然而，该院却又以错判不是其做出，不应为赔偿主体；原做出错判的 GY 市 XH 区人民法院已经不存在等理由拒绝赔偿。陈仕菊律师只得向其上级 GY 市中级人民法院提出国家赔偿的请求。后经审查，才最终决定由 GSH 人民法院进行赔偿。2017 年 5 月 16 日，GY 市 GSH 人民法院做出（2017）黔 0115 法赔 1 号国家赔偿决定书，决定支付谢某某赔偿金 88 681.80 元。同年 8 月该院向谢某某支付了赔偿款。

案件自 2007 年 8 月谢某某被刑事拘留，到再审改判无罪后得到国家赔偿，时间已过去十载春秋，漫长的维权路上布满了荆棘和坎坷，洒满了泪水和汗水，最终总算画上圆满的句号。正所谓"正义可能会迟到，但一定不会缺席"！此言对此案可以说是作了最好的诠释。

（二）律师实地取证、拨云见日还原真相——汪某某涉嫌寻衅滋事案

汪某某于 2017 年 9 月 27 日 22 时被 GY 市公安局 NM 分局以筑南公（刑）拘通字（2017）1836 号拘留通知书刑事拘留，同日送南明区看守所羁押。2017 年 9 月 29 日，其家属文某端即委托陈仕菊律师为汪某某提供辩护。当天下午陈仕菊律师到看守所会见汪某某后得知，汪某某与刘 WL、刘 WX 乃系邻居关系，且寻衅滋事另有隐情。此案案发于 2017 年 7 月 31 日，事发当晚汪某某在自家门口停摩托车时与刘 WL、刘 WX（酒后）相遇，汪某某担心对方"发酒疯"，遂主动发香烟向对方示好，但被对方拒绝并遭到辱骂，更令人意想不到的是刘家两兄弟不容分说还动手将汪某某打昏在地，后经鉴定汪某某系轻微伤。陈仕菊律师经过查阅卷宗材料和取证提出：至于刘WL鉴定为轻伤的结论，不能证明与汪某某存在因果关系，也不能排除系被他人殴打致伤的可能性。陈仕菊律师在与侦查机关沟通时，进一步提出刘WL的轻伤与汪某某无关联性的意见，要求变更强制措施，转为申请取保候审，但未被公安侦查机关采纳。同年10月27日，公安侦查机关向南明区人民检察院提请逮捕。在此期间，陈仕菊律师又多次与南明区检察院批捕科办案人及科长沟通，并书面提出：汪某某没有实施殴打刘WL的行为，当晚双方在汪某某家门口相遇，汪某某系被刘WL、刘WX两兄弟打昏，并造成汪某某轻微伤，因而刘WL的轻伤系他人所为，与汪某某毫无关联。经检察院反复与公安机关核实，最终采纳陈仕菊律师的辩护意见。同年11月2日，即审查逮捕的最后一天，检察院做出不予批捕的决定。次日，公安机关对汪某某变更强制措施为取保候审，汪某某当日被释放。但公安机关仍然对此案件进行侦查，并随时通知汪某某到公安局接受调查，使汪某某感到身心疲惫，精神几度崩溃。陈仕菊律师经过认真调查和实地走访，了解到刘WL其实是先被一个"胖子"打伤，当时其弟刘WX也在场，是刘WL被"胖子"打伤后，刘WX送哥哥刘WL回家，在路过汪某某家门口时与汪某某偶遇，刘WL兄弟俩将气撒在汪某某身上，便将汪某某打昏，刘家兄弟两次打架相隔不到20分钟。陈仕菊律师将这一证据线索反映给公安机关，要求对3个目击者和刘家两兄弟进行调查和取证，在大量事实和证据面前，最终公安机关做出撤案决定，汪某某获得清白之身。

（三）入室盗窃者死亡，谁来担责？——陈某某故意伤害致死案

案情回放：2015年10月27日凌晨4时许，被害人罗某某无故进入陈某某（女）、袁某某（二人系夫妻关系）家中。陈某某夫妇听到家中有动静以为可能有小偷入室盗窃，于是便跑到自家楼上往楼下摔瓷砖，目的是想将小偷吓走。在小偷没有任何动静的情况下，夫妻二人遂又跑到楼下想看个究竟，后才出现被害人罗某某与被告人袁某某相互撕扯的情况。陈某某报警后，民警赶到现场将被害人罗某某带至派出所。翌日中午，派出所电话通知陈某某到派出所接受调查，才知道罗某某已死，后陈某某、袁某某被刑事拘留。

陈仕菊律师接受委托后，立即对案件基本事实进行调查走访，并要求公安机关对被害人罗某某进行尸检，对其死因进行鉴定。2016年8月9日，GY市人民检察院以筑检刑诉〔2016〕89号起诉书向GY市中级人民法院提起公诉，指控陈某某犯故意伤害罪。

在一审审理过程中，陈仕菊律师提出如下辩护意见：

1.被害人罗某某事先已经受伤，后才进入陈某某家

案发后公安机关到现场勘验，在被告人陈某某家旁的山坡上，取到的检材中第12和13号红色斑纹，经GY市公安司法鉴定中心鉴定，做出（筑）公（刑）鉴（DNA）字（2015）

1146号鉴定意见，在12和13号检材中，检出人血和被害人罗某某DNA分型一致。……

2.被害人罗某某的死亡系多种因素造成

（1）被害人自身患有心脏疾病，是导致其死亡最为重要的因素。根据贵州医科大学法医司法鉴定中心贵医大司法鉴定中心（2015）鉴字第341号法医病理鉴定意见，罗某某系因在自身心脏疾病（炎症性心肌病）导致心肌局部结构破坏、心脏功能降低的基础上，因钝性外力致全身多发性软组织损伤、颅脑损伤（左颞顶骨凹陷性粉碎性骨折、右颞下回脑挫裂伤、蛛网膜下腔出血）导致创伤性出血并脑功能障碍死亡。

（2）多次受外力伤，是受害人死亡的诱因。《法医病理鉴定意见书》记载的尸表检验，罗某某受伤部位大小不一，多达26处，其中挫裂伤有6处，有两处已经结痂。其结痂的受伤部位，表明其系在7～10天之前形成，可见，其受伤是处于反复状态，且多次受伤。在尸检解剖中确认被害人的各脑室系统结构正常，脑脊液清亮，无血性，未形成脑疝，说明被害人脑损伤较轻。因此，其外伤不足以导致其死亡结果的发生，仅系一个诱因。

（3）120急救医生对被害人罗某某的伤情判断存在严重失误，其是否出诊存在不能排除的合理怀疑。120急救医生王某在证言中说被害人罗某某的左侧颞部有一道5厘米左右长的不规则头皮裂伤，右手背有一道2厘米左右的伤口。与尸表检验截然不同，《法医病理鉴定意见书》记载被害人受伤部位多达26处，且均为外伤，挫裂伤有6处，直观可见，其左颞顶部有两处分别为2.8×2.5厘米、0.8×0.5厘米头皮挫裂伤，并非一道5厘米左右长的不规则头皮裂伤。作为急救专业医生，不应存在如此之大的差距。全案案件证据中，未见120指派记录、出诊记录、出诊病历，以及王某所称与其一起出诊的护士刘某、救护车驾驶员班某某的证人证言及其医院员工的身份信息证明，没有其他任何证据可以佐证医院曾出诊。因此，该医生是否出诊，存在重大疑问。如果其确实出诊并对被害人进行过包扎，那么，就应存在两种可能，一种是医生严重不负责，对被害人罗某某的伤情判断严重失误；另一种是被害人在医生包扎后再次受伤。

（4）JZ派出所延误了抢救和治疗时机，且误导被害人亲属。案件发生在凌晨4点钟，被害人所受损伤应当推定在此之前就已经形成，JZ派出所出警后，没有听取王某医生的建议，以被害人系精神病人为由，没有及时配合医生将其送往医院进行抢救和治疗，而是将其送到花溪区JA派出所，由JA派出所又将其送回老家。罗某某的亲属，看到其伤情较为严重后，才在早晨七八点钟时又将他送到JA派出所，后又送到JZ派出所。其间，罗某某的亲属罗某安、罗某平多次要求JZ派出所民警先将人送到医院抢救，JZ派出所副所长说："医生说他没有生命危险。"误导被害人亲属，致使其亲属警觉放松，在延误的六七个小时的最佳治疗时间，被害人一直处于辗转颠簸中，罗某某最终在10点，因失血过多在JZ派出所死亡。

3. 被害人罗某某及其亲属均存在一定过错

被害人罗某某在夜深人静的凌晨 4 时许，翻墙非法侵入上诉人陈某某的住宅，致使上诉人全家人对本应安全的特定区域出现恐慌，人身安全和财产安全遭到严重威胁，罗某某存在重大过错；据悉，被害人罗某某曾多次到被告人家中无理取闹，纠缠上诉人陈某某，并多次用砖头、匕首对被告人陈某某进行威胁。为此，JZ 派出所也多次出警；被害人罗某某亲属未尽监护职责，也存在一定过错，在贵阳贵航医院的病历中可查阅到，被害人罗某某曾于 2015 年 4 月 29 日，被诊断患有酒精性精神障碍住院治疗，对于罗某某的病患其亲属是明知的，但却没有对其进行必要的监护和照顾，终使本案发生，在本案中其亲属有一定过错。

后 GY 市中级人民法院经审理认为上述辩护意见于法有据且有理，予以采纳。2016 年 10 月 26 日，做出（2016）黔 01 刑初 111 号刑事判决书，判处陈某某有期徒刑 3 年。后该案又诉至 GZ 省高级人民法院，于 2016 年 12 月 26 日做出（2016）黔刑终 616 号刑事裁定书，维持原判的裁定。对于陈仕菊律师来说，认为二审未改判无罪留下了遗憾。但业内人士均认为，该案辩护效果已经很好，当事人和亲属也非常满意。

坚守初心，为生命和自由辩护

陈仕菊律师在刑事辩护工作中，始终不忘刑辩律师应"为生命辩护，为自由辩护"的初心。她深信，每一个案件得到公正的审判，都是对法治进步的贡献。多年来，她对每一个案件都坚持做到认真负责、一丝不苟，并经过认真细致的调查走访，提出有利于犯罪嫌疑人或被告人的证据线索，并书面提请侦查机关进一步进行实地调查和取证。她运用丰富的法学理论和实务经验，在法理辨析和证据论证方面，能站在较高的层面进行辩护，并有效维护犯罪嫌疑人或被告人的最大权益和利益，同时也使案件获得良好的辩护效果，赢得当事人和业内人士的一致好评和赞誉。

经过陈仕菊律师的不懈努力和据理力争，做出撤销案件决定的案件有：熊某某故意伤害（致人死亡）案、刘某涉嫌销售假冒注册商标的商品罪一案等。

做出不起诉决定的案件有：申某某涉嫌过失投放危险物质罪（致人死亡）一案，贵州省望谟县人民检察院采纳陈仕菊律师提出的犯罪事实不清、证据不足，不能排除其他合理怀疑，不符合起诉条件的辩护意见，做出望检公诉刑不诉（2017）37 号不起诉决定；夏某某涉嫌非法占用农用地罪一案，经两次退侦后，贵州省 ZS 区人民检察院采纳陈仕菊律师提出的六盘水某苗圃农民专业合作社系经发改委、工商行政管理部门批准成立的"三变"改革企业，且农业部、省级、市级、区级人民政府将该企业作为先进典型进行了表彰，其使用的土地已缴纳了相应的税费和规费，并多次向国土管理部门报批，系政府职能部门不作为所致，不能简单归责于该企业，更不能因此追究该企业负责人夏某某的刑事责任，不符合起诉条件的辩护意见，后检察机关做出不起诉决定结案；还有张某某涉嫌盗窃案，汪某某涉嫌强奸罪一案等案件均做出不起诉决定。另陈仕菊律师作为 GZ 省人民检察院省级人民监督员，监督 GZ 省首例兰某涉嫌滥用职权一案，GZ 省人民检察院采纳陈仕菊律师提出兰某无罪的监督意见，对其做出不起诉决定。

改变定性获轻判的案件有：被告人张某某抢劫罪一案（GY 市检察院提出抗诉），GY 市中级人民法院采纳陈仕菊律师提出应定性为盗窃罪的辩护意见，改变了案件的定性。邓某某嫌盗窃罪案件（涉案金额特别巨大），NM 区检察院采纳陈仕菊律师意见提出应定性为"非国家工作人员受贿罪"的辩护意见，改变了案件的定性，并变更了强制措施，转为取保候审。

在侦查阶段及时获得取保候审的案件有：张某某涉嫌开设赌场罪一案、丁某某涉嫌故意伤害罪一案等。

作罪轻辩护获得轻判、改判的有：周某某故意伤害罪（致人死亡、累犯）一案，GY 市中级人民法院采纳了陈仕菊律师提出被害人存在重大过错的辩护意见，判处被告人周某某有期徒刑 11 年；谢某某故意伤害罪（致人死亡）案，GZ 省高级人民法院采纳陈仕菊律师提出的被害人存在重大过错的辩护意见，将 ZY 市人民法院一审判处的死缓改判为有期徒刑 11 年。

师现还担任着贵州省红十字会、贵州省有色金属与核工业地质勘查局、贵阳高科集团公司、贵州省骨科医院、贵州医科大学乌当医院、云岩区城市管理局、云岩区环卫站、贵阳新利源实业有限公司等数十家企事业单位及机关单位的常年法律顾问，并根据客户的不同需求，不定期为顾问单位传授法律知识。多年来，其服务的顾问单位均未出现涉法事件（个人行为除外），真正做到了用法律专业知识为顾问单位、为企业的健康发展保驾护航，为地方经济的繁荣和稳定做出了积极的贡献。

后记

我们从陈仕菊律师的上述履历和案例中不难看出，在困难险阻面前，陈仕菊律师总是坚持迎难而上，她也总能克服办案道路中的各种阻力乃至阻挠。当然，其艰难程度或许只有经历者本人才能真正感同和身受。作为读者和笔者虽不能有陈仕菊律师同样的经历和心路，但我们可以用文字记录，用心体悟陈仕菊律师作为一个法律人的情怀，并将这种正直、正派、正能量的精神传递和传承下去。

有人说个案公正可以推进中国法治。笔者亦深有同感，看似个案公正的实现只是解决了该案当事人的问题，但聚沙可以成塔，积小流可以成江河，正是有如陈仕菊律师一样的中国律师在每一个案件中的坚持和坚守才使每一个案件得到了公正的审判，法律得到了正确的实施，正义得到了实现，司法的公信力得到了维护。

通过具体个案推进法治进步，公众对司法的信赖也就能更多，而每一个案的公正审判都是构成了法治进步的注脚和基石。为生命和自由辩护，正是陈仕菊的律师梦想和法治理想，更应是我们每一个法律人应有的责任和担当。

热爱公益事业，勇于践行责任

办案之余，陈仕菊律师积极投身公益事业，贵州省盘县羊场镇未成年人赵某一、赵某二，因其父被他人杀害，生活失去依靠，陈仕菊律师慷慨解囊，一直资助兄弟二人就读初中、高中、大学期间的学费和生活费，帮助他们完成了学业和就业；陈仕菊律师还多次向贵阳市星宇小学（民办）20余名学生捐赠夏季、冬季校服；向贵州省妇女干部学校捐助1 500余册法律书籍；向贫困学生捐助衣物、书包等物品；并带领团队律师积极承办法律援助案件；担任一村一居常年法律顾问，为4家村居提供法律服务，参加平塘县大塘镇的爱心捐款活动等。

作为贵阳市律师协会未成年人保护委员会主任、贵州省红十字会理事，陈仕菊律师还无偿为城管队员进行过数百人次的培训和授课，积极传播和传授法律知识同时，践行着一名中国律师的社会担当和责任。

为企业发展保驾护航，为地方繁荣与稳定贡献才智

除办理刑事、民事、行政各类诉讼案件外，陈仕菊律

桃李不言，下自成蹊

——访贵州宇泰律师事务所主任萧云阳律师

编者按

在贵州律师界，有一位拄着双拐的律师萧云阳。他用双拐支撑着身体，或在法庭上慷慨陈词；或走街串巷，深入乡村收集证据。他勤奋好学、乐观进取、自强不息。自2003年从事律师职业以来，已办理案件了数以百计的。他思维缜密、办案一丝不苟，深得社会的好评。他就是贵州宇泰律师事务所主任萧云阳律师，下面我们来看一下他的履历。

萧云阳毕业于贵州大学历史系，2000年获该校法律硕士学位，2003年通过司法考试，先后执业于桥城律师事务所、中创联律师事务所、贵州宇泰律师事务所，现任贵州宇泰律师事务所主任。2007年贵州省司法厅授予贵州优秀律师称号，2011年1月，在中国法学会举办的刑事辩护高峰论坛中获评刑事辩护优秀律师、辩护词一等奖；同年5月，在中国大律师网、中国传媒大学、国际金融报、财智攻略杂志社举办的全国网络投票评选中获评"百强大律师"。

做一个具有良好职业道德素质和政治素养的中国律师

政治敏锐性与政治素养是中国律师必须具备的素质。萧云阳律师常常爱说的一句话："我们应当与党中央保持高度一致。"他是这样说的，更是这样做的，并在学习"中国梦"重要理论的浪潮中，他写了数以万计的心得体会及论文，受到督导组的高度评价。他以律师职业道德和律师执业纪律规范自己的行为，他十分珍视和维护职业声誉，注重陶冶情操和提高职业道德的修养。十多年来，从未受到过一起投诉。他勤勉尽责、诚实守信，不遗余力维护当事人的合法权利。

做一个坚持维护弱势群体合法权益中国律师

萧云阳律师格外关注弱势群体，办理弱势群体的案件，他总是殚精竭虑、不计得失。陈某芬诉杨某林财产返还一案正是对他意志力的考验。陈某芬是贵定县落北河乡一位六十多岁的孤寡老人，她在自留地上的树木被邻居杨某林非法占有。陈某芬老人举目无亲、无依无靠，当她找到萧云阳律师诉说其权利被他人侵害后，萧云阳律师鼓励她用法律的武器保护自己的合法权利，并答应为其提供法律援助。于是萧云阳律师以极大的热情前往收集证据，但他很快发现此案并非想象的那么简单。陈某芬老人的家地处农村山区，根本不通车，但萧云阳律师没有多想也未退缩，而是毫不犹豫地向案发地走去。就这样沿着崎岖陡峭的山路整整走了五个多小时，由于时间太长，他的脚起了很多血泡。到目的地后，他不顾身上的疲劳又开始调查取证。此时他才发现该案关系复杂，杨某林系陈某芬的丈夫同母异父的兄弟，邻居们碍于情面，大都不愿作证。萧云阳律师对邻居们晓之以理、动之以情，最终完成了证据搜集的工作，有效地维护了老人的合法权利。

产妇曾某秀经B超检测得知腹中怀的竟然是双胞胎，带着对新生命即将诞生的喜悦，于2004年5月17日入住某人民医院。然而令其全家人始料未及的是，5月26日凌晨，产妇曾某秀在进行第二次剖宫手术时死亡，两个小生命也因没能得到母乳的及时喂养，先后匆匆离开人世。经某县卫生局委托某某医学会作医疗事故鉴定，认为曾某秀的死亡不属于医疗事故，医方不承担赔偿责任。死者的亲属患者带着绝望的心情找到萧云阳律师，他对案件仔细认真分析后，认为医方在手术过程中存在过错，应当承担赔偿责任。他还查阅了大量有关剖腹手术的医学资料，收集了充分的证据。通过他的辛勤劳动，正义的法槌终于落下，死者的在天之灵得到了慰藉。该案系最高人民法院关于医疗过错纠纷的会议纪要出台前当地首例虽未认定属于医疗事故，但最终法院裁定医院方有过错受害方获得赔偿的案件。

某自来水公司收费制度一直不合理，任意收取用户的滞纳金。公民周某义、肖某国夫妇被自来水公司多收了一角二分钱的滞纳金，想讨个说法，又担心自来水公司势力太大，萧云阳律师又一次向他们伸出了援助之手。他认为

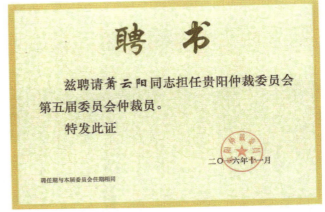

该案是一个公益诉讼，律师应当勇敢地投身于公益诉讼中，既可以唤起公民的法律意识，又可以规范垄断行业的收费行为。经过法庭的唇枪舌剑，该案以自来水公司败诉告终，当地电视台、《贵州都市报》先后进行了报道。

十几年来，萧云阳律师以极大的热情投入法律援助的事业中。除了上述案件，他还先后办理了陈某诊人身损害赔偿案、盲人雷某权债权纠纷案、张某美死刑辩护等法律援助案等，尽其所能地维护着弱势群体的合法权利。

做一个智慧型、专家学者型的中国律师

做一个智慧型、专家学者型的律师，是萧云阳律师一直追求的目标，他常常用这个目标来鞭策自己。他多次参加全国举行的各类学术研讨会，积极撰写论文。其撰写的《论故意犯罪的认识因素和意志因素》《轮奸犯罪中即遂与未遂的问题》《中国法制进程的障碍》《论中小企业法律风险防范》等文章在互联网上相继发表。他勤奋好学、勤于思考、不耻下问，严格要求自己，办案一丝不苟，在他办理的案件中都能寻找到他勤思笃学的身影。

莫某福强奸案就充分展现了萧云阳律师的睿智。莫某福系一乡村农民，经人介绍与一女恋爱同居。莫某福向女方家父母下了彩礼，两家还办了会亲酒，但男女双方没有结婚就分手了，女方的父母到公安机关控告莫某福强奸其女，并出示了其女未满14岁的户籍证明，公安机关介入此案立案侦查。萧云阳律师接受委托后，在调查中发现，女方的户籍证明虽然不满14岁，但其实际年龄根据村民及学校老师的证明已经超过18岁，但仅凭证人证言很难与公安机关的户籍证明相对抗，他认真考虑后，决定提起彩礼返还之诉。在法庭上，萧云阳律师出示了大量的证据证明，莫某福与该女谈恋爱系他人做媒，且两家办理了会亲酒，男方还送了几千元的礼金。这一事实被法庭采信，写入判决书中，从而排除了莫某福主观上明知该女未满14岁的犯罪故意，莫某福不构成强奸罪，避免了冤假错案的发生。

以下案件则体现了萧云阳律师一丝不苟的办案风格。

孙某华故意伤害案。孙某华系一个企业经理，因与他人发生矛盾被人用斧头追杀，孙某华为了自卫将其打伤。

公诉机关指控他犯故意伤害罪，证据对孙某华相当不利。萧云阳律师在阅卷中发现有一个关键的证人证言有一个细微的疑点，他立刻找到该证人，并对所有的证人进行核实，结果有的证人当时根本不在现场。经过审理，指控的关键证据未被法庭采信，孙某华以正当防卫被判无罪。

宋某发交通肇事案。宋某发系一位驾驶员，因交通事故致两人死亡，但因家庭困难无力对死者亲属进行赔偿。宋某发可能判三年以上七年以下有期徒刑。萧云阳律师发现发生交通事故时宋某发有紧急避险的行为，导致交通事故发生的原因与路政车辆有关，当时出现山体滑坡，路政车辆为了视察情况逆向而行，也未设置任何提醒标志。而此时宋某发驾驶的车辆刹车失灵，为了避免与路政的小车相撞，宋某发自己将车翻捆。在强大的证据和事实面前，宋某发得到了从轻处罚，被判缓刑。

做一个有勇有谋的中国刑辩律师

死刑辩护及黑社会性质案件不仅是对律师业务能力的考验，更是对其勇气的挑战。在当前人们谈"刑"色变的环境下，大多数律师渐渐远离刑事辩护领域。萧云阳律师却认为，律师不办理刑事案件，不仅是对律师业务重大损失，更是社会文明的倒退。总要有人要坚守这个阵地，总有人要做出牺牲。他常常说："砍头不过碗大的疤，律师做刑事辩护也死不了人。"言语虽简，但却体现了他为中国刑事辩护事业一往无前、无所畏惧的气概。他是这样说的也是这样做的。

蒋某曲故意杀人案。32岁蒋某曲是一位小包工头，与18岁的女子相遇后建立了情人关系。2008年10月7日，该女子在贵阳市花溪区街上的旅馆被人用鞋带勒死，身上的首饰、财物被掠走。一时间人心惶惶。公安机关展开侦查，很快蒋某曲归案。检察院以故意杀人罪向贵阳市中级人民法院提起公诉，公诉方认为是蒋某曲抢劫财物故意杀人。如果该犯罪行为被认定，判决死刑立即执行不可避免。萧云阳律师在会见蒋某曲时注意到一个细节，当天应死者的要求，蒋某曲到惠水县为他们所生的女儿买零食（死者自称其女儿是与蒋某曲所生），但当蒋某曲到达惠水县时，死

者的手机却关机，蒋某曲找不到人，只好在死者的银行卡中汇入1万元后回到贵阳。下午死者打蒋某曲电话，让其到花溪区街上，并告知蒋某曲她在旅馆内，死者提出再给她五万元钱盖房用。蒋某曲拒绝后，双方发生争执，最终导致此案的发生。萧云阳律师向公安机关、检察院提出调取蒋某曲汇款一万元的银行记录，均未得到回应。在开庭时，萧云阳律师再次向法庭提出调取该记录的要求，并以一万元的汇款存在为前提展开辩护，认为如果当天蒋某曲汇款一万元给死者，就可以排除谋财害命故意杀人的罪行，其行为应归为激情杀人。萧云阳律师再向法庭申请证人出庭作证，证明蒋某曲与死者系情人关系。庭审结束后，法庭调取证据，证明一万元汇款存在，辩护意见被采纳，蒋某曲被判处死刑缓期执行。

后记

萧云阳律师认为，做一个维护社会和谐稳定，维护社会公平正义的律师是他的责任。在办理群体性案件时，萧云阳律师更是不敢有丝毫怠慢，群体案件关系到社会的和谐与稳定，处理不好会激化社会矛盾。在办理类似案件时，更需要律师的办案经验与处理案件的技巧。

十多年来，萧云阳律师见证了律师业的风风雨雨，经历了律师职业的酸甜苦辣，他先后办理的案件如江苏省某药业有限公司诉贵州胡三贴侵权纠纷案（最高院再审胜诉）；云南大理卢某宇寻衅滋事案；云南3·15特大邪教案；贵阳黎某红黑社会组织案；桐梓吴某奇黑社会组织案等都是全国知名的大案要案，他收获了社会的广泛赞誉，而他却谦逊地说："我做的一切都是在履行职责。"

他只管耕耘、不问收获。他只管坚守，不问所得。如果要用一句话来评价萧云阳律师，那么"桃李不言，下自成蹊"应该是对他律师人生最好的写照。

追逐梦想，奋力前行

——访上海市锦天城（长春）律师事务所高级合伙人、主任刘艳丽律师

编者按

2018年7月30日，承袭"海派文化"的"航母"级律所——上海市锦天城律师事务所（以下简称"锦天城"）第二十一家分所长春分所（以下简称"锦天城长春分所"或"长春分所"）获批成立，受到业界广泛关注。长春分所坐落于长春市核心商务区伟峰资讯中心31层，初始办公面积已达2000平方米，且为自有产权。

据悉，长春分所是锦天城在东北地区设立的第一家分所。长春分所的正式成立，进一步完善了锦天城在东北一线城市的布局，并将为客户提供更加专业、优质、高效和全方位的法律服务。

笔者在表示祝贺的同时则更为关注锦天城长春分所的这位女性领头人——刘艳丽律师的动态。作为一名女性律师，刘艳丽进入法律界已近20载春秋，且已担任吉林上维律师事务所主任10年，拥有吉林大学法律硕士学位、房地产估价师资格、基金从业资格，她还是吉林省PPP专家库成员，东北师范大学政法学院、吉林财经大学法学院客座教授、吉林省律师协会常务理事、吉林省律师协会金融证券保险专业委员会副主任、长春市律师协会公司法专业委员会秘书长、吉林省法学会理事、吉林省法学会财经法学研究会秘书长等。在兼任诸多社会职务的同时，她还担任多家国有大型企业独立董事、外部监事职务，并先后获评吉林省优秀律师、长春市十佳法律顾问、优秀共产党员、优秀法律服务能手、长春市先进普法工作者、巾帼标兵等荣誉称号。可以说是名利双收、功成名就，完全可以过一种相对惬意的生活了，但此时她却选择了加入锦天城这个

大家庭，选择再次起航。而自锦天城长春分所成立后，她的事情更多了，工作也更辛苦了，但我们从她的脸上却看不到丝毫的疲惫，她仍以饱满的精神、十足的热情迎接着每一天的工作，面对未来，她自信的眼神里更是充满了激情与豪迈。

本可闲情逸致，却为何选择奋力前行？下面，就让我们走近刘艳丽律师，在她不断追逐梦想的法律生涯中去探究她的心声与情怀，书写她的激情与豪迈吧！

努力奋斗，追逐梦想

刘艳丽律师是"70后"，20世纪八九十年代播出的《法网柔情》《鉴证实录》等律政剧，可以说是刘艳丽走上法律之路的启蒙。

1998年法律本科毕业，毕业第二年，刘艳丽又顺利通过律师资格考试，并直接受聘进入某大型国企担任法务。在法务部工作期间她就非常关注律师行业发展动态，除协助公司领导完成日常管理、合同审查和商务谈判工作外，她还主动请缨代表公司出庭参与诉讼工作。3年时间里，既对大型企业的运营管理有了清晰的认识和理解，又对如何应对诉讼和风险预防积累了丰富的实务经验。可以说，这段经历为她日后从事专职律师，担任大型国企、金融机构及政府法律顾问工作打下了良好的基础。

2002年，不想"一眼就能看到退休时的模样"的刘艳丽在经过深思熟虑后毅然选择辞职，一切从零开始，到律师事务所做了一名实习律师。亦如《钢铁是怎样炼成的》的作者奥斯特洛夫斯基所说："人的一生应当这样度过：当一个人回首往事时，不因虚度年华而悔恨，也不因碌碌无为而羞愧……"刘艳丽律师说："为梦想努力奋斗的人生才更精彩。"她觉得，律师就是她最向往的职业，也是最能实现她人生价值和理想的事业。而彼时，我国律师业也正经历一场变革——国资律师事务所将退出历史舞台，合作制律师事务所已不适应时代发展的需求，合伙制律师事务所正成为律师业发展的大势所趋，且在社会经济大发展的背景下，中国律师业也正向专业化、团队化、品牌化、国际化方向发展。"现在进入律师行业正当其时。"刘艳丽坚定地告诉自己。

执着前行，坚定绽放

在大型国企法务部的工作经历让刘艳丽很快就度过了初始律师执业的适应期，在经历了各类诉讼和非诉业务的历练后，她很快找到了自己的专业方向——专注于高端商事法律事务，为大型企业、金融机构及政府部门提供法律服务。

2008年，为实现律师专业化、团队化、品牌化发展之路，她与几位志同道合的同仁创建了吉林上维律师事务所，并担任主任，志在打造一家"小"而"专"的高端商事律师事务所。笔者也了解到，多年来，上维所规模虽小，但

服务的对象却都不小，如长春市人民政府、松原市人民政府、长春汽车经济技术开发区管理委员会、吉林银行、浦东发展银行长春分行、盛京银行长春分行、华夏银行长春分行、邮储银行吉林省分行、吉林省信用社联合社、吉林省吉盛资产管理有限责任公司、吉林省吉煤投资有限责任公司、长春市城市发展投资控股（集团）有限公司、松原市城市开发建设有限责任公司、东北中小企业信用再担保股份有限公司吉林分公司、吉林吉恩镍业股份有限公司、盛世集团、国开新城长春建设发展有限公司等。

在诉讼业务领域，近年来，刘艳丽律师带领团队通过诉讼、执行等为客户挽回损失高达百亿，仅吉林省某大型国企与某集团公司欠款纠纷案，就为委托方收回欠款本金3.6亿元及利息8 000万元，合计4.2亿元（现金），此案在执行中也创下淘宝司法拍卖网2017年最高拍卖纪录（13.2亿元人民币）。

在非诉业务领域，刘艳丽律师带领团为以下重大项目（部分）提供了专业的法律服务，受到客户高度评价：（1）某金融机构与吉林省知名企业系列"通道"融资业务，累计诉讼标的额达80亿元，为吉林省地方金融安全做出了突出贡献。（2）为松原市城市开发建设有限公司注册发行超短期融资券、发行中期票据项目、非公开发行公司债及PPN项目等提供专项法律服务，债项金额累计高达150余亿元。（3）为长春城市发展投资控股（集团）有限公司注册发行超短期融资券项目、中期票据剩余额度债项发债项目等提供专项法律服务，债项累计金额逾200亿元。（4）为吉林省财政厅政府收费公路、省属高校项目专项债权发行提供专项法律服务。（5）为长春市第一家PPP养老项目即长春市养老综合政府与社会资本合作（PPP）项目提供专项法律服务。（6）为长春市投资发展控股（集团）有限公司组建金融控股平台提供专项法律服务，该项目涉及金融控股平台的组建，长发集团下属小额贷款公司、信用担保公司、保理公司、证券公司、私募基金管理公司、融资租赁公司等10余家公司的国有股权的划转、转让和注资以及长发金融控股公司参股资产交易中心、银行等金融机构，截至目前，该项目已基本完成，形成了银行、信托、证券、基金、担保、创业投资等门类较为齐全的金融产业体系，金融控股集团架构已经建立，有力地助力了地方金融资产的整合。

值得一提的是，长春市重点工程——"长春市旧城改造项目"也是刘艳丽律师带领团队夜以继日、呕心沥血的杰作。

2016年6月，刘艳丽带领的服务团队以招投标的形式在众多投标人中顺利中标长发集团"长春市旧城改造项目"结算中心法律服务工作。旧城改造结算中心主要负责长春市旧城改造项目的合同管理、资金管理、工程决算、项目审计工作等。

据悉，"长春市旧城改造项目"是长春市近年来三大重点民生工程之一。该项目是对城区三环以内约166平方公里，涉及200多万市民的旧城区实施综合改造，项目总投资额度高达300多亿元。经过3年的努力，截至目前，已改造长春市300多个老旧片区、600多条街、路和20个商圈。3年时间里，刘艳丽律师带领服务团队10余名律师，根据有关法律、政策变化以及政府和客户的要求，逐步完成了该项目从政府购买服务模式到PPP模式的转化、再到引进第三方

基金组建SPV公司等全过程法律风险的论证并提供专项法律服务，成功协助长春市旧城改造项目融资高达170多亿元。在提供专项法律服务的同时，作为团队负责人，刘艳丽律师还为长春市旧城改造项目提供合同专项法律服务。截至目前，已为该项目设计各类合同模板及规范性文件120余份，累计审查各类建设工程相关合同3000余份，累计服务时长超过4600小时。刘艳丽律师服务团队的专业能力和敬业精神受到了客户的一致好评，为旧城改造民生工程树立了可供借鉴的法律服务模式，为建造和谐美丽的城市做出了应有贡献。

如今，长春市旧城区旧貌换新颜，焕发出勃然生机与活力，当律所的同仁走在长春市的大街小巷，也会经常偶遇自己曾参与的项目，小到广告牌的调整，大到架空通信及电力线路的全面落地、夹馅棚户区的改造等都留下了他们的心血和汗水，留下了他们的足迹和记忆，他们也成为这座"品质之城"再次腾飞和实现跨越发展的重要参与者、践行者和推动者。刘艳丽如兰花般坚定地绽放着，继续着她的律师梦想。

再次起航，再创辉煌

时间进入上维律师事务所创立的第10个年头，此时的上维所已经发展成为大型国企、金融机构、政府部门提供专业法律服务的品牌商事律所，并荣获"长春市综合实力十强律师事务所""长春市优秀律师事务所""长春市十佳法律顾问"等荣誉，还入选为长春市财政局PPP项目研讨小组成员单位、吉林省财政厅PPP项目中介机构入围单位等。

是选择小富即安、止步不前，还是不断变革和创新，为青年人搭建更广阔的发展平台？在人生的十字路口，刘艳丽律师仍坚定地选择了后者。俗话说爱拼才会赢，是虚度一生，还是奋斗一生，刘艳丽律师早已用行动给出了答案。

近年来，因与上海锦天城律师事务所有过数度愉快的深度合作，锦天城也对如此专业和提供高端商事法律服务的团队十分钦佩，后与吉林大学法学院的多位老师亦是知名学者经过会晤，大家一拍即合，决定加入"锦天城"这个大家庭，成立锦天城长春分所，成为锦天城在东北亚地区的一个重要战略据点。经过紧张有序的筹备工作后，2018

年 7 月 30 日，锦天城长春分所正式宣告成立。长春分所作为锦天城"航母"的"旗舰"也开始走上法律服务专业化、团队化、品牌化、国际化的快车道。开业典礼时，刘艳丽律师和团队多年所服务顾问单位的负责人悉数到场祝贺。多年来，他们之间似乎已经不是服务者与被服务者的关系，而更像是一个圈子里的好友，惺惺相惜、相互扶持，共同进步、共同成长。

"未来，锦天城长春分所仍将在基础设施项目建设、国有公司融资、股权并购、公司资本市场等法律服务领域更加精进专业技能，紧紧跟随党和国家的各项发展政策，积极配合政府、大型国企在振兴东北老工业基地中的各项举措，为吉林经济的发展贡献更加专业、更加精深、更加快捷的法律服务，为吉林律师树立良好的专业形象贡献自身力量。"刘艳丽律师的言语中仍充满着激情。

律师路上，再次起航，我们相信，刘艳丽律师一定会带领团队再次创造属于他们的人生辉煌。

心系公益，奉献社会

其实刘艳丽不只是一位成功的商事律师，作为一名党员，多年来，她时刻心系社会、心系百姓，并用自己的实际行动奉献社会、奉献百姓。

2012 年刘艳丽律师作为 CCTV12 社会与法频道《法律讲堂》节目的主讲嘉宾，以宣传法制教育为宗旨，通过真实案例向社会弘扬"诚信守法、安定社会团结"精神。

2013 年以来，刘艳丽律师先后数次到长春市曙光街道办事处、岳阳街道办事处、飞跃街道办事处等开展法律培训，送法进社区。针对老年人家庭纠纷、遗产继承、遗弃老年人等问题进行法律讲座，并向社区捐款，购买学习用品及法律书籍。

2012 年至 2015 年，她还带领所内女律师每周五下午到长春市妇女联合会义务开展法律咨询、妇女维权帮扶活动，并长期接听妇女维权热线。得到广大女性的信赖和好评，受到长春市妇联的高度赞扬。

作为一个母亲，她深知良好的成长、学习环境对孩子的重要性；作为一名律师，她更清楚普及法律的必要性。2013 年至今，她先后到长春市 56 中学、长春市机械工业学

校、长春市养正高中、长春市第一中等专业学校、长春市第二十九中学、南关区西五小学等为未成年人开设"关爱祖国花朵、预防未成年人犯罪"为主题的法律讲座，并为贫困学生捐资捐物。

"作为律师，除了在个案上为客户争取合法权益外，更多的还是要做一些公益，或许有意无意间的一句话，一个案例，都会制止未成年人的违法行为，提高他们的法律意识和防范意识，甚至可能会影响他们的人生。这是很有意义的事情，能够以这种方式实现自我的社会价值，我倍感荣幸。"刘艳丽律师道。

执业以来，忙碌之余刘艳丽律师一直坚持开展送法进社区、送法进校园、送法进军营活动，并先后接待咨询者上千人次，多次免费为咨询者提供相关的法律法规书籍，并通过各种形式，在各单位组织的法制讲座中为群众宣传法律法规，并多次无偿为群众提供法律援助。她始终把维护弱势群体合法权益，宣传法律知识放在首位，实现着全心全意为人民服务的宗旨，为促进社会主义和谐社会的建设做出了自己应有的贡献。

很多公益工作，很忙、很累且没有任何收入，但刘艳丽律师却乐此不疲。只要时间允许，她都会安排时间走进社区、走进校园、走进军营，为人们送去法律的温暖和关爱。

"最亏欠的是家人和孩子，这么多年来，我非常感谢我的家人，是他们全心的支持和付出，才有了我今天的一点成绩。我想，唯有继续努力，奋力前行，做好榜样，做到事业家庭两不误。"刘艳丽律师道。

后记

采访结束，刘艳丽律师满怀激情地说："当前，党和国家高度重视律师工作，律师行业面临良好的发展机遇。未来，锦天城长春分所将继续深入贯彻学习党的方针政策，紧紧围绕习近平新时代中国特色社会主义思想这条主线，结合工作实际深学笃用、融会贯通，以社会主义法治理念为引领，加强所内律师队伍建设，积极拓展律师法律服务领域，努力建设一支坚定信念、精通法律、维护正义、恪守诚信的高素质的律师队伍，不忘初心、奋力前行，为实现中华民族伟大复兴的中国梦贡献力量！"

以善至上，砥砺前行

——访上海汇业律师事务所常州办公室主任吴明明律师

编者按

一个人改变不了自己的出身，但他可以通过自己的努力，来改变自身的命运，只要拥有一颗善良、勇敢、勤奋而执着的心。俞敏洪说，出身无从选择，唯有通过努力来改变命运；雷军说，如果不是出身富贵人家，此生成就唯一机会是选择忠诚和勤奋……自古英雄不问出处，俞敏洪、雷军等为中国一代人树立了榜样，传递着人生奋斗的正能量。在中国律师界，来自江苏常州的一位80后青年律师同样成为人们学习的楷模，成为企业发展的法律后盾和中坚力量。他就是上海汇业律师事务所常州办公室主任吴明明。

今天，就让我们走近他，追寻他的成长足迹，探究他是如何扼住命运的咽喉，通过自身努力既改写了自身的命运，同时又成为企业发展的高参和智囊。

吴明明律师

上海汇业律师事务所常州办公室主任，法学和管理学学士，法学硕士和美国北阿拉巴马大学（University of North Alabama，简称UNA）EMBA，北京交通大学首期领军人物，上海证券交易所上市公司独立董事资格和中国私募基金从业资格等。现为上市公司、区镇人民政府及多家企事业单位法律顾问，同时被多家院校、商协会和政府部门聘为讲师和专业顾问，长期以来为多家企事业单位和政府部门开展法律沙龙、讲座和培训。

心怀梦想，执着前行

赵伟主编：吴律师您好，非常感谢您能在百忙中接受我们的这次专访。我们得知您从事法律工作已近10年，且在股权设计和实施、企业法律风险管理、投融资等领域可谓独树一帜，建立和梳理了自己的品牌和影响力，但我们对您的成长历程却了解甚少，可否借此采访与我们及广大读者作下分享？

吴明明律师：好的，我于1984年11月26日出生在江苏北部农村的一个小村庄里（中国八大名酒洋河大曲的发源地江苏泗阳），20世纪的八九十年代，那里既贫穷也很落后。我们家兄妹三人，要供养3个孩子同时上学，父母的压力就非常大。读小学和初中期间，我记得很清楚，学校离家很远，只能步行上学。没有人送也没有钱买自行车，日子就这样一天天过去。初三开始寄宿，我的饭菜都是自带，因为买不起菜，大部分都是吃白馒头和白米饭加一点汤。父亲靠打零工赚点零花钱，母亲在家养各种家禽和牲畜，收入微薄。想做一名律师的初衷其实早在读初中时心里就已经确定了。那时由刘德华主演的《法外情》印入脑海至深，只是我没有告诉任何人，因为我的成绩不算太好，又生活在农村，说出来感觉会被人笑话，同时我本人也比较内向。后来，高中的时候遇到了我的班主任，有一次无意中他给我们讲了他的一次诉讼经历，这一情景至今印刻在我的脑海，同时也坚定了我从事律师行业的决心，加深了我对法律职业的向往。高考的时候我义无反顾地报了法律专业，进了大学后，原来发现我真的很爱它——法律，我喜欢法律逻辑、法律思维和对复杂法律关系梳理以及对法律条款背后法律理论的研究等。由于酷爱法律，本科毕业后我又读了法学研究生（我很感恩我的父母对我的支持，因为本来经济困难的话应该直接出来工作赚钱），那时候最期待的就是走进法庭为我的当事人伸张正义，期待早日毕业。

因为家里经济状况不好，学习期间我做了很多兼职：家教、服务生、发传单、校园代理英语学习报、图书馆和教室打扫卫生、销售、保险、教育、开网店等兼职工作。靠这些兼职工作和在校期间的奖学金、助学贷款等我完成了本科和研究生阶段的学习，也确实改善了原本很内向、不敢与人交往的性格，对自己现在的律师职业也有了很大的帮助。

以善至上，砥砺奋进

赵伟主编：可否与我们分享一下这些年来的执业经历和感受？

吴明明律师：我的律师执业经历我分为三个时间段——

前三年、第二个三年和现三年。自从进入律师行业后，前三年由于专业知识水平和生活压力，只能是接到什么案件就做什么案件，不管案件类型，如交通事故、劳动纠纷、刑事案件、民事纠纷、合同纠纷等。即使是这样，那时的案件量还是很少，正因为案件量少，也给我一个深入学习的时间和机会。这三年里虽然做的案件类型比较多，但这也利于我在多个领域进行法律学习和实践。三年的知识积累和实务操作，让我在基础法律服务板块没有明显的知识短板，同时也为我后期确定律师专业方向和为企业提供法律服务奠定了坚实的基础。否则我后来的企业服务，因企业法律顾问服务内容庞杂，就无法为企业提供全面的、专业的法律服务。在这前三年中我也一直在思考：我能在每一个法律领域做到专业吗？我的专业优势和资源优势是什么？未来的执业方向是什么？在此期间一边思考，一边学习，一边实践（在多个方向实践），经过漫长的实践和摸索后，最终确立了自己的专业方向：商事业务处理。故在第二个三年中，我想，既然确立了业务主攻方向，那首先要做的就是放弃，放弃和商事业务无关的业务。这是一个非常艰难的过程，那时也曾担心因为放弃了一些业务导致业务不足；其次就是学习商事业务领域的各类法律和相关知识。在此期间，我加强了主要包括公司法、合同法、金融证券、工商管理等领域的学习，陆续参加了上海证券交易所独董资格、北京交通大学、美国北阿拉巴马大学 EMBA 和私募基金从业资格等学习以及参加各类商务交流活动。这些学习和交流的积累，使得我在职业过程中对法律专业和其他领域融合得更加得心应手。同时为现三年的方向寻找目标，在第二个三年中，也是通过一边思考、一边学习，一边实践（在多个方向实践），确定了在商事业务处理中合伙制度股权业务处理的专业方向。所以，在这现三年中，经过大量的学习和交流在合伙人制度和股权领域有了一点成绩，与法律顾问单位和一些非顾问单位的企业在此方面我们有了一些合作。第三个三年也快要结束了，我现在又在考虑马上到来的三年如何向前走。

总结我以上的职业经历就是：（1）前三年，是打基础的三年，在多个部门法领域学习和实践，这类似"建房子打根基"；第二个三年，对专业领域进行深入学习和实践，这类似"建房子造框架"；现三年是，对专业领域进行精耕细分地学习和实践，这类似"建房子搭房顶"。（2）多点时间思考、多点时间学习和多点时间想到就立刻行动（即实践）。（3）说到办理具体案件，我的观点就是认真、认真、再认真；学习、学习、再学习，再有水平的律师也敌不过认真。（4）再有就是平时多写写法律文章、多讲讲法律课程，以对实践工作进一步提升，从中发现不足、日臻完善，每天进步一点点。

心底无私，经验分享

赵伟主编：可否在此分享一些您办理的具体案件或项目？

吴明明律师：以下案件与大家分享，如有建议还请不吝赐教。

股权转让纠纷案。朱某与梁某于 2011 年 9 月 13 日共同投资设立常州市×××科技有限公司，朱某出资 48 万元（占 60% 股份），梁某出资 32 万元（占 40%）股份。双方于 2012 年 3 月 1 日签订《股份转让协议》，约定将朱某占有的 60% 的股份全部转让给梁某，转让价格为 48 万元整，后股权转让款梁某一直没有支付。双方对签订的《股份转让协议》对朱某转出的 60% 的股权为 48 万元整是真实意思表示没有异议，但是对于如何支付、何时支付没有做出明确约定，而是约定按照签订的《技术保障、服务协议》和《借款协议》支付。但是双方一直没有签订这两份协议，该两份协议双方在庭审过程中也没有提供相应能够得到对方认可的具体内容。被告梁某认为，双方签订的《股份转让协议》是附条件的合同，约定的《技术保障、服务协议》和《借款协议》是股份转让协议生效的条件，而这两份协议至今没有签订，所以协议未生效。我作为原告朱某的代理人认为，《技术保障、服务协议》和《借款协议》是股份转让协议的附件（或者是从合同），作为对主合同的补充、附加说明作用，重点在于约定转让价格 48 万元如何支付、何时

支付。现朱某通过诉讼的方式实现主合同的债权，要求支付转让股份的价款，是合法方式。合同附件（从合同）是否签订、是否生效不影响主合同的生效，最终法院采纳了我的代理意见，原告获得了胜诉。

其实这个案件并不复杂，但是，对于案件争议焦点我们作为代理人应能准确把握，要多花时间在案件焦点上，应该透彻地分析其本质，从而说服法官，使案件得到公正审判。

股东知情权纠纷案。梁某为常州某公司法定代表人兼总经理，邵某和卢某原为公司业务部门和技术部门的经理。后公司几经变迁，邵某和卢某于 2009 年辞职。之后两人到浙江某地设立类似公司，卢某担任法定代表人，邵某为业务部经理，并由邵某在全国开展业务。2012 年邵某和卢某联名以转让股权需确定股价为目的发函常州某公司，要求查阅或复制自 2007 年以来的股东会会议记录、财务会计报告和公司会计账簿，该公司收函 15 日内回函以邵某与卢某设立的公司与其公司有竞争关系为由拒绝查阅会计账簿，后邵某和卢某起诉到常州市某区人民法院要求行使股东知情权。在庭审过程中，邵某和卢某仅出具了发给常州某公司请求查阅会计账簿的函告，以证明履行了《公司法》第 34 条规定的前置义务；常州某公司出具了邵某和卢某所在公司的工商登记资料和双方的产品宣传资料等，以证明邵某为所在公司股东并曾担任销售经理职务，因与常州某公司存在竞争关系，可能通过查阅会计账簿获得常州某公司的商业秘密，损害常州某公司的合法权益，从而证明邵某和卢某查阅会计账簿的目的不正当。该案我代理了常州某公司，一审败诉。我们提起上述，后二审中院采纳了我的代理意见。该案结束后，我在此案的基础上，深入研究了股东知情权，比较国内外相关法律法规，并且在法律核心期刊《法律适用》发表了《论股东查阅会计账簿目的的正当性——以裁判思维为视角》的论文。这样一来，对于此类案件，应该说我研究的已经很深入了，如果再有类似案件，可谓信手拈来。这也是我一个很重要的经验，就是处理任何一个案件，必须深入法理、搞清该案所涉及的所有法律规定、有争议的观点、法院倾向性意见等，以达到自身专业知识的深化，这样的知识积累方法将受益终身。

顾问单位签约和服务。顾问单位签约皆是与企业负责人交流，而企业的负责人一般都是社会精英，企业负责人大多懂战略、懂经营、懂管理、懂财务等。作为律师，我们就不能只懂法律。如果只懂法律，我们无法和企业负责人交流，企业负责人不会相信我们能服务好他的企业，不会相信我们能帮助到他的企业。所以我们在想成为企业法律顾问之前必须让自己也成为精英人士，要懂战略、懂经营、懂管理、懂财务，等等。当你对一个企业有了深入了解后，就会与企业负责人有了共识，如此才能实现签约，所以之前我为什么会参加那么多非法律的学习。而学习只是第一步，那么第二步就是要专业。要不断提高法律水平，而法律犹如浩瀚的大海，要想全部精通是不可能的，必须在企业相关专业领域深入研究和学习，比如基础的法律服务方面：《合同法》和《劳动法》；再深入一些的就是知识产权、金融、股权等，这个面已经算是很大了。这时就发展到我要说的第三步：搭建专业团队。每个人可以深入其中一个领域或两个领域进行深入研究，专业的团队能为企业提供各方面的法律服务。第四步就是实现法律产品的标准化和可视化。法律服务虽不是实物，但却可以实现标准化和可视化，可以将团队能服务内容细分、列清，也可以把服务过程做精细记录。第五步就是服务常态化和尽职尽责，不是与顾问单位签了合同收了顾问费就可以完全放松了，而是要经常主动提供切实可行的服务，并在服务中不断提升企业的管理、治理和经营能力，这样才能成为一个合格的顾问律师。

合伙人制度设计和股权激励落地项目。我接到的这个项目是朋友介绍的。正是因为自己在专业方向的深入研究和实践，让我身边的朋友都知道我的专长，故好友介绍了该项目给我。见面后企业负责人也非常信任，直接就对项目进行了首次深入沟通，省却了企业负责人对律师的"考察期"。经企业负责人同意后，我复盘如下：原股东 A（法定代表人兼董事长）、B、C 成立了江苏 D 公司，公司员工 120 人，其中高管 10 人（不含股东），中层 35 人。现公司准备与另一家 E 公司共同设立 F 公司，F 公司与 D 公司系上下游关系。同时年前 D 公司离职 3 名高层和 5 名中层，他们相继在外设立与 D 公司有竞争关系的公司，故企业负责人希望：（1）将 F 公司合伙人股份安排好；（2）D 公司实行合伙人计划和股权激励。

基于这次访谈的时间较短，我只从设计思路给大家分享一下，希望对大家有所帮助：（1）考虑到 A 希望享有 F 公司的控制权，同时 E 公司和 A 公司对于业务开拓的重要性（F 公司和 A 渠道、人脉等资源雄厚），F 公司对 E 公司的业务开拓的效用较小等因素，故 F 公司股东持股方案为 A 持股 15%，D 公司持股 31%，E 公司持股 49%，F 公司内部高层合计持股 5%。该股份由 D 公司出让（半卖半送），同时该持股高层与 D 公司和 A 签订了"一致行动人协议"（内部）。这样的设计既满足了 A 的控制权，又提升了 E 公司大股东的积极性。具体方案还有很多细节就不再陈述了。（2）D 公司正在快速成长期，但是管理层大量流失，对公司产生了巨大的伤害，故 D 公司希望实施合伙人股权激励计划留人，同时发挥员工的最大能量服务公司。具体方案为：① 设定了选定合伙人的标准，全公司 100 多人每个人都有希望加入到合伙人的团队；② 设定了合伙人的级别，对各级别合伙人实行不同的政策；③ 设定了合伙人的考核机制，根据考核机制合伙人可进可退、可升可降；④ 设定了 A 对 D 公司的控制权的相关机制（如委托投票和一票否决权等）等。鉴于多种因素，以上方案细节不再陈述。

该项目的承接和落地说明了一点，律师专业化发展的必要性和重要性，否则我们不可能接到此类项目。即便接到了此类项目，我们也不能提供深入的、有效的服务，也可能还会给企业造成不可估量的损失或伤害。毕竟股权设计是企业的顶层架构，是企业的中枢和命门，事关企业生死。所以，我们团队每一个人，接到案件或项目都不敢懈怠。

后记

当笔者问及吴明明律师，人生经历了那么故事，上学期间又做了那么多兼职，是心酸多还是欣慰多一些时，吴明明律师道："我的格言是'大学之道，在明明德，在亲民，在止于至善'。也可能我的名字里有'明明'二字，所以在读初中时我就在想我的'明明'的出处，故翻阅大量史书。恰好那时对古诗词和古文化非常感兴趣，找到此句，从此作为了自己的座右铭。这句话，可能在其他地方有很多理解，通过多年的学习和工作，我自己慢慢对这句话也有了新的理解：博学，在于先有德，在于不断完善自己，做一个至善之人，这里的善也可以理解为律师的职责和使命。我想这也是我做人的基本准则，学问不管有多大，必须先有德，然后不断地学习，让自己在某个领域有所专长，每天比自己更加优秀一点，每天进步一点点。"

"虽然高考失利我只考了普通本科院校，但是在校期间我对专业知识的学习以及参加工作后的认真和不断更新自己的知识及不断完善自己，让我没有了任何遗憾。我相信通过这样的努力会让自己达到自己的理想状态，这也许算是'英雄不问出处'吧。我对待自己就是——学习、学习、再学习；对待工作就是——认真、认真、再认真。经过近 10 年努力与拼搏，我可以自豪地说，我努力着，收获着，我很是欣慰。"

是啊！学习、学习、再学习；认真、认真、再认真。古人有云："书山有路勤为径，学海无涯苦作舟"，笔者以为，在吴明明律师这里应该改写为："书山有路勤为径，学海无涯乐作舟"了。吴明明律师用学习、学习、再学习的劲头改写了自身的命运；用认真、认真、再认真的精神为他的委托人、顾问单位解决了一个又一个法律难题。在笔者看来，现在的吴明明律师，他的所有初衷，他的一切行动皆是出于善，正如本文的主题——以善至上，砥砺前行，此言应是对吴明明律师执业生涯最好的诠释。

我们相信，在未来的律师生涯中，吴明明律师一定会坚持他的信念，坚守他的座右铭，在提供专业法律服务的同时，为社会经济和法治的进步做出更大的贡献。

正义不仅要实现，且要以看得见的方式实现

——访江苏法瞻律师事务所主任邹剑明律师

党的十八大以来，党中央提出了全面依法治国的新理念、新思想、新战略，开辟了全面依法治国理论和实践的新境界，也开启了中国特色社会主义法治的新时代。而随着党的十九大的胜利召开以及全面依法治国理念的深入推进，无论是政府层面或是企业到公民个体，其由"法制"到"法治"的思维转变也正渐入人心，"法治"已经成为当今社会最响亮的词汇之一。"让人民群众在每一司法案件都感受到公平与正义"也成为人们经常引用的经典语录。

江苏无锡就有这样一位年过五旬的法律人。他执着于法律事业，自20世纪80年代警校毕业即进入公安系统从事刑侦、预审等工作，90年代又踏入律师行业。在工作中在每一个案件中，他不舍昼夜地坚守在法律工作的第一线，维护着人民的人身财产安全，维护着人民的合法权益，守护着这个社会的公平与正义，并将这种对法律的坚守和热爱之情传承给了下一代，传承给更多的青年人。

他就是江苏法瞻律师事务所主任邹剑明律师，他在律师执业20周年之际接受了笔者的采访，并在有限的采访时间内与笔者分享了在他执业过程中所代理的几件刑事案件。

> 刑事案件关乎人之自由乃至生命，所以刑事案件总是令人记忆深刻，甚至是刻骨铭心。
>
> ——邹剑明

在笔者的印象里，人生经历丰富，执业年限已20载的邹剑明律师应不只在刑法领域的研究和实践，在民商事领域更是一位建树颇丰的专业律师。江平老师曾言，律师应属于哲人范畴，律师应多一点哲人气质。张思之前辈也呼吁，律师应具有哲人的智慧，诗人的激情，法学家的素养，政治家的立场。

笔者以为，邹剑明律师就是一位具有哲人的气质和智慧、诗人的激情、法学家的素养和政治家的立场，以及法律人品质的中国律师，要说他为"法"而生也不为过。今天就让我们先认识和了解一下这位为"法"而生的江苏律师吧。

邹剑明律师

法学学士，1998年开始律师执业，具有丰富的处理各类诉讼与非诉讼案件的经验，擅长办理民商事法律中的公司法、合同法、劳动法、知识产权法以及刑法领域中的各种疑难复杂案件。

邹剑明律师注重《合同法》等民商法疑难复杂案件的研究。其中张家港某保税仓库诉中国五矿某分公司买卖合同纠纷一案的代理意见及江苏省高院的判决书作为交流案件于2001年收录在全国律协的典型案件交流刊物中。执业期间担任了多家房地产公司的法律顾问，成功地承办了无锡市某房地产置业公司的股权纠纷案件，其中因部分事实牵涉资金3 000万元涉嫌刑事犯罪在无锡地区引起重大影响，经过其不懈的努力最终最高人民法院以股权纠纷判决确认在案，燕某某涉嫌的刑事犯罪不成立，捍卫了法律的尊严和正义。

邹剑明律师在侵权法领域中亦有自己的创新和独特见解，其承办的多起案件被多家刊物、媒体跟踪报道，案件的承办结果被相关行政机关列为法制宣传的典型案例。2008年《劳动法》出台后，邹剑明律师针对《劳动法》的实施背景及时组织团队进行专业课题研究，成功应用于团队服务的70余家顾问单位，受到企业的一致好评。

在刑事辩护领域中，邹剑明律师具备独特的刑事专业知识，对疑难复杂刑事案件颇有研究。他参与了近年无锡市中级人民法院办理的无锡市某某地区以姚某某为首的黑社会性质组织犯罪的刑事辩护。在无锡中院一审中成功辩护了某房地产置业公司法定代表人燕某某涉嫌诈骗罪名不成立的刑事案件。另于2006年承办的李某等故意伤害案，通过成功辩护最终法院以过失致人死亡罪判决在案，该案收录于2007年度《最高人民法院刑事审判典型案例》中。邹剑明办理的江苏无锡某公司与山西灵石某公司定做合同纠纷一案围绕管辖及实体审理，两上最高人民法院，最终最高人民法院依法采纳了邹律师的代理意见，并作为终审裁定驳回山西灵石某公司的抗辩。该案例收录于2010年《中国律师年鉴》。2014年邹剑明律师撰写的《现代企业内部运作过程中管理上的法律问题及风险防控》论文被收录于《中国当代律师第三卷》。于2014年3月做客中央电视台华人频道，接受专访，题目为"我不推崇通过诉讼手段

解决纠纷"，该专访被人民网、新华网及央视网转载。

是合同诈骗？还是股权纠纷？辩护律师不畏强权，只为守护公正

2003年，无锡某一房地产置业公司（总经理为燕某某）与北京崔某等人成立无锡市某二公司合作开发某房地产项目（名为合作，实为借贷，因当时法律规定企业之间借贷属违法行为），崔某投入资金1 170万元（先后由崔某指示的3家企业汇入，并签署保底条款），占54%股份，崔某担任法定代表人；无锡某一房地产公司（竞拍获得某地块国有土地使用权）投入资金200万元，占40%股份，林某某投入130元资金，占6%的股份。后该项目因在拆迁过程中致使文渊坊文物保护区内古迹被破坏，对文物的修复过程中使得拆迁成本急剧扩大，成立仅一年的新公司出现资金链断裂。作为当地举足轻重的企业家，燕某某只得想尽一切办法挽救公司于水火。然而，这时新公司股东之间也因经营问题出现裂痕和矛盾，双方均表示有意愿收购对方手中的股权，但却因价格问题一直未谈拢。2003年9月至12月间，为缓和公司资金周转，燕某某授意属下伪造了由崔某、林某某签名的股东会决议，决议决定崔某某、林某某名下股权转让给无锡某一房地产公司，并任命燕某某为无锡市某二公司的法定代表人。后燕某某又以无锡市某二公司法定代表人身份将公司80%的股权以4000万元价格转让给了他人。获得4 000万元资金后，燕某某并未据为己有，而是首先归还崔某某400万元"借款"以及归还银行贷款等。

崔某某、林某某在获悉自己已非无锡市某二公司法定代表人及股东以及手中持有的国有土地使用证并非原件（经查为燕某某授意属下伪造）后，立即到公安机关报案。因该案涉及北京诸多公司资金且受到相关领导关注，政府一把手做出批示一定要严查严办。2004年12月24日，因该案燕某某被监视居住，至2005年2月6日燕某某被刑事拘留，同年3月15日被批准逮捕。后燕某某被检察机关以犯诈骗罪、伪造国家机关证件罪提起公诉。2006年4月18日，一审法院以燕某某犯合同诈骗罪、犯伪造国家机关证件罪，数罪并罚判处有期徒刑13年。

上文提到，因此案在当时政商界引起巨大轰动，律界同仁认为此案太过棘手，案件已经定性，几乎没有任何辩护空间，为燕某某辩护肯定会遇到各种阻力和困难，同行都劝邹剑明律师不要揽这个"烫手的山芋"。但邹剑明律师却没有考虑这些案外因素，而是自始至终认为，燕某某只是犯有伪造国家机关证件罪，其诈骗罪名是子虚乌有。且该案在诈骗罪犯罪构成上是事实不清、证据不足。燕某某未将所售股权款项据为己有，而是用来归还借款和用于企业经营，这只是企业与企业或企业与个人之间的民事纠纷，升格至刑法范畴实为不妥，一审以诈骗罪定性，对燕某某有失公允，也有悖法治精神。

在强大的压力下，邹剑明律师一边安排同行继续代理此案上诉至江苏省高级人民法院，一边启动另一法律程序，将该案以股权纠纷为由在江苏省高级人民法院立案。省高院民事审判庭以该案为刑事案件为由驳回。邹剑明律师没有放弃，而是再向最高人民法院提起股权纠纷立案程序，最终获最高人民法院立案并认定此案涉及股权侵占转让，为股权纠纷，而非诈骗。江苏省高级人民法院刑事审判庭在获悉最高院已将该案定性为"股权纠纷"后，于2007年1月31日做出裁定，撤销一审判决，发回一审法院重审。

2007年8月3日，一审法院再审并另组合议庭做出判决，认定燕某某犯伪造国家机关证件罪，判处燕某某有期徒刑二年二个月二十二天（刑期自判决执行之日起计算，判决执行以前先行羁押的，羁押一日折抵刑期一日，即自2004年12月24日起至2007年2月14日）。

经过两年多的努力和奔波，该案也终于如邹剑明律师所料，撤销了燕某某的诈骗罪名。该案最终得到公正的判决，对于当时诸多类似案件亦产生了非常积极的影响。

是故意杀人还是过失致人死亡？辩护律师拨云见日，只为真相再现

2005年，一起"故意杀人案"的材料由法瞻所律师提交到邹剑明律师的案头。此案棘手的缘由是公安机关和检察院办案人员一直认为蒋某和李某是故意杀人，而所内律师在拿不定主意的情况下请教主任邹剑明。邹剑明律师在仔细研究完案卷材料后提出：此案的定性将决定两个年轻人的人生，如果定性出现问题，就是大问题。他认为此案不宜定性为故意杀人，而应是过失致人死亡。于是，在经过一番研究后，由邹剑明律师担任了李某的辩护人。

原来该案是一起因互不让道问题引起争吵后引发的一系列事件。2005年8月13日上午，蒋某、李某驾驶农用车在无锡市惠山区钱桥某村道上向南行驶时，与徐某某驾驶的农用车相遇，双方为了让道问题发生争吵，后徐某某关上车门离开，蒋某即向后倒车，徐某某见状又回到车上开车继续前行。蒋某将车退停在丁字路口，和李某一起下车再次与徐某某发生争吵，并与徐某某发生扭打。后徐某某拿出手机打电话，蒋某、李某认为徐某某在喊人，就上车调头欲驾车向东逃离现场。徐某某见状上前先后两次拦在车前方抓住右侧反光镜不让蒋某、李某离开。蒋某、李某二人将徐某某拉至车后，由李某拉住徐某某，蒋某上车开动汽车，向东缓行。后李某放开徐某某跳上缓行的汽车后车厢，徐某某又迅速追上，双手抓住汽车的右侧护栏，欲爬上汽车。蒋某在驾车过程中，从驾驶室后面的窗口看到徐某某的一只手抓在右侧护栏上，但未停车。李某为了不让徐某某爬进车厢，将徐某某的双手沿栏板捋开，徐某某则顺势右倾跌地，面朝下被汽车的右后轮当场碾压致死。

汽车开出十余米至钱威路口时，李某敲拍驾驶室车顶，告知蒋某汽车轧死了人，并下车离开。蒋某则将汽车停放到厂里后逃离无锡，直至8月14日被公安机关在苏州抓获。案发后，李某于2005年8月18日向公安机关自首。

无锡市某区检察院以蒋某、李某犯故意杀人罪对二人提起公诉，法庭上邹剑明律师坚持认为被告人只犯有过失致人死亡的罪名。邹剑明律师继续发表辩护意见：导致徐某某死亡结果的发生，并非蒋、李二人的事前合谋，而是其各自的行为只是为了摆脱徐某某的纠缠，该行为的目的虽具有共同性，但两人各自的行为均无杀人的动机和故意。且李某还具有自首情节，理应从轻处罚。

后法院采纳邹剑明律师辩护意见做出判决，判处蒋某犯过失致人死亡罪，判处有期徒刑4年6个月，判处李某有期徒刑3年6个月。然而，法院判决后，市检察院却提出抗诉，邹剑明律师再次与检察院办案人员耐心地沟通交流，在听完邹剑明律师意见后，检方未再提出抗诉。后该案被某区检察院作为年度交流典型案件上报至最高院，该案被收录于2007年度《最高人民法院刑事审判典型案例》中。

是诈骗还是合作经营？辩护律师侧面出击，纠葛迎刃而解

2014年某月，江苏无锡曹某某被山东两级公安机关网上通缉，缘由是涉嫌诈骗。慌不择路的曹某某在公安机关抓捕前夕求助邹剑明律师。邹剑明律师在接待完曹某某并签署委托代理协议后，向江苏省南京市某区法院代表曹某某对与其合作的两家公司提起了一起合作经营纠纷案的诉讼，其目的是确认赵某的身份。公安机关要抓捕当事人，代理律师却主动提起诉讼，曹某某及家属作为非法律人士当然不明所以，而作为经验丰富的老律师，邹剑明律师胸中自有丘壑。

该案件的源头还要从2011年说起。这年9月，曹某某与江苏A公司（国有企业）签订协议书，约定曹某某代表B公司（国有企业）的实际执行人以借款方式向A公司注入资金800万元，曹某某以每月16万元的利息（含税）作为回报。协议成立后，A公司为规避国资投资规定以买卖合同购买方式将上述款项汇入B公司，并由B公司开具发票，借此作为曹某借款由其代为经营，曹某某遂以A名义同C公司签

订合同从事煤炭销售业务。本想大干一场，但随着环保收紧，煤炭价格直线下降，经营出现严重亏损，几方都无法交代。在A公司、B公司均无法收回借款（实为合作）的情况下，为推脱国有资产流失责任，曹某某成了替罪羔羊。

法院经审理认为：从曹某某与A公司于2011年9月1日签订的协议书内容来看，曹某某系代表A公司的实际执行人代表A公司同B公司及C公司进行交易。

然而在案件审结生效后，B公司为了减少经营风险报案，报称曹某某涉嫌诈骗，后曹某某被山东公安机关以涉嫌诈骗刑事拘留。这时曹某某妻子如热锅上的蚂蚁，征询邹剑明律师意见。

"我们提起的这起民事诉讼，无论判决结果如何，有一事实已经被法院确认，曹某某系代表B公司的实际执行人，其行为是合同纠纷而非合同诈骗。"邹剑明律师非常自信地道。后邹剑明律师将上述判决材料及律师意见书递交山东某市公安机关，某市公安机关在收到邹剑明律师递交上述材料经认证研究后决定放人。然而，曹某某刚被释放不久，却又被另一县级市公安机关（C公司注册所在地）刑拘。邹剑明律师委派事务所律师立即前往某市公安局，与承办警官用事实和法律据理力争。曹某某终于在小年夜前被释放。

据了解，在新的刑诉法出台前，邹剑明律师就在公安检察阶段采用律师出具的法律意见书提前介入获得公安、检察机关采纳，使无罪的人不受法律追究。在另一案件中，与厨师高某某同住的一名杀人犯（无锡梅园杀人案）在言语中流露因男女关系而杀人。高某某第一次到公安机关报案，派出所民警没有引起重视，却被当地派出所以"窝藏包庇罪"刑事拘留。邹剑明律师代理此案后，向公安机关陈述了窝藏包庇的犯罪构成要件和高某无此罪名的犯罪动机和目的。邹剑明律师坦言："如果高某作为一个报案者都被苛以刑事责任的话，那就是我们公安干警的悲哀了。"后公安机关未将此人进入批捕程序。

后记

正义不仅要实现，且要以看得见的方式实现。在邹剑明律师所代理的案件中，他总能运用各种方法将非常棘手的案件化繁为简，乃至化风险于无形，而最终的目的是要全力维护当事人最大合法权益。正如他自己所言：作为一名律师，要有综合素质和素养。当今社会，我们所面临和遇到的问题可谓方方面面，案件复杂程度有时无法想象，若要处理如此棘手问题，不是只懂法条那么简单。当然，不积跬步无以至千里，不积小流无以成江河。作为青年律师，一定要能够把心静下来，耐得住寂寞，脚踏实地地做业务，认认真真做事情。只要精神专注，铁杵也可磨成针，水滴也可让石穿，切忌好高骛远。我相信，我也一直坚信，中国的法治之路虽然漫长，但一直在不断进步，而作为法律人更要有长远的眼光和目标，我们肩负着一个时代的责任和使命。要在每一个案件中守护公平，维护正义，要让法律的价值取向深耕人心，且要以看得见的方式实现，如此，我们就无愧于我们作为当代"法律人"的使命和担当。

让法律的阳光温暖人间
——访江西南芳律师事务所高级合伙人、副主任、法学博士刘嫔

编者按

2018年10月30日至11月2日，中国妇女第十二次全国代表大会在北京人民大会堂胜利召开。来自全国各行各业的1 637名中国妇女十二大代表和来自香港特别行政区、澳门特别行政区的79名特邀代表出席。

在江西省赣州市4位参会代表中，其中一位是作为江西省唯一的律师代表引起了笔者的关注，她就是刘嫔律师。

会议期间，全国人大常委会副委员长、全国妇女联合会主席沈跃跃亲切看望江西代表团代表。当沈跃跃主席得知刘嫔是一名律师时，她握着刘嫔的手亲切地叮嘱道："妇女权益是基本人权，作为律师一定要积极保障妇女权益。"刘嫔当即回应："一定按照领导指示，努力做好工作。"

会后，刘嫔律师激动地说："这是我有生以来最幸福的一天。第一次在人民大会堂参加会议，第一次参加全国妇女代表大会，更是第一次近距离地见到习近平总书记、李克强总理等党和国家领导人，感受到党中央的亲切关怀。党中央对广大妇女提出：'增强四个意识，坚定四个自信，巾帼心向党，建功新时代'的要求。妇女权益是基本人权，少年儿童是国家的未来是民族的希望，作为一名基层的法律工作者，我将以习近平新时代中国特色社会主义思想为指引，坚定信念，听党话跟党走，不忘初心，牢记使命，扎实工作，捍卫法律的尊严，积极投身到维护妇女儿童合法权益的事业中去，特别是关心农村的留守妇女和儿童，关注她们在生产、生活、教育、医疗等各方面的需求。在今后的工作中切实做到保护妇女人身权利和财产权益，增加她们的安全感；维护妇女婚姻家庭稳定，提升她们的幸福感；保障妇女社会权益，增强她们的获得感。让法律在维护女性权益，助推女性发展和进步中起到更大作用，让法律的阳光温暖她（他）们的心田。"

二十年如一日的坚守和跋涉，让刘嫔律师成了维护社会公平正义的践行者、法律尊严的捍卫者、法律信仰的守望者、法律精神的实践者、法律文化的传播者和妇女、儿童权益的坚定保护者。让我们先来认识一下本文的主人公——刘嫔律师。

刘嫔 律师

江西南芳律师事务所党委委员、纪检书记，律所副主任、高级合伙人，中国社会科学院研究生院经济法法学硕士、中国政法大学法学博士。中国妇女十二大代表、江西省律师协会理事、赣州市委市政府法律顾问团成员、赣州市政协委员、赣州仲裁委员会委员，现还担任赣州市第十一中学法治副校长。

刘嫔律师曾荣获"司法部创先争优活动党员律师标兵"、"第二届全国优秀律师提名候选人"、江西省"十佳律师"、江西省"优秀党员律师"、赣州市"三八红旗手"、赣州市"五一劳动奖章"、赣州市"优秀政协委员"、赣州市优秀志愿者等荣誉并两次被荣记个人三等功。

为地方经济稳步发展保驾护航

刘嫔律师带队组团先后为江西省投资集团、赣州发展投资控股集团有限责任公司、赣州城市开发投资集团及赣州开发区建设投资（集团）有限公司提供债券、中票、非公开定向融资工具（PPN）专项法律服务；为赣州市工业投资集团有限公司间接收购上市公司昌九生化提供专项法律服务；为赣州稀土集团有限公司反向收购威华股份进行借壳上市提供专项法律服务。

同时，刘嫔律师也是赣州律师行业中第一位组团为公司证券发行上市提供法律服务的律师，实现和完成了赣州律师事务所证券业务"零"的突破。

坚守初心，践行责任

1999年，刘嫔律师自中国社会科学院研究生院毕业后回到江西赣州，加入了江西南芳律师事务所（以下简称"南芳所"），师从南芳所党委书记、主任廖泽方。当时以刘嫔的学识、学历及良好的综合素质，她有很多种选择，到政府机关、国企上班都不是问题，而她却选择了家人、朋友都不看好的律师职业。因为做一名优秀的执业律师是她就读法律以来的最大理想，她不想因眼前的"诱惑"而放

弃自己的初心。用她的话说就是："律师职业更具有社会属性，更便于服务社会，在时间和心灵上也更为自由。我希望自己也如律政剧中的律政佳人一样，挽狂澜于既倒，扶大厦之将倾，服务人民与社会，让法律的阳光温暖更多的、需要它的人。或许这就是一个法律人、一个新时代中国律师应有的使命和责任。"从事律师执业 20 年来，刘嫔律师是这样说的，更是这样做的，且在未来的执业生涯中还会一直坚守下去。

构建和谐社会，维护法律尊严

多年来，刘嫔律师一直担任赣州市委赣州市人民政府法律顾问团成员、赣州市信访局"涉法涉诉信访接待咨询服务员"等。其担任赣州市涉法涉诉与公交改制安全生产信访二项工作组法律服务小组成员期间，参与了 8 起非正常性上访事件的处理，及此，江西南芳律师事务所还被评为赣州市集中处置赴京非正常上访工作先进单位。

尤其值得一提的是，刘嫔律师为烈士正名，维护烈士遗属合法权益的事迹：法律援助彭某华烈士遗属待遇纠纷案，引起媒体与中央领导热切关注，成为推动《军人抚恤优待条例》修改的直接动因（该案入选司法部全国百件法律援助优秀案例）。

多年来，刘嫔律师积极维护妇女儿童合法权益，累计办理维权案件百余件。她为受伤少女赣州市大余县柳某芳法律援助的医疗纠纷案，得到新华网、《瞭望》等媒体广泛报道，成为促进我国农村医疗体制改革的一个典型案例。

刘嫔律师不畏艰难、不辞辛劳为农民工追讨工资的事迹（该案为无偿代理）更受到《信息日报》《海峡导报》等媒体的热切关注和追踪报道——刘嫔律师代理 113 位民工多次前往厦门与相关部门进行沟通。在她的努力下，案件终于取得良好的效果，使拖欠 7 年之久的 8 万多元民工工资当庭兑现。为此，兴国县 113 名民工特意派代表向南芳律师事务所送来感谢信与锦旗。

自 2007 年起，刘嫔律师带领江西南芳律师事务所律师担负起"赣州市妇女维权中心"这一重任，已接待社会咨询百余人次，均给予了广大妇女详尽地解答。

多年来，刘嫔律师牢记一个法律人的使命和责任，为维护社会稳定，构建和谐社会，维护法律尊严，维护妇女、儿童和当事人合法权益做出了积极的贡献。

积极参政议政，推动法治进程

刘嫔律师作为赣州市第四届政协委员，她以高度的社会责任感，扎实的专业法律优势，为促进政府提高依法执政水平，为赣州经济的长远发展建言献策。她提交的《关注农村留守儿童，实施"爱心午餐"计划》《鼓励社会力量参与养老事业，推动赣州的和谐善治》等十余个提案获得优秀提案表彰，并在大会中发言，且连续五年被评为赣州市优秀政协委员。刘嫔律师还于 2015 年受聘为赣州市政协智库成员。

刘嫔律师还为赣州市 7 个市重点工程项目提供服务，积极引导党员律师参政议政并促进地方政府部门依法行政和法治建设。

心系公益，回报社会

作为一名中国律师，刘嫔有着强烈的社会责任感，作为一名女性，她又是如此充满爱心。多年来，刘嫔律师一直担南芳所党支部副书记、副主任，在她的倡导下，南芳所开展了一系列回报社会的公益活动。例如，（1）南芳律师大力开展了法律"进军营、进农村、进社区、进厂矿、进机关、进学校"的"法律六进"活动；（2）南芳所青年律师集体加入赣州市虔青志愿者协会；（3）南芳所党支部发起设立了法律援助基金会；（4）南芳所与团区委共同举办了"爱心助学"活动，长期结对、捐助贫困学生；（5）南芳所与市妇联共同组织策划为信丰县西牛镇捐赠 100 吨水泥，以支持当地的新农村建设，并开通了法律服务热线。

在刘嫔律师的倡导下，江西南芳律师事务所近年来为社会捐款捐物达 30 余万元。因此，江西南芳律师事务所荣获赣州市五一劳动奖状和"赣州市巾帼文明岗"的称号。

刘嫔律师还积极组织南芳律师参与"十万打工妹学法大行动"法律宣传活动；积极参与留守儿童关爱活动，结对子捐款捐物，并策划组织开展"手牵手，真心面对"活动以及策划组织了与市总工会共同为50名特困职工进行一年的帮扶活动等。

关心儿童成长，积极推进"爱心午餐"计划

以下是2011年刘嫔律师担任赣州市政协委员期间关于关注农村留守儿童，实施"爱心午餐"计划的提案。

随着经济社会发展和城乡一体化进程的加快，农村劳动力转移步伐也随之加快，大量农民工涌进城市，成为城市建设与发展不可或缺的重要人力资源，但随之也出现了一个庞大的社会群体——农村留守儿童。父母外出务工后，留守儿童在身体发育、营养状况等方面存在一系列不容忽视的问题。为改善农村学生营养状况，促进农村留守儿童健康成长，提议在全市范围内的各乡镇行政村实施"爱心午餐"计划。

一、实施"爱心午餐"计划的宗旨

切实减轻我市农村小学生贫困家庭的经济负担，改善小学生营养健康状况，同时体现党和政府的民生政策，坚持"政府政策主导、社会爱心资助、村级监督管理、学校负责实施"的原则，采取点对点的办法，严格按照相关法律法规抓好、落实好"爱心午餐"计划。

二、"爱心午餐"计划的实施范围

在全市范围内，选择条件较艰苦的行政村进行试点，时间为期一个学期，在此期间总结试点经验，扩大社会资金赞助来源，逐步向全市所有行政村进行推广。

三、"爱心午餐"计划的实施路径

1. 资助标准。按照"政府政策主导、社会爱心资助、村级监督管理、学校负责实施"的原则，以爱心捐助方和学校为单位，采取点对点的办法实施。爱心捐助方按照每个学生3元钱每餐进行资助，每个月按照22天上课时间计算，每个学期按照4.5个月计算。

2. 配套设备。各帮扶点的配套设备由各行政村负责解决，主要包括各学校食堂的修缮、学生餐具的筹备、厨师的聘请工作及其他一些事务性工作。

3. 配套资金。行政村所在镇政府将对列入了试点的学校每个学期给予一定的配套资金，用于支付厨师的工资。

4. 资助金发放。爱心捐助方在确定帮扶点后，需在每学期开学前将"爱心午餐"捐助款汇入各学校所在的行政村设立的专户上，各行政村每月按需将"爱心午餐"捐助款拨付给各学校，并做好明细账目，每月将信息向社会公开，广泛接受社会各界特别是爱心捐助方的监督。配套资金须在每学期前到位。

四、"爱心午餐"计划的最终要求

1. 各试点学校所有学生均必须在校用餐，每天学生用餐情况要做好记录，要设立好菜谱，要营养健康，要注意卫生，同时必须保证"爱心午餐"一荤一素一汤，并将每餐菜谱做好记录，定期或不定期地向社会大众及爱心捐助方汇报。

2. 各行政村每月要按时将"爱心午餐"资助款拨付给学校，确保资金链的连续性，并与爱心捐助方经常联系，如遇中途资助中断等情况，要提前向政府汇报。

3. 各级政府对各试点学校进行全面监督，并做好宣传等相关工作。

据了解，"爱心午餐"计划自2011年10月正式启动，其间获得政府机构及广大爱心人士的热烈支持和捐助。在刘嫔律师的倡议下，江西南芳律师事务所还与蒙岗小学结对实施"爱心午餐"计划，每学期由江西南芳律师事务所捐助8 000元。

"爱心午餐"计划实施以来，贫困山区孩子们的身体素质得到了极大提高，刘嫔律师和众多爱心捐助者内心更是无比的欣慰和骄傲。

后记

爱因斯坦说，一个人的价值，应当看他贡献什么，而不应当看他取得了什么。人只有献身于社会，才能找出那短暂而有风险的生命意义。对于我来说，生命的意义在于设身处地替别人着想，忧他人之忧，乐他人之乐。

刘嫔律师说："我们每一个人都是社会的一分子，而作为法律人更应有其社会属性。在服务社会的同时，更应竭尽所能为社会的进步和发展贡献财智，贡献力量。哪怕力量很小，但积跬步可以至千里，积小流可以成江河。作为一个法律人，一名律师，将法律的阳光温暖每一个需要的人，就是我终生奋斗的目标和理想。"

是啊！让法律的阳光照亮人间，照耀到社会的每一个角落，让法律的温暖每一个人的心，也正是我们法律人为之终生奋斗的目标和理想。

做一个有温度的、快乐的法律人

——访辽宁申扬律师事务所副主任、一级律师李晓蕾

编者按

只有上班时间，没有下班时间；不是在法庭上，就是在去法庭的路上……似乎这样的工作节奏已成为绝大部分律师的日常。忙阅卷、忙会见、忙出差、忙出庭等占据了他们大部分的时间和精力，烦琐、复杂的工作挤压着他们的生活空间，有时甚至影响到身体健康乃至家庭和睦或使婚姻出现问题。

来自中华全国律师协会的数据显示，截至2018年年底，中国注册律师已超过42万人，而女律师占到律师总人数的近三分之一。工作和家庭如何兼顾首先成为女律师们要面临的第一难题。在中国律师界有这样一位女律师说："工作和生活密不可分，只有家庭好了，你的心态才会好，工作也才能做得更好。"言语间流露着无限的幸福和自信。

她就是本文的主人公——辽宁申扬律师事务所副主任、一级律师李晓蕾，将工作家庭兼顾，志做一个善良的、有温度的、快乐的中国女律师。

笔者同时也了解到，2013年李晓蕾律师被沈阳市妇联评为"沈阳市优秀母亲"，其家庭也在2014年被沈阳市妇联评为"沈阳市最美家庭"。沈阳市妇联这样评价道："李晓蕾律师不仅能够兼顾好工作和家庭，同时不忘回馈社会，在新时代的背景下为职业女性树立了良好的榜样。"

李晓蕾是怎样的一位职业女性？又是怎样的一位既善良又有温度又快乐的女律师？笔者带着这些疑问和好奇心经数度邀约，终于在她出差北京之际完成了这次采访。

走近一级律师李晓蕾

马云曾说："世界上最可怕的事就是比你优秀的人比你还努力！"我们从李晓蕾律师身上看到了什么是美丽优雅、自信从容，什么是知性善良和大格局。

为自己热爱的事业忙碌，不会使人疲惫，反而会让人倍感充实和精力充沛，这种坚持的精神和态度也会逐渐转化为一个人的智慧和气质。作为团队管理者，李晓蕾律师能洞悉每一团队成员的发展需求；作为妻子和两个孩子的母亲，她能将家庭每一成员的情感需求、情绪变化准确把握并制订出清晰的年度计划。两度生产皆是在产后仅一个月就投入工作，但她未因此忽略对孩子的培养和陪伴孩子共成长，坚持在家庭开展"读书分享会"，在家庭中形成了良好的读书氛围，她还将这一方法介绍到学校，使更多的孩子真正爱上读书。

这就是李晓蕾，认真工作快乐生活的中国女律师，一个新时代背景下职业女性的楷模和榜样。

幸福都是奋斗出来的

要探究李晓蕾律师的成长历程，我们还要从她的涉世之初说起。1995年大学毕业时，正赶上辽宁电视台经济部缺人，学经济法的李晓蕾顺利进入辽宁电视台实习，实习期两个月。在这期间，李晓蕾不怕苦不怕累的精神受到台领导高度肯定和评价，遂在实习期满之后将这个女孩留了下来，就这样李晓蕾成了辽宁电视台经济部的一位电视编导。电视台的工作虽然忙碌，但待遇好，更有职业自豪感，妈妈十分满意。

李晓蕾一直订阅《南风窗》《时尚》和《中国律师》这些刊物。当然作为法科生对《中国律师》更是情有独钟，她在这本杂志里似乎在寻找未来自己的身影。同时她也清晰地意识到，电视台的待遇虽然好，自己也工作顺遂，但她觉得电视台的工作更适合年轻人。随着年龄的增长，她开始认真思考人生规划——她要做一名执业律师。确定目标后就坚定执行。她先向台领导表达要转到律师行业工作的愿望，没有给自己留后路。台领导惋惜之余也非常支持她的决定。1998年，通过全国律师资格考试顺利拿到进入律师行业的"入场券"后，1999年李晓蕾转入当时的沈阳市第一律师事务所（辽宁申扬律师事务所前身），成为一名真正的执业律师。人们常说，机会总会眷顾勤奋、努力的人。刚开始做律师，李晓蕾上班常常是早去晚走，甚至周六、

周日大部分时间也在律所，要么研究案卷，要么就是为前来咨询的当事人解答法律问题。她原计划怎么也得工作两三年后才能独立办案，但不到一年时间她已独立办理十余件案子，靠勤奋和努力赢得了良好的口碑。2001年，原沈阳市第一律师事务所、沈阳商贸金融律师事务所改制更名为辽宁申扬律师事务所，李晓蕾也成为从国办所到合伙所这一重要历史时刻的见证者。

专业化是法律服务的未来

3年的勤奋和努力已经让李晓蕾律师能驾驭各类诉讼案件。这时的她却提出专业化才是法律服务的未来的倡议，但应者寥寥。专业化就意味着要放弃其他领域的业务和收入，这样的魄力在当时全国律师界还没有多少律师敢于尝试。但李晓蕾经过深思熟虑后判断，随着中国城市化进程的加快，以房地产为龙头的建筑工程类法律服务由于技术性强，且疑难复杂，正是当地很多传统律师的短板，而只有提供更加专业的、有效的法律服务才能吸引客户，并让客户甘愿为律师的服务"买单"。找准方向，定好目标，剩下的工作就是坚定不移地向着既定的方向和目标努力了。

这时被业界誉为开创了中国律师专业化法律服务，且在建筑与房地产法律业务领域的带头人朱树英老师对李晓蕾的专业化发展之路产生了非常积极的影响。从购买书籍到参加培训学习，再到成为中华全国律师协会建设工程与房地产专业委员会委员，十多年来，李晓蕾律师一直扎根在这个领域，且成绩斐然，并获得2015ENR/建筑时报"最值得推荐的中国工程法律60位专业律师"之一的荣誉称号。

改革开放以来，我国对外交流逐渐增多，科技水平不断提升，"交钥匙工程"也随之发展。2010年，辽宁某企业为广东某企业在越南的某"交钥匙工程"施工，但工程未完工双方即产生纠纷。辽宁某企业在广东湛江对广东某企业提起的诉讼一审败诉。李晓蕾作为原告企业的代理律师

接手了二审，但也没能扭转局面。李晓蕾作为代理律师没有放弃，经过认真研究和查阅全国同类型案例，她决定将该案提起抗诉。因为律师准备的观点准确、资料翔实。此案抗诉至广东省高级人民法院审理后，不到3个月，对方便同意给付款项，双方达成和解，广东某企业也很快将工程款结算给了辽宁企业。

2016年，某综合体的基础桩、降水及地下室土方开挖工程在工程款结算上出现分歧，施工方遂将发包方诉至法院。李晓蕾在介入此案前该案已历经两次开庭，因看不到胜诉的希望，发包方辗转找到李晓蕾律师，希望更换为李晓蕾律师代理此案。因为此工程已经结算，发包方希望她能阻止对方对该工程进行司法造价鉴定。然而，当李晓蕾律师临危受命接受委托后，法院已将司法鉴定报告送达，且较原来结算价款多出1 000万元。既然接了委托就要全力以赴，李晓蕾律师查阅案卷，调取证据重新组织代理意见，针对司法鉴定报告又整理出近600页的复议意见。经过复议和论证，复议结论将超出的1 000万元结算款改为500万元，另外的500万元列为有争议款，李晓蕾终于突破对方司法造价鉴定报告。但这时双方仍处于焦灼状态，案件只得又回到原点再次开庭。经过近3年的"拉锯战"，此案已历经三次开庭、鉴定和复议。

在这里更值得一提的是，在司法鉴定报告复议期间，李晓蕾律师其实还是一个怀孕9个月的高龄孕妇，但她仍坚持与对方负责人进行了两次商谈，这为双方最终和解打下了坚实的基础。第三次开庭后双方终于达成和解，李晓蕾律师为被告方节省工程款、利息等合计近千万元。

由于很多顾问单位的投资项目或分支机构皆在全国各地，而即使分支机构或项目有当地律师提供法律服务，一遇到涉及重大利益的法律纠纷，顾问单位仍选择请李晓蕾律师出庭或进行协调。多年来，她的足迹也走遍了全国各大城市。

团队化是法律服务的大势所趋

据笔者了解，李晓蕾律师自2006年开始即组建了律师团队。"随着经济的发展和企业的不断壮大，企业对法律服务的需求已不是一个律师所能完成的，单打独斗式的法律服务已不适应社会和市场经济发展的需要，团队化作战才是现代法律服务的大势所趋。"

多年来，李晓蕾与团队律师稳扎稳打，不急不躁，并在聘用的律师助理中培养适合团队工作的青年律师，按专业方向重点培养。历经13年，目前已经形成稳定、高效、多专业的律师团队，以适应沈阳市以顾问单位为轴心形成的法律服务市场。

李晓蕾律师团队以建设工程、金融债权、公司法、政府法律顾问、企业法律顾问、知识产权、婚姻家庭等为主导业务，同时近年扩大了尽职调查、兼并转制、上市公司常规业务等非诉讼领域业务。这样的律师团队非常适合为法律顾问单位提供诉讼及非诉讼全方位的法律服务，由于每位团队律师只主攻两三个业务领域，每个团队律师还带

领着自己专业领域的小团队,力争更好地为顾问单位提供专业的法律服务。目前,李晓蕾律师团队项下有政府顾问团队、金融债权团队、知识产权团队、建设工程团队、非诉讼业务团队、婚姻家庭团队、劳动纠纷团队。

我们相信,我们也看到,李晓蕾律师团队在辽宁申扬律师事务所这艘大船的引领下已经发展成为辽宁省乃至全国最专业、反应最快捷,能提供最有效法律服务的团队之一。

身兼数职,荣誉等身

李晓蕾律师除担任申扬律师事务所副主任、房地产与建筑工程专业委员会主任和团队负责人外,还担任沈阳市和平区政协常委(连续三届政协委员),政协政法专委会副主任,全国律师协会住建委员会委员(2008年为民委会委员)、全国律师协会政府顾问委员会委员,沈阳市律师协会劳动与社会保障委员会副主任,民进省委法制与社会专委会主任,沈阳市工商联执委,沈阳市民进企联会秘书长、沈阳市纪委特邀监察员、沈阳市公安局特邀监察员、沈阳市质量技术监督局特邀监察员、沈阳市和平区人力资源和社会保障局监督员、沈阳市和平区工商局特邀监督员、沈阳市和平区营商环境监督员、沈阳市企业家协会常务理事、沈阳市和平区工商联副主席、沈阳市和平区八经街道妇联副主席等诸多社会职务。

而作为一名专业律师,她还要研究案卷、参与出庭、与顾问单位接洽等。

1996年作为团省委的青年志愿者、沈阳市市民志愿者协会副会长,她还积极推动沈阳市文明乘车、文明祭祀活动和参加各种公益爱心活动,并于2005年获得"沈阳市文明市民"称号,2012年、2013年和2014年连续三年被沈阳市精神文明建设指导委员会评为"沈阳市优秀志愿者",对其多年来从事志愿者工作给予极大的肯定。忙碌之余她还坚持学习和积极参加律师业内交流活动,2008年至2011年三年间,她奔波于沈阳北京之间完成了中国政法大学国际法学院在职博士班的学习并结业。2015年,她应纽约律师学院(PLI)之邀与来自全国各地的23名律师飞赴波士顿,开启为期12天的美国法务之旅,该活动是为中国律师量身定制的全方位短期强化学习项目。座谈中涉及了年轻律师如何培养、诉讼律师与非诉讼律师的比例及薪酬、美国律师如何看待中国的资本市场及新三板业务以及律师的分配制度等问题。

据了解,李晓蕾律师在2017年获沈阳市律师协会文化建设先进个人;2016年获沈阳市律师协会授予的"2015年度沈阳市优秀女律师";2015年获沈阳市司法局授予的"诚信律师标兵"荣誉称号、辽宁省司法厅授予的"辽宁省优秀律师"荣誉称号;2009年度获得沈阳市优秀律师(十名)荣誉。2015年李晓蕾律师被评为"民进全国先进个人"及"沈阳市十佳会员",并多次获得民进市委会"参政议政工作特别贡献奖"和"2014年度社会服务工作贡献奖",多次被评为省、市民进"优秀会员"和2014年被评为民进辽宁省"参政议政工作先进个人",2014年民进辽宁省委"反映社情民意信息工作优秀信息作者"。三次被和平区政协评为"优秀政协委员",三次被评为"优秀监督员"。

各种交流、学习、公益以及学习分享、家庭出行等似乎填满了她每一天的行程,有朋友问李晓蕾律师为什么热衷于做那么多事,参加这么多活动不累吗?她的回答是:"与优秀的人在一起才能变得更优秀。"

近年来,工作忙碌学习紧张,但她很少加班,也没有任何应酬的饭局,在律所时总能将工作早早处理完下班回家,且每年还能安排三次到五次全家人的外出旅行。怀孕一个半月时她到希腊过圣诞节,怀孕4个月时她到塞班岛过春节,每年寒暑假她都和家人一起旅行,感受各地风土人情。在这里更值得一提的是,2016年,她和家人到达南极,并将辽宁申扬律师事务所的旗帜带到了中国南极长城考察站。

2019年是中国律师制度恢复重建40周年,同时也是李晓蕾律师执业生涯的第二十个年头,无论是事业还是家庭她都获得了双丰收,她已成为当代职业女性学习的典范和楷模。

后记

"因为我热爱律师事业,律师是助人的工作,这个职业本身就自带善良,所以我一直很快乐。"李晓蕾律师发自内心地感叹道。

笔者以为,每个人表达善意的方式不同。善,并不局限于资助贫困学生、捐钱捐物,只要在自己力所能及的范围内帮助他人,就是善的表现。正如高尔基所说:"做一个善良的人,为群众去谋幸福",向所需之人施以援手,哪怕一件微乎其微的小事,即使不足以引起轰动,也会温暖施善者和受善者小小的心房。善有善报,因果自有轮回;以小化大,方能见证人品;心存善念,定能长远前行。

这是一个发展迅猛的时代,若想不被时代抛弃,便要顺应时代潮流。作为一个思想独立、行动力强的当代女性,李晓蕾律师始终紧追时代的步伐,不被陈旧束缚,接受新鲜事物,取其精华弃其糟粕,在前进的同时发现不足,不断改进自己,改进团队。而做一个善良的、有温度的、顺应时代发展的、快乐的法律人正是对李晓蕾律师最好的诠释。

生命的意义在于拼搏奋斗

——访辽宁省优秀律师、辽宁华建律师事务所主任、创始合伙人孙宝华律师

编者按

在辽宁沈阳有这样一位女律师，以维护当事人权益为己任，她就是辽宁省优秀律师、沈阳市优秀律师获得者，辽宁华建律师事务所主任、创始合伙人孙宝华律师。同时，孙宝华律师还是中华全国律师协会会员、辽宁省法学会会员、辽宁省民建委员，并兼职担任着沈阳律师协会常务理事、沈阳律师协会刑事专业委员会、民事专业委员会、政府法律事务委员会、涉外法律事务委员会委员等诸多社会职务。20多年来，虽历经无数风雨，虽已届天命之年，但孙宝华律师对律师事业的执着初心不改，依然坚守着心中的理想，竭力维护着法律的尊严、社会的公平与正义。

在笔者的盛邀下，她用8个"门"为笔者分享了她的人生心路、律师生涯，更用杜甫的诗句"文章千古事，得失寸心知"（出自《偶题》）表达了她的人生感悟和执业情怀。

对话孙宝华律师

赵伟主编：孙律师您好，非常荣幸也非常感谢您能在百忙中接受我们的这次专访。我们了解到，您在从事律师执业前是一位理工科的工程师，从事律师执业后还到美国学习深造和工作5年之久，可谓经历了无数风雨，当然，风雨过后也收获满满，而回国后您依然选择从事律师工作。为何如此钟爱律师职业？在您的律师执业生涯中又有哪些记忆犹新或刻骨铭心的故事可否与我们做下分享？

孙宝华律师：好的。我从事律师职业以来，一路上所经历的无数风雨和苦辣酸甜，虽然够不上"文章千古事"，但还是"得失寸心知"的。我用8个"门"来一一将我的人生经历、律师生涯以及所思、所想、所悟与广大读者和广大青年律师做下分享，以示抛砖引玉，还请广大同仁不吝赐教。

一、寒门

1981年9月，我高考考进锦州工学院（现为辽宁工业大学），在机械制造工艺及设备专业学习了4年。1985年7月毕业后被分配到科研事业单位辽宁省日用电器研究所做了7年技术工作，后来还获得了"工程师"的技术职称。

20世纪80年代，全国兴起了一股经商的热潮，我在做完日常研究工作之后，有较多的闲暇时间，看着自己周围的同学中，有些胆子大的人离开国家机关、国有企业下海经商，去开饭店、办公司，获得了不菲的经济效益。于是我也开始跃跃欲试，想做第二职业。

1990年年初，女儿刚刚一周岁时，我向单位请了3个月的假，来到北京市海淀区甘家口，从亲朋好友处借来1.5万元，兑下一个饭店，做起了生意。然而，经营不到两个月，饭店要被拆迁，我便来到海淀区一家律师事务所咨询出兑协议是否存在欺诈，律师告知协议合法有效，不存在欺诈。1990年5月，我眼睁睁看着自己经营饭店的房子被拆掉，时间与金钱皆付诸东流，那时心在流血。

二、入门

当时我们夫妻二人每月只有56元的工资，可以说是捉襟见肘。为了偿还1.5万元的债务，我还是想要做第二职业。为了避免经商被欺骗，也为保住事业单位的职位，我决定做个兼职律师试试。于是，在1990年9月报考了辽宁大学成人自学考试经济法专业。在自学期间通过了律师职业考试并获得辽宁高等教育自学考试指导委员会颁发的经济法专业大专毕业证书。

法律专业顺利毕业了，律师资格证也拿到了，我便开始寻找可聘用自己做兼职的律师事务所。1994年，当时的沈阳市国办律师事务所仅有4家，即沈阳第一、二、三、四律师事务所，这四家都是国有事业单位，有事业编制的限制，不招收兼职律师。沈阳还有两家合作制律师事务所可以兼职，但是没有任何工资待遇。

三、开门

1995年，辽宁省司法厅出了文件，明确了达到条件并

通过律考的人员可以办"合作制"律师事务所。恰好在辽宁大学自学期间有几位同学也都通过了律师资格考试,于是大家商议创办自己的合作制律师事务所。我和两位合作人经多次商议,制定了章程、合作协议。我再次向亲属举债,借款5万元租赁了某单位办公楼80多平方米的看上去有点"高大上"的办公房间。我们商定将律师事务所的名字定为"华建",取"建设法治中华"之意。我们将申报资料送到司法行政部门之后,1995年10月12日,辽宁省司法厅批准成立沈阳华建律师事务所,性质为合作制。于是,我们开立银行账户、购买办公用品。1995年10月17日,在没有鞭炮、没有鲜花、没有喝彩的日子里,沈阳华建律师事务所挂上牌匾,宣告正式开业。

四、冷门

开业了,业务从哪里来?我们3名合作人都没有律师执业的经历,仅仅是通过了执业资格考试而已。经过冥思苦想,发现当年一些企业正在进行改制并到深圳、上海证券交易所上市,于是我们决定做国有企业改制和上市的业务。

我负责沈阳市内的预上市企业的搜寻、调查及撰写上市公司相关法律文书;闻德勇律师负责全省范围内的上市业务承揽工作;孟繁柱律师负责总体协调工作。经过近一年时间的拼搏,我们承揽了包括本钢、鞍钢、葫芦岛锌厂等7家国有企业的预改制上市业务,合作协议也初步签订。

但天有不测风云。1996年11月,国家突然宣布暂停审批上市业务,何时开始审批不确定。我们辛辛苦苦在辽沈奔波了一年时间,所付出的时间、金钱、精力等都成了泡影。当时本想通过做上市业务可以挣钱,结果却是两手空空。为了做律师,我当年辞掉了公职,之前的债务也没有还上。

五、正门

1996年12月,我们重新在某单位租了不到15平方米的办公场所,房间仅能容纳两套办公桌椅,主任闻德勇律师没设办公桌椅,天天在外跑业务。

在这个办公场所,每天都有当事人上门咨询,代书、代理等诸多法律业务也开始渐渐增多。虽然都是事关普通老百姓的家庭生活琐事,收费也较低,但在不知不觉中,我们的业务方向便确定了,就是为老百姓打官司,脚踏实地从每一件小事、小案做起,成为为百姓服务的律师。

这一阶段大约有两年的时间,我们为老百姓解答了大量的法律问题。这个过程也使得我个人的能力得到了极大的提高,使我从一名连起诉状都不会写的律师变成了熟悉包括《民法通则》《刑法》《婚姻法》《继承法》《合同法》《民事诉讼法》《刑事诉讼法》等法律条文并能自如运用、游刃有余的律师。我每天至少开两次庭,这其中既有民事案件,也有刑事案件,两年时间代理诉讼案件达700件。

脚踏实地工作一段时间后,我们3名合作人又制定了华建所的优惠收费制度,其中明确:第一,对70岁以上的老年人咨询不收费,代理案件优惠50%。第二,对残疾人咨询不收费,代理案件减半收费。第三,对特困户、下岗人员及失业人员咨询不收费并免费代理案件。第四,对生病住院、交通肇事受伤人员,在减、免代理费的同时,可缓交律师费直到案件结束。第五,对公共机关、司法机关等指定的法律援助案件全部免费代理,以配合推进国家法治的建设。

六、叩门

从1995年执业以来,我们发奋努力,求学不已,不停地从北京、上海、深圳等地区的律所汲取经验。从1998年4月至2001年,华建所不断地发展壮大,办公室面积不断扩大,人员也不断增加,从最初的3名合作人增加到50多名律师及工作人员。

这期间我们积极塑造、宣传华建律师形象,到沈阳市繁华地区如中街、太原街发放"华建律师"宣传手册;在多家媒体宣传华建律师的业绩,让百姓知道有个"华建律师"可以帮助百姓解决法律难题,可以帮助百姓化解家事矛盾、社会纠纷。与此同时,在购买的第一台小型面包车车体上喷涂了"华建律师"宣传广告;后来又在金杯中型面包车车体外侧也做了"华建律师"的宣传广告,经常去公园、社区举办免费法律宣传讲座等。我从1998年到2003年,在沈阳市中级人民法院与沈阳电视台联合举办的"法庭直播"栏目中,多次作为现场直播案件的辩护律师出镜,出镜率在增加、知名度在提高。经过日积月累、多种方式的宣传,使"华建律师"的名片在沈阳有了一定的影响力。

我们锲而不舍地工作,赢得了沈阳市中级人民法院刑事审判庭法官们的极大信赖,他们逐渐将一些指定辩护的案件交给华建律师。华建律师每年大约代理30多件指定案件,其中包括辽沈地区的大案、要案,每一件我们都不收费,并全心认真代理。自此,我们又敲开了刑事辩护业务的大门,并将其作为华建所的优先业务发展方向。

2000年10月,我们通过对沈阳多家银行进行讲解、沟通,终于说服农业银行沈阳分行与我们合作——开展个人住房按揭贷款律师见证、代办业务。从2001年到2017年,华建所先后与农行沈阳分行及其下属10家支行,与招商银行沈阳分行、浦发银行沈阳分行合作,开展了大量的个人住房按揭贷款律师见证、代办、追款等业务,可以说华建建所是沈阳市第一家介入到该项业务领域的律师事务所。

七、出门

荀子在《劝学篇》中说:"吾尝终日而思矣,不如须臾之所学也。"我从一名仅仅会咨询、代书的小律师做到能代理各种刑事辩护案件、能做标的额上亿元的金融纠纷案件的律师,事业蒸蒸日上之时,进一步谋求发展的愿望油然而生。这时,我们萌发了出国学习的想法。

为着这个目标,从2002年年初开始,我自己每周抽出两天时间到东北大学学习英语,经过一年时间的英语口语学习,感觉可以应付国外的学习和生活了。2003年1月,我顺利拿到美国签证,2月我带着憧憬走出国门进入了美国,3月进入芝加哥社区大学学习英文,后又进入美国伊利诺伊大学芝加哥分校(以下简称UIC)进一步学习英语。在

UIC 学习的同时，兼职到芝加哥一家养老院工作。经过在美国的英语学习，可以与美国人面对面、无障碍地交流，过了英语的听、说、读、写这几关。同时，我又利用两年的时间攻读考取了美国助理律师执照。再后来，我到芝加哥的一家律所做律师助理，在完成律所交办的查找判例、法条、撰写法律文书等工作之外，又自学美国的基础性法律，如联邦移民法、伊州民法典、民事诉讼法典、伊州土地法典等，对美国伊利诺伊州及美国的基本法律制度有了较为深入的掌握。在此基础上，我又先后考取了美国伊州保险代理人资格证书、美国伊州房地产代理人资格证书以及美国伊州金融贷款员资格证书。再后来，我离开律师事务所，凭借这 4 份专业技能资格证书，到了薪水高一些的一家房地产开发公司，做起了房产销售代理及贷款专员工作，这一做就又是两年。这两年我进一步对美国的房地产开发制度体系及金融贷款制度体系有了充分的掌握，对美国的了解随之也更加深入。

八、回门

2008 年 2 月，我带着在美国学习、工作中所获得的经验，以及与美国纽约、芝加哥、洛杉矶、旧金山 4 家律师事务所签订的长期合作协议回到沈阳，回到了华建律师事务所。从此，华建律师事务所的主营业务在之前的刑事辩护、金融机构服务之上，又增加了涉外法律服务。凭借 3 名合伙人长期在美国的学习、工作经历，华建律师能够真正做到与客户一起进出任何一个英语国家，从事多种涉外服务业务，满足客户的涉外法律需求。

赵伟主编： 可否聊聊您及几位创始合伙人回国后这 10 余年来的经历以及取得的成果？

孙宝华律师： 好的。2008 年回国后，原来与我们 3 名合伙人一起奋斗的几位优秀律师在我们出国期间都带着助理离开华建所创办自己的律所。当年我出国时，华建律师及助理总计近 60 人，5 年后回来时却只剩下不到 20 人。如何留住并吸收人才已迫在眉睫，而且在我们出国的 5 年时间里，国内律师行业飞速发展，一批批合伙制律师事务所如雨后春笋般出现，这让我们真正感到压力山大。国家在改革，律所要前进要发展也要改革，不改革就会被时代淘汰。回国后，我们也开始了律所的革新之路，并开始实施我们的改革方案。

一是吸纳优秀律师成为合伙人。凡是符合华建律所标准的律师，即业务素质强、职业道德高尚的优秀律师，都接纳或吸收为合伙人。

二是合伙人之间要大事商议，律师遇到重大疑难案件要提交集体讨论。每一个合伙人律师都要做好传、帮、带的工作，带领实习和刚入行的律师，每个合伙人都视华建律所为自己的家。

三是放手任用青年律师。对青年律师出方案、定制度，鼓励和支持他们积极参与司法行政机关、律师协会组织的各项活动，表现突出者给予奖励，表现优秀者大胆任用。

四是实行老、中、青三结合。传承华建律所的梦想。青年人是国家的未来，青年律师也是华建律所的未来。但是，青年人需要借鉴经验，需要弘扬精神，需要担当使命。

2008 年至 2019 年的 10 余年，我们在沈阳市中心区市府广场附近的新华科技大厦 27 层购买了自有产权的办公室，办公面积 700 余平方米，律师、助理、行政、财务等合计已达 50 多人；2011 年，律所合伙人会上大家推选我担任律所主任，我知道这是华建律师同仁对我的信任，压力倍增，但同时感觉责任也更大了。我们的主要合伙人有在美国学习、工作的经历，又熟悉欧美等国家的法律和国际惯例，具有用英语从事专业法律服务的能力，并有与外国律师合作办理法律事务的实战经验，还同美国商界建立起良好的伙伴关系。这样就更加方便为国内客户提供包括境外上市、私募股权融资、中外合作、合资经营、境外建厂、设立分支机构等经营及非经营活动所需的法律服务乃至商机。强大的海外背景和资源让华建律师事务所能更好地为中国企业提供优质、高效的法律服务。

现华建律所已形成刑事、诉讼仲裁、合同、劳动争议、公司证券、知识产权、房地产与建设工程、涉外业务八大业务板块，经过几位创始合伙人及全体律师的不断努力，已经发展成为东北地区设立早、法律服务经验极为丰富的综合性律师事务所。

华建律师事务所建所二十多年来，办理了数千件民事诉讼和仲裁案件，充分利用熟练掌握的合同法、民商法等相关的民事法律法规，维护广大委托人的合法权益；华建律师还曾多次参与东北地区有重大影响的刑事案件的辩护工作，有着数十起无罪、罪轻辩护的成功案例，高效敬业的工作态度、极好的辩护效果，深受当事人及社会各界好评。华建律师也担任政府机关、企事业单位、大型金融集团、公司等首席或常年法律顾问，建立了广泛、稳定的高层次客户网络。尤其值得一提的是，华建律师同仁熟谙我国公司法、证券法及相关法规，为公司上市、重组、兼并、收购提供服务，尤其为中国公司在美国、加拿大、新加坡等国家上市融资、兼并收购提供专项法律服务。

二十多年的光辉发展历程，奠定了辽宁华建律师事务所在中国金融、证券、房地产、海外投资、融资、并购及国际贸易等法律服务领域的实力和资源。

多年的坚持不仅获得了广大客户的好评，也取得了政府部门颁发的各项荣誉，辽宁华建律师事务所先后被评为"辽宁省优秀律师事务所""沈阳市十佳律师事务所"和"诚信 AAA 级律师事务所""法治宣传教育先进集体"等。

作为华建律所的创始合伙人之一，在执业二十多年之后，发现自己已不知不觉进入了知天命之年。但是，我对未来发展的愿景和初心未改：做一名谦卑、良善、仁爱、公义的合格律师——踏踏实实为委托人解决法律问题；真真切切维护社会的公平与正义！

展望未来，我真诚希望华建律所能继承过去的优良传统，在实现自身价值的同时，能够为社会和国家的发展贡献自己的力量，成为一家百年传承的律师事务所。

后记

采访结束，笔者久久沉浸在孙宝华律师的讲述中，多年来，笔者一直在挖掘中国律师最真实的故事，并以每一个中国律师的亲身经历为题材，写就他们拼搏与奋斗的历程和心路。作为在律师界"混迹"20年的资深媒体人，一直自觉是对中国律师最有发言权的人之一。很少有人了解，其实每一个律师在成功、成名之前，都是要经历一番拼搏与奋斗，乃至疲于奔命或捉襟见肘的苦日子的。

习总书记说："只有奋斗的人生才称得上幸福的人生。"孙宝华律师用她不断奋斗的人生为这句话做了最好的诠释和佐证。我们相信，在未来的岁月里，孙宝华律师仍将保持一颗谦卑之心、良善之心、仁爱之心、公义之心，与时俱进、勇往直前，带领华建律师同仁创造更多佳绩，续写华建律师的明日辉煌。

努力维护当事人合法权益，做一个善良正直的法律人

——访内蒙古铎誉律师事务所主任、包头市九原区第九届政协委员刘学云律师

编者按

　　律师应以当事人合法权益最大化为己任，并通过维护当事人合法权益实现社会的公平与正义。

　　人与人的差距，表面上看是财富的差距，实际上是实力的差距；表面上看是人脉的差距，实际上是人品的差距；表面上看是气质的差距，实际上是涵养的差距；表面上看是容貌的差距，实际上是心地的差距；表面上看是人与人都差不多，内心境界却大不相同，心态决定命运。

　　再穷，也要借钱去投资；再难，不要说话不算数；欠钱，一定拼命挣钱来还；还不上，要打电话让人知道你没忘。堂堂正正做人，明明白白做事，永远不要丢掉别人对你的信任。别人信任你，是你在别人心目中存在的价值。人生路很长，自己别把路走窄了。把人做好了，什么都会有。永远不要透支身边人对你的信任，失去诚信等于终生破产。

　　　　　　　　　　　　　　　　——刘学云

　　是啊！堂堂正正做人，明明白白做事，永远不要透支身边人对你的信任。以当事人合法权益最大化为己任，做一个善良正直的法律人！此言既是告诫自己，也是在警示他人；语言朴实无华，但却振聋发聩。

　　在新时代全面依法治国的今天，律师的社会地位、政治地位获得了极大提升。在中国律师界，很多执业律师除代理案件外，更身体力行参与到国家的法治建设中，他们积极参政议政、热心普法，哪里有需要，哪里就有他们的身影。今天我们采访的主人公就是一位在法律战线坚守近30个春秋的"老兵"，更是一位将诚信、将当事人合法权益置于首位的中国律师，还是一位积极参政议政、热衷普法宣传、热心公益事业的政协委员，他就是现担任着内蒙古铎誉律师事务所主任、包头市九原区第九届政协委员的刘学云律师。今天就让我们走近他，探究他不懈奋斗的法律执业生涯和不断追求卓越的心路历程吧。

专业擅长

　　刘学云律师擅长刑事辩护，尤其是涉及毒品案件的刑事辩护、民间借贷、交通事故、婚姻、继承、债权债务、损害赔偿等各种诉讼及非诉讼法律事务。

创新业务

　　在大众创业、万众创新的政策引导下，为企业提供投融资平台、私募基金、众筹、不良资产处置、PPP项目政府合作提供咨询、法律服务、移民、留学海外、税务筹划、上市Q板、E板、N板、境外上市，并提供新三板全程一站式服务，与多个平台进行了有效链接。

知识改变命运，毅力改变人生

　　刘学云律师的法律执业生涯还要从20世纪90年代开始。刘学云律师出身农村，受教育程度有限，自学成才。在从事法律工作之前，他还开过钟表修理店。1986年至1990年，国家开展"一五"普法活动，作为包头市个体工商户

的刘学云积极参加普法活动并获得包头市普法建设第一名。自此，刘学云对法律工作产生了浓厚的兴趣，在参加了中华全国律师协会函授班后，他于1990年进入当地法律服务所，成为一名基层法律工作者。在法律执业道路上找到人生价值的刘学云也开始了一生的不懈奋斗之路。参加党校和中央广播电视大学的学习班、报考中国政法大学继续教育学院，一路走来可谓困难重重、艰辛不断，但他的目标只有一个，那就是早日通过国家司法考试，成为一名可以在全国执业的律师（法律工作者不能异地执业）。虽有20多年法律实践经验，但一直没有拿到律师执业证，这是他心头最大的遗憾。为了通过司法考试，他把所有的时间几乎都用在了学习上，将电视线路拔断，MP3听坏了两个，每天早晨五点起床，到院外跑一圈回来第一件事就是抓紧时间学习，甚至大年三十，别人都在热热闹闹准备过年时，他还在努力学习。这样的学习精神也带动和影响女儿喜欢上法律工作，从此两人开始一起学。功夫不负有心人，2012年，喜报传来，父女二人双双通过当年的司法考试。为此，包头市东河区司法局还给刘学云发了一个"考试突破奖"。刘学云律师的学习经历成了女儿的榜样、家族的榜样，更成为整个包头市司法系统公认的榜样，一时传为佳话，至今遇到以前的同事、相熟的司法办案人员，还会对他竖起大拇指，钦佩之情溢于言表。是怎样的动力、毅力和精神支持着刘学云律师不懈奋斗的脚步？或许，应该是他太爱律师这个职业了吧。"爱"让他无往不利，勇往直前。"是知识改变了我的命运，当然，也是坚持改变了我的人生。"刘学云律师深有感触地道。

与时俱进才能阔步向前

2016年，内蒙古铎誉律师事务所宣告成立，并由刘学云律师担任主任。时至今日，刘学云律师已经担任包头市九原区第九届政协委员、全国高瞻新三板联盟副主席、境外上市国际联盟内蒙古分会长、全球投资移民律师协会包头区域理事、中国PPP律师联盟创始人等诸多职务。只有上班没有下班的忙碌成为他的另一个工作标签，忙碌、辛苦，几乎没有休息日，但他忙得不亦乐乎。在被告人经过他的辩护、代理成功维权或获得罪轻处罚乃至免于死刑获

得新生时，他甚至比当事人还高兴。刘学云律师已过天命之年，他却如青年人一样办理案件，全国各地奔波，到北京各大院校、机构参加各种培训、交流活动，与同行分享交流办案经验，取长补短。我们从他使用现代化办公设备上，也可看其心态之年轻，电脑、手机、ipad一个都不少。而内蒙古铎誉律师事务所"公益法律微课堂"以及"内蒙古铎誉律师事务所""刘学云律师""包头刑事辩护律师刘学云""内蒙古律师刘学云""包头律师刘学云"等微信公众平台的开通和运营，更体现了刘学云律师对移动互联网技术的理解和运用已经走在了这个新时代的前沿。

在各大机关、企事业单位、社区、法律论坛上总有他的身影，在互联网＋法律服务会议中也有他的发言……他用实际行动攻克一个又一个在他人看来不可能反转的案件，为他们送去法律的公正与温情，改变了一个又一个被告人（当事人）的人生轨迹。

2017年2月16日，京师律师联盟签约仪式成功举办。内蒙古铎誉律师事务所（包头）主任刘学云律师、京师律师事务所分所协调部主管孙亚磊先生、客服部杜建朝先生共同出席了此次会议。今天的主人公让我们看到的仍是一个勇立潮头、与时俱进、昂首阔步、勇往直前的刘学云律师。

仗义维权，法律援助送温暖

据刘学云律师介绍，内蒙古铎誉律师事务所成立虽晚，规模也比较小，但充分发挥了律师服务社会经济发展的职能作用。律所经过两年来的不断学习和摸索，形成了一套规范的法律服务模式。全体律师拼搏进取、各尽其能，常年坚持为公民免费提供法律咨询，为企事业单位等社会组织举办法治讲座，积极参与包头市司法局和九原区司法局组织的法律援助值班活动，为困难群众、弱势群体特别是农民工提供义务法律咨询，并解决他们的相关法律诉求。

2018年7月17日，郝某某一大早来到了内蒙古铎誉律师事务所，将印有"正义守护者，人民的好律师"的锦旗送到了刘学云的手中，并激动地说："多亏了您这样的好律师，我的工资才能要回来，谢谢您！"

2018年5月20日，郝某某带着九原区法律援助中心

的指派函来到了内蒙古铎誉律师事务所，刘学云接待了他。"2017年8月18日，我在包头某公司工作，公司一直没有签劳动合同，今年4月11日，将我无理由辞退，现在我想向单位要赔偿……"郝某某向刘学云律师诉说着。

刘学云律师通过郝某某每月工资卡的银行流水、工资表以及其他工友的证明，确定了郝某某与包头某公司存在劳动工作关系。同时，用人单位未按照《劳动合同法》的规定与郝某某签署书面的劳动合同，应当向郝某某支付11个月的2倍工资。除此之外，因用人单位违法解除劳动合同，应按照《劳动合同法》第47条规定的经济补偿标准的2倍向郝某某支付赔偿金。最终，在刘学云的协调下，郝某某与包头某公司达成了调解协议，用人单位同意于2018年7月15日前一次性给付郝某某3万元的赔偿。

"以调解的方式结案，既能尽快实现当事人的诉求，也能最大化地节约诉讼成本，真正收到案结事了、皆大欢喜的良好效果。"刘学云律师非常欣慰地道。

以上劳动争议援助案只是内蒙古铎誉律师事务所法律援助工作的一个缩影。采访中，笔者了解到，内蒙古铎誉律师事务所现有工作人员11名，其中专职律师6名，实习律师2名，行政人员2名，兼职会计1名。目前在创业阶段，

在全体律师的共同努力下，短短的时间内创下了丰厚的业绩。截至目前，共代理各类案件98件，法律援助案件9件，开展各种专题讲座、公益活动及微讲堂77场次，受益人群达数千余人。

后记

采访结束，笔者的思绪仍停留在刘学云律师的履历和不懈奋斗的经历中。刘学云律师说，"我的性格比较耿直，办案中可能会得罪某些司法办案人员。但多年后发现他们都成了我的好朋友。"是啊！一个正直的人肯定会得罪人，但也正是这样正直的人才能获得他人的钦佩和敬重。

巴菲特说："评价一个人时，应重点考察四项特征——善良，正直，聪明，能干。如果不具备前两项，那后面两项会害了你。"

是啊，要做一个善良正直坦荡的人。先做人，后做事，做人到位，做事终能成功。

这时，刘学云律师那铿锵有力地誓言再次回响在笔者耳边："我的人生目标就是伸张正义、执言，维护当事人合法权益，努力实现当事人合法利益最大化，做一个善良正直的法律人，做言的高标、行的巨人。"

法律是治国之重器，良法是善治之前提

——访山东新势力律师事务所主任张配海律师

编者按

法律是治国之重器，良法是善治之前提。那么，什么是法治？为何良法是善治的前提？笔者以为，法治是相对"人治"而言的，法治是现代国家治理与发展的根本，在法治社会公民的权利能得到充分的保护，公平正义亦能得到充分的实现。

"正义不仅应当得到实现，而且应当以人们能够看得见的方式得到实现"，这是人所共知的法律格言，更是我们的法治理想。法律亦有良法与恶法之分，正如人有好坏之分一样，恶法是冰冷的，甚至是有害的，而良法是温暖的，是体恤民意的，是符合时代发展要求的，更是维护人们安全与自由、公平与正义的。

在山东烟台有一位律师这样说道："恶法导致了很多纠纷，浪费了太多的司法资源，甚至造成许多社会矛盾。一些不符合时代发展的恶法就应当及时修改或取缔。"多年来，他是这样说的更是这样做的，且将每一天的所思、所想、所悟付于笔墨，并将这一理念付诸司法实践之中，让法律有了温情，让正义得到了实现。他就是烟台经济技术开发区律师协会联合支部委员会书记、山东新势力律师事务主任张配海。

今天就让我们走进山东新势力律师事务所，来探究一下这家律所的掌舵人——张配海律师的足迹和心路吧。

社会职务

张配海律师现任烟台经济技术开发区律师协会理事，烟台经济技术开发区律师协会奖励及惩戒委员会主任，中国共产党烟台经济技术开发区律师协会联合支部委员会书记，中国共产党烟台经济技术开发区律师协会总支部委员会书记，烟台市律师协会理事，烟台市律师协会专门委、专业委成员，

山东省律师协会未成年人保护法律专业委员会委员。

擅长领域

张配海律师擅长刑事、民事、商事、行政、涉外、知识产权、保险、票据、劳动争议、法律顾问、不良资产、投资移民、非诉讼等各类案件，并按顾问与合作合同的约定参与谈判、重大商务陪同、企业政策、立法建议、法制授课等活动。

荣誉奖励

张配海律师先后被评为山东省优秀党员律师，烟台市律师协会网上问法优秀律师，荣获魅力中国优秀论文一等奖，幸福生活指南法律论文一等奖，还获得慈善义工"爱心大使"等荣誉称号。

著作论述

张配海律师发表过《信用证诈骗犯罪的特点、形式及其防范对策》《浅析刑事附带民事诉讼赔偿制度》《关于采矿权法律性质的再认识》《网络环境下的知识产权保护法律问题研究》《浅谈非法采矿罪情节严重与情节特别严重的认定》《黑社会性质组织特征的司法认定》《建筑房地产领域法律服务与市场开拓》《毒品犯罪案件毒品数量的计算问题之浅论》《合同诈骗罪与经济合同纠纷的区别》《上市公司法律风险构成与控制对策研究》《关于走私罪若干疑难问题的探讨》等十余篇论文，并独立著作《我国刑法理论实务研究》。

为实现法律梦想而努力奋斗

张配海在就读高中时就坚定了自己人生的方向——将来一定要从事法律工作，做社会公平与正义的维护者（曾经的座右铭是：要么做个优秀的律师，要么做个出色的记者，挑战人生，践行自我）。20世纪八九十年代港台律政剧对于他们这一代人的影响可以说是不言而喻。2000年，张配海自山东司法警官职业学院毕业后，先到省高院审监庭实习了一段时间，随后被派到某县司法局沄律援助中心从事法律援助工作两年，这些经历都为他后来专职从事律师工作打下了坚实的基础。在工作中他还不断提升自己的法律功底和执业水平，考取了山东大学法学院法律本科以及烟台大学法学院硕士研究生，并于2005年顺利通过司法考试。自专职从事律师工作开始，张配海律师就非常注重用理论指导实践，并以实践创新理论的思维开展工作。我们也为他每日的所思、所想、所悟以及拥有那么多专业论述找到了答案。

让法律也有温情，让正义看得见、摸得着

张配海律师自执业至今十几载春秋，是烟台地区零投诉的保持者。他对待每一受托案件都全身心投入且扎实谨慎、一丝不苟，尤其值得提及的是，他总能将法、理、情融入案件中，并将法律温情的一面充分发挥，既能让司法办案人员判案于法有据、于情合理，又能最大限度维护当事人（被告人）的合法权益，获得当事人（被告人）、律所同仁以及司法办案人员的高度评价和赞誉。

在刑事方面张配海律师曾办理百余件在全省甚至全国有重大影响的案件，包括故意杀人、涉黑、失火、合同诈骗、交通事故、非法持有枪支、非法储存爆炸物品、走私、贩毒、销售伪劣产品、妨碍公务、贪污、挪用公款等案件，其坚实的刑事理论基础、丰富的办案经验、娴熟的辩护技巧、灵活的应变思维使诸多影响重大的案件得到了良好的处理，具有一定的警示和借鉴意义。

让法律也有温情（一）：涉黑等罪名被撤销，被告人愿认罪伏法

在某起由姜某某等人涉及9个罪名的重大涉黑案的辩护中，公安侦查阶段张配海律师就接受委托并带领团队介入该案，向公安机关提交法律意见获得支持，即减掉了含"组织黑社会性质组织罪"等在内的3个罪名；进入检察院审查起诉阶段，张配海律师再提交法律意见，后检察机关再减掉3个罪名；进入法院审理审判阶段，张配海律师提出辩护意见，受理法院再次减掉非法采矿一个罪名，驳回检察院起诉的故意伤害罪一个罪名，最终仅以非法经营罪判处被告人较短期限的刑罚，被告人未提出上诉，愿认罪伏法。"本案中，如果被告人不涉及有犯罪前科且系累犯的话，尚有判处缓刑的可能性。"张配海律师道。

让法律也有温情（二）：从一起校园抢劫案说起

2010年，某职业学院3名在校学生（未成年人）对另一名学生实施抢劫被公安机关刑事拘留，羁押原因为"涉嫌抢劫罪"。其中一名学生家长心急如焚，慕名找到张配海律师，希望能得到张配海律师的帮助。犯有"抢劫罪"的事实已经存在，这是毋庸置疑的，辩护压力可想而知。但张配海律师没有放弃任何一丝希望，他带领团队律师仔细研究案情后提出到学校再进行一次实地调查。经过与被害人（被抢劫的学生）老师沟通获知，被抢劫的学生在近期的模拟考试中成绩并未因被抢劫事件下降，考试名次还获得了提升，可见被害人心理并未受到太大伤害，也未发生法律规定的含辍学、情绪低落、心理压力增大等在内的情形。张配海律师将调查的情况详细反映到公安机关。后公安机关积极与检察院沟通，最终由公安机关做出撤销案件的决定。3个学生在接受管教及家长一番教育后，深刻认识到自己的行为已经触犯了法律和道德底线，表示一定会改过自新，当日3人被同时无罪释放。据了解，回到学校的3名学生还与曾被抢劫的学生成了好朋友，并同时通过专升本的方式考上了大学，开始了新的人生。

"少年乃国家之栋梁，国家之希望，然而在成长过程中，难免会犯错误、走弯路，面对那些可以被原谅的过错，要加强引导，以宽大之心给他们一次弥补改正的机会，相信他们在这次经历之后一定会明辨是非，怀揣感恩之心奋勇向前，回报家人，回报社会。"张配海律师道。

笔者以为，在这起案件中，3个实施抢劫的学生是幸运的，因为他们遇到了让法律也有温情的张配海律师。试想，若没有辩护律师的认真调查和全力争取，他们很有可能被判处刑罚，并到社区接受矫正，进而影响学业，最终使3个学生厌学，甚至会自暴自弃，混迹于社会乃至对被害人、对社会怀恨在心，继续往下想是不可想象的，可谓细思极恐。是张配海律师用法律的温情让他们在年少和犯罪的萌芽状态深刻认识到自己的严重错误，并获得被害人和社会的谅解。当然，他们也懂得了回馈社会，回报父母，报答法律给他们的机会。作为法律媒体人，在此也要感谢张配海律师的有心和用情。

让法律也有温情（三）：少杀慎杀是法治的进步，每一个生命都值得尊重

2016年，一起故意杀人案的案卷摆在了张配海律师的办公桌上，张配海律师深知该案的被告人周某涉嫌故意杀人、毁灭证据、盗窃3个犯罪事实，辩护工作肯定异常艰难。

原来此案只是因一次理发引起。一天，周某到理发店理发，其间因经常有电话打进来催要欠款，周某也每次必接，这引起了理发店老板娘王某的不满，遂有怨言和不满情绪，而这时周某又正在心情郁闷之时，两人开始争吵并引发肢体冲突，情急中周某持水果刀朝王某胸部、颈部、背部等处捅、刺十六七刀，致其当场死亡。周某自知闯下大祸，冷静下来后即开始在理发店内将所有血迹、被害人衣物等证据销毁，并将屋内可能留下指纹的地方全部擦拭干净，临走前还到二楼撬开保险柜窃走王某银行卡3张、苹果手机一部，并在自动取款机上取得王某卡内现金人民币1000余元，作案后逃至济南。但周某将手机卡和窃取的一张银行卡丢在了案发现场附近的下水道里，案发不久周某即被公安机关抓捕归案并被提起公诉。

接受周某及家属委托后，经验丰富的张配海律师深知周某将面临怎样的刑罚，但他通过会见周某后，对周某的行为深感遗憾，既然接受了委托，就要竭尽全力维护被告人的合法权益。张配海律师认为此案若一审法院判处死刑立即执行，二审很有可能维持，那么案件就要到最高人民法院进行死刑复核。而如果一审法院判处死刑缓期二年执行，检方有可能抗诉，但毕竟可以暂时保住被告人的生命。经过认真研究他决定采用第二套辩护方案，在一审期间全力辩护。首先，张配海律师引导被告人周某家属对被害人家属进行积极赔偿（赔偿100万元左右），获得被害人家属的谅解，并由受害人家属请求法院对被告人判处死缓。这样，可以转换提出死缓声音的主体角度，在一般情况下法院也会对受害人或受害人家属的心声予以充分考虑。其次，在法庭上又将周某在案发时情绪失控的理由以及被告人已深刻认识到自己犯下的罪行，并积极认罪、悔罪、坦白的

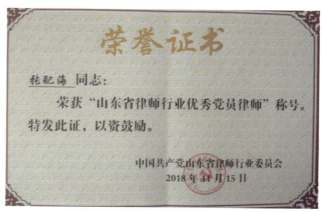

态度结合初犯、偶犯的法定情节作为可减轻处罚的意见提交一审法院。最终，一审法院全部采纳律师辩护意见，做出判决判处周某死刑缓期二年执行。

后据了解，周某在监狱服刑期间积极改造，还加入了监狱的医疗队，并努力学习医学知识正准备发表医学论文。表示无论是在监狱，还是将来回归社会都希望能为社会做出贡献。

"俗话说，'浪子回头金不换'，当事人在狱中的积极表现、反省改过，对其自身而言是心灵上的救赎，对其家庭以及辩护律师而言是心理上的安慰，对受害者一家及社会而言也是一种弥补。有些事情发生了便无法改变，有些错误犯下了也无法挽回，对过去我们早已无能为力，但是未来还掌握在自己手中。'人之初，性本善'，我相信人们都希望那些因一时冲动而失足的人，能够意识到自己曾经的过错，在拥有第二次人生机会时紧紧抓牢，尽最大的能力去弥补，去做力所能及的善事。"张配海律师道。

让法律也有温情（四）：刑案中辩护策略至关重要

在一起非法储存爆炸物品和非法持有枪支的案件中，张配海律师作为被告人的辩护人介入案件后即提交取保候审的法律意见书，但未获批准。张配海律师研究案卷时发现检察院提交的鉴定结论有瑕疵，但并未立刻提出。他知道若现在提出这个问题，检方就会补充此方面的证据，他要等到法庭辩论阶段，毕竟法官才是处于中立地位主持公正审判的人。果然，进入法庭辩论阶段后，张配海律师提出关于3支枪支的问题：被告人从未使用过涉案枪支，对社会未造成严重危害，其没有储备与枪支配套的子弹；关于是否属于爆炸物品的问题：该案鉴定的所涉爆炸物品远未达到"爆炸物"的分类规定，一般矿物质都会含有硝酸根成分，不能直接以含有硝酸根成分的理由就直接界定为爆炸物品。普通的石头也含有爆炸物品，但石头毕竟不是爆炸物品。主审法官在认真听完张配海律师的辩护意见后，建议检方撤销对涉案"非法储存爆炸物品罪"的起诉，但检方认为应按照法院以往判例判决被告人非法储存爆炸物品罪成立。张配海律师坚持认为，指控被告人非法储存爆炸物品罪不能成立的辩护观点。后法院做出判决，驳回对

被告人非法储存爆炸物罪的起诉，判决被告人犯有非法持有枪支罪，判处被告人有期徒刑3年缓期执刑4年。

"此案的辩护，我们并不是想让犯罪分子逍遥于法外。被告人已经接受教训，并表示一定会痛改前非，而社会更应该给他自我纠错的机会，这才是刑罚的真正目的。通过该案，法律人应该懂得程序与实体并重的道理，也希望司法部门提高办案质量和水平，让老百姓对判决结果心服口服才行。"张配海律师道。

此外，在民事方面张配海律师还担任多家公司（涉及房地产、建筑工程、航空设备、家居、工艺品销售、考试培训、网络科技等）的法律顾问，承办了大量的合同、房地产、借贷、欠款、婚姻、继承、工伤、保险等全国各级法院与仲裁机构审理的重大、疑难、复杂的民商事诉讼与仲裁案件，积累了丰富的诉讼与仲裁经验，最大限度地维护了当事人的合法权益。

再者，由张配海律师领头的知识产权代理、投资移民、安全服务管理、公司资本运营、并购重组、不良资产处置团队能够为广大企业、团队提供高质量的非诉法律服务。

特别值得一提的是，在公益方面，张配海律师自2010年即加入多个慈善组织开始积极参与义务普法及参加慈善义工活动，除捐款捐物外，他每年都会到社区、学校普法和到敬老、养老院给老人讲授法律常识（特别是如何识破以保健、治病、高息等为由的骗局），给老人做饭，为老年人送去关爱和温暖。

全力打造前沿律所

2017年，张配海律师做了一个重要的决定，那就是与志同道合的同仁筹备创建山东新势力律师事务所。为此，张配海本人还斥资千万在烟台经济技术开发区中央商务区第一高楼天马中心广场购置了超过500平方米的无纸化高端写字楼，并将办公环境装饰为中式风格，在办公室即可俯瞰大海，交通便利，环境优美。纯红木实木办公设备、顶端软硬件系统、字画与绿植、新风系统的融汇，提升了办公效率和档次，改善了律师办公环境，便利了百姓的法律业务办理。

建所之初，他们即确定了以"精致办案、以人为本、维护正义、竭诚服务"作为律所永恒不变的服务宗旨；以建百年基业，建百年大所，成百年梦想为律所同仁不断前行的目标；以新势力、新征程、新视野、新未来为律所同仁一直践行的口号，并对律所业务流程、作息时间、利益分配、档案管理、党建等制定了详尽的规范、制度并印刷成册。宣传片、年鉴、期刊、管理软件与论文著作等知识产权也在跟着以资深律师张配海主任为首的年轻律师团队不断践行与进步。

成立近两年来，山东新势力律师事务所已获山东欧深出国咨询有限公司烟台办事处入驻，并成为烟台市济南商会、烟台菏泽市商会会员单位和烟台市江苏商会会长和特邀理事单位；中国共产党烟台经济技术开发区律师协会联合支部委员会、中国共产党烟台经济技术开发区律师协会总支部委员会、樊登读书会亦设在山东新势力律师事务所。山东新势力律师事务所配套的立顺房地产开发、常安企业安全管理、新势力基金、新势力资产管理事业也在开展和成长中。

当你站在山东新势力律师事务所落地窗前远眺，入目的是无边无际、磅礴恢宏的大海，耳边仿佛响起了海浪拍打岸边的声音，舒适却又充满力量。

后记

透过上文案例和经历，我们不难发现，张配海律师一直竭力在为误入歧途的人创造第二次人生的机会。媒体曾这样评价他：他是权利的主张者，所以他竭尽全力维护当事人的合法权益；他是公正的自由人，所以他不包庇被告人的任何一项罪责，罪行法定是他的坚守；他不仅是一个追求公平正义的中国律师，更是将良法与善治进行到底的一个法律人。

执业多年来，张配海律师已将一个法律人的使命、责任和担当融入了自己的血脉，正如古代思想家范仲淹所言："先天下之忧而忧，后天下之乐而乐"，张配海律师心系百姓，心系社会，心系家国，心系法治的文明与进步，为国家的良法与善治不断贡献自己的绵薄之力。

"路漫漫其修远兮，吾将上下而求索"，山东新势力律师事务所还有很长的路要走，我们相信，在张配海律师的带领以及新势力律师同仁的齐心努力下，他们一定能开创新的征程，新的视野，新的未来，成就新势力同仁的百年大所之梦！

用行动践行责任，用法律书写担当

——访陕西省十佳青年律师、陕西省级优秀律师、陕西九成宫律师事务所主任闫永宁

编者按

曾子曰："士不可以不弘毅，任重而道远。仁以为己任，不亦重乎？死而后已，不亦远乎？"国学大师陈寅恪说："唯此独立之精神，自由之思想，历千万祀，与天壤而同久，共三光而永光。"古圣今贤的许多名言警句，已成为当代中国有良知的知识分子共同追求的学术精神、价值取向和人生目标。

陕西九成宫律师事务所主任闫永宁律师说："律师乃法律之师。作为一名律师，要时刻保持一个知识分子的人格和尊严；坚持一个法律人的精神和风骨；践行一个中国律师的责任和担当——维护当事人的合法权益，维护法律的正确实施，维护社会的公平与正义。作为一名律师，我认为挣钱是为了活着，但活着不是为了挣钱。当代中国律师要

有'士'的气节，不为五斗米折腰，要恪守律师职业道德，严守律师执业纪律，在法律面前要坚持原则和做人的准则，莫做法律掮客，莫要成为趋炎附势、见风使舵、出卖利益、亵渎灵魂的人。唯如此，法治中国梦的期许和奋斗目标离我们不远矣！"

媒体曾这样评价他：闫永宁律师诚恳忠信、年轻有为、才华横溢，是一个为现代国家法治事业呼号、奔走的践行者。他以坚实的足迹丈量着人生的道路，书写着一个法律工作者的不懈奋斗史，经他办理的每一个案件都展现着一代法律人的精神和品格。

初秋一日，我们走进陕西九成宫律师事务所，走近闫永宁律师，从他的人生履历和律师生涯中开始探寻他是如何练就"士"之风骨，如何自我加压、锻冶、成长为一个专业过硬、品质纯真、意志坚定的知名律师。

走进西北政法，一生与法结缘

闫永宁出生于陕西省麟游县，古帝王"皇家第一离宫"九成宫、"天下第一楷书"《九成宫醴泉铭》碑就坐落于此地。受传统文化熏陶父亲的影响，他从小就对中国传统文化产生了浓厚的兴趣，也具有了军人的正直及钢铁般的意志。上中学时，他的理想是当作家、书法家，所以，在坚持苦练书法外，还将自己的诗文习作拿去发表，梦想在文学的海洋里实现其人生价值。现为陕西九成宫律师事务所合伙人的乔元谋律师就是他高一时的班主任语文老师，乔老师对闫永宁非常欣赏。有一次，当他走进老师的办公室，发现老师在用毛笔抄写《中华人民共和国宪法》《民法通则》等法律文本时大为惊讶。在后来的一次谈话中，班主任循循善诱地对他说："人的一生一定要按自己的特长发展，你逻辑思维缜密，口头表达和写作能力强，其实更适合做一名律师。"老师的话在他心灵深处埋下第一粒法律的种子，也为他的人生指明了方向。此后，他就非常关注与法律相关的人和事。此时恰巧他的一位姑父获得了律师资格证，他一有空便跟随姑父到法庭旁听，也渐渐喜欢上了法庭辩论的感觉。后来，他还在学校组织了一场大型辩论赛，以至于在20多年后的一次同学聚会上，还有人谈论当时盛况。

考入西北政法大学后，闫永宁又遇到了对自己人生影响非常大的第二位老师——教授法律文书写作的李立刚教

授，李立刚教授也是当代著名作家贾平凹的中学语文老师。老师一句"一个人要时刻知道自己的小名叫啥，一定要知道往哪里去"的教诲至今令他记忆犹新。闫永宁毕业后留校担任西北政法大学继续教育学院辅导员，兼任团总支书记。他在这个岗位一干就是四年。受李立刚教授的教诲，2004年，中学时代萌发的那颗"律师心"再次躁动，他毅然辞掉工作，一心一意备战司法考试，当年取得法律执业资格后，他先是来到陕西扶法律师事务所执业，翌年又应聘到陕西维恩律师事务所，担任安文江主任的助理。他一边努力工作，另一边刻苦学习，从助理到合伙人，再到担任副主任，一路走来，可谓顺风顺水。

多年来，闫永宁律师代理了数以百千计的案件，有许多案件受业界大咖好评；他还充分发挥写作特长，在《华商报》《三秦都市报》《西安晚报》《三秦在线》等诸多媒体发表律师评论、律师点评，成为三秦大地律界新秀。2018年6月，他经过深入研究和精心准备，在古城西安成立了陕西九成宫律师事务所，并任律所主任。

当初注册律所时，闫永宁与同仁就律所名称的甄选及核准多达1000余次，但一直重名、重音而未能通过，令人郁闷非常。后来，他想到家乡的《九成宫醴泉铭》碑，于是便给律师事务所取名"九成宫"，没想到很快就获通过。古人云："九者，阳之数，道之纲纪也"。九成宫名扬海内外，大唐盛世那种崇法尚礼、国泰民安的气象至今被人们传为美谈。九成宫律师事务所也旨在秉承"崇法、尚义、敬业、守信"的理念，以民商事法律事务为专业定向，在涉外法律事务、政府法律事务、公司法律事务、公民个人法律事务、刑事辩护、医事法律事务等领域为客户提供优质、高效的法律服务。

以案促法修订，保住碧水蓝天

黄土高原人为造成的水土流失问题日益严重，末端治理已力不从心。从源头做起，预防为主，全程控制，最终建立起更大范围、更加完善和合理的水土保持补偿机制是为当务之急。

2013年7月，陕西省为进一步加强环保治理，出台了《陕西省水土保持条例》（以下简称《条例》），将"水土流失补偿费"改称为"水土保持补偿费"，与新《水土保持法》相一致，从立法层面赋予了陕西煤、油、气等资源开采补偿费以正式的法律地位。《条例》规定了水土保持补偿费计征标准和计征方式：生产建设类项目或者其他生产建设活动，在建设期间按占用、扰动、损坏原地貌、植被或者水土保持设施面积缴纳水土保持补偿费；煤炭、石油、天然气（煤层气）、有色金属等矿产资源开采类项目，在生产期间按开采量或者销售价格的一定比例缴纳水土保持补偿费。

《条例》最大特点是在开采期间的计征方式由原来的按照面积计算改为按照开采量计算或销售价格计算。以石油为例，原来按照面积征收核算下来平均每吨石油征收仅仅4.8元，按照开采量计算后，每吨石油需缴纳680元的水土保持补偿费。这次《条例》的出台，很快引出一桩轰动全国、备受业内关注的官司——"天价行政征收案"。

根据《条例》规定，陕西省榆林市水土保持监督总站要求长庆油田缴纳8.5亿元水土流失补偿费（其中含1.1亿元滞纳金），结果，长庆油田行政复议和官司均告失败，榆林市榆阳区法院冻结长庆油田23个银行账号。后在中石油总部和陕西省委省政府的推动协调下，双方达成"统筹解决"水土流失补偿费的方案和承诺。

作为此案的主办律师之一的闫永宁律师认为，作为一个陕西人，有责任和义务维护家乡的生态环境。"陕北地区黄土高原上的生态环境本就脆弱，开采煤、气、油所造成的水土流失情况非常严重，以前出台的水土流失补偿费征收使用管理办法是按面积征收，而收取的补偿费用对当地植被的恢复以及对环境的治理可谓杯水车薪。我们希望资源类企业不断提高生产技术水平，增强环保意识和社会责任意识，齐心协力保住我们仅有的碧水蓝天。"他与全国著名的行政法专家、学者等经过深入研究，形成一致意见，将修改《条例》的建议通过相关部门提交陕西省人大，为《条例》的顺利出台做了有力的前期铺垫。

《条例》的出台可以说是水土流失补偿费征收的一次重大变革，因为它既从立法层面赋予了陕西煤油气资源开采补偿费以正式的法律地位，又为陕西、甘肃、内蒙古三省征收水土流失补偿费做出了典范，此后引来十多个省市前来陕西"取经"，对整个行业产生了积极影响，也唤醒了人们环保意识。

人性化办案，救危于倒悬

闫永宁律师认为，一个案件不仅是法律问题，也是社会问题，关系到一个人、一个家庭乃至多个人、多个家庭

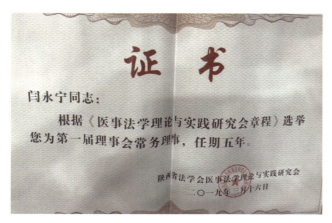

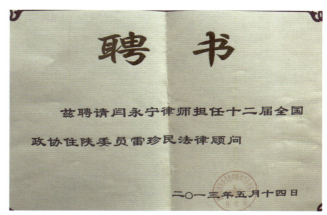

的人生。律师在处理案件的时候应以社会效果和当事人的认可度、满意度为前提，在矛盾和利益的对立中找到诉求的平衡点，从而进行有效代理或辩护，找到法律天平的公正点。

一位闫姓车主，将其挂车挂靠在一家运输公司跑运输，每年按时将交强险、商业险等交付运输公司，由公司统一购买保险。一次出车时"挂车"不慎将人撞伤身亡，保险公司理赔时发现该车只购买了"车头"的保险，而未购买"挂车"的保险，保险公司不予理赔。后经艰难诉讼，法院判仍判决全部损失由车主闫某负责，赔偿金额达数十万元。车主明知自己交付了全部保险费，却要背负巨额赔偿，他感到十分冤枉，却又找不出解决问题的办法。车主偶然从报上看到闫永宁律师的名字，因同姓"闫"的缘故，感觉比较亲近，遂慕名拿着报纸上门向闫永宁律师求助。

闫永宁律师经调查取证认为，此案过错在于挂靠的运输公司。车主按时给公司缴纳了保险费，但公司却只给车头购买保险，而未给"挂车"购买，这是一种典型的过错赔偿责任。于是，他建议车主起诉运输公司。后此案在闫永宁律师的艰辛努力下，法院做出公正判决，保险公司不能赔偿的部分由运输公司承担。

2012年，西安市长安区一夫妻失手将8岁女儿打死，媒体报道后引起舆论极大关注，一致呼吁要将"杀人犯父母严惩"。公安机关也以"故意伤害"罪名定性，并由市中院负责一审。按照管辖规定，市中院审理的案件，一般情况会判决无期徒刑及以上刑罚。

闫永宁律师代理此案后认为，该女孩儿是屡次偷拿家中钱而被父母教育时"失手"打伤所致，并未有"伤害"的故意，且其家中还有4岁的妹妹和年迈的父母，若被判处重刑，对于被告人的家庭来说无异于家破人亡。他耐心地反复与市检察院的办案人员沟通，最终说服司法办案人员将案件下放到长安区检察院公诉，后法院判处父亲有期徒刑4年，母亲有期徒刑两年半。案件定性虽未改变，但

在刑期上达到了辩护效果，判决结果令人欣慰，也令当事人满意。

"一个案件关系一个人的人生，所以我认为律师办案，办的是他人的人生而不是案件，律师认真地把每一个案件办好，可能就挽救了一个家庭，也可能改变一个人的人生轨迹和命运。"闫永宁律师深有感触地道。

弘扬传统文化，建立文化自信

2014年，韩国三星12英寸闪存芯片项目及中软国际西安科技园、西安电子信息产业园、航空用高性能钛合金丝棒材建设等项目落地西安。当年9月，陕西省司法厅、陕西省发改委联合发文，推荐闫永宁律师为韩国三星项目的中国服务律师。他与韩国祈丰法务法人黄景泰律师考察了韩国三星并组建涉外业务团队，成立国际法律事务所部，此举开创了西安、首尔同步处理国际法律事务之先河。其间，他还为三星及其他落地西安的配套企业多次举办法律专题讲座和法律培训，提供大量的法律服务，受到企业高度肯定。

闫永宁律师在与韩国企业、律师交往中惊奇地发现：韩方在出具相关法律文书时，落款竟然用的印章竟然是篆体。此后，他多次拜访雷珍民等书画艺术界人士，了解中国的官印制度、篆刻文化的历史渊源，并形成书面建议，希望通过雷珍民委员的提案提交全国两会讨论，恢复官印制度，使用篆刻文体入印。此事虽然因种种原因搁浅，但却激发了闫永宁对传统文化的热衷和喜爱，他写出了"韩国见闻"的文章，发表在中韩两国的报刊上。同时，他与雷珍民委员一起调研，随后由雷珍民委员向全国政协提交"国学经典、书法进校园以及加强中国优秀传统文化教育"的建议。可喜的是，这一建议已得到有关方面采纳，目前正在千万中小学校园实施。

弘扬传统文化，建立文化自信。这些虽与法律工作相去甚远，但闫永宁的作为却受到各界人士的广泛赞誉和

好评。

后记

据了解，闫永宁律师除办理各类诉讼案件、担任政协委员、人大代表法律顾问外，他还担任着全国律协军民融合法律服务专项工作组成员、陕西省律师协会企业破产与重组专业委员会副主任、陕西省律师协会律师文化建设专门委员会副主任、陕西法学会仲裁法学研究会理事、陕西法学会行政法学研究会理事、陕西省法学会医事法学理论与实践研究会常务理事等诸多社会职务。他积极参加律师行业内公益工作，以及长期为中国建筑工程集团公司西北分公司、中国农业银行陕西省分行、中国农业发展银行、西安银行、长城资产管理公司、香港（发记）建筑装饰有限公司、浙江海天建设集团有限公司、浙江金鲁建设集团有限公司、陕西煤业化工建设集团公司、陕西建工集团有限公司、五环集团股份有限公司、西安郭杜教育科技产业园管委会、西安三宝双喜企业集团、陕西三河建设集团、西安昌盛药业集团有限公司、《企业家日报》社等多家大型企事业单位提供法律服务、处理法律事务。

采访虽结束，但笔者还在回味和思索闫永宁律师讲过的每一句话，办过的每一个案件。他的家乡情怀、文化情愫、书法情结一直萦绕在笔者的脑海。笔者以为，闫永宁律师已为当代中国知识分子，当代中国律师应有的精神风骨、责任担当做了最好的表率和诠释。

一个涉外律师的初心和使命

——访陕西海普睿诚律师事务所合伙人、陕西省律师协会涉外、"一带一路"和自贸区法律事务专业委员会主任张玉明律师

编者按

改革开放 40 多年来，中国人民的生活水平日益提高，国家经济日益强大，中国已成为全球货物贸易第一大国，第一大外汇储备国和第二大吸引外资国，并成为世界第二大经济体。当前，随着全球经济一体化的不断加强以及国家经济新常态、"一代一路"建设的深入发展，中国急需大量涉外人才尤其是涉外法律人才投入到国际经济新秩序的维护和建设中。

1979 年 12 月 9 日，司法部发出《关于恢复律师制度的通知》，1980 年 8 月 26 日，第五届人大常委会通过《律师暂行条例》，标志着我国律师第一部规范律师职业行为，规范律师组织的法律法规正式通过。1996 年 5 月 15 日，第八届全国人民代表大会常务委员会通过的《中华人民共和国律师法》取代《律师暂行条例》，成为我国首部真正意义上针对律师群体制定的法律。该部法律的通过对于完善律师制度、规范律师执业行为、保障律师依法执业等方面起到了非常重要的作用。四十年风雨兼程，四十年砥砺前行，中国律师在服务经济发展、保障人民合法权益、维护社会公平正义、推进社会主义民主法治建设等方面发挥了极其重要的作用。

本文主人公——陕西海普睿诚律师事务所合伙人、陕西省律师协会涉外、"一带一路"和自贸区法律事务专业委员会主任张玉明律师，作为中国涉外律师的先行者，接受了我们的专访，并发出了对青年人的期许。

赵伟主编：张律师您好！非常感谢您能在百忙中接受我们的这次专访。我们了解到，您在 20 世纪 80 年即已从事涉外法律工作，可否借此机会聊聊您走进法律殿堂的初心以及从事法律工作尤其从事涉外法律事务多年来的感悟以及对中国法治建设的期许和愿景？

张玉明律师：好的，首先非常感谢赵主编的采访。我只是 45 万名（数据来源：中国律师网 2019 年 10 月 22 日刊发）中国律师其中的一员。说到初心，我们先来聊聊我国从"法制"到"法治"建设的时代背景。中国律师制度的恢复是在 1978 年 12 月党的十一届三中全会这个标志性伟大历史转折的会议之后开始的，其产生于健全社会主义民主和加强社会主义法制的时代背景和实行改革开放的时代要求。1997 年召开的中国共产党第十五次全国代表大会，将"依法治国"确立为治国基本方略，将"建设社会主义法治国家"确定为社会主义现代化的重要目标，并提出了建设中国特色社会主义法律体系的重大任务。1999 年，我国将"中华人民共和国实行依法治国，建设社会主义法治国家"载入宪法。至此，中国的法治建设揭开了新篇章。

今天，建设社会主义法治中国，是建设富强民主文明和谐的社会主义现代化国家的重要目标之一。作为一个法律人，我们的初心就是法治中国，法治是人类政治文明的重要成果，国家实施依法治国基本方略、建设社会主义法治国家，既是经济发展、社会进步的客观要求，也是巩固党的执政地位、确保国家长治久安的根本保障。在中国这样一个 14 亿人口的大国，要实现政治清明、社会公平、民心稳定、长治久安，最根本的还是要靠法治。

要法治不要人治，这就要求我们全社会坚持中国特色社会主义法治道路不动摇，紧紧围绕建设法治中国的总目标，以构建公正高效权威社会主义司法制度为重点，切实将加强法治建设贯穿于政法工作全过程，带头严格依法履行职责、行使职权，肩负起社会主义法治国家建设者、实践者的重任。要把严格执法、公正司法作为基本要求，严格依照法定权限和程序履行职责、行使权力，做到有法必依、执法必严、违法必究，切实维护国家法律的统一、尊严和权威。要把以人为本、公平正义作为灵魂，紧紧抓住影响司法公正和制约司法能力的关键环节，优化司法职权配置，完善诉讼法律制度，规范执法司法行为，进一步提升执法司法公信力。要把促进全社会学法、尊法、守法、用法作为重要目标，深化法治宣传教育，弘扬法治精神、塑造法治文化，努力形成尊重法律、崇尚法治的良好氛围。

法治中国与十一届三中全会提出的"有法可依、有法必依、执法必严、违法必究"一脉相承，是继承和发展。

法制（rule by law）是法律和制度的总称，其基本含义是有法可依，有法必依。《韩非子·饰邪》："必明於公私之分，明法制，去私恩。"

法治（rule of law）是指在某一社会中，法律具有凌驾一切的地位，其基本含义是执法必严，违法必究。"法治"一词在先秦时期法家的论述中早已出现。《晏子春秋·谏上九》：

"昔者先君桓公之地狭于今，修法治，广政教，以霸诸侯。"《淮南子·氾论训》："知法治所由生，则应时而变；不知法治之源，虽循古终乱。"，这是对"法治"最好的诠释。

在西方，英国著名教授戴西在其1885年出版的《宪法研究导论》一书中最先阐述了法治的概念，他对法治的定义是：absolute predominance or supremacy of ordinary law of the land over all citizens, no matter how powerful. First expounded by the UK law Professor A. V. Dicey in his 1885 book "Introduction To The Study Of Law Of The Constitution"，即法治是英国普通法律对于所有公民绝对的支配或至高无上的地位，无论其权力有多大。

亚里士多德曾在《政治学》一书中首次对法治的基本含义进行经典语义解释。他说，"法治应包含两重意义：已成立的法律获得普遍的服从。而大家所服从的法律又应该本身是制定的良好的法律"，该阐述揭示了法治的两个基本要素即法律至上和良法之治。

以上即是我国从"法制"到"法治"建设发展的时代背景，一字之差，体现了时代的进步。作为一个法律人，我们的使命是，从法律的角度，助推实现中华民族伟大复兴的中国梦，也就是概括的"两个一百年"的目标：2021年中国共产党成立100周年和2049年中华人民共和国成立100周年，具体表现就是，国家富强、民族振兴、人民幸福。

赵伟主编：我们了解到，您在20世纪80年代已经是北大和法大的高才生了，可否聊聊您的求学之路和当时的所学、所思、所想？以及后来在贸促会从事涉外法律方面的工作。

张玉明律师：关于北大。我于1981年就读于北京大学国际政治系，我认为，教育的作用是教我们怎么思考而非思考什么。"思想自由，兼容并包"的北大精神对我产生了积极的影响，同时，北大期间学习的哲学对我思想的形成起到了重要的启蒙作用，可谓受益终身。

我们来谈谈哲学。哲学是关于世界观和方法论的理论体系，世界观是关于世界的本质、发展的根本规律、人的思维与存在的根本关系的认识，方法论是人类认识世界的根本方法。因此，哲学是寻求真理的一种不懈努力。

恩格斯曾说："一个没有理论思维的民族，是不可能站在科学的最高峰的。"同样，一个没有理论思维的民族，也不可能站在文明和社会发展的前列。哲学是一种人所特有的对自身生存根基和生命意义的永不停息的反思和探究性活动。通过这种反思和探究不断提升人的自我意识和生存自觉，是哲学的根本使命。哲学标志着一个民族对它自身自我认识所达到的高度和深度，体现着它的心智发育和成熟的水准，在一定意义上讲，哲学代表着一个民族的"思想自我"。

世界观是研究人和世界的关系问题，本质是思维和存在，意识和物质的关系问题。恩格斯曾在总结哲学史的基础上明确指出："全部哲学，特别是近代哲学的重大的基本问题，即是思维和存在的关系问题。"而方法论就是关于人们认识世界、改造世界的方法的理论。它是人们用什么样的方式、方法来观察事物和处理问题。概括地说，世界观主要解决世界"是什么"的问题，方法论主要解决"怎么办"的问题。用正确的世界观作指导去认识世界和改造世界，就成了方法

论。而方法论是普遍适用于各门具体社会科学并起指导作用的范畴、原则、理论、方法和手段的总和。

马克思主义哲学即辩证唯物主义和历史唯物主义，而辩证唯物主义是由辩证的唯物论和唯物辩证法、辩证唯物主义认识论三部分组成。其中唯物辩证法、辩证唯物主义认识论对我的思维启蒙最大。

唯物辩证法即"马克思主义辩证法"，以自然界、人类社会和思维发展最一般规律为研究对象。它包括三个基本规律（对立统一规律、质量互变规律和否定之否定规律）以及现象与本质、原因与结果、必然与偶然、可能与现实、形式与内容等一系列基本范畴，而对立统一规律为核心。它是宇宙观，又是认识论和方法论。这些观点无不指导我的学习、思考和对人生的规划。

辩证唯物主义认识论是关于人类的认识来源、认识能力、认识形式、认识过程和认识真理性问题的科学认识理论。它认为认识具有反复性、认识具有无限性和认识具有前进性和上升性。因此，在方法论上强调实践是认识的基础、认识的来源、认识发展的动力、检验认识真理性的唯一标准、认识的目的和归宿，认识对实践具有反作用，真理是客观的、具体的、有条件的和认识具有反复性、无限性、上升性，追求真理是一个过程。这与毛泽东所说的"读书是学习，使用也是学习，而且是更重要的学习"异曲同工。这种认识理论对后来我的职业选择影响深远。

关于法大。我于1985年攻读中国政法大学法学硕士学位，于1988年在法大毕业。如前所说，法律具有很强的实践性，作为人们的行为规范，是行为底线，发挥着引导、平价和强制等作用，因此，学好用好法律能更好地为社会服务，这是其他学科所不能比拟的，这也是我选择了法律这一理论和实践高度结合的专业的主要原因。

这一时期的求学，我对法律逻辑产生了浓厚的兴趣。事实上，认识是人对客观世界的反映，并且是通过一系列逻辑思维的抽象过程进行的。

逻辑与语言、思维有着密切的关系。思维即思考，是在表象、概念的基础上进行分析、综合、判断、推理等认识活动的过程，是人类特有的一种精神活动。逻辑研究的是抽象思维，具有间接性和概括性两大特点。

人的思维包括形象思维、抽象思维、灵感思维三种普遍的形式。抽象思维是运用概念、判断、推理等来反映现实的思维过程，亦称逻辑思维。抽象性：抽象思维撇开事物的具体形象而提取其本质，因而具有抽象性的特征。逻辑性抽象思维的过程，是合理展开、科学抽取事物本质的过程，因而具有逻辑性。

逻辑思维包括归纳与演绎、分析与综合、抽象与概括、比较思维、因果思维、递推法、逆向思维。其中：归纳法是从个别出发以达到一般性，从一系列特定的观察中发现一种模式，这种模式在一定程度上代表所有给定事件的秩序。演绎法是从一般到个别，从逻辑或者理论上的预期的模式到观察检验预期的模式是否确实存在。演绎法是先推论后观察，归纳法则是从观察开始。

与此相适应，逻辑的发展，经过了具象逻辑—抽象逻辑—具象逻辑与抽象逻辑相统一的对称逻辑三大阶段。

概念、判断和推理是逻辑思维的三大要素。

同一律、矛盾律、排中律和理由充足律。这四条规律要求思维逻辑必须具备确定性、无矛盾性、一贯性和论证性。

三种逻辑推理的方法是归纳推理、演绎推理、类比推理，而三段论推理是人类最基本的逻辑推理方法。

鉴于民事或商事法律规范调整人身和财产关系或者商事关系，法律就更加严谨和理性，更具有法律逻辑性，所以今天我们也来聊聊法律逻辑。

亚里士多德是完成《逻辑学》的集大成者，同时他也是法学上的伟大贡献者，他的三段论直接产生了近代的司法三段论，他的《修辞学》成功地启示了人们对法庭辩论的研究。

法律逻辑学是一门交叉于法学和逻辑学研究领域的边缘性学科，它不是法学的一个部门，而是逻辑应用于法学领域的结果，准确地说，它属于思维科学的一个部门，是常识和技能，是法律人必备的素质。

法律推理离不开逻辑，逻辑是法律人进行法律推理、得出关于案件的结论的重要工具，在大前提下，逻辑能够帮助法官从小前提即已知的要件事实中得出合理的结论。其次，逻辑是实现法律推理客观性、确定性、稳定性的重要手段，在司法领域，特别是司法解释和事实认定方面，人们追求法律后果的客观性和稳定性，即同样的案件事实应当产生同样的法律后果，而不是因法官的不同产生不同的判决。现代司法在两个方面必须以法律逻辑的方式来进行，一个是在法律解释方面，另一个是在诉讼事实的论证问题上，更表现为判决的逻辑体系。

法大的校训是"厚德、明法、格物、致公"，此言可谓道出了法律人的心声和使命，而法大终身校长江平老师手书"法治天下"碑虽立于2005年，但我只要回到法大校园，就会到碑前伫立、思索。

关于贸促会。我于1988年在法大硕士毕业后到中国国际贸易促进委员会（中国国际商会陕西商会）法律事务部工作，一直从事涉外法律工作，直至1993年开始专职从事律师工作，以涉外法律事务为主。

从进入北大的那天起，我就立志要从事涉外方面的事务和工作，而自进入法大后，我的志向就更加明确，即从事涉外法律工作。在贸促会工作十多年，实现了作为法律践行者的愿望，并且开拓了我的国际视野，同时我的人生也开始走向更大的舞台。

赵伟主编：可否聊聊您30多年来的法律职业感悟？

张玉明律师：关于职业感悟，我相信每一个人的人生道路、奋斗历程等都是不同的，但却是可以借鉴和学习的。我主要谈谈我对涉外法律服务的所思、所想、所悟吧。

第一，何人（Who）？什么是涉外律师，涉外律师是指拥有律师执业资格，主要以涉外诉讼或仲裁和涉外非诉讼法律服务为主的律师。涉外律师需要熟练掌握有关涉外法律法规，并通晓外商投资、国际贸易、知识产权保护等法律知识，同时又具有优秀的外语表达能力。按照2016年5月20日《关于发展涉外法律服务业的意见》要求的精神是：通晓国际规则、具有世界眼光和国际视野的高素质涉外法律服务队伍。

第二，何事（What）？即主要做什么工作。涉外律师要为中国企业和公民"走出去"提供法律服务，参与企业涉外商事交易的尽职调查，开展风险评估、防范与控制，协助中国企业建立健全境外投融资风险防范和维护权益机制，防范法律风险。拓展涉外知识产权法律服务，加强专利、商标和著作权保护、涉外知识产权争议解决等方面的法律服务工作。切实做好涉外诉讼、仲裁代理工作，依法依规解决国际贸易争端，积极参与反倾销、反垄断调查和诉讼，维护我国公民、法人在海外及外国公民、法人在我国的正当权益，依法维护海外侨胞权益。

涉外律师要为"一带一路"等国家重大发展战略提供法律服务，并围绕推进"一带一路"、自贸区建设等重大国家发展战略，积极参与交通、能源、通信等基础设施重大工程、重大项目的立项、招投标等活动，提供法律服务，防范投资风险。推动与"一带一路"沿线有关国家和地区在相关领域开展实务交流与合作，为国际货物贸易、服务贸易、跨境电子商务、市场采购贸易以及新的商业形式和新一代信息技术、新能源、新材料等新兴产业发展提供法律服务。

涉外律师要为我国外交工作大局提供法律服务。要围绕我国外交工作大局，积极为我国对外签订双边、多边条约等提供法律服务，提升我国在国际法律事务中的话语权和影响力。

涉外律师要为打击跨国犯罪和追逃追赃工作提供法律服务，要认真做好涉外民商事案件代理等工作，促进国际民商事司法协助。配合相关部门加强反腐败国际多边双边合作和追逃追赃工作，及时提供法律意见和建议，加强被判刑人移管国际合作等。

第三，何时（When）？对有志从事涉外法律服务的律师而言，现在就开始吧。英语有个说法是 It's never too late to be the person you wanna be（成为自己想成为的人永远不会太迟）。

第四，何地（Where）？在全球，中国已经成为世界经济发展的重要引擎，中国律师也必然成为涉外法律事务的引领者，跟随着企业的步伐走向全球。

第五，何因（Why）？涉外律师是中国律师的重要组成部分，是中国律师事业发展的风向标，中国律师应具有世界眼光和国际视野，这是中国国际地位不断提升的现实要求，也是中国律师发展的最高境界。

第六，如何（How）？我想着重谈谈如何成为一名优秀的涉外律师。

做好能力储备。法律是理论和实践高度结合的专业服务，一定要打好理论基础。我认为，做个律师并不难，做好以下基本合格，一是了解法律规定；二是知道司法解释；三是熟悉最高院指导性判例。其实，最难的是法理。前三项做好了，法理能力也会逐渐提高。能力比知识更重要，因为能力是无穷的。所以，要想成为一名优秀的律师，一定要努力拓展自己的能力，让自己的能力尽可能地充实，人最大的无知是什么，是不认为自己可能会无知。作为一个法律的人一定要把法条背后的法理搞清楚，这样一切皆可迎刃而解。当然，法理能力的提高需要功夫，需要时间，

需要悟性，需要学点哲学、学点逻辑，需要有正确的价值观，正确的世界观，正确的方法论等等要素，正如英国近代唯物主义哲学家、思想家和科学家培根所说，读史使人明智，读诗使人灵透，数学使人精细，物理使人深沉，伦理使人庄重，逻辑修辞使人善辩。我们一定要努力使自己成为具备综合知识和能力的律师。

外语作为工具当然要掌握，这是先决条件。你要想尽所有办法如出国留学进修等达到执业要求的入门水准，为提供专业法律服务做好准备。

从第一个客户，第一个案件开始，通过实践—认识—再实践—再认识的循环往复，不断积累自己的法律知识和服务技能。

勤动腿。积极参加涉外法律项目、讲座、论坛。不断拓展视野，加入涉外律师团队，开展有益合作，如参加涉外律师领军人才境外培训，跟上涉外律师前进的步伐。

勤动嘴。律师的表达能力也很重要，要积极参加涉外法律实践、演讲，多和同行交流，法律不能闭门造车。我相信天才一定是那个重复最多的你。

勤思考，勤动手，多写文章。任何事情，不可能一蹴而就，要想成为一名优秀的涉外律师，那么，对于涉外法律问题、涉外法律服务感想、办案体会多思多想，不断记录自己的成长。天天思考，日积月累，自会强大，自会卓越与优秀。这是一个循序渐进的过程。

保持独立。作为一名律师要有自己独立的思想，要有自己独立的价值判断，工作方式、工作内容等都要求有自己的独立性，成功从来都不是可以复制的，唯有独立思考才能使自己走向成功和卓越。

摒弃本能行为。律师要讲逻辑，讲思维，不能靠本能说话。本能是不讲规则，而律师要摒弃这种"本能"，要多思考，讲规则，讲程序，要能综合运用法律并融会贯通，不断加强逻辑思维能力。这样，你的思维就比别人高级，逻辑性就比别人强大。所以，一定要努力把自己变成一个逻辑强大、价值观正确、方法论完善、法律知识充足和法理见解独到的

人，这才是一个真正优秀的律师应该具有的能力。

总之，律师是规则的遵守者、价值的追求者和公平正义的维护者。只要你热爱法律、勤勉敬业、努力实践，就一定能掌握涉外法律服务技能，成为我们这个伟大时代的弄潮儿。

赵伟主编：可否聊聊您代理的涉外领域的案件？这样对于读者以及有志于涉足涉外法律服务的青年律师应更有现实的教育和指导意义。

张玉明律师：好的，我谈几个涉外案例，与大家分享。

案例一：遭遇国际买家未付款，要及时宣告合同无效和货物转卖——西安某新材料有限公司与英国 WUTMARC LLP 国际货物买卖合同国际商事纠纷案

2015 年 6 月 3 日，西安某新材料有限公司（以下简称"新材料公司"）与英国 WUTMARC LLP（以下简称"WUTMARC"）订立了钛合金棒国际货物销售合同合。新材料公司于 2015 年 6 月 17 日收到预付款 31 000 美元，2015 年 6 月 23 日收到部分货款 43 000 美元。WUTMARC 于 2015 年 9 月 1 日致函新材料公司称由于发货时间逾期，该国对外汇监管规定，外汇付出后 90 天内如外国公司未能发货，应先退还部分预付款，其收到后立即返还，以避免外汇管制处罚。新材料公于 2015 年 9 月 14 日退还预付款 43 000 美元，但客户收到后一直未再付任何货款。2015 年 10 月 WUTMARC 致函承诺发货后立即付款，新材料公司于 2015 年 11 月 9 日从上海发货，但是货物于 2015 年 12 月 8 日到达乌克兰敖德萨港后 WUTMARC 也未能支付剩余货款。同时，货物在存放期间还产生了大量仓储和延期提货罚金，新材料公司向船务公司及货代支付了运费，仓储管理费和滞纳金合计 21 094 美元。

鉴于 WUTMARC 未能支付货款，新材料公司给予 WUTMARC 合理的宽限期让其继续履行支付剩余货款义务。在 WUTMARC 未能履行付款义务并已构成根本违约的情形下，我代表新材料公司于 2016 年 5 月 6 日依照《联合国国际货物销售合同公约》相关规定宣告改合同无效，并采取了货物所有权保留和转卖的救济措施，最终避免了损失。对宣告合同无效后的清算事宜新材料公司希望能与 WUTMARC 达成和解协议，并向其提供了协议文本。

案例二：陕西某钢铁有限责任公司与陕西中外合资某气体有限公司、韩城某气体有限公司供气合同纠纷仲裁案

案情简介

陕西某钢铁有限责任公司（以下简称"钢铁公司"）与陕西中外合资某气体有限公司、韩城某气体有限公司（以下简称"气体公司"）因供气合同纠纷，气体公司于 2017 年 2 月向中国国际经济贸易仲裁委员会申请仲裁。请求包括支付拖欠气体公司自 2013 年 4 月 1 日起至 2016 年 10 月 31 日止的氧气、氮气、氩气款项，共计 551 509 891.23 元和相应滞纳金 163 149 809.28 元等。

争议焦点

（1）气体价款的计算是否符合合同约定。（2）滞纳金是否有法律依据及是否过高。

我和其他律师代表陕西某钢铁有限责任公司首先提出，依据钢铁公司和气体公司 2010 年 5 月 18 日签署的《关于依据新电价调整气氧、气氮价格的确认函》的约定，双方对氮气价格调整进行了约定，氮气价格确定为按照 0.191 元 / 立方加上水电蒸汽的差价推算出新的氮气价格。事实上，气体公司一直利用钢铁公司提供的水电蒸汽生产氧气、氮气、氩气并对外销售营利，而该水电蒸汽的相应差价传导到氮气的价格中，违反了公平等价原则。

其次，气体公司主张的逾期付款每日万分之十的滞纳金没有法律依据。虽然气体公司在申请仲裁时减少至每日万分之五，除气体公司未尽先履行相关义务外，就所谓滞纳金的计算而言也与目前的仲裁和司法实践相悖。该案中，气体公司的损失应是银行贷款利息，所谓滞纳金应以不应超过造成的损失百分之三十为标准进行调整才符合法律本意。

仲裁结果

中国国际经济贸易仲裁委员会经两次延长做出裁决期限，现已做出仲裁裁决，减少申请仲裁金额 160 000 000 元。

案例三：适用《联合国国际货物买卖合同公约》，成功实现索赔 ——西安某有限公司与俄罗斯 KWAJA ENTERPRISES CO.LTD 国际货物买卖合同纠纷国际商事仲裁案

案情简介

2015 年，西安某有限公司（以下简称"西安公司"）与俄罗斯 KWAJA ENTERPRISES CO. LTD（以下简称"俄罗斯公司"）共签订了 5 份钛板国际货物销售合同。其中：2015 年 7 月 8 日，签订 TR20150708-0087（1）号合同。2015 年 8 月 5 日，签订 TR20150805-0088（1）号合同。2015 年 8 月 10 日，签订 TR20150808-0089（1）号合同，付款方式为 T/T（电汇）。

鉴于申请人已经交付了上述货物，同时，鉴于被申请人拒绝按照合同约定支付货物价款并收取货物，我代表西安公司按照仲裁条款约定向中国国际经济贸易仲裁委员会申请仲裁。仲裁请求主要包括支付货物价款 190 356.87 美元及利息和可得利益损失 13 756.05 美元。

律师的观点

（1）买方收到货物，不得以通关手续上的瑕疵拒付货物价款。根据有损害就有救济的仲裁原则，在西安公司已经收集证据证明俄罗斯公司收取了货物的情形下，其不得以该货物在通关上的瑕疵对支付货物价款进行抗辩。根据双方的约定，并依据《联合国国际货物销售合同公约》第 58 条第一款的规定，被申请人（俄罗斯公司）须于卖方按照合同和该公约规定将货物或控制货物处置权的单据交给买方处置后支付价款。

（2）买方应支付卖方可得利益损失。依据《联合国际货物销售合同公约》第 74 条规定，一方当事人违反合同应负的损害赔偿额，应与另一方当事人因违反合同而遭受的包括利润在内的损失额相等。因此，俄罗斯公司应赔偿西安公司合同履行后可获得的利益。

争议解决结果

中国国际经济贸易仲裁委员会已做出裁决，支持了西安公司的该仲裁请求。现该案已依据《承认及执行外国仲裁裁决公约》（the New York Convention on the Recognition and Enforcement of Foreign Arbitral Awards）向被申请人所在国俄罗斯有管辖权的法院申请承认和执行。

赵伟主编： 在中华人民共和国成立 70 周年暨中国律师制度恢复重建 40 周年之际，作为老一代涉外法律人，可否谈谈您的心得以及给青年人一些箴言和寄语。

张玉明律师： 关于我的心得以及给予青年人的箴言和寄语，我总结了以下几点。

第一，鉴于法律是进攻和防御的艺术，律师作用的实质是挑战和被挑战，因此，律师要勇于挑战，并且善于接受挑战。

第二，要终身学习、不断总结。万丈高楼平地起，基础一定要打好，从概念开始，做到概念准确、逻辑清晰、法言法语、独立判断、引领行业、追求价值。人的力量不在于身体的强壮，你说出的话具有扎实的知识背景和强大的逻辑基础，这个人就是不可战胜的。律师一定要学好两样东西，第一个是知识，第二个是能力。当然，人无完人，法律实践是一门永远留有遗憾的艺术，所以，要终身学习，还要学会不断总结，让遗憾越来越少。

第三，律师是麻烦的解决者。就诉讼法律事务而言，调解、和解是一种能力。就非诉法律事务而言，律师要在法律允许的范围内设计路径、促进交易、变不可能为可能，也是一种能力。

第四，做个坦诚善良快乐的律师。快乐是人们心理愉悦时的心理状态，会产生积极的正能量，提高效率和成就感。事实上，律师职业也只是人生有机的一个组成部分。一定要保持自己正确的人生观，保持自己的真善美。只有怀揣美好的人才会美好，才会更快乐地执业，感受真诚、善良和快乐也是一种能力。爱因斯坦说："只有热爱才是最好的老师"。因此，年轻律师要热爱律师职业，热爱法律工作，热爱美好生活。只有热爱才能使自己快乐地从事本职工作，感悟法律职业的魅力。

第五，要懂哲学、知逻辑、精法律、谙法理，做一个综合性、复合型人才。当今社会，随着经济的快速发展和社会治理结构的转型升级以及经济形态、法律规则的更迭，法律工作者所要面临和面对的问题也日益复杂和跨专业甚至跨行业。要想在未来的法律服务中始终跟上时代的步伐，始终立于不败之地，就需要法律人在认真总结经验和精通新法律法规的基础上，不断学习新知识、新技术、新科技，让自己一直保持积极的、活跃的、学习的状态。让自己成为复合型人才。

以上拙见算是我作为一个长期从事涉外法律工作的法律人的心得，以及给青年律师的一些箴言和寄语，希望对广大有志于涉足涉外法律服务的青年人有所帮助。还请广大读者、法律同仁不吝赐教。谢谢！

后记

采访结束时，张玉明律师再次深有感触地道："作为一个法律人和一名中国涉外律师，我的初心就是法治中国，我的使命就是努力推进法治中国建设的历史进程。"

学贯中西，求新不辍的智者

——访北京惠诚（成都）律师事务所郝学余博士

郝学余博士职务与著述

郝学余博士毕业于西南政法大学本科、四川大学法学硕士、中国政法大学博士，并取得国家知识产权管理师、碳交易管理师、中国当代百名金融证券专家律师等专业资格，现担任北京市惠诚律师事务所全国机构管委会主任、世界法律专家联合会大型企业顾问委员会专家委员、民革成都市组委委员、四川省社会科学院法学研究所副研究员、西南财经大学国际商学院、西华大学客座教授、中国点睛网终身高级培训师等职务，还兼任四川省律师协会公益法律服务工作委员会主任、成都市律师协会副监事长及成都律师协会金牛区分会副会长，并出版专著《银行风险控制事务》《企业法律顾问问答》，并有两项个人国家专利。

笔者：郝律师，您好！在看您资料的时候，深深感受到你博古通今、学贯中西的深厚专业知识底蕴。了解您的简介后，越发感觉您更像是一个入世修行的智者，积极参与社会实践的学者。您是怎么实现这样一种心态和保持持续动力的？

郝学余博士：古人云学海无涯；作为律师行业的特殊要求，必须苟日新，日日新；要求不断知识更新和提升自己；再则，读书，已成为本人嗜好，腹有诗书气自华；唯有学习，方有精神寄托；行万里路，破万卷书；我相信，作为律界同行，都是求知型，都有同感。学习，不仅是一句单纯的口号，而是一种追求和境界。

笔者：作为学者、知识分子承担着社会责任，尤其律师更是承担着无比重要的社会责任。您是怎么看这样的责任的？

郝学余博士：作为法律人，首先是社会人。维护公平正义，倡导正能量，这是我们的职业道德和要求。实现社会大同是我们法律人的奋斗目标。在民主与法治建设进程

中，尤其需要我们的努力与付出，法律人可谓任重而道远。

笔者：律师执业中都离不开"法权"的概念，作为惠诚（成都）律师事务所的主任，在指导律师执业时是如何理解法权这样的概念。您曾说过"法权不是逻辑的，是力的概念"，那么可以说是"法权"是"干戈和天平的再平衡"吗？

郝学余博士：法权是一定社会的发展产物，在耶林的著作《为权力而斗争》中就提到过"正义一手提着天平，以此去衡量法权，一手握有干戈，用以去维护法权。"没有天平的干戈，是法权的赤裸裸的暴力，没有干戈的天平，是法权的软弱无能。两者相戚与共，只有正义用来操持干戈的力量，不亚于她用来执掌天平的技艺时，一种完美的法权才存在。

笔者：您的专著《银行风险控制与实务》对信用体系有着重要的介绍和深刻的见解，那么对于律师和当事人在风险代理中的信用和风险控制，您有哪些建议？律师应该从哪些个方面控制呢？

郝学余博士：法律风险可创设规则，应可以规避避免，靠制度、合同文字的约束。而道德风险、信用风险不仅靠法律制度，更重要的是人的内心信仰和综合素质的提高。在司法实践中，律师风险代理问题，我个人认为，是否实行风险代理，一是，律师必须对风险进行审慎评估，若风险系数高，最好审慎介入，免劳民伤财，徒耗时间成本，浪费司法资源。二是风险代理不仅要根据事实、证据对案件胜算度做出评估，更主要的是，考虑实际执行问题，能否胜诉后确保执行。若不能执行变现，对律师而言，就不能实现代理成果，拿不到代理费。对当事人虽然胜诉了，而对律师而言，就是无效劳动。三是，人的风险，签约前通过接触、交流，对目标客户人品、履历、信任度、性格、有无不良记录等方面，都应有一个清晰的认识和预判。对风险高的目标客户，个人建议在风险付费上要求建立担保或有效监管执行财产的措施和方案，确保律师的收费合法权利。

笔者：您曾从"中国企业海外上市之父"、国际著名金融专家汪康懋博士，这一段对大部分人来说应该是相当特殊的经历。这段经历对您从事的金融方面的专业问题有哪些帮助呢？您有哪些心得可以简单地给我们介绍一下吗？

郝学余博士：良师如父母！授业解惑，人生指引。好的导师，不仅是向其书本上学，更主要的是风格、人品、睿智、处事、治学都是我们的楷模和榜样。能师从一位德高望重的好恩师，是成功的基础。恩师人格，德高望重。恩师在世时曾说，他是中国最有良心的经济学家。他说他名字中的"懋"字，有心。于我而言，恩师教诲，常铭记于心。音容风貌，常驻永存！至孝为大，不忘师承。

笔者：面对互联网工具对于金融进入各个行业降低门

槛，针对现在律师界的热点——金融和法律跨界的融入，延伸出很多产品形式，这些产品您是如何看待的？对于律师行业的前景您一定有过很多思考，可以给我们讲一下您现在关心的几个方向吗？

郝学余博士：机遇与风险同在，是机遇，也是机会，更是挑战。金融衍生产品的发展，是时代发展的必然。特别是电子商务，网上支付，P2P新型商业模式，挑战传统金融业。这些新型的商业模式和支付结算手段，要求我们律师知识面要不断更新，不能拘泥守旧，要与时俱进。因电子商务结算的快捷性和高效性等特点、优势，在有效规避风险的情况下，我认为银行传统的柜台业务将可能被人工智能取代。

笔者：看到您在工作中取得了很多成绩，获得了国家知识产权管理师、碳交易管理师、中国当代百名金融证券专家律师，世界法律专家联合会大型企业顾问委员会专家委员，西南财经大学国际商学院客座教授，中国律师网终身高级培训师等。如此多的职务和头衔，您最喜欢哪一个？您对这个职务有什么特别的感情？

郝学余博士：人是群居动物，人是社会人。我个人认为，人存在的价值在于社会认同。每个人的奋斗和追求，都是为实现自己的人生价值。各种头衔、名誉，通俗地讲如同商品的包装，目的是要有好的商品，好的商品才是本质。头衔、名誉均是浮华，随着教育制度的改革，高校普遍实行双导师制，我荣幸地被西南财经大学、省社科院、西华大学聘为客座教授，我认为是社会对我的认同。我亦最乐意与学生交流，知识具传承性，在课堂与学生分享，正是我最快乐的时光！

笔者：我们关注到您是国家知识产权管理师，也有自己的专利，赢火虫最近也在全国各地承办了许多知识产权方面的风险投案件。作为知识产权管理师，您有哪些建议给律师或者知识产权权利所有人，能给我们的受众分享一些您的管理经验吗？

郝学余博士：我个人的两件专利，实则雕虫小技，属外观设计专利，坦诚地说，含金量不高，比起对国家有重大贡献的发明创造，不可同日而语。我认为，作为知识产权律师，不仅要有娴熟的法律专业知识，更要懂得所涉专利案件技术层面的问题，方能有效地为当事人服务，实现当事人权利的最大化。

笔者：从您代理的案件中，有哪几个取得的结果和影响是您比较满意的？您是怎么看待这些案件的？能给我们介绍下您的想法吗？

郝学余博士：坦诚地说，作为职业年限较长的律师，在执业生涯中都会遇到经典之作，都会有刻骨铭心的案例。而我，作为执业近三十年的律师也不例外，我见证了中国律师业不断发展的历史。在执业中，也遇到过各种疑难复杂案件。记忆犹新的是，代理蒲某诉阆中某银行及财政局借款、联建合同纠纷一案。此案由于种种原因，从立案到执行，其间经历一审、二审、发回重审、上诉、再审。历时21年，最终为当事人挽回损失上亿元。可谓诉讼史上的"马拉松"。还有一件非常典型的案件是代理成都飞机工业公司程某专利侵权案。此案涉及军方高级机密，通过我们的成功代理，有效地维护了国家利益。作为执业律师，相信每个人感触都会很多。作为一个法律人，我们都有一个共同的愿望，期盼全

社会实现完整意义上的全面法治！或许，这也是我们法律人共同的期望和夙愿。

笔者：据坊间传闻，在北京市惠诚（成都）律师事务所，各种极具文采的诗词随处可见，您还写过一篇《太原认祖归宗散记》。您对文学的这份热爱因何而起？与您的法律工作有没有某种关联呢？

郝学余博士：在惠诚成都所各办公区、文化墙随处可见惠诚律师的诗词歌赋展示。这不是坊间传闻，这是事实。我认为，一个企业的核心竞争力，是不可克隆、不可复制的企业文化。以文化立所，方有所魂，才有精神支柱，才有奋斗方向，才有信仰。这也是我们"惠诚人"的文化自信。由我主编的《惠诚风》诗词集也将于今年出版发行。

参天大树，必有其根。环山之水，必有其源；寻根问祖，追溯历史，本身也是一种文化信仰。我祖籍太原，儿时父辈言传，祖上是南下为官繁衍我们这支郝氏后裔。而郝氏，是中华民族大家庭中最独有的一支姓氏，我们始祖是商代皇族帝乙七子期，封于山西太原，以封地为姓。在汉字中，郝字是唯一用于姓氏的文字。传说晋代，我们始祖之一廉贵为丞相，非常廉洁。喝无人值守的井水也要投一枚钱，以示不贪。始祖之一隆官居高位，任南蛮参军，相当于南部战区参谋长。满腹诗书，在六月六日晒衣物时，他戏称为防腹中诗书发霉变，坦腹而晒，风趣幽默。故郝氏宗庙有一副对联"饮水投钱""储书晒腹"。民族的才是世界的，乱世储银，盛世修谱。基于对传统文化的热爱，对历史的研究，对先祖的景仰，故有我寻祖之行，方有《太原认祖归宗散记》的诞生。

笔者：我们了解到惠诚成都所现已发展成为拥有200余执业律师，自持1800平方米自有写字楼，成为成都地区的特大所，请问郝主任有什么律所建设的经验可以与读者分享呢？

郝学余博士：谈不上经验，我们惠诚成都所也是在摸索中前进。我所一向倡导制度建所，文化建所，致力于树立行业认同，社会认同。现惠诚成都所拥有房地产法律事务部、政府法律顾问事务部、PPP法律事务部等20个法律事务部门。据最新的数据统计，惠诚成都所的执业律师在成都市中院代理的案件数量排名四川省律所第11位，在四川省高院排名第8位，可见惠诚律师对于重大疑难复杂案件有着扎实卓越的办案能力，也体现了当事人对我所律师的信任与认可。

惠诚成都所视社会责任为己任，充分展现了大所担当和社会情怀，让公益在形式上有传承，精神上有传递！2018年6月25日至27日，由我率队，党支部、工会、妇联各部门负责人苟永会、习燕等同志牵头组成的精干律师扶贫调研队伍，到海拔3700米的川西贫困县红原开展扶贫调研工作，发起"铁牛经济"活动，为当地村民捐赠10头牦牛用于村民脱贫致富。10月27日至28日，由我所赞助、协办的"惠诚杯"四川省大学生第六届模拟法庭竞赛在西华大学举行，来自电子科技大学、西南交通大学、西南石油大学、西华大学、西南科技大学等20所省内高校代表队参加了比赛。我所王素珍博士心系山区、胸怀大爱，自发赴大凉山尔吉村驻村扶贫已半年有余。我作为省律协公益委主任受市委统战部，市民革组委委派，前往邛崃夹关镇挂职作为当地的法制副主任驻村3年。我所全体律师不忘初心，同心同德，肩负使命与诗人般的情怀，砥砺前行于公益事业的道路之上。

律界塑才护香江

——访亚太法律协会会长邝家贤女士

编者按

改革开放以来，内地与香港的联系越来越紧密：早年的招商引资政策，吸引了一大批港企扎根内地，成就自身的辉煌，亦助力内地的发展；2003年后实现的"自由行"，增加了双方互动的频率，促使经济格局发生变化；今天，"一带一路"倡议以及粤港澳大湾区规划的相继推出，创造了更多互惠双方的机遇。可见，内地和香港之间在经济、资源方面的往来互通已趋于成熟。

本篇的主人公——邝家贤女士是成为促进两地繁荣与发展的一个参与者、践行者和见证者，我们先来看一下她的履历和所担任的社会职务。

邝家贤女士是法律博士及香港执业律师、注册财务策划师、认可调解员、长城共同基金有限公司副总裁、邝家贤专业顾问有限公司行政总裁、亚太法律协会会长、中国法学会理事、《大湾区报》首席律师顾问、香港中小企业国际交流协会创会会长、全球华人企业联合会副主席、中国民营企业发展促进会副主席。

把握时代契机

在香港法律界，邝家贤女士是一位颇为活跃的专业人士。过去数十年的时间里，她积极倡导香港的企业与人才到内地发展，并以出众的专业能力帮助了众多中小企业，还就某些重要社会事件勇敢地发表意见。那些影响正面又积极的贡献，既展现了她良好的执业水平，也彰显了其巾帼不让须眉的魅力。

不过，邝家贤女士说，她更愿意把取得的成就放在过去，未来和远方才应投放更多心力用以思考和规划。如今，社会上热议的粤港澳大湾区规划，对香港而言是一个重要的历史契机，相信也将给邝家贤女士所服务的法律界而言，带来更多发展的机会。

"法律服务以支持经济发展为主，粤港澳大湾区可增加港澳与内地的经济往来，这就需要相应的法律工作提供支持和保障。所以现在我们需要加强这方面的专业研究深度和力度，克服困难，与内地及澳门地区取得合作。"邝家贤女士说，未来是一个单打独斗很难取胜的时代，业内人因此要突破文化、地域上的局限，改变固有的理念，方能看到不一样的世界。

如果只把眼光停留在过去，以为内地不注重法律发展，那样就会影响自身客观的判断。须知内地在不断崛起的过程中，也持续加大了法律建设的力度。许多颇具规模的律师事务所，不仅拥有成百上千名员工，更在多个城市设有分支机构。学习法律的人除了到公检法机关就业外，还能在企业担任法务，或参与各项合规工作，甚至是专利保护方面亦大有可为。

而香港的法律人才发展内地业务又有什么优势呢？总结过去的经验，邝家贤女士道："涉外、商贸等领域可成为香港法律人发挥才能、施展抱负的'舞台'，在对外法律服务方面，内地还处于不断调整以期完善的阶段，需要得到相应的帮助，参考大量的案例，才能实现优化和进步。所以香港的法律人若能参与进来，相信可以发挥所长。尤其是在现在的'一带一路'倡议下，会有很多工作涉及法律，因此法律人在语言、沟通方面需要加大力度，克服困难。"

本着合作共赢、互惠互利的原则，香港的法律人可以在内地达成各种方式的合作，双方一起探索出有效的合作机制，借此形成强大的力量，本着共同的文化基础创造美好的未来。而且网络科技的普及以及交通设备的完善，也能促进香港与内地的合作变得更加充分。

"现在共享、区块链、5G等技术不断刷新人们的工作及生活方式，只要懂得结合使用各项技术，打破过去的条条框框，便可大大提升工作效率，把专业能力发挥到最大化。同时，这也凸显了香港在科技、创新方面的优势。"犹如一个天平两端均衡地负重，才能不偏不倚；人在认识到自身优势，看到未来希望的同时，也要意识与之相应的、有待加强的地方，摆正心态，既不骄傲自满，也不妄自菲薄。"我们应该保持虚心的态度，承认自己的不足，学习内地的长处，才能更好地顺势粤港澳大湾区发展取得合作和互补。"

如今，香港的律师无须奔波忙碌，足不出户，只靠计算机和网络，就能翻阅案件的卷宗，处理涉外的事务。他们也可以采用各种形式，扩大交际范围，以不同的合作形式争取更多的机会。这一切，是行业将会发生的、令人欣喜的变化，也是邝家贤女士眼中理想的未来场景，还是其心中的祈愿：行业好、香港好、祖国好！

调整从业心态

2001年，邝家贤女士在恩师"中国民法泰斗"江平教授和海基会会长汪道涵先生的支持和鼓励下，创办了亚太法律协会，汇集海峡两岸各地业界之人才，以不同的专业能力推动内地法律工作的发展。近20年来，他们一直保持交流，积极探讨专业内容，为各方打好共同的法律基础。

现在，当"一带一路"倡议和粤港澳大湾区规划为业界带来更多契机之时，邝家贤女士也因此投身众多工作，把专业的知识转化为更多奉献。她是《大湾区报》的首席律师顾问，也为多个机构提供跨境直接投资、企业收购兼并、调解仲裁等服务，尽己所能处理好各类纠纷，确保合作项目得以顺利开展。

"我在英国的高校攻读法律专业，后来又有在内地广东中山大学和中国政法大学进修的经历，因此熟悉内地与香港的法律系统，也看到两地的法律是如何发展到逐渐成熟。"处理相关事务，邝家贤女士已是驾轻就熟、游刃有余。她也希望用自身的经验告诉自己的同行，放开视野、扩大格局，敢于接触内地、开拓外界，能让自己的专业达到更高水平。"香港法律界采用的是西方教育，所以大多数人较多把精力放在英美法系方面的研究，也造成不少专业人士不熟大陆法系，并不愿意去接触。但是纵观法律史可以看出，源于罗马法的大陆法系的出现比英美法系要早，它的架构和理论也有很多地方值得后者借鉴和参考，两者

邝家贤女士参加中国法学会第八次全国会员代表大会时留影

间没有先来后到、谁优谁劣的区别，而是各取所长，创造理想架构才是正道。"

"香港回归祖国22年来，本地律师服务能力还有待提升，他们还有很多发展空间可以发掘。更重要的一点是，他们服务的对象多是中小企为主，所以本身也形成了惯性，很难改变固有思维。但这样对法律的基本价值观就会产生偏执的影响，不利于公平、公正地执行相关的工作。我建议法律人应该保持进步，除了学习知识、培养能力，还应该懂得如何做好一个人，且这点比前者更为重要。"

后记

透过种种付出，邝家贤女士为业界创造了一个又一个合作、共赢的平台，她为法律人的发展积极探讨新的方向，以融会内地与香港的文化、理念为目标，促进业界的进步。这是一条颇具考验的艰辛之路，但她怀着一颗无惧无畏的心，坚定而执着地走着。途中，会有风雨的侵袭，更有雨后彩虹的高挂，天高云阔的瑰丽。那是属于法律人的自信和美丽，不卑不亢，独立于世。

俗话说："一个国家能走多远，要看这个国家的人才有多强；一个国家的人才有多强，要看她的塑才能力有多大。"作为亚太法律协会会长的邝家贤女士，每日所思所想、所忧所虑皆为家国，皆为法律人的未来。

以党建引领律所跨越发展的"80后"主任

——访云南意衡律师事务所主任、昭通市律师协会副会长兼秘书长杨云秋律师

编者按

在昭通法律界，云南意衡律师事务所自2004年成立以来，尤其在一位"80后"精英律师自2013年担任律所主任至今的短短几年内，他带领全所同仁励精图治、开拓进取，已快速创立了5家分所（镇雄、彝良、昆明、绥江、咸信），现全所律师及辅助人员已达80余人，而总所在昭通地区也已担任政府机关、企事业单位常年法律顾问上百家，现今的云南意衡律师事务所已发展成为昭通法律界规模最大的律师事务所之一。更值得一提的是，意衡律师在自身获得蓬勃发展的同时，一直心系家国、心怀感恩，用自己的实际行动不断回馈着社会，为国家的法治建设、为社会的和谐与稳定贡献着自己的绵薄之力。一直以来，意衡律师心系残障人员法律诉求，出资筹建了云南省残疾人公益法律服务中心昭通工作站；意衡律师心系青年学子，积极参加"爱心送考"大型公益活动，共接送参加高考学生超过500余人次；意衡律师心系百姓，免费为困难群众提供法律咨询1 000余人次。

今天我们要采访的主人公就是这家律所的领头人、律所支部书记兼主任杨云秋律师，一位意气风发、踌躇满志的"80后"律界领军人，是年32岁，参加工作已15载，且还是一位有着11年党龄，担任律所党支部书记已有6个春秋的党员律师。近年来其个人先后获得诸多殊荣，如2013年5月被昭通市司法局、昭通市律师协会表彰为"优秀律师"；2013年9月，当选为昭通市律师协会副秘书长；2014年6月，被昭通市昭阳区人民检察院聘任为民事行政检查工作联络员；2015年10月被云南省司法厅、云南省律师协会授予"党员先锋岗"称号；2015年11月被昭通市公安局聘为法律顾问；2017年3月，被云南省司法厅选任为"云南

省人民检察院人民监督员"；2017年5月，当选为昭阳区工商联执委；2017年8月，当选为昭通市法学会理事；2017年12月，被任命为昭通市人大常委会内务司法工作委员会委员；2017年12月，被选举为昭通市工商业联合会（第四届）常委、昭道市光彩事业促进会（第三届）常务理事；2018年5月，被省律师行业党委表彰为"优秀共产党员"；2018年6月被昭道市司法局、昭通市律师协会表彰为"优秀律师"；2018年7月，被昭通市委、市委组织部聘为法律顾问等。

杨云秋律师带领的云南意衡律师事务所亦获殊荣不断，如：2017年11月，律所揭牌成立"意衡党支部新时代讲习所"；2017年12月，党支部被昭通市司法局评选为"昭通市律师行业党建工作示范点"；2018年1月26日，意衡律师参加昭阳区"听党话，跟党走，民企十九大知识竞赛"活动荣获二等奖；2018年，意衡律师事务所还先后被昭通市司法局和律师协会表彰为"全市优秀律师事务所"，后又被市委政法委评为2018年度昭通"十大法治典型事迹"之一；2018年6月，支部被昭通市司法局党委表彰为先进党组织等。

那么，是怎样的经历和心路成就了这样一位"80后"律界领军人？是怎样的信念吸引着意衡律师同仁紧紧团结在一起？又是怎样的一群法律人在全面依法治国的新时代无私贡献着他们的才智和力量？且让我们走近这家律所的领头人，走进这家充满朝气与活力的律师事务所一探究竟吧。

一、艰辛苦难皆财富，人生逆境出英雄

1986年，杨云秋出生在我国国家级贫困县云南昭通镇雄县。俗话说："艰辛苦难皆财富，人生逆境出英雄"，聪慧的杨云秋6岁入小学一年级，11岁时母亲不幸离世，从此他只能与父亲相依为命。但艰难困苦的日子并没有磨灭杨云秋的求学志向，反而让他更加勤奋、刻苦，为了节省家庭开支并早日参加工作，成绩优异的杨云秋于1999年初中毕业后即进入镇雄县师范就读。早年的苦难经历也让这个十五六岁的少年较同龄人心智更加成熟稳重，他的目标只有一个，那就是努力学习、早日工作，带着对知识和对未来工作的渴望与憧憬，宿舍、图书馆两点一线成为他三年不变的脚下的路。老师看到了这个一直低头努力进取的好学生也深受触动，于是在老师的悉心指导下，在校期间杨云秋即开始自学云南师范大学大专课程。2002年，17岁的杨云秋获得中专、大专两个文凭毕业，同学们也等待着教育部门分配工作，但这一年政策突变，不能分配了，省内所有师范院校毕业生只能选择自主择业。既然选择了师范院校，就应该从事教书育人的工作，几个热血青年经过

商议后，一致商定到最偏远的距县城近200里地的罗坎镇麻地村小学做代课老师。然而，众所周知，代课老师因没有正式编制，收入极其微薄。一心想干一番事业，实现自身人生价值的杨云秋觉得应该趁年轻到外面的世界去看一看、闯一闯，他不顾父亲反对，毅然选择只身前往广东。然而在人才济济的广东要想立足并有所发展，只有大专文凭的杨云秋确实很难找到更好的工作。子曰："父母在，不远游，游必有方。"在广东转了一圈后，在父亲的要求下，杨云秋又回到老家镇雄竞选并担任了镇雄县罗坎镇花园村村委会副主任。工作一段时间后，却仍未找到感觉。辞去村委会副主任职务后他进入镇雄县援民法律服务所，并遇到了他的法律启蒙老师黄孝君主任。在黄主任的谆谆教诲下，杨云秋似乎找到了感觉，于是他开始自学云南大学法律本科课程，但法律服务所当时的收入依然微薄。2004年，在父亲的要求下，杨云秋参加教师补员考试，并以云南省彝良县第一名的成绩顺利考取教师资格，后被分配到彝良县洛旺乡，一年后担任洛旺乡联合小学校长。19岁担任小学校长，这在整个教育界应该也是非常少见的。担任小学校长的4年时间里，杨云秋没有放下书本，而是继续自学云南大学法律本科课程，其间他还于2007年申请加入中国共产党，成为一名党员。2008年，杨云秋被借调到彝良县洛旺乡党政综合办公室担任副主任。尽管多年来杨云秋一直在教育和政府机关工作，但"律师梦"在他心中燃起的火苗始终没有熄灭。2009年，刚刚获得云南大学法律本科学历的杨云秋即参加了当年的国家司法考试，并获得C证执业资格，自此法律职业的大门已向他缓缓敞开。因在乡镇工作期间他经常为贫苦百姓免费做法律咨询、代写法律文书和兼职做公民代理，这不仅让他自身价值得到了充分体现，更积累了丰富的法律实践经验，同时也提升了自我，开阔了眼界，为以后的专职从律之路做了很好的铺垫。

2010年年末，终于在法律工作中找到感觉的杨云秋瞒着父亲毅然决然辞去公职，进入云南意衡律师事务所，成为一名专职律师，进入意衡律所后他又先后担任初级合伙人、高级合伙人、副主任等职，2013年被推选担任律所主任至今。时至今日，云南意衡律师事务所已经发展成为拥有5家分所，总数超过80余人的综合性优秀律师事务所，

这样的快速成长和取得的辉煌成就，在整个律师界也是极为少见的。工作之余的杨云秋又攻读了工商行政管理本科学历，还于2017年再通过国家司法考试获得A证执业资格。

杨云秋律师在多年的基层工作中积累了丰富的工作经验，特别是8年的律师执业经历铸就了他敏锐的洞察力、精准的判断力、缜密的逻辑思维及雄辩的口才。从事律师执业以来，他始终秉承"意于心、衡于法"的执业理念，以维护当事人合法权益、维护法律正确实施、维护社会公平和正义为准则，以高度的敬业精神和高质量的专业服务赢得了广大客户的赞誉，尤其是在公司及合同法领域拥有了较深的造诣，夯实了坚实的基底。

二、云南意衡律师事务所大事记特载
（注：以下内容转载于云南意衡律师事务所微信公众号）

（一）意志坚定促法治，衡量公正与公平

意衡律师事务所在成立之初就强调"加强学习，提高水平，把'当事人的利益是第一利益'当成意衡律所的宗旨"。

2014年1月29日，被告人杨某为吓唬其嗜赌的舅舅，于当日23时许伙同马某等5人等人身穿警服，携带仿真手枪、手铐、警用电筒、钢管到洒渔乡杨某家，以抓赌的名义获赌资2 284元。村民识破杨某等人不是警察后将其围住，后杨某等人被公安机关抓获，昭通市昭阳区人民检察院以抢劫罪对杨某等人提起公诉。另查明，在"抓赌"过程中，被告人马某用脚踢了参赌人员杨某一脚。当时，检察机关以抢劫罪对被告人马某等人提起公诉。昭通市司法局法律援助工作管理局指定云南意衡律师事务所为该案提供法律援助。接受指定后，律所主任杨云秋与律师龚润承办该案。经过认真会见被告人、查阅卷宗。承办律师认为被告人马某的行为不构成抢劫罪而应当是招摇撞骗罪，公诉机关的指控罪名不能成立。于是召集律师事务所刑事辩护团队先后研究10余次，认真听取大家意见和建议。鉴于该案实务界争议确实较大，一审法院以抢劫罪（加重犯）判处杨某有期徒刑10年，马某及其余被告人有期徒刑8年。一审宣判后，辩护人认为该判决适用法律错误，马某等人也不服上诉至昭通市中级人民法院。昭通中院审理后裁定撤销一审

判决，发回重审。昭阳区人民法院再审采纳了辩护人的意见最终以招摇撞骗罪判处被告人杨某有期徒刑3年，马某等人有期徒刑两年半。

"争做一流法律服务机构"是意衡律师事务所的奋斗目标，也是全所律师的追求。

2016年，彝良县某煤矿欠工人工资，参加上访的工人达200多人。彝良县委、县政府高度重视此次维稳工作，召开专题会，由云南意衡（彝良）律师事务所提供法律援助。意衡律所接到指派后，立即召集全所律师召开紧急会议，研究制订解决方案。意衡律师不畏艰辛、深入基层，经过一个星期的走访调查和现场办公，通过广大当事人及当地政府配合，运用多种渠道收集了与该案有关的重要证据，召集全体民工和相关部门对所欠工资情况进行核实签字盖章确认。意衡律所随后不分白昼地制作支付令申请书，于2016年11月9日依法向彝良县人民法院申请向煤矿下达支付令。彝良县人民法院于2017年11月29日做出支付令，并送达双方当事人。在该案中，意衡律师不但维护了当事人的合法权益，还为政府排忧解难，维护了社会的和谐稳定。

法，国之权衡也，时之准绳也。意衡律师常年担任昭通市委、市委组织部、大关县委、绥江县人民政府、市公安局、富滇银行股份有限公司昭通分行等100余家政府机关及企事业单位的法律顾问，弘扬正气，凝聚正能量，用优质、高效的法律服务带给客户满意和信任。

国因法律而昌，法律因人而贵。一直以来，意衡律师始终秉承"意于心、衡于法"的执业理念，始终坚持"绝不能让来律师事务所的当事人因交不起律师费而打不起官司"，每年经办各类案件1 000余件，为5 000余人次提供辩护和法律服务，切实地维护了当事人合法权益，真切地维护着法律的正确实施，维护着社会的公平与正义，以高度的敬业精神和高质量的专业服务赢得了社会的广泛赞誉。

（二）脚踏实地谋发展，坚持党建勇前行

意衡律师事务所自成立以来，不断发展，开拓规模，在稳定中求发展。对律师的热爱，对公正的追求，冥冥之中，让一群法律人走到一起，形成了今天的意衡团队。意衡律师的努力，社会各界有目共睹，也得到了政府以及广大人民群众的认可。2018年7月28日上午，在昭通市委党校隆重举行的昭通市律师行业2018年表彰大会上，云南意衡律师事务所与另外两家律师事务所被表彰为"全市优秀律师事务所"，同时，云南意衡律师事务所主任杨云秋等10名律师被表彰为"全市优秀律师"。意衡所表示，将以此作为鼓励，再接再厉，不断创造新的成绩，切实增强职业自豪感、社会责任感，以更加过硬的素质、更加积极的姿态、更加优质的服务，助力全市决胜脱贫攻坚。

俗话说，众人拾柴火焰高。意衡律师事务所在杨云秋主任及广大律师同仁共同努力之下，做好本职工作的同时，积极投身于自我发展和参加党建活动。2012年，意衡律师事务所成立党支部，由杨云秋律师担任党支部书记。迄今为止，意衡律师事务所党支部已有14名成员。虽然经费严

重紧张，但他们珍惜每次机会，加强党支部的经济建设，每年都投资几万元用于党建工作，并设立规范，从而进一步完善党员活动，抓好各方面制度建设。除此之外，他们还经常召开党员律师培训会，在整个昭通地区成为一道亮丽的风景线。

此前，云南意衡律师事务所党支部便组织党员寻着先辈的足迹，远赴贵州省遵义市开展"学习贯彻十九大精神暨赴遵义接受党性教育活动"。活动过程中，各党员通过参观遵义会议会址，重温入党誓词等活动进行党性教育。更加坚定了要不忘初心、牢记使命的信念和立足本职工作，为创造美好社会贡献自己的力量。2017年，经过政府各相关部门严格审核，云南意衡律师事务所党支部被确认为昭通市司法局律师行业党的建设工作示范点之一。这有利于全面贯彻落实从严治党的要求，充分发挥律师行业党组织的政治核心作用和党员的先锋模范作用，不断提升律师行业党建工作水平。杨云秋律师表示：今后，意衡所将继续狠抓党建工作，严格按照政治过硬、班子坚强有力、工作机制好、党员队伍好、发挥作用好、基础设施到位的六项基本标准继续做好示范点的创建工作，结合律师行业党建工作的实际创新工作方法，进一步建立完善党建与所建工作的"两结合""两促进"的工作机制，进一步推进党建工作的规范化建设，积极发挥党组织的政治核心作用和党员的先锋模范作用，面临的挑战就在今天，意衡人还需同心协力，奋勇争先，努力取得更大的创新和突破！

（三）砥砺奋进勇担当，意衡律师公益行

律师应当有颗善心，这样才能真正地去帮助那些需要帮助的人，实现自己的人生价值。意衡律师事务所党支部把做合格党员与自身专业结合起来，结合律师行业特点，组织带领律师开展大量公益实践活动，送法下乡、送法进校园、提供公益法律服务、爱心送考、义务法律咨询解答等，平均每年用在公益活动上的经费超过了10万元，让公益随行，把意衡和法律扎根于民众之心。

2015年1月，律师事务所出资5万元筹建云南省律师协会贫困残疾人公益法律服务中心昭通工作站，每年承办法律援助案件200余件。多次组织律师深入彝良地震、鲁甸地震重灾区奉献爱心，提供法律服务。投资十万余元拍摄昭通市第一部反映律师工作的微电影《欲见》，迄今影片点播率已超50万余次，得到昭通市委宣传部、昭通市司法局等单位的一致好评；自2014年起意衡律师事务所每年均组织律师事务所全体律师开展辩论大赛；2016年2月意衡律师事务所还邀请云南省人民政府法律顾问、云南省律师协会张慧副会长为全所律师就如何担任政府法律顾问进行培训；2017年2月26日，意衡彝良分所部分员工不畏路途颠簸，带着大米、牛奶等生活用品驾车前往距离县城10多公里的角奎镇半边街村看望残疾空巢老人徐朝友。78岁的盲人徐朝友，由于与其同社村民钟某产生农村土地承包经营权纠纷申请法律援助，彝良县法律援助中心指派意衡彝良分所主任刘绍前代理该案。刘绍前律师不畏山高坡陡，

深入村寨做双方思想工作，通过从情理和法理多角度说服、疏通，双方握手言和、互谅互让，徐朝友老人到法院撤诉。法院结合徐朝友特困现状还联系了彝良县信访局给予了徐朝友 3 000 元困难生活补助，徐朝友从此与意衡律师结下了不解情缘。

2017 年 9 月，意衡律师事务所承办昭通市首届刑事辩护高峰论坛，并邀请中央司法改革领导小组办公室原副主任、中央政法委员会政法研究所原所长黄太云等全国知名专家学者为全市 400 余名律师授课。

身处法治社会，然而很多公民对法律知之甚少。为呼吁更多的人重视妇女、儿童的合法权益，加入到反对家庭暴力的队伍中，积极防范邪教传播。在妇女节期间，昭通市妇联、防范办、司法局等 20 多家单位，在昭阳区联合举办以"让爱回家"为主题的大型宣传活动。在此次活动中，云南意衡律师事务所党支部宣传委员侯佰琴等 5 名律师，代表全所律师全程参与，为广大妇女提供免费法律咨询服务，从而帮助她们提高法律素质，增强防范邪教的意识和能力，为法律的普及以及对妇女、儿童权益的维护贡献了力量。希望通过自己的绵薄之力，呼吁社会各界加强对妇女、儿童的重视，以此进一步促进家庭的和谐，更有利于社会的稳定。

2018 年 7 月 17 日，在"昭通市 2018 年法治文化基层行走进威信扎西启动仪式"上，云南意衡律师事务所艾吉敏律师、舒云聪律师、成静律师为威信县群众提供面对面法律咨询，耐心解答各种法律困惑，让法治更加贴近群众。同日下午，杨云秋主任还为威信县部分单位的干部职工做了《宪法》和《监察法》专题辅导，让法律走进了每一个阶层。

为贯彻落实习总书记关于扶贫工作贵在精准、重在精准和鼓励支持非公有制企业自愿参与扶贫的重要指示精神，2018 年 11 月 14 日，在昭阳区工商联的组织引导下，云南意衡律师事务所到昭阳区苏家院镇开展"万企帮万村"活动，与苏家院镇苏家院村签订了《村企结对帮扶协议书》。

秉着"让法律普及每一个角落"的观点，云南意衡律师事务所律师多次走入乡镇，在苏家院集镇开展普法宣传活动。意衡律所的律师站在百姓的角度，将与百姓密切相关的问题视为落脚点，从婚姻家庭、人身损害等方面，以派发宣传材料、有奖问答、律师提供现场法律咨询等多种

形式，全面细致地为广大人民群众开展法律宣传，受到一致好评。谈到以后的计划，意衡律师事务所下一步将进一步拓宽思路、多形式多渠道到苏家院村开展好普法宣传活动，将"万企帮万村"落到实处。

（四）爱心送考，关注国家未来

"天下兴亡肩头重任，胸中韬略笔底风云。"2018 年，6 月 6 日，距离高考还有一天，由云南意衡律师事务所主办，中共云南意衡律师事务所党支部承办的"助梦前行"爱心送考高考志愿活动启动仪式在昭通市实验中学南大门举行，此次活动由胡运凯律师负责。在此志愿活动过程中，爱心司机以车况良好为前提，以遵守交通规则为基础，确保考生出行安全。除此之外，爱心司机自觉遵守禁鸣规定，为考生营造良好的考试氛围。

"予人玫瑰，手有余香"，意衡律师事务所的律师们虽然不是在做什么惊天动地的大事，然而"细节见人品"。一件满是善意的小事，足以映射一个人善良的内心。正如付仁均律师所说："我觉得自己没有做多大的事情，但是能够参加到这么有意义的活动中，为考生们贡献自己微薄的力量，是很开心的事。"无私奉献、尽我所能的意衡精神，是一股强大的力量，让意衡人将这一活动坚持下来，6 年从未间断。

（五）实例说法，让法走进校园

梁启超在《少年中国说》中提到："少年强则国强"，大家早已耳熟能详。众所周知，青少年是国家的未来，是国家的希望，然而在那样一个懵懂、天真的年龄阶段，他们对是非的判断能力尚不完善，为防止青少年误入歧途，对其开展普法教育，是一件至关重要的事情。

2017 年 12 月 1 日，彝良县人民法院便让法庭走进校园，在彝良县实验中学现场审理某校园欺凌案件。该校学生李某某诉其同班同学被告易某及其监护人易某某、熊某某健康权纠纷一案，并把学校彝良县实验中学作为共同被告告上了法庭，全校 1 800 余名师生及 300 多位学生家长参加旁听了该案的庭审。由于李某某多次在校方不知情的情况下欺辱易某，2017 年 6 月 6 日晚上，在学校值日教师、保卫和宿管查完晚休后，李某某又再次欺辱易某，导致易某将原告李某某打伤住院，最终鉴定为十级轻伤。原告李某某请求法院判决彝良县实验中学等四被告承担连带责任赔偿其各种损失，意衡彝良分所刘绍前律师受彝良县实验中学委托，担任其一审诉讼代理人。刘绍前律师接案后，走进校园，深入调查，查阅相关资料以及法律文献，做了充足准备。在庭审时，对各方面问题做出准确的剖析，提出相应的辩护意见，维护委托方合法权益，据理力争。通过 3 个多小时的庭审，一审法院经过合议庭合议，当庭宣判做出如下判决：判决原告李某某的损失为 97 000 元，判决原告李某某承担 45%，被告易某承担 45%，学校承担 10% 的损害赔偿责任，诉讼费也按照上述比例分担，驳回原告李某某的其他诉讼请求。

借此次机会，刘绍前律师为全校师生以及家长开展了一次有效的法律宣传。校园欺凌的现象频频出现，使校园

生活不再单纯美好，这是家庭、学校对孩子教育缺失的一种表现。无论是学校、父母，都应加强孩子的法律教育，监督孩子遵规守纪，做一个知法守法的好公民。

（六）众志成城铸辉煌，意衡律师奋蹄行

"我们的事业是正义的，我们的团队是坚强的"，个人的进步离不开团队的发展，团队的发展促进了个人的进步。意衡律师事务所的成功，离不开每一位律政人的努力与奉献。

自驾游玩，得快乐促团结：为了促进律所同事间的交流，营造和谐融洽的集体氛围，丰富律师的业余生活，2018年7月20日，云南意衡（镇雄）律师事务所主任李慧英组织全所律师赴四川宜宾，开展蜀南竹海周边自驾游活动。和煦的阳光倾泻而下，微风瑟瑟，竹叶沙沙作响，那一抹翠绿，让人心旷神怡。自古以来，"竹"便经常出现在文人志士的笔墨之中，它们的正直、坚韧，被世人传颂。在自驾游的过程中，意衡所的律师们轻松愉悦，同时深受感染，在以后的工作及生活中，将更加敬业勤恳、公平公正，为当事人赢得更多的权益。

清明祭扫，传承民族精神：无数先烈，抛头颅洒热血，才换来我们如今安定的生活。作为中华民族的传承者，勿忘国耻是我们的原则，缅怀先烈是我们的本分。意衡律师事务所的同仁们牢记历史，在清明节之际，部分成员到"凤凰山烈士陵园"开展清明祭扫活动，共同缅怀革命先烈。庄重默哀，慰藉英魂；敬献花圈，供奉英灵；重温誓词，牢记使命。有共同的信仰，一群各不相同的人才会相聚到一起，相信浓厚的爱国敬党之情、对历史英雄之敬，会让意衡人紧紧凝聚。

知识竞赛，在较量中学习：我国著名的学者于丹曾说："竞争，其实就是一种友谊，在对手的帮助下能提高你的

聪明度，害怕竞争的人已经输给了对手。"带着不服输的精神，秉着交流学习的态度，由陈冬律师、罗远航律师、龚凯律师组成意衡律师竞赛队受邀参加"听党话，跟党走，民企十九大知识竞赛"活动。这次竞赛分为三个环节，主要围绕十九大报告的相关内容展开。通过这样的活动更进一步加强了对党的十九大报告的学习。整场比赛中，9支竞赛队伍并驱争先。在风险题环节上，各参赛队员更是摩拳擦掌，现场气氛一度紧张。经过3个小时的激烈角逐，比赛落下帷幕。意衡律师竞赛队经过努力，最终荣获二等奖。

比赛的目的并不是取得最耀眼的成绩，而是在竞争中获取更多知识，这是一个完善、充实自我的有效途径。此次比赛，再一次加深了意衡律师对十九大报告的了解与学习。在业务领域不断进步的同时，要牢记党员使命，拥护党的权利，热爱国家，热爱人民，是每一位意衡律师的追求。

后记

著名核农学家徐冠仁曾经说："将知识的力量、团结的力量和献身精神的力量结合起来，我们将无往而不胜"，这句话正是对意衡律师全所同仁最真实的写照。过硬的法律专业知识，同心协力的团队意识，无私奉献的公德之心，共同铸造了意衡律师坚硬的护甲，打造了意衡律师锋芒的剑刃，助意衡律师在法律的沙场上驰骋。意于心、衡于法，看似简单的六个字，却映射出意衡人对自身严格要求的准则，对当事人认真负责的态度，对法律正义的崇尚，相信所有的意衡人都已将这句话深深烙印在心底。

最后，希望杨云秋律师和意衡全体同仁，不忘初心，牢记使命，在未来的道路中取得更多骄人的成绩，也祝愿意衡律师事务所在全体"意衡人"共同努力下，团结一心，走得更远更长久。

刑辩律师：司法公正的守护者，法治进程的推动者

——访北京大成（杭州）律师事务所高级合伙人、刑事业务部主任何慕律师

编者按

刑事辩护关乎人之自由、生命和尊严，同时，刑事辩护制度也是衡量一个国家法治文明与司法公正的重要标志。

本文主人公——北京大成（杭州）律师事务所高级合伙人、刑事业务部主任何慕律师说："辩护律师直接帮助的是那些自由和生命受到威胁的人，自由和生命乃是人生最大的标的物，它比什么都重要，比什么都有价值。"

笔者同时也了解到，何慕律师是一位只接刑事案件，只做刑事法律实务与理论研究的资深刑事律师。多年来，他秉承"精细辩护、辩防结合"的理念，一直致力于刑事辩护和刑事风控与合规业务，以负责、严谨的态度和科学、高效的方法维护了众多当事人的合法权益。他提出的"律师的'法律辅助人'角色定位""二五三辩护法""刑事辩护的'护辩、研辩与抗辩'"等有关刑事辩护的系统理论和经验总结，赢得了广大司法办案人员高度肯定和业界普遍认可，并成为青年人学习和快速提升业务水平的标准化样板工程。

另外，何慕律师同时还兼任北京大成律师事务所刑事业务专业委员会理事，北京大成律师事务所单位犯罪研究中心副主任，浙江省法学会金融法学研究会理事，杭州市律师协会刑民交叉法律事务专业委员会副主任，杭州市律师协会刑事责任风险防范专业委员会委员，杭州市律师协会宣传教育委员会委员、权益保障委员会委员等社会职务，为律师行业的建设和发展不断贡献着自己的绵薄之力。

司法公正的守护者

在从事律师职业前，何慕律师曾是一名中学教师，且还担任某中学校长数年，在教育战线奋战14载后，遂拾起少时梦想——做一名维护社会公平正义的中国律师。其实，做一名律师的梦想，在何慕很小的时候早已在内心种下。随着年龄的增长，阅历的丰富，他也渐渐明白，律师的职责就是要维护当事人合法权益，维护法律的正确实施，维护社会的公平和正义。

俗话说："热爱是最好的老师"。经过备战和不懈努力，

何慕终于在 2006 年顺利通过司法考试，考试通过的第一时间，他就毫不犹豫地选择辞职，并将自己执业的起点定在素有人间天堂之美誉的杭州，从此开始了他栉风沐雨的律师生涯和无畏前行的刑辩之路。

当然，何慕律师同样经历了执业之初的困难与困惑，西湖畔便成了他经常驻足、停留、思索人生的栖息地。但他一直坚信，只要踏实、敬业，做好手头工作，待物以真，待人以诚，少些投机，多些务实，从事律师行业必然会有不错的收获。"从事一个正当的行业，只要认认真真做事，你不负这个行业，行业也不会负你，这是规律。"何慕律师道。

执业不久，何慕律师便确定了自己的专业方向——做一名专业的刑事律师。亦如前文何慕律师所言："辩护律师直接帮助的是那些自由和生命受到威胁的人，自由和生命是人生最大的标的物，它比什么都重要，比什么都有价值！"

2010 年，何慕律师加盟大成（杭州）律师事务所后，即牵头成立了刑事业务部，并担任部门主任至今，现在的大成（杭州）律师事务所规模已达 200 多人，刑事业务部也从起初的几个人发展到几十人。

从三尺讲台到法庭的舞台，再到专注刑事，何慕完成了从教师到律师再到刑事专业律师的华丽转身。而时至今日，已经从事律师执业 13 个春秋的何慕，在每年的教师节都会收到昔日学生的深深祝福，学生们没有忘记他，他也没有忘记自己的学生们。从传道授业解惑者到司法公正的守护者，角色虽已转变，但他初心未改，依然坚守自己内心的正直、诚实和善良，待物以真，待人以诚。我们从其办理的案件中也可见一斑。

法治进程的推动者

前最高人民法院副院长景汉朝说："律师是法治建设的重要推动力量。从一定意义上说，律师事业的发展水平，是一个国家法治水平的重要标志之一，在我国，律师作为法律服务的执业队伍，一直以来，在维护当事人合法权益，健全完善我国的社会主义民主与法治，确保社会稳定，实现司法公正，维护法律的统一正确实施，发展社会主义市场经济的进程中发挥着重要作用。"

何慕律师说："律师是通过个案的正义从而推动整个社会的公平正义，我们虽只是一粒石子，却铺就在通往法治的道路上，正因刑辩律师的坚持，律师群体在推进社会进步与发展中才具有了重大的意义和价值，成为推动法治前行的重要力量。以个案推动法治进程已成为中国律师的一种坚守，也是社会向前发展、中国法治建设的大势所趋。"

笔者以为，每一个案件得到公正的审判，都是推动法治进程和社会进步的美丽注脚。让每一个案件都经得起历史的检验，让每一案件都成为法治的名片，让每一个案件都实现公平与正义，这正是何慕律师一生的追求，也是所有法律人的责任和使命。

下面，我们还是用真实案例来为大家以案说法，以警示自己，以警醒世人，并以此来感悟人生吧。

刑辩律师是当事人辩护者，而不是掩护者

2015 年 2 月，外地商人"铁笼沉尸案"在杭州市中级人民法院第一法庭再次开庭（杭州中院曾于 2014 年 6 月、8 月、9 月三次开庭审理此案）。媒体曾这样评价此案："这起情节无比曲折的命案，在杭州公安史上，甚至是全国公安史上都将留下重重的一笔。"

要想了解此案，我们还要将时间回溯到 2012 年，6 月 10 日，因为巨额债务纠纷，44 岁的外地商人张某在杭州某酒店被人劫走，随后遭近 3 个月的非法拘禁，辗转永嘉、青田山区，最后遭遇沉尸。

据了解，两人只是因借贷引起纠纷。2010 年，张某曾以企业运作为由向该案主犯胡某某借款 2 650 万元以及其他大额赌债。

法庭上公诉人起诉书中指出："这个铁笼尺寸仅为 60 厘米 ×70 厘米 ×70 厘米，胡某等人将一个 1 米 8 的男子装进笼子，如同动物股对待。同时精心踩点，选择在青田滩坑水库作案。水库的北山大桥最高墩高 116 米，为我省第一，水库一带道路曲折，人迹罕至，然后在午夜时分，连人带铁笼抛入百米水中，足见作案手段之残忍，情节之恶劣，后果之严重……"

经审理，杭州市中级人民法院宣判，被告人胡某因故意杀人、非法拘禁被判处死刑，剥夺政治权利终身。另两名主犯张某某、金某某也分别被判死缓和无期徒刑。

法院认为，被告人傅某某等 6 人在非法拘禁共同犯罪的不同阶段起协助作用，系从犯，视各被告人的具体犯罪情节分别判处有期徒刑 1 年 9 个月至 3 年不等的刑罚。2016 年 12 月 13 日上午，杭州市中级人民法院根据最高人民法院院长签发的执行死刑命令，依法对"铁笼沉尸案"中犯故意杀人、非法拘禁罪的首犯胡某某验明正身，押赴刑场执行死刑，此案历经 3 年终于告终。

我们了解到，在此案中何慕律师担任了傅某某等 6 名被告人中其中一人的辩护律师，其是案发深夜将被害人用车运往沉笼水库的人员之一，虽然其行至邻近水库路段处停下等候，但不是将铁笼沉入水下的直接行为人。此案公诉机关指控的罪名为非法拘禁罪、故意杀人罪，两个罪名所要承受的刑罚也有着天壤之别。何慕律师经多次会见和了解案件经过获悉，其与其他案犯在运输途中没有任何交流，是要将囚禁张某的铁笼运到下一个囚禁地，还是要将张某杀害，其并不知。发现这一细节后，何慕律师再到案发现场实地调查获悉。过桥后有村舍，被告人认为主犯胡某某可能是将囚禁张某的铁笼运输至更隐蔽的村落。后何慕律师将这一个观点反馈给主诉检察官，建议公诉人就此细节向当事人核实，同时表示，辩护人认为：由此可见，当事人仅为非法拘禁行为，不具有其他的犯罪故意，不应再被控故意杀人之列。然后，公诉机关采纳了何慕律师的辩护意见，为其被处以较轻的刑罚打下了坚实的法律基础。

"作为一名刑事辩护律师，不仅需要有专业知识，还需要耐心和细心，方能找到案件的突破口，当然，这些都是要基于案件事实的本身，律师不会杜撰或教唆当事人说

谎，因为刑辩律师是当事人辩护者，不是掩护者。"何慕律师道。

让法律走进人们的心中

2016年，某单位领导贪污案发，当事人家属先后换掉了两任律师，在临近一审开庭前找到何慕律师担任辩护人。此案一审辩护意见未被法院采纳，二审辩护意见仍未被采纳，而该单位领导被投进监狱不久，又查出漏查的受贿金额。这时，当事人家属却又找到何慕律师，说当事人还是希望委托何慕律师担任其辩护人。当何慕律师再次会见时，当事人隔着铁栏，一见到何慕律师就老泪纵横地说："何律师，你终于来了。无论如何，你来了，我就放心了！"

"为当事人普法，让法律走进他们的心中，是律师的义务和职责。众所周知，一般情况下当事人连续更换律师，无论是案情的原因还是其他原因，这种委托人大多较难'对付'。可是在我介入案件后，委托人对我极为信任，我想这应该是我工作中尽职尽责的结果，是沟通中认真耐心的结果，是敬业被委托人认可的结果，是对我个人的认同。所以，刑辩律师要有极强的责任心和使命感，责任心和使命感是打开案件疑难症结的动力，也是我们赢得尊重的根本。只要我们尽职尽责办案，即便最终的办案案件结果不尽如人意，当事人对你还是非常信赖的。"何慕律师强调道。

知无不言，言无不尽的何慕老师

采访将结束时，在笔者的盛邀下，何慕律师无私地与我们分享了"律师的'法律辅助人'角色定位""二五三辩护法""刑事辩护的'护辩、研辩与抗辩'"等有关刑事辩护的系统理论和经验总结。这时，何慕律师似乎又回到了当年的三尺讲台，对我们可谓知无不言，言无不尽。（以下根据何慕律师口述整理）

何慕律师：律师的"法律辅助人"角色定位。刑事辩护律师在辩护工作中，要做细做精，要起到辅助办案人厘清案情的作用，要从工作细致度或办案技巧的角度来与司法办案人员讨论。我们知道，办案人员特别是公诉人及法官，其专业知识、专业素养整体上不亚于甚至高于律师。

辩护律师想在高水平的检、法人员面前、在环环相扣的刑诉程序中获得辩护效果并不容易，这不仅需要有专业知识，还需要耐心、细心。刑事办案人员和辩护律师有不同的特点。现在一线的公诉人、审判员工作量大、压力大，受缚于体制，案件对他们而言就是来之不尽、周而复始的工作，虽不能说乏味，我想也谈不上热情；案件堆满案头，应该也不可能事无巨细面面俱到；工作程序上行政特色不减，其法律判断也未必能自如。而律师由于职业特点使然，办案有热情，对案件入手单一，只为自己的当事人服务，着力点集中。这样，律师也就更能够仔细周全地研究卷宗。鉴于律师服务的市场性，即便有辩护不足之处，也属于服务水准的范畴，律师并不因此而承担直接的责任，而检、法人员的工作具有国家机器的权力属性，出现失误会承担相当不利的后果。所以，律师办案可以说是没有最好，只有更好，追求的是"把案件办好"。而检、法人员要稳中求稳、但求无过，追求的是"别把案子办错"，而避免犯错的最好方法就是兼听则明和诉辩制衡。理解了这两点，就找到了与检、法沟通的钥匙。我们与检、法系统进行业务座谈的时候，他们多数表示，欢迎辩护律师介入案件，律师可以帮助他们发现问题、避免失误，这应该是真心话。从检、法的角度，辩护人的"挑刺"不是坏事。发现问题，然后对这些问题进行诉讼的梳理、法律的判断和取舍、采纳或拒绝，或直接融入检、法的办案观点，从而实现辩护利益。

所以，我处理案件，会尽可能地把详细阅卷笔录、证据分析、对案件的理解以法律意见书的形式及时向相应办案人员呈送。并在不同的阶段，根据不同需求，权重法律意见书的侧重点。我相当注意的一点是，努力追求这样一种效果——办案人员看到我的法律意见，觉得我的意见是客观的，而不是与之针锋相对，是协助其厘清案情准确把握全案的，而不是不顾实际只要利益。我会尝试着站在他们的角度，考虑他们处理案件的实操可能，提供相应的信息和处理建议。

当好办案人员的"助手"。这种技巧的运用，是通过辅助他人的态度、细致的信息呈现来影响办案人员，说服、打动他们，从而实现辩护目的，不是附庸于办案人员，更

不是对办案人员的唯唯诺诺。如果前期意见没有被接受，我们当然应从利于当事人的角度据理力争，行使好辩护人职责，此时再直面辩争并不迟。当然，工作要尽早，要及时把这些意见与材料送到办案人员手中，方便办案人员能在阅卷前或阅卷的同时看到，如若太晚，办案人员已经对案件形成既定的认识，对与自己认识相异的辩护意见较不易接受。辅助人的技巧运用使我受益颇多，最终也转化为当事人受益。

何慕律师：关于"二五三辩护法"。我认为，在刑事案件的每一阶段都要百分百尽心尽力的情况下，还应进一步对每一阶段进行精耕细作，并在着重点上加以区分。侦查阶段占"二成"，审查起诉阶段占"五成"，审判阶段占"三成"。在这里我想重点强调的一点是，审查起诉阶段检察官可以说是"无冕之王"，所以要占到辩护律师"五成"的精力。我所办理的很多案件皆是在审查起诉阶段全力与检察机关进行耐心的沟通交流，并提交律师专业意见，最终获得检察机关的认可，获得不予起诉的结果。如某人寿公司挪用资金案、王某贷款合同诈骗案即是在审查起诉阶段竭力与检察院主诉检察官耐心沟通并提交律师意见，才有了当事人获不予起诉和公安机关撤销案件的良好结果。

何慕律师：刑事辩护的"护辩、研辩与抗辩"。"护辩"就是在当事人被采取刑事措施后，作为辩护律师一定要懂得如何保护当事人，并将与之所犯罪行相对应的法律、法规等对其进行普法宣讲，要告诉当事人他有哪些法律所赋予的权利。当然，这种普法宣讲不能等同于对社会的广泛普法，而一定要有针对性，这就是我所说的"护辩"。"护辩"与"二五三辩护法"的"二"相对应。"研辩"，顾名思义，就是要研究卷宗材料，对公安、检察机关既有的证据进行仔细研究，力求找到有利于当事人的突破口，并尽快提出对当事人有力的辩护意见。"研辩"与"二五三辩护法"中的"五"相对应。"抗辩"在法庭，即当辩护律师的意见未得到检察机关采纳，或未完全被采纳的情况下，我们还有法庭抗辩的阶段，"抗辩"与"二五三辩护法"终的"三"相对应。

无论是"二五三辩护法"，还是"刑事辩护的'护辩、研辩与抗辩'"，其阶段和时间划分也并非那么清晰。总之，在为当事人提供刑事辩护法律服务的整个过程，每一个阶段都重要，每一个阶段都不能懈怠。只有这样才能真正做到维护当事人合法权益，维护法律的正确实施，维护社会的公平与正义。

后记

据了解，何慕律师还一直参与杭州本土公益组织。多年来，公益已经成为何慕生活中、工作中极其重要的一部分。何慕律师说："阳光志愿队、永和志愿队、西湖义工、新希望公益，都是我的另一个家。我们助残、助学、捐资、献血、陪护、义卖、拾垃圾、维护秩序，以各种各样的形式，做大大小小的事。参与公益，人人可为，捐款捐物是善施，一个温暖的笑也是善施。到后来，反而是施善的人得到的更多。因为，给予别人的只是点滴帮助，自己收获的却是满满幸福！"

当看到一个个当事人的罪名被改变，获得罪轻判处；当看到一个个当事人走出看守所，从绝望走向希望……我想这种感受对于何慕律师来说应该已经超越了案件本身，更让他感受到了刑辩律师价值和意义，或许正因这种价值和意义，让何慕律师对刑事辩护以及刑事业务的研究如此笃定和执着。面对当事人信赖的眼神，面对当事人的3次聘请，面对当事人的期许和重托，面对笔者的盛赞，何慕律师谦逊地说："这不是当事人的胜利，也不是辩护人的胜利，而是法治的胜利。社会的肯定，当事人的信任，这些都是对我们刑辩律师的鼓励和鞭策，在未来的刑辩路上，我们将继续努力、不舍昼夜、无畏前行！"

是啊！是法治让人们看到了公平正义就在你我的身边，而个案的公正审判又促进了法治的进步，两者相辅相成、相互促进、相得益彰。要说在中国律师界谁是最可爱的人，那么，刑辩律师当之无属。

第三部分　中国当代律师风采

蔡春雷律师

蔡春雷律师是北京市京师律师事务所创始合伙人律师、不良资产法律事务部主任，海南国际仲裁委员会优秀仲裁员，北京市朝阳区第三届律师协会副会长，北京市通州区第六届人民代表大会代表、法制委员会委员。自1999年执业至今的他已有20年的律师服务经验。曾代理过千余宗各类诉讼、非诉讼案件，先后担任百余家企事业单位的法律顾问。着重致力于不良资产收购处置、私募基金业务领域的同时，对仲裁事业的执着、律协工作的开展、人大代表的使命倾注大量的时间和心血，默默耕耘在第一线。

在扎根不良资产领域的他勤恳负责而不失睿智和才干，把多年的工作经验复盘总结并出版了《掘金之旅——投资金融不良资产疑难案例精析》《掘金之旅——金融不良资产处置十八般武艺》，并开展全国巡讲课程。

在我国改革开放40周年，海南建省办经济特区30周年之际，身为一名海南国际仲裁院仲裁员的他，在对中国仲裁理论与实务研究的基础上，编辑出版了《仲裁裁决被撤销案例精析》一书，此书由中国政法大学黄进校长亲自为其作序。这样的贡献与努力对一线仲裁工作有着极大的借鉴指导意义。

作为北京市朝阳区律师协会副会长期间，团结友爱而不失工作原则，耐心热情而不失公正和稳重。高占位讲政治抓党建，努力成为推进依法治国的参与者、实践者、奋斗者、奉献者。着眼服务律师，服务律所。关注青年律师发展、关爱老年律师生活、关心实习律师困境。让更多律师找到归属感、认同感、获得感。积极主动作为、优化服务方案、创新服务手段、丰富服务内容，为推进法治朝阳、法治北京凝心聚力、竭忠尽智。

作为人大代表，他谋长远之举、建睿智之言、献务实之策，在参政议政中无时无刻不彰显律师的社会责任感。深入调查、为民生"发声"，视察检察院公益诉讼工作、公共法律服务体系建设、"雪亮工程"、通州区残疾人康复中心、东潞苑佳园农贸市场、北京城市副中心最大的污水处理厂。利用业余时间投身公益周宪法宣传活动、参与编排"七五"普法栏目剧——双雷拍案。投身司法改革，参加法官职业尊荣感专题研讨会，参加通州法院《行政案件司法审判白皮书》新闻发布会，荣辱与共，助推法律共同体发展。

曾任或现任

中国政法大学不良资产处置业务高级研究班讲师；大连海洋大学聘任客座教授；北京市律师协会第七届并购与重组专业委员会委员；北京市律师协会第十届惩戒委员会委员；北京市朝阳区第二届律师协会惩戒委员会秘书长；北京市朝阳区第三届律师协会副会长；中国东盟法律合作（北京）中心副主任；金蝉投资首席合伙人、雷石投资不良资产收购、处置决策委员会主任；北京市通州区人大常委会第一、第二、第三届内务司法工作委员会委员；"中国合同库"特聘专家。

获得荣誉

2008年，被北京市委评选为"新的社会阶层代表人士"；2009年、2014年、2018年，因优秀业绩表现，其事迹被收录中华全国律师协会主编的《中国律师年鉴》；2014年，被朝阳区律师协会评为"2011—2013年度朝阳区优秀律师"；2015年，被北京市律师协会评为"2012—2014年度北京市优秀律师"；2015年，在"京师2015年度最受欢迎律师大型评选"活动中，因表现突出，被评为最受欢迎律师奖；2016—2017年度，北京市律师协会惩戒委员会优秀惩戒员；2017年，《法治朝阳》课题组、朝阳律协纪处委第三届优秀审查报告评选中荣获一等奖；2017年，中国不良资产联盟"十大行业人物"；2018年，荣获"优秀共产党员"称号；2018年，海南国际仲裁院（海南仲裁委员会）发展贡献奖；2018年度，京师律师事务所年度优秀部门主任奖。

付新岭律师

付新岭律师是北京君途律师事务所付新岭律师，律所创始合伙人，主任律师，高级律师。

教育背景

付新岭律师2004年毕业于西北政法大学，具备扎实的法学理论功底。

工作经历

自2007年从事专职律师工作以来，承办案件千余件，具备丰富的法律实践经验。中华律师协会会员、北京市律师协会会员、房产事务委员会委员、北京青年律师联谊会委员，现为北京君途律师事务所主任，担任近百家企业的法律顾问。

擅长领域及服务单位

付新岭律师执业10多年，精通法律程序，专业解决离婚案件、房产交易、遗产继承、各类经济纠纷（包括投资、理财）等案件。

付新岭律师精通公司法、合同法、劳动合同法、建筑与房地产相关法律、担保法、商事仲裁法、婚姻法等，尤其在公司上市、公司治理及合同管理领域，付新岭律师有着丰富的实务经验和深厚的法律理论研究，近年来为近百家企业法律顾问担任首席律师，如黑河市公安交警支队交通事故处理大队、北京林特医药科技有限公司、北京元洲装饰有限责任公司、北京舌尖上农产品销售有限公司、豪斯石油装备（北京）股份有限公司、北京中侨联物业管理有限公司、北京原创艺墅国际建筑装饰工程有限公司、北京紫禁尚品国际装饰有限公司、北京川百汇餐饮管理有限公司、北京浩然乾诚国际贸易有限公司、北京汉丽轩餐饮管理有限责任公司、北京华汇恒业投资控股有限公司、北京市京供宏达电力工程有限公司、北京圣菲空间设计有限公司、北京诚盛投资管理有限公司、北京炎黄创展地产开发有限公司、北京福陆工程管理有限公司、人民公网（北京）有限公司、天津合一房地产开发有限公司、百万农庄（北京）商业发展有限公司等多家公司的规范治理业务，并出具了尽职调查报告、法律意见书等相关法律文件。

君之所仰，法途可道；诚信与人，解惑助教。北京君途律师事务所秉承创新中国法律服务的理念聚集了一批青年才俊共同打造国内法律服务的全新体系，致力于专业高端的法律服务领域，引领中国法律服务改革新坐标。

君途律师为各类诉讼及非诉案件制定标准化办案流程：服务清晰，类型明确；方案规范，收费透明。

服务清晰，类型明确：君途分工明确，针对委托人所提要求，及时分配任务。

君途律师依法律做事，为委托人尽心。

黄磊碧律师

北京市尚公律师事务所高级合伙人、中国人民大学金融法学博士。北京市律协"一带一路"法律服务研究会副主任，北京市律协"一带一路"研究会专家委员会高级研究员，中国法学会东盟法律研究中心高级研究员。2018年入选司法部"全国千名涉外律师人才库"，并作为改革开放40年向外国驻华使馆、外向型机构等推荐的优秀涉外律师荣登《中国律师网》和2018年《中国律师年鉴》。

黄磊碧律师有近30年的法律从业经验。曾任高级人民法院法官，央企法务。在法院工作期间，参与和独立承办了一批在地方及全国有重大影响的诉讼案件，具有丰富的审判实践经验；在央企工作期间，主要负责集团在全球的重大经济纠纷处理，在系统性的风险控制与重大危机处置、保险理赔、不良资产处置、房地产、并购重组、融资租赁、诉讼仲裁等方面积累了丰富的经验；在海外工作多年，对跨国商业组织的运作、国际投资和并购、国际重大工程项目建设、涉外纠纷处理等法律实务有深入的了解和实务操作经验，与国外多家机构建立了广泛的联系和渠道，是一名具有国际化视野的优秀律师。

黄磊碧律师自执业以来，主要为政府部门、金融机构、央企、上市公司等提供法律服务。主要业务领域："一带一路"法律事务、重大危机处置、跨境并购重组、知识产权保护、重大争议解决等。黄磊碧律师还注重对新型业务的研究，善于总结经验教训，出版了大量的相关著作论文，

为中国企业"走出去"提供理论指导和实践经验。

经典案例

1. "一带一路"法律服务——2019WTC世界交通运输大会暨交通科技博览会法律服务

习总书记在第二届"一带一路"国际合作高峰论坛主旨演讲中提到"共建'一带一路'，关键是互联互通"。交通的互联互通是重中之重。目前中国与"一带一路"沿线国家开通了356条道路客货运输线路；海运覆盖沿线所有国家，中国企业还参与了13个国家20个港口的建设和经营；在航空领域我国与沿线43个国家实现了直航。如今"一带一路"交通基础设施从"通"到"畅"、由"点"连"线"成"网"，成为"一带一路"沿线各国共同的机遇之路、繁荣之路。WTC世界交通运输大会是由我国向世界发起的，旨在推动我国"交通强国"战略、深化"一带一路"沿线国家交通基础设施互联互通的实务合作平台。2019世界交通运输大会的交通科技博览会集中发布了世界交通运输发展的最新科研成果。博览会上的1000多项代表性的世界交通运输科技成果集中展示了当今世界交通运输领域的最新技术与工程实例，内容涵盖智慧交通、车路协同自动驾驶、物联网等方面的新技术、新产品和新模态。黄磊碧律师担任了WTC世界交通运输大会暨交通科技博览会指定的法律顾问，提供全球知识产权保护的专项法律服务。其参与撰写的《"一带一路"沿线六十五个国家中国企业海外投资法律环境分析报告汇编暨外国投资法律制度分析报告汇编》（合著）获得北京律师协会颁发的《特别贡献奖》。

2. 重大危机处置法律服务——2018年为滴滴进行法治体检并出具法律意见书

近年来滴滴出行给人们的生活出行带来了快捷方便，需求旺盛使得滴滴快速崛起。但在2018年滴滴顺风车连续发生骇人听闻的刑事案件，乘客的生命安全受到严重的威胁。国家监管部门六部委联合下文对其提出了安全整改通知，滴滴一时间陷入了举步维艰的局面。网约车平台发展到今天，单凭投资人、管理层对利润的追求动力已经无法驱动企业的健康发展，充分研究受到网约车影响的"利益相关者"的需求才是突破发展瓶颈的正道。为了帮助滴滴尽快完成整改，北京律协派出了法治体检小组为滴滴进行全面梳理，完成滴滴法治体检报告。黄磊碧律师作为小组成员之一，主要负责对网约车乘客利益部分进行分析，对滴滴网约车平台为保障乘客利益所采取的措施、乘客与平台之间的沟通渠道、网约车平台乘客利益和平台利益的冲突和网约车平台乘客利益保障措施建议等全方面对滴滴合规进行了分析，并建议滴滴出行应当为保障乘客利益所采取的具体措施如安全保障、提供便捷出行方式、双重封顶

控制价格、损害责任承担等。法治体检小组完成了2.4万余字的"法治体检"报告，帮助滴滴出行迅速完成安全整改工作。以上工作得到的滴滴公司真诚的感谢，也展现了首都律师所具有的高度责任感、专业度和公益心。

3. 跨境并购重组法律服务——为2016年中韩自贸区内航线的跨国并购提供法律服务

2015年为促进亚太区域一体化，中韩两国签署了《中华人民共和国与大韩民国政府自由贸易协定》，该协定创新性引入地方经济合作合作条款，明确将中国威海市和韩国仁川自由经济区作为地方经济合作示范区。于是往返于中国威海与韩国仁川之间航线成为跨国收购的热点。瑞典某船公司拟收购中韩自贸区的滚装船航线。但根据中韩两国交通部门签署的相关协定，只有中国或韩国企业可以经营中韩自贸区内的航线。为了在现有的法律框架下合法合规的进行跨国收购，黄磊碧律师参与其中交易结构设计，协助国际收购的稳步推进，为中韩自贸区的发展贡献力量。中韩自贸区的成功激励了中俄、中日、中朝等东北亚自贸区进一步扩大发展。

4. 知识产权保护法律服务——2019世园会形象大使董卿"草木卿缘"栏目侵权案

世界园艺博览会涉及商标、著作权、专利和植物新品种等知识产权的保护。黄磊碧律师自2014筹备开始就担任专项法律顾问，协助世园会制定了知识产权保护战略和执行方案。2017年中央电视台著名主持人董卿担任了2019中国北京世界园艺博览会的首位形象大使，其在世园会的官网上开辟了"草木卿缘"栏目，向世人传播植物。2017年数十人以带有"草木卿缘"的名字申请了微信公众号，擅自将世园会发布在"草木卿缘"栏目的原创作品发布在其个人的微信公众号上，且未注明作品出处。更为恶劣的是，有人还使用了董卿的头像作为公众号的头像吸引公众的关注并设置了打赏获利。为此，黄磊碧律师作为代理律师启动了世园会知识产权保护程序。

微信公众号作为新媒体的一种形式，传播速度快，该案涉及众多问题：（1）侵权人未经许可擅自将世园会的原创作品在自己的微信上发表，该行为已侵犯了世园会的署名权、信息网络传播权以及获得报酬的著作人身权和财产权。（2）使用董卿的照片作为个人的微信头像侵犯了肖像权。以上给世园会和形象大使董卿均造成不良影响和不同程度的损害。黄磊碧律师团队迅速对上述批量侵权公众号展开调查工作。一方面及时进行证据固定，通过公证的方式进行证据保全；另一方面与腾讯等网络平台公司积极协调，要求提供侵权账号个人信息、删除相关内容直至关闭侵权账号等。通过合理运用腾讯等平台公司的投诉机制、公证处证据固定，与国家知识产权局和市场监督局等相关主管部门有效沟通等快速反应机制，在2天之内完成了对所有侵权微信公众号实施暂停或注销的处理方案，迅速遏制了侵权行为，保护了世园会的知识产权。

5. 环境保护法律服务——国家西气东输支线项目环境保护法律服务

环境保护问题是中国21世纪面临的最严峻的挑战之一。日益严重的全球荒漠化问题不断威胁着人类的生存。联合国宣布2010年至2020年为"联合国荒漠及防治荒漠化十年"，近年我国也陆续出台了《防沙治沙法》和《国家沙化土地禁封保护管理办法》等，对沙化土地实行封禁保护，制止各种人为的破坏，在合理开发和封禁保护之间取得平衡，促进生态系统的自我修复。

为解决新疆当地群众的天然气生活用气问题，国家西气东输某支线项目需要穿过塔克拉玛干沙漠沙化土地封禁保护区，对封禁保护区开发利用需要取得国家主管部门的批准。黄磊碧律师作为国家主管部门派出的专家组成员之一，与专家组一起克服自然条件的困难顶着沙尘暴赴新疆阿克苏塔克拉玛干沙漠腹地对该项目的可行性研究报告、建设项目占用沙化土地禁封保护区方案、建设项目环境影响评价报告中的防沙治沙方案、评估该方案对环境的影响等进行了实地考察，并对该项目的合法合规性出具了《专项法律意见书》。为国家环境保护，为缓解民族矛盾，为边疆的建设和稳定起到积极的作用。

6. 涉外法律服务——为2019中国北京世界园艺博览会引进五星级酒店管理团队的谈判提供专项法律服务

2019中国北京世园会为世界最高级别的专业博览会，是首都北京向祖国70华诞的献礼。预计参观人数达1600万。为此，在举办地延庆建设各种档次的酒店为参观者提供住宿成为工程建设的重要部分。在为国际酒店引入著名的五星级酒店管理品牌"凯悦"时，黄磊碧律师组织团队对谈判对手做了深入研究，事先已知对方谈判律师团队以中国香港和新加坡律师为主。合同主体众多，《酒店管理合同》的主体是北京公司、《策略监督及顾问合同》的主体是香港公司、《技术服务合同》的主体是新加坡公司、《商标许可合同》的主体是美国公司。因此，在人员安排上派出了最强阵容的涉外律师团队参与谈判。在合同关系上策略监督及顾问团队和技术服务团队是基于避税考虑而建的离岸公司，因此其应当相互承担连带责任；在谈判策略上，在不同的阶段安排的侧重点不同，对关键的条款在开局和最后阶段坚守底线；同时利用3家谈判对象提报的方案进行综合考量，为委托人争取了最大利益。

黄磊碧律师团队凭着高度的政治觉悟、流利的英语、精湛的专业能力、勤勉尽职的工作态度协助世园会主办方在短短的3个月内完成通常需要一年半才能完成的谈判工作，为世园会配套的凯悦酒店、温泉酒店和商务酒店建设赢得了时间，使参观者体验到了"宾至如归"的感觉。

7. 重大国际项目法律服务——为2019世园会外国参展商参展货物临时进境关税保函提供法律服务

关税保函是指担保银行向海关出具的，保证进口商履行缴纳关税义务的书面文件。2019年世园会开展前有110

个国家和国际组织参展的货物需要向中国海关申请暂免关税临时入境。根据《中华人民共和国海关法》的规定，对于展览需要临时进出口的货物，可以暂时免征进出口关税，但需要提供担保。但本项目中因为主办方的政府机构身份问题不符合《担保法》所规定的对外担保的规定。为解决主体资格的问题，黄磊碧律师凭着精湛的专业能力、勤勉尽职的工作态度协助主办方设计了担保的交易架构，通过《开立保函申请书》《开立保函协议》《关税保函》《开立保函协议之补充协议》《承诺函》等一系列的担保与反担保，在我国现行法律的框架下，对外国参展商临时进境的货物提供保函形成了闭环，顺利取得了银行的关税保函，完成了世园会临时进境参展货物的入关担保工作。为中国政府兑现国际承诺，向世界展示强大的中国贡献了力量。

8. 重大国际赛事法律服务——2022 中国北京冬奥会及冬残奥会

为 2022 冬奥会给赛场之间连接的京张高铁建设提供法律服务；为 2022 冬奥会高山滑雪及雪橇基地征地拆迁和用水提供法律咨询服务；为 2022 冬奥会北京奥组委提供综合法律服务。

9. 海事海商法律服务——参与中国远洋运输集团有限公司的运价调整受美国 301 条款限制的法律风险分析及对策研究

COSCO 中国远洋是世界排名前五的船公司。由于其为中国国有企业，受到美国 301 条款的限制，其他船公司调整运价只需要提前 1-2 天报备即可，但美国却要求 COSCO 要调整运价需要提前 1 个月报备，导致中远根据市场调节运价的机制失灵。理由是国有企业系举国之力支持，与民营企业不在一个水平线上竞争，为保证市场经济的秩序，对 COSCO 进行歧视和给予非国民待遇。为了突破美国对中国国企的围堵，在当时的法律体系的框架下，黄磊碧律师协助 COSCO 进行国企改制、设立离岸公司、挂巴拿马旗、以单船公司抵御风险等，根据不同的航线不同的国家法律提出规避风险的对策等。

10. 公益法律服务——出租车司机"过劳死"工伤认定案

近年来，全国相继发生了出租车司机"过劳死"事件，在出租汽车行业引发了强烈反响，并受到了社会广泛关注。2015 年北京某出租车司机赵某在运营期间感觉身体不适，回家取医保卡看病，在家中猝死。其上有年迈的父母，下有幼子，妻子无固定收入，顶梁柱一倒生活无以为继。出租车司机的家属到所寻求法律援助。黄磊碧律师接案后组织团队对其中的难点进行了认真的研究，如果以患职业病提起申请，赵某死亡系猝死，实际上其原因是"过劳死"，但根据现行《职业病分类和目录》的规定，过劳死并不是职业病中的一种；如果以"在工作时间和工作岗位，突发疾病死亡或者在 48 小时之内经抢救无效死亡的"理由提起工伤认定申请，又面临如何认定赵某工作时间和工作岗位的问题。

黄磊碧律师团队提出关于工作时间的认定，出租车行业在工作时间安排上是一个特殊行业，实行的是不定时工作制，由司机自主确定，只要出租车司机实际在从事运营工作，对出租车司机工作时间的认定应该更为灵活。关于工作地点认定是本案中的另一个难点，其死亡结果并非直接发生在工作岗位。黄磊碧律师团队认为赵某的死亡结果虽然发生在家中，但其是在从事出租车运营期间发病，其突发疾病系在工作岗位，突然疾病包括该疾病的初始征兆至死亡的全过程的任一节点。黄磊碧律师团队与当地工伤认定部门进行了积极有效的沟通，最终当地社保局认可了律师意见，对于赵某司机认定为视同工伤。最终赵某的妻子拿到了数十万元的工伤补助，幼子和父母享受到生活补助至成年或去世。该案的成功代理给失去亲人的家属带来了宽慰，得以"幼有所养，老有所依"。同时，黄磊碧律师团队关于出租车司机工作时间和工作岗位的论证和分析为出租车司机在现有法律框架下申请工伤认定提供了有益借鉴，为全国出租车司机"过劳死"申请工伤认定明晰了思路，具有十分宝贵的现实意义，该案亦成为出租车行业出租车司机"过劳死"申请工伤认定的典范。

黄磊碧律师推崇"为天地立心、为生民立命、为往圣继绝学、为万世开太平"的人生哲学。立时代之潮头，通古今中外之变化，她将积极为国家的法制建设建言献策，为"一带一路"倡议保驾护航，为老百姓"鼓"与"呼"，担负起历史赋予首都律师的光荣使命。

黄艳律师

黄艳律师是北京在明律师事务所律师、北京航空航天大学法学硕士，现为北京市律师协会审计评估法律专业委员会委员。

专业领域

黄艳律师自 2010 年起一直在律师事务所从事房地产、经济纠纷领域争议解决法律服务，在处理房屋买卖合同纠纷、居间合同纠纷等房地产合同纠纷、析产纠纷等房地产相关家事纠纷、房地产相关物权纠纷、房屋土地征收等诉讼领域积累了丰富的经验。

专业著述

黄艳律师于 2010 年在北京大学出版社出版《房屋拆迁以案说法实用指南》（合著）、在中国法制出版社出版《拆迁案例胜诉指引》（合著）并于 2015 年在法律出版社出版《房屋征收补偿操作策略与案例精析》（合著）。

经典案例

民商诉讼、仲裁

（1）代理某体育传媒（中国）有限公司广告合同纠纷商事仲裁，巧辩合同性质，帮助委托人避免 87 万元违约金。

（2）代理北京市朝阳区王先生商品房买卖合同纠纷商事仲裁，取得支持已付房款双倍赔偿的仲裁结果。

（3）代理马鞍山市某餐饮娱乐有限公司财产转让合同纠纷商事仲裁，在合同约定不利于委托人的情况下，根据合同约定细节精准定性合同系附效力条件合同并通过对方证据证明生效条件未成就，终令马鞍山市仲裁委员会协调解决该案。

（4）代理北京某汽车销售服务有限公司承揽合同纠纷民事诉讼一、二审，帮助委托人二审改判，撤销一审法院依据开具 19.8 万元汽车装饰费发票成立承揽关系、未履行承揽义务要求退款的判决，改判 19.8 万元系汽车销售居间费用，驳回退款诉讼请求。

（5）代理某体育传媒（中国）有限公司篮球赛事承办合同纠纷民事诉讼一审，帮助委托人追回 40 万元赛事承办费。

（6）代理黑龙江大庆市徐先生个体经营的消防器材经销处消防器材购销合同纠纷民事诉讼一审，在购销合同就付款条件、货物价格约定不明且缺乏直接证据、被告未参加庭审的情况下，将间接证据的细节进行图表化梳理，组成证据链，最终获法院支持全部诉讼请求，帮助委托人追回货款及利息 60 余万元。

（7）代理北京市顺义区翟先生与他人房屋抵押合同纠纷民事诉讼一审，精析合同性质为民间借贷纠纷，追回"抵押款"90 万元。

（8）代理北京市东城区李先生房屋买卖合同纠纷民事诉讼一审、二审、再审、抗诉，在一、二审法院判决合同无效，北京市高级人民法院裁定不予再审的情况下，成功向北京市人民检察院二分检提请抗诉，最终由北京市人民检察院以合同无效认定错误为由做出抗诉决定，成功启动再审。

（9）代理北京市海淀区方先生校产房买卖合同纠纷民事诉讼一、二审，在合同约定解约违约金 8 万元的情况下帮助委托人二审调解，取得解约违约赔偿金 40 万元。

（10）代理北京市顺义区郑先生分家析产纠纷民事诉讼一审，通过系统适用法律规定，论证部分继承人名下安置房购买指标属于被继承人被拆迁房屋的遗产转化形式，属于遗产范围，终获法院支持分割的胜诉判决。

（11）代理北京市某装订厂被村委会起诉解除租赁合同纠纷民事诉讼一审，缜密论证村委会对装订厂是土地参股法律关系而非租赁合同关系，并巧解合同约定解除条件未成就，最终令村委会撤回起诉。

（12）代理上海某实业有限公司被居委会起诉土地租赁合同纠纷一案，论证土地使用权征收补偿款权利归属问题，终获法院判决驳回居委会要求确认 618 万元土地补偿款属归其所有的诉讼请求。

（13）代理上海某传媒有限公司旗下艺人名誉侵权纠纷民事诉讼一审，协调结案。

房屋土地征收

（1）2013年11月，代理江苏省关联征收第一案，帮助二委托人经营的生态园在江苏省S237省道建设项目中实现了200亩园区土地打包征收，最终获得约700万补偿款，较委托前的70万元补偿标准提升10倍。

（2）2013年11月，代理北京市通州区某电器厂因台湖生态镇土地征收案，因调查取证证明项目无征地批文，帮助该厂最终未被违法征收、得以继续经营。

（3）2014年1月，代理贵州省贵阳市某玻璃厂因白云区现代农业展示园区农业产业大道地块项目征收案，对征收决定提起行政复议后区政府自行撤销征收决定，该厂得以继续经营。

（4）2014年5月，代理北京市顺义区某装订厂因所在村土地一级开发项目拆迁案，先后三次撤销镇政府下发的违法建设限期拆除决定，并巧妙取证令村委会撤回解除厂区土地承包合同民事诉讼，赢来最佳谈判时机，该厂补偿方案由介入前的600多万增加近3000万。

（5）2014年7月，代理辽宁省鞍山市那女士3间商铺司法强拆案，通过执行异议成功终止强制执行程序，保全商铺继续经营。

（6）2014年8月，代理甘肃省平凉市蒙女士棚户区改造征收案，先后起诉确认征收项目的房屋征收决定与建设用地规划许可证违法双双胜诉。

（7）2014年9月，代理上海市浦东新区邱先生宅基地房屋因迪斯尼乐园二期、三期项目拆迁案，帮助委托人避免了责令交地决定司法强制执行，并争取到16个房屋安置指标及近百万货币补偿。

（8）2014年9月，代理湖南省岳阳市某乡镇李先生经营的木工厂、养殖场经营用房因湖南临港国际汽车城项目和城陵矶路项目征地拆迁案，帮助委托人顺利应对消防部门处罚、基层组织发动群众围堵厂区大门等逼迁行为，并通过相关救济程序帮助委托人增长六百万补偿。

（9）2015年1月，代理北京市顺义区某村韦女士四间离婚析产房屋因旧村改造土地一级开发项目违法强拆案，通过相关救济程序最终令区土储中心及镇政府同意向韦女士提供108平方米安置房指标以及20万元货币补偿。

（10）2015年5月，代理上海市奉贤区顾先生扩建、翻建的一千多米经营房屋被作为违法建设责令限期拆除案，二审改判撤销镇政府责令限期拆除决定。

（11）2015年8月，代理上海市浦东新区某石化设备制造有限公司拆迁行政裁决案，经取证发现拆迁项目已变更建设项目单位，且新项目单位已办理立项及规划变更，故以原项目单位申请裁决不具有合法性为由向区交建委提交法律意见，最终裁决程序终止。

（12）2015年9月，代理江苏省南京市王女士房屋强拆后司法赔偿案，通过与主审法官深入沟通赢得调解机会，帮助委托人以略高于协商阶段确定的补偿方案之内容签订了补偿安置协议，合理性远高于拆迁行政裁决书确定的各项补偿。

（13）2016年4月，代理贵州省六盘水市某县83村民诉某县人民政府以规划变更拒绝履行回迁义务行政协议案，一审获胜诉并生效。

（14）2016年5月，代理北京市大兴区某食品饮料公司部分土地及经营用房因京台高速建设项目征收案，通过项目合法性调查、参与谈判等工作，帮助委托人补偿总额从4000万元提升至9800万元。

（15）2016年8月，代理湖北省荆州市2村民因蒙西至华中地区铁路煤运通道项目征地拆迁案，灵活运用法律程序应对了国土部门所作建房违法占地处罚、村委会行责令限期拆除违法建设、税务部门勒令税务申报、临春节断电、施工队强行施工试图震毁房屋等逼迁手法，帮助委托人于2017年3月以合法合理补偿条件签约。

（16）2016年8月，代理贵州省六盘水市6名商铺业主商铺拆迁案，仅通过律师函一道程序帮助委托人一个月内陆续以合理条件签约。

（17）2016年10月，代理江苏南通经济技术开发区一食品有限公司协议动迁案，就协议动迁违法性向开发区管委会出具律师函，历时一周，帮助委托人增加补偿百余万元。

（18）2017年5月，代理北京市顺义区三养殖户不服镇人民政府所作《顺义区北务镇人民政府关于拆除永久基本农田内违法用地的通知》行政复议案，取得区政府所作撤销前述通知的复议决定。

（19）2017年7月，代理天津市河西区3名居民因棚户区改造项目征收补偿安置纠纷案，经起诉撤销房屋征收决定、备案通知、规划意见函、房屋补偿决定、拆违决定等传统型诉讼及创新型诉讼后，帮助三委托人以合法合理补偿条件签约。

（20）2017年12月，代理上海市5居民诉中华人民共和国住房和城乡建设部不当履行查处评估公司虚假评估行为法定职责诉讼获胜诉。2018年5月，住建部牵头批转上海市住房和城乡建设委员会，对涉案评估公司及估价师均做出处罚决定。

（21）2018年7月，代理江苏省南通市云先生因组织拆迁人员擅闯民宅被公安机关处罚200元罚款行政诉讼，成功撤销罚款处罚决定。

（22）2018年7月，代理上海市奉贤区唐先生宅基地房屋在签订拆迁补偿协议后未搬迁被镇政府"帮拆"确认违法诉讼案，一审获胜诉并生效。

（23）2018年10月，代理湖北省荆州市3名商铺业主起诉区政府在商铺前搭建围墙侵权行为之诉获最高人民法院再审。

（24）2018年12月，代理湖北省荆州市3名业主起诉撤销区政府房屋征收补偿决定案，关于补偿决定依据的评估报告存在明显违法情形、未就"住改非"进行认定等合法性异议理由均获法院认可，一审获胜诉并生效。

（25）2019年3月，代理湖北省荆州市6名业主复议撤销区政府征收补偿决定案，以评估机构非依法定程序确定、评估报告存在违法情形等事由，取得区政府所作撤销6补偿

决定的复议决定。

（26）2019年6月，代理湖南省岳阳市某采沙场起诉县政府国家赔偿案件，取得上诉撤销一审零赔偿判决、发回重审赔偿30万元的改判结果。

黄艳律师认为，要成为一名优秀的律师，不仅需要兼备知识广泛、逻辑缜密、理性、敏捷的职业特质，还需要有坚强的意志、正直的品格、求索的精神，将法律人的情怀融入每一次法律服务之中，才能真正成为公平正义的守护者。

王朝阳律师

王朝阳北京乾成律师事务所合伙人。从事法律工作以来，在非诉领域擅长企业全程法律风险防控、企业改制、企业上市、企业并购及私募基金业务，担任多家公司常年法律顾问。在诉讼领域有深入的研究和丰富的办案经验，足迹遍及全国十几个省、市、自治区。王朝阳律师热心公益事业，无偿提供法律咨询服务，积极参办社会公益案件。在《北京晚报》《中国高新技术产业报》等媒体多次发表前沿性学术文章。

十类公司法律服务案例

（1）为杭州某市政园林建设股份有限公司、河南某消防工程股份有限公司、黑龙江某汽车销售集团股份有限公司、宁波某国际贸易股份有限公司、北京某咨询股份有限公司成功登陆全国中小企业股份转让系统提供上市法律服务及上市后辅导法律服务；

（2）为四川某高新材料股份有限公司公司内部控制管理体系提供公司全程法律风险防控及为公司设计员工股权激励计划提供专项法律服务；

（3）为北京某信息技术有限公司整体变更为北京某信息技术股份有限公司提供股份制改制专项法律服务；

（4）为发行人某投资集团有限公司 2017 年非公开发行可交换公司债券（不超过 3 亿元人民币）提供专项法律服务；

（5）为某国际经济技术合作有限责任公司增资提供专项法律服务；

（6）为宁波某国际贸易股份有限公司向投资人某股权投资基金合伙企业（有限合伙）定向发行股份提供专项法律服务；

（7）为宁波某投资管理合伙企业（有限合伙）收购北京某科技股份有限公司（新三板企业）提供专项法律服务；

（8）为某（北京）国际投资管理有限公司、北京某投资管理有限公司等基金公司申请私募基金管理人登记提供专项法律服务；

（9）为某财富投资基金（北京）有限公司私募基金管理人重大事项变更提供专项法律服务；

（10）为某创业投资管理（北京）有限公司申请北京市试点基金管理企业提供专项法律服务。

代理十大典型诉讼案例

（1）代理某商贸公司诉某电力公司买卖合同纠纷案（最高院）；

（2）代理王某诉北京某医院、北京顺义区某医院中国首例电子病历医患纠纷案；

（3）代理郝某诉首都医科大学附属北京某医院滥用抗生素侵犯生命权医疗损害赔偿纠纷案；

（4）代理何某诉河北省某县国土资源局政府信息公开纠纷案；

（5）代理吴某历经 12 年诉河北省某医学院附属医院医疗损害纠纷申请再审案；

（6）参与中央某歌舞团著名作曲家与妻子婚姻纠纷案；

（7）代理某国际贸易有限公司诉华润超市欠款纠纷案；

（8）代理徐某诉四川省广元市某县人民医院人身损害赔偿纠纷案；

（9）成功代理金某诉北京市公交集团某公司人身损害赔偿纠纷案；

（10）成功为深圳市某报关公司涉嫌骗取出口退税罪案进行刑事辩护（1.8 亿元人民币）。

执业感悟

王朝阳律师认为，作为一名律师，无论代理诉讼业务还是非诉业务，如果不能用法律手段维护当事人的合法权益，当事人再用其他途径只能是铤而走险。律师行业不同于其他行业，长期行走在法律的边沿，属于高法律风险行业，所以律师必须时刻保持高度的警惕性，法律的红线一定不能触动。不论做什么业务，都应严格"以事实为依据，以法律为准绳"，谨慎发表法律意见。当然，法律不外乎人情，在律师职业过程中，尤其是代理诉讼案件，如果每位职业律师都把调解工作作为代理案件的首要任务，我相信我们的社会会更加充满温情。以宽容之心构建和谐社会，岂不乐乎？

为优化营商环境，我用专业引领未来！

——王朝阳律师

解辰阳博士

解辰阳博士是首都律师协会国际投资与贸易专业委员会副主任；ICC气候变化争议仲裁工作组成员、ICC China仲裁委员会、ICC China能源与环境委员会成员、天津仲裁委员会仲裁员。解辰阳博士也是西南政法大学兼职研究员、大连大学法学院客座教授。他是Legal 500上榜律师。解辰阳博士曾经担任中国专利保护协会副会长、中华商标协会理事。

解辰阳博士多年为世界500强、中国500强企业集团服务，担任总法律顾问。解辰阳博士处理了许多的境内外投资项目，他亲自主持办理了大量企业海外投资业务，包括并购和绿地投资。因此，他对企业海外投资的具体需求和风险点，了如指掌。他理解跨地域的企业文化、交易文化等方面，独具特长。

解辰阳博士对证券和资本市场，造诣颇丰。他服务过多家A股、港交所、伦敦交易所、多伦多交易所的上市公司，这些上市公司包括英国富时指数公司、MSCI新兴市场指数、中国上证50指数公司。解博士服务的一些上市公司，规模超过千亿元。

解辰阳博士在学术方面，也颇具造诣。凭借深厚的海外投资实践，他也是中英文两本畅销书的作者：在伦敦出版的 *The Legal Regime of Chinese Overseas Investment*；在北京与北京大学、中国海洋出版社合做出版了《"一带一路"案例实践与风险防范》。

解辰阳博士在中国政法大学获得学士学位、美国宾夕法尼亚州立大学获得硕士及博士学位。

盖胧萍律师

上海市海华永泰律师事务所高级合伙人，公司与商事业务委员会主任。从业 20 余年，先后担任过特大型国企法务专员，公务员，仲裁员，专职律师，精通公司法、合同法、外商投资企业法等相关法规，曾参加《合同法》起草的企业专家研讨，法律根底深厚，擅长为公司企业提供法律顾问服务，长期致力于以公司为服务主体的法律实践，熟悉并擅长企业合同管理、公司设立、分立、改制、重组、破产清算等非诉讼事务，善于多视角分析和解决问题，曾担任中国石化齐鲁石化公司等特大型国企专职法律顾问，承办过大量债务清欠、合同纠纷、股权转让案件，参与了齐鲁石化股份上市；代表政府方面，参与山东新华制药厂、山东机器厂等国有企业的改制重组。

现在担任华东政法大学硕士生导师、上海交通大学法学院硕士生导师、上海财经大学兼职讲师、上海律师学院兼职讲师、上海七五普法讲师团讲师等社会职务。

典型案例： 参与中石化齐鲁石化股份公司的重组上市；参与山东新华制药厂、山东机器厂等国企改制重组；代理上海航天研究院与某园林企业涉案 7000 余万元的工程纠纷案（仲裁）；代理上海立源水业集团与新加坡凯泉股份的海水淡化项目纠纷案（仲裁）；承办日资 CLEANUP（可林）厨卫有限公司的注销清算；承办德资 AZEGO 技术上海有限公司注销清算；代理浙江红欣园林与胡 ×× 合同纠纷案（一审、二审、再审）；代理上海埃林哲软件股份有限公司与山东瑞康医药股份有限公司技术合同纠纷案；承办武汉科斯特科技有限公司新三板挂牌上市项目；承办运力股份上海股交中心科创板挂牌上市项目；代表香港 ROBERT WONG ltd. 就"大溪地珍珠"在中国大陆的销售代理与品牌合作提供全程法律服务（中英文）；代表某环保企业就内蒙古大型"生物污水净化项目"的纠纷解决提供全程法律服务；承办全众机械、海鲗能源上海股交中心科创板挂牌上市项目；承办上海强风科技有限公司股权激励项目；承办上海曦善信息科技有限公司解散、清算及注销事宜；代表上海某生物科技公司亿元融资项目的全程法律顾问；承办上海坤泰有色金属公司收购济源铜业有限公司（资产收购）提供全程法律服务；代理山东豪元轮胎收购山东福泰尔轮胎项目（债务重组）提供全程法律服务；承办中赢集团下属分支机构憨分公司的股权激励项目；承办上海锐翌生物科技有限公司股权激励项目，该项目荣获律所年度最佳非诉案例承办广东壹信科技集团股权

激励项目；承办广西桂林艺宇纸业股权结构优化项目；代理 WXX 诉某军工企业出资纠纷案、损害股东利益纠纷案；代理涂 × 诉某科技有限公司优先购买权案；承办锦冠投资私募基金管理人登记项目；承办海鲗能源股份有限公司科创板挂牌项目；代理上海华侑科技有限公司公司变更登记之诉，董事、高管损害公司利益责任纠纷案；代理上海澜天实业有限公司、上海麦格茂置业有限公司、上海五角世贸商城有限公司、上海天夏汇合实业有限公司、上海业赐实业有限公司等数十起商品房买卖合同纠纷、商品房预约合同纠纷、定金合同纠纷等；代理南京酷珀微电子 Pre-A 轮融资法律服务；代理杭州某生物科技公司 A 轮 1.1 亿元融资法律服务。

近三年代表作品：（1）专业书籍。2015 年，参与撰写、编辑《律匠》；2016 年，参与撰写《公司诉讼律师实务》，法律出版社；2017 年，参与撰写《公司章程设计指引：条款剖析与关键细节》，中国法制出版社；撰写《公司法务操作指引》，东方出版社出版。

（2）专业文章（报告）。2016 年参与上海市律师协会《有限合伙企业律师业务指引》的编写；2016 年，撰写《公司盈余分配纠纷中相关法律问题的思考——评徐斌诉江苏牧羊集团盈余分配纠纷案》[全国律协民委会《中国律师业务研究报告（2015）》]2016 年《上海律师》第 1 期发表《股东承担"补充赔偿责任"能否突破出资期限？》2016 年执笔《公司法》司法解释（征求意见稿）修改意见；2017 年《上海律师》第 4 期发表《从"虚拟财产"谈〈民法总则〉的继承与创新》（该文被收录于《瞭望》周刊）；2017 年《中国律师》第 10 期发表《如何理解〈司法解释四〉的"无法执行决议"与"强制利润分配"》。

近年主要学术活动： 2015—2017 年连续三年为华东政法学院硕士研究生主讲《合同法》《公司法》等相关系列课程，多次作为导师参与硕士论文答辩。2018 年续聘为该校硕士生导师；2016 年 4 月应邀为复旦大学星空论坛《〈公司法〉司法解释四的立法取向与实践应对》；2016 年 6 参与上海法学会、中华全国律协民委会共同主办的《公司法》司法解释四（征求意见稿）大型研讨会，并代表上海市律协做主题发言；2016—2017 年应邀多次为上海律师学院主讲公司法实训课程《知情权、公司盈余分配及股东代位诉讼》《从权利平衡角度谈司法解释四修改的热点与争点》《股权转让纠纷律师实务》《股东出资纠纷及司法审判口径》等课程；2016 年 12 月为上海市宝山区工商联企业家主讲《股权激励的实务操作》；2017 年 2 月应邀在云南昆明市律协参加《〈公司法〉司法解释四及公司诉讼疑难、热点问题高端论坛》并发表主题演讲；2017 年 6 月为华东政法大学主办的广东省律协律师高端进修班主讲《股东知情权与盈余分配权的实务操作》《股东代位诉讼的前置条件及相关衍生问题》；2017 年 7 月参加由上海市企业法律顾问协会、智合

自媒体承办的 2017 企业法务高峰论坛，并发表主题演讲；2017 年 8 月为上海交通大学某论坛主讲《公司股权结构与股权激励》；2017 年 10 月应邀为贵阳市律协（铜仁站）全省律师培训讲授《知情权、公司盈余分配及股东代位诉讼案件的律师实务》；2017 年 11 月为上海市浦东投融资企业协会、浦东工商联企业家主讲《企业投融资中常见的法律风险及规避》；2018 年 1 月为上海市奉贤律工委主讲《股东权益与公司利益的法律平衡》；2018 年 4 月 16 日在海华永泰武汉分所成立暨"一带一路 • 市场交易风险与防范"高峰论坛，作为演讲嘉宾发表《中资企业走出去的法律风险防范》；2018 年 6 月 1 日为河南郑州市律协主讲《新形势下公司诉讼的疑难热点问题实务探讨》；2018 年 8 月 17—18 日参加国际律师联盟 TAGLaw2018 亚太年会暨"新形势下中资企业走出去：策略与合规"高峰论坛；2018 年 8 月 25 日为上海市松江律工委主讲《出资纠纷表象及司法审判口径》；2018 年 9 月 15 日为上海财大城建学院主讲《经济寒冬下的股权激励》；2018 年 10 月 被上海财大 . 隽泰商学院特聘为投融资课程讲师；2018 年 10 月 27 日为交通银行四川省分行的高管主讲《新形势下的企业法律风险》；2018 年 10 月 31 日为上海市律师学院主讲《公司章程与股东权利的扩展与限制》

个人荣誉：2009 年荣获"浦东十大杰出青年律师"纪念奖；2010 年上海市优秀女律师提名奖。

居福恒律师

居福恒律师是上海律师界屈指可数的资深律师，中共党员，法学硕士研究生，中国品牌律师、中国百强律师、优秀民商律师、中国法学会和律师协会会员、《法制与社会》杂志特约记者，现任上海慧谷律师事务所主任。2018年1月11日，被央视网推荐为"行业名人"，列入"中国影响力人物数据库"。

居福恒律师1986年通过全国第一次律师资格考试，任兼职律师；1988年从政法队伍中脱颖而出，成为一名专职执业律师。30余年的律师生涯，奠定了其从事民事、行政诉讼代理的特长。

岁月磨砺，德才兼备。居福恒律师凭借其长期积累的民商事、行政诉讼经验，能有效地维护委托人的合法权益。凡是由他代理的各类案件，例如，知识产权、建筑工程、房地产纠纷、金融借贷、婚姻继承、股权期货以及行政诉讼等，通过他庭上和庭下的努力，几乎皆能使法院客观公正地认定事实，正确地适用法律。

更重要的是，他敢于和善于代理法院违背事实和法律做出终审判决的再审、抗诉代理工作。他代理的案件，几乎都是从原审裁判的审理程序、适用法律、裁判范围、裁判主体、裁判证据等不同的角度，找出符合申请再审、抗诉的条件和理由，依法请求上级法院发回重审或者提请检察院提起抗诉。通过启动再审、抗诉程序，能使大部分已被终审认定的"冤假错案"，获得再次审理的机会。

"酒香不怕巷子深"，口碑不胫而走。全国各地特别是上海地区的诉讼当事人，为了讨个公道，给个说法，都会通过各种途径最终找到居福恒律师，请他出任再审或抗诉程序的代理律师。另外，凡是居福恒律师代理的终审案件，经过其对裁判文书的研究分析，凡被认定存在着程序或者实体错误时，他会积极主动、坚持不懈地为委托人提出再审；再审不行，提起抗诉；直至诉讼的尽头。

特别是近年来，由于新修改的《民事诉讼法》确立了申请再审的法定地位，把原来由法院"内部"审查，上升为"法定"和"公开"的再审程序，使各高级法院再审审查工作，上升为一个相对独立的法定诉讼阶段。实践中，居福恒律师向法院和检察院递交的民、行再审或者抗诉的案件都有较高的采纳率。他的代理，在一定程度上框扶了社会的公平和正义。

居福恒律师愿为唤醒当事人在维权时正确选择"再审权"和"抗诉权"而努力，从而减少或者杜绝当事人的无效申诉和上访，为促进社会和谐，付出自己的心血和智慧。

居福恒律师表示，在当事人需要的时候，他将以独有的代理技巧，认真踏实的工作作风，在法律允许的范围内，竭尽全力维护委托人的合法权益。

居福恒律师经办部分成功案例：深圳市某某工程有限公司买卖合同纠纷一案；上海某某有限公司与某某片厂、应某买卖合同纠纷一案；上海某某有限公司与上海某某有限公司；昆山某某有限公司与上海某某有限公司买卖合同纠纷一案；上海某某公司黄浦分公司与施某买卖合同纠纷一案；中国江苏某公司淮安分公司与宿迁市某有限公司买卖合同纠纷一案；李某与高某、周某委托合同纠纷一案；姚某与朱某合同纠纷一案；王某与朱某合同纠纷一案；刘某、朱某与某村处置工作小组房屋买卖合同纠纷一案；某村处置工作小组（反诉被告）与陈某（反诉原告）房屋租赁合同纠纷一案；昆山某某有限公司与上海某某有限公司买卖合同纠纷一案；罗某与上海某某有限公司房屋租赁合同纠纷一案；陈某、陈某某房屋买卖合同纠纷一案；上海虹口某公司与上海某某公司、上海某公司、陈某等人借款合同纠纷一案；刘某、施某某与刘某某、彭某某等人法定继承纠纷一案；上海虹口某某股份有限公司与卞某金融借款合同纠纷一案；范某、陈某共有纠纷一案；陈某诉孙某、靳某、中国平安某公司上海分公司机动车交通事故责任纠纷一案。

媒体评价：居福恒律师从业30余年，德高望重，以精湛的专业素养，鏖战律界沙场。他谙熟工程建筑、房地产纠纷、金融借贷、损害赔偿、行政复议、行政诉讼等众多领域。虽已近天命之年，仍以一颗赤子之心，关注法律公益。他虚怀若谷，无畏艰难，勇于担当，只为匡扶人间公平正义。他品德高尚，厚德重法，把维护法律尊严时刻记在心间。

30年间，他为众多委托人提供了优质高效的法律服务。他实践所学，知行合一，重视案件细节，辩证巧思，精准分析案情；他办案，善于迎难而上，敢于寻找案件突破口，以决堤破案之势，喜迎胜诉的判决。

他善于凭借证据，精点死穴，即使一审法官编造案情或者联手对方欺诈，仍剥茧抽丝，据理力争，终能使冤案昭雪。诸如此类案例，不胜枚举，他被业界誉为"翻案"能手。

他秉性自由，坚守信仰。他坚守"律师自信无畏，而不妄为；争强好胜，而不好狠斗勇"。他认为：律师工作具有专业性、实务性和独立性。律师就是以特有的专业经历，深厚的社会经验，灵活的协调能力，处理常人不能解决的问题。

他崇尚真理，热爱律业，他认为：律师是法治的脊梁，在依法治国的大背景下，"律师兴，方能法治兴；法治兴，方能国家兴"。

人生写照：南北驱驰平冤案，黄浦江边笑平生；时光荏苒伸正义，律界纵横见真章。

吴华彦律师

吴华彦律师是北京金诚同达（上海）律师事务所高级合伙人。

执业领域

房地产与建筑工程、破产与不良资产业务、商事争议

执业经历

吴华彦律师曾任职台湾房地产上市公司中国区法务主管，某大型连锁企业中国区副总裁等职务。在公司设立、内部管理、合规与内控方面具备丰富的经验。现长期担任数十家中外企业常年法律顾问，为企业风控助力，并为企业内部管理流程化、股权激励方案设计等提供服务。

吴华彦律师在房地产法律服务领域具备深厚的理论功底和实务经验，尤其在房地产并购与交易、建筑设计企业综合法律服务、商业地产运营管理、不良资产处置、特色小镇方面颇有建树，先后处理多起复杂房地产并购业务，为多家知名房地产开发企业联合开发提供项目公司并购法律服务，为金山枫泾特色小镇开发提供顾问服务，并为多家建筑设计企业处理隐名投资纠纷、合伙纠纷、设计合同纠纷等。

随着法律服务市场的深刻变更，近年来吴律师更是着力于企业清退业务，如破产重整、清算，股东补充赔偿责任，清算责任等。成功为多家企业申请破产重整、参与浙江省知名房地产破产案件处理，为多位债权人通过复杂诉讼实现债权。

此外，在多年执业经历中，吴华彦律师还曾代理大量的争议解决案件，其中不乏社会热点案件、重大商事争议解决以及疑难复杂谈判项目等。树立了良好的执业口碑。

吴律师因在商事以及房地产领域具有敏锐的观察力、独到的见解，曾接受SMG、第一财经、新华社等媒体采访，为诸多媒体撰写文章，并应邀为上海市税务局、华东政法大学法律援助中心、台商协会、工商联等进行专题讲课，在《智拾网》设有专题课程。

代表业绩

（1）为首批入选国家级特色小镇的上海市某古镇提供改建、开发、招商综合法律服务；

（2）为多家国内知名房地产开发企业提供并购业务法律服务；

（3）为上海市某城区旧城改造提供综合法律服务；

（4）为宜兴市某地区旧城改造提供综合法律服务；

（5）为浙江省宁波市某极具社会影响力的破产重整案件提供债权人法律服务；

（6）为上海某知名置业广场不良资产收购项目提供全程法律服务；

（7）代理宜兴市某知名房地产开发企业涉案金额数亿的仲裁案件；

（8）代理国内知名设计公司股权纠纷及公司高管系列诉讼案件；

（9）为上海知名室内设计公司提供股权激励法律服务。

著述论文

《法眼看"链家事件"》

《"链家事件"反思：二手房交易安全控制怎么做才好？》

《浅析建设工程施工合同中固定总价合同的司法鉴定问题》

《代理公司收取合同外价款的司法实践认定》

《建设工程设计费优先受偿权的思考》

《"隐名购房"的那些事儿》

《试论设计合同无效后的设计费结算》

《建筑设计企业"挂靠"的法律风险初探》

《商业地产租金条款设计的注意事项》

《退房购房的实务操作分析？》

《营利性民办学校破产退出路径探讨》（合著）

《破产重整中担保物权的行使及限制规则——对＜全国法院民商事审判工作会议纪要＞（征求意见稿）第108条的修改建议》（合著）

应建设律师

　　筑就法治的路是由一片片铺路石而成的，我也是其中的那一片。

　　　　　　　　　　　　　　——应建设

　　应建设，男，1954年出生，中共党员，研究生学历，1982年起从事律师工作，现为上海市中原律师事务所高级律师、合伙人，曾担任过上海市律师协会律师执业纠纷调解委员会委员，上海市第七届、第八届、第九届律师代表大会代表，上海市第八届律协的监事，上海市普陀区人民政府法律顾问团成员。

　　1988年创办安徽省首家合作制律师事务所——安徽江南律师事务所，担任该所主任，1990年江南律师事务所被司法部授予"全国先进合作制律师事务所"称号。应建设律师是中华全国律师协会第三届、第四届、第五届理事。安徽省律师协会副会长；省律协涉外业务委员会主任；安徽省马鞍山市第十二届人大代表；市人大法制委员会委员；2001年被安徽省司法厅授予"安徽省十佳律师"称号。2003年调入上海市中原律师事务所执业。2012年被司法部评为全国行业创先争优"活动先进个人"。

　　应建设律师擅长办理刑事辩护案件及民事纠纷案件，承办的有影响的案件有：

　　刑事案件：某海湾港口机电工程公司经理严某挪用公款案；某钢铁股份有限公司炉料供应公司经理朱某某受贿案；某市钢铁股份有限公司炉料供应公司副经理顾某某受贿案；某市人民政府副秘书长杨某某受贿案；某市建委主任邵某某受贿案、玩忽职守案；某轧钢厂副厂长汤某某贪污案；某铁矿矿长徐某受贿案、介绍贿赂案；某矿业有限公司业务经理俞某某销售伪劣产品案；某省交通厅厅长王某某受贿案、巨额财产来源不明案；某机械化工有限责任公司总经理张某某污染环境案等。

　　民事案件：上海某房地产有限公司与安徽马鞍山某投资有限公司、安徽省某房地产开发公司集团有限公司合资、合作开发房地产合同纠纷案（一审胜诉，二审维持）。

　　如果说一个国家的法治之路是由一块块铺路石筑就而成，那么本文的主人公——应建设律师就是其中的一块铺路石。1982年从事律师工作；1988年创办安徽省首家合作制律师事务所——安徽江南律师事务所；2003年调至上海市中原律师事务所执业至今。看似只是几个年份和数字，但这些年份和数字却与一个国家一段时期的历史紧密相连。这是一代人在国家向前发展的道路中与国家同呼吸、共命运的历程；也是一代法律人在我国法治之路由曲折、崎岖走向坦途和大发展的见证。作为一名已执业三十五个春秋岁月的法律人，应建设律师已成为我国从"法制"到"法治"的见证者和实践者。如果说在筑就中国的法治之路上需要人甘做铺路之石，那么，应建设律师无疑是那块意志最为坚定、信念最为执着的法治铺路石。

　　法律人眼中的应建设律师

　　对待青年人他循循善诱，对待工作他平静地坚守。凡是接触过应建设律师的人，提起他皆肃然起敬，无论是在上海还是在安徽律师界他都是律界前辈、德高望重。在办理案件的同时，他还在为律师行业发展殚精竭虑，为青年律师成长呕心沥血。难怪无论在安徽还是在上海执业期间他都被推选为行业协会领导、律师协会理事、律师代表、律师协会监事等，并荣获司法部、安徽省司法厅、上海市律师协会多次表彰及获得诸多殊荣。

　　中国律师后继有人

　　作为50年代的法律人，应建设律师为推进我国法治进程和法治建设不断贡献着自己的绵薄之力。现在，他的孩子也在从事律师职业。

　　因为我热爱律师职业，崇尚热爱律师事业，所以我也愿意我的下一代继续从事律师工作，更希望我们中国律师后继有人。

　　　　　　　　　　　　　　——应建设

汪培文律师

北京盈科（合肥）律师事务所律师。社会任职：历任安徽省律师协会第六届民事法律专业委员会委员、安徽省律师协会第七届民事法律专业委员会副主任委员、安徽省律师协会第八届理事兼民事法律专业委员会副主任委员、安徽省律师协会第九届建筑与房地产法律专业委员会委员，中国房地产业协会第六届法律事务专业委员会委员、中国房地产业协会第七届法律事务专业委员会副秘书长，安徽省房地产业协会第五届、第六届、第七届副秘书长兼法律专业委员会主任委员、安徽省房地产业协会调解委员会主任，安徽省建筑业协会第五届理事兼法律专业委员会主任委员、法律事务服务部主任，安徽省建筑业协会第六届法律专业委员会主任委员、法律事务服务部主任，安徽省物业管理协会第一届理事会专家委员会成员，安徽省物业服务标准化技术委员会委员，安徽省法学会建筑与房地产法学研究会理事兼副秘书长、专家委员会成员，合肥市依法行政研究会理事兼副秘书长，合肥市人民政府行政复议委员会委员，合肥市人民政府行政纠纷调解专家委员会成员，合肥市中级人民法院特邀调解员，合肥仲裁委员会仲裁员和人民法院出版社《房地产法律研究与司法实务》系列法律丛书编写组副组长等职。

工作经历

1983 年参加工作后，历任安徽省黄山管理局助理经济师和安徽省建设厅外经建设集团法制工作部主任；1999 年起至今在律师事务所执业，其间在合肥市人民政府法制办公室挂职法律事务处副处长。

1999—2010 年作为律师分别代理合肥市二建建设工程合同、安徽省行管局曙光新村合作开发一系列建筑房地产诉案获得圆满成功。

2013—2014 年代理安徽省住建厅房地产行政诉讼一、二审并取得胜诉。

2017 年在安徽省高级人民法院代理的两起重大建筑房地产案件取得圆满成功。

2019 年领衔中标安徽日报报业集团建设工程合同纠纷案件和北京建工集团案件代理。

1999—2019 年作为合肥仲裁委仲裁员参与了几十起建设工程房地产纠纷案仲裁。

2013 年作为公议员主持了合肥市有史以来数额最大的对某房地产公司 480 万罚款的行政处罚案件群众公议会。

2015—2019 年作为合肥市政府行政复议员参与了多起建设工程招投标行政复议案复议。

2011 年、2014 年"六·五环境日"，汪培文接受了《绿色视野》杂志分别以"汪培文，生态文明建设离不开法制""新环保法出台，亮起双刃剑"专题采访，纪念、宣传《安徽省环境保护条例》、新《中华人民共和国环境保护法》颁布，为全省环境保护法制宣传教育公益工作尽责。

2013 年分别参与组织了"安徽省房地产新形势下法律问题研讨会"和"安徽省建筑业'同济杯'政策法律研讨会"并编辑了论文集。

2013—2018 年参与组织建筑房地产行业相关的政府、企事业单位人员分别集体参加了最高人民法院、住建部、中国房地产业协会、中国施工企业管理协会、安徽省法学会、安徽省高级人民法院和安徽省法学会建筑与房地产法学研究会的建筑房地产法律调研座谈会，充分表达了建筑房地产行业诉求，提出了相关立法和修法的建议，得到了有关部门的充分肯定。

2014—2015 年参与组织了住建部"商品房预售资金""共有产权保障房"和"安徽省物业管理条例"的立法课题的调研。

2014—2017 年分别参与承担了省住建厅"安徽省物业专项维修资金管理暂行办法"实施效果和修改建议（初稿）的课题研究和省法学会"小区公共道路的法律地位及权利归属""建筑及房地产领域影响社会稳定突出问题相关法律研究"等课题研究。

2013 年参与组织举办了由朱树英主讲的"2013 版建设工程施工合同（示范文本）解读暨建筑业法律风险防范高级研讨班"。

2016 年参与组织举办了由最高人民法院"《物权法》司法解释一"执笔人司伟法官、博士担任主讲"《物权法》司法解释（一）"及不动产法律实务培训班。

2018 年参与组织举办了由最高人民法院民一庭高级法官肖峰博士讲解最新通过的《最高人民法院关于审理建设工程施工合同纠纷案件适用法律若干问题的解释》（二）及即将颁布实施背景的"房地产案件审判及多元化解纠纷法律论坛"。

2017—2018 年作为专家委员参加了全国首个《花卉租摆服务规范》和《物业服务职业规范》等省级地方标准的评审。

2014—2016 年撰写了《房产新政下法律纠纷的防范》《加强法制建设是解决建筑市场拖欠工程款等突出问题的治本之策》《浅析律师协会专业委员会的组织建设——打造引导培养律师专业化发展的平台》等文章分别刊登在《安徽房地产》《安徽建筑业》和安徽省政府法制办《政府法制》等期刊。

2017—2019 年担任编写组副组长参与编辑由人民法院出版社出版发行的系列丛《房地产法律研究与司法实务》（每年两辑）。

2014—2019 年分别参与组建安徽省房地产业协会法律专业委员会、调解委员会、安徽省建筑业协会法律专业委员会和由安徽省人大城乡委、省高院、省检察院、省法制办、省住建厅、省国土厅、省律师协会、省房地产业协会、省建筑业协会、省物业管理协会等单位组成的安徽省法学会建筑与房地产法学研究会，参与整合优质的法律资源为政府和建筑房地产行业服务。

2011—2017 年《法制日报》分别以题为"律师受托进行安徽省首次房地产业问卷调查""安徽非诉业务律师汪培文：律师业务范围变迁反映法治建设进步""律师汪培文：在法律服务创新中释放价值""为法学研究搭建起实战平台"；《安徽法制报》分别以题为"专业律师道路上的探索者""安徽律师荣登中国房地产法制讲坛"；《安徽工人日报》以题为"希望我所做的事对社会发展有意义"报道了汪培文相关法律服务工作。

汪培文在 20 年律师职业生涯中，始终追求"安得广厦千万间，大庇天下百姓俱欢颜"的职业梦想，为人们住上好房子，坚持建筑房地产法律专业方面发展，努力为建筑房地产行业发展走向法治做出应有的贡献。

陈镇慧律师

陈镇慧律师，广东启源律师事务所创始合伙人，原律所主任，从事律师工作三十余年。具有深厚的法学理论基础和研究能力，拥有丰富的办案经验和高超的执业技能，在专业领域具有一定的社会影响力。擅长处理重大疑难复杂的民商事案件尤其是建筑工程领域法律纠纷；长期从事房地产项目收购、股权并购和资产重组等法律业务。荣获 1995 年度广东省优秀律师、2003—2005 年度首届全国优秀律师评选候选人（广东省优秀律师）、2009—2011 年度"广州市十佳律师"、2013—2015 年度"广州市优秀律师"、2015 年度广州市律师协会"优秀专业（事务）委员会主任"；2012—2016 年度"广东省优秀律师"等荣誉。

职务
名誉主任、首席律师、高级合伙人、高级律师。

业务领域
建筑工程诉讼业务；项目收购、股权并购、资产重组、破产重整等。

工作履历
1987 年起开始执业，先后执业于广东律师事务所、广东海事事务所、香港吴少鹏律师事务所。

1994 年作为创始合伙人发起重组并执业于广东商务金融律师事务所，2000 年更名为广东启源律师事务所（首届和第二届全国优秀律师事务所、第三届广东省优秀律师事务所）。

社会职务
第六、第七届广州律协房地产法律专业委员会副主任；

第七、第八届广州律协理事、提案委员会委员、实习人员考核管委会执委、副主任；

第七、第八届广东律协房地产法律专业委员会秘书长；

第八届广州律协建筑与招投标法律专业委员会主任；

第九届广州律协建筑工程法律专业委员会主任；

广东律协首届建筑工程法律专家库专家；

广东省法学会房地产研究会理事；

广州市建筑业联合会律师顾问团成员；

广州市污水和河涌治理综合办律师顾问团成员；

广州市国土房管局房屋交易监管专家；

广州市百名公益专家律师成员；

广东公信通信设备招标有限公司评标专家库常任专家；

中国广州仲裁委员会仲裁员；

中国政法大学法学院兼职教授；

广东司法警官职业学院律师学院客座教授；

《建筑领域法律纠纷事务实战方略》主编之一；

广州电视台法制栏目及《广东建设报》特约专家；

广东省西南政法大学校友会第三届理事会监事长。

代表性客户 / 项目
长期为中建系统、建工系统、移动通信与电信和邮政及广晟冶金系统等重大客户和开发建设单位以及建筑行业单位、个人在企业改组、重组、并购、买卖和法律纠纷等法律事务中提供了全方位高质量的法律服务。先后在广东奥林匹克体育中心、信源大厦、羊城国际商贸中心、广东全球通大厦（旧址和新址）、珠江新城高德置地秋和冬广场、深圳移动通信大厦、天秀大厦、华侨城、侨景大厦、一方雅居、信步闲庭、华天大厦、信达阳光海岸、佛山时代广场和东江国际中心、红遍天服装交易中心、万方字画商贸大厦、东浚荔景苑、黄埔花园、富信广场、合生广场等房地产项目上为相关客户提供了有关开发建设、施工、销售、收购、重组和诉讼纠纷等方面的专项法律服务；同时也为中国有色金属系统和电信系统及万宝集团等大型国有企业处理了大量重大疑难复杂的纠纷案件，充分维护了当事人的合法权益。

专业著作
（1）《律师代理房地产纠纷案件应注意的几个问题》发表于《金融房地产律师事务讨论文集》；

（2）《中国境外投资企业法律制度》收入《涉外经济法律学习资料》丛书；

（3）《浅谈律师事务所规模化管理与发展》发表于《广东律师》；

（4）《"行政强拆"到"司法强拆"的转变给律师实务带来机遇》发表于《广州律师》；

（5）《被挂靠人协助实际施工人对外结算不构成对工程款的确认》（中国法制出版社出版，广州市律师协会编辑：《建筑领域法律纠纷实战方略》）；

（6）《发包人项目负责人承诺合同工期变更之效力认定》；

（7）《一起案件两次发回重审究竟为何般？》；

（8）《联营双方对联营实体及其实际经营者的责任应如何承担》；

（9）《如何正确理解建筑工程施工合同中的"晴天工作日"》；

（10）《建设工程质量纠纷程序解决机制初探》发表于《广州律师》；

（11）《小包工头无合同无施工资料如何打赢官司》；

（12）《合同相对性原则在实际施工人与承包人之间的适用与理解》。

刘毅律师

刘毅律师是一名中共党员，同时还是一名知名的学者型律师，且具有中国法务会计师资格，现为广东华商律师事务所专职律师（广东华商律师事务所是中国第一批获准设立的合伙制律师事务所之一，历经20多年的不懈努力，现已成为国内最具规模的综合性律师事务所之一）。曾数次受邀前往中央电视台、北京电视台、广东电视台、江西电视台讲解法律，就热点新闻法律问题进行专业评析。

教育背景

刘毅律师先后研修于北京大学、中国人民大学律师学院、中国政法大学民商经济法学院。

业务领域

刘毅律师专攻重大刑事辩护、重大疑难民商事经济案件，并为企业提供法律顾问服务。

工作业绩

刘毅律师团队至今已办理各类案件、法律事务近千件，其间积累了大量诉讼案件办理经验。因专业能力突出，曾获中国法律网2016年度"十大精英律师"、《中国法律年鉴》2019年度"优秀专业律师"、《中国当代优秀律师》2019年度"优秀律师"等荣誉称号。

《江南都市报》2016年曾以《用自信、责任迎接挑战——专访青年律师刘毅》为题对刘毅律师进行专访。江西电视台《今日赣都》栏目2018年曾对刘毅律师团队先进事迹进行4分钟专访。中央电视台《新闻30分》等栏目亦邀请刘毅律师对法律事件进行点评。

从事律师工作以来，刘毅律师以专业、专注的执业态度取得了一个又一个佳绩，得到了广大当事人的认可。其代理了中央电视台《今日说法》报道的刘某等人伪造货币罪案、最高院维持撤销某区人民政府颁发的林权证行政案、全国首例单位认定精神病患者被撤销案、e租宝非法集资罪案等一系列在国内有重大影响的案件。

经典案件

刘毅律师执业期间获得优异的业务成绩，为当事人进行了数十次的辩护，现展示部分无罪辩护成功案例如下。

（一）从量刑八年到无罪之身

执业期间，刘毅律师接受陈某家属委托，办理某起黑社会性质组织犯罪案件，为被告人陈某进行刑事辩护。人民检察院起诉至人民法院，指控被告人陈某因致人重伤的行为构成故意伤害罪，建议该罪量刑为8年有期徒刑。刘毅律师接受委托后经过数十次的律师会见和对六十册案卷的反复查阅，发现故意伤害罪指控事实不清、证据不足，应当认定不构成故意伤害罪。为进一步证明该项指控事实不清，刘毅律师进行长达十天的实地走访，进行了大量的调查取证工作，最终调查到了对被告人的有利证据。因该起黑社会性质组织犯罪案件案情重大，涉及人员众多，疑难复杂，在侦办、起诉、审理期间历经了两次退侦、两次延期、三次开庭审理。在长达300多个日夜期间，刘毅律师数十次会见当事人，在法庭上发表铿锵有力、有理有据的无罪辩护意见，并提供了有利的刑事证据，最终人民法院经过多次合议采纳刘毅律师关于陈某故意伤害罪无罪的辩护意见，判决认定被告人陈某涉案中的故意伤害罪事实不清、证据不足，该项指控不构成犯罪，无罪辩护成功。

（二）e租宝非法集资系列案之无罪辩护

刘毅律师办理某租宝非法集资罪案件，为余某进行刑事辩护。余某因涉嫌非法集资罪被公安机关采取刑事拘留强制措施，刘毅律师在公安侦查阶段提出现有证据证明因余某涉案金额并未达到法定的刑事立案标准，余某行为不构成非法集资罪，首先成功为其办理了取保候审，免于羁押，最终该案在经历了1年的努力后，在公安侦查阶段成功撤案，余某无罪。

学术著作

作为一名学者型律师，刘毅律师执业期间还深耕于学术研究，发表数十篇法律论文、文章，联合出版《中国交通事故律师办案指引》书籍，并正在著作《刑事辩护实务操作》《刑事最佳辩护》《经济犯罪刑事辩护》《重大民商事案件律师分析》等系列书籍，在学术领域具有极高造诣，能够为当事人进行卓有成效的代理和辩护。

媒体评价

案例是律师最好的语言，执业以来，刘毅律师用一个个成功案例诠释着一个法律人的追求、责任和使命，在每一个司法案件中竭力维护着当事人的最大合法权益，维护着法律的尊严与权威，维护着社会的公平与正义。如果要用一句话来形容眼前的刘毅律师，那么"忠诚的法律卫士"刘毅律师当之无愧。

熊国华律师

熊国华律师是广东一粤律师事务所合伙人，刑事部主任，重大法律事务中心负责人。

业务范围

重大复杂刑事犯罪辩护，特别是毒品犯罪，走私犯罪，职务犯罪，经济类型犯罪的辩护。

专业经历

熊国华律师系广东知名专业刑事辩护律师。熊国华曾从事警察工作多年，辞职后先后担任大型上市公司法务经理、高管。只为一个律师梦想，只为一个法治信仰，毅然加入充满荆棘和挑战的律师队伍。其专注刑事辩护已15度春秋，办理重大刑事案件数百起。熊国华律师的事迹还曾被收录于《中国法律年鉴》《中国当代优秀律师》《中国刑辩大律师》等大型文献。

做敢辩、善辩的刑辩律师

熊国华律师熟悉公权力运作流程，善于和检察官、法官沟通，深谙法官审判思维，在法庭上敢辩、善辩，但又不追求表面的哗众取宠，而是非常务实的从维护当事人的利益出发与办案机关协调沟通，很多观点都能为法庭接受采纳。熊国华律师代理刑事案件的当事人大部分都获得良好的判决结果，有的无罪释放，有的办理取保候审，有的撤销案件，有的不予起诉，有的被减轻或从轻处罚，受到当事人及家属的高度信任和称赞，并有部分案件被《南方都市报》《羊城晚报》《广州日报》、广州电视台等媒体作为典型案例刊登。作为南方都市报的特约律师，熊国华律师还长期接受采访解答法律咨询。

做有风骨、有情怀的刑辩律师

在一切讲求经济效益的今天，熊国华律师仍然保持着法律人特有的风骨和情怀，对那些确有冤情、经济困难的当事人提供无偿法律援助，并邀请同行组成特大冤案救助中心，被同行冠以"及时雨""剑侠"等美誉。

熊国华律师从业以来潜心研究法律和大量法院判例，法理功底深厚，实务操作经验丰富，诉讼技巧娴熟，思维敏捷、论证严密，特别善于处理疑难复杂案件和突发性事件，具有极强的危机化解能力，并善于从细微处着手，寻找对委托人最有利的辩护方案，经常运用独到的方法和见解，将一般认为不可能办的案件或者不可能胜诉的案件办成，获得当事人的一致好评！

实务与理论并举，做笔耕不辍的刑辩律师

熊国华律师在办案之闲，笔耕不辍，著作颇丰，如：《论毒品犯罪中主观明知的认定》《无罪辩护的几个技巧》《论职务侵占与违法财务制度之区别》《企业刑事风险防范与应对》《大败局——企业家刑事犯罪警示录》《律师办理刑事案件工作流程》《企业法务工作流程》《浅议离婚案件中股权分割问题》等。

服务理念

"更专业、更诚信、更高效、更尽责、更务实"。

执业誓词

一旦我接受委托，摆在面前的只有一件事，就是竭尽全力用一切合理、合法的手段维护当事人最大合法权益。

代表性法律服务项目

（1）公安部督办案件广东省韶关市庞某等人黑社会性质组织案件中第一被告人庞某的辩护人。（2）广东省公安厅督办案件谭某等人非法采矿、非法占用农地案件中第一被告人谭某的辩护人。（3）广州市某公司、刘某、肖某、姚某等人特大走私案件中姚某的辩护人，成功辩护法院认定姚某系从犯，并判处缓刑的良好结果。（4）简某环境污染罪一案成功取保候审，后撤销案件。（5）李某失火罪一案成功取保候审，后撤销案件。（6）某物业公司经理故意伤害致人死亡一案，被告人判处有期徒刑三年的超预期良好结果。（7）某集团公司某项目公司部门经理破坏电力设备罪，成功取保候审。（8）康某行贿罪一案二审介入后成功将一审判处5年有期徒刑减至二审判处三年有期徒刑。（9）傅某职务侵占62万，熊国华律师担任辩护人，提出该案事实不清证据不足，傅某不承担刑事责任的无罪辩护意见，最终该意见被法庭采纳，傅某无罪释放。（10）夏某、肖某、熊某、曾某共同贩卖毒品2 000多克，熊国华律师担任夏某辩护人，提出夏某应当减轻处罚辩护意见，被法庭采纳，夏某被判有期徒刑12年，肖某和熊某被判处死刑，曾某被判15年。（11）梁某出售公民个人信息罪，熊国华律师向公安机关提出辩护意见，梁某不构成出售公民个人信息罪，最终该案被撤销。（12）王某交通肇事罪，经熊国华律师交涉，王某被成功取保候审。（13）王某贩卖毒品案，一审被判处死刑，二审其家属找到熊国华律师，熊国华律师认真查阅案卷，会见被告人，认为该案有疑点，王某罪不当死，最终二审改判死缓。（14）吴某涉嫌强迫交易罪，熊国华律师担任辩护，最终检察院做出不予起诉裁定。（15）丁某合同诈骗罪，涉案金额3 000万元，最后轻判有期徒刑十年。（16）唐某涉嫌非法传销罪，涉案金额高达30亿元，最后轻判有期徒刑十年。（17）王某涉嫌贩卖毒品5千克，案件有重大疑点，最后无罪释放。（18）广东某房地产公司股权转让合同纠纷，涉案标的5亿元，案件办理中。（19）广东某建筑公司建设工程合同纠纷，涉案金额6 000万元，全部胜诉。（20）广东某市建筑公司建设工程合同纠纷，涉案金额3 000万元，全部胜诉。

第四部分 经典案例

十年坚持，案件终得以胜诉尘埃落定

——雷彩虹律师成功代理房地产股权收购诉讼案例

雷彩虹 律师

教育背景

1999年9月—2002年7月，中国社会科学院研究生院经济法专业；

1993年6月—1994年1月，西安工商学院会计专业；

1988年9月—1992年7月，西北政法大学法学专业。

担任职务

北京高文律师事务所高级合伙人

中国法学会会员

中国民主同盟盟员

中国政法大学法律应用研究中心研究员

北京市律师协会土地与房地产法律专业委员会委员

北京市朝阳律协房地产与建设工程业务研究会委员

西安仲裁委员会仲裁员

南京仲裁委员会仲裁员

服务业绩

雷彩虹律师及团队服务过的房地产项目主要有：

廊坊市政府成片开发万庄生态园项目；

北京市房地产交易管理中心房产交易平台项目；

北京秦龙房地产公司建国公寓项目；

中国联通公司与侨盛房地产开发公司联合开发高新区职工住宅项目；

天蒙房地产开发有限公司开发住宅小区；

中太建设集团股份有限公司承建办公楼诉讼案件；

福建九建公司住宅小区开发项目；

香港发记公司与国贸公司房地产开发项目；

民航总局西北局综合楼项目；

北广电子集团有限公司与北京住总集团有限责任公司改建办公楼项目；

北京人文大学收购外语研修学院成片校区；

深圳车公庙土地抵债诉讼案件；

唐山管委会青龙湖开发项目仲裁案件；

北京顺成公司朝阳区红寺村房产土地纠纷；

外交部机关服务中心房地产并购项目；

华能集团公司办公楼基建项目过程服务；

大唐环境股份公司建设工程项目等。

所获荣誉

"北京市优秀律师"

"北京市优秀房地产律师"

北京市朝阳区"首届朝阳优秀女律师"荣誉称号

发表文章

雷彩虹律师承办业务之余，发表过的文章有《金融不良债权追偿案件所涉法律问题》《论公司股权纠纷事宜处理》《绿色经济与律师业务》《建筑企业"挂靠"的法律分析及风险控制》《房地产并购实务》等。参与为工业和信息化部中小企业局编辑《民营企业（中小企业）法律问题百问百答》，参与主编《公司纠纷疑难解答与实务指导》。

一、纠纷案件发生背景

在北京市高级人民法院东面（××里二巷94号）有一处目前还在建设中的房地产项目叫××公寓，这个项目从2003年开工建设至今还没有开发建设完成。

2007年9月，北京一家房地产公司看中了这个项目，认为收购这个项目后有可观的收益，于是在前期尽调不充分之际，即与这个项目的开发商及股东签订了一份《公司股权及资产》的收购协议，以2.4亿元价格收购这个项目，收购方支付了200万元定金及3613万元款项后，发现这个项目存在虚假情况，特别是转让方及公司股东与第三方串通起来在福建省某市法院以转让方为被告制作了两个虚假的借款诉讼案件，目的是把公司资产转移出去；更严重的是收购协议还在履行当中，转让方的两个股东即把股权全部转让给了第三人，这将直接导致收购方完全不能通过收购股权进而实现对项目的收购目的。

此种情况下收购方面临艰难选择，是要继续履行收购协议还是解除协议及时止损？

二、雷彩虹律师代理原告，十年坚持终得胜诉，使得原告赔偿获得全部保护

案件起诉前的 2010 年 9 月，雷彩虹律师接手此案，代理收购方（原告），拟起诉转让方及两名股东（被告），要求返还已支付的款项并赔偿其巨额损失，从那时至今将近 10 年，虽然目前这个案件还在执行中，但案件经过两级法院四次审理，2018 年 12 月，北京高院对案件进行终审审理，实体判决终于尘埃落定，案件完全以收购方胜诉告终。常言道十年磨一剑，对这个案件而言雷彩虹律师是 10 年办一案。十年坚持，终得善果。

三、两级法院案件的四次审理过程

（1）2011 年 3 月 22 日，雷彩虹律师代理原告向北京市一中院起诉被告，要求被告返还定金、已支付的款项 1789 万元并承担违约金 8002 万元，合计诉请标的为 9800 万元。北京一中院经过审理，于 2011 年 12 月 16 日做出（2011）一中民初字第 6980 号民事判决书，判决支持原告的全部诉请。

（2）2016 年 6 月，被告向北京高院提出再审，北京高院以原判决管辖权错误为由撤销北京一中院判决，裁定案件移送至北京三中院审理。

（3）2018 年 6 月 7 日，北京三中院做出（2017）京 03 民再 96 号民事判决书，判决被告支付定金及款项 1789 万元，未支持原告提出的违约金 8002 万元；

（4）原告不服再审一审判决，向北京高院提出上诉请求，2018 年 12 月 26 日，北京市高级人民法院做出（2018）京民再 149 号民事判决书，判决被告支付原告定金、款项及违约金 9800 万元，支持了原告的全部诉讼请求。

四、案件代理难点

该案实际上存在两个问题，对委托人实现权益不利，而雷彩虹律师正是通过诉讼技巧的运用，克服了这些问题可能会给案件带来的不利影响，为案件最终获胜夯实基础。

一是基于诉讼前项目实施中存在的问题为之后诉讼案件的争议难以认定埋下伏笔。通过大量调查取证，深入分析案情，雷彩虹律师发现本次收购存在以下问题，对诉讼主张造成困难。

（1）双方签订的协议性质不明。

双方签订协议的真实意思表示是通过股权收购，达到收购转让方房地产项目的目的。但该协议在内容上既约定了公司股权转让内容，又约定了项目资产转让内容；而在交付上协议更是将二者混为一体，难以清晰分辨按照何种路径实现各自目的。

（2）协议约定的交易主体及交易标的不明。

若将协议按照股权收购性质认定，被收购对象应当是转让方股东权益；若按照项目资产收购性质认定，则被收购对象应当是转让方资产价值。但协议未考虑交易主体及交易标的的不同，而是将转让方与转让方的股东各自应承担的权利义务混同，导致无法界定相关交易主体所承担的义务。

（3）项目权属变更方式约定不明。

收购方支付转让款后，如何实现将转让方股权和房地产项目完整变更至收购方名下约定不明。协议约定收购方需参加债权人对转让方资产的拍卖、代表转让方参与正在进行的诉讼案件及代表转让方向政府部门办理未完的建审手续，并以此支付的费用冲抵收购方应支付给转让方的转让款。事实上，上述义务行为的履行与股权或资产完整转让至收购方名下并无直接关系。

（4）双方存在的复杂法律关系影响到案件的处理。

除资产转让之外，双方还发生了借款关系，发生了商品房买卖抵押关系，这两种关系是独立于房地产项目收购法律关系之外而存在的，原则上与收购协议没有关联。但双方之后签订的补充协议中，称上述法律关系是为了履行转让协议，且这些法律关系的存在都是为了项目转让协议的实现。因此，如何将上述法律关系统一到收购法律关系中，并明确界定、梳理双方权利义务也是律师办案需要仔细思量的。

（5）约定的争议管辖为立案制造了障碍。

协议约定"本协议履行过程中无法通过各方协商解决的争议，各方均同意选择向××公寓项目所在地的人民法院起诉"。根据我国《民事诉讼法》对管辖权的相关规定，如认定为项目资产转让纠纷，则案件管辖权应当由项目所在地的北京市第二中级人民法院；如认定为公司股权转让纠纷，与不动产所在地则无关，案件应由北京市第一中级人民法院管辖。正因为协议性质不明，导致公司此前多次往返于两个法院之间，无法正常办理立案手续。

（6）违约金如何确定。

协议转让款为 2.4 亿元，按照协议约定计算转让方违约金高达上亿元；而由于该项目转让协议不能履行，收购方遭受的经济损失更加巨大。如何提供证据说明违约金的合理性也是办理该案的一个难点问题。

二是诉讼中，如何依据既有事实，最大可能实现委托人的诉讼目标，案件中诉讼管辖权的问题成为当事人提出再审的依据，合同解除权的认定成为案件审理中的难点。合同解除是依据的法定解除还是约定解除，合同约定解除的条件是否成就？原告解除合同的程序是否正当？在合同解除权问题中，代理律师通过分析整个交易过程中当事人的行为，归纳性质，提交意见，北京高院接受了代理律师的意见，依据当事人行为，认定本案符合约定解除的条件，从而正确界定了当事人的责任，做出公正的判决。

五、雷彩虹律师通过总结办理本案心得，为专业律师在房地产项目收购中如何提供法律服务避免风险建言献策

1. 房地产项目收购尽职调查最重要

由于房地产项目收购的标的价值高、履约周期长、手

续极烦琐，实践中容易产生纠纷，处理不好将会给相关方造成巨大且难以挽回的损失。因此，作为专业律师在接受委托从事房地产法律尽职调查时，应当运用专业知识，切实为委托人决策把好风险关。

（1）坚持独立、审慎、突出重点原则。

所谓独立，即受托律师不应从属于委托人、受其意志左右，应当有独立的判断，对于收购中存在的风险及理由要及时指明，必要时可保留意见。

所谓审慎，即受托律师应当勤勉尽责，审慎完成核查与验证工作，以事实为基础，根据法律法规客观判断。

所谓突出重点，即受托律师应当根据房地产项目收购特点，制定明确调查目标，突出调查中的关键事项，对症下药，满足个案需求。

（2）重点核查转让方提供的文件、资料、事实等信息是否真实、完整、合法。

在尽调过程中，转让方应向调查人员提供所需的、真实的、完整的文件及资料，披露一切足以影响收购的事实及材料，并保证无隐瞒、虚假或误导之处。受托律师，应当重点核查上述文件、资料、事实等信息是否真实、完整、合法，以保障作为收购参考标准的尽职调查报告的准确性；必要时，也可将尽调报告内容作为转让方的承诺条款，以保障收购方权益。

（3）重点关注转让方股权与资产权属及演变情况。

采用股权收购方式的，受托律师应重点关注目标公司股权权属及演变情况。从股东的出资到股权的历次演变都要进行核查，因为任何一次有瑕疵的股权转让都会对后续的股权收购造成不利影响。同时，应当对股权是否可转让进行审查，要避免拟收购股权被冻结、抵押、质押或者存在其他限制股权转让的情形。

采用资产收购方式的，受托律师应当重点关注公司资产权属及演变情况。重点是调查土地、房产、设备的权属证明是否齐备，有无瑕疵、有无影响权利行使的事件，权利是否受限等。通过调查，理顺目标公司财产关系。

（4）防范隐形债务，查清目标公司负债情况

受托律师可通过多种渠道调查目标公司是否存在隐蔽性、不确定性的负债情况。受托律师应当了解目标公司有无重大法律纠纷或者仲裁案件，审查经营管理层会议记录等文件，寻找对外担保、抵押、质押的线索等。通过多方调查，要求接受委托的调查人员要全面、清楚地掌握目标公司负债情况，以便判断收购风险。

2. 详尽并合理地设计房地产项目收购合同条款，明确权利义务关系，约定救济、担保等具体条款。

（1）合同条款中交易主体首先应当明确。

前文案例中收购合同存在的致命缺陷就是协议性质不明、歧义严重。最根本上是未能明晰房地产项目中资产转让与股权转让的区别，而是将二者混同起来，造成履约义务主体界定不明，权利义务关系含糊不清，一旦纠纷产生后，无法找到最快捷途径来维护自身权利，导致收购方损失严重。

（2）在明确合同交易主体的基础上，要特别注重股权或资产的实际交付条款。

项目收购合同的生效不等于项目转让的完成，尚需当事人的实际履约行为，即股权或资产的实际交付并办理过户手续，收购方才能实际获得相关权属。合同生效后，如转让方违反约定拒不交付，项目的转让实际上是处于合同生效而收购未完成的状态，此时收购方应当享有付款的返还请求权和违约赔偿请求权。

（3）要详细约定收购合同具体条款，以便更好地防范风险。

具体的合同条款应当包括相关资产及财务的评估与审计、债务承担的范围、权属瑕疵的担保、具体的付款方式等，条款中还可以引入类似支付宝的第三方交易平台，以保证交易安全。可由受让方先将股权或资产转让金交付第三方机构（如银行），并由该机构作担保，在股权或资产过户手续办理完毕时，由该机构将该款项给付转让方，第三方机构的介入，可能做到公正地保护收购方的权益。

结语与建议

雷彩虹律师自2010年9月作为原告代理律师代理该案的诉讼、再审及执行律师，至今已近十年，通过对该案的办理，有一深刻心得，即律师的专业性及经验对房地产项目并购非常重要，在房地产项目并购中，一般而言标的大、时间长、涉及的收购目标债权债务庞杂，因此作为项目律师为当事人在交易协议中即应就项目风险判断、防范及处置做出合理安排，才能很好地风险防控。

正义从不缺席

——一起虚开增值税专用发票案的艰难辩护

编者按

此案是一起曾某因"虚开增值税专用发票"一审判死刑,二审发回重审,重审后判处死刑,二审改判无期,服刑20年3个月零8天刑满释放后再审改判10年有期徒刑经典案例。现在,我们来回顾一下此案的始末。

案情

1994年10月,张某平经别人介绍,找到时任某省某县外贸总公司办公室总务曾某,要求与外贸总公司做联营生意。在曾某引荐下,张某自称是某省某市某公司业务员,与外贸总公司副总经理符某年及该公司属下的粮油食品公司经理谢某民面谈。双方初步商定由粮油食品公司负责提供证件,即营业执照、税务登记证、银行账户和销售用的增值税专用发票,某公司负责提供资金购入货物及销售,联营利润双方对半分,粮油食品公司另可收取销售总额千分之一的附加利润。1994年11月2日,经符某年和谢某民同意,曾某和粮油食品公司业务员符某干二人领取万字头和百万字头增值税专用发票各一本跟随张某平一起到某市。在某市近一个月时间,因无生意可做,谢某民即电告曾某与符某干回某县。符某干回某县前,将其携带的两本专用发票交给曾某保管。符某干回某县后,将有某公司签字并盖章的一份协议书交给谢某民,谢某民看后认为条款不合理,拒绝签名。在此期间,曾某与张某平二人在某市刻制"某县外贸粮油食品公司合同专用章"和"某县外贸粮油食品公司财务专用章"各一枚,开出增值税专用发票35套,销售额60 171 762.62元,税额9 929 703.59元。1995年1月2日,曾某从某市回某县,带回30 000元交给粮油食品公司出纳员黄某环。几天后,曾某对该公司会计郭某花称符某年叫再领发票做生意,郭某花便将购票底册交给曾某,由曾某到国税局购领百万字头的增值税专用发票一本,并于当月上旬重返某市。其间,曾某与张某平又开出增值税专用发票20套,销售额47 392 125.83元,税额8 056 661.40元。1995年1月27日,曾某又从某市回某县过春节,带回61 000元交给黄某环。符某年和谢某民担心有问题,谢某民要求税务机关对曾某带回的进项发票进行审查,经检验是真的发票。后符某年又指派外贸总公司下属的土畜产公司人员王某森随曾某一起到某市继续与某公司联营并追回欠款。谢某民叫郭某花将购票底册交给曾某去购领,曾某到国税局购领百万字头的增值税专用发票二本,之后与王某森一起去某市。其间,曾某与张某平又开出增值税专用发票22套,销售额75 425 185.48元,税额12 822 281.58元。至3月份,曾某与王某森才回到某县,曾某带回50 000元交给黄某环。曾某、张某平从1994年11

月至1995年2月,在无实物交易的情况下,共开出销项增值税专用发票77套,发票销售总额182 989 073.93元,总税额30 808 646.57元。在此期间,张某平把已填好的25张进项增值税专用发票交给曾某带回粮油食品公司用于申报抵扣税款,此25张进项发票的进货总额为182 760 411.18元,总税额为30 770 100.79元。粮油食品公司已从违法所得的141 000元中缴纳税款22 066.42元,余款已被追缴。经某县税务局于1997年3月28日进行审核,曾某与张某平的行为已给国家造成无法追回的被抵扣的税款总计16 074 236.64元。

公诉意见

公诉机关认为,曾某虚开增值税专用发票构成投机倒把罪,不是单位犯罪,应适用《刑法》第118条和1982年全国人民代表大会常务委员会《关于严惩严重破坏经济的罪犯的决定》第1条第(一)项之规定处罚。

辩护意见

一、关于定罪方面的辩护意见。

(一)曾某到某市虚开增值税专用发票,为执行单位职务,系单位行为,为单位犯罪。下列事实足以证明。1.1994年11月至1995年2月,曾某到某市虚开增值税专用发票之前,关于粮油食品公司虚开增值税专用发票事宜,是外贸总公司副总经理符某年与下属公司粮油食品公司经理谢某民跟张某平商定的。2.1994年11月2日曾某与符某干跟随张某平前往某市虚开增值税专用发票,是外贸总公司与粮油食品公司派去的。该事实,有粮油食品公司谢某民经理的陈述证实(见本案《检察卷》第90页1995年3月14日9时10分谢某民的《访问笔录》第4页14—16行)。3.符某干带去某市,与曾某虚开的两本"增值税专用发票",是粮油食品公司经理谢某民叫该公司会计郭某花到某县税务局领回并交给符某干,由符某干带去的。4.曾某与符某干虚开增值税专用发票所得利润均交给粮油食品公司,为单位谋取利益。第一次是1994年11月23日符某干从某市返回单位粮油食品公司时,将虚开增值税专用发票所得利润3 000元带回交给粮油食品公司。第二次是符某干返回单位不久,曾某也从某市返回某县,并把30 000元虚开增值税专用发票所得利润交给粮油食品公司出纳黄某环。随后,粮油食品公司谢某民经理又叫该公司会计郭某花将《领票册》给曾某到某县税务局领取一本百万字头的"增值税专用发票"再次带去某市与张某平继续联营虚开增值税专用发票业务。到1995年春节前,曾某又从某市返回某县,并带回58 000元虚开增值税专用发票所得利润交给粮油食品公司，20 000元联营虚开增值税专用发票所得利润交给外贸总公司副总经理吴某江。5.曾某此次回到某县后，外贸总公司副总经理符某年及粮油食品公司谢某民经理到某县税务局汇报曾某在某市联营虚开增值税专用发票业务工作情况。某县税务局的同志说：这样的生意利润虽少一些，但可以做（见检察卷第96页谢某民1995年5月8日10时的《调查笔录》第4页）。6.1995年春节过后，即1995年2月的某天粮油食品公司经理谢某民又交待该公司会计郭某花将《领票册》给曾某到某县税务局领取百万字头两本"增值税专用发票"又次带去某市继续联营虚开增值税专用发票业务，并派其公司员工王某森跟曾某一起去。7.曾某虚开增值税专用发票犯罪被刑拘后，外贸总公司和粮油食品公司给曾某补发7月至11月工资，还在银行存放35000元另外给曾某作补偿。以上事实证明，曾某三次到某市虚开增值税专用发票，是外贸总公司副总经理符某年与下属公司粮油食品公司经理谢某民跟张某平商定后，由外贸总公司与下属公司粮油食品公司指派前往的，且还派公司员工符某干、王某森跟随曾某去，还为曾某提供增值税专用发票。同时，曾某到虚开增值税专用发票所得利润均交给粮油食品公司。因而，曾某到某市虚开增值税专用发票，是外贸总公司与该公司下属粮油食品公司派去的，是执行单位职务，是单位行为，为单位犯罪。

（二）关于本案的定性和法律适用问题。

1.曾某虚开增值税专用发票的行为发生在1994年11月至1995年2月，根据我国当时《刑法》无"虚开增值税专用发票罪"这一罪名，而本案终审判决是2000年11月23日，涉及的刑事法律条文有：(1)1994年6月3日最高人民法院、最高人民检察院《关于办理伪造、倒卖、盗窃发票刑事案件适用法律的规定》第二条"以营利为目的，非法为他人代开，虚开发票金额累计在50000元以上的，或者非法为他人代开、虚开发票专用发票抵扣税额累计在10000元以上的，以投机倒把罪追究刑事责任。"(2)1979年《刑法》第一百一十八条"以走私、投机倒把为常业的，走私、投机倒把数额巨大的或者走私、投机倒把集团的首要分子，处3年以上10年以下有期徒刑，可以并处没收财产。"(3)1989年3月15日最高两院《关于当前处理企事业单位、机关、团体投机倒把犯罪案件的规定》第三条"企业事业单位、机关、团体进行投机倒把犯罪，符合本规定第1条标准的，对其直接负责的主管人员和其他直接责任人员，依照刑法第一百一十七条的规定处罚；对于少数情节特别严重的，依照刑法第一百一十八条规定处罚。"(4)1995年10月30日全国人大常委会《关于惩治虚开、伪造和非法出售增值税专用发票犯罪的决定》第一条"犯虚开增值税专用发票罪，骗取国家税款，数额特别巨大、情节特别严重、给国家利益造成特别重大损失的，处无期徒刑或死刑，并处没收财产。"(5)1997年《刑法》第二百零五条第（二）款"虚开增值税专用发票罪，除对单位判处罚金外，其直接负责的主管人员和其他直接责任人员，虚开的税款数额巨大或者有其他特别严重情节的，处无期徒刑或者死刑，

并处没收财产。"

2.根据上述刑事法律条文规定，曾某虚开增值税专用发票应适用1979年《刑法》第一百一十八条规定，以投机倒把罪给曾某定罪量刑。因为，曾某虚开增值税专用发票是单位犯罪，且发生在1994年11月至1995年2月期间，在1994年6月3日最高人民法院、最高人民检察院《关于办理伪造、倒卖、盗窃发票刑事案件适用法律的规定》施行之后，在1995年10月30日全国人大常委会《关于惩治虚开、伪造和非法出售增值税专用发票犯罪的决定》和1997年《刑法》施行之前。1997年《刑法》第十二条第一款规定"中华人民共和国成立以后本法施行以前的行为，如果当时的法律不认为是犯罪的，适用当时的法律；如果当时的法律认为是犯罪的，依照本法总则第四章第八节的规定应当追诉的，按照当时的法律追究刑事责任，但是如果本法不认为是犯罪或者处刑较轻的，适用本法。"根据刑法规定的"从旧兼从轻"原则，曾某适用1979年《刑法》第一百一十八条规定处罚较轻。据此，辩护人认为，曾某虚开增值税专用发票属单位犯罪，应适用1979年《刑法》第一百一十八条规定，以投机倒把罪给曾某定罪量刑，二审判决适用1997年《刑法》第二百零五条第二款规定，认定曾某犯"虚开增值税发票罪"判处曾某无期徒刑，剥夺政治权利终身，并处没收个人全部财产，定性不准，适用法律错误。

二、关于量刑方面的意见。

辩护人认为，曾某是单位犯罪的直接责任人，且其是在单位领导指使下实施虚开增值税专用发票犯罪，可酌情从轻处罚，建议以投机倒把罪在6至7年有期徒刑范围内确认曾某的宣告刑。

法院判决：某省高级人民法院判决认为，曾某无视国家法律，虚开增值税专用发票，且数额特别巨大，情节特别严重，给国家造成的损失特别巨大，应依法予以惩处。原判认定曾某虚开增值税专用发票的犯罪事实清楚，但认定曾某是个人行为错误，且适用法律错误，应予纠正。原判因认定事实及适用法律错误，导致对曾某的量刑不当，亦应予以纠正。曾某及其辩护人关于曾某虚开增值税专用发票的行为是单位行为以及曾某及其辩护人、出庭检察员关于原判适用法律错误的意见有理，予以支持。经本院审判委员会讨论决定，依照1979年《刑法》第一百一十八条、最高人民法院、最高人民检察院《关于当前处理企业事业单位、机关、团体投机倒把犯罪案件的规定》第3条、最高人民法院、最高人民检察院《关于办理伪造、倒卖、盗窃发票刑事案件适用法律的规定》第一条、第二条、第五条、《刑事诉讼法》第二百四十五条、第二百零二条、《最高人民法院关于执行〈刑事诉讼法〉的解释》第三百八十九条第（4）项之规定，判决如下：撤销本院（2000）琼刑终字第二十三号刑事判决第三项，即曾某犯虚开增值税专用发票罪，判处无期徒刑，剥夺政治权利终身，并处没收个人全部财产。改判曾某犯投机倒把罪，判处有期徒刑10年。

结束语

该案从 1997 年 4 月一审起至 2000 年 11 月终审判决，历经原某省中级人民法院（1997）判决曾某犯虚开增值税专用发票罪，判处死刑，剥夺政治权利终身，并处没收其个人财产；二审某省高级人民法院以曾某犯虚开增值税专用发票罪，事实不清，证据不足为由，裁定发回重审。重审后原某省中级人民法院（1999）判决曾某犯虚开增值税专用发票罪，判处死刑，剥夺政治权利终身，并处没收其个人财产；二审某省高级人民法院（2000）判决撤销原中级人民法院（1999）判决，改判曾某犯虚开增值税专用发票罪，判处无期徒刑，剥夺政治权利终身，并处没收个人全部财产；再到 2017 年 12 月某省高级人民法院（2017）改判撤销本院（2000）刑事判决第三项，即曾某犯虚开增值税专用发票罪，判处无期徒刑，剥夺政治权利终身，并处没收个人全部财产，改判曾某犯投机倒把罪，判处有期徒刑 10 年；足见该案的重大与复杂。

关于曾某虚开增值税专用发票犯罪事实，控、辩以及法官三方均无争议，分歧意见较大为：一是曾某虚开增值税专用发票是单位行为，还是个人行为；二是曾某构成投机倒把罪，还是构成虚开增值税专用发票；三是应适用 1979 年《刑法》第一百一十八条规定以投机倒把罪处罚，还是适用 1982 年全国人民代表大会常务委员会《关于严惩严重破坏经济的罪犯的决定》第一条第（一）项规定

处罚以及适用 1997 年《刑法》第二百零五条规定以虚开增值税专用发票罪处罚。辩方认为，曾某虚开增值税专用发票是单位犯罪，并发生在 1979 年《刑法》施行之后，在 1995 年 10 月 30 日全国人大常委会《关于惩治虚开、伪造和非法出售增值税专用发票犯罪的决定》和 1997 年《刑法》施行之前，且适用 1979 年《刑法》第一百一十八条规定较轻，根据"从旧兼从轻"原则，应适用 1979 年《刑法》第一百一十八条规定处罚。原判决认为，曾某虚开增值税专用发票构成"虚开增值税专用发票罪"，应适用 1997 年《刑法》第二百零五条规定以虚开增值税专用发票罪处罚。但再审判决认为，曾某虚开增值税专用发票构成"投机倒把罪"，且是单位犯罪，应适用 1979 年《刑法》第一百一十八条规定处罚，采纳辩方的辩护意见。20 年后某省高级人民法院再审改判本案，因为正义从不缺席。

值得一提的是，辩方的辩护意见自 1997 年一审开始提出，直至重审以及到两次二审坚持，但是仍未得到控方和一、二审法庭的支持，从而导致曾某被错判。曾某两次被一审判处死刑，二审改判无期徒刑，服刑 20 余年释放后再审再采纳辩护人原审的辩护意见，改判曾某 10 年有期徒刑的案例是罕见的。本案警示我们每一个法律人，都必须有高度的责任感，认真研判案情和精准把握法律，公正司法，谨防冤案发生。

第五部分　优秀论文

建设工程质量纠纷程序解决机制初探

——广东启源律师事务所 陈镇慧律师

建设工程质量问题通常包括工程质量缺陷、工程质量瑕疵和工程质量事故三大类型。由于建设工程项目普遍具有投资规模大、建设周期长、专业性强、施工工艺流程复杂等特点，决定建筑领域工程质量纠纷客观存在，对簿公堂屡见不鲜。因此，如何公平、公正、合法解决工程质量纠纷既是人民法院审判实务中面临的问题，也是每位建筑领域专业律师必须面对的问题。本人有幸在执业过程中接触到较多建设工程类纠纷案件，对处理建设工程质量纠纷有一定的经验和见解。

实践中，人民法院在审理建设工程质量纠纷案件过程中，多数情况下需要涉及委托有资质的司法鉴定机构对工程质量问题进行专业评估。但由于工程质量争议涉及的问题繁多且复杂，当事人之间对工程质量鉴定的程序、方法、范围、内容和结论以及对工程质量采取修理、返工或改建等手段往往争执不下，囿于当事人和法官在建设工程领域的专业能力和人民法院司法鉴定委托库中介机构资质未能涵盖所有专业，出现争议问题时当事人各执一词，莫衷一是。如果法官在程序上把控不准，可能导致案件被束之高阁，或选择错误的司法鉴定程序，其结果是导致案件严重超出审限甚至程序严重错误被上级人民法院裁定发回重审。这无疑给双方当事人带来严重的讼累和工程建设进度严重滞后的后果。囿于篇幅，本人根据办案经验仅对建设工程质量纠纷程序解决机制提出一些粗浅看法，以期与同行共同探讨。

一、建设工程司法鉴定程序

何为司法鉴定？根据《全国人民代表大会常务委员会关于司法鉴定管理问题的决定》第一条规定："司法鉴定是指在诉讼活动中鉴定人运用科学技术或者专门知识对诉讼涉及的专门性问题进行鉴别和判断并提供鉴定意见的活动，"以及根据最高人民法院"关于印发《人民法院司法鉴定工作暂行规定》的通知"第二条规定："本规定所称司法鉴定，是指在诉讼过程中，为查明案件事实，人民法院依据职权，或者应当事人及其他诉讼参与人的申请，指派或委托具有专门知识人，对专门性问题进行检验、鉴别和评定的活动。"

建设工程质量纠纷司法鉴定，一般采取诉讼当事人协商选择和人民法院指定相结合原则。《最高人民法院关于民事诉讼证据的若干规定》第二十六条规定："当事人申请鉴定经人民法院同意后，由双方当事人协商确定有鉴定资格的鉴定机构、鉴定人员。协商不成的，由人民法院指定。"归纳起来，鉴定程序主要有以下几种情形：

（一）双方当事人诉前选定鉴定机构

司法实务中，存在当事人在诉前协商选择鉴定机构、鉴定人员进行鉴定，因双方对鉴定结论发生争议而提起诉讼，诉讼中一方当事人重新申请人民法院指定鉴定机构、鉴定人员，另一方当事人坚持诉前鉴定结论，而反对重新鉴定。遇此情形，如把控不准，人民法院完全存在诉讼程序严重违法的可能。本人认为，当事人诉前共同选定的鉴定机构、鉴定人员所做出的鉴定结论，一方当事人没有相反证据予以推翻的，经人民法院程序性审查，具备相应资质、诚信和能力的，应当采纳该鉴定结论作为审判依据，不应予以重新鉴定。

（二）双方当事人诉前各自委托鉴定机构

建设工程质量纠纷案件中往往也存在一方当事人诉前已经自行委托鉴定机构、鉴定人员对工程质量问题做出鉴定结论，另一方当事人对其程序和鉴定结论有异议并自行委托鉴定机构、鉴定人员出具鉴定结论予以反驳的，应视为当事人的主张和抗辩。工程质量纠纷诉讼中，人民法院应告知发包人申请质量司法鉴定。根据谁主张谁举证的原则，发包人不申请鉴定，将承担不利后果。另一方当事人对一方当事人自行委托有关部门做出的鉴定结论提出反驳并申请重新鉴定的，人民法院应予准许。另一方当事人不申请重新鉴定，又没有提供证据足以推翻鉴定结论的，人民法院应予采纳。

（三）诉中法院启动司法鉴定程序

人民法院同意当事人申请鉴定的，应当告知双方当事人有权在人民法院的司法委托中介机构《名册》中协商确定鉴定机构、鉴定人员；如果双方当事人协商一致选择《名册》以外鉴定机构、鉴定人员的，则人民法院有权也应对鉴定机构、鉴定人员的资质、诚信和能力进行程序性审查，确定是否接受其选择，并告知双方应承担的风险。如果双方当事人协商不成的，则人民法院应当优先从其《名册》中指定鉴定机构、鉴定人员；若其《名册》中没有相应资质的鉴定机构、鉴定人员，根据最高人民法院关于《人民法院对外委托司法鉴定管理规定》第十一条规定，"司法鉴定所涉及的专业未纳入名册时，人民法院司法鉴定机构可以从社会相关专业中，择优选定受委托单位或专业人员进行鉴定……"《最高人民法院对外委托鉴定、评估、拍卖等工作管理规定》第二十一条："指定选择时，对委托要求超出《名册》范围的，专门人员应根据委托要求从具有相关专业资质的专业机构或专家中选取，并征求当事人意见。当事人也可以向本院提供相关专业机构或专家的信息，经专门人员审查认为符合委托条件的，应当听取其他当事人意见。"当然，经征得当事人同意，人民法院也可以从上级人民法院的《名册》中选定具有相应资质的鉴定机构、人员。另根据《建设工程造价鉴定规范》5.6.5第2点规定，"工程质量争议应告知发包人申请质量鉴定。"

二、审判实务中存在的问题

《全国人民代表大会常务委员会关于司法鉴定管理问题的决定》及最高人民法院相关司法解释施行至今已有十余年，现我国司法鉴定统一管理体制已初步形成。但在审判实践中，仍然存在诸多鉴定程序不规范的现象，人民法院不但没有做到定争止纷，反而激化了当事人的矛盾。

众所周知，程序正义对解决工程质量纠纷尤为重要。当事人因工程质量纠纷诉诸人民法院时，采取何种鉴定程序应由人民法院依法决定。但是实践中，时有遇到审判人员怠于履行鉴定程序、滥用鉴定程序和错误选择鉴定程序等情形。

（一）怠于履行鉴定程序

发生纠纷时，当事人出于维护自己合法权益的目的，总是想方设法在程序上抢占先机。在诉前或诉中单方自行委托鉴定机构、人员按自己的要求出具鉴定报告，并千方百计要求人民法院按其提供的鉴定结论做出判决。通常情况下，另一方当事人为了程序上不吃亏，在反驳的同时申请人民法院鉴定，甚至也自行委托鉴定机构、人员出具不同的鉴定结论予以抵消。经办法官有时因为对鉴定程序把握不准，或者所在法院司法鉴定库中没有相应专业资质的鉴定机构、人员等原因，采取"中立"态度，要求双方当事人协商解决。可想而知，没有经办法官的主导和组织，讼争双方根本无法协商解决争议，导致案件久拖不决。

（二）滥用鉴定程序

如前所述，我国司法鉴定采取当事人协商选择和人民法院指定相结合原则。实践中，有些当事人在诉前已协商共同委托了鉴定机构对争议问题进行了鉴定，但一方当事人在没有正当理由的情况下不认可鉴定结论，并申请人民法院重新鉴定，遭到另一方当事人强烈反对。此时，经办法官为了保证公平、公正、合法、高效解决争议，应当严格依照上述鉴定原则，根据我国民事诉讼法和全国人大常委会关于司法鉴定管理问题的决定以及最高人民法院的司法解释，结合法院司法鉴定机构设立的实际情况，确定是否采纳双方共同委托的鉴定机构出具的鉴定结论，而不应机械地适用最高人民法院"关于印发《人民法院司法鉴定工作暂行规定》的通知"第四条"凡需要进行司法鉴定的案件，应当由人民法院司法鉴定机构鉴定，或者由人民法院司法鉴定机构统一对外委托鉴定"的规定，推翻当事人共同选择鉴定机构出具的鉴定结论，采纳一方当事人的鉴定申请。

（三）错误选择鉴定程序

正确选择鉴定程序是人民法院合法高效解决工程质量纠

纷的前提和保证。双方当事人为了保障各自的合法权益，在诉讼过程中，对工程质量鉴定程序各执一词。尤其是当事人在诉前或诉中共同或各自委托鉴定机构出具了鉴定结论的情况下，为了促成经办法官做出有利于自己的决定，据理力争。审判实践中，时有出现经办法官在鉴定程序上做出的决定得不到双方当事人的理解和接受，也有存在错误选择鉴定程序的情形。例如，法院中介机构《名册》中没有相应专业资质的鉴定机构、人员，依法应告知当事人可以协商选择《名册》以外具有相应专业资质的专业机构或专家，也可要求双方当事人各自向人民法院提供具有相关专业资质的专业机构或专家供法院审查选择；如双方当事人既不能协商一致，也不向人民法院提供相关信息，人民法院可以从社会相关专业中，择优选定受托单位或专业人员进行鉴定，甚至在征得当事人同意的情况下从上级人民法院的《名册》中依法指定鉴定机构、人员，从而解决争议。但有些经办人员没有依法穷尽程序上的手段，为了结案，采用当事人单方委托鉴定机构、人员出具的鉴定结论做出判决，严重违反了鉴定程序，结果损害了当事人的合法权益。

三、完善我国工程质量争议司法鉴定程序的具体设想

（一）制定工程质量司法鉴定相关的法律法规

目前，我国立法层面和人民法院没有对解决工程质量争议的司法鉴定程序做出专门性规定，而是散见于《全国人民代表大会常务委员会关于司法鉴定管理问题的决定》《人民法院司法鉴定工程暂行规定》《人民法院对外委托司法鉴定管理规定》和《最高人民法院对外委托鉴定、评估、拍卖等工作管理规定》及《最高人民法院关于民事诉讼证据的若干规定》中，诉讼参与人和经办法官在理解上不能保持高度统一。

因此，应当加速建设工程司法鉴定立法，完善鉴定管理体制，多出台类似于《建设工程造价鉴定规范》之类的国家标准性文件。

（二）引入专家型人民陪审员

建设工程合同纠纷案件具有较强的专业性，但目前人民法院的法官极少具有工程知识背景的，因此在案件审理过程中对证据的采纳、司法鉴定的必要性也很难把握，对建筑业的文件、学术用语和交易习惯和鉴定意见等难以准确理解，这就需要借助专家的力量，保证裁判的科学性和正当性。

笔者建议多吸收一些建筑行业的专家进入司法审判制度中，专家作为人民陪审员参与到具体的案件中，可以给经办法官提出许多专业性的意见。甚至可以借鉴商事仲裁的体制，建立建设工程类案件的专家资源库，充分发挥专家的作用。

（三）完善各级人民法院工程质量鉴定机构、人员《名册》

据了解，在处理工程质量纠纷案件过程中，时有遇到人民法院《名册》中没有纳入相关专业的鉴定机构、人员的情形，双方当事人对于是否适用上级人民法院的《名册》或协商从《名册》外择优选择具有相关资质的专业机构或专家时意见又不统一，容易对经办法官产生高度不信任感，人民法院所做出的任何判决都会受到当事人的质疑乃至强烈抵制。

（作者　陈镇慧）

浅析用人单位能否以自行组建微信群的方式发布员工违规违纪、解除合同的通知

——广东华铮律师事务所 李维双律师

随着经济与科技的并向发展，人与人之间的沟通方式逐渐多样化。QQ、MSN、微信等软件通过线上媒介的形式缩短了现实生活中地理位置带来的距离，便利了人们的工作与生活。微信的快速发展是基于我国移动社交网民数量的不断增长，这改变了我国线上线下沟通与互动的传播方式。人们为了工作中的沟通的便利，组建了各式各样的微信工作群，这些群甚至代替日常的协同办公系统发挥作用。当面试通知、录取通知、企业奖惩办法的公布、劳动合同内容的协商、日常工作计划的下达、客户沟通甚至辞职信的送达等事项均以微信作为媒介来操作时，随之而来的问题是：用人单位组建微信群的效力以及能否仅在微信群中发布辞退违规违纪员工的信息？接下来，让我们详细论证以上问题。

一、现有员工违规违纪、辞退处理方法

目前我国现行法律中，关于员工违规违纪、辞退员工的法律规定主要有：《中华人民共和国劳动合同法》第四条第四款、第三十九条，《中华人民共和劳动法》第二十五条，《中华人民共和国劳动合同法实施条例》第十九条，《最高人民法院关于审理劳动争议案件适用法律若干问题的解释》第十三条、第十九条、第二十条，《最高人民法院关于审理劳动争议案件 适用法律若干问题的解释（四）》第十二条等。因本文旨在讨论用人单位能否以自行组建微信群的方式发布员工违规违纪、解除合同的通知，所以本文主要涉及的法律条文为我国《劳动合同法》及相关司法解释中关于解除合同的法律规定。

我国《中华人民共和国劳动合同法》第四条第四款规定用人单位应当将直接涉及劳动者切身利益的规章制度和重大事项决定公示，或者告知劳动者。《中华人民共和国劳动法》第二十五条、《中华人民共和国劳动合同法》第三十九条、《中华人民共和国劳动合同法实施条例》第十九条分别以不同的条文对用人单位可以解除劳动合同的情形进行了明确的规定。不仅如此，《最高人民法院关于审理劳动争议案件适用法律若干问题的解释》以及《最高人民法院关于审理劳动争议案件适用法律若干问题的解释（四）》也对用人单位解除劳动合同的相关问题进行了明确。上述相关条文为用人单位解除劳动合同提供了明确的法律依据。

二、目前存在的困惑和问题

综合上述法律规定我们可以得出，用人单位在法律法规规定的情形下可以辞退员工，但一定要严格遵循法律法规的规定。对于员工违规违纪行为的处罚，2008年1月15日之前遵循的是《企业职工奖惩条例》的相关规定，在之后《劳动法》《劳动合同法》对职工的权利、义务做出了规定。其中，对于员工无过失行为的辞退，《劳动合同法》第四十条采取了以下表述"用人单位提前三十日以书面形式通知劳动者本人或者额外支付劳动者一个月工资后，可以解除劳动合同。"而对于员工出现严重违反用人单位规章制度的行为时，《劳动法》《劳动合同法》以及司法解释等规范性文件并未明确限定用人单位行使其单方解除权需采取书面告知员工的形式，仅采取了"用人单位可以解除劳动合同"的表述。关于员工违规违纪、解除合同的通知，《中华人民共和国劳动合同法》第四条第四款规定用人单位应当将直接涉及劳动者切身利益的规章制度和重大事项决定公示，或者告知劳动者，《最高人民法院关于审理劳动争议案件适用法律若干问题的解释》第十九条规定用人单位根据《劳动法》第四条之规定，通过民主程序制定的规章制度，不违反国家法律、行政法规及政策规定，并已向劳动者公示的，可以作为人民法院审理劳动争议案件的依据。也就是说用人单位必须对员工违规违纪、解除合同进行公示或者告知劳动者。目前用人单位公示采用的方式有：企业网站公布法；电子邮件通知法；公告栏张贴法；员工手册发放法（保留签收记录）；规章制度培训法（保留培训签到记录）。那么采用微信群的方式发布员工违规违纪、解除合同的通知是否符合法律法规中关于公示的规定？微信群的通知方式是否与其他公示方式有同等的效力？用人单位与员工产生劳动争议后，用人单位在微信群发布的通知是否可以作为其履行通知义务的证据？

三、困惑和问题之分析

笔者认为，用人单位可以组建微信群，并通过微信群这个平台对严重违反规章制度的员工发布解除合同的通知，分析如下。

首先，采用微信群的方式发布员工违规违纪、解除合同的通知是符合法律法规中关于公示的规定的。因为法律规定用人单位应当将直接涉及劳动者切身利益的重大事项决定公示，或者告知劳动者，但对公示和告知劳动者的方式并没有详细的规定，而通过微信群的方式发布员工违规违纪、解除合同的通知是准确地告知了员工。公示的主要目的在于保障劳动者的知情权以及后期的"申诉权"。用人单位通过组建微信群，确保全体员工作为群成员，使得微信成了内部工作沟通的必要媒介，可以充分保障员工的知情权。微信已经作为人们手机必备软件，具有接收消息的便利性与及时性，能确保消息送达的成功率和内容的一致性。

其次，微信通知与其他公示方式应当是有同等的效力。劳动法中要求的"公示"是用人单位在一个合理的时间内，将需要公示的内容展示在一个劳动者可以查阅的平台上即可。用人单位通过组建微信群，确保全体员工成为群成员，并以该微信群作为工作沟通及相关文件、通知发布和公示平台，劳动者可以通过微信群查阅和知晓发布的通知，满足"公示"的要求。因此采用微信群的方式发布员工违规违纪、解除合同的通知是符合法律法规中关于公示的规定的，与以往最常见的张贴在公示栏和发函是相同的，产生的法律效力也是相同的，只是告知的方式有区别，一种是纸质张贴的方式，另一种是通过电子传递媒介发布的方式。

最后，用人单位与员工产生劳动争议后，用人单位在微信群发布的通知可以作为其履行通知义务的证据，该证据属于电子证据的类型之一。根据《中华人民共和国民事诉讼法》及其司法解释、《最高人民法院关于民事诉讼证据的若干规定》等相关规定，并结合实践中出现较多的证据类型，电子证据是指以数字化形式存储、处理、传输的，能够证明案件事实的数据，包括但不限于以短信、电子邮件、QQ、微信、支付宝或其他具备通信、支付功能的互联网软件所产生的能够有形的表现所载内容并可以随时调取查用的数据信息。微信群的通知方式可以在仲裁或诉讼程序中作为电子证据，用人单位用微信群发布员工违规违纪、解除合同的通知后，可以通过拍照或截图的方式及时对证据予以保存，还可以对微信群的通知进行公证或鉴证来进一步增强其作为电子证据的效力，在诉讼中尽量提交保留证据原貌的手机截屏打印件、微信网页版截屏打印件，或者提交公证的文书来证明其履行了通知的义务。2018年7月18日，广东省广州市南沙区人民法院率先出台了《互联网电子数据证据举证、认证规程》从电子证据的固定、当事人举证方式、法官认证采信规则等方面，提出了解决问题的具体路径。按《规程》指引操作，互联网电子数据证据不必一律要经过公证，也能很大可能性获得法院的采信。

综上，用人单位在不违反法律强制性规定的情形下，可以组建微信群，并通过微信群发布员工违规违纪、解除劳动合同的通知，该种方式符合相关规定的要求，同时也符合社会的发展趋势。

四、律师建议

虽然用人单位可以采用微信群通知的方式发布员工违规违纪、解除劳动合同的通知，但为了减少不必要的纷争，降低用人单位涉诉风险，应当注意以下几点：

一是，用人单位应当在企业章程中明确员工的违纪行为以及确立达到解除劳动合同的严重程度的制度。因《劳动合同法》等规范性文件并未对"劳动者严重违反用人单位规章制度"进行明确界定，在有限的范围内赋予用人单位最大限度的自主决定权，以此约束和规范劳动者的行为，促使用人单位高效运转，促进经济发展。用人单位通过明确"何为严重违反用人单位规章制度的行为"，将此纳入章程，使得用人单位后期行使单方解除权有据可循。当然，任何权利都伴随着相应的义务。用人单位"造法"的同时，应当兼顾公平原则和平等原则，不得过分限制劳动者行为，侵犯劳动者权利和加重劳动者负担，以避免规章制度沦为无效规章。

二是，用人单位应当将微信群作为工作沟通的必要工具，并纳入单位章程，明确告知劳动者。用人单位在遵循合规性和必要性原则的基础上组建专门的工作微信群，明确群名、群职能、群规则、群成员范围、群管理人员等要素，并向用人单位的工会进行备案。之后，对微信群进行有效、严格地管理，确保该群在工作中发挥有效的作用。除此之外，用人单位应当对全体员工如何合法正确使用微信群进行培训，告知员工使用微信群应当遵循法律法规的相关规定，不得在微信群发布有关政治敏锐性话题和视频，不得发布涉黄、涉毒、涉暴等不良信息和视频，不得发布涉及国家机密的信息，不得在微信群里发布垃圾信息，影响正常的交流。

三是，用人单位在与劳动者签订劳动合同时，应当约定使用微信群作为工作中必要的通信工具的条款，以确保劳动者知悉微信群的重要性。为加强微信群作为送达用人单位单方解除合同通知、员工违规违纪通知媒介的效力，建议用人单位与劳动者在合同中约定类似条款，例如"劳动者本人知悉并认可，若本人具有违反用人单位规章制度的行为时，无论严重程度，用人单位可以在微信群（注明微信号，若微信号产生变更，变更后的微信号仍然有效）发布相应处理结果甚至解除劳动合同。自发布之日起，视为送达"。另外，可将劳动者工作沟通方式作为员工手册的内容，进行定期培训。

四是，用人单位应当在劳动者入职申请表和劳动合同中添加"微信号"一栏，收集员工的微信号，将所有劳动者拉入工作微信群，确保全体员工为微信群的成员，同时告知劳动者填写微信号应当注意的事项及违反注意事项的相应后果。第一，告知劳动者提供的微信号应当与其手机号相一致，不一致的以提供的微信号为微信群成员。第二，告知劳动者提供的微信号必须是本人能正常使用的微信号，不得使用亲友的微信号或者提供以亲友的电话号码、QQ号等注册的微信号，否则因上述原因导致劳动者没有收到违规违纪、解除合同等通知的，视为劳动者已收到。第三，告知劳动者用人单位可以用微信群发布员工违规违纪、解除合同的通知，通知至发布之日起视为送达，提醒劳动者应及时查看群消息，因劳动者手机遗失、关机等情况导致其未能及时收到相关通知的，不影响通知已送达的法律效果。

四是，用人单位若组建了工会组织，应当履行法定的程序。在微信群发布解除与严重违反用人单位规章制度劳动者的劳动合同的通知时，应当事先通知工会。在通知工会时，建议用人单位尽量采取书面形式通知，并可以采取邮寄方式送达，以确保后期作为证明履行了通知义务的证据使用时的完整性和证明效力。

总而言之，用人单位在组建微信群时并发布严重违反规章制度的劳动者的解除通知时，应当做到程序合理合法，内容公正透明。与此同时，发布任何与劳动者切身利益相关的通知或者做出相关处理措施时，应当保存所有证据，并确保证据的真实性、合法性和有效性，以降低不必要的诉讼风险。

参考文献

[1] 周亚军.《企业职工奖惩条例》废止后企业如何做到处理违法、违纪职工是合法、合规 [J]. 法制与经济，2012（4）.

[2] 宋岚. 违规违纪员工一裁了之？ [J]. 中国卫生人才，2011（8）.

（作者　李维双）

劳动争议中分公司如何承担责任

——广东华铮律师事务所　李维双律师

案例再现

以重庆市××建设（集团）有限公司与屈××等人劳动争议系列23个案件为例：

莆田市××新区污水处理厂项目系由××公司承建并全权委托××厦门分公司进行施工，工程款中包含员工工资。2013年8月3日，××公司的法定代表人许××签署一份《承诺及说明书》，载明："重庆市××建设集团有限公司法定代表人/许××，身份证号：×××××××××××××××××在厦门市××区钟山派出所郑重承诺：由于我司于2013年1月28日做出的错误决定，造成我司欠莆田市××新区污水处理厂工人工资一事，截至2013年8月6日前不管在任何情况下，由我总公司承担并支付，金额以我厦门分公司确认的工人工资为准，如到期未发放到位，以莆田市××建设局2013年2月4日承诺的按日3%支付违约金"。××厦门分公司出具《确认函》一份，该函件载明屈××的工资总额为20 000元，剩余工资为11 000元。××公司及××厦门分公司均未与屈晋巧签订劳动合同，亦没有为屈××缴纳社会保险费。

上述案例是典型的由分公司和劳动者之间产生纠纷的案例，而在此案例中，分公司的责任到底如何承担是我们需要讨论的问题。

问题：分公司在经营过程中涉诉的责任如何承担？

一、分公司的定义

分公司和分支机构是两个既相互联系又相互区别的法律概念。不具备企业法人资格是他们的共同点，其不同点在于，公司设立的不具有企业法人资格的经营机构称为分公司；而由非公司企业设立的不具有企业法人资格的经营机构称为分支机构。

分公司或分支机构是相对企业整体而言的，是整个企业的一部分，是指企业在建立中为实现其功能而设立的，在所有业务方面和经营方针上是受公司总部的控制，但是能以自己的名义进行民事活动，不能独立承担民事责任的法人组织。

分公司虽然可以以自己的名义对外从事各种民事活动，但其并非是独立的法人，分公司属于法人的组成部分，其承担责任的能力有一定的限制。法人的分公司进行民事活动所发生的债务和所承担的责任，根据《公司法》第十三条规定由所属法人承担责任。

二、分公司的法律地位及民事责任承担

首先，对于分公司的法律地位，《公司法》第十四条规定："公司可以设立分公司。设立分公司，应当向公司登记机关申请登记，领取营业执照。分公司不具有法人资格，其民事责任由公司承担。"这算是对分公司的法律地位的明确规定，即分公司的设立，须向公司登记机关申请登记，也是要领取营业执照，但是又不具有法人资格，所产生的法律责任由公司承担。具体而言，首先，分公司不具有法人资格，不能独立地享有民事权利、履行民事义务和承担民事责任，因分公司的民事行为产生的法律责任由公司承担。其次，分公司没有独立的财产，其所有资产都属于总公司所有，并作为总公司的资产列入总公司的资产负债表中。最后，分公司相对于总公司而言，也没有其独立的公司名称与章程，其对外从事经营活动应当遵从总公司的授权，在总公司的授权范围内从事经济活动。

其次，《公司法》第十四条规定了分公司的民事责任，即分公司不能独立承担民事责任，其一切的后果和责任应由总公司承担。对于"分公司不具有法人资格，其民事责任由公司承担"规定的理解可能会产生歧义，有人会理解为，因为该分公司不能承担民事责任，所有分公司经营产生的民事责任由公司承担。因此，在起诉中不论是分公司作为原告还是被告法官都不会判决分公司承担责任。

笔者认为，对于《公司法》第十四条规定从文义解释来看，"民事责任由公司承担"不能断定该条款含有"只能"的意思。该条文应理解为分公司没有法人资格，公司应当承担民事责任。如果分支机构本身有充分的解决纠纷的能力，则应由分公司承担，这也便于债权人申请诉讼和执行，同时也符合市场经济纠纷的处理习惯。如果分公司的民事责任只能由公司承担，就会造成管理上的不便和市场秩序的混乱。分公司作为具有营业执照的其他组织，行使在某一地区或者某一企业经营范围内的经营权。它是一个市场的经营主体。如果否定分公司具有能力承担相应的

民事责任，就会造成公司经营烦琐，与公司设立分公司的宗旨相违背，也容易造成市场对分公司作为交易对象的资格和信用的怀疑，导致市场混乱。

不仅如此，根据《民法总则》第十七条的规定，分支机构以自己的名义从事民事活动，产生的民事责任由法人承担；也可以先以该分支机构管理的财产承担，不足以承担的，由法人承担。根据上诉条文的规定，分公司自身经营所产生的法律责任可以由分公司先自行承担，分公司无法承担时，由总公司承担。最高人民法院《执行规定（试行）》第七十八条也规定："被执行人为企业法人的分支机构不能清偿债务时，可以裁定企业法人为被执行人。企业法人直接经营管理的财产仍不能清偿债务的，人民法院可以裁定执行该企业法人其他分支机构的财产。"由上述规定也可以看出分公司可以具有一定的民事责任能力，在分公司不能承担责任时，由总公司承担最终责任。

在社会和经济生活中，公司设立分公司是很常见的。公司通常给分公司一定数额的资金和人员，分公司有营业执照，通常是以自己的名义经营的，经营所产生的债权和债务通常由分公司自行处理。因此，在实践中，分公司有承担一定民事责任的能力。如果分公司债权人可以随意越过分公司，则不利于维护正常的市场秩序，也不符合设立分公司的宗旨。公司分支机构经营所产生的负债，首先由分公司承担，分公司负担不起时由公司承担，这也符合市场交易惯例。

三、分公司承担责任的情形

根据《民事诉讼法》司法解释第四十条第五款规定：分公司只要依法登记并领取营业执照，就有当事人资格，可以参加诉讼。毫无疑问，分公司可以作为原告起诉。公司法第十四条规定：分公司不具有法人资格，其民事责任由公司承担。关于分公司是否可以充当被告存在争议。一是否认分公司的被告资格，涉及分公司的民事责任时，一律将总公司作为被告；二是只以分公司为被告，但判决时由总公司承担民事责任。具体将由总公司授权参与诉讼；三是分公司和总公司应为共同被告，并判决分公司应当承担的民事责任，由总公司承担连带责任或补充责任。

因此，根据分支机构的偿付能力和当事人的意思自治，对分公司的具体诉讼地位和民事责任承担要具体问题具体分析。

（1）如果分支机构偿付能力强，分支机构只能是被告。例如涉及商业银行、保险公司的分支机构承担民事责任时只能以该分支机构为被告。商业银行、保险公司等特殊的经营性质要求分支机构的设立需要雄厚的财产实力和良好的商业信誉。并且根据法律的规定，商业银行和应当对自己的财产进行独立核算，多数保险公司也对财产进行独立核算。因此，商业银行、保险公司等分公司在财产上具有独立承担责任的能力，在诉讼中应该以分公司为被告。

（2）如果分公司存续，但偿付能力较差或无力偿债，原告可以将两者作为共同被告，同时，也允许原告仅以总公司为被告起诉，法院可以依职权追加分公司为共同被告，

这样可以缓解目前执行程序中存在的"执行难"的问题。虽然《公司法》第十四条规定，分公司的民事责任似乎都由总公司承担。但笔者认为，该分公司经依法登记取得营业执照后，虽然没有法人资格，但仍具有相对独立性，具有一定的民事责任能力。因此，应由分公司承担责任，总公司承担补充责任。也就是说，分公司由于财产不足而不能承担民事责任的，由总公司承担，这也与《民法总则》第七十四条的规定相符合。

有人认为，在分公司与总公司责任的划分上，二者承担连带责任。笔者认为，这种观点有待论证。连带责任是两个以上的债务人对同一债务共同承担责任，债权人可以要求债务人一人或数人承担全部责任，但债务人内部按各自的比例承担责任。而在公司内部，分公司和总公司不是平等的主体，而连带责任是以责任财产相互独立、人格独立的事实为基础的，但该分公司显然没有独立的资格。因此，总公司与分公司对债务不是承担连带责任。

（3）分公司被关闭或者注销的，以公司为被告，原公司的民事责任由总公司承担。原告提起诉讼时，分公司已被关闭或注销，其民事责任能力不复存在，不能享受诉讼标的，公司的权利和义务由总公司直接承担。虽然《民法总则》第74条规定分支机构产生的民事责任可以先由公司的财产承担，但"分支机构义自己的名义从事民事活动，产生的民事责任有法人承担"是不变的大前提。所以，在分公司已经不存在或没有资格承担责任时，应该由总公司为被告，要求其承担责任。

四、笔者观点

上述案例系劳动争议纠纷，××厦门分公司作为用人单位，未依照法律规定与屈晋巧签订劳动合同，应当依照《中华人民共和国劳动合同法》第八十二条的规定向屈晋巧支付双倍工资差额，双方工资差额的计算时间应自用工之日起满一个月的次日起，计算至劳动关系解除之日止。屈××在××厦门分公司处任职期间，××厦门分公司未依法为其缴纳社会保险，现屈××要求××厦门分公司为其补缴在职期间的社会保险具有相应的事实与法律依据，应予支持，××厦门分公司，没有法人资格，不能独立承担民事责任，所以××公司应当与厦门××分公司承担连带责任。本案中分公司的责任承担也符合上述分公司承担责任的第二种情形。

从法院的审判结果来看，法院认为分公司作为一个用人单位除了不能独立承担民事责任外，其余的有关劳动合同规定的情形都应该履行。然而，法院的最终判决承担连带责任。虽然法官有自由裁量权，但公司与分公司负连带责任的说法与我们的理论不一致。

而另一个案件中××公司与南通××公司、南通××南京分公司发生购销合同纠纷案件中，法官认为该案所涉《钢材购销合同》系以南通××公司的名义与××公司签订，但合同加盖的是"南通××集团有限公司南京分公司材料与设备采购合同专用章"。因南通××公司及南通四建南京分公司对与××公司签订合同及拖欠金源公司

货款的事实均予以认可，故可以认定与××公司发生合同关系的主体为南通××公司及南通××南京分公司。该《钢材购销合同》的内容合法有效，各方均应按约履行合同义务。因南通××公司及南通××南京分公司未能按约履行向××公司支付货款的义务引起本案诉争，故南通××公司及南通××南京分公司应对案涉纠纷负全部责任。本案判决中，法官没有说分公司具体的责任承担，而是笼统讲，和总公司负全部责任，这种说法符合我们实践中的做法，既能让分公司把责任承担，又不会犯理论错误。

在把分公司作为共同被告时应考虑合同是不是由总公司签署的，或者造成的后果是由分公司人员在履行职务的工作中造成的，就应该首先确定由分公司承担责任，并判决由总公司对分公司所造成的民事后果共同承担民事责任，而不是一种补充性的民事责任。在实践中，原告往往希望将总公司一块列为被告，因为担心公司的信誉和偿付能力。

但是，如果原告没有足够的证据保证合同的签署和履行是以公司的授权为基础的，而原告是基于这种信任，那么为了避免诉讼风险，原告可以考虑对诉讼请求笼统地表述为：确认合同有效或无效；总公司与分公司共同给付原告。这样比较合适，也就可以弥补前述案例中法官要求承担连带责任的不恰当的说法。

参考文献

1. 杨光. 分公司不能偿债时总公司要承担清偿责任[J]. 人民司法，2015（14）.

2. 田晓昕. 分公司的民事诉讼主体地位及责任承担——以《民事诉讼法》第四十九条为视角[J]. 法治与经济，2012，07.

（作者　李维双）

浅析公司隐名股东的投资风险及法律保护

——浙江星海律师事务所 阮金炳律师

摘要

公司隐名股东是指为了规避法律或出于其他原因，借用他人名义设立公司或者以他人名义出资，但在公司的章程、股东名册和工商登记中却记载为他人的出资人。由于目前针对隐名股东的有相关规定只有最高人民法院对关于适用《中华人民共和国公司法》若干问题的规定（三）中的几条，为解决这一争议提供了法律依据，然而该解释仍存在诸多不周密之处，不能完全解决实践中出现的问题。鉴于在实际生活中隐名股东与显名股东、公司之间的操作并不非常规范，因此诸如此类的法律纠纷甚多，包括法院办理该类案件的理解和适用也是仁者见仁、智者见智。

一、案件回放

2009 年 9 月，甲向乙的个人账户转账人民币 100 万元，未注明用途。同年 11 月，A 公司在工商行政管理部门登记成立，乙系该公司的法定代表人。2014 年下半年乙将自己在 A 公司的全部股权转让给丙，由丙担任 A 公司新的法定代表人，并在工商行政管理部门办理了相关事项的变更登记手续。2015 年上半年，甲向当地基层法院起诉 A 公司、乙和丙，要求确认自己系 A 公司的出资人，同时要求三者共同偿还股金 100 万元，并承担连带责任。理由是自己曾向乙转账人民币 100 万元，并持有乙出具的《入股证明》，在该入股证明上载明乙系 A 公司的法定代表人，以该公司的名义收到甲提供的人民币 100 万元，并明确了持有 A 公司的股权比例，且盖有 A 公司的公章。当初笔者接待 A 公司的现任法定代表人丙时，丙一脸无辜地表示自己并不知晓公司之前曾有这么一个投资人，更不知情甲曾转账给乙，乙还曾以公司名义出具相应的《入股证明》之类的事实，并抱怨：如果这样都能确定甲系 A 公司的股东，那么乙如果存在道德问题，多向几个人出具相应的证明，以后谁还敢购买公司的股权？笔者接受委托后，详细了解到自 A 公司筹备之日起的所有与股东有关

的事项，调取了该公司章程及所有的修正案、股东会决议和审计报告等资料，并在自己的律所组织相关人员进行多次分析和论证，决定以甲不属于 A 公司的显名或隐名股东，要求驳回甲对 A 公司和丙的诉讼诉求进行代理。

一审法院经过开庭审理认为：第一，甲提供了汇款凭证，并有时任 A 公司法定代表人乙出具的入股证明书，且盖有 A 公司的公章，该份证明书能证明甲已履行出资义务，因甲的股东身份并未登记于公司章程及股东名册，也未在工商行政管理部门登记、公示，其不具有显名股东身份，其应为 A 公司的隐名股东。第二，甲作为隐名股东，其股份势必要隐名在显名股东名下，不可能直接投资在公司名下，因此认为甲的股份在转让时系隐名于乙名下。第三，鉴于甲并未提供证据证明其与乙之间有禁止转让隐名股权的协议，且该协议为丙所知晓，故丙的受让股份行为不能认定为存在恶意，涉及股份转让行为有效，现甲要求丙赔偿损失并无事实及法律依据。故判决乙赔偿甲股金损失 100 万元。一审判决后，甲不服，上诉于当地中级人民法院。笔者继续代理丙和 A 公司时指出：一审法院认定甲为 A 公司的隐名股东系认定事实错误，但鉴于未让 A 公司和丙承担赔偿责任，故没有上诉。二审法院认为，处理与公司有关纠纷，涉及与公司外部关系时，遵循外观要件优于实质要件规则，涉及公司内部纠纷时，遵循实质要件优于外观要件规则。股权转让涉及的标的公司系 A 公司，该公司自成立以来，从未将甲登记为公司股东，也没有证据证明 A 公司当时将其置备于公司股东名册之中。因此，甲并非公司显名股东，其无权对抗善意受让股权的丙并主张相关股东权利。甲应当是隐名股东，但隐名股东不可能隐名在公司名下，公司并非是股份所有者和持有者，故只能认定其在当时出资时隐名在乙名下。该院同时认为显名股东与隐名股东应当共同协商一致处置股权，如显名股东未经协商一致转让股份，并不影响显名股东的转让股权效力，但其应当对隐名股东承担相关民事责任。故判决乙承担赔偿责任。

二、隐名股东的法律定义

基于对公司社团性的考虑，我国法律要求公司股东的姓名或者名称应该记载于工商登记材料以及公司章程和股东名册之中。然而，在现实经济生活中，公司资产的实际出资人和记载于工商登记材料以及公司章程和股东名册之中的显名股东经常出现不一致的情况，这就产生了所谓"隐名股东"的问题。根据 2011 年最高人民法院通过的关于适用《中华人民共和国公司法》若干问题的规定（三）第二十五条第一款：有限责任公司的实际出资人与名义出资人订立合同，约定由实际出资人出资并享有投资权益，以名义出资人为名义股东，实际出资人与名义股东对该合同效力发生争议的，如无合同法第五十二条规定的情形，人民法院应当认定该合同有效。第二款：前款规定的实际出资人与名义股东因投资权益的归属发生争议，实际出资人

以其实际履行了出资义务为由向名义股东主张权利的，人民法院应予支持。名义股东以公司股东名册记载、公司登记机关登记为由否认实际出资人权利的，人民法院不予支持。第三款：实际出资人未经公司其他股东半数以上同意，请求公司变更股东、签发出资证明书、记载于股东名册、记载于公司章程并办理公司登记机关登记的，人民法院不予支持。2014年最高人民法院对关于适用《中华人民共和国公司法》若干问题的规定（三）的内容进行了修正，但对该条并有修改？只不过是将第二十五条调整到第二十四条。从该条款可以看出，最高人民法院称其为实际出资人，并没有直接提出"隐名股东"的说法。有的学者认为"隐名股东"的概念存在法律上的逻辑矛盾，因为，在我国，股东资格认定的唯一标准就是工商登记材料中的记载，没有出现在工商登记材料中的主体都不能冠以股东之名，所以，"隐名股东"并不是股东，称作"隐名投资者"更为合适。对于本文中的实际出资人，笔者称为"隐名股东"。依笔者拙见，隐名股东是指为了规避法律或出于其他原因，借用他人名义设立公司或者以他人名义出资，但在公司的章程、股东名册和工商登记中却记载为他人的出资人。与此相对应，显名股东（或挂名股东）是指记载于工商登记资料上而没有实际出资的股东。

三、隐名股东的投资风险

（一）隐名股东的股东资格认定风险

司法界及理论界关于隐名股东的股东资格存在的三大学说。

（1）形式要件说，即否定说。首先，隐名股东缺乏股东的形式特征，如公司章程、工商登记、股东名册等的记载，有障商事外观主义，不利于保障交易秩序与安全，不应予以保护。如果承认隐名股东的存在，无疑是对公司登记制度的违背，动摇了工商登记的社会公信力和公示力。其次，隐名股东的存在增加了交易风险。在现代市场经济条件下，交易的迅速快捷已成为普遍要求，交易双方更多地信赖公示文件，如果苛求交易相对人在交易前一一核实股东的真实身份，将大大增加交易成本。最后，隐名投资会扰乱国家对公司的正常监管秩序，容易产生各种各样的纠纷，不利于社会安定。

（2）实质要件说，即肯定说。该观点认为，股东名册、工商登记等显性材料属形式要件，仅是宣示性登记而非设权性登记，仅对善意第三人具有政权功能，并无创设股东资格的效力。股东之所以为股东，主要是看其是否对公司出资。

如确实进行了出资，结合其他事实和证据，在无法规避法律法规强制性规定的情况下，对符合条件的隐名出资人还是应确认其为公司股东。我国《公司法》虽未对隐名出资做出明确规定，但也没有明确对隐名出资做出禁止性规定。而且从最高人民法院对公司法的司法解释（三）进行分析，司法实践中是承认隐名出资人享有股东权的，只是为隐名出资人享有股东权附加了一定条件。

（3）区别对待说，即折中说。持该观点的学者认为，在认定隐名股东的资格时，应当区分是公司的内部关系还是外部关系，从而确定隐名股东的股东身份。如果隐名股东的股东身份确认不涉及善意第三人的利益，则与工商登记无关，则应当根据当事人之间的约定来分析其意思表示，并据此做出股东身份的认定。反之，如涉及善意第三人的利益时，则应当根据工商登记的公示主义来确定权利人，以保护善意第三人，而无须考虑股东之间是否存在真实的意思表示。

形式要件说遵循公示主义和外观主义，注重商事交易的安全和秩序，但对股东资格的认定标准过于僵化，实质要件说最大限度地探求了当事人的真意，维护了隐名股东的利益，但同时大大提高了交易的成本和交易的风险。这两种学说尽管都有可取之处，但都略显偏颇，而折中说则调和了形式要件说和实质要件说的观点，根据不同的法律关系和价值取向，采取灵活和务实的解决方式，因此得到了多数学者的认同。

（二）显名股东损害隐名股东的法律风险

鉴于隐名股东没有在公司的股东会决议、章程、股东名册和工商登记中显性体现，甚至有的公司和其他股东对该隐名股东的存在根本不知情。因此，显名股东主要存在以下损害隐名股东的法律风险：

（1）显名股东不向隐名股东支付投资收益的风险。一般来说，在投资之前，显名股东与隐名股东之间会有一份书面的代持协议，明确投资款在该公司的收益归隐名股东所有，但笔者也曾遇到过双方没有签订任何书面合同的情况。甚至出现显名股东在获取投资收益后，直接卷款走人玩消失的情况发生，从而损害隐名股东的权利。

（2）显名股东滥用股东权的风险。按常理来说，显名股东是帮隐名股东代持股权，如遇到行使股东权时［包括公司重大决策事项的讨论和表决权、选举权和被选举权、红利分配权、股东（大）会临时会议召集请求权和提案权等］，应当充分尊重并履行隐名股东的真实意思表示，但在

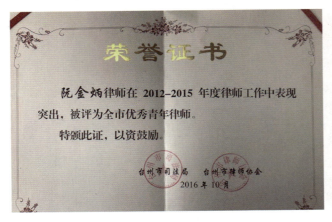

现实中也排除显名股东滥用股东权的情况存在，甚至出现损害隐名股东利益的事件发生。

（3）显名股东怠于行使股东权的风险。当隐名股东的权利受到损害时，是需要以显名股东的名义向公司主张知情权、损害赔偿请求权等权利来积极行使股东权，用来维护隐名股东的合法权益，但也可能存在显名股东怠于行使股东权，从而致使隐名股东的权利无法得到保障。

（4）显名股东擅自处分股权的风险。例如，笔者办理的本案，由于股权是登记在显名股东的名下，则显名股东可能擅自将其代持的股权转让、质押或者以其他方式进行处分，而第三人则可以依照"善意取得"的法理精神取得该股权的相关权利。当隐名股东的权利被侵害后，以其对于股权享有实际权利为由，请求人民法院认定处分该股权的行为无效或要求确认其系公司的股东时，往往是得不到法院支持的。此时，由于隐名股东因显名股东处分该股权给其造成的损失，只能请求显名股东承担相应的赔偿责任。但如果存在着显名股东的实际清偿能力有限，最终的赔偿金额能否全部到位很可能就是一个悬念。

（三）隐名股东能否"显名化"的风险

隐名股东的"显名化"是指显名股东将为代持的股权转让给隐名股东并办理相关的登记变更手续。根据《公司法》第七十一条第二款：股东向股东以外的人转让股权，应当经其他股东过半数同意。股东应就其股权转让事项书面通知其他股东征求同意，其他股东自接到书面通知之日起满三十日未答复的，视为同意转让。其他股东半数以上不同意转让的，不同意的股东应当购买该转让的股权；不购买的，视为同意转让。结合最高人民法院关于适用《中华人民共和国公司法》若干问题的规定（三）（2014修正）第二十四条第三款：实际出资人未经公司其他股东半数以上同意，请求公司变更股东、签发出资证明书、记载于股东名册、记载于公司章程并办理公司登记机关登记的，人民法院不予支持。鉴于有限责任公司具有一定的人合性这一法理精神，因此无论是《公司法》还是最高人民法院关于适用《中华人民共和国公司法》若干问题的规定（三）（2014修正），均对股权的转让设置了"经公司其他股东半数以上同意"这一条件。而这一条件的设置，往往导致隐名股东需要转变成显名股东时成为无法跨越的障碍。而股份有限公司则因其具有资合性，因此《公司法》和最高人民法院的司法解释并不限制股东对外转让股份，所以隐名股东的显名程序就不存在着上述"经公

司其他股东半数以上同意"这一障碍，例如新三板的挂牌和证交所上市的股份有限公司股份转让就比较便捷。

（四）显名股东因个人原因而导致隐名股东的股权存在的风险

这方面的风险一般体现在以下两点：

（1）因显名股东的个人债务原因而导致其代持的股权被司法机关采取财产保全或强制执行措施的风险。

显名股东如果因其个人债务原因，一经被债权人起诉，登记在其名下的股权往往也成为债权人向司法机关要求采取财产保全或强制执行的标的物。虽然法律法规也规定隐名股东可以作为案外人对财产保全或强制执行措施提出异议，但这种被财产保全或强制执行措施肯定会给隐名股东造成许多不必要的麻烦，特别是在司法机关对该股权进行财产保全或强制执行措施后，显名股东没有告知的情况下，很可能该股权已被司法机关处置完毕，而隐名股东却还不知情。

（2）因显名股东发生婚变或死亡，其代持的股权被作为共同财产分割或继承的风险。

因显名股东系代持股权，当发生婚变时，其配偶很可能会提出该股权系夫妻共同财产而要求分割，而该股权是否系代持，显名股东提供的证据往往因达不到盖然性原则的要求得不到人民法院的支持而被作为夫妻共同财产处置。就像笔者曾办理的一位客户因购买第二套房产需要，为了规避贷款利率，所以以小舅子（老婆的弟弟）的名义购买，而当小舅子发生婚变，其配偶要求分割房产，恰恰又遭遇房价暴涨时，该客户的处境就异常尴尬。另外，当显名股东死亡时，其代持的股权也很可能被其继承人作为相应的遗产进行继承。

代持的股东还可能存在着因显名股东的原因，而导致被重复征税的风险。按目前的税收政策，该笔费用往往也非常可观，会让隐名股东在经济上有"伤筋动骨"之痛。

四、隐名股东的法律保护

隐名股东与显名股东或公司就股东资格发生纠纷时，人民法院该如何认定其是否系真实存在的隐名股东，就这涉及隐名股东的权利保护问题。

根据公司法的有关规定，一个投资者只要具备以下条件时即可获得股东的资格：（1）有成为公司股东的真实意思表示；（2）股东会决议载明其为股东；（3）在公司章程

上被记载为股东并确认受公司章程约束；（4）实际履行了出资义务；（5）获得公司签发的出资证明书；（6）记载于公司股东名册；（7）在工商行政机关登记为股东；（8）实际享有投资收益、参与重大决策和选择管理者等股东权利。有的学者将这些证据分为源泉证据、效力证据和对抗证据三类，其中源泉证据包括出资证明书和继受取得股权的证据，效力证据包括证券登记结算公司的股权登记资料和股东名册，对抗证据主要指在公司登记机关登记在案的章程等登记文件。

如果一个民事主体同时具备上述条件，当然应当认定其股东资格。但是，在隐名出资的情况下，往往是实际出资人和名义出资人都各符合其中的几项，那么在这种情况下，应该如何认定其是否系真实存在的隐名股东？

根据实质要件说，当以上证据冲突时，应当在保护善意第三人的前提下，尊重源泉证据的效力。也就是说，实际出资的证据效力大于属于对抗证据的公司章程的效力，即便章程对隐名股东没有记载，并不妨碍其根据实际出资证据寻求股东资格的确认。

针对实际出资的证明力问题，也有学者指出：实际出资不能作为认定股东资格的唯一标准，也不是确定股东资格的必要条件。理由在于以下几个方面，首先，股东出资和股东资格之间并不是一种对应或等同的关系。在授权资本制下，股东可以在公司成立后一定期限内缴足资本，因此，出资不实取得股东资格的前提，只是导致相应地法律责任。其次，在经济生活中，投资者用做出资的财产的来源往往是多种多样的，以出资财产的所有权归属来确认股

东资格往往会有失偏颇。

由于实际出资也不能成为认定股东资格的唯一标准，在司法实践中，应该遵循"从严"的原则。在一般情况下，实际出资人的股东资格不应得到确认，只有当名义出资人和实际出资人之间对于实际出资人的股东资格有明确约定，且实际出资人已经实际行使股东权利，公司及其他多数股东也知情的情况下，实际出资人的股东资格才能得到确认。例如本案，法院就是本着这样的精神来进行判决的。

鉴于这样的衡量准则，作为隐名股东存在的投资风险可想而知。

根据《合同法》第五十二条规定："有下列情形之一的，合同无效：（一）一方以欺诈、胁迫的手段订立合同，损害国家利益；（二）恶意串通，损害国家、集体或者第三人利益；（三）以合法形式掩盖非法目的；（四）损害社会公共利益；（五）违反法律、行政法规的强制性规定。"以上是《合同法》规定代持协议无效的情形，隐名股东因此遭受损失是其本应该承担的违法后果。笔者认为投资行为必须遵循诚实信用、公序良俗原则，并不得滥用权利。至于上述法律风险，笔者提出以下防范建议：

（1）慎签代持协议，尽量明确双方的权利义务。代持协议是显名股东和隐名股之间对权利义务进行明确约定的依据，也是隐名股东投资权益能得到保障的前提和基础，因此对该协议的内容应当非常谨慎和周全，否则就是为以后双方发生争议埋下不必要的隐患。

（2）代持协议中明确显名股东的违约责任，并经公证或见证。双方可以约定显名股东违反代持协议时应当承担较为苛刻的违约责任，加大显名股东的违约成本，使其有所顾忌而不敢轻易违约。为慎重起见，还可考虑经公证处或律师事务所对相关的内容进行公证或见证，以免发生争议后对相关条款作其他貌似合理的解释。

（3）可在代持协议中明确行使股东权的方式，或要求显名股东书面授权隐名股东本人或自己信任的第三人行使股东权。为避免显名股东滥用或怠于行使股东权，隐名股东可以在代持协议中明确显名股东行使股东权的具体方式，或要求显名股东书面授权隐名股东本人或自己信任的第三人，由该第三人代理显名股东行使股东权。这样一来，一定程度上架空了显名股东的股东权，而仅让其挂名而已。但如授权本人，也存在着让公众有理由联想到自己与该显名股东之间或公司之间的关系；如授权第三人，则对隐名股东来说，仍面临着第三人是否守信的风险。

（4）与显名股东事先签订股权转让协议，并经公司其他股东半数以上同意和全体股东放弃优先购买权的书面声明。在有限责任公司中，为排除在将来变更登记为实质股东（显名化）的障碍难题，隐名股东可事先与显名股东签署股权转让协议（显名股东将其代持的登记在其名下的股权转让给隐名股东），并征求公司其他股东的意见，争取获得半数以上书面同意。同时，为避免其他股东行使优先购买权，应争取事先取得全体股东放弃优先购买权的书面声明，这样隐名股东可排除未来显名的障碍。但在实际操作中，公司其他股东是否同意，是隐名股东所无法控制和预料的。而在股份有限公司中，隐名股东的显名不存在须"经公司其他股东半数以上同意"这一障碍。

（5）代持股权被保全或强制执行时，可提出异议。当

代持的股权因显名股东自身债务问题被采取财产保全或强制执行措施时，隐名股东能否以其为实际出资人为由对抗财产保全和强制执行，法律并未明确规定。但笔者认为，财产保全和强制执行措施的目的是为使显名股东的债权人的债权获得清偿，此种清偿只能以作为债务人的显名股东自己的财产为限。因显名股东代持的股权并非其自有财产，隐名股东可以其为实际出资人为由对财产保全和强制执行措施提出异议。但这种异议只是事后的救济措施，并不能防患于未然，当然也很可能被人民法院以对内效应和对外效应为由予以否决。

（6）引入信托制度。股权登记在显名股东名下，显名股东可能擅自转让、设定质押或以其他方式处分股权，善意第三人可以依善意取得规则取得权利。并且，代持的股权与显名股东的个人财产混同，可能被其债权人视为可满足其债权的财产，或在其离婚时配偶要求分割的夫妻共有财产或其死亡时继承人要求继承的遗产，这对隐名股东的投资权益安全构成极大威胁。因此，代持股权信托制度的引入显得很有价值。隐名股东可以设立代持股权信托，以显名股东为受托人，以自己为受益人，将股权委托给显名股东，由显名股东按照隐名股东的意愿以显名股东的名义进行管理和处分。因信托财产的独立性，使得代持的股权独立于显名股东个人财产而成为只服务于信托目的的"目的性财产"，从而不受显名股东被用于其债务之清偿，也不会是离婚时其配偶要求分割或其死亡时为其继承人所继承。当然，信托制度的引入也存在一定的弊端。例如隐名股东为什么不成为显名股东，往往是因为其不具备法律规定成为显名股东的条件，那么通过信托的方式，其实隐名股东同样不具备信托的财产没有法律上的处置权，所以也是无法解决这一弊端的。

五、完善隐名股东制度的几点建议

（一）隐名股东资格的确认原则

1. 保持利益平衡原则。公司涉及的利益主体众多，法律关系复杂，股东、公司、第三人有各自的利益诉求，又存在着密切的利益往来。因此，在认定隐名股东资格时，应当充分考虑各方的利益，既能维持公司制度，又能维护公司外部交易安全。

2. 维持公司稳定原则。只有公司内部的法律关系稳定，才能保障公司外部关系稳定，使公司更好的存续下去。因此，对于已经实际行使股东权利的股东，无论是隐名股东还是显名股东，都不应轻率地否认其股东资格。在隐名股东显名化的过程中，还应充分考虑到有限责任公司人合性的特征，必须征得其他股东过半数同意，或有证据证明半数以上股东事先已知晓隐名股东的存在。

（二）完善股东资格认定的标准

（1）涉及内部关系的隐名股东资格认定。在隐名股东与显名股东之间的纠纷中，除坚持以出资作为判断股东资格的实质要件外，还应依契约自由原则解决，根据契约内容确定双方的权利义务，且公司半数以上股东明知其隐名

投资行为，如无违反强制性规定，法院可以认定隐名投资者的股东身份。

（2）涉及外部关系的隐名股东资格认定。当涉及公司外部关系纠纷时，应遵循外观主义和公示主义原则，以保护善意第三人的利益。股东资格的形式化证据包括公司股东会决议、章程、股东名册、工商登记等，涉及外部法律关系时，应当优先采纳形式化证据。

例如本案，二审法院在适用法理原则时就是这样：本院认为，处理与公司有关纠纷，涉及与公司外部关系时，遵循外观要件优于实质要件规则，涉及公司内部纠纷时，遵循实质要件优于外部要件规则。两者的法理精神是完全吻合的。

（三）隐名股东显名化的具体规定

（1）如果其他股东已事先明知隐名股东与显名股东之间的协议，且未提出异议，也就是知晓隐名股东的存在，隐名股东、显名股东以及公司其他股东之间的关系实际上属于《合同法》第402条规定的隐名代理关系。其中隐名股东是委托人，显名股东是受托人，公司其他股东是第三人。根据隐名代理制度，代持股协议直接约束隐名股东与其他股东，那么隐名股东无须再经过其它股东过半数同意即可主张股东资格，行使股东权利，完成股东工商登记变更。如果发生争议时其他股东过半数反对，则隐名股东可以通过向法院提起确认之诉来确定其股东资格。

（2）如果其他股东事先不知隐名股东的存在而且事后未能通过股东过半数同意，则该隐名股东可以选择将该股权转让给显名股东，或者该隐名股东将该股权出售给其他股东，投否决票的股东应该购买该部分股权，以维持公司股权的稳定性和人合性。

（四）隐名股东股权转让合同的效力认定

（1）不具有股东资格的隐名出资人签订的股权转让合同效力待定。隐名出资人不具备股东资格，擅自与他人签订的股权转让合同属无权处分合同，适用《合同法》第51条关于无权处分的规定处理，该转让合同效力待定，若经实际股东追认同意，获得公司其他股东过半数同意则为有效。需要注意的是，在此种转让中，因第三人完全有能力知晓隐名出资人并未登记在公司工商登记记载、公司章程或股东名册中，其对交易的安全也应负有审慎义务，因此在此不适用善意取得制度。

（2）当隐名出资人具备股东资格，与他人签订的股权转让合同属有效合同。但因此时股权仍登记在显名股东名下，若显名股东不予配合，则难以办理股权转让登记手续，转让合同也无法履行。此时，隐名股东只能向法院提起确认之诉，请求法院确认其股东资格，之后在征得公司其他股东过半数同意的前提下，与第三人完成股权转让。

（作者 阮金炳）